L'ORCHESTRE ROUGE

DU MÊME AUTEUR

Dans Le Livre de Poche :

LE DOSSIER 51.
LES SANGLOTS LONGS.
LA LONGUE TRAQUE.
LE PULL-OVER ROUGE.

GILLES PERRAULT

L'orchestre rouge

FAYARD

A mes parents,
Georges et Germaine Peyroles,
qui jouaient dans un autre orchestre.

Par ordre d'entrée en scène...

Une organisation de renseignement est toujours complexe, et l'Orchestre Rouge fut sans aucun doute l'une des plus complexes qui ait jamais existé. Un index de tous les noms cités figure à la fin du livre, mais l'aide-mémoire que voici empêchera mieux encore le lecteur de se perdre dans un dédale de noms étrangers et de pseudonymes étranges.

TREPPER Léopold
alias le Grand Chef, Leiba Domb, Adam Mikler.

TREPPER Luba
son épouse.

GROSSVOGEL Léon
homme d'affaires bruxellois, bras droit de Trepper.

JASPAR Jules
ancien consul de Belgique, directeur de la firme « The Foreign Excellent Trench-Coat ».

FORTNER Franz
officier allemand affecté à l'Abwehr en été 1940.

HOORICKX Bill
artiste peintre belge.

ALAMO Carlos
en fait, Mikhaël Makarov, lieutenant de l'armée de l'air soviétique, héros de la guerre d'Espagne, nostalgique de l'aviation et peu doué pour le renseignement.

RAUCH
homme d'affaires tchèque, ami de Bill Hoorickx et d'Alamo, agent de l'Intelligence Service.

SIERRA Vincent (KENT)
en fait, Gourevitch, officier soviétique. Adjoint du Grand Chef, on l'appellera tout naturellement « le Petit Chef ». Mais son pseudonyme le plus courant sera Kent. Il aime les plaisirs et il adore Margarete.

BARCZA Margarete
amie de Kent.

KATZ Hillel
vieux et fidèle compagnon de Trepper.

YEFREMOV Constantin
officier soviétique implanté en Belgique sous le pseudonyme d'Eric Jernstrœm. Il prendra le commandement du groupe belge après l'affaire des Atrébates.

DANILOV Anton
ancien membre du consulat soviétique à Paris, affecté en 1939 au groupe belge, où il n'effectuera d'ailleurs que des tâches secondaires.

PREMIÈRE PARTIE

LE RÉSEAU

I

DES MOUETTES DE CRANZ A CELLES D'UTAH BEACH

Le radiotélégraphiste Walter Schmidt repoussa sa chaise et se leva en s'étirant. Il était las et morose. Sans doute l'aube commençait-elle de blanchir le ciel, mais en Prusse-Orientale les nuits de juin sont courtes. Il consulta sa montre. Trois heures et demie. La relève n'aurait lieu qu'à six heures ; entre-temps, la seule tâche de Schmidt consisterait à capter l'émetteur norvégien. Sans intérêt. Un poste transbahuté dans les montagnes par un petit groupe de résistants. Chaque nuit, à trois heures quarante-huit, il entrait en contact avec Londres et transmettait un message comportant une dizaine de groupes chiffrés. Schmidt savait que des spécialistes allemands avaient été envoyés en Norvège pour localiser l'émetteur clandestin. Ils n'avaient pas la tâche facile : les montagnes formaient écran et compliquaient le repérage. On avait bien tenté de survoler la difficulté en embarquant les appareils de relèvement dans un petit avion d'obser-

vation, mais dès que le Fieseler Storch apparaissait au-dessus des fjords, l'émetteur se taisait et les chasseurs rentraient bredouilles après avoir épuisé leur essence.
On finirait pourtant par le prendre : on les prenait toujours. Mais quel intérêt ? Schmidt ne parvenait pas à se passionner pour le clandestin norvégien. Il émettait vers Londres et Londres était condamnée. Les messages que Schmidt enregistrait et que les services allemands s'efforçaient de déchiffrer, on en trouverait bientôt les originaux dans un bureau londonien. Sans doute le Führer avait-il décommandé l'invasion de l'Angleterre, mais ce n'était que reculer pour mieux sauter. On se gardait le vieux lion pour la bonne bouche. En attendant, on allait découper en tranches l'ours soviétique. Quatre jours plus tôt, le 22 juin 1941, les divisions blindées de la Wehrmacht avaient franchi le fleuve Bug et écrasé sous leurs chenilles les gardes-frontières de l'Armée Rouge. Depuis cette date, le Quartier Général se montrait avare de détails sur les opérations. C'était bon signe. En mai 1940, au début de l'offensive, on avait observé la même discrétion : à quoi bon donner des renseignements précieux aux généraux français en déroute ? Maintenant, c'était le tour des généraux russes de ne plus savoir où se situait exactement le front. On n'allait pas le leur dire. Dans quelques jours, quand l'affaire serait dans le sac, la radio allemande diffuserait un communiqué spécial, précédé comme d'habitude du fracas glorieux des trompettes, et annoncerait la destruction de l'Armée Rouge. Mais Walter Schmidt ne défilerait pas devant le Kremlin. Il resterait à Cranz, occupé à enregistrer les messages dérisoires d'un émetteur fantôme.
Le radio s'approcha de la fenêtre et appuya son front contre la vitre froide. La station d'écoute de Cranz était installée à quelques centaines de mètres de la Baltique. Il regarda mélancoliquement les dunes qui dominaient la plage. Ce matin-là, les mouettes les avaient désertées ; elles s'étaient repliées à l'intérieur des terres. Cela promettait un orage pour la journée à venir, mais Schmidt ne le savait pas. Il venait des montagnes de Bavière. La tristesse de la lande prussienne lui pénétrait le cœur et

ajoutait à sa morosité. Il revint à sa table, coiffa ses écouteurs, plaça son récepteur sur la fréquence de 15 465 kiloherz, qui était celle du poste norvégien, et attendit sans fièvre le signal d'appel qui jaillirait vers l'éther à trois heures quarante-huit exactement.

Les paragraphes qu'on vient de lire relèvent pour une large part de l'imposture pure et simple. L'auteur ne connaît pas l'identité du radiotélégraphiste allemand qui, dans la nuit du 25 au 26 juin 1941, était chargé de capter l'émission du poste norvégien. Il ne sait rien de ses états d'âme. Il est en droit de supposer que la vitre de son bureau était froide, mais il ignore s'il prit fantaisie au radio d'appuyer son front contre cette vitre. Les migrations des mouettes prussiennes, même à l'échelon local, sont également inconnues de l'auteur, et c'est de manière toute gratuite qu'il prévoit qu'un orage éclatera sur Cranz dans la journée du 26 juin 1941.

Si l'auteur a donc choisi de faire du radiotélégraphiste de Cranz un Bavarois tourmenté du regret de ne point participer à la ruée vers l'est, il eût pu tout aussi bien l'imaginer sous les traits d'un gros garçon fort satisfait de ne pas avaler la poussière des routes russes, ou encore d'un nazi fanatique attendant, mâchoire crispée, l'émission des damnés Norvégiens. En fait, si l'auteur s'en tenait aux seuls renseignements contrôlés dont il dispose, il devrait se borner à écrire ceci :

La station d'écoute de Cranz était chargée d'intercepter les émissions clandestines. Dans la nuit du 25 au 26 juin 1941, un radio de permanence plaça à l'heure habituelle son récepteur sur la fréquence d'émission d'un poste norvégien. Or, au lieu d'entendre le signal d'appel des Norvégiens, il enregistra un indicatif inconnu : KLK de PTX — KLK de PTX — KLK de PTX. Un message comportant plusieurs groupes chiffrés suivit cet appel. Le radio fit un rapport sur la découverte du nouvel émetteur clandestin et signala la fréquence utilisée. Ainsi débuta l'affaire qui allait devenir le cauchemar du Reichsführer Himmler et de l'amiral Canaris, chefs des deux services secrets allemands — une affaire qui devait amener Adolf Hitler à déclarer, le 17 mai 1942 : « Les bolcheviks nous sont supérieurs dans un seul domaine : l'espionnage. » Encore le Führer ne connaissait-il pas, à cette date-là, le centième du prestigieux bilan de l'Orchestre Rouge.

Le héros de cette histoire, Léopold Trepper, est un Juif polonais né à Neumarkt, près de Zakopane, le 23 février 1904. Son père, voyageur de commerce, s'épuisait à faire subsister une famille de dix enfants. Il mourut à la peine alors que le jeune Léopold touchait à sa douzième année. Comme le garçon témoignait d'une rare vivacité d'esprit, les siens décidèrent de tout sacrifier à son élévation sociale. La Pologne, à cette époque, était antisémite conformément à ses traditions ancestrales ; elle gisait sous la botte d'une dictature militaire ; elle était saignée à blanc par la guerre et les convulsions économiques. Ces conditions malheureuses compromettaient le pari des Trepper. C'est un peu comme si les passagers du radeau de la *Méduse* avaient fait don de leurs maigres provisions à l'un d'entre eux pour qu'il eût la force de grimper au sommet du mât.

Léopold fit ses études à Lwoff, puis il s'inscrivit à l'Université de Cracovie, où il suivit les cours d'histoire et de littérature. Il avait alors dix-huit ans et pouvait croire que son ascension était en bonne voie. Une bourse médiocre et les sacrifices de sa famille lui permettaient de subsister tant bien que mal. Ses professeurs étaient contents de lui. Un an plus tard, une nouvelle crise économique frappait la Pologne et l'étudiant de Cracovie entamait son long combat contre la Faim. Ce fut la Faim qui gagna.

Il abandonna ses études et se fit maçon, puis serrurier. La crise frappa jusqu'aux artisans et, dégringolant le long de son mât, le garçon se retrouva au sol, et même sous terre : dans les mines de Kattowicz. Deux ans plus tard, il en sortait pour travailler comme manœuvre dans une fonderie de Dombrova. Il avait toujours faim. Dombrova tout entière avait faim. Affolés de misère, les ouvriers déclenchèrent des émeutes que les lanciers polonais eurent tôt fait de mater. L'un des organisateurs du mouvement s'appelait Trepper. On l'arrêta et on le jeta en prison. Il avait alors vingt-deux ans et il était toujours affamé.

Une photo de la cellule communiste clandestine à laquelle appartenait Trepper a échappé aux perquisitions de la police polonaise, puis à celles de la Gestapo. Une dizaine de garçons très jeunes, le crâne rasé, le visage fermé. Ils se ressemblent tous : une passion commune les habite et la tension donne à leurs traits une dureté uniforme. Ils sont à la fois farouches et désespérés. Si l'équipe des crânes tondus portait des combinaisons de pilote, au lieu de ces petits vestons étriqués, ce pourrait être une escadrille de Kamikazes japonais. Trepper est aisément identifiable sur la photo. Même quand l'âge et les angoisses auront défait son visage, alors dur comme granit, on le reconnaîtra encore à ses yeux gris clair. Ils peuvent exprimer tour à tour une détermination implacable et une tendresse inattendue.

Trepper passa huit mois dans les geôles du dictateur Pilsudski, où les tortures infligées aux membres du parti communiste clandestin dépassaient en horreur celles que devait utiliser la Gestapo, la plus banale consistant dans le supplice de l'eau, emprunté au Moyen Age ; puis Trepper fut libéré sans qu'on prît même la peine de le juger. Il partit pour Varsovie. De Dombrova, il emportait les quatre premières lettres : au cours des dix années à venir, son pseudonyme sera Domb. Ensuite, il deviendra « le Grand Chef » ; c'est ainsi que l'appelaient ses hommes et les policiers de la Gestapo.

A Varsovie, aucun travail n'était disponible pour un garçon qui avait participé à la révolte de Dombrova. Il sollicita un visa d'immigration pour la France, mais celui-ci lui fut refusé, les autorités françaises ne tenant guère à accueillir chez elles un agitateur ouvrier. Trepper savait pourtant qu'il ne pouvait plus vivre en Pologne ; on ne lui permettrait que d'y mourir d'inanition.

L'organisation « Hechalutz » représentait sa dernière chance. Il frappa à sa porte ; on la lui ouvrit et il put enfin se faufiler hors de Pologne. « Hechalutz » était un organisme sioniste financé par de riches Israélites américains ; il s'efforçait de favoriser l'immigration juive en Terre promise. La Palestine était encore au pouvoir des Anglais et ceux-ci réussissaient de manière remarquable à interdire l'entrée du pays aux masses misérables qui allaient, quelques années plus tard, finir dans les crématoires d'Auschwitz — sort que les Anglais ne pouvaient d'ailleurs pas prévoir à l'époque. La tâche d'Hechalutz consistait à sélectionner le contingent privilégié auquel les fonctionnaires britanniques entrouvraient chaque année les portes de la Terre promise. Avec un souci bien américain du rendement, les financiers d'Hechalutz voulaient lutter contre le communisme en même temps qu'ils favorisaient le sionisme. On donnait donc la préférence aux candidats qui semblaient constituer des proies faciles pour les agents recruteurs du Parti. Avec ses ambitions déçues, son passé malheureux et son avenir incertain, Léopold Trepper répondait en tous points aux critères. On lui fournit quelques subsides et on le mit dans un train qui, par Vienne et Trieste, l'emmena à Brindisi, où il embarqua pour la Palestine. Il avait alors vingt-quatre ans et il ne savait pas que la Faim était du voyage.

Il la retrouva, fidèle compagne, sur le quai d'Haïfa. On lui fit d'abord casser des cailloux le long des routes, puis il devint ouvrier agricole dans un kibboutz. L'emploi le plus plaisant qu'il occupa en Palestine fut celui d'apprenti dans une entreprise de constructions électriques. Il semblait décidément que les sacrifices consentis par la tribu Trepper avaient été vains et que Léopold n'atteindrait jamais le sommet du mât. Mais certains renseignements indiquent qu'il devint en 1929 membre du Comité central du parti communiste palestinien — et ce serait alors les financiers d'Hechalutz qui auraient gaspillé leurs dollars...

Le groupe « Unité » fut en tout cas son œuvre. D'inspiration communiste, il s'efforçait de réaliser l'unité d'action entre Juifs et Arabes contre l'occupant anglais. Trepper et ses gens furent découverts en 1930 par la police et jetés en prison. Averti qu'on projetait leur déportation à Chypre, Trepper déclencha une grève de la faim. Elle ne fut d'abord pas prise au sérieux, mais les grévistes persévérèrent. La presse britannique s'émut et il y eut des interpellations aux Communes. Le représentant de la Couronne en Palestine décida de libérer ces prisonniers encombrants. Comme ils étaient trop faibles pour marcher, on les plaça sur des civières et on les déposa devant la porte de la prison.

Quelques semaines plus tard, Trepper entrait clandestinement en France. Il fut plongeur dans un restaurant marseillais, puis il gagna Paris, où il devint peintre en bâtiment. Cet emploi devait être le dernier de la longue série des métiers hétéroclites exercés par Léopold Trepper. Il avait à présent trouvé sa vraie vocation. Celui qui allait devenir « le Grand Chef » commençait son apprentissage.

A cette époque fonctionnait en France un réseau d'espionnage soviétique alliant une grande efficacité à une simplicité vraiment merveilleuse. Il était fondé sur le système des *rabcors* — terme soviétique désignant les « correspondants ouvriers ». L'idée venait de Lénine lui-même. La révolution avait contraint à l'exil la plupart des journalistes russes, qui appartenaient à la bourgeoisie, et faute de professionnels pour les remplacer, on fit appel à des amateurs. Dans les villages, dans les usines, des travailleurs s'improvisèrent correspondants de presse et inondèrent les journaux soviétiques d'articles traitant de problèmes locaux et dénonçant les traîtres et les saboteurs. La police y trouva son profit. Le système fut étendu à l'étranger et, cette fois, les services secrets soviétiques furent les bénéficiaires de l'opération.

La France comptait en 1929 trois mille *rabcors* dont certains travaillaient dans les arsenaux nationaux ou dans des usines fabriquant du matériel stratégique. Les articles qu'ils envoyaient à la presse communiste visaient à dénoncer les conditions de travail défavorables qui leur étaient faites, mais pour cela, il était forcément nécessaire de parler peu ou prou du travail lui-même. Les articles les plus révélateurs n'étaient pas publiés. On les transmettait à l'ambassade soviétique à Paris, qui les acheminait vers Moscou. Si quelque *rabcor* semblait posséder des éléments d'information particulièrement intéressants, on lui dépêchait un agent pour le faire parler à loisir.

Cette fructueuse organisation fonctionna sans incident pendant trois ans. En février 1932, la police française reçut une dénonciation. Malgré ce coup de chance, il fallut plus de six mois au commissaire chargé de l'enquête — lequel portait le nom troublant de Faux-Pas-Bidet — pour démanteler le réseau. Ses rapports ne ménagent pas les éloges aux espions qu'il s'efforçait d'arrêter. Leur chef, notamment, se signalait par une habileté exceptionnelle dans l'art de « casser » les filatures et d'échapper aux souricières ; il semblait avoir dressé la liste complète de toutes les maisons à double issue de Paris. Exaspérés et admiratifs, les policiers lui donnèrent le surnom de « Fantômas ». Quand il fut enfin pris, on découvrit qu'il était Juif polonais et qu'il était venu en France via la Palestine. Il avait vingt-huit ans et s'appelait Izaia Bir. Son adjoint était âgé de vingt-sept ans ; comme Bir, c'était un Juif polonais et il avait fait le détour par la Palestine. Son nom était Alter Strom.

Leur technique professionnelle étonna les policiers français. Au lieu d'un Fantômas, c'était M. Tout-le-Monde qu'on avait arrêté. Bir, le chef du réseau, vivait dans un hôtel de dernier ordre et ne recevait ni courrier ni visiteur. Ses principales liaisons avec son groupe étaient assurées par une jeune femme passant aux yeux de tous pour sa maîtresse. C'était une technique sans éclat, mais efficace. Le cloisonnement intérieur se révéla si sévère que la plupart des agents du réseau échappèrent à la police. Parmi eux : Léopold Trepper, dont Alter Strom était l'ami d'enfance. Il avait reçu auprès de Fantômas des leçons magistrales. Les hommes de la Gestapo qui devaient le traquer quelques années plus tard auraient pu, eux aussi, trouver des enseignements intéressants dans le dossier réuni par Charles Faux-Pas-Bidet, mais il ne semble pas qu'ils l'aient consulté. Ils connaissaient bien Léopold Trepper mais ignoraient Leiba Domb.

Trepper avait vingt-huit ans quand il échappa au coup de filet policier en sautant dans un train. Dès son arrivée à Berlin, il prit contact avec l'ambassade soviétique. Après quelques jours d'attente, il lui fut ordonné de se rendre à Moscou par un certain train ; arrivé au terminus, il laisserait s'écouler le flot des voyageurs et attendrait dans son compartiment : on viendrait l'y chercher. Ce qui fut fait. Trepper ne savait rien de l'avenir qu'on lui réservait, mais il espérait sans doute obtenir rapidement une nouvelle mission. Il l'attendit quatre années. Malgré son passé tourmenté, riche d'expériences de toutes sortes, malgré ses activités dans l'ombre de Fantômas, il n'était encore pour Moscou qu'un apprenti prometteur.

Huit ans après avoir quitté l'Université de Cracovie, Trepper retourna en classe.

Ainsi s'accomplit la première partie de la vie du Grand Chef. Nous l'avons parcourue d'un pied léger, passant de la Pologne à la Palestine et de Paris à Moscou comme on franchit un gué en sautant de pierre en pierre.

Mais il est plus facile de résumer fidèlement vingt ans de la vie d'un homme que de rendre compte, dans sa plénitude et dans sa vérité, d'un simple quart d'heure de cette vie. Soit, par exemple, l'instant mémorable où Trepper rencontre Georgie de Winter. Cela se passe à Bruxelles, en 1939. Georgie est la fille d'un grand Américain dégingandé, très beau garçon, sorte de Gary Cooper mâtiné de Cary Grant. Il est décorateur aux studios de la Paramount, à Hollywood, et s'essaie au métier d'acteur. Revenue avec sa mère en Belgique, Georgie mène la vie d'une jeune fille de bonne famille étudiant la danse classique. Elle a vingt ans et elle est très belle.

Les photos attestent sa splendeur, la grâce de son maintien, l'éclat de ses yeux, la perfection de ses formes. Vingt ans après, lorsque les survivants racontent leur histoire, l'évocation de Georgie est comme une oasis de beauté et de fraîcheur intercalée dans un voyage atroce.

Trepper, lui, a trente-cinq ans. Il n'est pas exactement beau. Une tête intéressante, bien dessinée, avec des cheveux blonds ondulés et le fameux regard, mais la taille est médiocre et l'embonpoint menace. Sa séduction est ailleurs : il possède un charme fait de violence et de douceur mêlées. « Le très grand patron ! affirme Bill Hoorickx, artiste peintre. Il avait la force et la vitalité d'un taureau. — On le sentait perpétuellement sous pression », ajoute l'ouvrier typographe Mignon. Mais Mme Queyrie, employée de bureau : « C'était un brave homme ! Le meilleur des hommes ! » Et Claude Spaak, écrivain : « Il témoignait d'une humanité infinie. » Il y a en Trepper une force intérieure qui apaise et qui rassure. En sa présence, tout devient simple. Il eût fait un excellent confesseur.

Georgie entre dans une pâtisserie. Au moment de payer, elle laisse tomber ses gants. Trepper se précipite et les lui rend. Touchée par son empressement, intéressée par sa conversation, elle accepte de le revoir. Quelques mois plus tard, alors que Bruxelles est occupée par la Wehrmacht, elle se promène avec une amie. Un officier allemand, sur l'autre trottoir, laisse tomber sa paire de gants. Un homme galope, les ramasse et les tend avec un sourire : Trepper. Georgie pense que c'est décidément chez lui une manie. Elle ne l'aborde pas, car il lui a interdit de le faire quand il était accompagné ou quand elle l'était elle-même. Mais nous n'en sommes pas encore là...

Ils se rencontrent. Georgie ne voit évidemment en Trepper que le personnage qu'il prétend être et auquel il ressemble : un brasseur d'affaires. Comment devinerait-elle que cet homme de corpulence aimable fut d'abord l'insurgé de Dombrova, le casseur de cailloux palestinien, le complice furtif de Fantômas ? Elle ne peut pas savoir qu'il arrive de Moscou, ni soupçonner ce qu'il a fait là-bas.

Qu'a-t-il fait au juste ?

De 1932 à 1934, il a suivi les cours de l'Université de Prodrowski. En 1935, il tient la rubrique culturelle dans un journal destiné aux Juifs russes : *La Vérité*. Mais il est aussi étudiant à l'Académie de l'Armée Rouge, où le général Orlov enseigne l'espionnage. En 1937, son ami Strom, du groupe Fantômas, rentre de France après avoir purgé sa peine de prison. Il remet en cause la version admise des événements qui ont conduit à la destruction du réseau. Pour tout le monde, le responsable était un certain Riquier, rédacteur à *L'Humanité*. Mais Strom affirme qu'il n'est pas convaincu de sa trahison et suggère qu'on envoie Trepper à Paris avec mission de tirer l'affaire au clair. Cinq ans après sa fuite, Trepper retourne en France avec un faux passeport au nom de Sommer. Se faisant passer pour un parent de Strom, il rencontre d'abord les deux principaux avocats du procès : Ferruci et André Philip, le leader socialiste bien connu. Puis il approfondit son enquête et, en quelques mois, parvient à la conviction que Riquier est innocent. C'est important, car le parti communiste se trouve lavé de l'accusation d'avoir nourri un mouchard dans son sein. Mais Trepper fait encore mieux : il découvre le vrai traître. Il s'agit d'un Juif hollandais, ancien chef d'un réseau soviétique aux Etats-Unis. Arrêté par le F.B.I., « retourné », l'homme continuait d'informer les services américains même après que Moscou l'eut transféré en France. La dénonciation reçue par la Sûreté française émanait du F.B.I. Trepper va faire un rapport à Moscou, utilisant cette fois un passeport luxembourgeois au nom de Majeris. Il annonce à ses chefs qu'on s'occupe à Paris de réunir les documents établissant la vérité d'une manière décisive. Cinq mois plus tard, il retourne en France pour en ramener une liasse épaisse : les photocopies des lettres échangées entre le traître hollandais et l'attaché militaire américain à Paris.

L'homme d'affaires que Georgie croit rencontrer dans

la pâtisserie bruxelloise est en Belgique pour y organiser un réseau dont il sera cette fois le chef, « le Grand Chef ».

Ils se rencontrent et ils se plaisent. Cela pourrait faire un joli début, même si la fin doit être épouvantable. Mais Georgie, avec toute sa grâce, est enceinte depuis cinq mois des œuvres d'un amant envolé. Mais Trepper, avec toute sa bonté, est en voie de trahir Luba, compagne des mauvais jours. Il a rencontré Luba en Palestine, où elle militait au sein du groupe « Unité ». Elle a le même âge que lui ; elle est juive et polonaise comme lui ; leur jeunesse a les mêmes couleurs noires de la misère et de la lutte clandestine en Pologne. A l'époque où il croit encore pouvoir se hisser au sommet du mât, elle est ouvrière dans une chocolaterie et étudie la nuit pour devenir institutrice. Militante communiste, elle appartient à une cellule dirigée par un tout jeune garçon, Botvine. En ce temps-là, un agent provocateur polonais fait des ravages dans les rangs du parti communiste clandestin. Deux attentats sont organisés contre lui ; ils échouent. La cellule juive de Botvine décide alors de lui régler son compte, et elle le fait. Luba doit s'enfuir en Palestine, où elle travaille aux côtés de Trepper. Arrêtée au cours d'une manifestation communiste interdite, condamnée à une peine de prison, elle n'échappe à l'expulsion que par un mariage blanc avec un citoyen palestinien. Enfin, voulant rejoindre Trepper en France, elle utilise le passeport d'un Arabe syrien dont elle devient la fictive épouse.

On admettra qu'un couple trempé au feu de telles épreuves échappe aux règles du vaudeville bourgeois et à ses adultères guillerettes. Trepper, d'ailleurs, ne va pas tarder à présenter Georgie à Luba. Il est secret en toutes choses, semble-t-il, sauf dans ses amours. Pour l'heure, il en est encore à ramasser des gants dans une pâtisserie, tandis que Luba et ses deux enfants l'attendent dans leur somptueux appartement bruxellois. Le premier fils est né à Paris en 1931, mais ses parents, entrés illégalement en France, n'ont pas pu le déclarer à l'état civil ; le second fils est né à Moscou en 1936. Nul témoin et nul document n'a retenu leur prénom. L'enfant qui va jouer un rôle dans cette histoire n'est pas né de Luba et de Trepper : c'est celui que Georgie porte encore dans ses flancs.

L'auteur voudrait qu'on sache qu'il pourrait tirer de la première rencontre de Georgie et du Grand Chef un chapitre extrêmement convaincant. Le coup de foudre entre la danseuse et l'espion, c'est, somme toute, une scène à faire. Il pourrait donc décrire la robe exquise que Georgie portait ce jour-là, raconter comment Trepper se présenta et rapporter les premières phrases qu'ils échangèrent. Mais la toilette serait bien entendu imaginaire, de même que le dialogue des futurs amants, puisque l'auteur n'assistait malheureusement pas à cette rencontre qui devait avoir des conséquences importantes.

Enquêter sur une histoire révolue, c'est un peu partir à la recherche d'un diplodocus. On trouve un os ici et là ; si l'on est chanceux, persévérant, on parvient à reconstituer un semblant de squelette. Malheureusement, le public n'éprouve qu'un engouement modéré pour les squelettes. On est alors tenté d'enjoliver la chose, de coller sur les os une peau séduisante et de placer le squelette dans un décor dont on espère qu'avec de la chance, il ressemblera un peu à la faune de la préhistoire. A la limite, ce n'est plus un diplodocus, reptile préhistorique, qu'on présente au public, mais un vulgaire serpent de mer. Du spécimen de musée, on est passé à l'attraction de baraque foraine.

L'espion constitue probablement la pire espèce de diplodocus. Un général laisse de son passage des traces éclatantes. On sait quel était son uniforme et son emploi ; on connaît les combats qu'il a livrés ; on dispose du texte de ses ordres du jour, de ses communiqués et, souvent, de ses Mémoires. S'agissant par exemple de

Napoléon, il n'est pas besoin d'inventer qu'il se réveilla tel matin avec une douleur au foie : il suffit d'écrire véridiquement qu'au jour dit, le problème se posait à lui de faire passer le Danube à son armée.

Un espion, au contraire, est incolore, inodore et sans saveur. Il est forcément expert en son art (s'il ne l'était pas, on n'écrirait pas sur lui) : c'est donc l'Homme Invisible. On ne sait pratiquement rien de ses horaires, de ses plans, de ses soucis. Ses actes même sont sans éclat : il fixe des rendez-vous au coin des rues, tient des conciliabules rapides, puis repart vers un autre carrefour. La police parvient parfois à l'arrêter, mais il glisse avec une extrême facilité entre les doigts du biographe.

Celui-ci se voit donc contraint de peinturlurer son diplodocus pour le rendre plaisant à l'œil. Il nous introduit hardiment dans sa pensée. Il lui prête des tics pittoresques. Il reconstitue au petit bonheur son emploi du temps. Si l'espion est convoqué par son chef, dans le saint des saints du service secret intéressé, le biographe est là, caché sous la table, qui enregistre le dialogue. Ou du moins le laisse-t-il croire. De sorte que de tous les récits historiques, ceux qui traitent d'affaires d'espionnage sont à la fois les plus détaillés et les plus vivants, ce qui constitue un plaisant paradoxe si l'on songe que ces affaires sont par définition celles qui se prêtent le moins facilement à l'enquête. Ainsi la plupart des ouvrages consacrés à Richard Sorge nous livrent-ils hardiment un compte rendu détaillé de ses actes et même de ses pensées ; ils nous révèlent les mots qu'il prononça à l'instant précis où il possédait telle maîtresse, le geste qu'il eut pour ponctuer telle phrase — ils sont en somme fondés sur la technique qu'a employée l'auteur pour dépeindre le personnage fictif de Walter Schmidt, radiotélégraphiste à Cranz.

La comparaison avec Sorge n'est pas ici fortuite. En cette année 1939 où Trepper organise en Belgique son réseau, celui de Sorge fonctionne déjà à Tokyo. Le Grand Chef aura tôt fait de rattraper son retard. Selon tous les spécialistes de l'espionnage consultés par l'auteur, Trepper était l'égal de Sorge quant à l'importance des renseignements recueillis et il lui était très supérieur dans le domaine de la technique d'organisation. Quant au destin personnel de ces deux maîtres espions, il ne fut pas le même. Celui de Sorge est d'une rectitude absolue : il espionna, fut pris et pendu. Pour le Grand Chef, c'est une autre histoire...

Si l'auteur a choisi de raconter cette histoire sans utiliser la technique romanesque, ce n'est pas tant par mépris pour une telle technique que par une sorte de faiblesse intime. On ne s'intéresse pas impunément aux êtres et voici trois ans qu'il est hanté par ceux de l'Orchestre Rouge. Révérence gardée, il est un peu dans la situation de celui qui, partant à la chasse au diplodocus, découvrirait que les os collectés n'appartiennent pas à un quelconque reptile, mais sont des reliques sacrées. Naturellement, plus question de peinturlurer. Non point que l'auteur ait une dévotion particulière pour les réseaux d'espionnage soviétiques, mais il a acquis au moins du respect pour le courage des hommes et des femmes de l'Orchestre Rouge, et de la sympathie pour le destin cruel qui fut le lot de la plupart d'entre eux. Lorsque l'agent Käthe Vœlkner s'entendit condamner à être décapitée par le Tribunal militaire allemand, elle salua du poing fermé et dit en souriant : « Je suis heureuse d'avoir pu faire quelques petites choses pour le communisme. » Il déplairait à l'auteur de devoir enrober cette phrase authentique, belle et dure comme diamant, dans une pacotille de bazar. Ces mots sont les seuls dont il est certain qu'ils aient été prononcés par Käthe Vœlkner. Il ne lui en mettra donc pas d'autres dans la bouche. De même ne brodera-t-il pas autour de la rencontre de Georgie et du Grand Chef. Tout ce qu'il sait, c'est qu'ils s'aimèrent, qu'elle accepta Luba, qu'il accepta l'enfant à naître. Quand celui-ci vint au monde, le 29 septembre 1939, Trepper se rendit à la clinique avec une énorme corbeille d'orchidées. Il se pencha sur le berceau, contempla l'enfant et dit : « Je l'aimerai comme s'il était de moi. »

C'était parler en cœur magnanime. Mais le second conflit mondial était né avec un mois d'avance sur le jeune Patrick, et l'on peut se demander si le fait d'être adopté en temps de guerre par un espion, même officieusement, doit être considéré comme une bénédiction.

Ce livre est donc un pari. Il est possible que ce pari soit perdu d'avance, car si les récits d'espionnage ont à ce point recours à la technique romanesque, c'est peut-être que ce procédé est indispensable pour faire le récit vivant. Walter Schmidt, tel que l'a dépeint l'auteur, est un personnage fictif. Si cette créature imaginaire était plus vraie, aux yeux du lecteur, que ne va l'être le Grand Chef, le pari serait perdu.

L'auteur écrit ces lignes à quelques kilomètres de la plage d'Utah, dans le Cotentin, où débarqua le 6 juin 1944 la 4e division américaine. Avec un dévouement admirable, la municipalité a édifié un musée où sont rassemblés les vestiges du combat qui se livra ce jour-là : c'est sans doute le plus complet et le plus émouvant de la côte. Puis on installa dans une salle des boîtes ingénieuses venues d'Amérique et qui ressemblent à des postes de télévision. A l'intérieur, de petits soldats de plomb avancent sur des tapis roulants. Il y a aussi des chars d'assaut et des bateaux. On voit même des avions piquer. Le public défile assez rapidement devant les reliques historiques, mais il n'en finit pas de contempler les soldats de plomb ; on doit le pousser vers la sortie. Il arrive parfois que des anciens de la 4e division entrent dans le musée ; comme tout le monde, ils admirent beaucoup les petits soldats. C'est un peu l'histoire du diplodocus et du serpent de mer.

Voilà bien de la mélancolie. Mais l'auteur aperçoit de sa fenêtre un semis de taches blanches sur le vert des prairies ; ce sont les mouettes, repliées à l'intérieur des terres. Et s'il ignore tout des mœurs des mouettes prussiennes, l'auteur sait par expérience que des prairies normandes piquetées de blanc annoncent à coup sûr un temps épouvantable.

II

DROLE DE GUERRE

MICHAEL DZUMAGA, Canadien, né le 2 août 1914 à Winnipeg, s'était engagé dans les Brigades Internationales créées contre Franco. Il débarqua en Espagne porteur du passeport n° 43 671, délivré en 1937. Ce passeport lui fut confisqué dès son arrivée. On ignore le sort ultérieur de Dzumaga, qui est peut-être mort et peut-être vivant, mais s'il revint dans les prairies du Canada, ce fut en tout cas sans passeport. Celui-ci, dûment maquillé au nom de Mikler, était en possession du Grand Chef. Le cas de Dzumaga est banal : presque tous les volontaires anglo-saxons des Brigades Internationales se virent privés de leurs papiers pour le plus grand bénéfice des services secrets soviétiques.

Le Grand Chef, *alias* Adam Mikler, arrive donc à Bruxelles en automne 1938. Il entre immédiatement en contact avec un homme d'affaires juif, Léon Grossvogel, qu'il a connu en Palestine. Grossvogel est le rejeton d'une famille bourgeoise installée à Strasbourg depuis plusieurs générations. Après un séjour romantique et bref en Palestine, il est revenu aux affaires et dirige de Bruxelles une firme commerciale à succursales multiples, « Au Roi du Caoutchouc », spécialisée dans l'imperméable en tous genres. Communiste ardent, il adhère sans réserve aux projets exposés par Trepper. Celui-ci dispose de dix mille dollars. On va les investir dans une affaire d'exportation qui servira de « couverture » au réseau. Ainsi naît la firme « The Foreign Excellent Trench-Coat » — toujours l'imperméable. Comme directeur, on envisage un Belge d'une soixantaine d'années, rond et jovial, moustache blanche sur peau rose, amateur de bonne chère et de bons vins : Jules Jaspar. C'est un coup de maître. Les Jaspar constituent l'une des très grandes dysnaties bourgeoises de Belgique. Le frère de Jules a été président du Conseil ; une rue de Bruxelles porte son nom. Lui-même a exercé pendant longtemps les fonctions de consul de Belgique en Indochine, puis en Scandinavie[1]. Avec une telle personnalité à sa tête, la firme est insoupçonnable. Bien entendu, le bon Jules Jaspar ignore tout des mystères que recouvrent ses imperméables.

L'année 1939 est employée à mettre le réseau en place et à roder ses rouages. Quand éclate la deuxième guerre mondiale, le Grand Chef est en mesure d'exécuter les ordres reçus de Russie.

Curieuse rencontre : la première mission donnée par Moscou à l'agent soviétique Trepper ressemble beaucoup à celle confiée par Berlin à l'agent allemand Leverkuehn...

C'est en mars 1940 que Paul Leverkuehn, de l'Abwehr, se vit chargé d'une tâche pittoresque : on l'envoyait explorer une région inconnue. Au XXe siècle, les ordres de mission sont généralement plus prosaïques, même s'agissant de mission secrète. Si l'on ajoute que la zone en question était traversée par l'antique Route de la Soie, suivie

1. Son neveu fut jusqu'en 1966 ambassadeur de Belgique à Paris.

jadis par Marco Polo, on admettra que Leverkuehn, pour peu qu'il ait eu l'âme un peu romanesque, dut estimer qu'il était un heureux lascar.

Les derniers coups de feu de la campagne de Pologne avaient été tirés six mois plut tôt et l'on ne se battait plus en Europe qu'autour du lac Ladoga, où les troupes finlandaises et russes étaient aux prises. L'armée française et l'armée allemande, assises sur leur derrière, se contemplaient de part et d'autre du Rhin ; on appelait cela la « drôle de guerre ». Les collègues de Leverkuehn tenaient à jour l'ordre de bataille ennemi et s'efforçaient d'obtenir les plans de feu des fortins de la ligne Maginot. Leurs adversaires du Deuxième Bureau tenaient à jour l'ordre de bataille allemand et s'efforçaient d'obtenir les plans de feu des fortins de la ligne Siegfried. Apparemment, il n'y avait pas de raison pour que la drôle de guerre cessât d'être ennuyeuse dans un avenir prévisible. Leverkuehn boucla ses valises et partit pour Tabriz, en Perse, où il devait officiellement assumer les fonctions de consul d'Allemagne. La seule carte utilisable qu'il emportait avec lui était une carte mondiale, à l'échelle du millionième, sur laquelle la zone qu'il devait explorer était représentée par la tache blanche des « terres inconnues ».

En mars 1940, le pacte germano-soviétique est à son zénith. Hitler et Staline ont conjugué leurs forces pour abattre la Pologne ; à présent, ils font des affaires. Par centaines de milliers de tonnes, les céréales russes sont livrées à l'Allemagne et suppléent aux importations habituelles, empêchées par le blocus maritime anglais. Mais plus important encore que le blé russe, que les phosphates russes, que le coton russe : le pétrole russe. C'est le nerf de la guerre-éclair, le souci permanent des chefs de la Wehrmacht. Pour que Staline ne coupe pas l'artère nourricière allant du Caucase jusqu'aux chars allemands, Hitler lui consent des sacrifices d'autant plus inouïs qu'il a déjà décidé la guerre contre la Russie. En échange de ses fournitures, Staline obtient de l'artillerie, des chasseurs, des bombardiers et d'innombrables machines-outils. Le 30 de ce même mois de mars, le Führer déclare que les livraisons de matériel de guerre à l'armée russe auront la priorité sur les commandes de l'armée allemande elle-même ; il livre à Staline le croiseur lourd *Lützow ;* il s'apprête à lui vendre les plans du cuirassé *Bismarck,* qui sera le plus grand navire de guerre du monde. En échange du pétrole russe, Hitler livre des armes dont il sait qu'elles seront bientôt retournées contre lui. Il est, dans l'Histoire, peu d'exemples d'une braderie de cette force.

Le pétrole russe est à Bakou. Le général Weygand est en Syrie avec, croit-on, cent cinquante mille soldats français. Mille kilomètres, à vol d'oiseau, séparent la Syrie de Bakou. Problème : si Weygand décide de lancer un raid hardi sur Bakou pour y détruire les puits, trouvera-t-il dans les montagnes Kara Dagh la route carrossable qui lui permettrait d'atteindre son objectif ?

La zone qu'il doit reconnaître n'est pas complètement inconnue de Leverkuehn. En 1915, il a fait partie de l'expédition Scheuber-Richter, qui opéra aux confins de la Perse, de la Syrie et du Caucase ; il en est même le dernier survivant, de là sa sélection pour une deuxième reconnaissance. Mais un quart de siècle s'est écoulé depuis ce voyage et Leverkuehn ignore tout des grands travaux accomplis par le shah de Perse, Reza Pahlevi.

Accompagné d'un chauffeur et d'un interprète, il s'enfonce dans le désert. Très vite, il découvre que la piste traversant la chaîne des Kara Dagh peut être utilisée par des troupes de montagne légèrement équipées. Poursuivant vers le sud, le long de la Route de la Soie, il reconnaît les rivages du lac d'Ourmid et parvient à Sakkis, où la vue d'un magnifique pont en béton lui navre le cœur. Au cours d'une halte, son chauffeur et son interprète s'éloignent pour une promenade et découvrent un spectacle qui leur fait une impression encore plus vive : accrochés à un gibet, les cadavres de deux Kurdes, bandits de grand chemin ; ils refusent d'aller plus loin. Leverkuehn a beau leur remontrer que le Grand Etat-Major allemand a les yeux fixés sur eux : ses acolytes déclarent forfait. On revient à Tabriz, où Leverkuehn apprend qu'une voiture a été attaquée à quelques kilomètres de l'endroit où il avait fait halte ; un mort et deux blessés. Les agresseurs, arrêtés, indiquent qu'ils avaient mission de tuer le consul allemand. Leverkuehn bénit la couardise de ses compagnons et rédige son rapport pour Berlin. Nul doute qu'il y fit une impression considérable. L'homme de l'Abwehr conclut que, si Weygand lance quelques divisions sur Bakou, il ne rencontrera aucun obstacle sérieux, ni matériel ni humain, à l'exécution de son raid.

La question que Leverkuehn a élucidée sur place, le Grand Chef s'efforce d'y répondre à quelques milliers de kilomètres de distance. Car Staline, comme Hitler, a peur pour son pétrole — pour leur pétrole. Weygand est ce général qui, en 1920, a brisé sous les murs de Varsovie la ruée de l'Armée Rouge renaissante. Ses sentiments anticommunistes sont notoires. S'il peut frapper à Bakou, il le fera.

Trepper est en mesure d'apaiser le Kremlin. Sans doute Daladier, président du Conseil, a-t-il demandé à l'Etat-Major d'étudier la possibilité d'un coup de main sur le pétrole russe. Mais le raid terrestre que Leverkuehn juge parfaitement réalisable n'est pas envisagé un seul instant par Gamelin, commandant en chef de l'armée. Il préfère demander aux Anglais d'organiser une action maritime combinée et de lancer une flotte franco-anglaise au fin fond de la mer Noire. Cela implique que la Turquie ouvrira les Dardanelles et acceptera de mettre en jeu sa neutralité. Les militaires demandent aux diplomates de l'en convaincre. Quand la Wehrmacht entrera à Paris, elle trouvera dans les archives françaises le dossier des négociations avortées.

Le Grand Chef avait peut-être rassuré Moscou, mais Leverkuehn n'inquiéta pas Berlin très longtemps. Trois semaines après l'arrivée de son rapport, les troupes allemandes envahissaient le Danemark et la Norvège. Cette soudaine accélération de la guerre rendait improbable un coup de main sur Bakou. Elle constitua pour Staline une surprise totale. Il s'attendait depuis des mois au débarquement d'un corps expéditionnaire en Scandinavie, mais il était convaincu que ce corps serait franco-britannique. Sa mission ? Se frayer un chemin jusqu'à la Finlande et engager le combat contre l'Armée Rouge !

Sans doute Staline va-t-il bientôt donner la preuve de son aveuglement. Il nourrit envers la lointaine Angleterre une telle névrose de haine et de peur qu'il ne verra pas l'Allemagne se dresser, menaçante, au seuil même de la Russie. Mais en l'occurrence, il est convaincu d'avoir raison : les rapports de ses services secrets ont renforcé sa conviction.

Souvenons-nous : en cet hiver 1940, le cœur de l'Angleterre et de la France est finlandais. S'il est difficile de s'enthousiasmer pour les soldats jouant aux cartes dans les souterrains de la ligne Maginot, on s'émeut aux exploits des skieurs finlandais. Enveloppés dans la blanche houppelande qui les fait invisibles sur la neige, silencieux et terribles, ils bloquent l'Armée Rouge dans les forêts du Nord. Face à ce vaillant David, la Russie fait figure de Goliath répugnant. Staline joue sur la scène mondiale le rôle qu'il repassera bientôt à sa doublure talentueuse, Mussolini : celui du valet d'armes qui, au couteau, donne le coup de grâce. Il a achevé la Pologne, foudroyée par Hitler, comme l'Italien va bientôt frapper dans le dos une France déjà vaincue. Deux mois plus tard, il attaque la Finlande. Il devrait n'en faire qu'une bouchée ; à l'émotion générale, elle lui reste dans la gorge.

On peut douter si, à cet instant, l'opinion publique alliée nourrit autant de haine pour l'Allemagne que pour la Russie. Mais c'est dans les sphères politico-militaires, traditionnellement anticommunistes, que la passion atteint son paroxysme. Négligeant l'ennemi déclaré, l'Allemand tapi à portée de fusil, les généraux alliés veulent « casser du Russe ». Le général Weygand écrit à Gamelin, en février 1940 : « J'estime capital de casser les reins à l'U.R.S.S. en Finlande et ailleurs. » Devenu président du Conseil, Paul Reynaud marque devant le cabinet de guerre sa volonté d'intervenir contre la Russie « soit dans le Nord de l'Europe, soit dans la mer Noire, au sud du Caucase » ; Gamelin note : « Presque tous les membres du Cabinet ont l'air d'accepter cette guerre d'un cœur léger. »

Les Alliés mettent sur pied un corps expéditionnaire de 57 000 hommes spécialement équipés. Le maréchal finlandais Mannerheim confirme dans ses Mémoires qu'il reçut du général Ironside, chef de l'Etat-Major britannique, l'assurance qu'un premier contingent de 15 000 hommes serait à pied d'œuvre dès la fin mars. Le 2 de ce mois, la Norvège et la Suède refusent d'accorder aux troupes alliées le droit de transit indispensable. Le 8, Daladier informe Mannerheim que si la Finlande demande officiellement une aide aux Alliés, le corps expéditionnaire se fraiera de force un passage à travers la Scandinavie. Vieux et sage, Mannerheim refuse. Pendant la campagne de Pologne, il a vu 110 divisions alliées rester l'arme au pied, alors que Hitler, occupé à l'Est, n'avait laissé qu'un rideau de 23 divisions entre le Rhin et Berlin. Il voit, depuis le début de cet hiver 1940, les fils des poilus de Verdun se faire photographier dans la fameuse position du « tireur assis ». Le maréchal finlandais ne croit pas à la verve belliqueuse des Alliés ; il doute de leur ardeur à se battre sur les rives du lac Ladoga alors qu'ils font preuve d'une passivité parfaite sur les berges du Rhin. A la mi-mars, Mannerheim conseille à son gouvernement de négocier un armistice avec les Russes ; l'Histoire manque l'occasion de nous servir un plat bien épicé.

Qu'on y songe : si les Alliés avaient engagé le fer contre le Russe, soit à l'extrême-sud (Bakou), soit à l'extrême-nord (Finlande), ils se retrouvaient un an plus tard, bon gré, mal gré, associés avec Hitler contre Staline sur le front de l'Est dans le même temps qu'ils luttaient à l'Ouest contre le Führer.

A partir d'un tel imbroglio, tout devenait possible, même le pire.

Les projets alliés quant à Bakou et quant à la Finlande nous paraissent aujourd'hui dérisoires ; ils n'intéresseront bientôt plus que ces amateurs passionnés par les fœtus de l'Histoire. Mais, à l'époque, les renseignements reçus à leur sujet étaient à coup sûr tenus pour cruciaux par le Kremlin. Depuis des années, Staline jetait à tous les vents son sinistre avertissement : « La deuxième guerre mondiale est déjà commencée. » Mais sa vision politique était comme atteinte de strabisme : même si Berlin, Rome ou Tokyo l'inquiétaient, c'était toujours sur Londres qu'il gardait un œil vigilant.

Nous ne savons rien des rapports du Grand Chef. A en juger par son travail ultérieur, que nous connaissons bien, ils devaient être précis, documentés, exhaustifs. S'ils sortent un jour des archives du Kremlin, on comprendra peut-être mieux pourquoi les machinations de l'honorable Chamberlain parurent longtemps plus redoutables à Staline que les plans du Führer.

Plans dont on ne sait d'ailleurs strictement rien à Moscou. La Gestapo a balayé le parti communiste allemand et disloqué les réseaux soviétiques. Ayant signé son pacte avec Hitler, Staline entend jouer le jeu : il interdit la mise en place d'un nouveau système d'espionnage. Les chefs des services russes savent qu'ils risquent leur tête en désobéissant à cet ordre. Ils désobéissent, mais prudemment. Ils se bornent à poser des jalons pour une action future. Sur les cartes, l'Allemagne pourrait presque être représentée par la même tache blanche des « terres inconnues » qui ornait celle de Paul Leverkuehn.

L'Angleterre, par contre, est dûment « encerclée » par le réseau du Grand Chef. Celui-ci s'est installé à Bruxelles pour des raisons juridiques et géographiques. La législation belge est particulièrement bénigne en matière d'espionnage ; elle ne le punit que s'il est dirigé contre la Belgique elle-même. Or, la mission de Trepper consiste à investir les Iles Britanniques à partir de la plate-forme belge. On retrouve ici la minutie caractéristique des services russes. L'Abwehr, quand elle voudra pénétrer les secrets anglais, se bornera à parachuter près de Londres quelques malheureux agents prestement pris et pendus. Les Russes commencent par enserrer l'adversaire dans les mailles d'un vaste réseau. Tout au long de l'année 1939, Trepper tisse une toile d'araignée s'accrochant à sept grands ports trafiquant avec l'Angleterre : Oslo, Stockholm, Copenhague, Hambourg, Wilhelmshafen, Ostende, Boulogne. Il crée dans la plupart d'entre eux des succursales de la firme « The Foreign Excellent Trench-Coat », où il installe ses agents. Les relations de Jules Jaspar rendent particulièrement aisées les opérations en Scandinavie, où il a exercé jadis les fonctions de consul.

Ainsi, l'Allemagne est « vide » et c'est contre l'Angleterre que travaille le réseau du Grand Chef. L'espionnage soviétique à l'Ouest est comme toutes ces forteresses maritimes réputées inexpugnables — Singapour et autres — qui vont être bientôt enlevées par quelques troupes venues de l'intérieur des terres : leurs canons ne pouvaient tirer que vers la mer. Le Führer a déjà décidé de lancer trois millions d'hommes contre la Russie, mais toutes les batteries du Grand Chef, de Boulogne à Oslo, sont braquées sur Londres.

En somme, ça commence mal.

Le 10 mai 1940, la Wehrmacht attaque à l'Ouest.

Pour les jeunes nazis, la promenade militaire à travers la France ne fut pas une surprise : le Führer la leur avait promise. Pour Franz Fortner, ancien de Verdun et autres lieux désespérants, elle tenait du miracle. Le lieutenant de blindés Franz Fortner couvre en une heure le terrain conquis jadis en six mois — et abandonné d'ailleurs six mois plus tard. Au lieu de patauger dans des tranchées fétides, il roule sur le macadam, tourelle ouverte, et dore au soleil ses vieilles cicatrices. Les guerres se suivent sans se ressembler et celle-ci est en gros progrès sur la précédente...

Fortner participe à la percée du front français puis à la ruée vers la mer. Devant Dunkerque, il est fait capitaine et obtient le commandement d'une compagnie blindée. Ses chars foncent sur des routes encombrées de prisonniers, rattrapent des colonnes de réfugiés dont on doit mettre au fossé les charrettes poussives. Au milieu de ce flot navrant, une voiture civile sans matelas sur le toit et sans cage à oiseaux dans le coffre entrouvert ; ses occupants ne sont donc pas des réfugiés. D'ailleurs, elle ne fuit pas la bataille : elle l'accompagne, se faufilant entre les colonnes de chars, rôdant autour des états-majors de campagne, remontant en première ligne avec un convoi d'essence, échappant tour à tour à la mitrailleuse des Stukas et au canon allié. Si Fortner la voit, la remarque-t-il ? C'est un combattant, et il n'est pas directement concerné par les problèmes de sécurité. Pas encore. Du reste, lorsque les gendarmes allemands à chaîne d'huissier stoppent l'auto pour contrôler les papiers de ses occupants, ils rectifient aussitôt la position et font signe de passer. Le chauffeur, Durov, est consul de Bulgarie à Bruxelles ; c'est une personnalité diplomatique d'autant plus respectable que son pays flirte avec l'Allemagne. A côté de lui, Grossvogel. Sur la banquette arrière, le Grand Chef.

L'auto tombe en panne entre Knokke-le-Zoute et Bruxelles, alors qu'elle remontait une colonne de S.S. Le colonel S.S., fort obligeant, fait mettre une voiture à la disposition du consul de Bulgarie et ordonne à un jeune lieutenant d'y transférer les bagages des trois voyageurs. On imagine l'œil paisible et approbateur de Trepper tandis qu'il regarde le lieutenant S.S. installer avec précaution la valise contenant le poste émetteur...

Il paraît que Durov ne faisait pas partie du réseau. C'était un ami de Grossvogel. Plus exactement, ce dernier avait des relations d'affaires avec un Bulgare nommé

Petrov ; il a connu Durov par son intermédiaire. Quelques jours après l'invasion de la Belgique, Grossvogel confie à Durov ses tourments commerciaux. La succursale d'Ostende du « Roi du Caoutchouc » a été détruite par une bombe allemande ; il voudrait savoir quel est le sort de ses autres magasins. Durov propose de faire la tournée des succursales. Officiellement, le consul prendra la route pour s'assurer du sort des ressortissants bulgares dans la zone des combats. Etrange personnage, qui s'expose sous un vain prétexte aux périls de la bataille...

La tournée commence le 19 mai, au plus fort de la campagne de Belgique. Le Grand Chef, qui a brûlé son passeport canadien, assiste en spectateur privilégié à l'exploitation de la percée de Sedan, puis à la bataille d'Abbeville. Il roule vers Dunkerque avec les blindés de Fortner et voit tomber la ville. Dans sa poche, un calepin couvert de notes. Il s'intéresse particulièrement à l'acheminement des renforts de la Wehrmacht, au rôle joué par les Stukas, à la tactique utilisée par les Panzers pour écraser les défenses antichars ennemies. Quand les trois compères auront terminé leur tournée, le Grand Chef enverra à Moscou un rapport de quatre-vingts pages sur la nouvelle stratégie conçue et pratiquée par Hitler : la guerre-éclair.

Ce rapport, comme tous les précédents, arrivera à destination par l'intermédiaire de diplomates soviétiques. Les valises diplomatiques évitent encore à Trepper l'obligation d'envoyer ses messages sur les ondes, mais il pressent que la liaison avec Moscou devra bientôt être assurée par radio, et c'est pourquoi il est allé, en pleine bataille, récupérer l'émetteur caché dans une villa de Knokke.

Au moment précis où Molotov félicite Hitler pour le « splendide succès de la Wehrmacht », le Grand Chef se prépare déjà à la prochaine guerre germano-soviétique ; de sa propre initiative, il fait pivoter ses batteries selon un angle de cent quatre-vingts degrés. Elles ne seront plus braquées sur l'Angleterre, mais sur l'Allemagne.

Après la signature de l'armistice avec la France, l'armée allemande fait peau neuve et écarte les officiers les plus âgés des unités de première ligne. Franz Fortner, quarante-sept ans, est enlevé à ses chars d'assaut. On l'affecte à l'Abwehr, qui l'envoie en Belgique pour y faire du contre-espionnage. L'ennemi désigné est bien entendu l'Intelligence Service ; la tâche de Fortner consiste à protéger les secrets de l'« opération Seelowe », nom donné au projet de débarquement de la Wehrmacht en Angleterre. Mais il reçoit au cours de l'été 1940 un télégramme étrange : Berlin lui annonce l'arrivée à Bruxelles d'une mission soviétique forte d'une trentaine de personnes. Sans doute la Russie est-elle officiellement une nation amie, mais enfin... Dûment mis en garde, Fortner couve ses hôtes d'un œil vigilant. Il ne remarque aucune activité suspecte et, après le départ de la commission, peut envoyer à Berlin un rapport rassurant.

Quelques semaines plus tard, un nouveau groupe de visiteurs arrive en Belgique. Triés sur le volet, munis de laissez-passer délivrés au compte-gouttes, ceux-là n'inspirent guère d'inquiétude à l'Abwehr. Il s'agit de diplomates et d'officiers supérieurs appartenant à des pays germanophiles mais neutres : Hongrie, Bulgarie, Espagne, Roumanie, etc. On veut les séduire, leur démontrer l'invincibilité de la Wehrmacht et les convaincre de s'enrôler dans le camp du vainqueur. Le troupeau ébaubi est promené sur les récents champs de bataille. Des officiers d'état-major, cartes en main, photos à l'appui, analysent leur victoire en techniciens avertis. Pour que tout soit bien clair, chaque invité reçoit même un dossier complémentaire. Ne lâchant pas le consul bulgare d'une semelle, discret et effacé comme il convient à un invité de dernière heure : le Grand Chef.

Les hasards de la guerre avaient-ils fait rouler flanc contre flanc la voiture de Durov et le tank de Fortner au long des routes menant à Dunkerque ? C'est possible, mais non certain. Voici peut-être, avec cette tournée de propagande, la première rencontre du Grand Chef et de son futur chasseur. Il est permis de la juger symbolique.

III

DES SUD-AMÉRICAINS A BRUXELLES

SEPTEMBRE 1965. Guillaume Hoorickx, dit « Bill », artiste-peintre belge, me reçoit dans son atelier de l'avenue Emile-Zola, à Paris. De taille moyenne, très mince, l'œil noir et vif, il porte une jeune cinquantaine. Il a soixante-six ans et a connu les cellules de la Gestapo, puis le camp de Mauthausen. Il déteste parler du passé. Ses dernières œuvres sont accrochées aux murs de l'atelier : des toiles abstraites, très belles. L'une comporte cette phrase, tracée en surimpression : « Si je ne suis pas moi, qui le sera ? »

« La débâcle de 1940 m'avait mené jusqu'à Tarbes. Là, j'ai été employé à l'arsenal. Quand les Allemands sont arrivés, nous avons tout saboté. J'étais inexpert, bien sûr, mais les Français m'ont montré comment il fallait procéder et nous avons fait un joli travail. Je crois que c'est l'un de mes meilleurs souvenirs.

« Après, je suis rentré à Bruxelles et j'ai rendu visite à ma femme. Il faut vous dire que nous étions séparés, tous les deux, mais nous sommes restés bons amis jusqu'au bout ; j'allais souvent la voir. C'est à l'occasion d'une de ces visites que j'avais rencontré chez elle, dès avant la guerre, un Urugayen nommé Carlos Alamo. Il était très beau garçon, sympathique, et j'ai vite compris qu'il valait beaucoup mieux que ses airs de danseur de tango. Nous avions déjeuné deux ou trois fois ensemble.

« A mon retour de Tarbes, je suis donc allé prendre des nouvelles de ma femme. Elle vivait avec Alamo. Ils m'ont raconté qu'ils s'étaient réfugiés pendant l'exode à Ostende. Alamo gérait là-bas un magasin. Je crois qu'il s'agissait d'une affaire d'imperméables.

« Ceci n'a rien à voir avec votre histoire, mais je vous le raconte tout de même : quand je suis rentré de déportation, en 1945, j'ai trouvé ma femme atteinte d'un cancer généralisé. Elle m'a dit : « Je vais mourir, mais je savais « que tu reviendrais et j'ai voulu t'attendre. On va boire « ensemble une bouteille de champagne. » Nous avons bu cette bouteille ; ma femme est morte le surlendemain.

« J'ai donc revu Carlos Alamo. Et c'est à peu près à cette époque que j'ai fait la connaissance d'un certain Rauch, qui était Tchécoslovaque. Je ne me rappelle plus où je l'ai rencontré. Dans un bar peut-être... ou bien au Saint-James Club. Rauch était âgé d'une cinquantaine d'années. Grand, très digne, il avait tout à fait l'allure d'un gentleman de la City. Il était l'agent pour la Tchécoslovaquie d'une firme belge s'occupant d'explosifs. Nous avons commencé à sortir ensemble, Rauch, Alamo et moi.

« Assez vite, Rauch m'a sondé sur mes opinions politiques. Convaincu de mon antinazisme, il m'a révélé qu'il travaillait pour l'Intelligence Service et il m'a demandé de l'aider. J'ai accepté, bien entendu. Rauch m'a expliqué que ses renseignements passaient à Londres par l'intermédiaire d'Alamo, qui disposait d'un émetteur. J'ai assisté à plusieurs émissions. Elles avaient lieu dans une villa située à l'angle de l'avenue de Longchamp, aujourd'hui avenue Winston-Churchill, et d'une rue dont j'ai oublié le nom. Il y avait là un radio et une ou deux femmes dont je n'ai plus un souvenir précis.

« Il se trouve que je parle parfaitement l'anglais. Or, celui qu'on parlait dans la villa était loin d'être correct. Ce détail m'a troublé et je m'en suis ouvert à Rauch. Il m'a répondu : « Non, ce ne sont pas des Anglais, ce « sont des Américains. Il faut s'en réjouir car l'Amérique « est neutre et il est donc beaucoup plus sûr pour nous « de travailler avec des Américains. »

« Il est vrai qu'Alamo affirmait qu'il était d'origine américaine et que sa mère vivait toujours à New York, mais tout cela me paraissait difficile à croire. Un jour, il m'a quitté en m'annonçant qu'il allait au consulat d'Uruguay. Je l'ai suivi. Il s'est effectivement dirigé vers le consulat, mais juste au moment d'entrer, il a traversé la rue et il s'est éloigné. Je me suis dit qu'il n'était sûrement pas Américain, apparemment pas Uruguayen, et que cette affaire devenait bien mystérieuse. Je ne comprenais surtout pas pourquoi Rauch me racontait des histoires.

« Bien entendu, je leur transmettais tous les renseignements dont je pouvais avoir connaissance. Ce n'était pas grand-chose, la plupart du temps, mais je faisais de mon mieux.

« A cette époque — c'était donc l'automne 1940 — j'allais assez souvent voir mon beau-frère, qui était importateur de fruits secs à Anvers. Son entreprise avait été réquisitionnée avec tous ses stocks. Deux ou trois fois par semaine, il devait livrer un camion de fruits secs à l'aérodrome d'Anvers, qui était évidemment occupé par la Luftwaffe. Un jour, je lui ai demandé de me confier le camion. Après avoir livré mon chargement, je suis allé à la cantine et j'ai engagé la conversation avec des Allemands. Je leur ai demandé : « Mais qu'est-ce que « vous allez faire de tous ces fruits secs ? » Ils m'ont répondu : « C'est pour l'Angleterre. — Comment ça ? « — Oui, on prépare l'invasion. Lorsque ça commencera, « nos pilotes seront sans cesse en l'air, ils n'auront pas « le temps de prendre leurs repas ici et on leur donnera « des fruits secs. » J'ai rapporté cette conversation à Rauch.

« Une autre fois, toujours à Anvers, j'ai vu surgir un

avion anglais isolé. Je me rappelle qu'il faisait un temps magnifique. L'avion a piqué sur l'usine de la General Motors et a lâché un chapelet de bombes avant de disparaître. L'une des bombes est tombée sur les ateliers de carrosserie ; les stocks de peinture ont pris feu ; en quelques minutes, l'usine tout entière était consumée par un gigantesque incendie. Le même jour, j'ai assisté à une manifestation sur la grand-place d'Anvers : des femmes défilaient derrière un drapeau noir. J'ai demandé ce que signifiait ce drapeau ; on m'a répondu qu'il était depuis toujours le symbole de la famine et que les femmes protestaient contre l'expédition en Allemagne des stocks de pommes de terre.

« Je suis rentré à Bruxelles dans l'après-midi et j'ai raconté ces deux épisodes à Rauch et à Alamo. Ils étaient justement en train de préparer une émission, de sorte qu'ils ont pu y intégrer mes renseignements. Puis nous avons dîné et bavardé. Vers minuit, nous avons écouté les émissions étrangères de Radio-Moscou, comme cela nous arrivait souvent. Ce soir-là, il y avait deux speakers, un homme et une femme, qui donnaient les nouvelles en alternance. Je ne me rappelle plus si c'est la femme qui a raconté l'histoire de l'avion anglais et l'homme celle de la manifestation, ou l'inverse ; en tout cas, ça m'a donné un choc ! J'ai regardé Alamo et Rauch. Ils avaient l'air embarrassé. Puis Alamo s'est levé et il a éteint la radio en me disant d'une voix très menaçante : « Toi, si jamais tu parles, ton compte est bon ! »

« Le lendemain, je suis allé voir Rauch et j'ai exigé des explications. Il m'a dit : « Ecoute, je suis vraiment « de l'Intelligence Service et je surveille ces Russes. Fais « attention : on risque notre peau, toi et moi ! Ces types « sont encore plus dangereux que les Allemands ! »

« C'était bien entendu avant l'agression allemande contre la Russie ; le pacte germano-soviétique était toujours valable.

« J'ai été affreusement ennuyé d'apprendre que Carlos Alamo était Russe. Quelques jours plus tôt, il m'avait dit qu'il ne connaissait personne et m'avait demandé de le présenter à une femme. J'avais organisé un dîner avec deux jeunes Russes : la princesse Sherbatov et l'une de ses amies, qui est aujourd'hui ma femme. J'ai bien noté le sursaut d'Alamo quand il a entendu le nom de la princesse, mais je n'y ai pas autrement prêté attention. Après, il s'est mis à lui faire la cour, mais de manière excessivement maladroite, presque grossière. De plus, il mangeait très mal, vraiment très mal, et les deux femmes se sont beaucoup moquées de lui — en russe, évidemment. Anna, ma femme, m'a dit qu'elles l'avaient traité de tous les noms. Quand j'ai su par la suite que le pauvre Alamo était Russe et qu'il avait tout compris, j'ai été très malheureux pour lui... »

Décembre 1965. Arrivé à Bruxelles à onze heures du soir, je décidai de tenter ma chance malgré l'heure tardive : autant savoir tout de suite si j'avais fait le voyage pour rien. Ce fut Margarete Barcza elle-même qui répondit au téléphone ; elle accepta de me recevoir. Comme je lui demandai ses convenances, elle me dit : « Pourquoi pas maintenant ? Je me couche toujours très tard, ou très tôt, comme vous voudrez. » Je l'écoutai, cette nuit-là, jusqu'à quatre heures du matin.

Elle avait vingt-huit ans en 1940. Grande et blonde, bien plantée, la toilette volontiers extravagante, elle ne passait pas inaperçue, même de la Gestapo. Ses beaux yeux ont résisté au temps et aux graves maladies qui l'ont accablée. Elle parle d'une voix allègre, marquée par l'accent bruxellois.

« Mon premier mari, Ernest Barcza, avait dix-sept ans de plus que moi. Nous vivions en Tchécoslovaquie, d'où ma famille est originaire, et c'est là-bas qu'est né en 1932 mon fils René — j'avais tout juste vingt ans. Notre vie était très facile, très agréable. Ma famille avait fait fortune dans l'exportation du houblon. En somme, je menais l'existence d'une femme millionnaire après avoir eu celle d'une fille de millionnaire, et je ne voyais aucune raison pour que ça change. Mais après les accords de Munich et l'annexion des Sudètes par l'Allemagne, nous avons dû nous replier à Prague. Un an plus tard, nous quittions Prague juste avant l'arrivée des troupes de Hitler et nous nous réfugiions en Belgique. J'ai oublié de vous dire que nous étions juifs.

« A Bruxelles, nous nous sommes installés au 106, avenue de Béco. J'occupais un appartement au sixième étage avec mon mari, tandis que mes parents étaient au cinquième. Evidemment, ce n'était plus la même chose et notre grande distraction consistait à jouer au bridge avec notre voisin de palier, un fonctionnaire belge très gentil.

« Le 15 mars 1940, mon mari s'est couché comme d'habitude après sa partie de cartes et il est mort dans la nuit ; une embolie l'a emporté en quelques heures. Un mois et demi plus tard, la Belgique était envahie. Il y a eu des alertes aériennes et nous avons dû descendre dans la cave. C'est là que j'ai fait la connaissance du locataire du quatrième étage. C'était un étudiant uruguayen nommé Vincent Sierra. Il n'était vraiment pas beau : plus petit que moi, blond, avec de grosses lèvres charnues. Mais il était très serviable, très prévenant — un charme fou ! Avec ça, habillé superbement ; il avait aussi beaucoup d'argent et il savait le dépenser, ce qui est rare. Bref, ce fut le coup de foudre entre nous, tant et si bien que j'ai refusé de fuir en France avec mes parents.

« Nous nous sommes installés dans un magnifique appartement, avenue Slegers. Il y avait vingt-sept pièces, dont sept chambres à coucher. Nous avons transformé une pièce en gymnase et, chaque matin, après la gymnastique, un masseur venait nous soigner à domicile. Nous avions aussi une maison de campagne. C'était de nouveau la belle vie. On sortait presque chaque soir et on dansait beaucoup. Vincent était un merveilleux danseur ; à nous deux, nous avons gagné beaucoup de concours. Je me souviens surtout du réveillon du Jour de l'An 40-41 ; nous avons passé la nuit au casino de Namur et c'était absolument merveilleux.

« En mars 1941, Vincent a décidé d'abandonner ses études et de se lancer dans les affaires. Il a monté une société d'import-export, la Simexco. Le plus difficile fut de trouver le nombre d'actionnaires exigé par la loi. Nous avons sollicité quelques amis belges. Je me souviens d'être allée voir notre ancien voisin de l'avenue Emile-de-Béco, M. Seghers. Je lui ai demandé de compléter notre société comme on demande à quelqu'un de faire le quatrième au bridge ; il a accepté.

« Accessoirement, cette affaire d'import-export a tout à fait dépanné M. Rauch. C'était un vieil ami de ma famille ; nous l'avions connu en Tchécoslovaquie et retrouvé à Bruxelles. La guerre l'empêchait de faire son travail habituel — j'ai oublié ce que c'était. Bref, il était dans la gêne. Je l'avais présenté à Vincent, qui lui avait donné des traductions à faire. Il l'a mis dans sa société comme directeur commercial, ou quelque chose de ce genre.

« Vincent a très bien réussi dans les affaires. Il s'y donnait beaucoup. Le soir, il était fatigué et il me disait : « C'est si bon de rentrer chez toi... on parle de choses « pas sérieuses... c'est le calme... tu ne poses pas de ques- « tions... » Le fait est qu'il ne me parlait jamais de son travail. Une fois, pourtant, il a laissé à la maison un paquet que quelqu'un devait venir prendre. On a sonné et j'ai ouvert la porte à un très, très beau garçon. Il a eu l'air surpris ; il a reculé en balbutiant : « M. Sierra « n'est pas là ? » puis il a déguerpi. C'était drôle de voir un si beau garçon être à ce point timide... J'ai appris par la suite qu'il s'agissait de Carlos Alamo, un autre Uruguayen.

« Au fond, il n'y avait qu'une seule ombre à notre lune de miel : nous étions tous les deux jaloux comme des tigres. Au début de l'année 1941, Vincent est allé pour ses affaires à la Foire de Leipzig, puis à Prague. Pour moi, ce fut vraiment atroce. Je tuais le temps en achetant des diamants et des manteaux de fourrure, mais j'ai perdu plusieurs kilos en quelques jours. Il m'avait bien dit qu'il était fiancé et il m'avait même montré une photo de la fille. Mais elle était en Uruguay, je ne me faisais pas trop de souci. Celles qu'il pouvait rencontrer à Bruxelles ou ailleurs m'inquiétaient plus. Ainsi, il faisait un voyage par semaine à Paris, toujours pour ses affaires ; il restait absent deux ou trois jours. Une fois, j'ai trouvé dans la poche de sa veste la photo dédicacée d'une danseuse de cabaret, Nila Cara [1]. Ça a bardé ! J'ai exigé qu'il ne reste à Paris qu'une seule journée. Bien sûr, ça l'obligeait à voyager deux nuits de suite, mais tant pis ! Il avait aussi l'habitude de fixer des rendez-vous dans une boîte de nuit de Bruxelles, le « Moulin-Rouge ». Je le faisais demander au téléphone, pour m'assurer qu'il était bien là. Ça le mettait dans des rages folles ! »

Un personnage est commun aux récits de Bill Hoorickx et de Margarete Barcza : Rauch. Admirons l'adresse de cet homme qui, aidé sans doute par la chance, entre en contact avec deux agents de l'Orchestre Rouge. Saluons en sa personne l'Intelligence Service qui, décidément, parvient à se faufiler partout. Et saluons vite, car Rauch ne va pas tarder à s'effacer, poussé doucement mais fermement sur la touche par le Grand Chef.

Robert Christen, citoyen suisse, restaurateur à Bruxelles, soixante ans à peu près, petit, trapu, truculent :

« Moi, monsieur, j'ai toujours travaillé la nuit ! Chanteur comique pendant trente ans ! Avant la guerre, j'étais animateur au « Broadway », ici même, à Bruxelles. Tous les samedis, on voyait arriver le client fidèle, un étudiant uruguayen. Il s'intéressait beaucoup aux attractions et on a fini par lier connaissance. Je lui parlais de la Suisse ; lui, il me montrait des photos : sa fiancée, sa maison à Montevideo, sa voiture, tout ça... Le « Broadway » a fermé après l'arrivée des Allemands car le patron était juif. J'ai travaillé au « Moulin-Rouge ». Tenez ! je n'oublierai jamais le ballet de « French-Cancan » du « Moulin-

1. Annonce relevée dans un *Paris-Soir* de l'époque : « Demain vendredi à 19 heures. Cocktail de l'Amitié. Nila Cara vous recevra au bar du Beaulieu, 168, faubourg Saint-Honoré, Balzac 49.64. »

Rouge » : il était entièrement composé de filles juives. Avant, elles avaient fait des numéros, mais leurs partenaires masculins, qui n'étaient pas juifs, les avaient laissé tomber et elles s'étaient mises ensemble. Au « Moulin-Rouge », j'ai revu mon Sierra. Il venait souvent avec son amie, une belle grande fille blonde qui n'avait pas froid aux yeux. Un jour, Sierra m'a demandé de devenir actionnaire d'une affaire d'import-export qu'il était en train de monter. Je lui ai répondu que je n'étais pas compétent, mais il a tellement insisté que j'ai fini par accepter. Par la suite, j'ai même été nommé administrateur délégué. Inutile de vous dire que je n'ai pratiquement jamais mis les pieds dans ses bureaux : j'étais devenu patron du « Florida », où il venait d'ailleurs souvent avec des amis, et j'avais autre chose à faire... »

A Bruxelles : le « Broadway », le « Florida », le « Moulin-Rouge », les soupers fins avec de belles dames russes, le casino de Namur et celui de Spa, les concours de tango, les fourrures et les bijoux.

A Paris : les « Folies-Bergère », le « Casino de Paris », les chansonniers et aussi les cabarets. On y voit beaucoup le Grand Chef et Georgie de Winter, qui sont maintenant parisiens. Ils se permettent même de dépasser l'heure du couvre-feu, car ils rentrent chez eux en vélo-taxis et ceux-ci bénéficient d'une certaine tolérance de la part de l'occupant. Ils habitent d'abord rue Fontaine, puis rue de Prony ; ils ont aussi un pavillon au Vésinet. Trepper exige des appartements luxueux et particulièrement bien chauffés ; il aime les belles choses, les livres reliés, les tableaux ; il ne transige pas sur la qualité de son linge, de ses complets ; il adore les parfums, qu'il offre à profusion à Georgie ; il a une passion pour Edith Piaf, dont il collectionne les disques ; il ne fréquente que les restaurants qui peuvent lui offrir une chère de premier ordre. Cet hiver 40-41 pose aux Parisiens des problèmes que le couple fastueux ignore superbement : il se chauffe au marché noir, s'habille au marché noir, mange au marché noir.

C'est Capoue et ses délices ? Non, c'est le réseau de la Belle au bois dormant — il attend le coup de baguette magique.

IV

« L'ATTAQUE ALLEMANDE EST POUR CETTE NUIT »

TREPPER est arrivé à Paris en août 1940, accompagné de Georgie. Luba et ses deux enfants sont à l'abri en Russie, rapatriés via Marseille par les soins de l'ambassade soviétique à Vichy. Ainsi le Grand Chef a-t-il l'esprit libre pour le grand affrontement à venir. Il lui est évident que l'ennemi sera l'Allemagne et ses soldats qui submergent l'Europe comme une marée mauvaise. Or, si Bruxelles était adéquat pour travailler contre l'Angleterre, Paris sera contre l'Allemagne une meilleure plaque tournante. Trepper y établit son quartier général et s'emploie à bâtir une organisation correspondant à ses nouvelles fonctions : Moscou vient de le nommer « Directeur-Résident », c'est-à-dire responsable de l'espionnage soviétique pour toute l'Europe de l'Ouest.

Il a avec lui ses deux meilleurs lieutenants. Léon Grossvogel, d'abord, spolié de ses biens par les lois antisémitiques de l'occupant. Il va mettre au service de Trepper son sens des affaires, ses capacités d'organisateur. En quelques semaines, il assure le financement du réseau et loue à travers Paris une dizaine d'appartements qui serviront de lieux de rendez-vous ou de refuges ; il recrute des agents promus au rôle de « boîtes aux lettres » afin d'assurer des liaisons intérieures rapides tout en respectant un cloisonnement draconien. Toute l'infrastructure matérielle est son œuvre. Grossvogel, c'est la garantie que l'intendance suivra. Avec cela, une « façade » sociale impressionnante : qui soupçonnerait ce monsieur sérieux, très « grand bourgeois », féru de musique classique et toujours sobrement vêtu ? Il n'a aucun goût pour le romantisme douteux des capes couleur de muraille. Il fait de l'espionnage avec la même méticulosité tranquille qu'il apportait à la vente des imperméables : la marchandise a changé, voilà tout... Il a les qualités d'un bon chef d'état-major : on lui indique le but, il fournit les moyens.

Que dire de Hillel Katz ? Tenez, si Trepper lui ordonnait d'aller au siège de la Gestapo pour s'y livrer, Katz obéirait sans poser de question. On exagère ? Attendez un peu... Il est jeune, de petite taille, très frêle, avec des lunettes qui lui mangent la moitié du visage. De l'avis général, il ressemble à un Français moyen. Mais c'est un Juif polonais, comme Trepper ; ils se sont rencontrés en Palestine et ont fait ensemble cette fameuse grève de la faim, puis ils sont venus en France, où Katz a travaillé comme maçon. Il va être le bras droit du Grand Chef. Toujours gai, toujours optimiste, le petit Katz. Un dévouement sans faille, une abnégation totale. Il est en somme modelé dans cette pâte dont on fait les bons martyrs, les sacrifiés, ceux qui se font toujours prendre et meurent la joie au cœur. Vous savez déjà que le petit Katz finira sous la hache du bourreau nazi.

Léon Grossvogel et Hillel Katz : la « Vieille Garde » juive du Grand Chef.

Le réseau belge est en sommeil. On assure avec Moscou des liaisons-radio de routine dont la matière est fournie par des comparses tels que Hoorickx. Mais les vraies « sources » ne sont pas encore utilisées et l'appareil tout entier est « dormant », comme on dit dans l'argot du renseignement. A sa tête, deux Russes de moins de trente ans.

Trepper, comme tout le monde, a de l'affection pour Mikhaël Makarov, *alias* Carlos Alamo. D'abord, c'est un héros. Lieutenant dans l'aviation russe, mais appartenant au personnel non navigant, on l'a envoyé en Espagne servir chez les Républicains. Un jour, les Franquistes réussissent une percée et menacent de prendre le front à revers. L'infanterie républicaine demande un bombardement d'urgence. Aucun pilote n'est disponible. Makarov saute dans un avion et décolle. Il n'a pas son brevet et ne connaît du pilotage que les rudiments qu'on acquiert forcément en vivant au milieu des avions. Il trouve les Franquistes, bombarde et mitraille, revient se poser sans encombre. On le porte en triomphe. C'est le style Makarov.

La première fois qu'il le rencontre en Belgique, au printemps 1939, Trepper l'invite à prendre un verre dans un café. Makarov commande du cognac. Le garçon apporte des gros verres ballons où il verse la ration normale. Mais Makarov lui fait signe de continuer à verser. Eberlué, le garçon obéit et remplit son verre à ras bord. Makarov le surveille avec satisfaction et ne comprend pas pourquoi Trepper lui distribue force coups de pied dans les chevilles. A la fin, agacé, il s'écrie : « Eh bien, quoi ? Je peux payer ! » C'est aussi le style Makarov.

Il s'achète une auto. Le Grand Chef tient pour néfaste qu'un espion possède une voiture ; cela entraîne à des contacts avec la police, notamment en cas d'accident. Makarov ne connaît qu'une façon de conduire : le pied au plancher. Un jour que Trepper est avec lui, il perd le contrôle de sa direction et la voiture s'écrase contre un arbre. Trepper s'extirpe des débris et contemple le désastre en silence. Fou furieux, Makarov lui crie : « Mais comment fais-tu pour rester si calme ? Ce n'est pas normal ! » Trepper répond doucement : « Et que veux-tu que je dise, imbécile ? » C'est encore le style Makarov.

On lui confie la gérance de la succursale d'Ostende du « Roi du Caoutchouc ». Il n'entend rien aux affaires, s'embrouille dans ses comptes, ne vient guère au magasin, gémit qu'il s'ennuie à mourir : toujours le style Makarov.

Au mois de juin 1940, en pleine débâcle belge, Trepper lui ordonne d'aller chercher l'émetteur caché à Knokke-le-Zoute et de le ramener à Bruxelles. Mais Makarov n'a pas le temps : il est à Ostende et file le parfait amour avec Mme Hoorickx. Trepper doit aller lui-même à Knokke...

Il est bien obligé de rendre compte à Moscou. A la fin de l'été, un télégramme du chef des services soviétiques ordonne à Makarov, convaincu d'incapacité notoire, de rentrer au bercail. Makarov implore Trepper : « Ma carrière est fichue ! Tu sais ce que ça signifie pour un officier, la disgrâce... » Il parle de suicide. Bon prince, Trepper lui sauve la mise et obtient qu'on lui donne une dernière chance. Il aime bien Mikhaël Makarov : c'est un héros.

Par contre — comme c'est curieux —, personne n'aime le capitaine Gourevitch, qui fait admirablement son travail. Il est arrivé à Bruxelles le 17 juillet 1939, venant de Montevideo. Son passeport, portant le n° 4 649, a été délivré à New York le 17 avril 1936. Il est établi au nom de Vincent Sierra, né le 3 novembre 1911 et habitant à Montevideo, 9 calle Colon.

Comme Makarov, Gourevitch a servi en Espagne dans les Brigades Internationales avec le grade de capitaine. Et comme Makarov, il a connu à cette occasion son heure de gloire. Non pas dans les airs, mais sous l'eau, alors qu'il allait en sous-marin de Russie en Espagne. Le submersible, moteur en panne, est resté plusieurs heures au fond de la mer. L'équipage s'est cru perdu, puis un mécanicien a réussi à réparer l'avarie. Gourevitch est resté impavide tout au long de ces heures dramatiques, du moins l'affirme-t-il. Il n'était pas destiné à servir dans l'organisation du Grand Chef. Sa mission consistait à gagner Copenhague pour y monter un réseau. Son séjour à Bruxelles devait être bref, quelques mois au plus, au cours desquels il apprendrait le droit commercial et perfectionnerait sa connaissance des langues étrangères. Mais après la déclaration de guerre, il a reçu l'ordre de rester sur place, à la disposition du Grand Chef.

Celui-ci est content de Gourevitch. Contrairement à Makarov-Alamo, Gourevitch-Sierra réussit à merveille son intégration dans la société bruxelloise. Il mène grand train de vie, reçoit fastueusement, multiplie ses relations ; il est travailleur et astucieux. Aucun doute : Sierra est une recrue de choix.

Mais personne ne l'aime — à part Margarete, bien sûr, qui se consume pour lui. On le trouve orgueilleux, fier-à-bras, bluffeur. Chœur unanime des anciens de l'Orchestre Rouge : « Kent ? Ah ! le sale type... »

Oui, Gourevitch-Sierra s'appellera aussi « le Petit Chef » après avoir pris la succession du Grand Chef à la tête du réseau belge, mais pour tout le monde, même pour Moscou, il est « Kent ». Ce pseudonyme-là, il l'a choisi lui-même. C'est toute une histoire. Vers 1929 parut en Russie un roman intitulé *Journal d'un espion.* L'auteur, N. G. Smirnov, racontait les aventures d'un agent britannique, Edward Kent, qui se distinguait par son astuce, son sang-froid, son incroyable audace. Gourevitch lut ce roman à l'âge de dix-huit ans et il en fut ébloui. A la bonne heure ! Maintenant, imaginez que vous dirigiez un service de renseignement. Vous recevez un jour un candidat blondinet qui déclare carrément choisir pour pseudonyme James Bond. Vous le remerciez avec un bon sourire, n'est-ce pas ? Vous lui conseillez de se lancer dans la littérature d'imagination ? L'homme qui recruta Kent n'eut pas de ces réticences. L'âme slave, probablement...

On ignore à Bruxelles l'origine du pseudonyme « Kent ». Si l'on n'aime pas Gourevitch, c'est sans raison précise. Prenez Luba Trepper, par exemple, qui assura, jusqu'à son départ pour Moscou, la liaison entre Kent et le Grand Chef. Elle adore Makarov, sympathique fainéant, et ne peut supporter le laborieux Kent. Elle s'inquiète de son goût pour le luxe, de ses dépenses fastueuses ; elle prétend qu'un homme qui aime à ce point la bonne vie répugnera à risquer sa peau. Au vrai, elle n'en sait rien. Trepper l'écoute, mais ne prend pas les choses au tragique. Un jour, il a rendu visite à Kent dans son appartement somptueux de l'avenue Slegers. Très grand seigneur, Kent l'a conduit à sa penderie et, d'un geste large, lui a montré les quelque cinquante complets qui y étaient suspendus. Trepper a murmuré en hochant la tête : « Bravo ! Très bien ! Moi, à ta place, je photographierais tout ça... Ça te ferait un souvenir, plus tard... et encore, il n'est même pas sûr que ce soit toi qui regardes la photo... » Kent n'a pas apprécié.

Alamo et Kent : la « Jeune Garde » russe du Grand Chef. Il n'a pas en elle la même confiance qu'en ses vieux compagnons juifs, formés pour la plupart à l'école de la misère, habiles comme des caméléons à se fondre dans le milieu ambiant, rompus à la lutte clandestine. Un Trepper, un Katz, ils peuvent barboter dans le luxe sans courir jamais le risque de s'y noyer. Alamo, Kent, c'est une autre affaire. On ne saura qu'à l'épreuve de quel métal ils sont faits.

L'épreuve approche. On le sait à Washington et à Londres ; on le sait dans les capitales neutres où les journaux annoncent sur cinq colonnes que la Wehrmacht est massée le long du Bug polonais, prête à foncer vers l'est ; on le sait à Genève, d'où le « Résident-Directeur » soviétique, Alexander Rado, envoie à ses chefs force signaux d'alarme ; on le sait à Tokyo, d'où Sorge annonce plusieurs semaines à l'avance la date fixée pour l'attaque allemande : le 22 juin 1941...

On le sait à Paris. Le Grand Chef, dès avant le mois de mai, prévient le Kremlin des concentrations offensives de Hitler. Il est en contact avec un ingénieur du Génie allemand, Ludwig Kaïnz. Ce dernier avait travaillé, après la campagne de Pologne, aux fortifications allemandes sur le Bug. En avril 1941, on l'y rappelle pour un bref séjour. Il constate immédiatement que tout est changé et qu'on se prépare à l'attaque. A son retour en France, il parie avec Trepper une caisse de bouteilles de champagne que la guerre éclatera avant la fin mai. Pari perdu. Mais Kaïnz annonce que l'affaire n'est repoussée que d'un mois : Hitler a été retardé par l'obligation d'intervenir dans les Balkans pour sauver de la déroute les troupes de Mussolini empêtrées en Albanie et en Grèce. Kaïnz joue son champagne à quitte ou double pour le mois de juin.

Ce n'est pas la seule « source » du Grand Chef. Il entretient aussi des relations suivies avec un brave colonel autrichien, chargé des services d'approvisionnement de la Wehrmacht en France. Au printemps 1941, cet homme confie à Trepper son soulagement : le nombre de rations à assurer est en voie de diminution rapide ; la France se vide de ses troupes d'occupation. Où vont-elles ? Trepper le sait par des centaines de rapports qu'il reçoit de cheminots français : vers l'est, vers la Pologne. Enfin, au mois de juin, après maintes beuveries dans les cabarets parisiens, il obtient d'un groupe d'officiers supérieurs S.S. l'ultime confirmation : ils fêtent leur départ pour la Pologne et l'invitent à trinquer à la défaite prochaine de la Russie.

Trepper prévient Moscou à deux reprises. Ses rapports sont transmis par l'attaché militaire soviétique à Vichy, le général Sousloparov. En principe, Trepper ne devrait avoir aucun contact avec lui. Mais il s'inquiète de voir arriver l'heure fatidique alors qu'il n'est pas encore équipé pour le combat : il lui faut des postes émetteurs. Bravant la consigne, il harcèle l'attaché. Sousloparov, brave bête militaire, le rassure et lui affirme qu'il n'y a pas le feu...

Le 21 juin au soir, Trepper arrive à Vichy et se précipite chez Sousloparov : « Voilà un message capital à transmettre de toute urgence ! » L'autre s'enquiert des motifs d'une telle excitation. Trepper lui révèle que la Wehrmacht va attaquer la Russie cette nuit même. Le général éclate de rire : « Mais tu es fou, mon pauvre vieux ! C'est impensable ! Tout à fait impossible ! Je refuse de transmettre ce télégramme qui va te ridiculiser ! » Trepper insiste tant que l'autre finit par céder. Le télégramme est émis sur-le-champ.

Le Grand Chef, épuisé, va dormir dans une chambre d'hôtel. Le lendemain matin, il est éveillé par les cris de l'hôtelier : « Monsieur ! Ça y est ! Ils sont en guerre avec la Russie. »

Deux jours plus tard, l'adjoint de Sousloparov rentre de Moscou à Vichy après un périple compliqué. Trepper lui demande si son avertissement a été pris en considération. Le Russe répond : « J'ai vu le Directeur [des services secrets de l'Armée Rouge] le soir même de la réception de ton télégramme. Il m'a dit que celui-ci avait été immédiatement montré au Patron [Staline]. Le Patron a été très surpris. Il a dit : « D'habitude, Trepper nous envoie du matériel de valeur faisant honneur à son sens politique. Comment ne s'est-il pas aperçu immédiatement qu'il ne s'agissait ici que d'une grossière provocation anglaise [1] ? »

Provocation anglaise ? Ces mots sont maintenant familiers au Directeur des services russes. Au mois d'avril, il a transmis à Staline le rapport d'un agent tchèque annonçant d'une part que les usines d'armement Skoda

1. En fait, Staline n'a pas dit « Trepper » mais « Otto » : c'est sous ce pseudonyme que le Grand Chef était enregistré à Moscou. Pour Georgie, il était «Eddy » ; pour Katz, « René » ; pour Spaak, « Henri ». On lui connaît encore les pseudonymes suivants : « Général », « Georges », « Oncle », « Bauer », « Gilbert », « Herbert », « Sommer », etc. Dans un but évident de simplification, l'auteur s'est permis de renoncer à la plupart de ces pseudonymes. S'il ne l'avait pas fait, ses lecteurs eussent eu autant de mal à s'y reconnaître que la Gestapo. Il n'était pas possible de leur infliger pareille épreuve.

avaient reçu l'ordre de ne plus exécuter les commandes russes, d'autre part que les Allemands massaient des troupes sur la frontière soviétique. Staline écrivit à l'encre rouge dans la marge du rapport : « Cette information est une provocation anglaise. Trouvez l'auteur de cette provocation et punissez-le. » Travesti en correspondant de l'agence Tass, le major Akhmedov, chef de la quatrième section des services secrets russes, fut dépêché en Allemagne pour découvrir le coupable ; l'attaque de la Wehrmacht ne lui en laissa pas le temps [1].

Moscou aura donc nié jusqu'au premier coup de canon l'imminence d'une guerre qui lui était annoncée par Genève, Tokyo et Paris, sans parler de Londres et de Washington. Névrose antibritannique de Staline ? Assurément, et renforcée encore par ce qu'il a su des rodomontades alliées à propos de Bakou et de la Finlande. Mais aussi, sans doute, erreur de calcul politique. Staline avait annoncé depuis longtemps qu'il laisserait s'entrebattre nations capitalistes et pays fascistes ; l'Armée Rouge ne s'ébranlerait pour moissonner l'Europe qu'après leur épuisement réciproque. Au printemps 1941, Staline estimait que les blés n'étaient pas mûrs, que l'Angleterre et l'Allemagne ne s'étaient pas saignées à blanc, que Hitler, de toute façon, ne courrait pas le risque d'attaquer à l'est avant d'avoir vaincu à l'ouest.

Il s'est trompé. On connaît le prix que son pays dut payer : un « Pearl Harbor aérien », selon la forte expression de Paul Carel, avec des milliers d'avions détruits au sol ; puis les divisions russes bousculées, encerclées, liquidées — la route de Moscou ouverte...

A Tokyo et ailleurs, on paya aussi : avec ses nerfs. Quoi de plus débilitant pour un espion que de découvrir qu'il a risqué sa vie pour rien et que ses cris d'alarme ont été entendus, mais non pas écoutés. Klausen, radio de Richard Sorge : « Richard était furieux, ce fut la seule fois où tous les deux nous avons été hors de nous.

1. L'épisode a été raconté par le major Akhmedov lui-même, après qu'il eut déserté les services soviétiques et fut passé à l'Ouest (cf. sa déposition d'octobre 1953 devant une commission du Sénat des Etats-Unis).

Richard s'est levé brusquement. Il a traversé la pièce à grandes enjambées en se tenant la tête entre les mains. Il disait : « Maintenant, j'en ai assez ! Pourquoi ne me « croient-ils pas ? Comment peuvent-ils, ces malheureux, « ignorer notre message [1] ? » A ce message, Moscou avait répondu : « Nous doutons de la véracité de votre information. »

Mais chez Trepper, l'euphorie submerge tout, même la rancœur d'avoir été méconnu. Ceux qui l'ont approché au cours de cette semaine historique témoignent de son enthousiasme ; il rayonnait de bonheur, il était littéralement fou de joie. Sans doute ne manque-t-il pas de sens politique, au dire même de l'expert Joseph Staline. Il a admis que le pacte germano-soviétique était peut-être nécessaire pour assurer un répit à l'Armée Rouge. Mais quels tourments et quelles luttes pour faire taire son sentiment profond et n'écouter que la voix de la raison ! On doit comprendre que Trepper et sa Vieille Garde ne sont pas exactement des professionnels du renseignement ; ils ne ressemblent en rien à ces *supermen* de la littérature d'espionnage qui, bardés de *gadgets*, exécutent n'importe quelle mission pour n'importe quel client ; ils diffèrent même des professionnels d'aujourd'hui, communistes ou non, chez qui la passion de leur spécialité a remplacé la foi disparue. Si on leur disait qu'ils sont des espions, ils récuseraient l'étiquette : ils se tiennent pour des révolutionnaires. Un homme de leur génération, Otto Braun, définira ainsi ses compagnons et lui-même : « Nous n'étions pas des bureaucrates de la conspiration, mais des romantiques de la révolution. » Pour Trepper, la ligne est droite qui va des révoltes de Dombrova aux activités de renseignement en passant par le travail politique en Palestine. C'est livrer sur des fronts différents un combat identique. On peut contester en 1966 la justesse de ce sentiment, mais il est impossible de nier son existence en 1940 chez le Grand Chef et ses gens. A cette époque, Trepper affirme volontiers que le grand homme

1. Nicole Chatel et Alain Guérin, *Camarade Sorge*, Julliard, 1965, p. 87.

de sa génération, et qui l'incarne le mieux, s'appelle André Malraux.

La date du 22 juin 1941 marque pour le réseau le début d'un combat inexpiable où chacun risque de trouver la mort et, avec la torture, le dégoût de soi-même. Ces périls comptent pourtant peu auprès de l'immense soulagement éprouvé à sortir de l'ambiguïté. Malgré la « ligne » officielle, malgré le pacte germano-soviétique, ceux de Bruxelles et de Paris savaient depuis des années que le nazisme était l'ennemi par excellence. Et depuis dix-huit mois, depuis l'occupation de la Belgique et de la France, ils le lisaient sur les affiches jaunes annonçant les condamnations à mort, ils le percevaient dans cette lointaine odeur de charnier montant du sol polonais où ils avaient, pour la plupart, laissé leur famille ; ils éprouvaient dans leur cœur ce que leur esprit avait déjà reconnu.

Pour de tels hommes, le 22 juin 1941 est une fête.

Et puis, Trepper est juif.

L'auteur, au début de son enquête, ne jugeait pas indispensable de noter que tel ou tel de ses héros était juif, de même qu'il ne lui serait pas venu à l'esprit de faire à ses lecteurs la confidence qu'il est lui-même auvergnat. Sa seule réaction était en quelque sorte technique : il estimait peu avisé de cumuler les risques de l'agent clandestin et ceux de l'Israélite promis à la persécution. Au fil des jours, il a découvert que cette vue était un peu courte. On demandera bientôt au Grand Chef pourquoi son réseau comptait une si forte proportion de Juifs ; Trepper répondra : « Parce qu'ils avaient un compte spécial à régler avec les nazis. »

Himmler l'entendra bien ainsi. Aux policiers chargés de « nettoyer cette pourriture juive » (l'Orchestre Rouge), il va donner l'ordre écrit d'employer tous les moyens pour obtenir des aveux. C'est, à notre connaissance, le seul cas où le Reichsführer osera mettre sa signature sur un document autorisant la torture jusqu'à ce que mort s'ensuive. Simple détail anecdotique ? Mais les plans de la Gestapo contre l'Orchestre Rouge, ses combinaisons, ses manœuvres, les réactions de ses policiers : tout est fondé sur le fait que l'adversaire est juif, donc méprisable, même s'il est astucieux. Un Juif est difficile à attraper ; quand il est pris, il se couche. Lorsque l'auteur demandait aux anciens policiers de la Gestapo pourquoi on avait couru le risque de relâcher tel ou tel agent arrêté, avec l'espoir, à priori léger, qu'il respecterait l'engagement de trahir ses camarades, on lui répondait d'un air surpris : « Mais, monsieur, c'était un Juif... »

Le 22 juin 1941, c'est aussi la date où s'engage, dans le champ clos de l'Europe occupée, un duel à mort, hautement symbolique, entre les S.S. de la Gestapo, funestes Goliath de la « Race des Seigneurs », et la petite cohorte des Juifs de l'Orchestre Rouge, pauvres David d'un peuple martyrisé.

V

FRANZ FORTNER S'EN VA-T-EN GUERRE

DANS l'argot des services secrets allemands, le patron d'un réseau est un chef d'orchestre ; il coordonne et dirige le jeu de ses instrumentistes. Parmi ceux-ci, un soliste de première importance : le pianiste. C'est bien entendu le radio qui pianote sur son émetteur, dit aussi « boîte à musique ».

La découverte par la station d'écoute de Cranz du pianiste usant de l'indicatif PTX ne fut pas tenue pour un événement historique dans les cercles dirigeants de l'Abwehr, ni même de la Funkabwehr, filiale spécialisée dans le repérage et l'annihilation des émetteurs clandestins. Depuis l'entrée de la Wehrmacht en Russie, l'Europe occupée jouait de la musique. On n'avait pas encore réussi à localiser l'auditeur de ces symphonies furtives, mais la coïncidence donnait à penser : si l'attaque à l'Est avait été pour les musiciens le coup de baguette magique, il était probable que cet auditeur se trouvait à Moscou.

Déduction logique et très rassurante. Pour les Allemands, ça commençait bien. Plus exactement, ça continuait encore mieux. On nageait dans la félicité. Après la Pologne, le Danemark, la Norvège, la Hollande, la Belgique, l'Angleterre, la France, la Yougoslavie et la Grèce, le tour était venu pour la Russie de montrer le dos de ses soldats. Le Führer l'avait prédit : « L'édifice soviétique est pourri ; il suffira d'un coup de pied dans la porte pour que tout s'écroule. » Une fois de plus, le problème essentiel allait consister à canaliser le flot des prisonniers. Qu'importaient quelques réseaux d'espions auprès de ces triomphes ! Les orchestres se tairaient l'un après l'autre quand il n'y aurait plus personne à Moscou pour les écouter. Dès à présent, leur mélodie pauvrette était étouffée par le timbre des trompettes qui, à la radio allemande, précédait les « communiqués spéciaux » annonciateurs de nouvelles victoires. Selon le témoignage de ses adjoints, le chef de la Funkabwehr était partisan de laisser s'éteindre d'elle-même cette vaine agitation.

Quelques jours après la détection du PTX, la station de Cranz repéra un nouvel émetteur. Les spécialistes, travaillant en liaison avec ceux de Breslau, s'efforcèrent de le localiser. Ils recommencèrent plusieurs fois leurs opérations, puis ils transmirent leur rapport à Berlin, où on le reçut avec un haussement d'épaules. Les spécialistes se remirent au travail et vérifièrent les premiers calculs. Selon eux, le doute n'était guère possible : un émetteur clandestin, dont la technique s'apparentait à celle du PTX, fonctionnait à Berlin. Cette affirmation secoua l'Abwehr comme un électrochoc. Que quelques furoncles apparussent çà et là sur le corps de l'Europe occupée, c'était sans danger, presque normal : on y pourvoirait avec le temps. Mais un pianiste à Berlin, avec le réseau que son activité impliquait, c'était comme un cancer épouvantable au centre même de l'empire nazi. Si les dirigeants russes actuels apprenaient l'existence d'un émetteur clandestin américain à trois cents mètres des murs du Kremlin, il est probable que leur stupeur n'égalerait pas celle des chefs allemands à la lecture du rapport de la Funkabwehr.

Car enfin, il était notoire que le parti communiste allemand avait été annihilé par la Gestapo. De ce parti — en son temps, le plus puissant d'Europe — ne subsistaient plus que des cellules peu nombreuses, isolées, truffées d'indicateurs. L'espionnage soviétique s'était jusqu'alors mû dans la masse communiste comme un poisson dans l'eau ; privé d'elle, il devait forcément mourir asphyxié. On avait d'autre part la certitude que Staline avait joué franc jeu après le pacte germano-soviétique. La Gestapo n'avait-elle pas eu le plaisir raffiné de recevoir des mains mêmes de la Guépéou plusieurs communistes allemands réfugiés en Russie ? L'idylle s'était sans doute un peu détériorée avec le temps. Soit qu'ils fussent couverts par Staline, soit qu'ils eussent agi de leur propre initiative, les chefs des services soviétiques avaient tenté de rebâtir en Allemagne un semblant d'organisation. Mais quelles piètres tentatives ! On en avait fait des gorges chaudes à Berlin. La mascarade des pays baltes, par exemple... Lorsque ces pays étaient passés dans la zone d'influence soviétique, en 1940, les cinq cent mille Allemands qui y vivaient avaient été rapatriés par Berlin. Plusieurs milliers d'entre eux [1] révélèrent aussitôt à la Gestapo qu'ils avaient été approchés par les services russes avant leur départ et qu'on avait usé de la menace ou de l'appât du gain pour les convaincre de se lancer dans des activités d'espionnage contre la mère patrie. Une méthode aussi grossière, dépourvue à ce point de chance de succès, démontrait que le renseignement soviétique était aux abois.

S'il se trouvait ainsi réduit aux moyens les plus désespérés, c'est que les méthodes classiques avaient échoué. Avant d'attaquer la Russie, Hitler avait fait préparer un dossier d'une mauvaise foi admirable qui tendait à rejeter sur la Russie la responsabilité de la guerre. On y invoquait des incidents de frontière, des survols du territoire allemand par des avions russes, des manœuvres

1. Cinquante pour cent des rapatriés, selon Heydrich, mais ce pourcentage paraît avoir été gonflé dans un but de propagande.

diplomatiques déloyales et autres vétilles de la même force. A Reinhard Heydrich, chef de la Gestapo et du Service de Sécurité (S.D.), avait été confiée la rédaction d'un texte sur l'espionnage soviétique en Allemagne. L'objectif, là encore, était d'imputer aux Russes des manquements au pacte d'une gravité si extrême que l'Allemagne ne pouvait y répondre que par la guerre. Le rapport d'Heydrich, enregistré sous le numéro d'ordre IV EL 17/41 g RS, fut publié en Europe par le *Deutscher Ausländer Dienst*. La version française, si elle ne fait pas honneur aux traducteurs de l'*Ausländer Dienst*, a un ton de grande naïveté, qu'on trouve trop rarement dans les documents officiels de ce genre :

« Depuis la conclusion du pacte, le service spécial d'espionnage russe a travaillé d'une façon presque provocante. Déjà sans retenue dans l'application de ses méthodes usuelles, il alla jusqu'à se servir largement, pour ses mouchardises, des représentations diplomatiques de la Russie dans le Reich — et, à leur tête, de l'ambassade russe à Berlin. Lorsqu'il y a quelque temps, l'ambassadeur d'alors Schkwarzew fut rappelé de Berlin pour y être remplacé par Dekanasov, ce changement de titulaire fut le point de départ d'une intensification encore plus active du cafardage sous forme de renseignements politiques, économiques et militaires. Dekanasov, un familier de Staline, était en Russie directeur de la section de renseignement du NKVD (Commissariat russe du peuple pour l'intérieur) dont la Guépéou fait partie comme section spéciale d'espionnage. La mission qui lui avait été confiée par Moscou consistait à avoir accès dans les services du Reich grâce à un réseau d'hommes de confiance qu'il fallait développer et surtout à se procurer des rapports sur la force militaire et les plans d'opérations du Reich. Son fidèle auxiliaire était le membre du Guépéou Kobuloff, soi-disant « conseiller d'ambassade », qui déployait une intense activité dans le domaine de l'espionnage en utilisant sans vergogne l'exterritorialité dont il bénéficiait. Le but que l'espionnage russe se proposait en Allemagne était, indépendamment de l'obtention de renseignements militaires, d'arriver à connaître les intentions politiques du gouvernement du Reich et, par le développement d'installations clandestines d'émetteurs de T.S.F. en de nombreux endroits d'Allemagne, de disposer de postes avertisseurs à même de transmettre à l'aide d'un subtil langage chiffré toutes les nouvelles importantes pour la Russie. Il y avait donc depuis 1940 de vastes préparatifs de mobilisation dans le domaine de l'espionnage, préparatifs réalisés au moyen de ressources pécuniaires dont on ne saurait se faire une idée. Le service de contre-mine allemand peut intervenir à temps. »

La forme soulève quelques questions — pourquoi, par exemple, avoir donné au service de contre-espionnage allemand le nom saugrenu de « service de contre-mine » ? Mais le fond est sans équivoque : partout et toujours, la police nazie a su déjouer les intrigues soviétiques ; elle a arrêté les agents de Moscou et mis la main sur leurs émetteurs. A la veille de l'entrée en guerre contre la Russie, Heydrich garantit à son Führer une Allemagne propre comme un sou neuf : il n'y aura ni mouchardise ni cafardage.

Mais le rapport des spécialistes de Cranz ? Impossible d'y ajouter foi sans mettre en doute du même coup l'exactitude du rapport Heydrich. A l'Abwehr, certains choisirent de faire confiance aux techniciens, mais beaucoup refusèrent de croire à l'existence du pianiste berlinois en invoquant le manque de précision des appareils utilisés pour localiser l'émetteur. De sorte que les deux camps, celui qui y croyait et celui qui n'y croyait pas, s'accordèrent sur l'urgente nécessité d'améliorer le matériel pour acquérir la certitude que le pianiste était à Berlin ou qu'il n'y était pas.

Les choses auraient pu aller vite sans la mafia du gros Gœring. Dès 1941, le vaincu de la bataille d'Angleterre est en voie de désintégration physique. Il va bientôt porter plusieurs bagues à chaque main, se farder et revêtir volontiers la toge. L'« homme de fer » finira en copie obèse du Néron antique. Il fut pourtant, de 1933 à 1939, le personnage le plus puissant d'Allemagne après le Führer. Chef de la Gestapo, il a concédé assez vite à Himmler et à Heydrich l'usage de cet outil policier, mais il s'est réservé farouchement l'« Institut de Recherches » auquel il a fait la grâce de donner son nom. L'« Institut de Recherches Hermann Gœring » contrôle les réseaux téléphoniques et télégraphiques, ainsi que les transmissions radio en Allemagne et en Europe occupée. Il dispose d'appareils de relèvement à longue distance d'une précision inconnue ailleurs. Grâce à lui, Gœring conserve dans sa disgrâce un exceptionnel instrument de pouvoir. Toutes les tentatives pour le lui arracher seront vaines. L'Institut est à la disposition des S.S. pour une collaboration éventuelle, mais il ne relève que de l'autorité du Reichsmarschall Gœring. Et lorsque la Funkabwehr, qui dépend de la Wehrmacht et ne bénéficie donc pas du sombre prestige des S.S., demande à son tour aide et assistance à l'Institut, il se trouve une créature de Gœring pour lui claquer la porte au nez.

C'est irritant, mais non désastreux. La technique allemande est la première du monde dans le domaine de la radio ; elle saura produire le matériel convenable. Il faut d'abord à la Funkabwehr des appareils de relèvement à distance, afin de situer la position approximative d'un émetteur. Cranz affirme par exemple que le PTX se trouve dans une zone ainsi définie : Allemagne du Nord, Hollande, Belgique, France septentrionale. Pourquoi pas la Patagonie ? Il est indispensable de situer au moins la ville pour que puisse commencer la chasse. C'est alors qu'interviendront les appareils de relèvement rapproché, permettant de repérer la maison d'où l'on émet.

La firme Lœwe-Opta-Radio, contactée par la Funkabwehr, soumet des projets fort intéressants. En ce qui concerne les appareils de relèvement rapproché, le problème consiste à les faire aussi discrets que possible, de manière à ne point donner l'éveil. Les vieux spécimens que possèdent la police et la Funkabwehr sont si volumineux qu'on doit les loger dans une camionnette. De plus, ils se trahissent par un tuyau circulaire, d'un diamètre supérieur à un mètre, placé sur le toit de la camionnette. Il faut trouver mieux. L'appareil se réduit d'abord aux dimensions d'une valise. Mais l'homme qui la porte doit avoir des écouteurs aux oreilles, ce qui, avec la valise, le dénoncera à d'éventuels guetteurs. On décide alors de camoufler la valise dans une voiture roulant lentement ; les expériences sont positives. Puis on fait mieux encore : l'appareil devient assez petit pour être accroché à la ceinture, sous le manteau. Plus de valise pour alerter les guetteurs. Quant aux écouteurs, ils sont remplacés par un dispositif aussi discret que celui employé par les sourds. Pour la Funkabwehr, c'est le trèfle à quatre feuilles. Il ne reste plus qu'à réaliser les projets approuvés.

Et la déception, puis l'irritation, succèdent alors à la jubilation. Malgré les notes comminatoires de la Funkabwehr, ça traîne, ça n'en finit pas. Les ingénieurs responsables font pourtant preuve d'une bonne volonté manifeste, même si elle est parfois maladroite. Ils ne cessent de réorganiser leurs services pour en améliorer l'efficacité, mais ces bouleversements continuels ne vont pas sans quelques inconvénients. Des spécialistes reçoivent une feuille de route pour le front russe et l'on s'aperçoit après leur départ qu'ils étaient indispensables à la réalisation des appareils. Comble de malchance : les releveurs à distance, une fois terminés, sont expédiés à une mauvaise adresse. La moitié d'entre eux étaient destinés à la Funkabwehr, les autres à l'Institut de Recherches de la Luftwaffe. En fait, tous partent chez Gœring. Impossible de les récupérer ! C'est navrant.

Trois agents de l'Orchestre Rouge travaillent à la « Lœwe-Opta-Radio » où l'un d'eux occupe des fonctions directoriales ; leur chef direct dans le réseau est un officier de l' « Institut de Recherches Hermann Gœring ».

Repéré à la fin de juin, l'émetteur présumé berlinois travaille pendant trois semaines ; puis il se tait, à la vive satisfaction de ceux qui ont toujours cru à une erreur de Cranz. Début août, les émissions reprennent pendant une quinzaine de jours ; ensuite, silence complet. Ces péripéties achèvent de déprimer les chefs de la Funkabwehr, aux nerfs déjà éprouvés par les retards de la « Lœwe-Opta-Radio ». Ils nagent dans les ténèbres avec, pour seul point de repère, un phare désastreux : le PTX, c'est-à-dire le premier émetteur repéré par Cranz. Au 7 septembre, on a déjà capté deux cent cinquante de ses messages, que les services de déchiffrement s'efforcent de décrypter. Son activité est sans doute consternante de régularité, mais on n'est pas loin, à Berlin, de la préférer aux extravagances de l'émetteur fantôme. Faute de pouvoir travailler contre le pianiste fantaisiste qui se cache peut-être à Berlin, on va traquer son laborieux confrère. Cranz affirme que le PTX communique avec Moscou. Or, le rythme de ses signaux, le choix de ses fréquences et des heures d'émission l'apparentent à l'émetteur présumé berlinois ; les deux pianistes ont été formés à la même école. En arrêtant l'un, on découvrira peut-être la piste de l'autre.

Cranz resserre lentement son étau. L'Allemagne et la France sont d'abord éliminées. Puis la Hollande. Reste la Belgique. Il est difficile d'être plus précis, mais les spécialistes estiment que le PTX doit se trouver sur la côte, sans doute à Bruges. On lance à la curée le représentant local de l'Abwehr. C'est Franz Fortner.

Fortner s'est organisé. Il dispose d'un réseau d'indicateurs dirigé par deux Flamands qui, au cours de la première guerre mondiale, avaient déjà travaillé pour les services allemands. Il leur ordonne de se mêler aux milieux « extrémistes » de Bruges et de fréquenter les cafés populaires. Le télégramme de Berlin ne spécifie-t-il pas que l'émetteur travaille pour Moscou ? Avec un bon sens à ses yeux digne d'éloge, Fortner va chercher son gibier là où il se cache forcément : parmi les communistes belges. Il est convaincu que ses indicateurs, s'ils laissent traîner leurs grandes oreilles aux bons endroits, ne tarderont pas à trouver les fils conduisant au pianiste clandestin.

Voici comment le Grand Chef procéda lorsque Moscou lui envoya en renfort Mikhaël Makarov, *alias* Carlos Alamo. Avant toute chose, il fallait faire bénéficier la nouvelle recrue de la « couverture » constituée par le « Roi du Caoutchouc ». Makarov est riche de dix mille dollars. Trepper lui conseille de placer dans la presse belge l'annonce qu'un homme d'affaires sud-américain est disposé à prendre une participation dans une firme commerciale prospère. A la même époque, la femme de Grossvogel, directrice de la succursale d'Ostende, harcèle son mari pour qu'il lui trouve un remplaçant dans ses fonctions absorbantes. Le Grand Chef suggère à Grossvogel de prospecter les petites annonces. L'offre de Carlos Alamo saute aux yeux du Belge ; il écrit au journal. Makarov rend compte au Grand Chef, qui reconnaît qu'un commerce d'imperméables constitue une bonne « couverture ». L'affaire est conclue. Makarov prend en charge la succursale d'Ostende.

Cette opération est très exactement un exercice d'école. A l'étudiant Trepper, les professeurs russes d'espionnage avaient sans doute cité l'exemple d'une prise de contact entre agents soviétiques qui fut réalisée dans un pays anglo-saxon. Les deux hommes s'inscrivirent au même club de golf mais évitèrent soigneusement de se rencontrer sur les *links*. Un jour, le président du club organisa un dîner auquel il convia les deux compères. Ceux-ci affectant de ne point se connaître, ce fut le président qui les présenta l'un à l'autre. L'intérêt du procédé est évident : si la police arrêtait les agents et tentait d'établir leur complicité, ils pourraient affirmer avoir fait connaissance dans les circonstances les plus anodines : à l'occasion d'un banquet de joueurs de golf ; le cas échéant, le président confirmerait la chose.

Mais le Grand Chef perfectionne encore la leçon apprise par l'étudiant Trepper. Car Makarov et Grossvogel ne savent rien de leur appartenance réciproque au réseau. Le Russe est persuadé qu'il a trouvé sa « couverture » dans une affaire commerciale banale. Le Belge croit qu'il a traité avec un Sud-Américain sans mystère. Même soumis aux pires tortures, Grossvogel et Makarov ne pourront pas se dénoncer : ils s'ignorent.

Tel est le réseau que le bon Fortner espère débusquer par les procédés qu'on a dits. Nous savons que Fortner a déjà rencontré le Grand Chef, mais de toute évidence, il lui faut encore apprendre à le connaître.

De leurs missions dans les cafés de Bruges, les indicateurs ne rapportèrent que des notes de frais. Selon eux, les communistes locaux étaient absolument passifs ; ils aspiraient à se faire oublier, abasourdis par la cascade de victoires allemandes en Russie, convaincus de la chute prochaine de Moscou. Franz Fortner rendit compte à Berlin. Un télégramme lui indiqua aussitôt que l'émetteur devait se trouver à Knokke-le-Zoute. Ses braves envahirent les cafés de Knokke, burent maintes chopines, mais n'entendirent aucun client demander jovialement au patron si la dernière émission s'était bien passée. Quarante-huit heures plus tard, un nouveau télégramme arrivait de Berlin et l'action se trouvait transportée dans les bistrots de Gand. Décidés à se battre jusqu'à la dernière goutte d'alcool, les indicateurs s'abattirent sur Gand, puis Fortner envoya à Berlin l'habituel rapport négatif. Cette fois, ses chefs s'obstinèrent. Un télégramme précisa que l'émetteur devait être caché dans les locaux de l'Université de Gand. Fortner monta une opération de police qui aboutit dans un laboratoire de ladite Université : groupés autour de leur professeur, des étudiants en physique procédaient à des travaux pratiques sur les ondes courtes. L'épopée des bistrots s'achevait en déconfiture.

Il n'est pourtant pas question de classer l'affaire. Fortner, pourvu d'un récepteur, entend lui-même chaque nuit les émissions clandestines. Sans doute lui est-il impossible de localiser le poste, faute d'appareil de relèvement, mais ce détail ne semble pas ramener à de justes proportions les exigences de ses chefs. Berlin déchaîné veut la peau du pianiste. On accable Fortner de télégrammes et de coups de fil comminatoires ; on lui dépêche des émissaires au verbe haut ; on exige des résultats. La Funkabwehr ne se risque plus à préciser dans quelle ville se cache l'émetteur : il suffit à Fortner de savoir qu'il est en territoire belge.

Mais le vin tiré à Berlin, ce sont ses indicateurs qui doivent le boire, et la Belgique compte tant et tant de petits cafés...

VI

LE DIPLODOCUS REMUE

Il neigeait, je crois, — c'était en février 1965 —, et nous étions assis, Constantin Melnik et moi, dans le hall de l'hôtel Deutscher Kaiser à Munich. L'enseigne lumineuse de l'hôtel Eden Wolf scintillait à quelques mètres. Il y avait dans cette proximité matière à conversation, car c'est à l'Eden Wolf que le chef O.A.S. Antoine Argoud fut kidnappé par un commando de barbouzes françaises. Mais Melnik, qui s'occupait de renseignement avant de se consacrer à l'édition, ne répond guère que par des grognements indistincts aux questions concernant les affaires de ce genre ; nous n'en parlâmes donc pas. Après un quart d'heure d'attente silencieuse, une jeune fille blonde entra dans le hall et s'entretint avec l'employé de la réception. Celui-ci s'approcha des quelques clients avachis dans les fauteuils et annonça qu'on demandait le docteur Tilden. Melnik se leva et disparut avec la demoiselle blonde. Il me raconta par la suite qu'elle l'avait promené une demi-heure en auto à travers Munich, puis qu'elle avait stoppé dans une rue tranquille. Une autre voiture attendait, qui conduisit Melnik à son rendez-vous.

Quoique étranger au monde du renseignement, je le savais ravagé par le romanesque. Les micmacs de la jolie blonde pour déjouer les filatures étaient-ils imités des films d'espionnage ou bien se justifiaient-ils de quelque manière ? On ne peut jamais savoir... Il est vrai que la tendance des agents de renseignement à se draper dans des capes couleur muraille porte à l'irritation. Il est également vrai que l'un des secrets du Grand Chef fut de rester en constant état d'alerte : il agissait toujours comme si la police pouvait l'attendre au prochain carrefour.

Nous étions venus à Munich pour y chercher le fil d'Ariane menant à Franz Fortner. Notre « contact » était le colonel Giskes, ancien chef du contre-espionnage allemand en Hollande. Il connaissait sans aucun doute l'adresse de Fortner, mais voudrait-il la donner ?

Giskes est aujourd'hui un vieux monsieur solide dont les cheveux blancs s'accordent bien avec le teint frais ; on le croirait taillé dans du granit rose. Il mène une vie de petit retraité dans une petite maison au bord d'un petit lac de la grande banlieue munichoise. Son accueil fut cordial. Il nous fit asseoir et nous annonça d'emblée que Reile allait se joindre à nous, ce qui était une surprise. De son quartier général de l'hôtel Lutétia, à Paris, le colonel Reile a dirigé pendant quatre ans le contre-espionnage allemand en France occupée. En somme, avec Giskes de Hollande et Reile de France réunis dans ce salon pelucheux, il ne nous manquerait plus, pour tenir une conférence au sommet des anciens princes du contre-espionnage à l'Ouest, que l'homme dont nous étions venus chercher la piste à Munich : Fortner de Belgique.

Mais je ne pensais plus à Fortner, ni au Grand Chef ni à l'Orchestre Rouge. La cheminée du salon était encombrée des souvenirs habituels sans intérêt pour tout autre que leur propriétaire. Parmi eux, de ces petits flacons métalliques dont la forme convexe permet de les glisser dans la poche revolver. Je savais ce qu'ils représentaient pour le vieux monsieur : ils étaient le symbole de sa triomphale « Opération Pôle-Nord ». Le colonel Giskes, après avoir pris et « retourné » un radio envoyé en Hollande par les Anglais, intoxiqua Londres de si belle manière que des dizaines d'agents hollandais, parachutés en renfort, furent accueillis au sol par un comité de réception allemand au lieu des résistants qu'ils croyaient trouver. Les flacons de la cheminée témoignaient de cette tragédie. Ils évoquaient les deux instants où la vie d'un homme avait atteint sa tension la plus forte. L'exaltation du départ, d'abord, car on lui remettait cette ration de whisky quand il montait dans l'avion. L'homme qui glissait le flacon dans sa poche revolver était à la crête de son existence. Chassé de son pays par la défaite, il y retournait pour préparer la victoire — champion sélectionné et soigneusement entraîné au combat, héros qu'on entourait d'égards jusque dans l'avion. Une heure plus tard, il touche le fond du désespoir. Il est aux mains de Giskes qui, selon son habitude, l'invite courtoisement à boire son whisky avant de lui confisquer le flacon. Après cela, l'homme a suivi le dur chemin conduisant au poteau d'exécution ; le flacon est venu échouer sur une cheminée munichoise, entre des cendriers et des photos de famille.

Sans ces trophées funèbres, il eût été difficile de faire le rapport entre le retraité grignotant des biscuits et le maître d'œuvre de l'« opération Pôle-Nord ». Mais avec Oscar Reile entrèrent dans la pièce tous les fantômes d'autrefois. Il est grand et décharné, avec un masque torturé et des yeux fuyants ; lui qui mena tant d'interrogatoires, il a la voix sourde et hésitante d'un inculpé. Le colonel Reile n'a pourtant jamais éprouvé les angoisses qu'il fit subir à des centaines de résistants français. Il était de l'Abwehr — comme Giskes, comme Fortner — et les Alliés, après la victoire, laissèrent en paix les gentlemen de l'Abwehr, réservant leurs représailles aux voyous de la Gestapo. Reile, comme Giskes, ne tarda pas à être enrôlé dans les services secrets de la nouvelle

République allemande. Par quel étrange mimétisme est-il resté, vingt ans après, semblable aux hommes qu'on lui amenait jadis dans son bureau du Lutétia ?

Après les fantômes de Giskes, ceux de Reile. Cela faisait beaucoup de monde autour de nous, qui buvions du whisky et broutions des gâteaux secs. A dire vrai, j'avais imaginé que les premières minutes seraient malaisées. Je m'attendais à des lamentations plus ou moins hypocrites du style : « La guerre, grand malheur, etc. » Je me trompais. Les deux Allemands et Melnik ne parlaient pas à l'imparfait, ils n'évoquaient ni l'« Opération Pôle-Nord » de Giskes ni l'« Opération Grand-Duc » qui mit dans les serres de Reile des réseaux entiers : ils parlaient au présent, et de l'Orchestre Rouge. Cela ressemblait plus à une partie de poker qu'à une réunion d'anciens combattants. On s'efforçait de deviner le jeu adverse ; chaque carte n'était abattue qu'avec prudence, l'un citait un nom et l'autre donnait une adresse — ou ne la donnait pas.

J'étais perplexe. La situation se dérobait, m'échappait. J'étais le seul à rester dans mon personnage : un écrivain en quête de documentation, mais les trois autres se modifiaient à vue d'œil. Nous étions venus voir Giskes et Reile, vieux messieurs de la vieille Abwehr, mais nous parlions à deux gaillards dégourdis qui, quelques mois plus tôt, appartenaient encore aux services de l'Allemagne de l'Ouest. Constantin Melnik n'était plus seulement l'éditeur dont le concours faciliterait mes recherches : il redevenait l'homme qui, pendant les dernières années de la guerre d'Algérie, avait été le conseiller du Premier Ministre pour les questions de renseignement et de sécurité. En France, jusqu'en 1966, les services de renseignements dépendaient directement du Premier Ministre.

Ce fut le premier tressaillement du diplodocus.

Quinze jours plus tard, nous étions à Berlin-Ouest et sonnions à la porte de Fortner.

Courtaud, trapu, le nez puissant, la nuque épaisse, l'oreille éléphantesque, une voix de stentor et un rire qui lui malaxe les entrailles : Franz Fortner, septuagénaire. Il devait faire une impression considérable sur ceux qu'il tirait du lit, aux petits matins d'il y a vingt ans, et à qui il se présentait en hurlant : « Gestapo ! » Car les gentlemen de l'Abwehr n'avaient certes rien de commun avec les voyous de la Gestapo, mais ils ne répugnaient pas, le cas échéant, à se parer du noir plumage de leurs collègues et à emprunter leur ramage : ça faisait plus sérieux.

Fortner, prévenu de notre visite, se déclara disposé à parler. Jusqu'à quel point ? Quand il lâcha le nom de Claude Spaak, son épouse réagit violemment et le tança pour son imprudence. Il lui paraissait périlleux de mettre en cause des personnalités de cette envergure. Mais nous n'ignorions pas que Claude Spaak, frère du célèbre homme d'Etat belge, avait travaillé pour le Grand Chef. Après quelques questions auxquelles nous répondîmes de bonne grâce, Fortner décida que nous en savions assez pour qu'il pût sans inconvénient raconter le reste, spécifiant toutefois que son vrai nom ne devrait pas être mentionné dans le livre[1]. A en juger par ces préalables, il apparaissait que le ménage Fortner n'était pas convaincu de la mort du diplodocus.

On allait donc bavarder. Mais en quelle langue ? Il avait oublié son français et notre allemand était insuffisant pour soutenir des conversations longuettes, bourrées de termes techniques, où chaque adjectif aurait son poids. Nous proposâmes une interprète sûre. Fortner refusa de lui ouvrir sa porte ; le souci de sa sécurité lui interdisait de recevoir une inconnue. Nos entretiens ne pourraient-ils en ce cas se dérouler ailleurs ? Fortner élimina les chambres d'hôtel de Berlin-Ouest : il était trop aisé d'y camoufler un microphone. Un appartement privé ? C'était aussi dangereux. Par contre, le consulat français lui paraissait offrir un abri sûr. Nous le pen-

1. L'auteur a naturellement respecté ce vœu. Fortner est donc un pseudonyme.

sions aussi, mais nous n'avions malheureusement pas le pouvoir de réquisitionner un local officiel.

La nuit était tombée que nos palabres se poursuivaient encore. Nous étions, une fois de plus, installés dans le salon douillet d'une villa de banlieue, avec du whisky dans nos verres et des gâteaux sur la table. Il était vraiment difficile d'imaginer qu'un diplodocus rôdait sur la pelouse, à l'affût de Franz Fortner.

Mais, pour notre malheur, Constantin Melnik est un homme qu'on voit assez bien tenant son diplodocus en laisse, comme d'autres un basset. Mme Fortner le guignait d'un œil méfiant ; on eût dit qu'elle attendait le coup de sifflet du maître qui ferait surgir le monstre dans le salon. Elle ne connaissait pourtant pas la réputation de Melnik ; son apparence physique devait suffire. Il est long et maigre, avec un teint blême et des traits d'une fixité remarquable, parfaitement indéchiffrables. On lui suppose un sang ne dépassant pas les basses températures. Son crâne aux pommettes saillantes semble s'y prendre à l'avance pour évoquer la future tête de mort. Les yeux obliques et bridés, legs d'un ancêtre mongol, ne trahissent aucune émotion ; personne n'a d'ailleurs jamais prétendu que Melnik fût capable d'émotion. Il porte des lunettes à verres fumés qui n'arrangent pas les choses. Ses proches affirment qu'il est relativement moins méchant qu'il n'en a l'air. A ma connaissance, guère de femmes qui n'éprouvent l'envie d'émouvoir ce granit.

J'ai oublié lequel de nous deux eut l'idée de proposer Paris à Fortner. Nous y serions chez nous et nous pouvions lui garantir que nos entretiens se dérouleraient dans la discrétion. Fortner commença par refuser ; il énuméra quelques enlèvements célèbres perpétrés par les services soviétiques sur le territoire français. D'un autre côté, il avait très envie de revoir Paris. Sa femme le bloqua net sur la pente de l'acceptation ; elle refusait les hasards d'une telle expédition.

Nous quittâmes Berlin-Ouest le lendemain matin, encore plus ahuris qu'amers. L'Orchestre Rouge avait été durant des années le gibier de Fortner. Il était déconcertant que les rôles fussent à ce point inversés. Le retournement ne manquait pas de sel, et je ne pouvais m'empêcher de le trouver plaisant, mais il nous coûtait les souvenirs de Fortner.

Revenu en France, je lui écrivis une longue lettre où je vantais le printemps à Paris dans des termes outrageusement lyriques. Trois semaines plus tard, Fortner atterrissait à Orly. L'aéroport était hérissé de drapeaux pimpants : on célébrait le vingtième anniversaire de la victoire alliée sur l'Allemagne.

Entre deux séances de travail autour d'un magnétophone, il y eut un curieux déjeuner chez Calvet, boulevard Saint-Germain. Melnik avait amené deux convives supplémentaires qui n'appartenaient visiblement pas au monde douillet de l'édition ; ils avaient appris la venue de Fortner et souhaitaient avoir un entretien avec lui. Je commençais à trouver que mon enquête prenait curieuse tournure. J'avais mis au point une machine à explorer le temps, mais elle s'acharnait à me ramener dans l'actualité. Un proverbe — indien, je crois — affirme qu'il est malaisé de se tenir à califourchon sur un tigre. Je ne me sentais pas trop à l'aise sur mon diplodocus, d'autant plus que l'animal ne se contentait plus de tressaillir ou de remuer : il gambadait.

Avouons-le : j'avais eu mon quart d'heure de romanesque. Le soir de la réunion chez Giskes, à Munich, le sommeil fut lent à venir. Foin des ossements préhistoriques et vive le gibier frais ! Je me voyais déjà agent secret, traqueur d'espions, pourfendeur de réseaux !... Un honnête homme peut donc éprouver de ces vertiges. Je m'endormis enfin en me promettant des rêves savoureux. J'ai oublié si j'ai rêvé, mais je découvris au réveil qu'un rat d'hôtel s'était introduit dans ma chambre pendant la nuit et qu'il m'avait volé mon portefeuille posé sur la table de nuit à dix centimètres de mon nez. Je sus sans rémission que je n'étais pas taillé dans l'étoffe dont on fait les James Bond.

Chez Calvet, la glace se révéla difficile à rompre.

Depuis deux jours, nous promenions Fortner dans un Paris fleuri de drapeaux, constellé de feux d'artifice, voué aux fêtes et aux cérémonies. Cette commémoration d'une victoire qui était sa défaite maintenait le bon Fortner dans un état de malaise permanent. A présent, il s'ingéniait à faire comprendre que sa collaboration avait des motivations plus hautes qu'un bon repas. Je songeai que le Grand Chef eût été bien réjoui par ses contorsions verbales. En 1939, il était officiellement avec Fortner contre nous. Après 1941, il était avec nous contre Fortner. Depuis 1945, nous étions avec Fortner contre le réseau qu'il avait mis en place. La guerre exige de ses combattants une grande souplesse d'esprit, et Fortner n'était visiblement pas rompu à la gymnastique.

C'est en cela qu'il me plaît : Franz Fortner est un amateur ; il l'a toujours été. Quand on l'enlève à sa compagnie blindée, après Dunkerque, on lui ordonne de se rendre à une certaine adresse dans le centre de Hambourg. Il pénètre dans l'immeuble indiqué et frappe à une porte ornée d'un écriteau annonçant : « Service de l'Abwehr. » On l'invite à entrer. Il se présente et demande en quoi va consister son nouveau travail. Mais vous n'avez pas lu la pancarte ? Si, pourquoi ? Vous voulez dire que vous n'avez jamais entendu parler de l'Abwehr ? Pas spécialement ! Bon, vous allez faire du contre-espionnage. Moi ? Mais je n'y connais rien ! Vous parlez anglais ? Un peu... Français ? oui, un peu... Très bien, on va vous envoyer à Bruxelles.

Avant son départ, on met à sa disposition une documentation technique. Ce n'est certes pas l'équivalent de l'enseignement approfondi reçu par Trepper à l'Académie de l'Armée Rouge, mais c'est mieux que rien. Et le chasseur d'espions improvisé s'en trouve ragaillardi : au fond, son nouveau métier ressemble beaucoup à celui qu'il exerçait avant la guerre. Fortner était magistrat ; ses fonctions étaient sensiblement équivalentes à celles d'un juge d'instruction français ; il faisait arrêter des malfaiteurs et les interrogeait. Dorénavant, il va faire arrêter des espions et les interroger. C'est aussi simple que cela ? Il le croit et il se trompe. Le travail du juge d'instruction commence avec l'arrestation du criminel ; celui du chasseur d'espion est pratiquement terminé quand il passe les menottes à son gibier — du moins devrait-il l'être. Car le juge d'instruction ne s'intéresse qu'à un homme, qu'il s'emploie à faire arrêter d'abord, avouer ensuite. L'officier de contre-espionnage traque un réseau. Un agent arrêté, c'est simplement un maillon qui saute, alors que l'objectif consiste à disloquer toute la chaîne d'un seul coup. Pour cela, il faut filer l'agent démasqué, épier ses rendez-vous, le mettre en contact avec un « double », le « retourner » éventuellement — et l'arrêter, bien sûr, mais quand on ne peut plus faire autrement.

Fortner n'en est pas encore là. Pour l'instant, il cherche son gibier dans les cafés belges. Il lui reste beaucoup à apprendre ? Eh bien, il apprendra, et tant pis pour le temps perdu, tant pis pour les services allemands qui n'ont trouvé que cet amateur de bonne volonté à opposer aux experts du Grand Chef ! Et il gagnera, bien sûr ; il ne peut pas revenir bredouille : contre un groupe d'hommes isolés, il dispose du formidable appareil de répression allemand. Il finira forcément par poser sa lourde poigne sur le Grand Chef. Qu'en fera-t-il ?

Il ne le torturera pas. Sa formation juridique le lui interdit. Il enverra un espion au poteau, comme c'est son droit et même son devoir, mais il ne touchera pas à un seul de ses cheveux. D'ailleurs, Fortner est un brave homme à qui la violence fait horreur. Aujourd'hui, à soixante-treize ans, il consacre ses journées à une œuvre qui s'efforce d'adoucir le sort des prisonniers de droit commun et de favoriser leur reclassement.

Mènera-t-il donc l'interrogatoire comme s'il avait en face de lui l'un de ces délinquants qui occupèrent son avant-guerre ? Même pas. De temps en temps, Franz Fortner délaisse les spécialités de chez Calvet, se penche vers moi et me glisse à l'oreille en un murmure tonitruant, une phrase commençant ainsi : « D'officier à officier, etc », formule qui ne laisse pas d'être un peu gênante quand on n'a pas dépassé soi-même le grade de caporal-chef. Fortner est un officier. Il est de ces hommes qui reçoivent l'épaulette comme on recevait autrefois son épée de chevalier ou sa tunique de croisé. Pour qualifier un spécimen humain en tout point admirable, il dira : « Il avait le type officier. » Trepper est affublé du grade de général de l'Armée Rouge ; il s'en bat l'œil, bien entendu, mais Fortner, quand il le saura, rectifiera instinctivement la position.

Fortner apprendra son métier, mais il restera « un officier typique ». Humainement, c'est louable. Professionnellement, cela risque d'être désastreux. Le Grand Chef a déjà disposé d'adversaires autrement redoutables. La cruelle police polonaise ? Les policiers anglais de Palestine ? Les agents du contre-espionnage français qui traquaient Fantômas ? Oui, et ce n'était déjà pas mal. Mais ses propres chefs, n'était-ce pas encore mieux ?

Lorsque Trepper monte dans le train de Moscou après avoir résolu l'énigme de la trahison du réseau Fantômas, il se demande probablement ce qui l'attend au bout du voyage : l'immeuble de la rue Znamenski, siège du service de renseignements militaire soviétique — le Centre — ou bien les caves de la prison Lubianka, qui abritent les abattoirs de Staline ? Au même moment, des dizaines de chefs de réseau rallient Moscou avec l'angoisse au cœur ; ils savent qu'on va peut-être les tuer, et ils se demandent pourquoi...

Pourquoi ? Trente ans après, l'affaire n'est pas claire. Au départ, une somptueuse machination mise au point par le S.S. Reinhard Heydrich. Il fabrique de faux documents indiquant que le maréchal Toukhachevsky, chef de l'Armée Rouge, complote contre Staline. Il les fait transmettre à Moscou par des cheminements compliqués. Le but est évidemment de déclencher un maelström dans les cercles dirigeants soviétiques : si les ours se dévorent entre eux, le loup nazi sera le bénéficiaire de l'opération. Heydrich rencontre un succès inespéré. Une vague de purges déferle sur la Russie et décapite son armée. Tout cela à cause de quelques documents fabriqués par les faussaires du S.D. ? C'est moins sûr. Il est probable que Staline a deviné la manœuvre, mais qu'il a décidé de l'utiliser pour se débarrasser d'un maréchal trop populaire et d'un Etat-Major remuant. Il est également vraisemblable que Toukhachevsky préparait réellement un putsch. Heydrich n'aurait donc été que la mouche du coche — ou de la charrette funèbre.

Les origines sont peut-être troubles, mais le résultat est clair : d'un seul coup, l'Armée Rouge devient la proie de Staline. Ses cadres peuplent les camps de Sibérie ou reçoivent une balle dans la nuque. Selon les spécialistes les plus sérieux, c'est la moitié des officiers russes qui est éliminée de la sorte — cela fait trente mille à quarante mille hommes. Cible privilégiée de la répression : le service de renseignements militaire. C'est logique. Si l'armée conspire, où se situe le noyau du complot sinon dans ce service voué aux manœuvres secrètes, protégé par la pénombre où il se meut ? Tous les cadres supérieurs sont liquidés, puis on rappelle en Russie les agents travaillant à l'étranger ; ceux-ci sont suspects entre tous : l'éloignement leur donnait une liberté de mouvement propice à la conspiration.

Trepper fait-il partie du lot, ou bien revient-il simplement parce qu'il en a terminé avec sa mission ?

On l'ignore, mais c'est secondaire. Le fait est qu'en rentrant à Moscou, il plonge dans le bain de sang et ne peut manquer d'en être éclaboussé. Nous savons qu'il était le protégé, l'un des espoirs de Jan Berzine, chef du service de renseignement militaire ; Berzine est exécuté avec son adjoint, Alexandre Korine. Nous savons aussi que Trepper a dit par la suite : « Je voyais disparaître l'un après l'autre tous mes amis et je savais que mon tour viendrait fatalement. C'est mon envoi à Bruxelles qui m'a sauvé la vie. » Nous ignorons le détail de ces jours d'épreuve ? Ah ! ce n'est pas difficile à imaginer... Une peur qui n'en finit pas. Les interrogatoires où l'on clame son innocence sans savoir de quoi l'on vous accuse. Les confrontations avec le camarade qu'on voit arriver entre deux flics et qui avoue tranquillement qu'il trahissait depuis dix ans. La peur, toujours. La hantise de répondre juste. Quels sont les mots qui ouvrent la porte du salut ? Quels sont ceux qui mènent à la cave ? On ne sait pas. Chaque réponse est comme une mise qu'on joue à la roulette, avec sa vie pour enjeu final. La boue des dénonciations. Et la lâcheté. X a déclaré que vous lui aviez tenu, voici cinq ans, des propos antirévolutionnaires... X ment ! D'ailleurs, je l'ai toujours soupçonné d'être vendu aux impérialistes. Chacun pour soi. Les plus faibles et les plus malchanceux sont traînés dans le sombre caveau. Les autres, qu'on laissera sortir libres, sont-ils indemnes ? Comme les gladiateurs d'autrefois, on les a jetés dans l'arène et ils n'ont pu sauver leur vie qu'en prenant celle de leurs compagnons.

Bien sûr. Mais quand les gladiateurs se révoltèrent et formèrent une armée, ils taillèrent en pièces, des années durant, les légions d'élite de l'orgueilleuse Rome. Parce que leurs combats atroces les avaient faits plus forts, plus souples et plus impitoyables que les soldats qu'on leur opposait.

Ainsi de Trepper. Même s'il n'a pas été pris dans la tourmente, même si sa vie n'était pas menacée, il a vu assassiner en cohortes serrées ses chefs et ses compagnons de lutte. Et s'il a dû se battre pour éviter la mort, il va repartir de Moscou avec des cicatrices qui n'ont pas fini de saigner. C'est son affaire. Pour nous qui n'avons pas le soin de son âme, cette saison en enfer l'amène à une sorte de perfection — non pas celle que recherche l'honnête homme ou l' « officier typique ». Les aventures de sa jeunesse errante n'y avaient pas suffi, ni les enseignements de Fantômas, ni ceux reçus à l'Académie de l'Armée Rouge. Il peut maintenant affronter les terribles épreuves à venir. C'est Trepper qui était venu à Moscou ; c'est le Grand Chef qui en repart pour Bruxelles.

Après avoir beaucoup parlé de lui, nous avons bu la fine champagne de chez Calvet. Personne n'eut l'idée de porter un toast à notre homme, mais c'était superflu : le déjeuner et la petite conférence de Munich constituaient en eux-mêmes un assez bel hommage. A une table voisine, un monsieur rubicond expliquait à son fils qu'il était un jean-foutre ; plus loin, deux hommes d'affaires parlaient d'import-export ; il y avait naturellement le maître d'hôtel, les serveurs, les sommeliers. Tout ce monde savait qui était Sorge, mais ignorait jusqu'à l'existence du Grand Chef. Le réseau de Sorge a été définitivement anéanti par la police japonaise en 1943. Les services occidentaux de contre-espionnage travaillent aujourd'hui encore sur l'Orchestre Rouge. Le renseignement a lui aussi ses méconnus ; ce sont, naturellement, les plus grands.

VII

ÉCHEC A BERLIN

A LA fin septembre 1941, alors que les rapports de Fortner s'accumulent dans les classeurs de l'Abwehr, l'émetteur berlinois est de nouveau capté. Il travaille avec sa fantaisie coutumière, faisant alterner périodes de silence et d'activité fébrile, mais cette fois le doute n'est plus permis : le pianiste est à Berlin.

La Funkabwehr reçoit l'ordre catégorique de mettre un terme au scandale.

Il est vrai que la technique a fait disparaître de notre monde bien des sensations fortes. La chasse, par exemple, n'est plus ce qu'elle était jadis, quand on servait le sanglier à l'épieu, et rien de plus niais que nos chasses à courre d'aujourd'hui, avec le cerf traqué dans les bourgades au prix d'embarras de circulation et les chevaux confus glissant sur le macadam. Mais la technique, bonne fille, a tout de même créé une version extraordinairement passionnante de la plus ancienne et de la plus cruelle de toutes les chasses : la chasse à l'homme.

Le pianiste joue le rôle du cerf traqué. Au départ, il n'a pas la mobilité dont jouit l'animal, car il émet en principe toujours du même endroit. Par contre, caché dans une grande ville, il est aussi difficile à débusquer que le cerf dans la forêt touffue. Inutile d'espérer tomber sur l'un ou sur l'autre par hasard : il faut que les chiens trouvent la trace du cerf, captent ses effluves, perçoivent ses bramements ; les effluves et les bramement du radio, ce sont évidemment les ondes qu'il émet dans l'éther.

Ces ondes se captent. Mieux encore : certains appareils permettent de déterminer la direction du faisceau d'ondes. Par recoupements successifs, il est donc possible de relever avec exactitude la position de l'émetteur. Tenez : vous êtes Allemand, vous servez dans la Funkabwehr et vous recevez l'ordre de « coiffer » un émetteur fonctionnant dans Paris occupé. Comment allez-vous opérer ? Vous installez une équipe pourvue d'un appareil de relèvement place de la Concorde, par exemple, et une autre place Wagram ; quant à vous, vous ne bougez pas de votre bureau : les joies de cette chasse sont tout intérieures. Vos armes ? Un plan de Paris et deux disques en celluloïd gradués de zéro à trois cent soixante degrés ; un fil de soie est fixé au centre de chaque disque. Vous placez les disques sur le plan de manière que le centre du premier soit exactement superposé à la place de la Concorde et celui du second à la place Wagram. Vous êtes prêt ; c'est maintenant à vos rabatteurs de faire leur travail. Dès que le pianiste émet, vos équipes captent le faisceau d'ondes et déterminent sa direction ; on vous la transmet. Si l'appareil de la place de la Concorde a relevé une orientation de quatre-vingts degrés, vous prenez le fil de soie fixé au disque correspondant et vous le tendez en travers du plan selon l'orientation de quatre-vingts degrés indiquée par la graduation. Admettons que le fil remonte l'avenue des Champs-Elysées, traverse la place de l'Etoile et se perde quelque part du côté de Neuilly. Voici maintenant que l'équipe de la place Wagram vous communique son résultat : cent soixante degrés. Vous opérez avec le deuxième fil de soie comme vous avez fait avec le premier, mais selon une orientation de cent soixante degrés. Il remonte l'avenue de Wagram et s'allonge vers le sud de Paris. Mais les deux fils se coupent place de l'Etoile. Vous savez que votre gibier gîte à leur point d'intersection, c'est-à-dire sous l'Arc de Triomphe.

La réalité est naturellement plus âpre. D'abord, il faudra plusieurs opérations de relèvement pour circonscrire votre terrain de chasse au quartier de l'Etoile. Ensuite, il est évident que les pianistes ne se cachent point dans les monuments publics, ni même dans des maisons isolées, facilement repérables ; ils ont une préférence pour les quartiers populaires et leur entassement d'immeubles. Assez souvent, il vous sera impossible de déterminer avec vos seuls fils de soie la position exacte du pianiste. Vous aurez recours à la « valise chercheuse » qui enregistrera la modification du champ électrique à proximité de l'émetteur et vous désignera l'immeuble. Si vous ne disposez pas de ce bel instrument, ou s'il demeure lui-même impuissant, vous aurez recours à une équipe d'auxiliaires qui, au milieu de l'émission, couperont l'électricité dans les immeubles suspects. Car vous êtes un chasseur des années 1940, ne l'oubliez pas, et les émetteurs de ce temps ne fonctionnant pas sur transistors, il faut les brancher sur une prise de courant. Si vous privez tel immeuble de courant et si à cette coupure correspond une interruption brutale de l'émission, votre proie est dans l'immeuble ; il ne vous reste plus qu'à lâcher vos chiens.

C'est l'intelligence du gibier qui fait l'intérêt de la chasse et, de ce point de vue, l'homme n'est pas décevant. Il va chercher à brouiller sa piste. Chaque pianiste travaille sur une longueur d'onde donnée ; la station réceptrice l'attend aux heures d'émission sur cette longueur d'onde, et, lorsqu'ils l'ont découverte, les chasseurs s'y placent en embuscade. Ainsi le pianiste est-il comme le cerf dont les gardes-chasses connaissent les brisées familières. Mais il peut modifier sa course dans l'éther, abandonner ses cheminements habituels, c'est-à-dire changer de longueur d'onde. L'opération est délicate : elle suppose un accord parfait entre le pianiste et la station réceptrice pour que celle-ci ne lâche point l'émetteur dans ses voltiges. Voici par exemple le « plan d'émission » d'un radio soviétique : il plaçait son signal d'appel sur quarante-trois mètres ; Moscou accusait réception sur trente-neuf mètres ; le pianiste émettait alors son message sur quarante-neuf mètres. Ruse supplémentaire : en passant de quarante-trois mètres à quarante-neuf mètres, le pianiste lançait un nouveau signal d'appel destiné à dérouter les chasseurs en leur faisant croire qu'un nouveau poste entrait dans la danse.

On gagne du temps à ces astuces, mais l'adversaire, fatalement, finit par les deviner. Il faudrait multiplier les acrobaties, changer sans cesse de longueur d'onde et de signaux d'appel. C'est techniquement possible, mais il faut compter avec les défaillances humaines. Le pianiste n'est pas un robot. Soumis à des conditions de travail nerveusement épuisantes, il risquerait de se perdre dans le labyrinthe d'un « plan d'émission » trop complexe. Plus prosaïquement, il peut changer de lieu d'émission. Les chasseurs riposteront en multipliant les rafles dans les rues, et maints pianistes tomberont avec leur poste dans le filet policier. Conclusion : les émetteurs ne doivent pas bouger ; ce sont les radios qui se déplaceront. Si le réseau est riche, chaque pianiste disposera de plusieurs « boîtes à musique ». Sinon, les pianistes utiliseront les postes en alternance, chacun d'eux travaillant sur sa longueur d'onde personnelle. Dès lors, le facteur temps devient primordial. Il s'agit pour le pianiste de pressentir que tel refuge est sur le point d'être « grillé ». Quant à la meute, elle s'efforce d'arriver toujours plus vite au gîte afin d'y surprendre son gibier.

Vous aviez utilisé deux équipes fixes pour « coiffer »

l'émetteur de l'Arc de Triomphe. Le procédé était lent : vos appareils ne pouvaient procéder qu'à un seul relèvement par émission, après quoi il fallait les déplacer et attendre l'émission suivante pour recommencer. Mais vous allez recevoir l'une de ces voitures-gonio construite par la firme « Lœwe-Opta-Radio ». Elle va vous permettre d'accélérer le mouvement. L'une de vos équipes reste fixe (à Paris, elle sera installée dans une caserne du boulevard Suchet), mais l'autre circule en voiture. Cette mobilité permet plusieurs relèvements au lieu d'un seul et vous touchez plus vite au but. Si vous disposez de plusieurs voitures, comme cela ne va pas tarder, les relèvements s'en trouvent multipliés et votre célérité encore accrue ; il ne vous faut plus que quarante minutes, en moyenne, pour fondre sur un émetteur.

Les pianistes traqués ripostent en réduisant toujours davantage la durée de leurs émissions. De votre côté, vous les obligez à dilapider leur précieux capital de minutes et de secondes, vous les contraignez à rester au gîte en brouillant les émissions : ils doivent répéter plusieurs fois leurs messages. Ils s'entourent alors d'un filet de guetteurs ; ceux-ci repèrent aisément vos camionnettes Peugeot à bâche grise, mais vous les camouflez bientôt en ambulances, en camionnettes de boulanger... En même temps, vous lâchez sur votre terrain de chasse des équipes de policiers chargés d'arrêter tous les badauds suspects. D'ailleurs, les guetteurs ne vous gênent plus dès que la « Lœwe-Opta-Radio » a mis au point cet appareil de détection si réduit qu'on l'attache à sa ceinture. Lorsque vous êtes à proximité raisonnable de l'émetteur, vous stoppez vos voitures et vous lâchez dans les rues quelques promeneurs plongés dans la lecture de leur journal. Contrairement à la vieille « valise chercheuse » toujours repérable, le fil minuscule reliant l'appareil à leur oreille est pratiquement invisible.

La curée est dangereuse ; il arrive souvent que des chiens s'y fassent découdre. Le pianiste surpris se défend parfois l'arme au poing. Plus subtilement, il peut avoir piégé son poste. Ou bien vos gens trouvent sur sa table une bouteille de cognac entamée ; ils boivent un coup et meurent empoisonnés. Mais ce sont là les risques de la chasse ; ils leur donnent son âcre saveur. Vous y perdez quelques hommes, mais la victoire est vôtre. En été 1943, les réseaux n'émettent plus de Paris qu'en cas d'extrême urgence ; vous êtes le maître du terrain.

Chasse silencieuse et sournoise, sans les sonneries de cors et sans les gais uniformes, mais qui finit presque toujours comme l'autre : par le meurtre du gibier. Et décisive aussi, car dans la guerre opposant réseaux de résistance et polices allemandes, elle fut toujours la bataille dont tout dépendait. Sans émetteur, un réseau n'est rien ; créé pour recueillir des renseignements, il n'est efficace qu'à condition de les transmettre. Mais l'émetteur qui justifie son existence la met du même coup en danger, puisqu'il la dénonce aux chasseurs. Voyez les chefs de l'Abwehr : ils ne soupçonnaient pas l'existence d'un réseau soviétique en Belgique ; encore moins en Allemagne ; ce sont les pianistes qui les mettent sur la voie. Un sous-marin n'est pas décelable à l'œil nu quand il est en plongée, mais on peut le repérer s'il sort son périscope. Un réseau est comme un sous-marin qui devrait toujours naviguer avec le périscope émergé ; ce périscope : l'antenne de son émetteur.

Chasse cruelle puisque le gibiler est un homme. Chaque fois que l'un des radios du Grand Chef s'installera devant son émetteur, vous lirez sur son visage la tension de la traque, l'angoisse de l'étau qui se resserre. Il est aussi vulnérable qu'un soldat sortant de sa tranchée pour s'exposer aux mitrailleuses ennemies. Il sait que la meute est sur sa piste ; il imagine les camionnettes avançant à petite vitesse ; il voit avec les yeux de l'imagination les promeneurs faussement désinvoltes qui s'approchent de l'immeuble ; il entend déjà les coups de feu tirés dans la serrure de sa porte. Le courage, pour lui, consiste à rester assis et à continuer d'émettre. C'est sans doute plus difficile qu'un assaut à la baïonnette.

Chasse émouvante, puisque l'héroïsme, dépouillé de ses oripeaux et de ses fanfares, y atteint justement à la pureté absolue. Quand je vous aurai dit que Moscou, malgré les supplications du Grand Chef, obligera bientôt le pianiste du PTX à émettre chaque nuit *cinq heures d'affilée* — ordre insensé équivalent à une condamnation à mort pure et simple —, vous saurez que ce pianiste est plus grand encore que le soldat qu'une troupe en retraite laisse derrière elle avec des munitions et l'ordre de se faire tuer sur place pour retarder l'ennemi. Lieutenant Makarov, *alias* Carlos Alamo, vous qui n'aimez l'action qu'altière et flamboyante, nous vous admirons plus encore pour ces cinq heures d'émission consécutives que pour avoir fait s'envoler un avion vers le soleil d'Espagne.

Chasse frénétique, car tous les renseignements transmis à l'ennemi par le pianiste, c'est pour les chasseurs comme s'ils voyaient couler leur propre sang d'une plaie infectée. En « coiffant » le poste, on arrêtera l'hémorragie ; en faisant parler le pianiste, on découvrira le réseau et on se débarrassera des germes infectieux.

Chasse grotesque, parfois, ainsi qu'il arrive à Berlin en ce mois d'octobre 1941...

Mauvais début : les voitures-gonio fabriquées par la « Lœwe-Opta-Radio » ont été envoyée à Paris et à Varsovie ; aucune n'est disponible pour la Funkabwehr lorsqu'elle déclenche son opération berlinoise. Le responsable de cette bévue ? A la Funkabwher, on ricane avec amertume en regardant du côté de l' « Institut de recherches Hermann Gœring ». Quoi qu'il en soit, il faut se passer de voitures et opérer avec des appareils fixes. C'est-à-dire qu'on va perdre beaucoup de temps. Car le pianiste, lui, se situe à un échelon supérieur dans l'escalade des ruses et des contre-ruses : les relèvements démontrent qu'il émet de trois emplacements différents. Ce n'est pas gai.

Problème crucial : comment seront vêtus les spécialistes composant les deux équipes de relèvement ? Il n'est pas question de leur laisser leurs uniformes militaires, qui les feraient repérer. Des vêtements civils ? Le chef de la Funkabwehr s'y oppose formellement : pareille excentricité signifierait la fin de la discipline, le virus de la décomposition introduit dans l'armée allemande. L'argument péremptoire est qu'un soldat en civil ne peut pas manifester à son officier les signes extérieurs de respect prévus par le règlement. Vous êtes incrédule ? W.F. Flicke, ancien de la Funkabwehr, garantit l'authenticité de l'histoire. Ce peuple est étonnant. Finalement, on transige : les spécialistes endosseront la tenue paramilitaire des employés des Postes.

Le premier jour, le pianiste remarqua, près de la maison d'où il émettait, une grande tente autour de laquelle s'affairaient des employés des Postes. Il n'en fut pas ému : l'administration des Postes utilisait des tentes de ce genre lorsqu'elle procédait à la pose des câbles ou à des réparations. Même les camions de la Wehrmacht utilisé pour le transport du matériel n'émurent pas le pianiste, car avec la pénurie de moyens de transport, il était concevable que l'administration eût recours à l'armée. Par contre, il ne trouva aucune explication raisonnable au fait que les employés fussent en tenue officielle. Il avait toujours vu les poseurs de câbles et les réparateurs revêtus de bleus de travail.

Le lendemain, le pianiste flâna un peu avant de se rendre à l'appartement constituant son deuxième refuge En chemin il repéra une grande tente autour de laquelle s'affairaient des employés des Postes. Il marcha très lentement le long de la tente et entendit une voix assourdie murmurer : « Oui, mon lieutenant. »

Le troisième jour, alors qu'il déambulait dans le quartier de son troisième refuge, le pianiste s'arrêta devant une grande tente autour de laquelle s'affairaient des employés des Postes. Il demanda du feu à l'un d'entre eux, qui semblait être en faction. Pendant que l'homme lui tendait son briquet, le pianiste perçut distinctement le sifflement caractéristique d'un récepteur qu'on règle sur une certaine longueur d'onde.

Le quatrième jour, et ceux qui suivirent, les équipes de relèvement attendirent en vain une émission. Il fallut replier les tentes, restituer ses uniformes à l'administration des Postes et rentrer au bercail pour y remâcher sa rancœur. On était bredouille. La Funkabwehr avait le cœur gros.

En face, dans ce réseau berlinois que le contre-espionnage imagine fortement structuré et dirigé par des experts armés de ruses diaboliques, tout est désordre et confusion. Il a poussé trop vite. Les diplomates soviétiques dont le rapport Heydrich dénonçait la rage de mouchardise et de cafardage ont été rapatriés en Russie dès le déclenchement de la guerre, échangés contre le personnel de l'ambassade d'Allemagne à Moscou. Avant leur départ, ils ont jeté quelques graines sur la terre allemande, mais à la va-vite, par-dessus leur épaule, pressés qu'ils étaient par les événements. On n'agit pas ainsi en matière de renseignement où, plus encore qu'ailleurs, le temps se venge de ce qui ne se fait pas avec lui.

Les silences à éclipses de l'émetteur berlinois ? La Funkabwehr estime à présent qu'ils font partie d'un plan destiné à la mystifier. En fait, ils sont dus à l'inexpérience du pianiste. Celui-ci branche par erreur sur le courant « force » le poste confié par un fonctionnaire de l'ambassade soviétique ; il le grille. Quand l'émetteur est réparé, le pianiste se perd dans le dédale des instructions dont on l'a accablé. Excellentes pour un virtuose, elles dépassent les capacités de ce débutant. Le fonctionnaire russe lui a ordonné de changer son indicatif d'appel et sa longueur d'onde après un certain nombre de communications effectives et selon un rythme établi. On l'a dit : le procédé permet de tenir à distance les chasseurs de la Funkabwehr. Une communication effective, pour Moscou, c'est une liaison-radio au cours de laquelle des renseignements sont transmis. Le pianiste l'entend autrement ; pour lui, toute liaison constitue une communication effective, même s'il se borne à répéter un message déjà émis ou à régler quelque détail technique. Conséquence inévitable du malentendu : Moscou attend le pianiste sur une certaine longueur alors qu'il l'appelle en vain sur une autre. On finit par retrouver le contact et on s'explique. Les émissions reprennent. Conformément à ses instructions, le pianiste utilise six longueurs d'onde et trente indicatifs d'appel. Autrement dit, ses six premières communications effectives s'opèrent sur des longueurs d'ondes différentes ; pour la septième, il reprend celle de la première communication effective et ainsi de suite. Il en va de même pour les indicatifs d'appel. Ces derniers se renouvelant selon un rythme différent de celui des longueurs d'onde, il en résulte un décalage constant, un embrouillamini propre à égarer la Funkabwehr. Donc, trente indicatifs d'appel. Mais certains mois ont trente et un jours. Pour la centrale de Moscou comme pour tous les pianistes avertis, il va de soi qu'on n'émet pas le trente et unième jour, de façon à ne pas perturber le rythme mensuel. Le pianiste berlinois ignore cette convention, il émet le trente et unième jour en reprenant le premier indicatif d'appel de sa liste. Résultat : lorsque la centrale se remet à l'écoute le trente-deuxième jour, elle ne retrouve pas son homme et celui-ci l'appelle en vain sur une longueur d'onde différente. Contact interrompu.

Il faut en sortir. A Moscou, le Centre des services soviétiques décide de parachuter sur l'Allemagne des radios expérimentés. Mais pour que ces agents aient une chance d'échapper à l'écrasante surveillance policière, il convient de leur faire subir un entraînement approfondi. D'autre part, l'Allemagne est bien loin des aérodromes russes ; il faudrait demander aux Anglais de prendre l'opération en charge, ce qui implique des négociations à l'échelon supérieur. Entraînement et négociations feront perdre du temps. Or, en ce mois d'octobre 1941, l'attaque allemande conserve toute sa force initiale et disloque sur sa lancée le mur humain que les Russes lui opposent. Les divisions soviétiques sont l'une après l'autre bousculées, encerclées, anéanties ; la route de Moscou est ouverte. Pour l'Armée Rouge au bord du désastre, les renseignements communiqués par les réseaux sont aussi essentiels que la bouteille d'oxygène qui maintient en vie un moribond. Personne, au Centre, n'envisage de mettre le réseau berlinois en veilleuse le temps nécessaire pour monter l'opération de parachutage. Le 10 octobre, un appel au secours est lancé à Kent. Saluons au passage le message qu'un radio du Centre expédie sur les ondes : il marque l'entrée dans cette histoire d'un personnage vêtu d'une redingote de cérémonie, ganté de blanc et coiffé d'un haut-de-forme à huit reflets — le bourreau allemand ; car à cause de ces quelques phrases pianotées avec indifférence, des dizaines d'hommes et de femmes mourront pendus ou décapités :

« KLS de RTX.1010. 1725 wds qbt.

« Du Directeur à Kent. Personnel.
Rendez-vous immédiatement Berlin trois adresses indiquées et déterminez causes défaillances liaisons radio. Si interruptions se renouvellent, chargez-vous transmissions. Travail trois groupes berlinois et transmission renseignements importance capitale. Adresse : Neuwestend, Altenburger Allee 19, troisième droite. Coro. — Charlottenburg, Fredericiastrasse 26*a*, deuxième gauche. Wolf. — Friedenau, Kaisertrasse 18, quatrième gauche. Bauer. Rappelez ici « Eulenspiegel ». Mot de passe : Directeur. Donnez nouvelles avant 20 octobre. Nouveau plan (répétons nouveau) en vigueur pour trois stations. qbt ar. KLS de RTX. »

Trois jours plus tard, le 13 octobre, le réseau berlinois recevait du Centre l'avertissement suivant :

« RSK de BTR. 1310.1425.54 wds qbt.

« Du Directeur à Freddy pour Wolf qui transmettra à Coro. Arrivé de Kent venant de BRX. Chargé de rétablir le trafic radio. En cas d'échec ou de nouvelle interruption envoyer tout le matériel à Kent pour transmission.

Lui remettre le matériel en souffrance. Tentative de reprise du trafic le 15. Centre à l'écoute à partir de 09.00. »

Kent part donc pour Berlin en mission de dépannage. Il a déjà pris contact avec le réseau allemand au mois d'avril précédent, lors de ce voyage à la Foire de Leipzig qui désespéra la belle Margarete au point de lui faire perdre plusieurs kilos. Cette fois, il rencontre les deux chefs du réseau dans les jardins du zoo de Berlin. En quelques jours, il procure au pianiste berlinois un émetteur supplémentaire et le met en contact avec un vieux militant communiste qui a suivi avant la guerre des cours de radio à Moscou. Celui-ci donnera au pianiste des leçons de perfectionnement. De Berlin, Kent pousse jusqu'à Prague. Il prend contact en chemin avec l'épouse de Rauch, l'homme de l'Intelligence Service. Nous le savons par un télégramme de Kent annonçant à Maria Rauch qu'il la rencontrera sur le quai de Raudnitz, où son train s'arrête quelques minutes ; il lui fixe rendez-vous près du wagon-restaurant. Quant à la mission de Kent à Prague, nous en ignorons le détail, mais elle démontre que l'Orchestre Rouge avait décidément des musiciens partout.

Il rentre à Bruxelles début novembre avec la satisfaction du devoir accompli. Mais une mauvaise nouvelle l'y rejoint : le pianiste berlinois ne peut plus jouer de la musique. C'est le 21 octobre, juste après le départ de Kent pour Prague, que les équipes de la Funkabwehr se sont mises en chasse. Berlin est contraint au silence. Conformément aux ordres de Moscou, tous les renseignements recueillis par le réseau berlinois doivent être émis par Bruxelles. Le diligent Kent a pris ses dispositions pour cette éventualité : un système de courriers entre l'Allemagne et la Belgique est déjà en place. Il en résultera bien entendu pour Bruxelles un surcroît de travail. Le pauvre Alamo, cloué devant son émetteur, n'a pas fini de rêver aux beaux jours de la guerre d'Espagne...

VIII

RENDEZ-VOUS A STALINGRAD

SONT-ILS donc si importants, les renseignements recueillis par ce réseau berlinois incapable de les transmettre correctement ? Jugez sur pièces :

— « De Coro à Directeur. Source : Maria. Artillerie lourde en provenance Kœnigsberg fait route vers Moscou. Batteries lourdes côtières embarquées à Pillau même destination. »

— « De Coro à Directeur. Source : Gustave. Pertes unités blindées sur le front Est atteignent pour le matériel dotation de onze divisions. »

— « De Coro à Directeur. Source : Arwid. Hitler avait ordonné prise Odessa avant 15 septembre. Actions retardatrices aile sud causent graves perturbations dans dispositif d'attaque allemand. Information émanant d'un officier OKW. »

— « De Coro à Directeur. Source : Moritz. Plan II est entré en vigueur depuis trois semaines.

Objectif probable atteindre ligne Arkhangelsk-Moscou-Astrakan d'ici fin novembre. Tous mouvements de troupes sont exécutés en conformité avec ce plan. »

— « De Coro à Directeur.
Les chars des compagnies de propagande attendent à Briansk depuis 19 octobre entrée des troupes allemandes à Moscou, qui était prévue pour le 20 octobre.

— « De Coro à Directeur. Source : OKW via Arwid. Front de l'Est, majorité divisions allemandes très éprouvées par lourdes pertes essuyées ont perdu leur potentiel humain normal. Soldats ayant reçu formation complète ne représentent plus qu'un pourcentage minime. Renforts constitués par soldats ayant subi un entraînement de quatre à six mois. »

On pourrait multiplier les exemples, puisque les télégrammes émis se chiffrent par centaines. Le réseau berlinois est au fait des plans offensifs de la Wehrmacht, il connaît la répartition des forces et l'effectif des renforts ; il peut signaler à l'avance les secteurs où vont atterrir des unités de parachutistes, il renseigne Moscou sur les pertes de l'ennemi en hommes et en matériel. Ce n'est pas tout : le réseau a aussi des informations précises sur la production allemande en essence et en produits chimiques, et sur le nombre d'avions sortant chaque mois des usines du Reich ; il a ses antennes dans les organes directeurs du parti nazi et même au Grand Etat-Major, dont il connaît les thèses et les querelles. Il a des lumières précises sur les manœuvres de la diplomatie secrète de Ribbentrop. Il est en mesure de suivre au jour près les déplacements de Hitler.

Conformément aux nouvelles dispositions, ces informations capitales seront désormais transmises par l'émetteur de Kent.

C'est également sur Bruxelles que pleuvent les demandes de renseignements émanant du Centre. Certaines concernent les mouvements de troupes en Belgique et en

Hollande, la capacité de production des usines locales travaillant pour l'occupant, l'attitude de la population civile. Mais la plupart dépassent largement le cadre belge ou hollandais. Si le Directeur veut être éclairé sur la force de l'armée suisse, les possibilités militaires de l'industrie chimique allemande ou le détail des pertes de la Wehrmacht, c'est à Bruxelles qu'il s'adresse :

— « Du Directeur à Kent.
Besoin rapport sur armée suisse en relation avec éventuelle invasion allemande. Force de l'armée en cas de mobilisation générale. Nature des fortifications existantes. Qualité de l'armement. Caractéristiques concernant aviation, blindés et artillerie. Moyens techniques des diverses armes. »

— « Du Directeur à Kent.
Etablissez capacité production usines chimiques allemandes (gaz de combat). Faites rapport sur préparatifs sabotage usines en question. »

— « Du Directeur à Kent.
Sources Schneider semblent bien informées. Lui demander contrôler chiffre global pertes allemandes à ce jour. Ventiler d'après armes et campagnes. »

C'est encore par Bruxelles que sont relayés vers Moscou les renseignements réunis en France par le Grand Chef. Comme ceux du réseau berlinois, ils sont multiples, variés et précis ; ils témoignent surtout d'une pénétration du dispositif allemand à laquelle aucun autre système d'espionnage allié n'est parvenu même de loin, au cours de la dernière guerre. Quelques échantillons :

— « Source : Suzanne.
Ligne proposée par Etat-Major pour quartiers d'hiver et sur laquelle armée allemande devrait prendre position début novembre passe par Rostov-Isium-Koumsk-Orel-Briansk - Dorogobusch - Novgorod - Leningrad. Hitler a refusé cette proposition et ordonne sixième attaque sur Moscou avec totalité matériel disponible. Si offensive échoue, troupes allemandes en retraite seront momentanément sans réserves matériel. »

— « Source : Emile.
Deux nouvelles combinaisons toxiques découvertes :

1° Nitrosylfluoride. Formule : HC2F. 2° Kakodylisocyanide. Formule : (CH_3) 2 ASNC. »

— « Source : Ninette.
Allemands rassemblent embarcations dans ports bulgares pour opération Caucase. »

— « Source : Berlin.
Cercles officiers supérieurs estiment victoire totale désormais exclue à cause échec guerre éclair Est. Tendance sensible influencer Hitler à traiter avec Angleterre. Généraux importants OKW pensent guerre durera encore trente mois et espèrent ensuite paix de compromis. »

— « Source : Jacques.
Allemands ont perdu élite de leur armée sur front Est. Supériorité blindés russes non contestée. Etat-Major découragé par modifications constantes apportées par Hitler dans plans stratégiques et objectifs. »

— « Source : Paulette.
Officier allemand signale tension monte entre armée italienne et parti fasciste. Incidents sérieux à Rome et à Vérone. Autorités militaires sabotent instruction du Parti. Possibilité coup d'Etat non exclue mais pas dans l'immédiat. Allemands rassemblent troupes entre Munich et Innsbruck pour intervention éventuelle. »

— « Source : Maria.
D'un officier supérieur allemand rentrant de Berlin. Cercles militaires importants sceptiques issue guerre Est. Même Gœring doute victoire militaire. Garnisons et places d'armes allemandes vides de troupes. Spéculations à Berlin sur mort Hitler et dictature militaire subséquente. »

— « Source : Pierre.
Force totale armée allemande : 412 divisions, 21 actuellement en France pour la plupart divisions de deuxième ligne. Effectifs diminuent sans cesse en raison départs fréquents. Troupes qui se trouvaient sud et environs Bordeaux sur Mur Atlantique font mouvement vers est. Il s'agit de trois divisions. Effectif global Luftwaffe à peu près un million d'hommes, inclus personnel à terre. »

— « Source : José.
Dix kilomètres ouest Madrid station d'écoute allemande

interceptant liaisons radio anglaises, américaines et françaises (avec colonies). Camouflée en firme commerciale sous nom « Stürmer ». Gouvernement espagnol au courant et complice. Un officier et quinze hommes en civil. Filiale à Séville. Téléscripteur direct de Madrid à Berlin avec relais à Bordeaux et Paris. »

Qu'est-ce donc que Bruxelles ?

La tête, d'abord, d'une organisation couvrant la Belgique et la Hollande et donnant sur ces pays les informations habituelles aux réseaux de résistance.

Le cœur, surtout, du formidable appareil d'espionnage de l'Orchestre Rouge. Il pompe les renseignements recueillis par des dizaines d'agents éparpillés à travers l'Europe et les envoie au Centre par l'artère essentielle de sa liaison radio.

Pour Moscou assourdi par la canonnade allemande et les raids aériens, la voix de Bruxelles est celle de l'espoir. Les fronts craquent, les digues cèdent l'une après l'autre, la marée verte se répand sur le pays et approche des murailles du Kremlin, mais il y a le poste d'écoute bruxellois qui, au sein même du glorieux tintamarre allemand, perçoit d'infimes dissonances : les doutes des généraux de Hitler, l'épuisement des troupes, l'usure du matériel. Et à l'heure où le Führer hurle devant la foule berlinoise : « Je déclare aujourd'hui, sans aucune réserve, que notre ennemi de l'Est est abattu et ne se relèvera jamais », c'est la voix de Bruxelles qui permet à Moscou de ne point abandonner toute espérance.

Elle apporte aussi à l'Etat-Major de l'Armée Rouge maints renseignements tactiques, mais les généraux soviétiques, bousculés par l'adversaire, talonnés par ses avant-gardes, n'ont guère le loisir de les utiliser ; la supériorité allemande est si forte que le Russe, même prévenu du prochain coup à venir, ne peut en supporter l'impact. Il n'est pas encore parvenu à mettre entre l'ennemi et lui l'espace suffisant pour une réorganisation qui rendrait possible l'exploitation efficace des renseignements. Mais le 12 novembre 1941, le temps vient suppléer à l'espace et permettre à un message bruxellois d'entrer dans l'Histoire au lieu de finir dans les corbeilles d'un état-major de campagne. Le 12 novembre 1941, au jour précis où les chefs d'états-majors allemands des trois groupes d'armées du front de l'Est se réunissent à Orcha pour mettre au point la ruée finale sur la capitale russe, dont les avant-gardes blindées ne sont plus qu'à vingt-cinq kilomètres, le Centre reçoit de Bruxelles le message suivant :

— « De Kent à Directeur. Source : Coro.
Plan III avec Caucase pour objectif, prévu originalement pour novembre, sera appliqué au printemps 1942. Mise en place des troupes devra être terminée 1er mai. Totalité effort logistique tendu vers ce but à compter 1er février. Bases de déploiement pour offensive sur Caucase : Lozowaïa - Balakeleja - Tschugujev - Belgorod - Achtynka Krassnograd. Quartier général à Karkhov. Détails suivent. »

Moscou ne sera pas pris. Dans cinq jours, le 17 novembre, les cavaliers mongols de la 44e division chargeront sabre au clair devant Moussino, à moins de cinquante kilomètres du Kremlin, et leur sanglant assaut marquera l'entrée dans la bataille des divisions fraîches venues de Sibérie. Ces divisions fraîches, Staline avait pu les rassembler devant sa capitale parce que l'agent Richard Sorge lui avait assuré que le Japon ne frapperait pas la Russie dans le dos — en Sibérie. Et tandis que le Russe en est encore à se battre sous les murs de Moscou, l'Orchestre Rouge, par son télégramme historique du 12 novembre, lui fixe déjà rendez-vous, neuf mois à l'avance, sur la lointaine Volga : à Stalingrad.

Sorge avait permis d'éviter la défaite devant Moscou. Trepper et ses hommes vont rendre possible la victoire à Stalingrad.

La Funkabwehr, après son échec à Berlin, constate que le trafic du PTX s'est considérablement amplifié. La comparaison du nombre de messages transmis indique que le pianiste du PTX a pris en charge le travail de son confrère berlinois empêché. Grâce aux recherches patientes de Cranz et de Breslau, on a maintenant la certitude que l'émetteur est caché dans Bruxelles. La Funkabwehr dépêche à Fortner une équipe de spécialistes, des voitures-gonio et deux « valises chercheuses ». Un tel déploiement de force élimine toute possibilité d'échec. La chasse au PTX est cette fois bien lancée.

IX

DESCENTE AUX ATREBATES [1]

On l'appelait toujours PTX mais il y avait évidemment belle lurette qu'il avait abandonné son indicatif d'appel primitif ; il en utilisait maintenant une trentaine et jonglait en virtuose avec les longueurs d'onde. Les techniciens de la Funkabwehr s'acharnaient à le suivre dans ses acrobaties, mais ils firent, le 17 novembre, une découverte qui devait sensiblement compliquer le travail des chasseurs : il y avait à Bruxelles trois émetteurs clandestins ; ils utilisaient à tour de rôle les mêmes indicatifs et les mêmes longueurs d'onde. Impossible, dans ces conditions, de découvrir lequel des trois était le PTX recherché depuis si longtemps — quoique l'une des trois stations travaillât plus que les autres.

Les équipes de relèvement arrivèrent à Bruxelles le

1. Atrébates : « Peuple de la Gaule Belgique, au temps de César. Arras était leur capitale » *(Petit Larousse illustré).*

30 novembre dans un état d'esprit morose. Localiser trois émetteurs utilisant des indicatifs et des longueurs d'onde identiques n'était pas facile ; si les pianistes disposaient, en plus, de nombreuses « planques », la tâche deviendrait vraiment très ardue. Par contre, il était réconfortant que les émissions eussent lieu la nuit. Le couvre-feu interdisant aux pianistes la protection d'un filet de guetteurs, on n'aurait pas besoin de réquisitionner un lot d'uniformes de postiers belges...

Les premiers relèvement furent catastrophiques. Le lieutenant dirigeant l'opération n'en crut pas ses yeux lorsqu'il constata que ses fils de soie ne se *croisaient en aucun point*. Il y avait là un prodigieux mystère. On procéda à des relèvements de contrôle sur une station d'émission allemande dont on connaissait les coordonnées et on découvrit que les appareils étaient faussés de plusieurs degrés. Comme les voitures-gonio étaient absolument neuves, on pouvait en déduire qu'il y avait quelque chose de pourri dans la firme « Lœwe-Opta-Radio ». On reprit la chasse en tenant compte des diverses déviations.

Il fut très vite établi que les trois pianistes n'étaient pas itinérants. L'un se cachait dans la commune bruxelloise d'Etterbeck, le second était à Uccle, le troisième à Laeken. Les spécialistes de la Funkabwehr penchaient pour des recherches patientes qui permettraient de « coiffer » les trois postes en même temps, mais ils prenaient leurs ordres des chefs locaux de l'Abwehr, et ceux-ci en décidèrent autrement. Depuis des mois, Berlin les harcelait avec PTX ; il était devenu leur obsession. On exigeait sa disparition ? Qu'on le « coiffe » donc bien vite pour en finir avec la grogne et la rogne berlinoises ! Ce cauchemar une fois dissipé, il serait toujours temps de prendre en chasse les deux autres pianistes.

Les techniciens estimèrent que le PTX était probablement l'émetteur qui, depuis quelques jours, travaillait le plus assidûment : celui d'Etterbeck. Par relèvements successifs, on localisa la « planque » du pianiste ; il se cachait dans une artère étroite et triste, à peu près dépourvue de magasins : la rue des Atrébates.

Fortner raconte : « Officiellement, j'étais toujours responsable du contre-espionnage à Gand, mais Berlin m'avait ordonné de suivre l'affaire de l'émetteur clandestin. Quand il fut localisé à Bruxelles, je m'installai dans un magnifique appartement du boulevard Brand Whitlock qui avait été abandonné par sa propriétaire anglaise. Elle m'écrivit d'ailleurs après la guerre pour me remercier d'avoir tout laissé en bon état. La concierge ignorait naturellement quelles étaient mes fonctions ; elle croyait que je faisais du marché noir et je l'entretenais dans cette conviction en lui donnant de temps en temps du savon.

« L'arrivée de l'équipe Funkabwehr a tout changé. Jusque-là, j'en étais réduit à écouter le PTX toutes les nuits sur mon récepteur sans pouvoir agir d'aucune manière. Le technicien chargé de la « valise chercheuse » m'a particulièrement impressionné. C'était un sergent très ambitieux, très sûr de lui. Il m'a déclaré d'emblée : « Moi, je le prendrai. »

« Les relèvements ont progressé rapidement. Je me souviens même que nous avons embarqué un appareil dans un Fieseler Storch pour survoler la ville. Le fait que l'émetteur travaillait cinq heures par nuit nous a beaucoup aidés. Les Russes ne se méfiaient pas, c'était évident. Pourquoi l'auraient-ils fait, d'ailleurs ? Ils ne pouvaient pas deviner que nous disposions d'appareils aussi précis. La « valise chercheuse », notamment, était une merveille technique qui n'avait pas son équivalent dans le monde ; même les vieux professionnels en restaient confondus d'admiration. Je crois bien que c'était la première fois qu'on l'utilisait hors d'Allemagne.

« Nous sommes donc tombés sur la rue des Atrébates. Mon sergent était persuadé que l'émetteur se trouvait dans l'une de ces trois maisons : 99, 101 ou 103. J'ai fait procéder à des vérifications discrètes sur les occupants. Au 99 vivait une famille flamande notée pour ses sentiments germanophiles. Le 101 était habité par des Sud-Américains dont le voisinage m'apprit qu'ils travaillaient pour les services économiques allemands. La maison du 103 était vide. J'avais le pressentiment que l'émetteur devait être caché dans la maison vide, mais il nous fallait une certitude absolue. Or, derrière ces trois maisons, dans le même bloc, il y avait une villa réquisitionnée où vivaient deux hommes de l'Organisation Todt. Le renseignement nous fut donné par les Services du Logement de Bruxelles. J'obtins du général commandant en Belgique qu'il interdise à ces deux hommes de sortir de chez eux pendant quelques jours. Nous les avons mis au courant de l'affaire ; ils jurèrent de ne pas parler et de ne pas sortir. Nous nous installâmes donc chez eux et, pendant quatre ou cinq nuits, le sergent put travailler à proximité immédiate des trois maisons suspectes. Finalement, il m'affirma que les émissions venaient de la maison du milieu, le 101, qui était occupée par des Sud-Américains. Il ne restait plus qu'à agir.

« Mais contrairement à mon sergent qui, toujours sûr de lui, ne voyait pas d'inconvénient à ce que nous donnions l'assaut à deux, j'estimais qu'une grande prudence était nécessaire. Mes informateurs m'avaient appris que les communistes s'étaient considérablement durcis ; en cas d'attaque, ils étaient décidés à se battre jusqu'à la mort. J'obtins des autorités militaires le prêt de dix hommes de la gendarmerie secrète. Serait-ce suffisant ? Je n'en étais pas certain. Or, il y avait une caserne à proximité de la rue des Atrébates, boulevard Saint-Michel. Elle était occupée par un bataillon de vieux territoriaux d'au moins cinquante ans qui assuraient la garde des voies ferrées, des viaducs, etc. Le commandant me reçut avec froideur et me dit qu'il ne pouvait rien pour moi. Mais un chef de compagnie qui était présent s'emballa pour mon affaire et mit vingt-cinq hommes à ma disposition.

« Nous étions en mesure de frapper. Le raid fut fixé à la nuit du 12 au 13 décembre, vers deux heures du matin. »

Bill Hoorickx raconte :

« Avec le temps, j'étais devenu de plus en plus intime

avec Carlos Alamo ; il nous arriva même d'habiter ensemble. Sa personnalité me plaisait beaucoup et nous avions des conversations interminables. Leur sujet le plus fréquent ? Vous allez être surpris : nous parlions beaucoup métaphysique. Etant jeune, je voulais aller dans une mission protestante aux colonies ; j'avais même fait des études de médecine coloniale avant de bifurquer vers la peinture. Mais je suis resté très croyant et j'aimais parler avec Alamo des grands problèmes religieux Pour lui, c'était une révélation, car en Russie, on ne discute évidemment pas de ces choses. Je n'affirmerai pas avoir converti Alamo, mais je l'ai rendu « spiritualiste », en quelque sorte.

« Cela dit, Alamo était un homme, avec ses faiblesses et ses appétits. Je l'avais présenté à une très jolie fille des Indes néerlandaises, Sumatra ou Java. Elle s'appelait Suzanne Schmitz. Il en fit sa maîtresse et elle habita même avec nous. Un jour, il nous invita à dîner dans la maison des Atrébates. J'y étais déjà allé deux fois et j'en avais parlé à Rauch, qui m'avait dit : « Tiens ! Je « ne savais pas qu'ils avaient aussi quelque chose là-« bas. » Cette ignorance ne m'avait pas surpris outre mesure : on ne peut pas dire que Rauch était tenu à l'écart, mais il m'a toujours donné l'impression d'être un peu en retrait. C'était un « loup solitaire ».

« J'acceptai l'invitation d'Alamo, qui englobait naturellement ma femme actuelle, Anya. Mais quand j'en parlai à Anya, elle me dit : « C'est impossible, il faut te décom-« mander, j'ai promis à Olga Sherbatov que nous irions « dîner chez elle. » Je téléphonai à Alamo, qui fut très déçu et insista beaucoup. Mais nous ne pouvions pas faire faux bond à notre amie Olga. Il fut donc convenu que Suzanne irait seule dîner rue des Atrébates, le 13 décembre au soir. »

Le Grand Chef arriva à Bruxelles le 12 décembre et se rendit chez Kent, où sa chambre était toujours prête. On peut présumer qu'il était d'humeur optimiste : les avions japonais avaient frappé à Pearl Harbor cinq jours plus tôt et la guerre offrait des perspectives toutes neuves. Il avait à la main l'une des trois valises qu'il utilisait pour ses déplacements. Elles étaient de tailles différentes, mais toutes conçues sur le même modèle et d'un luxe raffiné. Un compartiment formant armoire permettait de suspendre deux, quatre ou six costumes ; il y avait aussi un tiroir spécial pour les livres et un casier à chaussures. Margarete avait été très surprise de lui voir ces valises, identiques à celles de Kent, et plus encore de constater qu'Alamo possédait les mêmes.

Elle n'aimait pas trop Trepper ; il l'inquiétait. Lorsque Kent était parti pour Leipzig, il était carrément venu s'installer avenue Slegers et il avait fait à Margarete une cour assez poussée. Après trois jours de ces manèges, il avait décampé en disant : « Je voulais savoir si vous « étiez fidèle à Vincent et s'il pouvait compter sur vous. » Depuis, Margarete se méfiait, malgré les cadeaux dont la comblait Trepper ; lorsqu'il sortait avec Kent, elle était convaincue qu'il l'emmenait chez les filles. C'est dire qu'elle avait été ravie de marquer un point contre lui, un jour qu'ils écoutaient tous les trois la radio allemande. Après le communiqué, Trepper avait fermé le poste et, machinalement, il avait commencé une phrase en allemand. Margarete connaissait trop bien cette langue pour ne pas remarquer son accent yiddish. Elle avait dit à Kent : « Mais c'est un Juif ! » Kent avait nié sans vigueur.

Le Grand Chef venait à Bruxelles pour y rencontrer Makarov, *alias* Alamo. Le pauvre diable, consumé d'ennui, le harcelait de ses plaintes : « Camarade, qu'est-ce que je fais ici ? Toutes vos histoires sont beaucoup trop compliquées pour moi ! Je t'assure que je peux faire des choses bien ! Qu'on me donne un avion, et je serai au moins utile à quelque chose... »

Ils avaient rendez-vous rue des Atrébates le lendemain, 13 décembre.

Fortner :

« Le 12 décembre, vers dix heures du soir, je m'installe chez les gens de la Todt avec mon sergent et trois officiers de l'Abwehr. Nous avons avec nous six gendarmes ; les autres sont cachés dans l'immeuble du 97, à côté de la maison des Flamands. Les territoriaux, dans leur caserne, se tiennent prêts à bloquer la rue. Ils sont armés de mitraillettes et je leur ai fait enfiler de grosses chaussettes de laine par-dessus leurs bottes : ils ne donneront pas l'alerte par des bruits suspects.

« Mon plan est simple : un assaut brutal. Je foncerai avec deux gendarmes dans la maison des Flamands ; un officier et deux gendarmes pénétreront chez les Sud-Américains ; même chose pour la maison vide. Le troisième officier prendra le commandement des territoriaux, rue des Atrébates. Nous avons des lampes-torches, des haches et même des échelles de pompiers pour grimper éventuellement sur les toits.

« A deux heures du matin, j'installe mon dispositif. Une demi-heure plus tard, il est en place et je donne l'ordre d'attaque.

« Les Flamands sont suffoqués de me voir surgir avec mes deux gendarmes et je comprends tout de suite que l'émetteur n'est pas là. Sur ma droite. au 101, l'officier de l'Abwehr hurle : « Ici ! C'est ici ! » Des coups de feu claquent. Je vois les gendarmes tirer sur un homme qui sort de la maison. Les territoriaux s'élancent à sa poursuite.

« Moi, je fonce chez les Sud-Américains. Au rez-de-chaussée, une femme en déshabillé qui dormait sur un lit de camp. Elle est belle, vingt-cinq ans à peu près, mais juive, typiquement juive. Au premier étage, l'émetteur encore chaud sur lequel s'affaire déjà mon sergent. Au deuxième étage, une autre femme au lit. Grande, plutôt bien, vingt-cinq ou vingt-huit ans, très juive. J'entends crier : « Nous l'avons ! Nous l'avons ! » et je redescends au rez-de-chaussée. On a rattrapé le fugitif, qui essayait de se cacher dans le sous-sol de l'immeuble d'en face. Il a résisté et on l'a frappé ; il saigne. Il a un passeport sud-américain parfaitement en règle. Quant à la femme du rez-de-chaussée, elle me présente une carte d'identité française au nom de Sophie Poznanska. Je lui fais remarquer qu'elle parle pourtant bien mal le français ; du coup, elle n'ouvre plus la bouche. Même attitude chez le blessé : pas un mot ! Je remonte au deuxième étage. Je suis encore dans l'escalier quand un gendarme me crie que la Poznanska demande à aller aux toilettes. Je dis qu'elle le peut à condition d'être accompagnée. Elle refuse.

« La femme du deuxième étage s'appelle Rita Arnould. Elle me dit en sanglotant : « Je suis contente que ce « soit fini. C'est à contrecœur, forcée par un ami, que je « suis entrée dans le réseau. » Je lui parle d'abord en français, mais elle me dit : « Ecoutez, autant parler « allemand, ce sera plus simple. — Mais vous connaissez « cette langue ? — Bien sûr, je suis Allemande, née à « Francfort. » Elle est prête à tout raconter. Je fais chercher deux bouteilles de vin pour trinquer avec elle.

« Au fond, cette pauvre Rita n'avait jamais eu de chance ; c'était une créature pitoyable. Orpheline de père, elle avait fait des études de philosophie à Francfort et militait à cette époque dans une cellule communiste animée par un certain Isidore Springer, qui était son ami intime. Puis elle avait quitté l'Allemagne après l'arrivée de Hitler au pouvoir et était venue s'installer à Bruxelles pour y poursuivre ses études. Mais elle avait rencontré Arnould, un représentant en textiles déjà âgé, et l'avait épousé en plaquant là études et activités politiques. Il est probable qu'elle aurait terminé sa vie dans la peau d'une bonne ménagère sans histoires, si Arnould n'était pas mort en 1940. Il la laissait sans ressources. Pour le malheur de Rita, elle avait alors rencontré Springer, qui s'était lui aussi replié en Belgique. Il l'avait fait entrer rue des Atrébates où elle s'occupait du ménage, de la nourriture, toutes ces histoires matérielles. C'était suffisamment payé pour que Rita assurât la subsistance de sa vieille mère. D'ailleurs, étant juive dans un pays occupé par nous, il est évident que la malheureuse ne pouvait pas faire la difficile...

« Voyez-vous, je dois avouer que j'ai été ému par Rita Arnould. J'étais persuadé qu'elle n'était pas vraiment dans le coup, qu'elle avait été prise au piège par la nécessité. J'ai essayé d'adoucir son sort ; au lieu de la fourrer en prison, je l'ai installée dans un hôtel ; j'ai rassuré sa mère. Et même, plusieurs mois plus tard, alors que je partais en mission en Espagne, j'ai proposé à Rita de l'emmener et de la laisser là-bas. Sa réponse m'a glacé le sang. Elle m'a dit avec fatalisme : « A quoi bon ? J'ai « trahi et les services soviétiques me retrouveront où « que j'aille. » Elle fut fusillée un peu plus tard.

« Bon... je reviens au 13 décembre. Au cours de notre conversation, Rita me glisse : « Faites attention en bas. « — Attention à quoi ? — Descendez, vous trouverez « sûrement. » Je redescends au rez-de-chaussée et j'ordonne aux gendarmes de fouiller partout. L'un d'eux tape sur la cloison, derrière le lit de camp de la Poznanska : ça sonne creux ! La Poznanska s'était recouchée. Je lui ordonne de se lever. Elle refuse. On l'empoigne, on la pousse de côté et on enfonce une porte camouflée dans la cloison. Elle ouvre sur un petit cabinet mal éclairé par une ampoule rouge. Je fais changer l'ampoule : on y voit mieux. Et que voyons-nous ? un atelier de faussaire ! Tout le matériel pour fabriquer de faux papiers : passeports en blanc, tampons, formulaires, etc. ! Il y a aussi, rangés sur des étagères, des flacons remplis de liquides bizarres et des verres pleins de cristaux. Rita m'ayant affirmé que c'était du poison, nous avons envoyé flacons et cristaux à un laboratoire de Cologne, aux fins d'analyse. Le chef du laboratoire m'a rendu compte qu'il s'agissait d'ingrédients permertant de préparer une encre invisible très perfectionnée, pratiquement indétectable.

« Dans ce cabinet, j'ai éprouvé certainement l'un des plus grands chocs de ma vie. Comprenez-moi : il y avait là des formulaires en blanc qui émanaient de nos services et qui venaient de Berlin ! C'était incroyable ! Ça impliquait un réseau gigantesque avec des complicités partout ! Là-dessus, mon sergent redescend du premier étage avec des documents à moitié brûlés qu'il a trouvés près de l'émetteur : tous en allemand ! Je n'en revenais pas... J'interroge Rita, qui me dit d'un ton très naturel : « Mais oui, bien sûr, le travail ici se faisait en allemand. » C'était tout simplement renversant...

« Nous avons encore trouvé dans le cabinet deux

photos d'identité qu'on s'apprêtait sans doute à fixer sur des faux passeports. Selon Rita, l'une d'elles représentait un homme qu'on appelait « le Grand Chef », et l'autre, « le Petit Chef [1] ». Les photos étaient très bonnes, très nettes. En les examinant, j'ai eu l'impression bizarre d'avoir déjà vu quelque part ces deux personnages. Rita ne connaissait aucun détail concernant le Grand Chef ; par contre, elle savait que le Petit Chef habitait du côté du boulevard Brand Whitlock, c'est-à-dire dans mon quartier, qu'il avait pour maîtresse une femme blonde plus grande que lui, et qu'ils se promenaient souvent ensemble en tenant en laisse un gros chien : c'était suffisamment précis pour retrouver notre homme dans la journée.

« Nous avons quitté la rue des Atrébates vers six heures et demie du matin, mais j'ai laissé sur place un gendarme et un interprète avec l'ordre d'arrêter toute personne qui tomberait dans la souricière.

« Je suis allé directement rendre compte de notre succès au chef de l'Abwehr à Bruxelles. Il s'en montra ravi, bien entendu, et commença immédiatement à rédiger un rapport pour Berlin. Mais quel nom de code allions-nous donner au réseau ? Comme vous savez, chez nous, à l'Abwehr, un réseau d'espionnage est un « Orchestre ». Nous avions par exemple l'« Orchestre des Ardennes », qui travaillait du côté de Bastogne. Mon chef a proposé : « Orchestre Russe ». Je lui ai dit : « Non, « Orchestre Rouge » serait encore mieux ! »

Nous ne connaissons que le pseudonyme de l'homme qu'on vient d'arrêter après l'avoir un peu blessé : Camille. C'est un Juif de Palestine, ancien des Brigades Internationales, marié à une Française et vivant à Paris. Trepper l'y a rencontré et l'a envoyé en stage rue des Atrébates pour qu'il apprenne l'art du pianiste. Camille est brave, impétueux, enthousiaste. Il va mourir sans parler.

Sophie Poznanska est la chiffreuse du réseau. Elle

1. *Alias* Vincent Sierra, *alias* Kent.

excelle dans cette spécialité délicate. Si elle donne son code à Fortner, c'est un coup terrible porté à l'Orchestre Rouge. Sophie Poznanska ne parlera pas. Elle va bientôt se suicider dans la cellule de la prison Saint-Gilles où Fortner la fait enfermer.

Rita Arnould, dorlotée dans une chambre d'hôtel, est prête à bavarder. A première vue, elle n'est pas dans les secrets du réseau. Elle cuisait la soupe et faisait les lits...

Mais il y a ces indices qui vont permettre de retrouver en quelques heures la trace du Petit Chef. Il y a surtout la souricière tendue rue des Atrébates et dans laquelle Fortner peut raisonnablement espérer que des agents vont venir se jeter...

Le premier visiteur prétendit être propriétaire de la maison et venir encaisser le loyer. Le gendarme et l'interprète lui demandèrent ses papiers et téléphonèrent au Service du Logement de Bruxelles. L'homme était bien propriétaire du 101 ; on le laissa repartir.

Le deuxième visiteur était un individu dépenaillé, mal rasé et qui sentait mauvais. Il avait sous le bras un panier où s'ébattaient quelques lapins. Il demanda à voir la patronne, affirmant qu'il avait l'habitude de lui vendre des lapins. On lui expliqua que la patronne n'était pas visible et, comme il insistait, on le chassa à coups de pied.

Un peu plus tard, troisième coup de sonnette. On fit entrer le visiteur et on examina ses papiers. Ils étaient au nom de Carlos Alamo. Le gendarme le fouilla et découvrit dans ses poches plusieurs messages codés. On lui passa les menottes. Carlos Alamo connaît la plupart des membres du réseau et le code utilisé rue des Atrébates.

Le quatrième visiteur n'était pas commode. Il demanda d'un ton rogue si l'on savait à quelle heure ouvrait le garage situé un peu plus loin dans la rue des Atrébates. Quel garage ? Celui qui était réquisitionné par les Allemands. On lui ordonna d'entrer et de montrer ses papiers. Il exhiba un laissez-passer spécial délivré par l'Organisation Todt. Embarrassés, le gendarme et l'interprète décidèrent de le garder sous la main, mais il tempêta et les menaça des foudres de l'autorité militaire s'ils ne téléphonaient pas immédiatement à leur supérieur. Le gendarme téléphona à l'Abwehr et parla du laissez-passer. « Mais relâchez-le immédiatement ! » lui cria l'officier. Ce qui fut fait.

Dans la soirée, on cueillit encore une jolie fille de couleur : Suzanne Schmitz.

Nous étions installés autour d'un magnétophone dans l'un des bureaux de la Librairie Fayard. Assis à l'écart, l'air d'être ailleurs, Melnik suçotait sa pipe avec des bruits dégoûtants. Je ne levais guère la tête de mes rames de papier. Fortner devait avoir le sentiment que notre interprète constituait tout son auditoire. Elle est jeune, blonde, et ne manque pas d'aisance dans les rapports humains. Fortner avait réclamé une interprète qui ne fût pas allemande, aussi son nom nous était-il précieux : Ruth Hamel-Valentini — un prénom qui pourrait être anglo-saxon, Hamel qui est français et Valentini qui évoque l'Italie. En fait, elle est d'origine allemande. Il y avait tromperie de notre part, mais aussi bénigne que celle consistant à se présenter aux gens en hurlant « Gestapo ! » alors qu'on est tout bonnement un gentleman de l'Abwehr.

Ruth Hamel-Valentini avait su faire passer dans ses yeux bleus toute l'admiration convenable tandis que Fortner lui racontait son raid sur les Atrébates. A présent, elle écoutait le vieux monsieur en hochant la tête avec compréhension et sympathie. L'abominable Melnik restait de marbre. J'étais donc le plus mauvais acteur des trois, le seul à ne pas pouvoir dissimuler tout à fait le fou rire qui me secouait en entendant Fortner murmurer d'une voix humble : « Evidemment, j'avais commis une erreur très grave : j'aurais dû laisser au gendarme et à l'interprète les photos que nous avions trouvées... mais, que voulez-vous, nous étions encore des amateurs... Il nous fallait apprendre le métier... »

Franz Fortner venait de nous avouer que le marchand

de lapins qu'on avait jeté dehors, c'était le Grand Chef.

Le soir du 13 décembre, Kent et Margarete accompagnèrent Trepper à la gare, mais ils arrivèrent sur le quai pour voir disparaître le feu rouge du train de Paris. Le trio revint avenue Slegers. La voie était barrée par des gendarmes et plusieurs voitures stationnaient devant l'immeuble de Kent. Celui-ci téléphona d'un café : il eut au bout du fil un homme parlant allemand. Kent et Margarete allèrent se cacher chez un ami belge. Trepper prit le train suivant.

Il raconta plus tard que la perplexité l'emportait chez lui sur tous les autres sentiments. Il craignait depuis longtemps une catastrophe à Bruxelles : on ne pouvait pas émettre impunément cinq heures par nuit comme l'exigeait Moscou. Pour parer à cette menace, Trepper venait justement de mettre en sommeil l'émetteur de l'avenue de Longchamp et de reporter la plus grande partie du trafic radio sur celui des Atrébates, qui avait fort peu travaillé jusqu'au mois de décembre. Comment les Allemands étaient-ils arrivés si vite au but ? Les méthodes de relèvement classiques exigeaient plus de temps... Et s'il y avait eu trahison, le pire était à craindre : où s'arrêterait-elle ?

Le raid sur les Atrébates n'a pas fini de soulever des perplexités et des suspicions, dont l'une des conséquences sera la fessée appliquée sur le derrière d'un Hauptsturmführer S.S. Mais nous n'en sommes pas encore à ce précieux épisode.

Bruxelles, cœur du réseau, est foudroyé.

X

REPLI ÉLASTIQUE

Au mois d'août 1965, j'allai dans les Cévennes. La route s'accrochait aux pentes abruptes, serpentait dans les gorges, s'enfonçait dans un paysage toujours plus sec et plus âpre. Sur les bas-côtés, des stèles témoignaient des combats livrés par le maquis aux colonnes allemandes. Ces villages austères avaient été martyrisés par les dragons de Louis XIV ; on y avait brûlé des enfants et des femmes qui ne voulaient pas abjurer le protestantisme. Une contrée sauvage sur laquelle pesait une histoire impitoyable et où vivait depuis vingt ans une femme créée pour les plaisirs et pour les fêtes : Georgie de Winter. Le contraste était saisissant entre cette perle et cet écrin.

Depuis que je travaillais sur l'Orchestre Rouge, je m'étais fait une certaine idée de Georgie de Winter — « la belle Georgie » comme ils disaient tous. On savait qu'elle avait survécu à Ravensbrück, mais, après son retour du camp, sa trace se perdait. Certains survivants du réseau la supposaient quelque part en Belgique — mais où ?... J'avais fait mon deuil de ce témoin précieux. Il me restait la Georgie que j'avais rêvée ; elle serait dans le récit comme une gracieuse parenthèse.

Mais, un mois plus tôt, en juillet, alors que je parlais d'elle avec un ancien du réseau cloué sur son lit par les séquelles de la déportation, il m'avait tendu en souriant un faire-part de mariage. C'était l'annonce des épousailles de Georgie et d'un colonel polonais émigré. Elles venaient d'être célébrées à Soulorgues, près de Lasalle, dans les Cévennes.

Je roulais maintenant vers Lasalle avec beaucoup d'impatience et quelque inquiétude (il est périlleux de confronter rêve et réalité) ; avec encore le souci des conséquences éventuelles de ma visite.

Je savais depuis longtemps que l'Orchestre Rouge était le serpent de mer de certains milieux du renseignement. Plus précisément : des retraités de l'Abwehr et de la Gestapo. Ils ont, pour en parler ou pour en écrire, le ton prophétique et funèbre que la transe anticommuniste donne volontiers à ses Cassandres. Walter Schellenberg, ancien chef des services secrets du Reich, termine son chapitre sur l'Orchestre Rouge par cette phrase : « Il poursuivit ses activités jusqu'à la fin de la guerre. Cette lutte silencieuse devint de plus en plus intense, jusqu'au jour où le conflit fut porté, non seulement en Allemagne et dans les territoires occupés par elle, mais dans le monde entier [1]. »

Paul Leverkuehn — cet agent de l'Abwehr que nous avons vu errer en Perse à la recherche des routes menant jusqu'à Bakou —, Leverkuehn assure : « La lutte [contre l'Orchestre Rouge] n'eut pas de conclusion définitive et il ne fait pas de doute que la même organisation, employant peut-être dans certains cas les mêmes hommes que jadis, est active aujourd'hui encore [2]. » Flicke

1. Walter Schellenberg, *Le Chef du contre-espionnage nazi parle*, Julliard, 1957, p. 363.
2. Paul Leverkuehn, *German Military Intelligence*, Praeger, 1954, p. 183.

affirme : « L'Orchestre Rouge n'a certainement pas dit son dernier mot [1] » et Fortner est même convaincu qu'il reste très disert. Ils s'évertuent en somme à passer le flambeau à leurs successeurs logiques : les services de contre-espionnage occidentaux. Ce flambeau, j'avais d'abord cru que les nôtres refusaient de le recevoir, non point parce qu'il leur était tendu par des mains douteuses, mais à cause de leur certitude que la flamme était éteinte. Puis, certains détails m'avaient donné à penser qu'ils n'en étaient pas si assurés et qu'ils continuaient de s'intéresser aux anciens du réseau. C'était leur affaire, leur devoir et l'intérêt national. Mais je ne me sentais pas la démangeaison d'entrer dans la vaillante cohorte des indicateurs de police.

Il est doux de s'agiter de scrupules honorables dont on sait qu'ils sont à peu près vains. Car j'allais dans mon enquête à visage découvert. J'offrais à chaque témoin rencontré, en guise de carte de visite et de cadeau propitiatoire, un exemplaire de mon dernier livre, qui s'ornait quelque part du nom de Constantin Melnik. Pour les éventuels rengagés de l'Orchestre Rouge, ce nom serait comme la sonnette des lépreux d'antan. Enfin, j'interrogeais dans le dessein avoué d'écrire un livre et l'on savait chaque réponse destinée à être publiée.

Mon impatience allait être satisfaite, mon souci n'était pas bien lourd, mais l'inquiétude demeurait : serais-je déçu par Georgie ? Sans l'avoir jamais vue ni entendue, je roulais vers Lasalle avec l'appréhension d'un homme qui va revoir pour la première fois une femme aimée vingt ans plus tôt...

Lasalle s'étire au long d'une rue interminable et étroite ; de chaque côté s'ouvrent des cavernes sombres : les maisons. On traverse ce coupe-gorge et on retrouve la route acrobatique qui fait du rallye automobile des

1. W. F. Flicke, *Spionagegruppe Rote Kapelle,* Verlag Welsermühl Wels, 1957.

Cévennes l'un des plus difficiles qui soit. Sur trois kilomètres, elle surplombe une petite vallée où sont plantées quelques bâtisses massives comme des forteresses. Arrivé au hameau des Horts, il me fallut une demi-heure pour découvrir un chemin défoncé plongeant dans la vallée et remontant ensuite vers trois ou quatre maisons accrochées à la pente opposée. Celle de Georgie est l'avant-dernière du groupe. Je voyais mal cette chartreuse servir de plaque tournante à un réseau de renseignement, et même si Georgie n'était que « boîte aux lettres », je plaignais le facteur...

Une maison basse, trapue, avec des murs faits pour soutenir un siège. On me montrera dans la cave un souterrain débouchant dans la montagne : il permettait jadis aux habitants de fuir les dragons missionnaires. Je frappai en vain à la porte et je m'apprêtais à rebrousser chemin, quand surgit derrière moi, venant du jardin, une jeune femme à la démarche légère, vêtue d'un pantalon et d'un chemisier. Georgie, qui eut vingt ans en 1940, ressemble de manière frappante à Jacqueline Kennedy.

Son mari, frappé d'un infarctus, était à l'hôpital de Montpellier.

Il y avait dans la maison un chien, plusieurs chats et un diplodocus. On mit les premiers dehors pour parler à l'aise du dernier. A son retour de déportation, Georgie était allée voir sa mère en Belgique. La Sûreté belge l'avait filée, arrêtée, interrogée. En France, la Direction de la Surveillance du Territoire, principal service de contre-espionnage, s'était longuement penchée sur son cas. En 1962 — 1962 ! — des inspecteurs de la D.S.T. de Marseille, entassés dans deux voitures, viennent cueillir Georgie dans son désert et l'interrogent deux jours sans désemparer à la gendarmerie de Lasalle. La population frémissante soupçonne quelque noir mystère, peut-être un assassinat, ou plusieurs. Georgie se doute déjà que son courrier est ouvert, mais elle apprend que tous ses déplacements sont surveillés et continueront de l'être.

Fichtre.

Elle est grande, mince, avec une chevelure noire qui,

cet été-là, recouvrait ses épaules. Les yeux sont éblouissants. La voix est comme la démarche : juvénile. Rien de plus saisissant, chez cette rescapée de la Gestapo et de Ravensbrück, que sa voix presque enfantine, cristalline, qui se brise sur certaines syllabes.

« Peu après la déclaration de la guerre, Eddy — enfin, celui que vous appelez Trepper — m'a conseillé d'aller me réfugier aux Etats-Unis ; il me proposait même de payer le voyage. Mais je ne voulais pas le quitter et je ne voyais d'ailleurs pas de danger particulier à partager son sort, même après la visite du gendarme. C'était à Bruxelles, en mai 1940, pendant l'offensive allemande. Un gendarme belge s'est présenté à notre domicile et m'a demandé des renseignements sur l'« étranger » qui vivait avec moi. Alors, comme ça, sans rien savoir des véritables activités d'Eddy, j'ai pressenti qu'il fallait inventer une histoire : j'ai donné un faux nom et une fausse nationalité. Etait-ce parce que j'avais inconsciemment des doutes ? Peut-être, mais à l'époque, je ne cherchais pas plus loin.

« J'ai été ravie d'aller à Paris, que j'adore. Nous y menions une vie vraiment magnifique. Vous ne pouvez pas imaginer ce qu'étaient la gentillesse de cet homme, sa délicatesse, ses attentions constantes. Quand il partait en voyage, il me louait des places de concert et de théâtre pour chaque soir où il serait absent. J'étais comblée de cadeaux. Et il adorait mon fils Patrick, que nous avions naturellement amené avec nous. A cette époque — c'est-à-dire avant Pearl Harbor — j'allais comme ça régulièrement à l'ambassade des Etats-Unis percevoir pour Patrick des colis de ravitaillement distribués par l'« American Aid Society ». Les employés me conseillaient de rentrer aux Etats-Unis et Eddy lui-même revenait souvent à la charge en me proposant un petit capital en dollars qui me permettraient de vivre là-bas. Mais je l'aimais trop, j'étais prête à mourir pour lui. Remarquez que s'il était avec moi d'une tendresse sans bornes, je sentais qu'il pouvait aussi être impitoyable. Une fois, il est rentré à la maison absolument furieux contre quelqu'un ; il a parlé tout seul un bon moment — on aurait dit un procureur en train de prononcer son réquisitoire — puis il s'est tout à coup calmé et il a conclu d'un ton paisible : « Eh bien, qu'il crève donc, celui-là... » je vous assure que c'était impressionnant.

« Il m'a présenté quelques amis — peu nombreux. J'aimais beaucoup Hillel Katz, si agréable, et Léo Grossvogel, qui était simple, gentil et qui avait une passion pour la musique classique. Tous les deux étaient absolument dominés par la personnalité d'Eddy. On sentait qu'il était le patron et que ces deux-là se seraient jetés au feu s'il le leur avait ordonné.

« Mais il ne me parlait jamais de ses affaires. En somme, il était très mystérieux. J'ai beau ne pas être curieuse, il est probable que je ne réagirais pas aujourd'hui de la même manière. A l'époque, j'avais vingt ans et lui près de quarante : il m'impressionnait. Et j'ai su tout de suite qu'il ne fallait pas essayer de le saisir, de l'enfermer dans des questions. Il était insaisissable comme l'eau. D'ailleurs, je n'avais pas envie de savoir ceci ou cela : ça ne m'intéressait pas. J'étais très jeune, très insouciante, nous nous aimions et la vie était merveilleuse.

« Après l'entrée en guerre des Etats-Unis, étant américaine, je pouvais être arrêtée et mise dans un camp d'internement. Alors, comme ça, Eddy m'a révélé qu'il travaillait pour l'Intelligence Service et il m'a donné des faux papiers au nom d'Elisabeth Thevenet. Moi, j'ai cru à cette histoire d'Intelligence Service. Au fond, c'était sans importance. Qu'il fasse ça ou qu'il vende des imperméables, ça ne changeait rien à mes sentiments.

« Alors, la vie a continué, comme ça, mais j'avais peur qu'on m'arrête avec mes faux papiers. Un jour, je lui ai dit : « On finira par me prendre et je me retrouverai « en prison. » Il a haussé les épaules en disant : « Des « êtres comme toi et moi, ça passe à travers tout. » Il était toujours très calme, très maître de lui. La seule fois où je l'ai vu ému, c'est au cours d'une partie de canotage à Saint-Germain-en-Laye. Notre barque a failli chavirer et j'ai rétabli l'équilibre de justesse en m'accrochant aux branches d'un arbre. Eddy était très pâle et il m'a avoué qu'il ne savait pas nager. D'ailleurs, il ne pratiquait aucun sport ; ça m'étonnait de la part d'un homme si raffiné, d'une propreté presque maniaque. Alors, pour en revenir à mes faux papiers, j'ai quand même failli me faire arrêter. C'était en descendant du métro, à la station Saint-Michel. Il y avait un barrage d'agents de police à la sortie du quai. J'ai fait semblant de m'être trompée de station et je me suis approchée d'un plan du métro ; je comptais évidemment prendre la rame suivante. Mais un brigadier m'avait remarquée. Il a dit à un agent : « Va donc me chercher cette petite demoi« selle : on dirait qu'elle n'a pas la conscience tran« quille ! » J'ai sorti ma fausse carte en tremblant. Il l'a regardée, et il s'est exclamé : « Ça, par exemple ! Vous « êtes née à Neuvilly, dans le Nord ? Le copain, là-bas, « il est aussi de Neuvilly. » Il a appelé le copain, qui est arrivé tout hilare. Moi, j'étais terrorisée. Bien entendu, il m'a parlé des gens de Neuvilly, tout ça, et je m'en suis tirée comme j'ai pu en disant que j'étais partie de là-bas très jeune. Alors, ils m'ont laissée gentiment filer. Qu'est-ce que j'ai eu peur !

« A cette époque-là, nous habitions rue Fontaine, mais nous avions aussi un pavillon au Vésinet. J'allais tous les jours prendre des leçons de danse dans un cours de la place Clichy, car Eddy insistait pour que je puisse me débrouiller toute seule, plus tard. J'apprenais aussi les langues étrangères. Le soir — presque tous les soirs — nous allions, comme ça, dîner au restaurant et finir la soirée dans un cabaret ou chez les chansonniers ; il avait une passion pour les chansonniers. Quelle belle vie nous menions ! Je peux dire que je n'ai jamais été aussi heureuse... »

Paris, arrière d'un front qui passerait par Bruxelles et Berlin ? Paris où l'on danse et où l'on s'empiffre tandis que le lieutenant Makaro, *alias* Alamo, croupit dans sa cellule et que la chiffreuse Sophie Poznanska se pend dans la sienne ? Evidemment non. Si Bruxelles était, jusqu'au raid sur les Atrébates, le cœur de l'Orchestre Rouge ; si Berlin en est le cerveau — un cerveau recueillant et triant les renseignements avec la précision d'un ordinateur électronique — c'est à Paris qu'est le centre servo-moteur du réseau, c'est de Paris que partent les courriers essaimant les ordres du Grand Chef à travers l'Europe, c'est vers Paris que convergent les dizaines de rapports qui, transmis à Moscou, permettent au Directeur de suivre l'activité du moindre de ses agents.

Les délices de la vie parisienne ? La faune qui en jouit est sans doute diverse, mais une observation attentive permet d'y cerner au moins deux groupes sociaux : les collaborateurs politiques ou économiques et les cadres supérieurs de la Résistance. Un point commun : ils ont pris parti ; pour eux la guerre continue. Les Français presque unanimes ont signé l'armistice ; depuis, ils s'absorbent dans la contemplation angoissée de leur nombril. De 1940 à 1944, le grand problème national est de savoir si le ticket AH sera honoré ; dans les trains, dans les files d'attente, dans les bureaux, on ne parle que mangeaille. C'est qu'on n'est pas impunément une nation vaincue. Mais — que ce rebondissement est donc signifiant ! — il suffit de refuser la sécurité impliquée par l'armistice pour que disparaissent ses conséquences alimentaires. Si l'on se bat, on mange. Ainsi se côtoient dans les petits restaurants de marché noir des collaborateurs (ils ont pris en marche le train blindé nazi), les chefs de la Résistance (ils s'emploient à le faire dérailler) et le gratin des officiers allemands (bon gré, mal gré, ils chauffent la locomotive). Le pittoresque de leurs agapes tient à ce détail : les convives savent que c'est avec leur peau qu'il faudra éventuellement payer l'addition. Après le dessert peut venir l'obus russe ou américain pour les officiers, et, pour les autres, les douze balles du peloton d'exécution allemand ou celles de la prochaine épuration.

Au niveau des états-majors, la Résistance n'a donc pas faim. Rémy — le pur d'entre les purs — constate en 1942 qu'il dépense en trois jours pour sa nourriture l'équivalent du budget mensuel moyen d'une famille parisienne. Roger Vailland, dans *Drôle de jeu* — le meilleur roman inspiré par la Résistance — fait rebondir son action de bistrot clandestin en boîte de nuit camouflée, et va jusqu'à esquisser en quelques pages un guide sommaire des restaurants de marché noir ; c'est tout juste s'il n'attribue pas des étoiles. A cela, une raison pratique : le combattant clandestin, pourvu de faux papiers et sans domicile fixe, ne peut pas toujours entrer dans le circuit alimentaire officiel et percevoir ses cartes de rationnement. Une justification morale : c'est déjà assez de risquer la torture et la mort sans avoir en plus le ventre creux ; il est juste, équitable et salutaire que le Grand Chef ne mange pas des rutabagas. Enfin, une explication technique : pour certains, et notamment pour Trepper, leur « couverture » implique un certain style de vie. On y reviendra.

Paris n'est pas l'arrière : c'est la base arrière d'où le Grand Chef dirige la bataille. Dès son retour de Bruxelles, il s'emploie à colmater la brèche ouverte par Fortner.

Premier problème : Kent. Luba Trepper avait raison Le garçon parfait pour le travail en temps de paix, quand il ne jouait que sa liberté, n'a pas la trempe nécessaire pour risquer sa peau. Kent ? Un petit jeune homme, décidément, auquel le livre de Smirnov avait tourné la tête et dont les nerfs craquent après le raid sur les Atrébates. Rien de plus contagieux que la panique. Kent représentant un risque à éliminer, Trepper l'expédie à Marseille, en zone française libre. Il y retrouvera le bon M. Jaspar, l'ancien directeur de « Foreign Excellent Trench-Coat ». Pourquoi ne créeraient-ils pas à eux deux un réseau local avec émetteur indépendant ? La zone libre s'y prêterait, car elle est évidemment moins surveillée que l'autre. Mais le Grand Chef se garde d'espoirs excessifs. Kent a été pesé et trouvé léger. S'il veut, Marseille peut lui offrir un nouveau champ d'activité ; pour l'instant, c'est surtout une voie de garage. Et Margarete Barcza ? Trepper juge son silence tout à fait déplorable : Kent l'aime si passionnément qu'il a encore plus peur pour elle que pour lui ; elle l'amollit et lui fait perdre son temps. Trepper propose à Kent de la faire passer en Suisse, où elle attendra paisiblement la fin de la guerre et des temps plus propices à leurs amours. Kent refuse ; il n'ira pas à Marseille sans elle. Le Grand Chef est contraint de céder.

Kent réussit son « décrochage » de Bruxelles. Il y connaît du monde et un escamotage sans tambours ni trompettes semblerait suspect. Il fait le tour de ses connaissances et donne une explication plausible de son départ. Robert Christen, le patron du « Florida » : « Fin décembre 1941, il vient me voir à mon domicile et me dit : « Ecoute, Robert, il faut que je file en France : je « suis recherché par la Gestapo... — La Gestapo ! Mais « pourquoi ? — L'Allemagne vient de déclarer la guerre « aux Etats-Unis et mon pays va certainement marcher « avec les Américains. Les Boches s'en doutent et ils « s'apprêtent à ramasser tous les Uruguayens... » Je lui dis que je comprends et je lui souhaite bonne chance. Il me demande si je peux lui garder une malle jusqu'à son retour. J'accepte, naturellement... »

Paris est la première étape. Kent s'y rend directement mais Margarete et son fils René doivent passer la frontière en fraude car leurs cartes d'identité portent le tampon « Juif ». Ils se retrouvent le 20 décembre à l'hôtel Océanic. Kent est nerveux, tourmenté, mais le couple ne renonce pas pour autant au pèlerinage quotidien dans les boîtes de nuit parisiennes ; on confie René au concierge de l'hôtel. Le 29, Kent part seul pour la zone libre, laissant Margarete et l'enfant à la garde de Trepper. Celui-ci, égal à lui-même, leur donne des billets pour l'Alhambra où ils assistent à la matinée du 29, puis il les renvoie le lendemain sur la ligne de démarcation. Son franchissement est difficile. Margarete et René marchent neuf heures d'affilée par une température de moins quinze degrés ; ils sont poursuivis par des chiens ; on tire sur eux. Epuisés, ils échouent dans une ferme. Une camionnette de boulanger vient les y chercher et les conduit à la gare. Margarete arrive à Marseille le 31 décembre. Mme Jaspar voit sans plaisir débarquer chez elle cette créature somptueuse, mais elle tombe malade et Margarete la soigne avec dévouement ; on fait la paix. D'ailleurs, Kent rallie à son tour Marseille avec de nouveaux papiers d'identité pour lui-même et pour sa maîtresse. Ils emménagent dans un immeuble de la rue de l'Abbé-de-l'Epée.

Un autre membre du réseau belge est en danger : l'amant de Rita Arnould, Isidore Springer, dit « Roméo » à cause des dames. Le Grand Chef l'envoie se cacher à Lyon. Roméo est un fort bel homme, diamantaire à Anvers, ancien des Brigades Internationales, officier de l'armée belge et décoré pour sa bravoure en 1940. Avec un tel passé, il est évident que Roméo s'accommodera mal d'un avenir d'embusqué. Il va remuer Lyon.

Deuxième problème : les prisonniers. Se tairont-ils ? s'ils parlent, que diront-ils ? La survie du réseau repose dans leurs pauvres mains menottées et Trepper ne peut mener sa partie s'il ignore quels atouts tombent dans le jeu adverse. Il crée un groupe spécial dont la tâche exclusive consiste à le renseigner sur les cinq prisonniers : Alamo, Sophie Poznanska, Camille, Rita Arnould et Suzanne Schmitz, qui est d'ailleurs vite relâchée. Ses hommes achètent quelques gardiens de la prison Saint-Gilles. Grâce à ses agents, Trepper sait la fréquence des interrogatoires, leur durée et dans quel état moral et physique le prisonnier réintègre sa cellule ; ils lui disent les bavardages de Rita, les silences d'Alamo et de Camille, le suicide de Sophie Poznanska ; ils espionnent l'immeuble de l'Abwehr et s'assurent que le travail y va son train quotidien : à la première flambée d'activité inhabituelle, ils sauront qu'un prisonnier a parlé.

Les brèches étant colmatées, il reste à réorganiser le réseau belge. Mais Kent et Alamo sont hors de combat et la place de Trepper est à Paris — qui commandera à Bruxelles ? Réponse de Moscou : le capitaine Constantin Yefremov. On va donc le parachuter sur la Belgique ? Pas du tout : il y habite depuis deux ans. Le Grand Chef connaissait son existence et l'avait rencontré une ou deux fois, mais Yefremov était gardé en réserve par le Directeur. Il surgit à point nommé pour reprendre la barre abandonnée par Kent. Le Centre a ses défauts mais il doit être doux de travailler pour une organisation aussi bien huilée.

Elle avait déjà fait la preuve de son efficacité lors de l'entrée de Yefremov en Belgique. Il arrive de Suisse, en septembre 1939, porteur du passeport n° 20 268 délivré à New York le 22 juin 1937 et établi au nom d'Eric Jernstrœm, étudiant finlandais, né le 3 novembre 1911 à Väsa. La guerre vient d'éclater quand Yefremov se présente à la frontière et la police belge se montre pointilleuse. Or, il s'est attardé en Suisse et son passeport, valable deux ans, est périmé depuis trois mois. On lui réclame un certificat de bonnes vie et mœurs pour les cinq dernières années, la promesse de ne pas s'établir en Belgique et le nom d'un répondant belge. Il satisfait à ces exigences. La police approfondit cependant son enquête et demande aux autorités suisses des renseignements sur Yefremov. Réponse favorable : « Inconnu au fichier central. » Yefremov n'a donc pas éveillé la suspicion de la police suisse, renommée pour sa vigilance. Mais les Belges, décidément tenaces, interrogent le consulat finlandais à New York sur son ressortissant Eric Jernstrœm. Réponse : « Jernstrœm vit modestement aux U.S.A. depuis 1932 et c'est un fidèle Finlandais. » Cette mise au point rassure les policiers belges et suscite en nous quelque admiration, car nous savons que Yefremov-Jernstrœm n'a jamais mis les pieds aux U.S.A. L'enquête aurait tourné à sa complète confusion si le Centre n'avait eu un agent au sein même du consulat finlandais à New York. Pour apprécier l'épisode à sa juste valeur, il convient de se rappeler qu'à l'époque où l'agent finlandais de New York couvre l'espion soviétique de Bruxelles, les armées russe et finlandaise se taillent des croupières autour du lac Ladoga...

Yefremov est un assez beau garçon d'un mètre quatre-vingts, très blond, les yeux bleus, avec un front de penseur et de la mélancolie dans le regard ; il évoque assez un poète romantique. En fait, il est ingénieur militaire du troisième grade, donc capitaine, et spécialiste en chimie. Dès son arrivée à Bruxelles, il s'inscrit à l'Ecole Polytechnique, mène la vie d'un étudiant laborieux. Quand le Grand Chef le fait sortir de la Glacière où l'avait mis le Directeur pour le jeter au feu de l'action, il est certain que le sage Yefremov n'a éveillé aucun soupçon de la part des services allemands.

Ils se rencontrent à Bruxelles, au domicile d'un agent du réseau. Le Grand Chef met son nouvel adjoint au courant des fonctions qu'il devra assumer, lui octroie cent mille francs belges pour ses premiers frais et lui conseille la prudence. Le réseau est mis en veilleuse pour six mois. Les deux émetteurs échappés à Fortner devront rester silencieux jusqu'à nouvel ordre ; les courriers limiteront leurs déplacements au maximum ; on s'imposera un cloisonnement draconien. Yefremov acquiesce à ces recommandations. Il est vraiment de bonne composition. Un peu trop, peut-être. Pour tout dire, Trepper le trouve mou. Après Alamo qui ne rêvait que plaies et bosses, après Kent qui bronche à l'idée de perdre ses cinquante complets, voici que Moscou lui dépêche un gentil garçon recevant les consignes avec l'ennui résigné d'un fils à papa au moment de prendre en charge l'usine familiale.

La Jeune Garde ne vaut décidément pas l'autre.

XI

« ILS SONT FORTS, TRÈS FORTS »

APRÈS la descente sur les Atrébates, Moscou est devant l'Orchestre Rouge comme ce passant qui, collé à la fenêtre d'un dancing, regarde sans entendre les musiciens : aussi saugrenues les évolutions des danseurs, aussi dérisoire l'activité d'agents dont les renseignements ne parviennent plus.

Berlin ? Handicapé par l'amateurisme et ses pianistes et surveillé par la Funkabwehr. Bruxelles ? Les voitures-gonio de Fortner tournent toujours dans les rues. Paris ? Le Grand Chef n'a pas d'émetteur. Le général Sousloparov, rapatrié avec l'ambassade soviétique, a déguerpi sans lui remettre les postes maintes fois réclamés.

Que faire ?

Suprême espoir, suprême pensée : le parti communiste français. En principe, Trepper n'a pas le droit d'entrer en contact avec lui. C'est une règle d'or des services soviétiques qu'une cloison étanche doit séparer réseaux de renseignements et partis communistes locaux.

Comme toute règle, celle-ci a ses exceptions. Un contact annuel est organisé entre le « Directeur-Résident » et un émissaire du Parti. La rencontre est *toujours* mise au point par le Centre. Trepper possède une liste de rendez-vous. S'il reçoit une carte postale représentant le Mont-Blanc, il sait qu'il doit rencontrer l'émissaire du Parti à tel endroit ; une vue du Vieux-Port de Marseille correspond à tel autre lieu de rendez-vous, etc. La date ? Il suffit pour l'obtenir d'ajouter un chiffre prévu à l'avance à la date indiquée sur le cachet de la poste ; l'heure est fixe.

Si les circonstances l'exigent, les deux partenaires peuvent convenir de rendez-vous plus fréquents — mensuels par exemple. Mais il y faut l'agrément de Moscou. Ces choses ne sont pas simples.

Nous savons qu'en 1941, le rendez-vous annuel de Trepper eut lieu au mois de décembre. Avant ou après les Atrébates ? On l'ignore, et c'est pourtant crucial. Il est presque certain que le rendez-vous eut lieu avant le 13 décembre, sinon les problèmes du Grand Chef eussent été réglés plus vite. Car c'est seulement en février 1942, deux mois après la catastrophe des Atrébates, que Trepper, cherchant à rompre son isolement, retrouve le contact avec le Parti. Il est donc probable que le rendez-vous de routine avait eu lieu avant le 13 décembre et que les deux interlocuteurs étaient convenus de rencontres plus fréquentes.

Deux mois perdus ! Pendant soixante jours, la source a été tarie où Moscou puisait les renseignements les plus précieux. C'est la contrepartie obligée d'un cloisonnement efficace ; on ne peut pas toujours cumuler rapidité et sécurité. Ces deux mois sacrifiés à la sécurité vous scandalisent ? Vous en avez le droit, mais il vous faut alors accepter, qu'en une autre occasion, Moscou ait sacrifié une centaine de vies à la rapidité : le télégramme ordonnant à Kent d'aller dépanner d'urgence le réseau berlinois et où figurait l'adresse des trois chefs, nous avons déjà dit qu'il mettrait sur les dents un gentleman en redingote, haut de forme et gants blancs : le bourreau nazi.

L'émissaire du Parti se présente au rendez-vous de février avec à la main le signe d'identification prévu à l'avance : un journal peu lu à Paris. Il est assez jeune, brun, de taille moyenne, très élégant. Pseudonyme : Michel. Trepper lui présente ses requêtes. D'abord, le Parti doit se charger de transmettre à Moscou les messages accumulés depuis deux mois. La procédure est inhabituelle mais l'urgence la justifie. Pour qu'elle ne se perpétue pas, au risque de réduire à rien un cloisonnement nécessaire, il faut qu'on procure au réseau, et de toute urgence, un nouvel émetteur.

Quelques jours plus tard, l'émissaire apporte à Trepper la réponse de Moscou. Le Directeur lui ordonne, comme on l'a vu, de prendre contact avec Yefremov et de l'installer à la tête du réseau belge. Il admet exceptionnellement que le réseau confie aux émetteurs communistes deux cents ou trois cents groupes chiffrés par semaine — c'est peu, mais le trafic radio du Parti est déjà surchargé. Quant au nouvel émetteur dont Trepper a besoin, les techniciens communistes devront y pourvoir.

Fernand Pauriol entre en scène. Il est en quelque sorte le pianiste virtuose du Parti, spécialiste des « boîtes à musique », grand maître des liaisons radio. Comment en est-il arrivé là ? Nous l'ignorons : c'est un journaliste, ancien rédacteur en chef de *Rouge-Midi*, correspondant à Marseille de *L'Humanité*. Brun, le visage régulier, avec une expression à la fois sérieuse et ouverte, un sourire très jeune, le regard chaleureux. Il remet à Trepper un émetteur de sa fabrication. L'appareil n'est pas assez puissant pour porter jusqu'à Moscou, mais il atteindra Londres, où les messages seront captés par les récepteurs de l'ambassade soviétique et relayés jusqu'au Centre. Il ne reste plus qu'à trouver un radio. C'est moins difficile qu'un émetteur. Sans doute Camille est-il prisonnier, que Trepper comptait employer à Paris ; Mais Sousloparov, faute de lui fournir des émetteurs, lui a indiqué un couple susceptible de pianoter : les Sokol. Communistes d'origine russo-polonaise, ils s'étaient fait inscrire à la délégation soviétique en demandant leur rapatriement. Profession : réparateurs en radio. C'était prometteur.

Le Grand Chef ne s'est pourtant pas emballé (il ne s'emballe *jamais*) et, par son « contact » avec le Parti, il a demandé une enquête sur les Sokol. Elle a tourné court : le couple, arrivé de Belgique, est inconnu des milieux communistes français. On a alors demandé des renseignements au parti communiste belge (vous sentez bien la minutie de tout cela ?). Réponse positive : militants d'un dévouement absolu, expulsés de Belgique en raison de leur activité politique. Mais pourquoi cette lubie de se prétendre réparateurs en radio ? Selon les Belges, Hersch Sokol est médecin, sa femme Myra est docteur en sciences sociales ! Une lubie ? Non, une ruse, un pieux mensonge pour en finir avec une existence de « personnes déplacées » et faciliter le retour dans la mère-patrie.

Hersch est né à Byalistock en 1908. La ville était russe. En 1918, elle devient polonaise et Varsovie interdit l'enseignement du russe tout en négligeant d'envoyer des instituteurs polonais. Marasme pédagogique. La communauté juive organise une école hébraïque mais les parents Sokol, commerçants aisés, préfèrent envoyer leurs deux fils dans un lycée allemand, à Francfort-sur-le-Main. Hersch, infiniment doué, énergique, débordant de vitalité, termine ses études secondaires à l'âge de seize ans. Il hésite alors entre la médecine et une carrière de musicien : il excelle au piano. La médecine l'emporte. Il part pour Genève, s'inscrit à la Faculté, étudie deux ans. Puis il rencontre un cousin émigré en Afrique du Sud et se voit invité à venir travailler dans son affaire ; il accepte. Six mois en Angleterre dans un collège renommé lui suffisent pour parler l'anglais à la perfection. Ensuite Johannesburg et l'affaire du cousin : confection pour dames. Hersch fait merveille ; on l'envoie à Paris en qualité d'acheteur. Il y reste un an. Brouille avec le cousin. Il y a aussi le racisme régnant à Johannesburg — insupportable. Hersch retourne, puis termine ses études de médecine à l'Université de Bruxelles. Il veut se spécialiser dans la pédiatrie. C'est alors qu'il épouse Myra, née dans le ghetto de Vilna et reçue docteur en sciences sociales à Bruxelles au terme d'études prestigieuses. En somme, deux brillants sujets. Mais étrangers en Belgique. Hersch ne peut pas exercer son métier et aucun débouché ne s'offre à Myra. Il se fait représentant en articles médicaux ; elle devient secrétaire d'un député socialiste. Prévoyant l'impasse, ils avaient demandé leur rapatriement en Russie un an avant la fin de leurs études. Refus sous prétexte qu'on ne pouvait pas les loger à Moscou. En 1935, nouvelle demande et nouveau refus. Faute de pouvoir entrer dans la patrie socialiste, ils militent sur place et s'inscrivent au parti communiste belge — ils avaient déjà appartenu à des organisations estudiantines d'extrême gauche. Leur activité est surtout culturelle. Hersch met à profit ses déplacements en province pour multiplier les conférences sur le marxisme. Mais la Belgique, comme tous les pays du monde, interdit aux étrangers de se livrer sur son territoire à une activité politique. En 1938, les Sokol sont expulsés et se réfugient en France. Le lendemain de la déclaration de guerre, Hersch s'engage dans la Légion Etrangère. Il est démobilisé après la débâcle. Que faire en France occupée quand on est juif, communiste, sans argent et sans métier ? Tenter d'en sortir. Hersch et Myra déposent une troisième demande de rapatriement à la délégation soviétique à Paris. Mais comme il s'agit d'une question de vie ou de mort, Hersch écrit en face du mot « profession » : réparateur en radio. La Russie manquant de techniciens, des réparateurs en radio trouveront peut-être plus facilement un logis qu'un médecin diplômé et un docteur en sciences sociales. Ils viennent de signer leur arrêt de mort.

Trepper cherche le contact avec les Sokol. Il ne trouve que Myra. Hersch vient d'être mis au camp de Pithiviers, où sont enfermés les Juifs étrangers. Le Grand Chef pourrait renoncer : il s'acharne. C'est qu'il a reconnu chez Myra, deviné chez Hersch, trois qualités rares, et plus rarement encore réunies chez un seul être : l'intelligence, le courage, la foi. Impossible de laisser ces deux-là au bord du chemin, ils ont droit au combat. On en fera des pianistes. Myra entame immédiatement son apprentissage. Mais comment faire sortir Hersch de Pithiviers ?

La Ferté-Choisel, l'un des villages de la vallée de

Chevreuse, et, comme les autres, décor de théâtre soigneusement brossé où les figurants parisiens viennent chaque week-end, vêtus de daim et de velours, se donner à eux-mêmes la représentation. Ce mercredi 28 avril 1965, les rues sont vides, les volets sont clos et les fleurs inutiles s'ennuient dans les jardins. On se sent un peu le marquis de Carabas de ces domaines abandonnés, mais pour trouver la maison des Spaak, quelle histoire !

Elle est l'une des plus belles — sans doute simplement d'être habitée. Un jardinier, absorbé par une rose, ne détourne pas la tête. La dame des lieux me mène dans un bureau meublé à l'anglaise, tapissé d'une moquette. La bibliothèque s'accote à l'un des murs. En face de la table de travail, un tableau de Magritte : deux beaux enfants dans un décor surréaliste. Un électrophone dans un coin. Sur un guéridon bas, un râtelier de pipes ; des boîtes de tabac sont réparties aux points stratégiques de la pièce. Par la grande baie vitrée, on a vue sur les pelouses qui descendent doucement vers une probable rivière. « Là, tout n'est qu'ordre et beauté, luxe, calme et volupté. »

La description de Claude Spaak peut être réduite à cinq mots si l'on connaît son frère Paul-Henri : il est tout son contraire. Autant Paul-Henri, l'homme politique, est rose, gras et jovial, autant Claude, l'écrivain, est sec et austère. Il faudrait les pinceaux de Rubens pour restituer dans leur triomphante plénitude les rondeurs de l'un ; l'autre s'accommoderait assez des épures de Buffet. Il choisit une pipe, la bourre et s'assoit derrière son bureau. Les cheveux poivre et sel. Un collier de barbe finissant en bouc ras. La voix est posée, tranquille. Il choisit ses mots, sait à merveille faire aller son récit — après tout, c'est son métier.

« Des amis belges nous avaient envoyé les Sokol pour que nous les aidions. Ils venaient d'être expulsés de Belgique en raison de leurs activités communistes. C'était avant la guerre, naturellement. Nous faisions partie, ma femme et moi, d'un groupe d'intellectuels de gauche et c'est à ce titre qu'on nous demanda de les assister. Ils logèrent assez longtemps ici même, à Choisel.

« Ma femme les aimait beaucoup. Quant à moi, je jugeais leur sectarisme un peu excessif, un peu étouffant, mais j'admirais leur idéalisme, la pureté absolue de leurs convictions. C'étaient des gens propres, des gens très bien. Le pacte germano-soviétique fut pour eux un véritable drame de conscience.

« Ils finirent par trouver un petit logement près de la tour Eiffel, mais nous continuâmes à les voir assez fréquemment. Un jour — c'était en 1941, début 1941 — Myra nous apprit que son mari avait été arrêté en tant que Juif étranger. Il était au camp de Pithiviers. Mais il y avait un espoir de l'en faire sortir, car Harry — nous l'appelions Harry — était né dans une ville de Pologne passée sous le contrôle de l'Armée Rouge. Or, en raison du pacte germano-soviétique, les Allemands laissaient en paix les Juifs polonais nés dans la zone d'occupation soviétique.

« Myra obtint de la délégation des Soviets à Paris l'attestation que son mari appartenait bien à cette catégorie. En fait, je crois qu'il était même devenu citoyen soviétique, sa ville natale ayant été rattachée à l'U.R.S.S. Encore fallait-il transmettre l'attestation à Harry, pour qu'il s'en prévalût auprès des autorités du camp. Myra me demanda d'aller à Pithiviers. Je me rappelle qu'elle me fit jurer sur la tête de mes enfants de remettre le document en main propre à Harry ; la délégation l'avait avertie qu'il serait impossible de lui délivrer une nouvelle attestation. Cette feuille de papier représentait donc la dernière chance de salut pour Harry. La perdre, l'égarer, c'était le condamner à mort.

« Je pris un train bondé de pauvres gens qui allaient rendre visite aux prisonniers. Leur misère était terrifiante. A Pithiviers, pas une chambre d'hôtel disponible. Je dus passer la nuit dans ce qu'il faut bien appeler un bordel ; on m'y donna une toute petite chambre. Le lendemain matin, nous étions environ un millier de visiteurs, surtout des femmes, à nous diriger vers le camp. Cela faisait tout un cortège qu'escortaient des gendarmes. Nous arrivâmes à une sorte de terrain vague ceinturé d'une barrière de fils barbelés haute de trois mètres ; on s'y entassa. En face, au-delà d'un *no man's land* large de cinquante mètres, une deuxième « cage » entourée de barbelés et où s'écrasaient à peu près cinq cents détenus. Nous avons appris beaucoup de choses, depuis 1941, nous avons lu ou entendu beaucoup de récits terrifiants, mais il faut comprendre quel choc fut pour moi la découverte de cet univers dantesque. Tous ces pauvres gens étaient comme fous. On se criait des messages d'une cage à l'autre, on tendait des colis à bout de bras, les femmes gémissaient et pleuraient... C'était hallucinant... Entre les cages circulaient des gendarmes indifférents... J'ai pu appeler l'un de ces gendarmes et je lui ai expliqué la situation. Il a accepté d'aller porter l'attestation à Harry. J'ai hésité — je me souvenais de mon serment à Myra. Je lui ai dit : « Vous « vous rendez bien compte que c'est sa vie que vous « avez entre vos mains ? » Il m'a répondu : « Je vous « donne ma parole d'honneur que je vais lui remettre le « papier. » Il refusa par contre de prendre un colis que j'avais apporté. C'était justifié : si on l'avait vu partir avec un colis, cela aurait déclenché une émeute.

« L'attente dura une demi-heure et je puis vous assurer que ces trente minutes au milieu de l'hystérie collective comptent dans ma vie. Et puis mon gendarme revint et me tendit une petite feuille de carnet sur laquelle étaient inscrits ces mots : « Merci. Harry. » J'eus le sentiment de bénéficier d'une sorte de miracle. »

Ecoutant Claude Spaak, je songe à un autre miracle. Car ce dut être aussi pour Alamo une sorte de miracle quand Trepper lui sauva la mise et lui évita le retour à Moscou, où l'attendaient des sanctions disciplinaires, peut-être une dégradation. En ce moment, Alamo est en instance de condamnation à mort dans une prison de Bruxelles. S'il était parti pour Moscou, on lui aurait bien donné cet avion qu'il désirait si fort et il serait en train d'abattre les Stukas. Il est des miracles ambigus.

Ainsi de Hersch Sokol, que Claude Spaak croit avoir sauvé, qui se croit lui-même sauvé lorsqu'il franchit, libre, la porte du camp de Pithiviers. Il quitte une mort relativement aisée — celle des chambres à gaz — pour l'agonie difficile qui vient au bout des supplices. Faut-il le plaindre de perdre à ce funèbre échange ? On doit commencer à comprendre que pour la plupart des hommes traversant cette histoire, ne point se battre était un sort pire que la torture et la mort. Hersch Sokol quitte Pithiviers pour se battre.

J'avance dans mon récit accompagné du roulement sourd des tambours de deuil, j'agite l'horrible marionnette vêtue comme un lord anglais, et tel l'Ange Exterminateur de l'Ecriture, j'inscris la croix de sang au front de ceux qui doivent mourir. Sophie Poznanska est la seule à nous avoir quittés ? Patience, vous aurez vos fusillés, vos pendus et vos décapités, vous entendrez les cris des torturés dont on poigne la chair. Mais vous avez raison et j'ai tort : plutôt que de dresser à l'avance poteaux et potences, il faut s'arrêter à ce bilan : une seule victime pour sept mois d'activité frénétique. Le chef d'un grand réseau français de résistance me disait un jour : « J'ai tout de même eu l'honneur de diriger l'organisation qui a compté le plus de pertes. » Trepper s'honorerait plutôt d'une comptabilité inverse. Un bon réseau n'a pas d'histoires. Et malgré les errements du groupe berlinois, malgré la défaite des Atrébates, l'Orchestre Rouge continue de jouer sa symphonie avec Hersch Sokol au piano.

Berlin en a les oreilles cassées.

La capture de l'émetteur des Atrébates ? Un coup d'épée dans l'eau. Il fallait « coiffer » ensemble les trois émetteurs de Bruxelles au lieu de donner l'alerte à deux pianistes qui recommenceront leur travail dès que l'orage se sera éloigné. D'ailleurs, à quoi bon saisir un poste si l'organisation reste intacte ? Fortner a vu rouge et il a foncé sur le leurre au lieu de monter patiemment son affaire. Il savait que le 101, rue des Atrébates était l'un des repaires du réseau : pourquoi n'a-t-il pas installé face à l'immeuble une « planque » d'où l'on aurait photographié les visiteurs suspects ? Pourquoi n'a-t-il pas fait filer les courriers pour remonter jusqu'aux chefs ? Bilan de son opération : Rita Arnould qui bavarde mais ne sait presque rien, Alamo et Camille qui se taisent, Poznanska qui se tue. C'est un piètre tableau de chasse...

L'Abwehr rameute ses chiens courants pour leur faire prendre un nouveau départ. On va tenter de retrouver la piste du gibier disparu, mais on y mettra cette fois plus de patience. Et puisque les hommes se sont envolés, il ne reste plus qu'à se pencher sur les écrits : les télégrammes du PTX enregistrés depuis des mois par les services d'écoute allemands. Ils font le désespoir des « casseurs de code » de la Wehrmacht, auxquels la Funkabwehr les a confiés. Comment découvre-t-on le secret d'un texte chiffré ? Essentiellement par les « fréquences alphabétiques ». Si le texte est rédigé en français, il est évident que *a* et *e* reviendront plus souvent que *x* ou *z*. Un calcul statistique permet donc de découvrir quelles lettres ont remplacé, dans le texte chiffré, les lettres les plus utilisées de la langue en question. A partir de là, il devient relativement aisé de déduire le reste. Mais le réseau soviétique utilise une technique particulièrement complexe : un code combiné avec une grille de surchiffrement. Grâce à ce système, cinq mille télégrammes peuvent être chiffrés avant qu'apparaissent les premières répétitions susceptibles de donner l'éveil. Autant dire que la partie est perdue d'avance.

La Funkabwehr ne renonce pas. Puisque la Wehrmacht déclare forfait, elle aura ses propres « casseurs de code ». On embauche un spécialiste, Kludow [1], et on lui confie une quinzaine d'étudiants en mathématiques et en philologie auxquels il enseignera son art. Quant aux télégrammes interceptés, ils sont à Bruxelles. La Funkabwehr en réclame le retour d'urgence. Bruxelles répond jovialement qu'on les a mis au feu : on ne voyait aucun intérêt à leur conservation puisqu'ils étaient indéchiffrables. Enfer et damnation ! Tout est donc perdu ? Non, car les stations d'écoute allemandes doivent en principe

1. Pseudonyme donné par l'auteur.

garder pendant trois mois le double des télégrammes captés. La Funkabwehr en transes dépêche un officier dans les quatre stations qui ont épié le PTX. A Göteborg, il récolte une douzaine de télégrammes ; les autres ont été utilisés comme papier de brouillon. A Langenargen, on lui apprend que tous les textes ont été envoyés à Stuttgart, où est installée une école de déchiffrement et de décryptement [1] ; il fonce à Stuttgart et recueille quelques messages. A Hanovre, la cueillette est maigre : presque tout a été détruit. A Cranz, on conduit l'officier dans des caves où sont entassés d'énormes sacs bourrés de télégrammes ; ils sont destinés à une usine de papier ; après plusieurs jours de tri, l'officier revient à Berlin avec son butin. Il a sauvé du désastre environ trois cents télégrammes. C'est insuffisant pour permettre aux « casseurs de code » de faire leur travail avec chance de succès.

Mais on soumet à Kludow les documents trouvés avec l'émetteur des Atrébates. Ils ont été extirpés par un gendarme allemand du poêle où Camille venait de les fourrer. Kludow étudie ces feuillets à moitié calcinés et découvre que l'un d'eux représente une grille de surchiffrement. C'est la preuve que les télégrammes du PTX étaient chiffrés rue des Atrébates. Après plusieurs jours d'un travail tenace, Kludow parvient à reconstituer l'un des mots de la grille. Par chance, il s'agit d'un nom propre, le nom d'un héros du livre employé par la chiffreuse Sophie Poznanska. Les réseaux soviétiques pratiquent en effet le chiffrement à partir d'un livre dont le Centre possède un autre exemplaire. L'aube de la victoire se lève pour la Funkabwehr. Car on sait d'une part que les télégrammes étaient chiffrés rue des Atrébates ; on sait d'autre part que le livre utilisé pour le chiffrage contient ledit nom propre. Conclusion : il suffit de récupérer les livres restés aux Atrébates et de les examiner soigneusement pour découvrir celui qui

1. Le déchiffrement consiste à appliquer à un texte le code que l'on possède déjà. Le décryptement consiste à découvrir le sens du texte en « cassant » le code ennemi.

servait de code. Après cela, les télégrammes rescapés auront tôt fait de livrer leurs secrets.

La réponse de Fortner au coup de téléphone de Berlin est un peu embarrassée. Il explique que la souricière tendue rue des Atrébates est restée en place quelques jours seulement, après quoi on a vidé les lieux. Deux inconnus sont alors venus avec une charrette à bras et ont emporté la bibliothèque. Plus un livre dans la maison...

Sacré Fortner !

Mais Rita Arnould ? Elle devait bien promener son plumeau sur les livres ? Elle a peut-être retenu leurs titres ? Rita avoue que de nombreux livres traînaient sur la table de Poznanska, mais elle ne se rappelle que cinq titres. On en trouve quatre dans les librairies belges ou allemandes : le fameux nom propre n'y figure point. On dépêche un émissaire à Paris pour acheter le cinquième : *Le miracle du professeur Wolmar*, par Guy de Téramond. C'est le bon ! Début juin 1942, Kludow et son équipe peuvent s'attaquer aux trois cents télégrammes du PTX.

La chance commence de tourner.

Berlin n'en pavoise pas pour autant. En fait, Berlin est atterré et il faut comprendre que toutes ces péripéties se déroulent dans une ambiance de catastrophe. D'abord, l'émetteur fantôme berlinois. Ensuite, les documents allemands trouvés aux Atrébates et cette fille, cette Rita Arnould, déclarant paisiblement : « Mais oui, bien sûr, le travail se faisait en allemand. » Il y a donc, au cœur du Reich, une cellule d'espionnage qui se joue de tous les services de police. C'est à cette époque que le Führer avoue : « Les bolcheviks nous sont supérieurs dans un seul domaine : celui de l'espionnage. » Et Schellenberg, chef du service de renseignement S.S., écrit : « Sans cesse, il [Hitler] demandait et redemandait des renseignements sur nos activités de contre-espionnage. Il estimait les services secrets russes infiniment plus consciencieux et probablement plus fructueux que ceux des Anglais ou de tout autre pays. Pour une fois son intuition n'était pas en défaut. Vers la fin de 1941, il avait donné des ordres pour que soient immédiatement contrées les activités de l'espionnage russe qui se propageaient avec rapidité en Allemagne même, et dans les territoires occupés[1]. » Et le registre des communications téléphoniques du Reichsführer Himmler atteste ses conversations interminables avec Heydrich au sujet de l'Orchestre Rouge...

A l'Abwehr et chez les S.S. de la Gestapo, on a la mine assez pâle, le sourire rare et amer ; on y murmure volontiers, l'air entendu : « Ils sont forts, très forts... »

Vous connaissez naturellement cet ancien combattant des corps francs de la Baltique et de la Silésie, ce complice des assassins du ministre Rathenau qui, après avoir purgé sa peine, écrivit *Les Réprouvés, Les Cadets, La Ville,* puis *Le Questionnaire* et dont certains affirment qu'il est le plus grand écrivain allemand vivant : Ernst von Salomon. Les nazis l'avaient à l'œil ; ils le fourrèrent même de temps en temps en prison, mais il faut dire que tous les régimes finissent un jour ou l'autre par fourrer Salomon en prison. La prudence dont il fit preuve lui évita le pire. L'une des raisons de cette prudence s'appelait Ille. Elle était jeune, belle, étourdie et juive — la Gestapo ignorait cette dernière caractéristique. Parmi leurs nombreuses relations figurait un sympathique jeune ménage : Harro et Libertas Schulze-Boysen.

« Harro nous invita chez des amis à lui, un M. Harnack, proche parent du célèbre théologien défunt Adolf Harnack. Je connaissais M. Harnack et sa femme, d'origine américaine, pour les avoir vus à l'ambassade russe. Les Harnack habitaient un grand appartement confortable. Ille et moi restâmes une heure, puis nous partîmes. Nous avions l'habitude de nous adonner au vice de la médisance, qui veut qu'on exprime son opinion sur les hôtes au plus tôt dès la porte de l'appartement et dans le meilleur des cas dès la porte de la maison.

1. *Op. cit.*, p. 353.

Cette fois-là, Ille commença dès la porte de l'appartement. Elle dit :

« — Ces gens-là sont formidables ! Ils s'adossent « négligemment à une cheminée, ils ont une tasse de thé « à la main et ils vous racontent incidemment des « choses... des choses ! Chaque phrase peut leur coûter « la tête ! »

« Je me taisais ; à la maison, Ille en faisait autant. Elle dit :

« — Je sens quelque chose de sinistre ! Je crois que je « peux me fier à mon sentiment ! (Sa voix se faisait « insistante.) Promets-moi que nous n'y retournerons « plus jamais ! Je ne veux pas perdre la tête comme cela, incidemment ! Je ne veux pas ! »

« Je me taisais. Il était bon qu'Ille pensât ainsi. Si seulement elle pensait toujours ainsi ! Elle reprit :

« — J'aime bien cela ! Des gens se réunissent, des gens « distingués, bien habillés, et causent de « liaison trans- « versale », sais-tu ce que c'est ? »

« Je le savais, mais je me taisais. Ille dit :

« — Alors ils parlent de Hitler et de Himmler, de « Rosenberg et de Frick comme s'ils étaient des idiots « accomplis, et ils me racontent à moi, à moi qui ne les « connais pas, qui ne les ai jamais vus à part les Harnack « et les Schulze-Boysen... »

« Ille s'arrêta en plein milieu de la rue, remua d'une main une tasse de thé imaginaire et dit :

« — ... Ils me racontent : « Voyez-vous, madame, je « tiens cela d'une source absolument sûre, j'ai un tuyau « direct à Zurich... Evidemment, nous échangeons nos « informations ! » Et puis, le monsieur fait un clin d'œil « à un autre et dit : « Excusez-moi un instant, madame », « se lève et donne à l'autre une enveloppe jaune avec les « mots : « Strictement confidentiel », et encore un clin « d'œil ! Et moi, je reste là, et j'ai l'impression que je « ne peux plus respirer, et je me renseigne partout pour « savoir qui est celui-ci et qui est celui-là. Alors j'apprends « que l'un est conseiller ministériel et l'autre adjoint et « un troisième S.S. et un quatrième diplomate... Dis-moi, « est-ce que tu comprends cela ?

« — Oui, oui, c'est comme cela, dis-je. Alors, viens[1] ! »

Harro Schulze-Boysen et Arvid Harnack sont les chefs du réseau berlinois ; ils recevaient ce soir-là, mêlés aux invités, un certain nombre de leurs agents. Tous les limiers du Troisième Reich sont tenus en échec par ces fous distingués qui échangent enveloppes jaunes et clins d'œil avec des mines de traîtres de mélodrame.

Le 22 mai 1942, au cours du déjeuner pris dans la salle à manger de son Quartier Général de Rastenburg, en Prusse-Orientale, Adolf Hitler déclare : « Aujourd'hui, les individus qui se livrent à l'espionnage se recrutent principalement dans la prétendue bonne société ou dans le prolétariat. Les gens des classes moyennes sont trop sérieux pour s'adonner à ce genre d'activité. Le moyen le plus efficace de combattre l'espionnage, ce serait de persuader ceux qui sont tentés de s'y adonner qu'ils n'auraient absolument aucune chance de sauver leur tête dans le cas où ils se feraient prendre[2]. »

1. Ernst von Salomon, *Le Questionnaire*, Gallimard, 1953, p. 389.
2. Adolf Hitler, *Libres Propos*, Flammarion, 1954, t. I, p. 138.

XII

LES S.S. A LA RESCOUSSE

Franz Fortner avait rapidement relâché la jeune Indonésienne tombée dans la souricière des Atrébates : Suzanne Schmitz n'était pas du réseau. Quelques jours après sa sortie de prison, elle reçut de Carlos Alamo la lettre suivante, dont on a respecté les errements orthographiques :

prisonne de St Gilles
Cection C cellule 193

Chère Susone,

Excusez les ennuies que je vous ai causés indépandamment de ma volonté.

Comme les prévantions contre moi paraissent très graves, je ne peux pas prévoir ni la longueur de l'instruction, ni le résultat final. Toutefois ayant la concciance propre je me sens tranquil et le moral est presque bon. Chère Susone, Je Vous serais très reconnaissant si vous pouviez dire à Bill, que j'attands de lui quelques 2-3 paquets de sigarettes. Le problème de tabac est le plus difficil ici, et il est extrêmemant pénible de ne pas fumer.

Si Je savais l'adresse actuelle de Bill, je vous éviterais, chère Susone, la peine d'aller le prévenir...

Je Vous adresse mes meilleurs veux et croyer que toutes mes pançées sont à vous.

VOTRE CARLOS ALAMO.

P.S. Il me semble que pour pouvoir écrire d'ici il faut avoir des enveloppes et des timbres, et je suis réduit à l'état de mandier cela chez vous, Susone.

P.P.S. Il semble que je ne peux écrire qu'à une seule personne. J'ai choisi vous parmie toutes les autres. Ne vous fâchez pas pour cela. Je n'ai pas voulu vous voir quand vous étiez à l'Hôtel de la Gare du Midi, parce que je n'étais pas rasé déjà depuis quelques jours et mon aspect n'était pas celui d'un Gentleman. Ne vous inquiétez pas de mon sort : je suis un grand fataliste et s'il m'arrive quelque chauses — ce que cela était écrit dans le livre de ma vie. Dieu sait *ce qu'il fait.*

J'aimerais bien passer avec vous une heure maintenant... Mais nous nous reverrons encore puisque nous sommes optimistes, n'est-ce pas ? Pour le moment les Allemands étaient assez corrects avec moi.

Ma cellule est assez gentille ; dommage que j'y suis seul. Si encore j'avais quelque chose à lire... Au revoir ma chère Susone, je vous ai assez ennuyé. Je vous embrasse bien tendrement. Carlos

Nous avions dit que Fortner n'était pas un tortionnaire : « Pour le moment, les Allemands sont assez corrects avec moi. » Nous savons aussi qu'il était un peu naïf : il laisse passer la lettre sans broncher et n'interroge même pas Suzanne sur ce mystérieux Bill qu'elle doit aller prévenir. Mieux encore : lorsque le prisonnier, décidément ébranlé par ses conversations avec Bill Hoorickx, demandera une Bible à celui-ci, Fortner n'aura pas la curiosité de rechercher le personnage qui, par l'intermédiaire d'une ravissante Indonésienne, transmet à un agent communiste un ouvrage dont le Centre ne fait pas son bréviaire.

La lettre est signée Carlos Alamo, comme le seront les suivantes. Mais, après un long silence de son prisonnier, Suzanne Schmitz reçoit une missive signée « Michel Makarov-Carlos ». Elle n'y comprend rien. Le Grand Chef, lui, a peur d'avoir compris.

Son groupe spécial de surveillance l'avait prévenu du transfèrement d'Alamo : il quittait la prison Saint-Gilles pour une destination inconnue. Quelques semaines plus tard, ses agents l'avertissent qu'un certain Michel Makarov, arrivé de Berlin, vient d'être écroué à Saint-Gilles. Trepper ignorait évidemment l'identité exacte du Russe ; il ne connaissait que son pseudonyme. Par radio, il demande à Moscou : « Qui est Makarov ? » Réponse : « C'est Alamo. » Il a donc parlé. Il a tout au moins révélé son identité. Et quoi encore ? Les agents du réseau bruxellois ? Le code basé sur *Le miracle du professeur Wolmar*, qui a servi à chiffrer la plupart des renseignements envoyés par le groupe berlinois ? Le Grand Chef imagine probablement d'insoutenables tortures : il se trompe. Alamo, transféré à Berlin, a été logé, nourri, blanchi et cajolé au domicile du Kriminalrat Karl Giering, dignitaire S.S.

Walter Schellenberg : « [Sur l'ordre de Hitler] Himmler fut chargé de superviser l'étroite collaboration de mon service de renseignement à l'étranger avec le service de sécurité de Müller à la Gestapo et le contre-espionnage de Canaris. Cette opération — qui reçut le nom de code « Orchestre Rouge » — était coordonnée par Heydrich [1]. »

C'est confus (tout est confus dans l'édifice byzantin de l'Etat nazi) mais c'est capital. On le devine à la seule énumération des noms : Himmler, Reichsführer S.S., l'homme le plus puissant d'Allemagne après Hitler ; Heydrich, chef du S.D., donc de toutes les polices alle-

1. *Op. cit.*, p. 354.

mandes ; Müller, dit « Gestapo-Müller » parce qu'il la tient dans sa poigne brutale ; Schellenberg, chef du service de renseignement des S.S. ; l'amiral Canaris, patron de l'Abwehr, service d'espionnage et de contre-espionnage de la Wehrmacht.

Schellenberg jalouse Müller, qui le déteste, mais le ménage, car Heydrich semble le protéger tout en le menaçant à l'occasion, selon qu'il est lui-même en position de force ou de faiblesse vis-à-vis de Himmler, lequel admire Heydrich, ce qui implique qu'il le craint et qu'il n'hésite pas à utiliser contre lui Müller et Schellenberg, qui exècrent tous deux Heydrich, etc.

Mais Heydrich, Müller et Schellenberg ont au moins un dénominateur commun : la haine de Canaris. Leurs disputes intestines ? Pâles escarmouches auprès de la guerre sainte qu'ils lui livrent et qui oppose donc toutes les organisations S.S. aux militaires traditionalistes de l'Abwehr.

Chaque pays connaît pareilles rivalités entre services de renseignement concurrents. La confraternité — cette haine vigilante — oppose depuis toujours la C.I.A. au F.B.I., le S.D.E.C.E. à la D.S.T., le M.I. 6 à la Special Branch, le K.G.B. aux services de l'Armée Rouge. Mais la lutte des S.S. contre l'Abwehr présente malgré tout une singularité : elle débouche sur le gibet. C'est un duel au dernier sang mené de manière papelarde, à coups de dossiers confidentiels sur la grand-mère Sarah de Heydrich, les compromissions financières de certains agents de l'Abwehr, les contacts de Canaris avec l'adversaire... On en connaît l'issue : l'absorption de l'Abwehr par les S.S. en février 1944 et l'exécution de ses chefs. Le petit amiral Canaris sera pendu à l'aube glaciale du 9 avril, nu comme un ver, au son lointain du canon allié. Les S.S., pour faire durer le supplice, utiliseront une corde de piano extrêmement fine.

Sur l'ordre donné au seuil de 1942 par le Führer exaspéré, ces adversaires inexpiables vont devoir collaborer. On forme un groupe mixte, le « Kommando Orchestre Rouge », chargé de liquider l'organisation du Grand

Chef. Pour ce dernier, point de plus bel hommage que l'alliance sans précédent de tous les services allemands contre un ennemi jugé trop dangereux pour qu'on pût l'attaquer en ordre dispersé — mais que de périls en perspective...

Le colonel Rémy écrit : « On connaît aujourd'hui dans son détail la lutte farouche que Himmler, chef suprême de la Gestapo, n'a cessé de livrer à l'amiral Canaris, chef de l'Abwehr. Nous avons largement bénéficié de cette concurrence[1]. »

Le Grand Chef, lui, n'en bénéficiera pas.

Rémy encore : « La règle du jeu voulait que nous fussions fusillés si nous étions pris : l'Abwehr n'y manquait pas et nous ne saurions rien trouver à y redire. Mais la plupart de ses officiers conduisaient leurs interrogatoires avec une parfaite correction et je connais plusieurs exemples de procès instruits par leurs soins, comme de jugements rendus, qu'on peut citer comme des modèles du genre [...]. Il en allait autrement avec la Gestapo, dont je suis obligé de reconnaître que ses méthodes inhumaines étaient plus efficaces[2]. »

Les S.S. du « Kommando Orchestre Rouge » sauront être inhumains. Mais ils viennent à la rescousse avec des armes plus redoutables que tous les instruments de torture : l'expérience et l'intelligence.

Fortner allait souvent rendre compte à Berlin. Il y avait acquis une sorte de célébrité ; au mess, on le montrait du doigt ; ses collègues l'appelaient « le directeur de l'Orchestre Rouge ». Tout cela était bien plaisant. Mais un jour, ses supérieurs le convoquent pour lui donner la stupéfiante nouvelle : il allait devoir collaborer avec les S.S. Fortner en fut bouleversé, comme l'eût été n'importe quel gentleman de l'Abwehr. Tra-

1. Rémy, *Mémoires d'un agent secret de la France libre,* France-Empire, 1959, t. I, p. 327.
2. *Ibid,* t. II, p. 413.

vailler avec ces voyous ! Alors qu'on gardait si soigneusement ses distances ! Alors que certains officiers avaient de la Gestapo une horreur telle qu'ils ne pouvaient même pas la céler à leurs prisonniers. Ils leur disaient, aux prisonniers : « Moi qui suis de l'Abwehr vous pensez bien que je ne toucherai en aucun cas à un seul de vos cheveux. Chez nous, ça ne se fait pas. Seulement, voyez-vous, si vous vous obtinez à vous taire, je serai obligé de vous livrer à la Gestapo. Alors là, pauvre ami, je vous laisse imaginer... Vous ne croyez pas qu'il serait plus raisonnable d'avoir une franche conversation entre gentlemen, puisque vous finirez de toute façon par parler ? » C'était en somme une division du travail efficace et pas salissante, tandis qu'à œuvrer ensemble, on risquait quelques éclaboussures.

Fortner était d'humeur morose en allant au rendez-vous fixé par le Hauptsturmführer S.S. Karl Giering, chef du « Kommando Orchestre Rouge ». Il vit un bonhomme très long et très maigre, à la mine cadavérique, qui lui tendit la main en souriant et dit d'une voix rauque : « Vous savez, je suis un vieux policier et non pas un S.S. : est-ce que vous êtes d'accord pour qu'on collabore ? »

Les deux hommes se tutoyèrent.

Giering est l'un des meilleurs policiers d'Allemagne — beaucoup disent : le meilleur. Chaque fois qu'on a attenté à la vie de Hitler, c'est lui qui s'est vu confier l'honneur de diriger l'enquête. A cause de son dévouement au nazisme ? Sûrement pas : pour Giering, Adolf Hitler est le chef de l'Etat ; il apporterait autant de passion à boucler les agresseurs d'un Führer socialiste ou communiste. Sa philosophie est celle de son adjoint fidèle, Willy Berg, qui proclame volontiers : « Moi, j'ai été flic sous le Kaiser, flic sous la République de Weimar, je suis flic sous Hitler et je serai encore flic si Thaelmann[1] prend le pouvoir. » Lorsque la police allemande a été versée en bloc dans les S.S., les deux com-

1. Chef du parti communiste allemand.

pères se sont vu colloquer l'uniforme noir des ouailles de Himmler et un grade dans la hiérarchie. Ni chaud ni froid, bien entendu. Un sourire en coin, peut-être, comme lorsqu'on se déguise en curé ou en mendigot pour « faire la planque » devant le logis d'un suspect. C'est qu'un long séjour dans la police vous vaccine son homme contre le fanatisme. On en voit trop, on en sait trop, on respire trop d'odeurs nauséabondes. Giering possède des fiches croustillantes sur les « surhommes nazis » ; il n'est pas dupe. Aussi éloigné des gentlemen de l'Abwehr, qui croient en Dieu, que des voyous S.S. qui mettent leur foi dans le diable. Lui, il ne croit en rien, et surtout pas en l'homme : un vrai flic. Son univers est celui des bureaux froids et tristes où l'on mange des sandwiches en tutoyant le prisonnier. L'Abwehr respecte en général l'adversaire malheureux ; les S.S. aiment à voir gicler son sang ; Giering, lui, veut simplement qu'il se mette à table. Il y déploie beaucoup d'intelligence, une ruse de vieux renard, au besoin de la hargne. Ses anciens collaborateurs proclament : « Il est le meilleur. » Ses anciens adversaires reconnaissent : « Il était le plus dangereux. »

Son adjoint et confident, Willy Berg, est de la même trempe : deux âmes sœurs, si l'on ose dire. Berg a été le garde du corps de Ribbentrop lors du fameux voyage à Moscou qui vit la signature du pacte germano-soviétique. Il est tout petit et plutôt rond, offrant un contraste comique avec l'interminable et filiforme Giering. Ce don Quichotte et ce Sancho Pança entrent dans notre histoire bras dessus, bras dessous, l'œil cynique, la bouche ricaneuse, pas dupes pour un sou des déclamations du brave « Heini » Himmler sur la « pourriture juive » qu'ils doivent nettoyer, un peu éblouis malgré tout par l'immense champ d'action ouvert devant eux.

Détail intéressant : Giering est condamné, et il le sait. Il doit sa voix de rogomme à une tumeur cancéreuse qui lui ronge la gorge. Curieusement, les médecins s'en tiennent à deux remèdes : le café et l'alcool. Il fait de l'un et de l'autre une consommation prodigieuse. Chaque fois qu'on évoquera le chef du Kommando, ne pas oublier la bouteille de cognac sur son bureau et la cafetière sur le poêle ou sur un fourneau portatif. On gardera aussi présente à l'esprit la course de vitesse engagée entre Giering, qui peut détruire l'Orchestre Rouge, et le cancer qui va détruire Giering.

Alamo est d'évidence l'agent le plus important cueilli aux Atrébates. Il n'a rien dit à Fortner. Giering ordonne son transfèrement à Berlin. Il pourrait le faire torturer, car son Kommando compte quelques experts en la matière. Giering n'est pas opposé par principe à la torture, mais il faut qu'elle soit efficace. Il jauge son homme : un pur, un enthousiaste, un vicieux du sacrifice, un affamé d'héroïsme. Si on lui donne l'occasion de claboter dans les supplices en bramant *L'Internationale,* c'est fichu. Donc, le caresser dans le sens du poil, se le faire à la tendresse. On bavarde autour de la bouteille de cognac. Alamo lâche qu'il a servi en Espagne. Dans quelle arme ? Cette question ! Mais l'aviation, bien sûr ! Alamo ne se possède plus dès qu'il s'agit d'avions. Déclic dans la cervelle de Giering. Le soir même, Alamo quitte sa cellule et emménage dans l'appartement du policier. On le présente à un grand garçon mélancolique, ancien pilote de la Luftwaffe qui vient d'être amputé d'une jambe : le fils de Giering. Les jours suivants, passionnantes conversations et ces contorsions des mains qu'ont tous les pilotes pour évoquer leurs duels aériens. Ce n'était pas bête. Mais Alamo limite ses effusions à l'aéronautique : il ne révèle ni le code ni l'organigramme du réseau bruxellois. Son coup manqué, Giering le renvoie à la prison Saint-Gilles. Tout de même, nous avons senti qu'un maître-flic était à l'ouvrage.

XIII

FRANK FORTNER RETROUVE LA PISTE

FORTNER avance dans son apprentissage. Pour l'instant, on lui laisse carte blanche à Bruxelles. Giering a compris que le seul espoir de reprendre l'offensive en Belgique reposait sur Rita Arnould. Or, par sincère gentillesse, Fortner a eu d'emblée avec Rita l'attitude que Giering adopte par ruse vis-à-vis d'Alamo. Et comme la fille est plus malléable que le Russe...

Elle a livré des pseudonymes inquiétants : « le Grand Chef », « le Petit Chef », « le Professeur », etc., et donné un certain nombre de signalements. De son amant Roméo Springer, elle ignore l'adresse mais sait qu'il va souvent à la Bourse de Bruxelles. Fortner s'y livre à une vaine enquête ; l'oiseau s'est envolé sans laisser de trace. Mais il reçoit une dénonciation utile : on lui conseille, s'il s'intéresse à Springer, de surveiller la femme dirigeant à la Bourse le service de dactylographie. Fortner découvre qu'elle glisse dans la correspondance officielle des messages à l'intention d'une employée des bureaux parisiens de la Chambre de Commerce belge. Le réseau aurait donc un prolongement en France ? Fortner photocopie les missives et les laisse parvenir à leur destinatrice. Celle-ci doit servir de « boîte aux lettres ». On la met sous surveillance.

Il interroge aussi Rita sur l'agent qui travaillait dans l'admirable atelier de faussaire installé rue des Atrébates. Elle donne son signalement, sait qu'il est juif polonais, ignore son adresse et les lieux qu'il fréquente. Les indices sont maigres, mais Fortner se retrouve en pays connu. Un faussaire de qualité, ça ne se forme pas en un jour et ça risque d'attirer en cours de carrière l'attention de la police. Fortner en a fait condamner plusieurs quand il était juge d'instruction. Il s'adresse à la police belge et découvre dans ses dossiers qu'un certain Abraham Raichman, Juif polonais, a été soupçonné avant-guerre d'approvisionner l'appareil communiste clandestin en faux billets de banque. Le signalement porté sur sa fiche correspond à celui donné par Rita. Mais comment retrouver Raichman ? C'est ici que le destin fait à Fortner son premier clin d'œil.

L'un de ses adjoints, Weigelt [1], l'informe qu'il connaît un policier belge susceptible de fournir l'Abwehr en faux papiers. Intéressant, car les indicateurs de Fortner doivent changer fréquemment d'identité et la police belge, dans son ensemble, n'est pas assez sûre pour qu'on se fournisse chez elle. Le prix demandé ? Mille francs la carte d'identité. Fortner fait la grimace, mais comme Weigelt lui indique que le policier offre l'intérêt supplémentaire d'avoir un contact avec le réseau communiste, il demande à le rencontrer.

L'inspecteur de police s'appelle Mathieu ; son « contact » est Abraham Raichman.

Autant de différence entre un Raichman et un Alamo qu'entre Giering, par exemple, et un S.S. classique.

1. Pseudonyme donné par l'auteur.

Alamo, officier soviétique, sert dans un réseau comme un officier de chez nous travaille au Deuxième Bureau sur affectation. Il quitterait sans regret la cape couleur de muraille pour endosser son uniforme. Raichman, sa cape lui est une tunique de Nessus ; il ne pourrait l'ôter qu'en s'écorchant vif. C'est un militant révolutionnaire, un professionnel de la conspiration : il vient du Komintern.

Jusqu'à la guerre, il y a dans chaque pays un parti communiste luttant pour ses objectifs dans le cadre national. Il y a, au plan international, le Komintern qui coordonne les actions locales pour les intégrer dans l'offensive générale. Le Komintern est en somme l'état-major de la révolution mondiale. Ses membres, sélectionnés parmi les meilleurs éléments des partis, constituent une aristocratie ; ils en ont les qualités et les défauts. Leur chute vint avec Staline, qui sacrifia la révolution mondiale au renforcement de la seule U.R.S.S. L'histoire des premières purges staliniennes, c'est en partie l'histoire de la mise au pas du Komintern.

Grande rivalité, bien entendu, entre les services secrets soviétiques et les réseaux du Komintern. Les premiers, de stricte obédience stalinienne, travaillent pour la Russie ; les seconds sont au service des prolétaires du monde entier. Encore faut-il se garder des généralisations : Trepper, agent du Centre, est par nature plus proche d'un Raichman, agent du Komintern, que d'un Alamo, son collègue au Centre ; il échappe aux classifications simplistes. Lorsque Kent et Alamo débarquent à Bruxelles, ils récitent au Grand Chef les instructions reçues au Centre ; entre autres : n'avoir aucune aventure féminine et se tenir à l'écart des cabarets. « Parfait, répond Trepper, je suppose donc que vous avez laissé vos sexes en dépôt à Moscou ? Non ? Ah, c'est fâcheux ! Alors, moi, je vous dis : « Si une femme vous plaît, « allez-y. Simplement, soyez prudents. » Cette réponse de style Komintern ferait mauvais effet au Centre, rue Znamenski. Car le genre des deux organisations n'est décidément pas le même. Les hommes du Centre jouent les techniciens froids et efficaces ; ils tiennent pour des amateurs pittoresques les agents du Komintern, qui s'emploient à perpétuer la tradition romantique. Au Centre, on s'habille en businessman ; au Komintern, on a volontiers les ongles noirs et les cheveux dans le cou.

La guerre arrivée, les gens du Komintern vont à la bataille avec de sérieux handicaps. Ils font partie d'une organisation en disgrâce ; beaucoup d'entre eux ont eu des démêlés idéologiques avec le Kremlin. On les utilise, mais on les tient à l'œil. S'il leur arrive une catastrophe, on ne se mettra pas en quatre pour les aider.

Etre arrêté constitue la catastrophe suprême. Mais il y a encore des degrés dans cet abîme. Alamo, par exemple, son cas est simple : il est officier russe ; son pays est en guerre avec l'Allemagne, il se bat donc contre elle. Même un S.S. ne peut y trouver à redire. Tandis qu'un agent du Komintern traîne derrière lui une longue histoire de conspirations, de grèves insurrectionnelles, de soulèvements armés. Et spécialement s'il a servi dans cette Allemagne qui fut, jusqu'à l'avènement de Hitler, le champ clos des troupes du Komintern affrontées aux hommes des corps francs, puis à ceux des formations nazies. Eternels combats de rue, avec les cadavres mutilés qu'on retrouvait sous les portes cochères, enlèvements, tortures, expéditions punitives, assassinats individuels ou feux de peloton de la répression collective : cela fait beaucoup de comptes à régler et les haines les plus vivaces naissent du fumier de la guerre civile. Qu'on se mette à la place d'un boucher du « Kommando Orchestre Rouge » : Alamo est déjà une aubaine. Il y a encore progrès si l'agent soviétique est également juif. Mais s'il a en plus travaillé en Allemagne pour le Komintern, c'est à défaillir de joie. Le prisonnier le sait et son moral s'en ressent. Il n'est pas gai d'être accueilli dans les caveaux de la Gestapo comme un morceau de roi.

Or, les agents du Komintern risquent l'arrestation plus que les autres. Leur longue et tumultueuse activité leur a valu presque à coup sûr d'être repérés par une police quelconque ; ils ont dans un bureau belge, ou français, ou hollandais, une fiche à leur nom, un dossier parfois, avec leur signalement, leurs relations, leurs habitudes. Kent ou Alamo sont pour ainsi dire « vierges » ; ils n'ont pas de passé. Les autres sont de vieux chevaux de retour au casier judiciaire chargé.

Etait-il sage, de la part de Moscou, de fusionner réseaux du Komintern et services de renseignements classiques après l'agression allemande ? Sans doute les chefs du Kremlin n'avaient-ils pas le choix. Une situation désespérée exigeait qu'on fît flèche de tout bois, et même de planches un peu pourries.

Au reste, les généralisations s'estompent quand arrive la minute de vérité. Face aux tortures et à la mort, il n'y a pas une attitude « services secrets » et une attitude « Komintern ». C'est l'homme qui est en cause, sa force ou sa faiblesse intime. Il peut être las d'une trop longue activité clandestine, érodé par les compromissions qu'elle entraîne, déçu à force d'espérances trompées, corrodé par les querelles idéologiques et les purges subséquentes. Il peut être au contraire comme une lame d'acier trempée au feu de mille épreuves.

Voici, sans commentaire, le compte rendu de ma visite à l'un des membres du Komintern qui furent adjoints à l'Orchestre Rouge :

« Un immeuble-caserne accroché aux pentes de Ménilmontant. Escalier de béton, grands couloirs cimentés, cloisons en contre-plaqué. La ruche humaine dans toute sa laideur.

« Les Brun[1] — trois personnes — s'entassent dans un logement minuscule : une pièce et une cuisine. Mme Brun est une petite femme rondelette et vive. Son mari est visiblement plus âgé. Il porte des lunettes ; ses cheveux blancs sont plaqués en arrière ; le visage est cireux, creusé de rides ; la voix est rauque. Le fils, dix-huit ans environ, a épinglé sur les murs les portraits

1. Pseudonyme donné par l'auteur.

de ses chanteurs préférés. Il consent à baisser l'électrophone dont les échos m'étaient parvenus trois étages plus bas. Le silence est prodigieux.

« On me dit qu'on a bien reçu ma lettre mais qu'on est assez surpris : « Un travail dans la Résistance ? Mais « je n'ai jamais fait partie de la Résistance. » J'explique mon histoire. Ahurissement général. Brun : « Ah ! vous « voulez sans doute parler de mon activité de réfrac- « taire ? » Il n'a pas obtempéré à la réquisition du Service du Travail Obligatoire. Grosse affaire. On m'en dit les péripéties. Il y a l'épisode où Brun a fait passer un copain réfractaire, caché dans une voiture à bras, à travers un barrage allemand. Il y a la visite du flic français venu arrêter Brun à son domicile. Car il avait pris le maquis chez lui, blotti dans son immeuble-caserne. Il dit au flic : « D'accord, je vais vous suivre, mais avez-vous « remarqué que j'habite au sixième, qu'il y a une cage « d'escalier et du monde dans la maison ? » Le flic n'a pas insisté. Il a dû s'imaginer les conséquences d'un coup de gueule du père Brun dans cette ruche humaine. Autre sommet de l'épopée des Brun : leur expédition vélocipédique à la campagne pour acheter des haricots ; au retour, ils sont tombés sur un barrage allemand. Grosse, grosse affaire. Vingt ans après, ils se souviennent encore de la tête du soldat qui les interrogeait en soupesant leur sac...

« Apparemment, je suis venu pour rien. Mais je ne bouge pas de ma chaise et, têtu comme une mule, je répète dix fois mes certitudes : Brun a fait partie d'un réseau ; j'ai vu son nom sur des documents de la Gestapo ; des camarades à lui me l'ont confirmé...

« Et soudain, il se dégèle. Je veux peut-être parler de l'histoire des messages ? Ah bon ! Il fallait le dire ! Eh bien oui, il portait des messages, voilà tout..., mais il est incapable de me donner des détails, des noms : c'est si vieux, ces histoires...

« Tête de Mme Brun : quoi ? Tu portais des messages ? Elle est stupéfaite, Mme Brun. Elle estimait qu'un mari réfractaire, c'était déjà très beau, mais voilà maintenant qu'on lui offre un mari résistant ! Ravie et furieuse : pourquoi ne m'as-tu rien dit ? Il hausse les épaules : à quoi ça aurait servi ? C'est pas des trucs de femme !

« Donc, il portait des messages. Il les cachait dans le guidon de sa bicyclette et roulait jusqu'à un certain point de la route entre Etampes et Orléans ; là, il faisait semblant de s'accroupir au bord du fossé et plaçait les documents dans une boîte de conserve rouillée. C'est la technique de la « boîte aux lettres morte » ; elle offre l'avantage d'éviter tout contact entre agents. Les spécialistes croyaient qu'elle n'avait été inventée par les services russes qu'après la deuxième guerre : ils se trompaient.

« Mais qui lui donnait ces messages ? Un camarade. Il avait bien un nom, un pseudo ? Jamais su... (« Evidemment, tranche son fils en spécifiant qu'il lit beaucoup de romans d'espionnage, c'était cloisonné, ton réseau. — Ah, tu crois ? » fait le père d'une voix stupide mais avec une petite lueur dans les yeux.) Et par qui avait-il été présenté à ce personnage ? Aucun souvenir... des copains... Comment était-il fait ? Mystère, amnésie complète. C'est tout de même inouï : vous vous rappelez la tête d'une vague sentinelle allemande qui vous pique avec un sac de haricots, mais vous ne savez plus si l'homme qui vous envoyait peut-être à la mort était blond ou brun ? Ben oui, c'est drôle... Et où vous remettait-il les messages ? Dans un appartement, par là... Où, par là ? Ben, là-bas, je ne sais plus trop où... Que racontaient-ils, ces messages ? Jamais su... je ne suis pas curieux, vous savez...

« S'ils étaient tous comme ça, Trepper a dû se féliciter de les recevoir en renfort. »

Abraham Raichman n'était pas comme ça. Plus grand par ses fonctions, plus petit par le caractère. Il avait fait partie du légendaire « Pass-Apparat » monté par le Komintern. C'était à Berlin une véritable usine à fabriquer les faux papiers employant cent soixante-dix personnes, trente mille tampons, des machines à graver et à imprimer, des appareils de reproduction photographique, etc. Bon an, mal an, deux mille passeports sortaient de cette fabrique ainsi que des milliers de documents de toutes sortes. Les archivistes des centrales de contre-espionnage ont en général la plume terne, mais elle devient lyrique pour évoquer le « Pass-Apparat » : « performance unique dans l'histoire », « merveille d'adresse, de précision et d'imagination ». Après un quart de siècle, ils se souviennent encore avec émotion des « cordonniers » de Berlin. Dans l'argot des services russes, un faussaire est un cordonnier et les faux papiers s'appellent naturellement des chaussures. La raison ? Certains outils de cordonnerie, l'alène par exemple, sont utilisés pour la fabrication des faux.

Il fallut à la Gestapo beaucoup d'efforts pour liquider le « Pass-Apparat », dont les membres se dispersèrent à travers l'Europe.

Trepper a de l'estime pour le cordonnier Raichman, mais il se méfie de l'homme : vaniteux, imprudent, volontiers méprisant. Impossible de se priver des services d'un tel maître, mais lui tenir les rênes court pour le faire marcher droit. Tant que le Grand Chef est à Bruxelles, tout va bien. Mais quand il part pour Paris et présente Raichman à son successeur, Kent — ce jeunot —, réaction de Raichman : « Quoi ? C'est lui qui va être mon chef ? Mais il n'y connaît rien ! » Après le raid sur les Atrébates, Yefremov prend le relais de Kent. Encore un novice qui ne pèse pas lourd auprès du passé de Raichman. Un jour, ce dernier annonce à Yefremov qu'il est en contact avec un inspecteur de police belge travaillant pour la Résistance. Mathieu lui a dit : « Vous faites des faux papiers ? A quoi bon ? Moi, je vous en donnerai des vrais ! » Yefremov rend compte au Grand Chef et demande des instructions. Réponse immédiate : « Mieux valent de mauvaises chaussures à soi que de bonnes offertes par un inconnu. Coupez le contact. » Yefremov est trop jeune pour en imposer à Raichman. Le contact n'est pas rompu.

L'Abwehr de Bruxelles donne à Mathieu le pseudonyme « Carlos » : n'est-on pas sur une affaire où grouillent les faux Sud-Américains ? Les services allemands ont de ces facéties un peu lourdes qui, parfois, leur coûtent cher [1]. S'il revenait aux oreilles du réseau qu'un policier belge travaille pour l'Abwehr sous le pseudo « Carlos », ledit réseau se sentirait visé et démasquerait Mathieu. Mais en l'occurrence, l'Abwehr n'aura pas à regretter sa plaisanterie : rien ne transpire.

Mathieu se révèle être une recrue de choix. Rien d'étonnant pour Fortner qui le dépeint par la phrase sacramentelle : « Il avait le type de l'officier allemand. » Au physique, un grand gaillard aux épaules larges, aryen en diable. Quant au moral, c'est naturellement selon qu'on se place du point de vue de ses maîtres allemands ou de ses victimes. Pour Fortner, les douze balles qui sanctionnèrent, à la fin de la guerre, la trahison de Mathieu, constituent une sanglante injustice. D'une voix nouée par l'émotion, il lui décerne ce brevet posthume assez déconcertant : « C'était un grand Européen. » Révérence gardée, on croirait entendre l'oraison funèbre d'un Robert Schuman.

Donc, Mathieu fait merveille. Policier averti, il s'interdit de brûler les étapes en manifestant de la curiosité. Il est à la disposition de Raichman, voilà tout... Quant à l'usage qu'on fera de ses cartes d'identité, il affecte de s'en désintéresser. Cette bonhomie rassurante prépare le succès de Mathieu : il n'aura pas besoin d'aller au réseau, c'est le réseau qui va venir à lui.

Vous vous souvenez de cette malle déposée par Kent, avant que de fuir en France, chez le patron du « Florida ? »

Robert Christen : « Quelques semaines plus tard, j'ai reçu la visite de Nazarin Drailly. Il était directeur commercial de la firme où Sierra m'avait fait entrer.

1. Le colonel Verneuil, l'un des chefs du Deuxième Bureau clandestin, est invité un jour à rencontrer un agent inconnu ; phrase de reconnaissance : « Monsieur, nous vous attendions depuis longtemps. » Verneuil rumine cette phrase et lui trouve mauvais goût. Il ne va pas au rendez-vous. La Gestapo hilare l'y attend en vain.

Il m'a dit qu'il venait récupérer la malle. J'ai répondu : « Impossible ! Sierra me l'a confiée et elle restera chez « moi jusqu'à son retour. » Drailly a eu l'air ennuyé, puis il a fini par m'expliquer : « Ecoutez, vous courez « un très grand danger... Savez-vous ce qu'il y a dans « cette malle ? Un poste émetteur ! » C'est comme ça que j'ai appris dans quelle histoire ils m'avaient embringué ! Ah, c'était du beau travail ! On peut dire qu'ils m'ont bien possédé ! »

Sur l'initiative de Raichman, le réseau a trouvé pour l'émetteur une cachette plus sûre que l'appartement de Christen : la villa de Mathieu. L'inspecteur propose de le cacher dans son garage. Raichman, après inspection des lieux, donne son accord. Une équipe de spécialistes arrive de Berlin pour examiner l'appareil. Soigneusement gantés afin d'éviter les empreintes, ils le démontent et photographient chaque pièce détachée. Selon Fortner, la qualité du poste les étonna. De fabrication russe, il était supérieur aux émetteurs allemands, et même à ceux qu'utilisaient les agents anglais.

Après cet examen, l'émetteur est remis en place dans sa cachette. L'Abwehr va attendre avec jubilation qu'on l'en vienne retirer. La prochaine fois qu'un pianiste se manifestera à Bruxelles, il ne sera pas nécessaire pour le prendre d'avoir recours aux techniciens de la Funkabwehr.

Mais Bruxelles demeure pour l'instant silencieuse. C'est toujours Hersch Sokol qui est au piano de l'Orchestre Rouge.

Le Grand Chef a peur pour lui. Craignant un nouveau coup des Atrébates, il supplie Moscou de prendre conscience du danger ; il s'élève contre la règle draconienne du Centre : les renseignements d'abord, la sécurité des agents ensuite ; il demande que les vacations radio de Sokol ne dépassent pas la demi-heure. C'est en vain : le Directeur continue d'accabler le pianiste d'interminables questionnaires, au contraire du Grand Chef qui condense au maximum ses messages pour réduire la durée des émissions.

Du moins n'a-t-il plus à transmettre la masse de renseignements recueillie par le réseau berlinois. Les parachutistes annoncés par Moscou sont enfin arrivés ? Oui et non. Au mois de mai 1942, Erna Eiffler et Wilhelm Fellendorf sautent d'un bombardier russe sur la Prusse-Orientale — on a finalement renoncé à les faire passer par l'Angleterre. Tous deux sont des vétérans de l'action clandestine. Erna a travaillé d'abord en Allemagne dans un réseau de « rabcors » analogue à celui dirigé en France par Fantômas. Puis elle a servi successivement à Vienne, à Shanghaï, en Hollande et en Angleterre. Fellendorf, ancien officier des Brigades Internationales, a travaillé en Tchécoslovaquie, en Belgique et en Hollande. On leur a fait subir un entraînement intensif de plusieurs mois dans une école d'espionnage soviétique. Ils vont en avoir besoin : leur mission consiste à gagner Hambourg, où ils ont vécu tous les deux et où ils disposent d'amis sûrs ; de là, ils entreront en contact avec le réseau berlinois.

La première partie du programme se déroule comme prévu, à cela près que les parachutistes perdent leur radio à l'atterrissage. Ils réussissent la traversée périlleuse de l'Allemagne et parviennent sans encombre à leur refuge. Mais la prise de contact avec Berlin traîne en longueur. En ce mois de juin 1942, Erna Eiffler et Wilhelm Fellendorf sont toujours à Hambourg. Il est vrai que le problème des liaisons est moins lancinant. Une partie des renseignements passe par les émetteurs berlinois, qui travaillent sporadiquement malgré les difficultés techniques et la peur de la Funkabwehr. La plupart des messages sont portés par courrier à Amsterdam, d'où ils sont relayés jusqu'à Moscou par l'émetteur de la filiale hollandaise de l'Orchestre Rouge. On aura de nouveau recours aux émetteurs bruxellois dès qu'ils pourront sortir de leur léthargie forcée.

Malgré cela, Sokol est accablé de besogne : le réseau français du Grand Chef a atteint des dimensions telles que plusieurs pianistes seraient nécessaires pour écouler le flot des renseignements. Hersch Sokol est trop intelligent pour ne pas deviner l'imminence de sa fin. Stoïque, il reste sur sa chaise, les écouteurs aux oreilles, l'index droit rivé à la manette de l'émetteur. Le 9 juin 1942, après un patient repérage radiogoniométrique, la Gestapo enfonce la porte de sa villa de Saint-Germain et l'arrache à son émetteur. Myra est prise avec lui.

On croit d'abord qu'ils font partie d'une organisation française. Lorsqu'on découvre leur appartenance à l'Orchestre Rouge, Giering ordonne leur transfèrement à Berlin. Fortner les rencontre et demande à Sokol comment il est devenu radio. Réponse : « J'étais assis à la terrasse d'un café et je pianotais machinalement sur la table. A côté de moi, un client a fait de même en souriant, puis il s'est approché et m'a demandé si je voulais être radio, car je paraissais doué pour ce travail. » Fortner, furieux : « Ce n'est pas parce que vous êtes pédiatre qu'il faut vous croire obligé de faire l'enfant ! » Sokol ne répond pas, mais les tortionnaires du « Kommando Orchestre Rouge » vont s'employer à lui délier la langue. Il représente pour eux la chance inespérée de faire redémarrer à Paris l'enquête enlisée à Bruxelles. Les plus durs supplices sont mis en œuvre. Sokol se tait. On s'acharne sur Myra. Elle se tait. En désespoir de cause, le Kommando a recours à sa technique favorite : on place le canon d'un revolver sur la tempe de Hersch Sokol et on prévient Myra qu'il sera abattu sous ses yeux si elle ne parle pas. Elle donne l'un des pseudonymes de Trepper : « Gilbert ».

C'est tout. Les Sokol connaissaient le code radio du Grand Chef et avaient un contact avec son adjoint direct, Hillel Katz.

Claude Spaak :

« Peu après la libération de Harry, heureusement sorti de Pithiviers, ma femme m'annonça : « J'ai rencontré « Myra. Il ne faut plus aller chez eux à l'improviste : « ils font un travail clandestin. » Elle continua à voir

Myra de temps en temps et celle-ci lui remit un petit rouleau de pièces d'or pour que nous le cachions chez nous. J'acceptai, naturellement, mais je dis à ma femme : « Il peut nous arriver quelque chose, ou aux « Sokol, et nous devrions tout de même savoir à qui « remettre ce rouleau, le cas échéant. » Elle en convint. Il fut prévu avec Myra que nous remettrions l'or à toute personne se présentant comme « Henri ».

« A cette époque, nous avions un pied-à-terre rue de Beaujolais, face au Palais-Royal ; l'écrivain Colette était notre voisine. C'est là que se présenta un jour « Henri » — l'homme que vous appelez Trepper. Il était âgé de quarante-cinq ans environ, d'aspect solide, avec un accent russe assez prononcé. Il donnait une grande impression d'humanité et inspirait une confiance absolue ; la bonté éclairait son regard.

« Cette fois-là, il était très nerveux. Il me dit : « Vos « amis ont été arrêtés. Ils émettaient d'une petite mai- « son de Saint-Germain des messages captés par l'am- « bassade soviétique à Londres. C'est plus que mauvais : « ils sont juifs, russes et espions. » Effectivement, c'était un peu comme si un médecin annonçait à son malade : « Vous avez un cancer, la tuberculose, et vous faites de « l'occlusion intestinale... »

« Après un silence, je lui dis que j'allais lui remettre le rouleau d'or. Il a refusé : « Non, je n'en ai pas besoin. « J'enverrai éventuellement quelqu'un le chercher. »

« Et il disparut. »

Les deux émetteurs bruxellois échappés à la Funkabwehr sont restés silencieux, à part quelques brèves liaisons de routine destinées à ne pas perdre le contact avec Moscou. Après l'arrestation des Sokol, le Grand Chef ordonne à Yefremov de remettre l'un d'eux en service. Six mois se sont écoulés depuis le raid sur les Atrébates : Trepper a tout lieu de croire que le pavé bruxellois n'est plus si brûlant.

XIV

LES PROFESSEURS PARLENT

A BERLIN, Kludow et ses étudiants travaillent sans désemparer au décryptement des messages. Sur les trois cents télégrammes qu'ils possèdent, quatre-vingt-dix-sept ont été chiffrés à partir du livre de Téramond : *Le Miracle du professeur Wolmar*. La Funkabwehr ne saura jamais que *La Femme de trente ans*, par Honoré de Balzac, a servi pour tous les autres. Les deux tiers du butin étant éliminés d'entrée, on s'attaque avec une ardeur crispée au tiers de la dernière chance.

Bien entendu, les textes n'ont pas été chiffrés en suivant phrase par phrase le récit de Téramond : les passages du livre utilisés étaient choisis en fonction d'un système préétabli avec Moscou et dont la Funkabwehr ignore le secret. Pour chaque télégramme, il faut donc trouver la phrase appropriée. Parfois, la chance mène droit dessus ; parfois, il faut passer presque tout le livre en revue avant de la découvrir. Ce labeur de bénédictin, fait de patience et d'obstination, est le lot de tous les « casseurs de code ». Mais en l'occurrence, les caractéristiques du livre ajoutèrent encore aux épines habituelles. Il faut avouer que *Le Miracle du professeur Wolmar* n'est pas un merveilleux roman. Guy de Téramond l'écrivit en 1910, à Arcachon, après avoir déjà publié : *La Force de l'amour* et *Le Mystérieux Inconnu* (« ouvrage pouvant être mis entre toutes les mains »). Son choix par le réseau s'explique sans aucun doute par l'avertissement figurant à la première page : « Ce livre, supplément gratuit de l'abonnement au *Monde illustré,* ne peut être vendu. » Un ouvrage hors commerce, par conséquent, et distribué aux seuls abonnés. Aussi bien l'envoyé spécial de l'Abwehr à Paris ne l'avait-il découvert qu'après de longues recherches chez les bouquinistes. Quant à l'histoire elle-même, elle dut susciter quelques grincements de dents au sein de la cohorte estudiantine de Kludow, forcée de l'apprendre quasiment par cœur. Le professeur Wolmar, chirurgien de grand talent, a une théorie : « Tous les phénomènes d'anormalité étaient produits par des adhérences de la matière cérébrale (...) et de là il concluait, avec son audace habituelle, qu'il lui suffisait de nettoyer le cerveau [des criminels] de toutes les adhérences qui paralysaient leur intelligence et leur volonté pour en faire des êtres conscients, pondérés et responsables. » Après bien des démarches, il obtient de se livrer à une expérience sur un assassin condamné à mort, dit « le petit frisé de Javel », « un de ces êtres dégénérés, une de ces épaves que l'on s'étonne de rencontrer parfois encore en pleine civilisation ». Le « petit frisé », gracié, est envoyé au bagne après l'opération, qui semble avoir échoué. Mais il s'évade et devient une sorte de *superman* aux inventions foudroyantes et bénéfiques. Comment va-t-il remercier le professeur ? En envoyant au Kaiser le télégramme suivant : « Si après-demain, avant quatre heures, vous n'avez pas pris initiative désarmement, je fais sauter toute l'Allemagne. » C'est signé : « La France. » Guy de Téramond conclut : « Dans un soulèvement irrésistible, l'Allemagne tout entière balaya son empereur et ses ministres et, répondant à l'élan de fraternité universelle, se hâta de demander la paix. »

Il était amer de devoir scruter le télégramme du « petit frisé de Javel » au Kaiser pour pouvoir comprendre les télégrammes du Grand Chef au Directeur, mais l'équipe de Kludow surmonta ces répulsions subalternes. Dès le mois de juin 1942, elle était en mesure de déchiffrer chaque jour deux ou trois télégrammes du PTX. Leur contenu ? Kludow et ses hommes s'en soucient assez peu. Comme tous les « casseurs de code », ils ne voient plus la signification des mots à force de les regarder de trop près. La victoire consiste pour eux à briser la carapace des télégrammes pour atteindre leur sens caché ; que ces télégrammes soient synonymes de défaite allemande n'est pas leur affaire.

Mais celle de l'Abwehr. Et les chefs de l'Abwehr sont terrifiés. Flicke nous dit qu'ils allaient à leur bureau le cœur serré d'angoisse à l'idée des textes que le bon Kludow leur remettrait avec un sourire glorieux. La présence d'émetteurs clandestins à Berlin était inquiétante. Les déclarations de Rita Arnould et les documents allemands trouvés aux Atrébates étaient navrants. Mais le décryptement des télégrammes révèle que le désastre dépasse tout ce qu'on pouvait imaginer. C'est simple : il n'est pas un secteur de la vie politique, économique et militaire qui ne soit connu des Russes dans tous ses détails. Le Troisième Reich, l'un des plus formidables Etats policiers de tous les temps, est comme une maison de verre sous l'œil de Moscou.

A la mi-juin, Cranz annonce qu'un émetteur bruxellois a repris du service. L'Abwehr n'hésite pas : foin des enquêtes subtiles qui permettraient de remonter au cœur du réseau, on n'a pas le temps ! Dans quelques jours — le 28 juin 1942 —, les divisions blindées de la Wehrmacht s'ébranleront pour un assaut décisif. L'« Opération Bleue » doit les mener jusqu'à Stalingrad et leur livrer les puits de pétrole du Caucase. Après les revers de la campagne d'hiver, après ces flots de sang allemand dont on a teint la neige russe, chacun sait à Berlin que l'offensive imminente décidera de tout :

l'issue de la guerre va se jouer entre Voronej et Stalingrad. Il n'est pas possible de laisser filer dans l'éther des messages révélant peut-être à Moscou les secrets de la vitale « Opération Bleue ».

Franz Fortner raconte :

« Ce fut naturellement une surprise amère lorsque Berlin nous apprit qu'un émetteur fonctionnait de nouveau chez nous. Aucun agent n'était venu reprendre le poste caché dans le garage de Mathieu ; notre piège n'avait donc servi à rien et il nous fallait partir de zéro, comme pour les Atrébates.

« Les équipes de radiogoniométrie sont revenues à Bruxelles et j'ai récupéré mon sergent spécialiste de la « valise chercheuse », toujours aussi sûr de lui. Pendant les premiers jours, la Funkabwehr a procédé à ses triangulations. Cela va vous paraître incroyable, mais c'est pourtant vrai : l'émetteur travaillait toute la nuit, comme aux Atrébates, ce qui nous facilitait évidemment la tâche. J'avoue n'avoir jamais compris l'attitude des Russes... Etaient-ils à ce point surchargés de travail ? Un pianiste travaillant peu vaut tout de même mieux qu'un pianiste arrêté ! Non, je crois qu'ils ignoraient à quel degré de perfectionnement étaient parvenues nos techniques de repérage. Je ne vois pas d'autre explication possible. Ou alors, c'est qu'on a froidement sacrifié les radios...

« Bref, nous avons découvert très vite que l'émetteur était dans la commune de Laeken. Malheureusement, une voie ferrée électrifiée passait dans le secteur où il se trouvait. Elle brouillait les champs électriques, ou je ne sais quoi, et mon sergent dut avouer, à son grand dépit, que sa « valise chercheuse » était inutilisable. Nous avons eu recours à une voiture de la Funkabwehr équipée d'un appareil assez puissant pour ne pas être brouillé par la ligne. C'était une camionnette camouflée, mais nous n'avions guère à craindre les guetteurs puisque nous opérions après le couvre-feu. Par contre, nous risquions nous-mêmes d'être interpellés et je voulais tout faire pour l'éviter. Je ne tenais pas à ce que le bruit se répande dans le quartier qu'une mystérieuse voiture se baladait la nuit, que la police la laissait circuler, etc.

« Naturellement, ça n'a pas raté.

« Le premier soir, nous tombons sur une patrouille de gendarmes. Nous étions tous en civil, bien entendu, et nous avions des « vrais faux papiers » obtenus par Mathieu. Les gendarmes examinent nos cartes d'identité et nous demandent ce que nous faisons dehors à cette heure-ci. Je laisse entendre qu'il s'agit plus ou moins de marché noir, j'essaie de les amadouer, mais ils exigent d'inspecter l'intérieur de la camionnette. Ce n'était pas possible : ils auraient découvert l'appareil de repérage. Je tape sur l'épaule de mon chauffeur et il démarre à toute allure, bousculant les gendarmes. Nous avons réussi à les semer mais, pour cette nuit-là, la chasse était terminée.

« Le deuxième soir, nouveau pépin ! Il y avait dans le quartier une caserne de la Luftwaffe. A force de nous voir passer et repasser devant leurs guérites, les sentinelles s'inquiètent et nous sautent dessus ! On nous emmène au poste de garde, il faut montrer les papiers, s'expliquer, téléphoner pour faire confirmer par mes supérieurs : j'étais furieux...

« Tous ces incidents nous ont fait perdre du temps mais, heureusement, l'émetteur continuait d'émettre comme avant, cinq heures par nuit, et nous avons fini par découvrir la maison où il se cachait. C'était un grand immeuble encadré par un marchand de bois et un autre magasin. Selon mon spécialiste, le poste devait être installé dans les étages supérieurs. Il lui était difficile d'être plus précis. De toute façon, c'était à moi de jouer.

« Je commence, comme pour les Atrébates, par recruter du monde. Il ne fallait pas laisser s'échapper l'oiseau et je préférais être trop prudent que pas assez. D'une part, on me donne vingt-cinq hommes de la gendarmerie secrète. D'autre part, je retourne à la caserne de la Luftwaffe et j'explique mon affaire. Ces aviateurs étaient de tout jeunes types très enthousiastes : ça les a emballés et ils se sont mis à ma disposition. Je décide que l'attaque aura lieu dans la nuit du 30 juin, à trois heures du matin.

« Comme la nuit est très claire, avec une lune magnifique, j'ordonne aux aviateurs de se cacher dans le dépôt du marchand de bois. Ils en sortiront à l'heure H et bloqueront la rue. Avec mes gendarmes, je m'installe dans un appartement de la maison, celui du rez-de-chaussée. Nous réveillons le locataire ; il se montre très aimable, nous offre du café et nous fait la conversation. A trois heures, nous démarrons. Deux gendarmes à chaque étage, le reste en réserve. Nous galopons dans l'escalier. Tout à coup, j'entends crier au grenier : « Venez, venez ! C'est ici ! » Je fonce au grenier. Il est divisé en petits compartiments. Je cours là où il y a de la lumière et je retrouve mes deux gendarmes — seuls ! Je leur ordonne de fouiller les compartiments et j'examine rapidement les lieux. Sur une petite table, l'émetteur encore tiède. A côté, une liasse de documents rédigés en allemand. Un peu partout, des dizaines de cartes postales envoyées de villes allemandes... Il y avait de quoi vous couper le souffle. Sur le plancher, une veste et une paire de bottes. Le type se sentait donc bien en sécurité : il s'était mis à l'aise. Mais par où avait-il pu s'enfuir ? Je lève le nez et je remarque une lucarne entrouverte. Je passe la tête pour examiner le toit. Pan ! Coup de feu ! Je me gare vivement et j'entends des cris venant de la rue : « Attention ! Il est assis près de la cheminée ! »

« Je redescends avec les documents. Mes aviateurs occupent la rue mais s'abritent sous les portes cochères : le fuyard tire sur eux. On le voit distinctement sauter de toit en toit. Il a un revolver dans chaque main et vide ses chargeurs entre deux bonds. Je sens que mes jeunes s'énervent, qu'ils vont le descendre, mais je leur dis : « Surtout pas ! Je le veux vivant ! »

« Notre homme arrive à la dernière maison du bloc, il est coincé. Mais il brise une lucarne et disparaît. On entend une femme appeler au secours. De la rue, nous lui hurlons : « Que se passe-t-il ? » Elle répond qu'un homme a traversé sa chambre et s'est enfui dans l'escalier. Nous courons jusqu'à la maison et fouillons tous les étages : rien ! Je commence à avoir peur. Mais des aviateurs descendent dans la cave, soulèvent une baignoire renversée et découvrent le bonhomme qui s'était caché dessous. Furieux, énervés, ils commencent à le frapper à coups de crosse. Je leur ordonne de cesser et j'emmène mon prisonnier au siège de la gendarmerie secrète. Il était complètement affolé. C'était un homme d'une quarantaine d'années, assez petit, râblé, avec un visage dur. Tout à fait le genre ouvrier. Je dois dire qu'il ne m'a pas fait grande impression.

« Ses premiers mots sont pour me demander si je suis Abwehr ou Gestapo ; je le rassure. Il parlait français, mais assez mal, avec un fort accent. Puis il me demande de lui ramener les mains sur le ventre — on l'avait menotté dans le dos. Je réponds : « Ah non ! On connaît « ça ! Vous en profiteriez pour vous jeter sur moi et « me frapper. » Il m'affirme qu'il n'en a pas l'intention, mais je reste méfiant. Pour faire quand même un geste, je pose mon pistolet sur le bureau et je dis : « Là, vous « voyez, je suis désarmé : vous n'avez rien à craindre. » Il se plaint des coups de crosse et je suis obligé de lui expliquer que c'est de sa faute, qu'il n'avait pas à jouer du revolver, que des soldats n'aiment pas qu'on leur tire dessus sans pouvoir répondre. Il se calme et nous finissons par bavarder en allemand ; il le parlait parfaitement.

« Finalement, je lui annonce que je vais procéder à son interrogatoire d'identité. Il regarde d'un air gêné les deux gendarmes qui sont dans mon bureau. Je leur ordonne de sortir, j'ôte ses menottes au prisonnier et je lui dis : « Allez-y, on est tranquilles, rien que nous « deux, et vous pouvez parler en toute confiance. » Visiblement détendu, il m'annonce qu'il s'appelle Johann Wenzel, né en 1902 à Dantzig. Un Allemand ! Mais il ajoute : « Je vous préviens tout de suite que je ne suis « pas homme à accepter des arrangements. N'attendez « de moi aucune révélation, aucune dénonciation ! » Je lui dis : « Allons, allons, ça n'est pas raisonnable », mais impossible de lui tirer un mot de plus. Je le fais donc incarcérer à la prison Saint-Gilles.

« Pour être complet, il me faut bien vous dire ce que nous avons découvert plus tard à propos du locataire du rez-de-chaussée — vous savez, cet homme si aimable qui nous avait offert le café. En fait, il essayait de nous retenir le plus longtemps possible. Il faisait partie du réseau et c'est chez lui que Wenzel était hébergé. Quand nous sommes revenus le chercher, il avait naturellement décampé. Il s'appelait Schumacher.

« Après qu'on eut emmené Wenzel, je suis allé rendre compte à mes chefs. Ils ont téléphoné immédiatement la nouvelle à Berlin. Vingt minutes plus tard, Berlin nous rappelle et nous annonce avec une excitation extraordinaire : « Vous avez arrêté l'un des membres « les plus importants du parti communiste allemand « d'avant-guerre, un chef de l'appareil clandestin du « Komintern. » La prise leur paraissait si grosse, si miraculeuse, qu'ils avaient peine à croire qu'il s'agissait du même individu.

« Pour en finir avec Wenzel, j'ajoute que la Gestapo de Berlin le réclama quelques jours plus tard. Il en avait une terreur folle, car elle avait évidemment de vieux comptes à régler avec lui. Là-bas, Giering et ses hommes le prirent en main. Ils le torturèrent six à huit semaines, puis ils le renvoyèrent à Bruxelles. C'est simple : je n'ai pas reconnu Wenzel. C'était un homme brisé. Il leur avait tout donné, notamment son code et son pseudonyme : « le Professeur ». On l'appelait ainsi parce qu'il était grand spécialiste des liaisons radio et qu'il avait formé nombre de pianistes au cours de son activité clandestine [1]. » Giering m'annonça qu'il était disposé à travailler pour nous.

« Mais je reviens à cette fameuse nuit du 30 juin. Je suis rentré chez moi vers sept heures du matin, complètement épuisé. J'avais conservé les documents trouvés près de l'émetteur. Il s'agissait des télégrammes que

1. Il avait notamment enseigné le piano à Alamo, Camille et Sophie Poznanska.

Wenzel s'apprêtait à envoyer ou qu'il venait de recevoir. Les textes, très longs, étaient presque tous codés, bien entendu, mais deux ou trois étaient en clair. Malgré ma fatigue, j'ai eu la curiosité de leur jeter un coup d'œil. Il était question dans l'un d'eux d'une adresse à Berlin qui était très importante et que les Allemands ne devaient découvrir à aucun prix. Moscou ne disait pas les « Allemands », mais les « Fritz », ou les « Boches » — enfin quelque chose d'équivalent. Les autres textes ont achevé de me réveiller. Incroyable !

« Il y avait là des renseignements très précis sur la production allemande en avions et en chars, sur nos pertes et sur nos réserves. Le coup de grâce, c'était un télégramme donnant tous les détails possibles à propos de l'offensive sur le Caucase. Nos troupes venaient tout juste de démarrer, elles se battaient encore à des centaines de kilomètres de leur objectif, mais tous les plans de l'opération étaient exposés, avec indication du nombre de divisions engagées, l'identification de ces divisions, leur matériel — bref, tout y était. Un vrai désastre !

« Il fallait naturellement avertir Berlin. Nous leur avons téléphoné, mais ils refusèrent de nous croire. Je suis donc parti en voiture le jour même et je suis allé directement au siège de l'Abwehr, Tirpitzstrasse. J'avais mis les télégrammes dans une serviette que je gardais sous mon bras. A l'entrée de l'immeuble, l'officier qui commandait le poste de garde m'a demandé d'ouvrir ma serviette ; il voulait l'examiner. J'ai refusé et, comme il insistait, j'ai dégainé mon revolver et j'ai dit en le braquant sur lui : « Si vous essayez de me prendre cette serviette, je tire ! » Ça a fait sensation, naturellement, et on m'a laissé tranquille. Ensuite, j'ai attendu une demi-heure d'être reçu par l'officier supérieur qui, à Berlin, s'occupait des affaires de Belgique. Mais j'ai refusé de lui montrer mon dossier et j'ai demandé à voir le colonel Bentivegni, qui était l'adjoint direct de l'amiral Canaris. Il m'a conduit dans son bureau et je lui ai donné mes documents. Après les avoir lus, Bentivegni m'a immédiatement emmené voir le maréchal Keitel, le chef de l'O.K.W. Keitel a été comme foudroyé par le télégramme sur l'opération du Caucase. Il ne parvenait pas à y croire[1]. Quant à l'adresse que nous ne devions surtout pas découvrir, c'était celle d'une haute personnalité de la Luftwaffe, très répandue dans les cercles dirigeants de Berlin : il y avait un fameux scandale en perspective !... »

Il y avait déjà eu un fameux scandale à propos de l'« Opération Bleue ». Quelques jours plus tôt, le 19 juin, le commandant Reichel, officier d'état-major de la 23e division blindée, était parti à bord d'un avion d'observation pour inspecter les premières lignes. Son Storch fut abattu et tomba dans un secteur tenu par les Russes. Reichel avait avec lui ses cartes et une note dactylographiée exposant la première phase de la prochaine offensive. L'état-major de la division, affolé par ce coup du sort, lança aussitôt une attaque locale pour tenter de récupérer le Storch et ses occupants. On retrouva l'épave — vide. Reichel et le pilote avaient disparu, mais une patrouille découvrit deux cadavres enterrés à quelques dizaines de mètres et l'on supposa qu'il s'agissait des leurs, bien que l'identification fût rendue difficile par l'état des corps. On ne retrouva ni la serviette de Reichel ni ses cartes, tombées par conséquent aux mains des Russes.

Dans sa phobie de l'espionnage soviétique, Hitler avait prescrit pour l'offensive de printemps des mesures de sécurité draconiennes ; les instructions devaient être données oralement aux commandants locaux ; tout ordre écrit était formellement prohibé. On condamna à quelques années de forteresse les supérieurs de Reichel, auteurs de la note dactylographiée, mais cette satisfaction disciplinaire ne modifiait pas le fond du problème.

1. Ajoutons que Moscou fut également renseigné sur l'« Opération Bleue » — et de manière très complète — par le réseau d'espionnage soviétique installé en Suisse et travaillant à partir de « sources » allemandes.

Que faire ? Keitel, chef de l'Etat-Major, était partisan de surseoir à l'attaque. Le maréchal von Bock et le général Paulus s'opposèrent à tout retard : au point où on en était, il ne restait plus qu'à foncer. Hitler donna le feu vert.

La nuit qui précéda l'assaut, des haut-parleurs soviétiques réveillèrent les soldats de la 23e division blindée, qui venait de France et avait pour emblème une tour Eiffel. C'était pour leur délivrer un sinistre avertissement :

« Soldats de la 23e division blindée, l'Union Soviétique vous salue ! La belle vie de Paris a pris fin ! Vos camarades vous avaient déjà prévenus de ce qui se passe ici. Bientôt, vous vous en rendrez compte par vous-mêmes... »

Et les hommes de la Deuxième Armée hongroise, blottis dans leur trou individuel, furent eux aussi arrachés au sommeil par une voix qui leur criait :

« Hongrois ! Nous savons que vous franchirez l'Oskol demain à l'aube... Vous ne trouverez rien devant vous. Nous contre-attaquerons quand nous le voudrons et à l'endroit que nous aurons choisi. Alors vous regretterez votre voyage en Russie. Vous maudirez vos dirigeants qui ont obéi aux ordres du maréchal Keitel et vous ont envoyés ici... »

Et les soldats de la 24e division blindée surent aussi, la veille de l'attaque, quel sort leur était réservé :

« Panzergrenadiers de la 24e, vous ne nous trouverez pas au sud de Voronej, comme vos chefs vous l'ont affirmé. N'espérez pas nous y encercler : nous n'y serons plus. Economisez votre pain, vos munitions, votre essence. Car c'est nous qui allons bientôt vous encercler. Et les plus chanceux parmi vous seront ceux qui auront conservé une balle de pistolet pour se faire sauter la cervelle. »

Si le moral de la troupe allemande en fut quelque peu affecté, le Haut-Commandement garda son sang-froid : « C'était la faute à Reichel. » Mais les désastres ultérieurs, il ne fut pas possible de les imputer à la simple feuille dactylographiée tombée aux mains des Russes...

Faut-il raconter cette offensive allemande de 1942, avec son départ foudroyant, sa ruée vers les puits de pétrole du Caucase et l'assaut final sur Stalingrad ? Bornons-nous à dire que l'Etat-Major allemand, pour la première fois depuis le début de la guerre, vit *toutes* ses manœuvres déjouées l'une après l'autre ; que les divisions blindées de la Wehrmacht, lancées en tenailles dans la plaine russe pour broyer l'adversaire dans leurs pinces, n'encerclèrent que du vide — c'était la première fois — ; que par décrochages successifs et en bon ordre, les chefs soviétiques amenèrent l'ennemi à livrer bataille là où ils l'avaient voulu, au moment qu'ils avaient choisi — c'était aussi la première fois. Limitons-nous à une brève citation de l'excellent ouvrage de Paul Carell, *Opération Barbarossa,* auquel nous devons déjà le récit de l'équipée Reichel : « Cette concentration des forces [russes] ne permettait plus de douter que Timochenko avait, au sens propre du mot, guigné la carte par-dessus l'épaule de Hitler et répondait de façon pertinente au plan allemand : contenir à Voronej les principales unités de l'aile nord allemande, c'est-à-dire gagner du temps afin de pouvoir se retirer, avec le gros de ses forces, de l'Oskol et du Donetz, en leur faisant repasser le Don. Pour aller où ? Eh bien, chose curieuse, vers Stalingrad [1]. »

Nous savions depuis des mois, depuis le message historique émis par Kent le 12 novembre 1941, que l'Armée Rouge serait au rendez-vous de Stalingrad.

Le télégramme révélant l'adresse berlinoise a suscité chez les chefs de l'Abwehr et de la Gestapo une émotion aussi vive que le télégramme sur l'« Opération Bleue » à l'Etat-Major suprême. Mais donnait-il vraiment cette adresse ? Selon certains renseignements, la réalité serait plus complexe. Le message aurait contenu, sur l'aviation allemande, des détails hautement confidentiels dont

1. Paul Carell, *Opération Barbarossa,* Robert Laffont, 1964, p. 459.

trois officiers de l'Air seulement pouvaient avoir connaissance ; une rapide enquête aurait alors permis de démasquer le coupable. De son côté, Fortner maintient que le télégramme donnait l'adresse. La controverse est sans importance : il reste acquis que le télégramme menait la Gestapo au bon endroit. Et le télégramme lui-même est sans importance : quelques jours après le voyage de Fortner à Berlin, Kludow porte au réseau berlinois un coup plus décisif encore.

Ses « casseurs de code » avaient d'abord travaillé sur les messages *émis* par Kent. Lassé peut-être par l'accumulation des révélations consternantes — ou tout simplement plus astucieux que les autres —, un dirigeant de l'Abwehr suggéra à Kludow de déchiffrer les télégrammes *reçus* par Kent ; on pouvait espérer y trouver des renseignements sur la structure des réseaux.

Le 14 juillet 1942, Kludow pulvérise la Bastille berlinoise des services secrets soviétiques : il « casse » le funeste télégramme envoyé à Kent par le Directeur, le 10 octobre 1941 : « Rendez-vous immédiatement Berlin trois adresses indiquées, etc. »

Le « Kommando Orchestre Rouge » se met en chasse.

Chef du service de renseignement S.S., Walter Schellenberg écrit dans ses Mémoires :

« Après l'assassinat de Heydrich, en mai 1942, Himmler reprit à sa place la coordination et la supervision de l'Orchestre Rouge. Très vite, la situation devint extrêmement tendue entre lui et Müller [1]. A tel point que, lorsque nous nous retrouvions, Müller et moi, au rapport chez Himmler, Müller, de beaucoup mon aîné, se voyait prié de sortir de la pièce afin de nous laisser causer seuls. Müller était assez intelligent pour admettre la situation et chaque fois qu'il avait quelque chose de difficile à dire, il m'en chargeait à sa place. Un jour, avec un sourire ironique, il me dit :

1. Chef de la Gestapo.

« — Il préfère votre tête à ma binette bavaroise... « c'est bien évident ! »

« En juillet 1942, Himmler nous fit passer l'ordre de nous présenter tous deux au Grand Quartier Général, en Prusse-Orientale, munis d'un rapport complet sur l'Orchestre Rouge.

« Nous avions quelques heures pour préparer ce rapport. Quand nous nous rencontrâmes, Müller commença par me répéter à quel point mes rapports sur l'Orchestre Rouge lui avaient toujours été précieux, combien documentée lui paraissait ma connaissance approfondie des activités de l'espionnage russe. Puis, après quelques autres flatteries du même ordre, il finit par me demander de présenter seul, en notre nom à tous deux, ce rapport à Himmler. Je répondis que, n'étant pour ma part responsable que de trente pour cent de ce travail, il ferait mieux de le présenter lui-même.

« — Non, dit-il, vous, il vous écoutera, moi je serais « probablement saqué ! »

« A cette époque, je ne me rendais pas compte des véritables raisons qui faisaient agir Müller. Il méditait déjà, je suppose, de quitter ce travail contre les services secrets russes, mais nous reviendrons plus tard sur la question.

« Quand j'arrivai au Grand Quartier Général, je fus très étonné d'apprendre que Himmler avait également convoqué Canaris [1]. Il voulait discuter de l'affaire le soir même avec Hitler et désirait nous avoir tous à portée afin de pouvoir répondre à n'importe quelle question. Himmler était particulièrement mal luné ce jour-là. Il se rendait compte, probablement, que Müller fuyait toute conversation avec lui. Il parcourut les premiers alinéas du rapport — destiné à Hitler — et commença aussitôt à le critiquer de la manière la plus désagréable qui fût. Ce rapport, dit-il, était visiblement tendancieux. Le travail accompli par l'Abwehr et la Funkabwehr n'était pas loyalement exposé.

« — Est-ce vous, ou Müller qui êtes responsable de ce

1. Chef de l'Abwehr.

« compte rendu ? » me demanda-t-il avec un ricanement mauvais.

« Je déclarai que c'était moi.

« — Je le reconnais bien là, dit Himmler. Typique !
« Déprécier le travail des autres, pour mieux faire valoir
« le sien. C'est une attitude bien mesquine — vous pou-
« vez le lui dire de ma part ! »

« Pour achever de tout brouiller, il fit appeler Canaris et lui demanda des renseignements détaillés sur la collaboration de l'Abwehr avec la section radio du contre-espionnage. Il devint de plus en plus évident que Müller avait quelque peu altéré la vérité en sa propre faveur. Himmler devint tout à fait désagréable, oubliant que je n'étais pour rien dans l'histoire :

« — Je vous autorise à répéter mot pour mot à Müller
« ce que je viens de vous dire », conclut-il.

« Le Führer se montra si bouleversé par ce rapport et par la traîtrise qu'il révélait, qu'il ne voulut voir personne, pas plus Canaris que moi-même [1]. »

Deux indications importantes dans cette citation. D'abord, la Gestapo truque ses rapports. Müller affirme nettement que le groupe berlinois a été découvert grâce aux aveux obtenus de Wenzel par la Gestapo. Kludow eût été incapable, selon Müller, de déchiffrer le télégramme du 10 octobre 1941 si le « Professeur » n'avait livré son code. Grossière fanfaronnade : Wenzel possédait évidemment son code personnel, qui n'avait rien de commun avec celui des Atrébates, et ne pouvait donc pas servir à le « casser ». Müller ment en cette occasion dans le seul but d'augmenter son prestige, de se parer des plumes du paon. Mais nous verrons bientôt la Gestapo falsifier ses rapports dans des circonstances autrement dramatiques, et pour des raisons plus puissantes et plus ténébreuses.

A noter aussi l'émotion, le « bouleversement » du

1. **Schellenberg,** ***op. cit.,*** **p .354.**

Führer à la lecture du rapport présenté par les deux chefs de ses services secrets...

... du Führer qui, le 7 juin précédent, avait déclaré à ses convives de Rastenburg :

« Par sa manière d'apprécier les crimes de trahison, la Justice m'a d'ailleurs souvent exaspéré [...]. En fin de compte, j'ai déclaré à Gürtner [ministre de la Justice] que si les tribunaux ordinaires persistaient à faire preuve de mansuétude dans le jugement des cas de trahison, je me verrais contraint de faire appel à un détachement de S.S. pour passer les traîtres par les armes [...]. Celui qui a la charge de terminer victorieusement une guerre et, d'une façon générale, de conduire un peuple dans une période difficile, a l'obligation de faire en sorte qu'il n'y ait pas le moindre doute à ce sujet : quiconque, dans les circonstances actuelles, se met en dehors de la communauté sera liquidé par la communauté [1]. »

1. Adolf Hitler, *op. cit.*, t. I, p. 153.

XV

RAID SUR AMSTERDAM

APRÈS ses grandes heures berlinoises, Franz Fortner s'en retourne dans son fief de Belgique. L'enquête n'est pas close, mais devrait aboutir à bref délai : alors qu'il avait perdu le fil et s'était trouvé bloqué après le raid sur les Atrébates, Fortner dispose cette fois-ci de la « relance » Raichman. La brèche ouverte dans le réseau ne s'est point refermée. Naturellement, il ne s'agit pas de s'y engouffrer en force ; on va au contraire, en douceur et en finesse, faire sortir de leur forteresse les agents du Grand Chef.

Comme d'habitude, ça commence mal. On a trouvé sur Wenzel des lettres identifiant sa maîtresse, Germaine Schneider. Celle-ci, arrêtée par la gendarmerie secrète allemande, affirme que ses relations avec le « Professeur » sont d'ordre purement sentimental. On la croit ; on la relâche ; elle disparaît. On saura bientôt que Germaine Schneider, *alias* « Papillon » et « Odette », faisait partie, avec Wenzel et Raichman, des agents du Komintern enrôlés dans l'Orchestre Rouge. Agée de trente-neuf ans, elle est mariée avec un Suisse, Franz Schneider, qui participe dans une certaine mesure au travail clandestin. Germaine réside à Bruxelles depuis 1920. Expulsée de Belgique en 1929 pour agitation politique, elle y est retournée illégalement après un bref entracte. Son appartement a été l'un des « points de chute » des leaders communistes en déplacement : on y a vu Maurice Thorez, Jacques Duclos, Doriot, etc. Depuis la guerre, elle sert de courrier entre la Belgique et l'Allemagne. La plupart des renseignements recueillis à Berlin étaient transmis à Bruxelles par ce rouage essentiel que la police allemande laisse sottement filer entre ses griffes.

Avec Schumacha et Germaine Schneider en fuite, il est évident que l'alerte va être donnée et que des mesures de sécurité sont imminentes...

Exact, mais c'est justement la chance de Fortner. Le Grand Chef, informé du dernier coup porté à sa filiale bruxelloise, ordonne à Yefremov de se camoufler sous une nouvelle identité. Le Russe s'adresse à Raichman, qui en parle à l'inspecteur Mathieu, qui rend compte à l'Abwehr.

Franz Fortner :

« Il s'agissait d'une carte d'identité destinée à un jeune étudiant. Mathieu demanda naturellement une photo et me la montra. Le garçon était jeune, blond, avec un visage fin et une physionomie très ouverte, vraiment sympathique. Mathieu promit la carte d'identité et il fut convenu qu'il la remettrait lui-même à l'étudiant. Raichman organisa le rendez-vous pour le 30 juillet, entre midi et une heure, sur le pont surplombant le Jardin Botanique, au centre même de Bruxelles.

« Inutile de dire que j'y vais aussi, avec deux voitures bourrées de gendarmes. Nous suivons Mathieu à distance et, après quelques minutes d'attente, nous voyons arriver un garçon mince et très grand — un mètre quatre-vingts au moins : c'était bien notre homme. Il rejoint Mathieu au milieu du pont et l'inspecteur lui tend la carte d'identité. C'est à ce moment-là que nous sommes intervenus. Il n'essaya pas de s'enfuir ; d'ailleurs, il n'avait pas une chance. Mais quels cris d'indignation ! Ah, ça, pour protester, il a protesté ! Et qu'il ne comprenait rien à cette inqualifiable agression ! Et qu'il était Finlandais, sujet d'un pays dont les soldats se battaient aux côtés des nôtres ! Et que j'aurais de ses nouvelles ! Et qu'il exigeait d'entrer immédiatement en contact avec son consulat ! J'en avais les oreilles cassées... J'ai fini par lui dire : « Ecoutez, il est inutile « de faire un tel scandale. Si vous êtes vraiment Finlan- « dais, il est évident que nous allons vous relâcher. »

« Je l'ai autorisé à téléphoner à son consulat. A peine avait-il raccroché que deux représentants finlandais faisaient irruption dans mon bureau, absolument fous de rage ; ils hurlaient sans me laisser placer un mot : « Mais c'est une honte ! Nous connaissons très bien ce « jeune homme, qui est effectivement un loyal sujet fin- « landais, un étudiant paisible inscrit à l'Université de « Bruxelles ! » J'ai réussi à les calmer en leur affirmant que nous avions de sérieuses raisons de croire qu' « Eric Jernstrœm » était en réalité un agent soviétique, que nous allions vérifier tout cela et qu'ils seraient bien entendu informés du résultat de l'enquête... Mais quelle histoire ! »

Gageons que Fortner, quoi qu'il en eût, dut voir se profiler à l'horizon le spectre de l'incident diplomatique. Dans son rapport, la Gestapo fait ses compliments aux spécialistes qui avaient préparé Yefremov pour sa mission. Elle écrit : « Son camouflage était parfait dans tous les détails jusqu'au dernier bouton de ses sous-vêtements. »

On ignore quels détails précis rendaient la « couverture » de Yefremov si étanche, mais on connaît assez la technique des services soviétiques pour s'en faire une idée approximative. A en juger par des cas analogues, Fortner pourrait avoir trouvé par exemple dans les poches de son « étudiant » : un télégramme adressé à sa fausse adresse de Finlande, un vieux ticket de tramway déchiré — de tramway finlandais, une carte d'abonnement à une bibliothèque d'Helsinki, une ordonnance visée par un pharmacien finlandais, etc.

On admettra qu'on pouvait en être ébranlé. Mais les angoisses de Fortner — si angoisses il y eut — ne durèrent pas longtemps : chez Yefremov, le bâtiment n'avait pas les qualités de la couverture.

Il existe trois versions du désastre.

1° Selon un ancien membre du « Kommando Orchestre Rouge », le « retournement » de Yefremov fut l'opération la plus simple du monde : il était Ukrainien, donc porté à l'antisémitisme. On lui remontra que tous ses chefs étaient juifs et qu'il serait bien sot de se sacrifier pour cette racaille ; il en convint.

2° Selon Fortner, l'équipe de tortionnaires détachée à Bruxelles par Giering exerça ses talents sur le prisonnier. Il résista quelques jours, puis il fut brisé.

3° Selon un autre officier de l'Abwehr, Yefremov succomba à une manœuvre plus subtile. Il avait en Russie ses parents et surtout sa jeune femme, qu'il adorait. Elle était ingénieur diplômée, spécialiste des locomotives, profondément patriote. On menaça Yefremov de dire au Centre qu'il avait dénoncé Wenzel, ce qui était bien entendu inexact. Il y perdrait l'amour de sa femme en même temps que son estime ; elle-même risquerait d'encourir des représailles de la part des autorités soviétiques. Yefremov préféra ses amours à son devoir.

Certains sont-ils à l'occasion plus vulnérables que d'autres, avec des failles et des lézardes facilitant leur démantèlement, ou bien est-ce à cause d'une radicale fragilité intime que tant de points faibles s'offrent à l'adversaire ? Grossvogel, quand on le menacera de fusiller sous ses yeux sa femme et sa petite fille, âgée de quelques semaines, répondra de sa voix posée d'homme d'affaires : « Je vous en prie, fusillez. » Sokol n'avait pas bronché sous le fouet des hommes de Giering, ni dans leur baignoire d'eau glacée. Grossvogel et

Sokol appartenaient sans doute à la Vieille Garde. Mais Wenzel, dit « le Professeur », c'était aussi la Vieille Garde, avant que d'endosser la livrée de laquais de la Gestapo...

Il n'y a pas de règle. Là où commence la Gestapo finit l'humain, donc la logique. Soixante-dix kilos de chair qui saigne sous le fouet des tortionnaires, ce n'est plus tout à fait un homme, ce n'est pas tout à fait une bête, c'est quelque chose en voie de devenir un héros ou un traître. La métamorphose finale est imprévisible, souvent surprenante, parfois incompréhensible. Nous ne jugerons pas, car pour avoir le droit de juger, il faudrait être entré soi-même dans la cage où les hommes de Giering attendaient avec leur trique. A ceux qui n'ont pas parlé : notre admiration et notre reconnaissance ; grâce à eux, nous nous sentons plus grands. Les autres, que leurs camarades tombés à cause d'eux les jugent s'ils le veulent...

Franz Fortner :

« Yefremov nous a donc avoué qu'il avait remplacé Kent à la tête du réseau bruxellois. Nous l'avons spécialement interrogé sur ses liaisons radio. Il disposait de trois émetteurs : celui de Wenzel, celui qui était caché chez Mathieu ; quant au troisième, il était en réserve à Ostende. Yefremov nous a livré le pianiste ; un spécialiste de la marine belge. Nous l'avons arrêté, mais il n'avait plus l'émetteur et prétendit ne pas savoir où il se trouvait. Des trois postes repérés par la Funkabwehr, c'était le seul à nous avoir échappé, étant entendu que celui confié à Mathieu n'avait jamais fonctionné. Les deux autres, nous les avions récupérés rue des Atrébates et dans le grenier de Wenzel. D'après Yefremov, le réseau ne disposait d'aucun pianiste de réserve pour l'émetteur d'Ostende. Nous en avions donc terminé avec les émissions clandestines et c'était naturellement un immense soulagement.

« Yefremov nous livra aussi son « contact » avec le

réseau hollandais. Pour être franc, nous ignorions jusqu'à l'existence de ce réseau. Le courrier assurant la liaison entre Bruxelles et Amsterdam était un petit Juif — encore ! — avec pour pseudonyme « Lunettes ». Je l'arrêtai grâce à Yefremov. Il tremblait de peur et accepta tout de suite de se mettre à mon service. Je lui dis que nous allions partir pour Amsterdam, qu'il serait libéré s'il se conduisait bien, mais que la moindre tentative de fuite le conduirait droit au poteau. Il me promit de filer doux.

« Je partis donc pour la Hollande avec mon Lunettes et trois gendarmes. Là-bas, le chef du contre-espionnage était le colonel Giskes, de l'Abwehr. Je le mis au courant des révélations de Yefremov et lui demandai s'il savait quelque chose. Il me répondit : « Oui, je sais « qu'il y a un émetteur russe chez moi, mais je vous « avoue que je n'ai pas eu le temps de m'en occuper : « je suis dans mon « Opération Pôle-Nord » jusqu'au « cou. »

Arrêtons-nous à cette phrase et considérons le colonel Giskes en train de rassembler la collection de flacons à whisky que je verrai sur sa cheminée vingt ans plus tard. Il fait ce que l'Abwehr appelle du Funkspiel, ou « Jeu-radio ». Cette opération subtile, très excitante pour l'esprit, est en quelque sorte le couronnement de la chasse au pianiste — son apothéose. Plutôt que d'abattre le gibier capturé, on le « retourne » et on s'en sert comme appât. Grâce au contact ainsi établi avec l'adversaire, on pénètre ses secrets, on démasque son organisation, on arrête ses émissaires. Après quelques mois de Funkspiel, le tableau de chasse de Giskes est impressionnant : cinquante-trois agents faits prisonniers dès leur arrivée d'Angleterre, dix-huit pianistes « retournés » en contact avec Londres, des milliers d'armes parachutées par les Anglais et aussitôt capturées... Un triomphe, par conséquent ? Le plus beau Funkspiel jamais réussi dans l'Histoire ? Ah, c'est moins sûr... L'ennui, en cette matière, c'est qu'on n'est jamais sûr. A-t-on réellement réussi à tromper l'adversaire ? Est-il tout à fait dupe ?

Il est vrai qu'il envoie des armes, de l'argent, des hommes surtout, mais les services secrets savent se salir les mains : c'est leur métier. Il s'agit peut-être d'un sacrifice délibéré. L'intérêt d'une manœuvre aussi perverse ? Intoxiquer l'adversaire. Si Londres pose aux pianistes « retournés » des questions sur le littoral hollandais et sur les défenses allemandes, Giskes en déduira que les Alliés se préparent à débarquer en Hollande — et il se trompera. Par ailleurs, un Funkspiel doit être « nourri », car si les pianistes « retournés » cessaient d'envoyer des renseignements, leur Centrale serait alertée et le jeu s'arrêterait. On leur fait donc émettre des textes soigneusement dosés : un peu de vrai, beaucoup de faux. Mais si l'interlocuteur n'est pas abusé par la supercherie, il tire profit du Funkspiel : le faux mène parfois au vrai, car à partir de ce que l'on cherche à vous faire croire, on peut déduire ce que l'on veut vous cacher.

Troisième raison de continuer à faire semblant d'être dupe : le Funkspiel coûte cher en temps et en hommes. Le travail d'une Centrale feignant d'être mystifiée est des plus simples : il suffit d'envoyer aux pianistes « retournés » les listes de questions habituelles. Mais pour le maître du Funkspiel, quel casse-tête ! Ce tonneau des Danaïdes qu'il faut sans cesse alimenter l'oblige à se traîner au pied des organisations officielles pour obtenir les bribes de renseignements qui « feront vrai ». Comme les militaires et les fonctionnaires ne comprennent pas toujours les subtilités du Funkspiel, comme il n'est pas possible de les éclairer sans compromettre le secret de l'opération, ils rechignent à céder des renseignements, ils estiment qu'on en dit beaucoup trop, ils proclament avec un bon sens superficiel qu'il n'était pas besoin de « retourner » un réseau si c'est pour faire son travail à sa place... Conflits sans fin et épuisants, par conséquent, entre ces officiels d'une avarice simplette et le maître du jeu qui tremble de voir son Funkspiel mourir d'inanition. On imagine les transes du pauvre colonel Giskes, avec ses *dix-huit* émetteurs à alimenter, sans parler des faux attentats et des faux sabotages à mettre en scène, des « comités de réception » à installer chaque fois que Londres annonce un parachutage, du travail impliqué par le contrôle de plusieurs dizaines d'agents laissés en liberté dont on doit faire des marionnettes dociles sans qu'ils s'en doutent un seul instant... Et il faudrait en plus s'occuper de l'émetteur russe ? Giskes ne le peut pas : tout son temps et tous ses hommes sont absorbés par l' « Opération Pôle-Nord ».

Il a arrêté cinquante-trois agents envoyés par Londres. Mais combien de soldats allemands tués sur le front de l'Est par la faute des messages du pianiste soviétique ? Il a récupéré, grâce aux parachutages anglais, trente mille livres de plastic, trois mille mitraillettes, cinq mille revolvers, trois cents fusils mitrailleurs, deux mille grenades, cinq cent mille chargeurs, soixante-quinze postes émetteurs et aussi beaucoup d'argent. Mais combien de chars d'assaut, de camions et d'avions détruits par l'Armée Rouge grâce aux renseignements recueillis à Berlin, transmis à Amsterdam et envoyés à Moscou ? En définitive, l' « Opération Pôle-Nord » a-t-elle été un triomphe pour l'Abwehr ou bien un gigantesque leurre sur lequel s'est jeté aveuglément le contre-espionnage allemand en Hollande [1] ?

Il est une quatrième raison de se prêter à un Funkspiel, mais on la cite pour mémoire et sans insister, car elle ne paraît pas primordiale aux techniciens du renseignement, dont la tendresse n'est pas le point fort — ou le point faible. Un Funkspiel sauve des vies. Impossible d'exécuter les pianistes « retournés » et de mettre

1. D'après les renseignements qu'on possède, Londres ne fut pas très longtemps dupe de la mystification montée par Giskes, mais continua de jouer le jeu. Bien entendu, ce n'était pas pour protéger un émetteur soviétique dont les Anglais ignoraient probablement jusqu'à l'existence. Mais les services britanniques, eux aussi, mirent à profit l'engagement total de leurs adversaires dans « Pôle-Nord » : ils montèrent, à l'insu de Giskes, un nouveau réseau qui resta indétecté jusqu'à la fin de la guerre. D'autre part, il est presque certain que Londres se servit de « Pôle-Nord » pour intoxiquer Berlin à propos du débarquement. Les questionnaires envoyés aux pianistes « retournés » laissaient prévoir que le second front serait ouvert en Hollande.

à leur place des spécialistes allemands, car chaque radio a sa façon d'émettre personnelle, sa « signature », pour employer l'argot du métier, et son interlocuteur de la Centrale la connaît bien. Aussi longtemps que Giskes croit duper Londres, ses cinquante-trois prisonniers sont en sécurité ; ils ne mourront qu'après la fin du Funkspiel, lorsqu'ils auront perdu toute utilité [1].

L' « Opération Pôle-Nord » n'est pas notre affaire. Mais Johann Wenzel, dit « le Professeur », va bientôt pianoter pour le compte des Allemands. Il n'était pas inutile d'expliquer ce qu'est un Funkspiel.

Fortner : « Giskes m'ayant laissé libre d'agir à ma guise, je m'installe au siège de la Gestapo et je lâche Lunettes dans les rues d'Amsterdam. Seul, bien entendu. Il pouvait évidemment en profiter pour s'enfuir, mais, comme on dit : qui ne risque rien n'a rien. Et je comptais plus sur sa peur que sur ses serments de fidélité.

« Il connaissait plusieurs « boîtes aux lettres » à Amsterdam, ce qui n'offrait pas grand intérêt. Mon but était d'arrêter le patron du réseau, avec lequel il avait un contact. Il va donc dans un appartement où il avait l'habitude de le rencontrer, mais sans succès : l'homme n'est pas là et la concierge signale qu'il est absent depuis plusieurs jours. Lunettes vient me rendre compte et nous indique qu'il connaît une autre adresse fréquentée par son chef. Je l'y envoie immédiatement, mais c'est un nouvel échec : personne. Je me dis : « C'est « fichu, on a vu Lunettes dans ma voiture et l'alerte a « été donnée. » Je vais moi-même au deuxième appartement et je découvre un émetteur. C'était déjà quelque chose. J'ordonne à Lunettes de retourner à la première adresse et de donner à la concierge un message pour son chef : rendez-vous le jour même, à cinq heu-

1. Il serait injuste de ne pas indiquer que le colonel Giskes déploya de considérables efforts pour les sauver du poteau. La Gestapo fut plus puissante que lui.

res, dans un café d'Amsterdam dont j'ai oublié le nom.

« Le café était très grand, très animé, donc difficile à contrôler. D'un autre côté, je ne voulais pas utiliser trop de monde, car notre homme pouvait flairer le danger et s'esquiver. Je vais donc au rendez-vous avec deux gendarmes en civil et le chef de la Gestapo d'Amsterdam. Tous trois vont s'installer à l'intérieur tandis que je reste sur le trottoir, assez anxieux, la main crispée sur la crosse de mon fidèle Mauser 6,5 que j'avais toujours dans ma poche.

« Lunettes arrive peu avant cinq heures et va s'asseoir à une table où était déjà installé un couple. J'entre sur ses talons et je m'assois à une table voisine. Des Hollandais durent se serrer pour me faire de la place : je vous ai dit que le café était bondé, ce qui risquait de compliquer l'affaire. Lunettes commande un café, et moi aussi. Nous le buvons sans nous presser, mais personne ne se présente. Je commence à désespérer quand, tout à coup, Lunettes se lève à l'approche d'un homme très grand, très fort, mais avec des traits assez veules : un géant mou. Il s'assoit à la table de Lunettes et tous deux se lancent dans une conversation qui s'éternise pendant au moins cinq minutes. Que font donc mes hommes ? J'étais sur des charbons ardents. Les deux gendarmes finissent par arriver et tentent de passer les menottes au géant. Il se débat, appelle à l'aide et tout le café est en ébullition. Je vois que ça tourne mal et je sors sur la pointe des pieds pour ne pas être identifié. A l'intérieur, des cris, du tumulte, la clientèle prend parti pour le prisonnier et menace d'écharper mes gendarmes, qui doivent dégainer pour se frayer un chemin vers la porte. Une petite foule menaçante s'était entre-temps rassemblée sur le trottoir et il s'en est fallu d'un rien pour que tout ça tourne à l'émeute pure et simple. Je vous jure qu'il y avait de l'électricité dans l'air ! Nous finissons par nous dégager et nous amenons notre homme au siège de la Gestapo.

« Là, il accepta de répondre à mes questions. Les gens de la Gestapo commencèrent à taper dessus et comme je n'avais pas le pouvoir de les en empêcher — après tout, ils étaient chez eux — j'ai préféré m'en aller. Mais j'ai su par la suite que le Kommando avait réussi à le briser complètement. Il s'appelait Anton Winterink. C'était un ancien du Komintern passé à l'Orchestre Rouge. Il donna tout son groupe et accepta même de faire du Funkspiel. »

Nous ignorons par qui fut trahi le Hollandais Kruyt. Ancien pasteur protestant converti au communisme et réfugié en Russie, il s'était porté volontaire pour une mission spéciale et avait suivi à Moscou les mêmes leçons d'espionnage que Wilhelm Fellendorf et Erna Eiffler, largués au mois de mai précédent sur la Prusse-Orientale. Kruyt étant destiné à seconder Yefremov, ses chefs l'avaient envoyé par sous-marin en Grande-Bretagne, où il avait suivi le sévère entraînement des parachutistes anglais. Ceux-ci durent considérer avec stupeur cet étranger qui aurait pu être leur père à tous et le grand-père de beaucoup : il était âgé de soixante-trois ans. On l'embarqua dans un bombardier anglais en même temps qu'un autre agent soviétique, et il sauta sur la Belgique par une nuit sans lune de la fin juillet avec, attaché à sa jambe gauche, le *leg-bag* matelassé contenant l'émetteur. Son compagnon, qui avait partagé ses peines et ses labeurs depuis l'école de Moscou jusqu'au stage de saut, venait d'être largué un peu plus tôt sur la banlieue de La Haye. Kruyt réussit à atterrir sans casse, enterra son parachute et s'enfonça dans les ténèbres. Trois jours plus tard, quelqu'un le livrait à la Gestapo. Martyrisé, il profita d'une seconde d'inattention de ses tortionnaires pour avaler la pilule de poison qu'il était parvenu à dissimuler. Un lavage d'estomac immédiat l'arracha aux spasmes de l'agonie. On reprit l'interrogatoire avec cette question : « Qui était le parachutiste lâché sur La Haye ? » Comme il ne répondait toujours rien, l'Allemand haussa les épaules et dit: « Vous savez, nous l'avons de toute façon, il s'est tué en atterrissant sur le toit d'une maison. » Alors, pour la première fois, Kruyt eut le visage d'un homme de soixante-trois ans épuisé par la fatigue, les tortures et l'amertume de la trahison. Il murmura : « C'était mon fils. » On lui permit d'assister à ses funérailles, puis on l'adossa à un mur et on le fusilla.

S'il est un paradis pour les braves, même un peu défroqués, Kruyt doit s'y trouver.

XVI

COUP DE GRACE A BRUXELLES

Un officier du Deuxième Bureau, membre actif de la Résistance, fut arrêté par la Gestapo, puis interrogé des heures durant sans qu'il consentît à desserrer les lèvres. De guerre lasse, l'Allemand conduisant l'interrogatoire fit un signe à son adjoint et celui-ci s'éclipsa. On entendit bientôt, venant de la pièce voisine, un bruit significatif d'eau coulant dans une baignoire. L'officier français haussa les épaules et dit : « Ah ! bon, il fallait le dire tout de suite que vous vouliez une conversation sérieuse. » Et il commença à parler. Son bavardage dura le temps d'une partie d'échecs. Quand il eut sacrifié quelques pions pour protéger ses pièces essentielles, il revint à son mutisme et on ne l'interrogea pas plus avant.

Cet homme était un professionnel. Yefremov et Kruyt sont des amateurs. Presque tous les personnages de cette histoire sont des amateurs. Avec eux, point de demi-mesure : les sommets de l'héroïsme ou les abîmes de la félonie ; une fois la glissade entamée, ils ne savent pas s'accrocher à mi-pente. Pour un professionnel, les mots héroïsme et félonie sont à peu près dépourvus de sens : il joue aux échecs. Un joueur d'échecs ne s'éprouve pas déshonoré s'il sacrifie quelques pions ; l'essentiel est de sauver le roi et la reine. L'amateur, au contraire, lutte pour son idéal, lequel s'incarne aussi bien dans l'agent subalterne que dans le chef du réseau. Il ne fait pas le détail, si l'on ose dire, et ne pèse pas les conséquences pratiques de ses faiblesses. Sa fidélité sera totale ou ne sera pas. Aussi, dès le premier nom livré, tout est consommé puisque la foi est trahie. Et l'amateur, tombé de plus haut que le professionnel, descendra forcément plus bas. Ecœuré de lui-même, il se roule avec volupté dans les délices de l'abjection. Ne nous y trompons pas : il y a de l'autopunition dans cette attitude, et parfois du masochisme. L'amateur s'inflige son châtiment. Puisqu'il n'a pas su être un héros parfait, il ne lui reste plus qu'à être le lâche absolu, le traître excrémentiel. C'est la logique de son système. Il ne lui vient pas à l'idée qu'il n'est sans doute qu'un pauvre diable soumis à une pression trop forte. Huit jours après son arrestation, Yefremov en est à dire aux hommes du Kommando : « Moi, à votre place, j'agirais de telle ou telle manière : je les connais bien et je vous assure qu'ils tomberont dans le piège... »

Premier impératif : empêcher le réseau de découvrir la trahison de l'Ukrainien. On fait écrire par celui-ci une lettre adressée à Raichman. Il lui explique que les remous consécutifs à l'arrestation de Wenzel l'ont obligé à prendre du champ, mais qu'il sortira de sa cachette dès le calme revenu.

Deuxième impératif : utiliser rapidement Yefremov pour anéantir le réseau, sans laisser au Grand Chef le temps de réorganiser ses troupes en débâcle. Après Lunettes, Yefremov livre Anton Danilov. Avouons-le : nous aurions dû parler depuis longtemps de Danilov, quatrième officier russe de cette histoire. Il est arrivé en Belgique dès 1939, venant de Paris où il faisait du renseignement sous le couvert du consulat soviétique. Mais que dire de lui ? C'est un personnage un peu décourageant. Les anciens du réseau et les anciens du Kommando communient dans un même dédain à son endroit : « Danilov ? Un minable, un vulgaire, un chétif... » On l'a employé à des besognes secondaires de courrier ; il paraît qu'il était aussi un peu pianiste. Pauvre Danilov : il finira sur l'échafaud dans l'indifférence générale, ayant manqué jusqu'à sa sortie... C'était un espion-balai, comme il y a des manœuvres-balais.

Germaine Schneider est autrement intéressante pour le Kommando ; elle peut le mener jusqu'à Trepper. Le docile Yefremov demande à Raichman de lui organiser un contact avec elle ; il l'obtient et explique à Germaine : « Le réseau est en l'air, à quoi bon le nier ? Tu peux être sûre que le Grand Chef se débrouillera pour s'en sortir et que c'est nous, les lampistes, qui trinquerons à sa place. A moins de marcher avec les Allemands. Tu peux leur être utile. Même ton mari les intéresse. » Germaine demande un délai de réflexion et prévient aussitôt le Grand Chef. Elle en reçoit l'ordre de couper tout contact avec Yefremov et de partir pour Lyon. Faute de papiers d'identité, Germaine ne peut quitter immédiatement la Belgique, mais elle se terre dans une cachette inconnue de Yefremov. Un instant désemparé, le Kommando relance l'offensive en choisissant son mari, Franz Schneider, pour objectif. Le Suisse n'est pas exactement dans le réseau — plutôt à sa périphérie. Trepper a jugé inutile de l'escamoter. C'est une erreur : Schneider sait beaucoup de choses. Il sait aussi, par Germaine, que Yefremov est au service du Kommando. Mais, chose étrange, lorsque Raichman l'invite à une rencontre avec l'Ukrainien, Schneider va au rendez-vous. Cela vous paraît incompréhensible ? Nous n'avons pas la prétention d'avoir tout éclairci et le fait est que les mobiles de Franz Schneider nous demeurent mystérieux. Selon certains, il est allé au rendez-vous pour voir si Yefremov était vraiment passé au service de l'ennemi. Cela rappelle un peu le grand, l'admirable, l'inimitable Kovalski, chef d'une organisation de résistance communiste opérant en France. Kovalski allant à ses rendez-vous sans prendre aucune précaution, ses hommes, inquiets pour lui, l'obligèrent à mettre au point un système de sécurité élémentaire ; on décida qu'une serviette étendue sur la barre d'appui de la fenêtre signifierait que l'ennemi occupait l'appartement prévu pour le rendez-vous. Un jour, Kovalski aperçoit la serviette, se précipite dans l'escalier, échappe par miracle à la souricière de la Gestapo, redescend quatre à quatre pour expliquer à ses amis stupéfaits : « La serviette était là, c'était signe de grabuge et je voulais en avoir le cœur net. » Si le grand patron Kovalski a pu agir de la sorte, pourquoi pas Franz Schneider ? Des héros de roman se conduiraient sans aucun doute avec plus de rigueur, mais s'agissant d'êtres réels, il faut admettre quelque extravagance dans leur comportement et ne point exiger de la logique à tout prix.

Arrêté, interrogé, Franz Schneider se laisse arracher le nom et l'adresse d'une Allemande qui servait de relais sur la route Berlin-Bruxelles. Mais il affirme ne pas savoir où est sa femme : qu'on le demande donc à Wenzel, il doit être au courant ! Comme Wenzel n'en sait rien, ou ne veut pas le dire, la trace de Germaine paraît définitivement perdue.

Elle le serait peut-être sans Raichman. Il prend contact avec l'inspecteur Mathieu et lui demande une carte d'identité pour un agent en fuite. La photo fournie est celle de Germaine Schneider. Mathieu promet la carte et suggère à Raichman de lui organiser un rendez-vous avec son agent. On va recommencer le coup du Jardin Botanique, déjà fatal à Yefremov.

Que se passe-t-il ? Raichman ignore donc encore l'arrestation de Yefremov ? Franz Schneider, au fait de la trahison de l'Ukrainien, aurait négligé d'en avertir Raichman lorsque celui-ci est venu lui fixer un rendez-vous avec Yefremov ? Et le Grand Chef ? Son groupe spécial de surveillance ne l'informe-t-il plus des événements bruxellois, ou bien a-t-il froidement abandonné à leur sort les survivants du réseau belge ?

Trepper sait que Yefremov a été pris, qu'il est revenu à son domicile trois jours plus tard en déclarant à sa concierge avoir éprouvé des ennuis bénins à propos de ses papiers, qu'il déploie depuis une activité frénétique pour renouer ses contacts — tous les contacts possibles. L'Ukrainien est donc passé à l'ennemi. Si le Grand Chef n'informe pas Raichman, c'est sans doute que celui-ci lui paraît éminemment suspect : il n'a pas rompu avec Mathieu, contrairement aux instructions, et sa trahison est des plus plausibles. Mais pourquoi avoir laissé Franz Schneider se jeter dans la gueule du loup ? Pourquoi laisser sa femme s'engager dans le funeste engrenage Raichman-Mathieu ?

Parce que nous assistons à une déroute. Contrairement au général d'une armée défaite, le Grand Chef sait à peu près où sont ses bataillons et jusqu'où l'ennemi a percé. Mais, comme lui, il est dans l'incapacité de donner les ordres salvateurs : ses liaisons sont détruites. C'est le revers d'une technique perfectionnée. Grâce à un cloisonnement draconien, on peut affronter sans danger les premières attaques de l'adversaire. Mais si celui-ci porte un coup décisif, s'il parvient à casser la subtile mécanique du réseau, le cloisonnement empêche de rétablir la situation ; les rouages n'engrènent plus. Trepper a probablement perdu le contact avec Germaine Schneider, son mari et tous les autres. Il voit les périls dont ils sont menacés sans pouvoir les en avertir. Et eux, aveugles et sourds, ils pressentent ces menaces, ils s'en affolent, ils s'abandonnent aux vertiges de la solitude et de la peur. Franz Schneider va à son rendez-vous certain d'y trouver la Gestapo : tout plutôt que de rester confiné dans son isolement en ruminant doutes et angoisses. Germaine, coupée du réseau, traquée par une Gestapo qui détient son mari et son amant, remet le soin de son salut entre les mains douteuses de l'inspecteur Mathieu...

Mais après avoir beaucoup servi, l'outil Raichman est à la fin émoussé. Fortner et Mathieu attendent en vain

Germaine Schneider au rendez-vous fixé : c'est Raichman lui-même qui s'y présente. Parce que le Grand Chef a pu alerter Germaine ? Parce que celle-ci a obéi à un reste de méfiance ? Nous n'en savons rien. Le Kommando non plus. Mais il en déduit que Mathieu est probablement brûlé. Or, si le réseau doute de sa bonne foi, Raichman devient inutile ; on l'arrête.

« C'était, dit Fortner, un affreux criminel, tout petit, tout noir — un Juif ! Il s'est immédiatement offert à travailler pour nous. Sa servilité était écœurante et je vous assure qu'il nous dégoûtait. Mais, que voulez-vous, nous n'avions pas à prendre des gants : il pouvait nous rendre service et nous devions l'utiliser... »

« Etant juif et sans ressort, indique de son côté le rapport de la Gestapo, Raichman livra aussitôt sa maîtresse, Malvina Gruber, qui se mit également à notre disposition. »

Un agent au service des Soviets depuis 1934 connaît forcément du monde. Prisonnier, Raichman va sans doute se révéler aussi précieux qu'au temps où il était l'instrument inconscient de Mathieu. Peut-être mènera-t-il même jusqu'à ce Grand Chef qui, au fil de l'enquête, est devenu l'ennemi n° 1 du Kommando, sa hantise obsessionnelle.

Quant à Malvina, sujet tchèque et grassouillette mère de famille, elle constitue également une prise de choix. Courrier du réseau, chargée de la liaison avec le groupe soviétique opérant en Suisse, elle avoue avoir traversé maintes fois la frontière franco-helvétique. Et, dès son arrestation, elle livre au Kommando une information capitale concernant le Petit Chef. Non content de refuser à Trepper le départ de Margarete en Suisse après la descente aux Atrébates, Kent a voulu éviter à sa maîtresse de voyager seule avec son fils jusqu'à Paris : il l'a fait accompagner par Malvina. L'imprudente Margarete a révélé à celle-ci que sa destination finale était Marseille. Le Kommando saura bien y retrouver les deux amants, et leur faire payer leur légèreté.

Mais avant de s'attaquer à Paris et à Marseille, il faut achever le nettoyage de Bruxelles.

Franz Fortner :

« Après la victoire sur la France, en 1940, les autorités du Reich ont fait des propositions très intéressantes aux pays neutres pour qu'ils créent des entreprises commerciales dans les territoires occupés. Nous avions besoin de fournitures, de marchandises de toutes sortes, et l'on ne savait pas encore dans quelle mesure on pourrait compter sur la collaboration des hommes d'affaires français, belges ou hollandais. Les neutres, au contraire, n'avaient aucune raison d'être réticents. Accessoirement, ils offraient des garanties de sécurité plus grandes que n'importe quel citoyen d'un pays vaincu.

« A Bruxelles comme ailleurs, ces firmes neutres ont obtenu toutes les facilités de travail imaginables. Elles pouvaient téléphoner ou télégraphier à travers l'Europe ; leurs dirigeants recevaient les *ausweis* nécessaires à leurs déplacements. En fait, c'était comme si l'état de guerre n'avait pas existé pour elles.

« Nous restions prudents, bien entendu, et nous exercions une surveillance discrète. J'ai été ainsi amené à ouvrir une enquête de routine sur la société Simexco, dont le directeur était un businessman d'Amérique du Sud. La Simexco était l'une des firmes les plus importantes de Bruxelles ; elle traitait des marchés considérables avec la Wehrmacht et ses dirigeants se déplaçaient sans cesse. Ce qui m'a inquiété, c'est le nombre extraordinaire de télégrammes qu'elle échangeait avec Berlin, Prague, Paris, etc. Je m'en suis ouvert au chef de l'Abwehr III N, service chargé de la surveillance des communications télégraphiques et téléphoniques. Il s'est montré tout à fait rassurant. La Simexco était une firme des plus sérieuses et il n'y avait aucune raison de la priver de ses privilèges.

« Cela n'a pas suffi à apaiser mon inquiétude. J'ai décidé d'aller voir l'intendant militaire de Bruxelles, qui avait la haute main sur tous les marchés passés par la Wehrmacht. Quand je lui ai demandé son opinion sur la Simexco, il s'est écrié : « Ah ! des gens très bien, très « efficaces ! Si seulement ils étaient tous comme ça... « Ils travaillent de manière impeccable et, en plus, ils

« sont très gentils avec nous. De tous les hommes d'af-
« faires d'ici, ce sont les seuls avec lesquels nous ayons
« vraiment un contact personnel. Ils nous invitent très
« souvent à des dîners ou à des réceptions et je dois
« dire qu'ils nous traitent royalement... »

« Moi, ces contacts personnels m'inquiétaient plutôt. Il n'est pas dans les habitudes des gens de l'Intendance de se goberger avec leurs clients ; ça ne se fait pas. La Simexco avait certainement dû déployer beaucoup d'efforts pour les amener à ces familiarités. Mais dans quel but ?

« J'ai demandé à l'intendant de me parler un peu des dirigeants de la firme. Il m'a dit que le Sud-Américain, parti pour la France, avait été remplacé par un Belge, Nazarin Drailly, mais que l'homme le plus important de la maison semblait être un autre homme d'affaires établi à Paris. Il faisait des voyages fréquents à Bruxelles, notamment pour encaisser les bénéfices de la Simexco, et mon intendant l'avait très souvent rencontré. Il en parlait dans les termes les plus élogieux, affirmant qu'il s'agissait là d'un homme exceptionnel, dynamique et efficace, partisan résolu de la cause allemande. Je lui ai alors demandé de me faire son portrait physique. Comme vous avez déjà compris de qui il s'agissait, je n'ai pas besoin de vous dire que j'ai écouté la description avec des sueurs froides. Finalement, j'ai sorti de mon portefeuille l'une des deux photos trouvées aux Atrébates : « C'est bien lui ? » Eh oui, c'était bien lui : le Grand Chef... Quant au Sud-Américain, il s'agissait évidemment de Kent...

« Vous imaginez ma stupeur et mon effroi. Je n'en étais certes plus à chercher les agents soviétiques dans les cafés de banlieue, mais de là à les retrouver dans les cercles allemands les plus huppés de Bruxelles... Et surtout dans cet admirable poste d'observation qu'était l'Intendance ! Grâce à la Simexco et aux marchés qu'elle passait avec la Wehrmacht, ils savaient tout des effectifs allemands en Belgique, de leur équipement, de la construction du Mur de l'Atlantique (la firme y participait activement), etc. De plus, les gens de l'Intendance sont amenés de par leurs fonctions à voyager beaucoup, à rencontrer du monde, à être au courant de tas de choses. Et comme les boissons de Kent avaient dû délier bien des langues... »

Margarete Barcza : « On peut dire ce qu'on veut de Vincent, mais il tenait magnifiquement l'alcool. Ce n'est pas comme ces minables officiers allemands : quelques verres de cognac et ils passaient sous la table ! Nous les recevions tous les soirs ou presque : ils savaient que la maison leur était ouverte, qu'on y mangeait bien, qu'on y buvait encore mieux et qu'on y rencontrait de jolies filles — je ne citerai pas de nom — qui se montraient... disons : bonnes filles. C'était la fiesta perpétuelle ! »

Selon certains renseignements, la Simexco n'aurait pas été victime du flair de Franz Fortner, mais de la dénonciation de Yefremov. Lorsque Trepper avait passé les consignes à ce dernier, il lui avait signalé l'existence de la Simexco tout en lui recommandant de s'en tenir à l'écart : du fait de la longue activité de Kent à la tête de la firme, le terrain était brûlant. Yefremov aurait donné la Simexco avec le reste. Il est de fait que sa découverte coïncide avec les aveux de l'Ukrainien. D'un autre côté, Fortner tenait une piste menant à la firme. Même s'il n'avait découvert, au domicile de Kent, aucun indice permettant de découvrir ses activités commerciales — ce qui est tout à l'honneur du Petit Chef — son enquête préliminaire au raid sur les Atrébates lui avait appris que les « Sud-Américains » habitant au 101 travaillaient pour les services économiques allemands. Au reste, pourquoi douter de Fortner ? Sa franchise sur ses bévues a été exemplaire, et il ne serait pas équitable de commencer à la discuter lorsqu'il évoque enfin l'un de ses succès. Les deux thèses ne sont d'ailleurs pas inconciliables : la dénonciation de Yefremov a peut-être mis le point final à une enquête déjà très avancée.

La Simexco démasquée, que va-t-on en faire ?

« Nous avons pris des renseignements sur les actionnaires, relate Fortner. C'étaient des hommes d'affaires belges qui, apparemment, ne se doutaient pas dans quel guêpier ils s'étaient fourrés. Je suis allé à la Simexco en me faisant passer pour un officier de l'Intendance désireux d'acheter du papier à lettres pour les troupes d'occupation. J'ai été reçu par le directeur commercial, Nazarin Drailly. Rien dans son attitude ne donnait prise au moindre soupçon : il m'a traité comme l'aurait fait un commerçant banal recevant un client banal. D'ailleurs, il n'avait pas de papier à lettres et l'affaire est tombée à l'eau. Pour en savoir plus long, nous avons décidé de n'arrêter personne pour l'instant et de surveiller la firme, notamment en plaçant son téléphone sur la table d'écoute. Mais il faut que je vous raconte ma dernière surprise — énorme ! — dans cette enquête qui n'en avait pas été avare...

« En arrivant à Bruxelles, j'avais pensé qu'il serait maladroit de m'installer au siège de l'Abwehr ; l'adversaire m'aurait très vite repéré. Il était préférable d'avoir quelque part un bureau, où, sous un pseudonyme, je pourrais recevoir sans danger mes indicateurs. J'ai donc loué, sous le nom de Riepert, import-export, un bureau dans un immeuble commercial situé 192, rue Royale. Et savez-vous où était le siège de la Simexco ? 192, rue Royale ! Leur bureau était sur le même palier que le mien, contigu au mien, avec une cloison si mince qu'on s'entendait d'une pièce à l'autre ! Il est d'ailleurs évident qu'ils avaient dû poser des microphones pour enregistrer mes conversations... Maintenant, vous vous rappelez peut-être qu'en trouvant aux Atrébates la photo du Grand Chef et du Petit Chef, j'avais eu une bizarre impression de « déjà vu » ? Evidemment : je les avais croisés dix fois dans l'escalier ! Je les rencontrais sur le palier et nous échangions un coup de chapeau ! J'ajoute qu'après les Atrébates, ils se sont bien gardés de remettre les pieds rue Royale, sans quoi je les aurais certainement identifiés. Mais c'est incroyable, n'est-ce pas ? Une histoire réellement incroyable ! On la lirait dans un roman qu'on accuserait l'auteur d'y être allé trop fort... »

Incroyable en vérité, et plus encore que ne le pense Fortner. Car s'il a ignoré jusqu'au bout ce qu'était la Simexco, la Simexco a ignoré de même ce qui se cachait derrière la plaque « Riepert, import-export ». Pendant des mois, l'espionnage soviétique et le contre-espionnage allemand ont cohabité sur le même palier sans le savoir !

Le hasard, metteur en scène prodigieux, n'avait pas eu des acteurs à sa mesure...

XVII

A VENDRE

Emmanuel Mignon, né le 22 novembre 1917 à Saint-Nazaire ; mais, depuis l'âge de dix-huit ans, ouvrier typographe dans la presse parisienne, membre de la confrérie journalistique du quartier du Croissant où le doute systématique et la raillerie sont vertus théologales, pourvu de cheveux très blancs et très longs, d'une peau fine et pâle comme la porcelaine et de deux sourcils étonnamment noirs formant un plaisant contraste avec toutes ces neiges ; Emmanuel Mignon, l'œil sagace, la lèvre ironique, la langue pointue, l'oreille à la traîne, le cœur à gauche ; Emmanuel Mignon enfin, arrière-petit-fils de Gavroche, l'un de ces hommes qui, éternellement, rendront la vie difficile à tout occupant de Paris, quel qu'il soit...

« En 1941, on habitait déjà ici, rue de la Huchette. On s'était dit en emménageant, ma femme et moi : « Un

« taudis pareil, on ne va y moisir et c'est pas la peine « de l'arranger. » Résultat, on est là depuis plus de vingt-cinq ans et on a même fini par s'habituer.

« C'est par la concierge de la maison que j'ai eu mon boulot à la Simex. Elle était communiste, elle connaissait mes sentiments et comme elle savait que je cherchais un emploi, elle a pensé à moi quand un de ses amis, Katz, lui a demandé quelqu'un pour un travail. Non ! Je me souviens : elle a d'abord proposé la place à un autre locataire, mais un emploi de bureau ne l'intéressait pas, tant et si bien qu'elle m'a fait profiter de l'occasion. Je peux dire que j'ai assisté à la création de la Simex. C'est moi qui me suis occupé de l'impression des cartes de visite, de l'inscription au Registre du Commerce, etc. Au début — c'était donc en septembre 1941 — nous étions installés aux Champs-Elysées, dans l'immeuble qui est au-dessus du Lido. Il y avait deux bureaux et une petite entrée.

« J'ai d'abord été reçu par Jaspar : un homme d'une soixantaine d'années, assez corpulent, tout à fait le genre « grand bourgeois ». Mais il n'est pas resté longtemps : il est parti à Marseille prendre la direction d'une succursale de la Simex qu'on a créée là-bas. Sierra [Kent] est aussi parti à Marseille et on ne l'a plus revu. Avant ça, il venait souvent nous rendre visite aux Champs-Elysées. Lui, c'était le Brésilien typique, élégant comme tout, un peu fils à papa, genre « ollé-ollé », si vous voyez ce que je veux dire ; il s'amenait toujours avec des filles ravissantes. On voyait aussi Gilbert [le Grand Chef], un Belge jovial, le cigare au bec, très gentil. Naturellement, j'ai su après qu'il n'était pas belge, mais je vous affirme qu'on pouvait s'y tromper : il avait l'accent, les expressions typiques, toute la gamme, quoi... Un type pas ordinaire, ce Gilbert. On le sentait perpétuellement sous pression. Même quand il bavardait avec vous sur des sujets sans importance, il était tendu, aux aguets, cherchant à vous soutirer le plus de choses possible. Grossvogel, lui, faisait partie de la boîte, mais on le voyait rarement au bureau : il était toujours en vadrouille, soi-disant pour chercher des marchandises.

« Après le départ de Jaspar, le directeur de la Simex fut Alfred Corbin. C'était un homme de haute taille, moustachu, l'air timide au premier abord, mais il se dégelait quand il se sentait en confiance. Très, très patriote, Corbin ! Politiquement, je dirais qu'il se situait à l'aile gauche du parti radical. »

Robert Corbin me reçoit allongé sur son lit, où le cloue une sciatique contractée au camp de Mauthausen. Il est grand, lui aussi, avec le même front dégagé et la même moustache que son frère Alfred. Toute la dignité et la courtoisie d'un major britannique retraité de l'armée des Indes. Il est vrai qu'il a longtemps travaillé chez « Creed », rue Royale, bastion parisien du vêtement anglais...

« Avant-guerre, nous nous occupions, Alfred et moi, de notre entreprise du moulin de Giverny, près de Mantes. Nous fabriquions de la nourriture pour volailles. Après 1940, les perspectives étaient sombres, d'autant plus que j'avais perdu mon emploi chez « Creed », mis sous séquestre par les Allemands. Or, Alfred s'était lié d'amitié, au cours de la campagne de 1940, avec un camarade de régiment — un certain Katz. Celui-ci lui proposa de s'occuper d'une firme commerciale d'import-export qui venait d'être créée. Alfred hésita beaucoup, mais il finit par accepter, et cela pour des raisons exclusivement pécuniaires : les conditions qu'on lui faisait étaient fort intéressantes... »

Vladimir Keller m'avait fixé rendez-vous le 24 avril 1965, à huit heures, devant le 37 de la rue de l'Université, qui est une annexe du ministère des Finances. Il arriva à l'heure, précédé d'un gigantesque chien-loup (« Keller ? Ah ! l'homme au chien ! » m'avaient dit les huissiers du ministère). Il venait de promener le monstre, mais à les voir ensemble, on pouvait se demander si c'était l'homme qui menait la bête, ou l'inverse. Keller est tout petit, tout fluet, mais bénéficie d'une énorme tête, faite pour un géant, qui étonne sur son corps d'adolescent ; il y a maldonne. Les os du crâne saillent de toutes parts, bossellent le front, rehaussent les pommettes, hérissent les tempes de pitons vigoureux ; la terre, après les craquements dramatiques de l'ère tertiaire, devait avoir cette apparence. Les yeux sont pittoresques car placés à des hauteurs différentes. Une physionomie qui échappe par conséquent à la banalité. Avec cela, un sourire chaleureux, rayonnant de gentillesse.. Né en Russie d'un père suisse et d'une mère anglaise, il parle français avec l'accent allemand.

Nous entrâmes dans le ministère, Keller, le chien-loup et moi. L'immeuble, déserté par les fonctionnaires, était encore plus funèbre que de coutume. Quelques lampes éclairaient chichement les couloirs ; un silence abyssal pesait sur les lieux. Le chien-loup, sentant l'écurie, ou la niche, bondit soudain en avant, faisant tituber Keller. Celui-ci s'arc-bouta à la laisse, mêlant ses ahanements aux grognements de son chien, mais comme il était trop frêle pour enrayer l'élan du monstre, il lui fallut prendre le pas de course à sa suite. Nous galopâmes ainsi un bon moment à travers un dédale de couloirs déserts ; j'étais hors d'haleine et perplexe. Un monte-charge nous hissa ensuite au sixième étage, puis nous nous ruâmes derechef dans des couloirs de plus en plus étroits. La bête allait si vite que nous parvenions mal à freiner notre élan devant les innombrables portes qu'il fallait ouvrir. Il en résulta des mêlées confuses où je prenais bien garde de ne pas effleurer les pattes du chien, mais on n'y voyait pas trop. Finalement, nous stoppâmes net devant une porte pareille à toutes les autres. Elle nous fut ouverte par Mme Keller, alertée par notre galopade. J'aperçus une baignoire. On m'invita à entrer mais le monstre, qui m'avait témoigné jusque-là une agréable indifférence, éclata soudain en aboiements féroces et s'élança vers moi, la gueule grande ouverte et baveuse. Je pris immédiatement la fuite malgré les cris des Keller qui m'exhortaient à faire front. Ils unirent leurs efforts et, empoignant l'animal à bras-le-corps, parvinrent à le repousser dans la pièce voisine. Je pus entrer et me laisser tomber sur une chaise, trop hébété pour m'étonner encore de ce logis bizarrement installé sous les combles d'un ministère où travaille Mme Keller. D'ailleurs, ce sont là les mystères sacrés de l'administration française ; ils échappent à l'entendement du profane.

« En 1941, j'étais mécanicien dans un garage du Havre. Mais depuis l'arrivée des Allemands, mon travail consistait surtout à servir d'interprète avec eux. Et je n'aimais pas ça. Je me suis dit : « Tu es Suisse, la guerre ne te « concerne peut-être pas, mais tu aimes vivre en France « et comme les Allemands n'y resteront pas éternelle- « ment, il vaudrait mieux ne pas trop frayer avec eux : « on pourrait t'en vouloir. » Un ami m'a parlé d'un emploi possible dans une société parisienne, la Simex. Il m'a prévenu qu'elle travaillait beaucoup avec les Allemands, mais que les bénéfices servaient à adoucir le sort des prisonniers français. Il n'y avait donc rien à redire. Je me suis présenté à la Simex, aux Champs-Elysées, et j'ai été reçu par M. Grossvogel. Il avait une apparence très allemande, ou alors c'était un Alsacien, et il possédait l'assurance d'un homme d'affaires prospère — on m'a d'ailleurs dit qu'il était quelque chose comme le roi de l'imperméable en Belgique. Avec moi, il s'est montré très chic, très aimable. Mon ami m'avait donné des documents allemands à traduire pour que je fasse la preuve de mes aptitudes en tant qu'interprète. J'ai montré mes traductions à M. Grossvogel ; il en a été satisfait et m'a engagé sur-le-champ. C'était le 2 septembre 1941. Quand je suis revenu, le lendemain, M. Corbin — un homme charmant, d'une grande bonté — avait pris la place de M. Grossvogel.

« M. Mignon était déjà là. Il n'avait pas d'attributions bien définies et servait un peu à tout. Il était réceptionniste, répondait au téléphone, etc.

« J'ai vu une ou deux fois M. Katz, et plus souvent M. Gilbert. On m'avait dit qu'il avait ses affaires en Belgique. Le fait est qu'il parlait exactement comme un Belge. Moi, je le soupçonnais de se livrer au trafic de devises entre la France et la Belgique, mais ça ne me regardait pas. C'était un homme très agréable qui savait toujours trouver le mot aimable. Son assurance était réellement impressionnante. On sentait une force chez cet homme-là. La seule fois où je ne l'ai pas vu dans son assiette, c'est quand il m'a dit : « Ah ! monsieur Kel-« ler, je me demande si je vivrai longtemps... dans ma « famille, on meurt plutôt jeune... »

« Il y avait pas mal d'allées et venues dans la maison. Comme personnel fixe, nous n'étions que M. Corbin, M. Mignon, Mlle Cointe et moi. Mlle Cointe, secrétaire personnelle de M. Corbin, était une personne encore jeune, mais qui virait déjà à la vieille fille. Et, voyez-vous, dès mon entrée à la Simex, j'ai eu l'impression que le personnage le plus important dans la maison, malgré la hiérarchie officielle, ce n'était pas M. Corbin, mais Suzanne Cointe... »

Catherine Cointe, sœur de Suzanne, m'avait fixé rendez-vous au café George-V, sur les Champs-Elysées, au début de l'après-midi : travaillant dans une maison de couture toute proche, elle me consacrait sa pause du déjeuner. Il ne serait pas difficile de la reconnaître : « J'aurai un imperméable noir, un béret noir, un porte-documents noir. » Notre entretien eut ces couleurs de deuil. C'était pourtant l'été, le soleil chauffait la terrasse du café et les Champs-Elysées grouillaient de touristes épanouis. Autour de nous, de jolies filles jacassaient avec leurs coquins sans se soucier d'abord du couple insolite que nous formions au milieu d'eux — Catherine Cointe, tout de noir vêtue et qui pleurait à chaudes larmes ; moi qui posais des questions et notais fréquemment les réponses —, puis en nous jetant des coups d'œil surpris. Les conversations s'éteignirent l'une après l'autre aux tables voisines ; notre lugubre humeur faisait tache d'huile. Quand on commença à me regarder bizarrement, je distribuai à la cantonade des sourires niais destinés à faire comprendre que je n'étais ni un policier, ni un maître chanteur. C'était une situation inconfortable. Par bonheur, Catherine Cointe ne se rendait compte de rien, perdue qu'elle était dans sa tragédie des jours anciens.

« Nous étions trois enfants — deux filles, un garçon. Notre mère, d'origine polonaise, était une très grande dame ; elle nous donna une éducation très stricte. Et comme papa était général, vous imaginez bien que nous avons été élevés dans la tradition patriotique. Avant la guerre, nous habitions à Besançon, où il était en garnison. Il avait l'habitude de nous montrer la citadelle et de nous dire : « Quand les Boches attaqueront, je « m'enfermerai là avec mes soldats et on leur résistera. » Nous devions alors demander : « Et quand vous n'au- « rez plus de munitions ? » Il répondait : « On se fera « sauter plutôt que de se rendre ! »

« Si je vous raconte cela, c'est pour vous faire sentir quel drame fut la conversion de Suzanne au communisme. Elle le fit sous l'influence d'un homme dont vous avez sûrement entendu parler : le metteur en scène de cinéma Jean-Paul Le Chanois. Bien sûr, elle ne se sépara pas complètement de nous, les liens familiaux restèrent étroits, mais ce fut un véritable calvaire pour mes parents.

« Suzanne avait fait des études musicales très poussées et, avant-guerre, elle était professeur de piano, tout en s'occupant activement d'une chorale qu'elle avait fondée, la « Chorale Musicale de Paris » — une organisation communiste. Mais après la défaite de 1940, il n'était plus possible de gagner sa vie en donnant des leçons de piano. Elle apprit donc la sténotypie et entra dans une maison de commerce, la Simex. J'ignore complètement par qui et comment elle a obtenu cet emploi. Elle nous parlait d'ailleurs assez peu de son travail. Mais il lui arrivait de dire par exemple : « Ah ! on va « encore leur vendre de la saleté pour le Mur de l'Atlan- « tique ! » D'après ses sous-entendus, je me rendais compte que ses activités devaient avoir un aspect clandestin. D'ailleurs, son bonheur était très significatif.

Voyez-vous, Suzanne était une exaltée, je dirais presque une fanatique. Il lui fallait se dévouer à quelque chose. A cause de Le Chanois, ç'avait été le communisme, mais elle aurait pu aussi bien entrer dans l'Armée du Salut. La lutte contre les Allemands la rendait heureuse dans la mesure où elle réconciliait son idéal communiste avec les traditions patriotiques de la famille. Elle n'a jamais été si gaie que pendant cette période de la Simex où elle risquait sa vie. Elle le savait parfaitement, mais je ne l'ai jamais vue ni nerveuse ni inquiète. »

Jean-Paul Le Chanois me reçoit dans un bureau de la firme cinématographique « Comacico ». La cinquantaine, chauve, du vif-argent dans les veines, une évidente intelligence et un intérêt prononcé pour les affaires du monde, ce qui est rare chez la gent cinématographique.

« Quand j'ai rencontré Suzanne, elle avait dix-neuf ans et moi quinze. C'était une fille instruite, intelligente, douée d'une forte personnalité. Ancienne élève de Cortot, elle avait estimé ses dons musicaux insuffisants pour entreprendre une carrière de virtuose. Il en restait chez elle une certaine tristesse qui assombrissait sa vie, mais elle était réaliste ; comme elle n'avait pas d'argent, elle se résigna à devenir professeur de piano.

« J'étais amoureux d'elle — si amoureux qu'elle finit par s'intéresser à moi, qui n'étais qu'un gamin. C'est grâce à elle que je suis sorti de mon milieu bourgeois, de cette « portion contentée du peuple », comme dit Victor Hugo. A cette époque, elle était sous l'influence de Nietzsche, dont lui parlait l'un de ses oncles.

« Ce n'est qu'après avoir passé mes bacs et ma licence de philo que je suis devenu l'amant de Suzanne. J'ai rompu avec ma famille et j'ai vécu avec elle. Cela a duré deux ans, deux années de bonheur car nous nous entendions parfaitement. Pour moi, c'était quelque chose de merveilleux, la consécration d'un rêve de gosse. Et puis nous nous sommes séparés : nous étions jeunes, avides d'expériences — c'était normal. Mais nous sommes restés bons amis.

« Très influencé par la révolution russe, je participais à des entreprises telles que le « Théâtre Ouvrier de France » et le « Groupe Octobre » de Prévert. J'ai introduit Suzanne dans ces milieux. Elle y a pris un intérêt d'abord philosophique, puis pratique, tournant complètement le dos à son nietzschéisme antérieur. C'est alors qu'elle a créé sa chorale populaire, dont elle a été jusqu'au bout l'animatrice.

« En 1939, j'ai voulu m'engager mais on m'a refusé : j'avais de l'asthme. Je me suis alors installé dans un petit appartement du square Carpeaux. Trois pièces sous les combles, auxquelles on accédait par un escalier de service extérieur, à l'air libre. C'était très pittoresque, très agréable. Et — grande surprise ! — je découvre que Suzanne habite dans le même immeuble ! Nous nous sommes retrouvés avec beaucoup de joie, mais il y avait un côté gênant à notre voisinage car nous étions tous les deux dans l'illégalité communiste de la « drôle de guerre ». Nous avons donc décidé de ne pas nous rencontrer trop souvent. Ensuite, c'est l'exode, que nous faisons séparément, et le retour square Carpeaux. Tout était changé, bien entendu. Avec la Résistance, les communistes rentraient dans la nation. C'est ce qu'a si bien écrit Aragon, dont on peut dire qu'il nous a rendu les trois couleurs. Dès mon retour, j'ai créé un réseau clandestin. De son côté, Suzanne m'annonça qu'elle entrait dans une firme commerciale, mais en laissant entendre que cela cachait autre chose. Nous nous sommes donc rencontrés rarement pour des raisons de sécurité évidentes, d'autant plus que la concierge de la maison était farouchement pétainiste. Suzanne m'a très peu parlé de son travail à la Simex. Je ne me rappelle que ce détail : ils avaient fourni à la Wehrmacht, entre autres choses, des skis pour les troupes combattant en Russie... »

Emmanuel Mignon :

« La Simex, c'était une franche rigolade, on travaillait vraiment dans la gaieté. La boîte faisait exclusivement dans le marché noir. Des types arrivaient d'un peu partout pour nous offrir les marchandises les plus extraordinaires et on proposait l'affaire aux Boches. Ils achetaient toujours. La camelote qu'on a pu leur refiler, c'est tout simplement pas croyable. Une fois, on reçoit des soi-disant tapis d'Orient — plusieurs ballots. On ouvre le premier, histoire de jeter un coup d'œil, et on recule aussitôt sous l'assaut d'un épais nuage de mites. On a refermé le colis vite fait et on a décidé de bazarder le lot à la Todt tel quel, tout emballé. Ils ont acheté sans broncher. Oui, il faut dire que l'organisation Todt était notre principal client. Ses patrons savaient bien que toutes nos marchandises venaient du marché noir, mais ça n'avait pas l'air de les tracasser. Vous me direz que ces combines ne sentaient pas bon : c'est justement pour ça que je suis resté à la Simex. Ma femme et moi, nous faisions partie du réseau de résistance « Famille Martin ». Mon chef m'a ordonné de faire un rapport régulier sur toutes les fournitures de la Simex aux Boches et de noter les noms des fournisseurs trop zélés, pour qu'on puisse régler les comptes après la victoire. La vie est marrante : mes rapports, je les remettais à un certain Charbonnier, qui était un agent double de la Gestapo — on l'a fusillé à la Libération. Tant et si bien que mes rapports dénonçant la boîte comme une affreuse affaire de collaborateurs arrivaient tout droit dans les bureaux de la Gestapo. Maintenant qu'on sait ce qu'était réellement la Simex, c'est assez joyeux, non ?

« Une fois, on leur a fourgué une voie ferrée désaffectée qu'un type était venu nous proposer. Ils ont acheté les rails et on a écoulé les traverses comme bois de chauffage. J'en ai même transporté une pleine charrette à bras au domicile de Cointe, square Carpeaux...

« On leur a ainsi vendu des centaines de milliers de fûts à essence. Au début, c'était du matériel de bonne qualité, mais après, on n'a plus trouvé que des fûts percés qu'il fallait faire réparer. C'est moi qui allais sur les chantiers surveiller le travail. Je me baladais au milieu des montagnes de fûts troués et, sur chaque fût, j'entourais d'un trait à la craie l'endroit où il fallait souder. Alors, les ouvriers soudeurs s'amenaient et soudaient consciencieusement bien à côté du trou. Moi, j'ai beau être optimiste, je me disais : « C'est pas possible, ça finira mal... » Rien ! Pas un pépin ! Les fûts percés filaient en Allemagne par pleins wagons que c'en était un vrai bonheur, et jamais une réclamation ! La Todt nous aurait acheté la lune si on lui avait proposé l'affaire !

« Corbin, tout ça le mettait mal à l'aise. On sentait qu'il était complètement dépassé par les événements et que ces micmacs de marché noir l'affolaient. Il appuyait sur le frein tant qu'il pouvait en prétendant qu'il serait malsain de vouloir trop en faire. Mais Keller, lui, il y allait de bon cœur, sans doute parce qu'il marchait au pourcentage. Un brave type, Keller, mais il avait une manie agaçante : chaque fois qu'il téléphonait aux Boches, il commençait sa conversation par un vigoureux *Heil Hitler !* Ça avait le don de mettre Cointe en transes !

« Il arrivait souvent des trucs farfelus. Un jour, un brave vieux Juif à cheveux blancs, son étoile jaune sur le cœur, s'amène à la Simex pour demander du travail. Le père Corbin ne savait rien refuser : il l'engage. Le lendemain matin, on voit le vieux arriver au bureau avec une énorme machine à écrire à la main et des gros bouquins sous le bras. C'était un spécialiste de l'import-export, il connaissait la législation douanière sur le bout du doigt et les bouquins, c'étaient ses codes. Il était rempli de bonne volonté, ce pauvre vieux, il essayait désespérément de se rendre utile, mais on n'avait vraiment pas besoin de ses codes pour bazarder à la Todt du tapis d'Orient bouffé aux mites. Alors, il restait assis devant sa machine à écrire, entouré de ses bouquins, sans rien faire du matin au soir. Ce n'est pas qu'on le tenait exprès à l'écart, vous pensez bien, mais qu'est-ce qu'on pouvait lui dire ? Et puis, un matin, il n'est pas revenu et on n'a jamais su ce qu'il lui était arrivé...

« Avec tous ces trafics, vous pensez sûrement que la boîte devait rouler sur l'or : pas du tout ! On ramassait des fortunes mais il n'y avait jamais un sou. Quand le coffre-fort était plein, Katz ou Grossvogel arrivait dare-dare et évacuait proprement le magot. Soi-disant pour « partir en prospection ». Mais, chose curieuse, ces deux-là ne ramenaient jamais de marchandises...

« Il y avait comme ça beaucoup de trucs curieux à la Simex. La correspondance avec la succursale de Marseille, par exemple, ne passait pas par les P.T.T. : c'est un employé du wagon-restaurant de la P.L.M. qui servait de courrier. Il nous apportait aux Champs-Elysées les lettres de Jaspar et de Sierra, et moi je déposais chez lui celles qu'on leur envoyait. Il habitait rue de Meaux dans un vrai taudis, le pauvre vieux... Remarquez que cette combine-là, comme les autres, ne me semblait pas si étonnante : je me disais qu'on parlait, dans les lettres, d'affaires de marché noir tellement pourries qu'il valait mieux éviter la censure... »

A part Suzanne Cointe, dont le Grand Chef dit « C'est notre homme à la Simex », aucun des employés ne se doute du rôle réel de la firme. Ils entrent dans le réseau avec un bandeau sur les yeux ; quand le Grand Chef déliera le bandeau, il sera trop tard pour reculer. Procédé douteux ? Hypocrisie condamnable ? Trepper a répondu : « Je choisissais des hommes dont j'étais certain qu'au moment décisif, ils marcheraient. » Mais il doit tout de même être assez difficile de trancher si un homme acceptera, le moment venu, la torture et la mort pour une cause épousée un peu à l'aveuglette...

Les bureaux de la Simex ouvrent à l'automne 1941 au-dessus du Lido. Vingt mètres plus bas, sur le même trottoir des Champs-Elysées, le colonel Rémy installe au même moment la centrale de son réseau dans l'immeuble du cinéma Ermitage. Il y trouve des avantages identiques à ceux de l'immeuble du Lido : façade commerciale rassurante, labyrinthe de couloirs compliquant les filatures et, surtout, plusieurs issues. Mais Rémy, qui a la Gestapo à ses trousses, est contraint de déménager fréquemment sa centrale. Après bien des errances, l'un de ses adjoints lui signale qu'un certain colonel Lévy, bon patriote, accepterait de lui louer un appartement.

« Par l'entremise du concierge, écrit Rémy, rendez-vous est pris avec le propriétaire qui habite à deux étages au-dessus. Il n'est pas question que je lui dissimule rien des risques mortels que notre installation va lui faire encourir. »

Et il explique au colonel Lévy :

« Mon ami Prévost vous a exposé brièvement ce que je compte faire de l'appartement que je vais vous demander dans votre maison. Il s'agit d'y installer la centrale de mon réseau dont les Allemands connaissent parfaitement l'existence et qu'ils ont déjà durement frappé à plusieurs reprises. Je crois savoir que le général S.S. Oberg, qui vient d'arriver à Paris, a donné l'ordre exprès de l'annihiler. Notre centrale sera très active et je serai obligé de m'entourer d'un certain personnel, comme de recevoir des visites, car je ne possède pas encore de locaux de rechange [1]. »

Chacun sa méthode. Ou, si l'on veut, chacun sa morale. Mais avant de juger, il faut bien comprendre ce qui est en cause. Rémy sait du colonel Lévy qu'il a une réputation de bon patriote ; mis en sa présence, il en retire une impression favorable. C'est tout, ce n'est pas beaucoup, mais il estime que c'est assez pour jouer la vie de ses agents, l'existence même de son réseau, sur la bonne foi du colonel : le *fair-play* l'y oblige. Au contraire, le Grand Chef n'est pas *cricket*, comme disent les Anglais. Il est prêt à duper tous les Corbin du monde, à les mener par la main, aveugles qu'ils sont, jusqu'au poteau d'exécution, plutôt que de compromettre son réseau par une confiance mal placée.

1. Rémy, *op. cit.*, t. II, p. 111.

Rien de commun, par conséquent, entre les gens du cinéma Ermitage et ceux du Lido. Vingt mètres de trottoir les séparent et c'est comme s'ils vivaient dans des univers différents. Les hommes de la Simex finiront sans doute par rejoindre ceux de Rémy, mais pour l'instant, ils traversent plutôt les Champs-Elysées pour aller en face, au cinéma Marbeuf, où est le siège de l'Organisation Todt.

Beaucoup d'affinités, au contraire, entre la Simex et le Service Economique Français installé au 101, avenue Henri-Martin. Tandis que la Simex se spécialise dans le matériau lourd, le Service Economique fournit aux Allemands des textiles, du café et du matériel sanitaire ; le tout acheté au marché noir bien entendu, en dehors des circuits officiels. Telle est l'ingénieuse politique économique pratiquée par les autorités d'occupation : obtenir par la fraude un complément substantiel aux énormes fournitures imposées officiellement au pays vaincu. Les trafiquants parachèvent ainsi le travail des délégués allemands auprès du gouvernement de Vichy.

Il est une autre ressemblance entre la Simex et le Service Economique Français. Le patron de ce dernier s'appelle Masuy ; il passe pour avoir inventé le supplice de la baignoire. Parallèlement à ses activités commerciales, il est au service de la Gestapo et de l'Abwehr. Avenue Henri-Martin, on torture pour le compte des Allemands au milieu des sacs de café, de même qu'on fait aux Champs-Elysées du renseignement pour le compte des Alliés au milieu des ballots de tapis d'Orient.

Quant aux dirigeants parisiens de la Todt, s'ils acceptent si aisément fûts d'essence percés et marchandises avariées, c'est qu'ils sont éblouis à en fermer les yeux par de considérables pots de vin. Le Grand Chef les a *tous* achetés.

XVIII

UNE HISTOIRE D'AMOUR

« ILS sont partout, monsieur ! Ils occupent le pays, c'est une véritable invasion ! Les plus beaux domaines, les villas les plus chics : tout pour eux ! Je vous le dis : ils sont les rois de la région... »

1943 ? Cri du cœur d'un patriote exaspéré par la présence allemande ? Non : 1966 et imprécations du docteur Darquier contre l'« occupation juive » de Saint-Tropez. Son frère Jean Darquier, dit « de Pellepoix », fut pendant la guerre commissaire aux Affaires Juives. Il avait eu pour prédécesseur à ce poste Xavier Vallat, antisémite convaincu, mais à la mode de ces Hollandais qui, après les premières déportations, écrivirent sur les murs d'Amsterdam le slogan : « Enlevez vos sales pattes de nos sales Juifs. » La Gestapo, contrariée dans ses projets, exigea le remplacement de Vallat par un vrai garde-chiourme. Jean Darquier fit d'assez bonne besogne pour qu'on le condamnât à la peine de mort après la

Libération. Mais il avait prestement franchi les Pyrénées et la sentence fut prononcée par contumace. Il vit aujourd'hui à Madrid, où on lui a donné un emploi à l'état-major de l'armée espagnole, tandis que son frère, retranché sur les hauts de Saint-Tropez, continue de cacarder telle une oie du Capitole pour avertir du péril juif.

Agé de soixante-dix ans, le docteur Darquier est un vieillard sec, aux cheveux blancs ramenés en frange sur le front, volubile, nerveux et même volcanique, avec une lave de mots tristes et laids qui lui coule de la bouche et gâche irrémédiablement les beautés alentour : la villa somptueuse, le jardin édénique et la vue sur le golfe. Je n'étais pourtant pas venu l'entretenir des Juifs, mais d'Anna de Maximovitch.

« Anna ? Ah ! quel personnage ! Un mètre quatre-vingts de haut, pesant dans les cent kilos. Une force de la nature ! Elle avait des cheveux blonds ébouriffés, la figure ronde, les yeux bleu pâle ; et gaie, toujours très gaie... Evidemment, pas très féminine. Mais une puissance physique, monsieur — incroyable ! Elle n'avait jamais besoin d'aide pour maîtriser les malades agités, elle n'employait jamais la camisole : se bornait à s'asseoir sur le bonhomme et à attendre que la crise passe. Peut-être pas cent kilos, mais en tout cas quatre-vingt-dix, quatre-vingt-quinze. Une force de la nature. Je vous raconterai tout à l'heure l'histoire du viol...

« Elle était médecin neurologue et possédait une clinique à Choisy-le-Roi. C'est d'ailleurs comme ça que je l'ai connue. Dans quelles circonstances exactes ? Impossible de m'en souvenir. Elle m'a demandé de passer deux fois par semaine à sa clinique pour vérifier si tout était en ordre. Vous savez que cette sorte d'établissements est très surveillée. On craint les séquestrations abusives, les familles qui se débarrassent d'un gêneur en le faisant passer pour malade mental. A cette époque — je vous parle de l'avant-guerre — j'étais chef de la clinique de neurologie de la Faculté de Médecine de Paris, de sorte que je pouvais tout à fait servir de garant à Anna. Elle n'avait d'ailleurs chez elle que des petits fous pas dangereux, des grands nerveux, rien de bien dramatique...

« Saviez-vous qu'elle s'était échappée de Russie avec sa famille pendant la révolution communiste ? Son père était un général assez connu de l'armée tsariste [1]. Anna m'a souvent raconté leur fuite. Elle avait attendu les Rouges cachée derrière la porte de leur maison, une hache à la main, pendant que le père disparaissait par le jardin, accompagné d'un domestique. Le général était mort lorsque j'ai connu Anna, mais elle avait encore sa mère, qui était, elle aussi, un personnage extraordinaire, sorti tout droit du folklore russe. C'était vraiment « la mère ». Elle avait sur ses enfants une influence toute-puissante. Le frère d'Anna, Vassili, je l'ai peut-être rencontré une ou deux fois. Petit, brun, avec une barbe taillée court. Un personnage falot. Rien de russe, lui. Ou plutôt, si : le côté « slave mystérieux »... Vous voyez ce que je veux dire ?

« Tandis qu'Anna, c'était vraiment la Russie incarnée. Une truculence, monsieur ! Les histoires qu'elle me racontait... A faire rougir un corps de garde ! Quand elle se lançait dans ses histoires grivoises russes (les nôtres, à côté : de l'eau de rose, cher monsieur), je ne savais plus où me mettre. Franchement, je ne savais plus où me mettre. Attention : joyeuse luronne, mais très forte dans son métier. Rude, coriace, mais très bonne avec les malades.

« Et tsariste. Ah ça, elle était tsariste ! Le tsar, c'était vraiment le « petit père des peuples ». Elle souhaitait ardemment voir la Russie revenir à son ancien régime. »

•

Vassili et Anna : deux émigrés russes d'origine noble et ruinés par le communisme ; Paris en fourmille. Mais les Maximovitch n'ont rien de commun avec la plèbe aristocratique des chauffeurs de taxi et des gratteurs de

1. En 1914, le général baron de Maximovitch avait été le premier général russe à pénétrer en Allemagne à la tête de son armée.

balalaïka éperdus de nostalgie. Ils appartiennent à la deuxième génération de l'émigration, qui a tourné le dos au passé et va de l'avant. Le vieux général Pavel de Maximovitch étant mort ruiné, ses enfants sont pris en charge par Mgr Chaptal, providence des émigrés de toutes races et de toutes nationalités que l'époque rassemble à Paris. Grâce à lui, Vassili entre à l'Ecole Centrale, puis devient ingénieur des Mines ; Anna fait sa médecine et se spécialise dans la neurologie. Ils ont une sœur, mais nous ne savons rien d'elle, sinon qu'elle n'a joué aucun rôle dans cette histoire.

En 1936, une douzaine d'organisations politiques se disputent la clientèle des « Russes blancs » émigrés à Paris. La plupart s'en tiennent farouchement à l'orthodoxie tsariste ; d'autres tendent vers le fascisme ou le socialisme ; certaines s'essaient à élaborer un amalgame fascisto-communiste. Toutes sont pittoresques et sans importance. Selon les évaluations les plus modérées, un membre sur trois sert d'indicateur soit à la police française, soit aux services nazis, soit au renseignement soviétique. Parmi elles : l'Union des Défensistes.

Citant le témoignage de l'un de ses membres, Piotr Volodin, l'historien Dallin écrit :

« En 1936, l'Union des Défensistes loua un petit local, rue Dupleix, pour y organiser des meetings, des bals et autres réunions du même genre. Les fonds de l'organisation suffisaient à peine aux frais. Une nuit, une femme âgée d'environ quarante ans, grande et plutôt forte, arriva dans une belle voiture et déclara aux Défensistes qu'elle trouvait leur organisation très intéressante. Elle ajouta qu'elle dirigeait une clinique pour malades mentaux, ce qui la mettait en position d'apporter un concours financier à l'Union. Après cela, le local fut repeint et des tapis recouvrirent les planchers. Puis un bulletin intérieur fut publié. De temps en temps, des membres de l'Union recevaient des sommes allant de dix à quinze dollars. Les dépenses, en augmentation constante, étaient couvertes par les bénéfices de la clinique.

« En 1939, la rumeur se répandit parmi les Défensistes « que l'argent d'Anna ne sentait pas bon » et qu'on pouvait s'attendre à des ennuis, mais personne ne voulut ajouter foi à ce bobard [1]. »

Les défensistes ne devaient jamais savoir si l'argent d'Anna avait une odeur, et laquelle, car ils furent presque tous arrêtés par la police française le jour de la déclaration de guerre et internés au camp du Vernet en qualité d'étrangers suspects. Vassili de Maximovitch fut raflé quelques mois plus tard, mais Anna, vice-présidente des Défensistes, échappa à l'internement grâce à sa profession : les petits fous et grands nerveux de sa clinique avaient besoin d'elle.

Si nous ignorons, nous aussi, l'odeur des sous d'Anna, nous savons — détail inconnu des Défensistes comme du docteur Darquier — qu'elle avait soigné à Choisy-le-Roi des blessés de l'armée républicaine espagnole.

Le camp du Vernet était situé dans l'Ariège, à une trentaine de kilomètres des Pyrénées et de la frontière espagnole. Vaste de cinquante hectares ceinturés de barbelés, il devint après les rafles de septembre 1939 une sorte d'immense dépotoir. On trouvait alors au Vernet du républicain espagnol, du Russe émigré (tsariste, socialiste ou fasciste), du communiste français, du condamné de droit commun et aussi quelques centaines d'émigrés allemands échappés par miracle aux griffes de la Gestapo et rescapés parfois des camps de concentration de Hitler. Que ces derniers fussent probablement plus antinazis que quiconque au monde ne troubla pas les autorités françaises. Tout occupées à forger la victoire future, elles n'avaient pas de temps à perdre avec des vétilles et préférèrent fourrer au camp, pêle-mêle, la totalité des hommes qui étaient étiquetés « suspects » par la police.

Le baron Vassili de Maximovitch avait vécu jusqu'à l'âge de dix-sept ans dans les splendeurs de la Saint-Petersbourg impériale, puis Mgr Chaptal lui avait adouci

1. David J. Dallin, *Soviet Espionage,* Yale University Press, 1955, p. 158.

l'épreuve de l'émigration. En préparant l'Ecole Centrale et une carrière d'ingénieur, en tournant le dos à l'agitation où s'exaspéraient ses compatriotes émigrés, il croyait probablement se ménager une maturité paisible. Mais sorti de l'Histoire et de ses convulsions en même temps que de Russie, Maximovitch y rentra par la porte du Vernet. Il découvrit au camp la faim, le froid et l'humiliation [1]. Il vit s'y perpétuer ce paradoxe incroyable : les plus fanatiques ennemis de Hitler enfermés et affamés par une France en guerre avec Hitler. Il vécut ce jour inouï où la Gestapo, arrivant sur les traces de la Wehrmacht victorieuse, vint au Vernet trier sa cargaison de chair humaine ; les gardiens français la lui livrèrent docilement tandis que leur chef, le maréchal Pétain, balbutiait au pays l'annonce d'une « paix dans l'honneur ».

Nul doute que Vassili avait déjà entendu sa leçon : l'époque exigeait qu'on s'occupât de politique, car la politique, de toute façon, s'occupait de vous.

Après la Gestapo vint au Vernet une commission allemande chargée de recruter, parmi les prisonniers dignes de confiance, des travailleurs pour le Troisième Reich. Elle était dirigée par le colonel Hans Kuprian. Celui-ci ayant besoin d'un interprète, Vassili se proposa et fut agréé. Mieux : il lia amitié avec Kuprian. Le colonel était un officier de tradition, farouchement monarchiste ; il tenait que l'Allemagne était aux mains d'usurpateurs mal élevés et, à ses yeux, le baron de Maximovitch avait été de son côté chassé de Russie par une bande de voyous sans manières (lesquels avaient d'ailleurs signé un pacte avec la bande à Hitler — qui se ressemble s'assemble) ; les deux hommes étaient faits pour s'entendre. Sa mission terminée, Kuprian libéra Vassili et lui fixa rendez-vous à Paris : on lui trouverait un emploi à la mesure de ses capacités.

Maximovitch rejoignit sa sœur dans le Paris encore désert d'août 1940.

1. Arthur Koestler, ancien du Vernet, a décrit dans un livre de souvenirs les pitoyables conditions de vie des détenus (*La Lie de la terre*, Calmann-Lévy).

Darquier :

« En 1939, j'ai été naturellement mobilisé et je suis parti dans une ambulance. Fait prisonnier, libéré très vite, je rentre à Paris en novembre 1940 et je vais à Choisy. Une troupe allemande cantonnait dans le parc de la clinique. En pénétrant dans le bureau d'Anna, je lance : « Alors, les Boches sont là ? » Elle sursaute et me dit d'une voix affolée : « Chut ! Taisez-vous ! » Effectivement, une infirmière allemande entrait sur mes talons dans le bureau. Vous savez, une de ces « souris grises »... Ils en plaçaient dans chaque clinique pour surveiller et moucharder le cas échéant. Le frère d'Anna, Vassili, était présent ce jour-là. Et je me souviens encore d'un petit détail : il y avait, étalé sur le bureau, le journal russe *Izvestia.* »

En novembre 1940, on peut assurément trouver les *Izvestia* à Paris ; le pacte germano-soviétique est toujours en vigueur. Mais Anna de Maximovitch, tsariste acharnée, fait donc ses délices d'un journal bolchevik ? Darquier n'en est pas autrement troublé. Il a peut-être raison. Un journal n'est pas un bréviaire. Et puis, le mystère sied si mal à Anna... Une luronne franche comme l'or, le cœur sur la main, l'œil clair et le cheveu en bataille, le rire tonitruant, la claque dans le dos facile, toujours prête à filer l'anecdote un peu leste — sacrée Anna ! Darquier s'en tient à cette image d'Epinal, mais nous-mêmes qui possédons quelques instantanés pris sur le vif, nous ne saurions dire lequel révèle Anna dans sa vérité. Est-elle, oui ou non, demeurée la gamine de seize ans, déjà un peu géante, qui couvrait, hache au poing, la fuite de son papa traqué par les bolcheviks ? Sa brillante annexion de l'Union des Défensistes — pour le compte de qui ? Les soins donnés aux républicains espagnols — geste humanitaire ou politique ? La lecture des *Izvestia,* est-ce seulement pour avoir des nouvelles du pays ? Voilà bien des points d'interrogations à propos d'une grande fille toute simple...

Par contre, son frère Vassili, le « Slave mystérieux », va bientôt se décider à une démarche dépourvue d'ambiguïté : proposer ses services au Grand Chef.

Tout est donc clair ? Ah, ce n'est pas l'avis de Trepper ! Vassili lui a été présenté par Michel, son « contact » avec le parti communiste français. Or, si Maximovitch avait été depuis longtemps un agent du Centre, il se fût tenu soigneusement à l'écart des milieux communistes. Il s'agit donc à priori d'une recrue de fraîche date : méfiance. Et quels antécédents ! Un fils de général-baron sorti de Russie dans les fourgons de l'Armée Blanche, recueilli à Paris par un archevêque, mûri au sein d'une émigration démangée d'antisoviétisme... Il faut avouer que Vassili de Maximovitch fait étrange figure au milieu du troupeau du Grand Chef — les Katz, Sokol, Grossvogel et autres brebis venues de pacages bien différents. S'agit-il d'un loup que l'ennemi s'emploie à introduire dans la bergerie ? Trepper demande d'urgence des instructions au Centre. Réponse : utiliser Maximovitch s'il offre des possibilités intéressantes, mais ne pas se départir de la plus grande prudence. Réponse vague mais classique ; en effet, qui peut, mieux que le chef de réseau, peser le pour et le contre ? Le rôle de Moscou, surtout en temps de guerre, se limite à chercher dans l'énorme fichier du Komintern si l'on possède un dossier sur le candidat ; dans la négative, ou si le dossier est mince, la décision repose sur le chef de réseau. Cette responsabilité capitale exige de lui qu'il soit à la fois psychologue, un peu confesseur, un peu devin et très chanceux. A partir des éléments dont il dispose, il doit pouvoir reconstituer la personnalité d'un homme, son histoire, ses forces et ses faiblesses. Mais le puzzle est incomplet, beaucoup de pièces font défaut ; celles qu'on possède sont souvent contradictoires : voyez Anna. Il faut suppléer aux manques et résoudre les contradictions par l'instinct et par l'expérience, flairer que les « chaussures neuves » de l'inspecteur Mathieu sont un cadeau douteux, pressentir en Sokol l'être d'exception, deviner qu'Alfred Corbin ne bronchera pas lorsque son bandeau lui tombera des yeux — étant entendu que le sort du réseau est suspendu à chaque décision.

Aussi le général Orlov, théoricien du renseignement soviétique, peut-il écrire doctement qu'un chef de réseau s'apparente à un romancier : il sélectionne des personnages et les fait agir. Sous peine de dresser la critique contre lui, le romancier doit construire une intrigue logique et faire accomplir à ses héros des actes conformes à la psychologie qu'il leur a donnée. Si le chef de réseau ne respecte pas les mêmes règles, il se retrouvera rapidement, avec ses personnages, adossé à un poteau d'exécution. Car il « inspire et dirige les sentiments et les actes d'êtres réels », contrairement au romancier qui a le bonheur de travailler dans l'imaginaire [1].

Le Grand Chef scrute le puzzle Maximovitch et tranche pour l'affirmative. Ainsi débute, dans la méfiance et l'hésitation réciproques, deux pas en avant, un pas en arrière, une collaboration qui va se révéler fructueuse et ajouter à l'histoire du réseau l'un de ses épisodes les plus savoureux. Car le baron Vassili de Maximovitch, trente-neuf ans mais déjà grassouillet et les jambes enflées par la maladie, était désigné par le destin pour devenir le Casanova de l'Orchestre Rouge.

Margarete Hoffman-Scholz est Allemande, a quarante-quatre ans et n'est point trop belle. Elle attend son prince charmant depuis un quart de siècle. L'homologue romancier du Grand Chef pourrait être Balzac (Ah ! l'admirable portrait du Grand Chef qu'eût tracé Balzac !) ; pour Margarete, ce serait plutôt Delly. Elle est issue d'une excellente famille du Hanovre. L'un de ses oncles, le lieutenant-colonel Hartog, ex-conservateur des Eaux et Forêts, sert à Paris dans l'état-major du général Heinrich Stülpnagel, commandant du *Gross Paris*. Le papa de Margarete a chargé cet oncle de veiller sur sa petite fille quand celle-ci, engagée dans les services auxiliaires de la Wehrmacht, a été envoyée à Paris. Mais la sensibilité de Margarete ne risque pas de saigner aux épines de la soldatesque : elle est secrétaire du colonel Hans Kuprian, gentilhomme distingué. On est du même monde... Toutes

1. Général Orlov, *Handbook of Intelligence*, Michigan University Press, 1964.

ces félicités n'empêchent pas qu'on va sur ses quarante-cinq ans et qu'on n'est vraiment pas belle. La victoire, en chantant, ouvre à Margarete la porte du Vernet : elle fait partie de la commission Kuprian. Elle ne voit pas l'abjection, la souffrance et la laideur, mais seulement Vassili de Maximovitch. Et elle en est éblouie. Le pauvre diable a des jambes éléphantesques, un visage sans doute émacié et il est vêtu comme un moujik, mais sous sa défroque, Margarete devine le baron. Il consent à la regarder ; il va probablement jusqu'à lui parler. C'en est assez pour la demoiselle du Hanovre. L'auteur, qui n'est ni Balzac ni Delly, renonce à décrire la tempête dont le cœur de Margarete se trouve alors bouleversé. Quand elle quitte le Vernet, elle est littéralement folle d'amour.

Elle revient à Paris avec Kuprian et reprend sa tâche à l'Etat-Major. Gageons qu'elle n'avait pas le cœur à l'ouvrage et que son âme inquiète se posait cent fois par jour la question : « Viendra-t-il ? » Il vient comme il l'a promis et marque d'abord peu d'enthousiasme pour les propositions du Service du Travail allemand. Mais voilà-t-il pas que Kuprian lui offre un très beau poste d'ingénieur aux usines Henschel, à Cassel ! Transes et agonies... Miracle : Vassili refuse. Margarete, ébouriffée de bonheur, ne doute pas un seul instant que c'est pour rester auprès d'elle. La pauvrette serait déçue d'apprendre que son amoureux a cédé aux instances du Grand Chef. Celui-ci a expliqué à Maximovitch qu'il serait plus utile à Paris qu'à Cassel. Il lui a dit : « Montez un groupe de renseignement. Fréquentez le milieu russe blanc, les aristocrates français, les cercles catholiques ; attachez-vous aux officiers allemands ; mais, surtout, évitez comme la peste les milieux de gauche français. » La meilleure « couverture » de Maximovitch est en effet de rester conforme à son personnage : un aristocrate russe émigré, de même que celle de Trepper exige qu'il joue les trafiquants de marché noir, mène grand train et se goberge avec les gens de la Todt dans tous les restaurants clandestins de Paris.

L'idylle s'épanouit. Vassili obtient un laissez-passer permanent pour l'hôtel Majestic, siège du Quartier

Général allemand. Il vient y chercher Margarete tous les soirs. Elle lui raconte sa journée. Comme sa mémoire peut être infidèle, elle admet que le plus simple est de donner à l'être aimé les copies des documents qui lui passent entre les mains. Elle en obtient aussi de ses compagnes. Tous les rapports ultra-secrets sur les camps en France parviennent de la sorte au Grand Chef. Le sujet épuisé, celui-ci demande à Maximovitch d'aiguiller la tendre Margarete vers un nouveau champ d'activité. Elle se fait affecter au service du cantonnement des troupes en France. Lorsque Trepper a fait le plein des renseignements, Maximovitch, habile cornac, dirige Margarete sur un troisième secteur : elle entre au secrétariat de l'ambassadeur allemand Abetz. Son ardeur au travail lui vaut la confiance de tous et l'accès aux documents les plus confidentiels. Par son intermédiaire, Moscou est informé des tractations politiques avec Vichy, des sentiments du peuple français, des projets allemands et des difficultés qu'ils rencontrent. Margarete est-elle assez bête pour ne point se rendre compte qu'elle trahit tout bonnement son pays ? Rien ne permet de l'affirmer. Sans doute l'amour a-t-il éteint chez elle les sentiments traditionnels qui y vivotaient depuis son enfance. Insondable mystère d'un cœur de femme abandonné à sa passion, etc.

Quelques esprits rassis s'émeuvent. L'oncle de Margarete, par exemple, ne voit pas d'un bon œil les amours avec Maximovitch. On jette sa mise en garde par-dessus les moulins. Des officiers de sécurité de l'Etat-Major s'inquiètent et rappellent à Margarete qu'il y a une guerre en cours et qu'elle doit observer la plus grande discrétion sur son travail. La belle affaire ! Même les modestes compagnes de Margarete sont folles de Vassili : il est distingué, on devine en lui de la délicatesse, il a toujours un bouquet de fleurs pour l'une, une boîte de bonbons pour l'autre — et puis, c'est un baron. Se méfie-t-on d'un baron ?

Les officiers de l'Etat-Major n'y songent pas une seconde. La plupart sont des hommes bien nés, bien éduqués, antinazis, distingués. Ils conspirent du bout des lèvres contre un régime qui fait la guerre aux gentlemen anglais dans le même temps qu'il conclut un pacte d'amitié avec les voyous bolcheviks. Ils tiennent Vassili pour l'un des leurs, acceptent ses invitations, le reçoivent à leur tour et parlent devant lui à cœur ouvert. Un jour, le général Pfeffer, monarchiste, l'un des officiers allemands signataires de l'armistice avec la France, pérore devant un parterre d'hôtes de choix : le lieutenant-colonel Hartog, le docteur Seiffarth, le docteur Huetgens, etc. La guerre contre la Russie est enfin commencée, et ces messieurs s'en félicitent, mais Pfeffer affirme qu'on ne pourra pas régler leur compte aux Soviets si la guerre continue avec les Anglo-Américains. Conclusion : il faut traiter avec ces derniers pour jeter la Wehrmacht entière contre la Russie. « Traiter ? observe Maximovitch, mais le Führer ? » Pfeffer rétorque : « Avec ou sans le Führer. »

C'est dire qu'on est en confiance.

Anna manque dix fois de piétiner la porcelaine. Elle ne rêve que plaies et bosses. Un jour, elle propose au Grand Chef de lui procurer une quantité de curare suffisante pour empoisonner mille personnes et explique, l'œil brillant, la bouche gourmande, que c'est l'occasion ou jamais de se débarrasser en bloc de l'Etat-Major allemand à Paris. Trepper, aux quatre cents coups, lui ordonne de renoncer à ces rêveries shakespeariennes, de même qu'il a usé de toutes ses séductions pour détourner Vassili d'un projet consistant à fabriquer des bombes incendiaires : il serait fou de gaspiller à ces besognes d'aussi précieux agents. Grâce à Vassili, il est au cœur du Quartier Général allemand. Par Anna, il est tenu informé des démarches de la politique vaticane : elle a l'amitié de Mgr Chaptal et aussi celle du Père jésuite Valensin, qui est au cœur de toutes les intrigues. De plus, elle voit très souvent le docteur Darquier et connaît par lui les dessous de Vichy, où son frère fait la marionnette.

« Pour les Maximovitch, raconte Darquier, le grand tournant fut l'attaque allemande contre la Russie. Ils restèrent aussi tsaristes qu'auparavant, mais ils devinrent farouchement anti-allemands : du moment que la Sainte Russie était attaquée, tous ses enfants devaient la défendre — c'était aussi simple que ça. Leur mère le leur répétait sur tous les tons et, je vous l'ai dit, elle exerçait sur ses enfants une autorité souveraine ; ils lui obéissaient au doigt et à l'œil. Oh ! remarquez bien que chez Anna, apparemment, ça n'allait pas bien loin. Il y avait un câble téléphonique allemand qui traversait le parc de la clinique : eh bien, ce câble était sans cesse cisaillé ! Je savais que c'était elle, je lui disais : « Ecou-« tez, je vous en prie, cessez ces gamineries ou bien ça va « mal finir ! »

Quant à son grand numéro d'espionne, j'avoue que je n'y ai pas cru une seconde. Il me faisait rire, un point c'est tout. Ah, il fallait la voir prendre des airs mystérieux, jouer les Mata-Hari, insinuer que ceci et que cela... elle était impayable ! Je me disais : « Si elle faisait vraiment « de l'espionnage, elle ne se donnerait pas tout ce mal « pour le faire croire. » Logique, non ? Vous savez quand j'ai compris que ce n'était pas un jeu ? Seulement en 1955 ou 1956. J'ai reçu la visite d'un policier de la D.S.T. Je me suis dit : « Bon c'est encore pour mon frère » : chaque année, une paire de gendarmes vient me demander si j'ai des nouvelles de mon frère — ça finit même par être lassant. Je leur réponds : « Il est en Espagne et il se « porte bien, bonsoir ! » Mais ce policier ne venait pas pour mon frère : il m'a demandé des renseignements sur une certaine Louise, qui avait fait partie, disait-il, du personnel de la clinique d'Anna. Aucun souvenir de ladite Louise. Nous avons un peu bavardé et le policier m'a raconté l'histoire d'Anna — que j'avais complètement perdue de vue depuis 1942 —, ce qu'elle avait fait, le rôle qu'elle avait vraiment joué, etc. J'étais stupéfait, monsieur, ah ! stupéfait. Il m'a même montré une page du rapport de la D.S.T. où figurait mon nom. Au bas de la page, il y avait cette note — une note admirable, monsieur : « Il semble que le docteur Darquier n'ait pas fait « partie consciemment de l'Orchestre Rouge. » Vous riez, monsieur, et vous avez raison : ils sont magnifiques, à la

D.S.T. ! Comment supposer, simplement supposer, que j'aie pu, moi, travailler volontairement avec ces gens-là ! Dans une organisation pour ainsi dire juive ! Car il y avait beaucoup de Juifs, n'est-ce pas, monsieur ? Et moi avec eux, vous vous rendez compte ? Tenez, même le nom « Maximovitch », à la réflexion, vous ne trouvez pas que ça a une petite résonance youpine ? Je me pose la question, monsieur, je me pose la question... D'un autre côté, vous me direz que le tsar ne choisissait pas ses généraux chez les youpins... Enfin, on ne saura jamais, il faudrait faire des recherches...

« Oui, j'avais perdue Anna de vue depuis 1942. La clinique ne tournait plus rond, on sentait du laisser-aller, et elle a fini par la vendre à la mère de la petite violée. Oh ! mais il faut que je vous raconte le viol : c'est Anna tout craché. Figurez-vous qu'un jour, un jeune soldat allemand, — dix-huit ans au plus —, appartenant à la compagnie cantonnée dans le parc, pénètre à l'intérieur de la clinique et entre dans une chambre où était couchée une fillette, démente précoce. Crac ! il commence à la violer ! La gosse hurle, Anna accourt et voit le spectacle. Elle ne fait ni une ni deux, monsieur, elle n'appelle pas à l'aide : elle t'empoigne le soldat par le cou et par la peau des fesses, elle te le décolle (« Le pire n'était pas « consommé », m'a-t-elle affirmé par la suite) et elle te le balance dans l'escalier ! Le gaillard a filé sans demander son reste. Le soir, grosse histoire. L'officier vient s'excuser, mais Anna déclare qu'elle portera plainte à la Kommandantur. L'autre lui explique que cela signifie le poteau d'exécution pour le gosse. Elle se laisse fléchir. Et le lendemain, monsieur, nous avons assisté à ce spectacle : les Allemands ont pendu le garçon les bras en croix, entre deux arbres, et ils l'ont fouetté, monsieur, jusqu'à l'évanouissement complet.

« Eh bien, c'est à la mère de la fillette qu'Anna a vendu sa clinique. On y a installé une maison de retraite pour vieillards. Et je n'ai jamais revu Anna, ni entendu parler d'elle jusqu'à la visite de la D.S.T., avec cette incroyable petite note à mon sujet... Vous riez, monsieur ?... »

J'en ris encore, docteur Darquier.

Les petits fous et grands nerveux de la clinique ne sont pas abandonnés pour autant. On les installe au château de Billeron, près de Groize, dans le Cher. Une congrégation de religieuses l'occupait jusqu'en 1940, mais les sœurs sont parties lors de l'exode pour ne plus jamais revenir. Anna a loué le château, où vivent sa mère et sa sœur. C'est moins un château qu'une « maison noble ». Point de tours ni même de tourelles, mais une construction spacieuse, élégante à force de simplicité, entourée de futaies hautes et profondes. En face, de vastes communs placés en fer à cheval. Un peu à l'écart, une chapelle minuscule posée au centre de sa clairière, un bijou ouvragé dont la préciosité forme contraste avec le dépouillement du château voisin, comme si les premiers propriétaires de ces lieux avaient voulu réserver à Dieu seul les prestiges de l'art. Une allée longue d'un kilomètre, plantée d'arbres séculaires, mène de la grille du parc au château.

Les gardiens conservent un vif souvenir de Mme de Maximovitch. « C'était une très, très grande dame, une personne comme on en voit peu. Elle avait perdu tous ses biens en Russie, pendant la révolution, mais elle nous disait : « Quand on sait comment les choses se passaient « là-bas, ce qui est arrivé paraît tout à fait normal. Cela « devait finir ainsi. »

On se souvient aussi de Vassili et de sa sœur. La bonne grosse Anna arpentait de son pas de grenadier les allées du parc, vêtue le plus souvent d'une robe longue en dentelle violette qui faisait croire aux gens qu'elle appartenait à un ordre religieux, ce qui était inexact, mais devait en tout cas offrir un plaisant spectacle.

On se rappelle encore les malades dont les nerfs se dénouaient au calme de cette sylvestre chartreuse, et aussi les nombreux séjours qu'y firent des compagnes de Margarete Hoffman-Scholz et des femmes d'officiers allemands fatiguées de l'air de Paris.

Parmi celles-ci, Käthe Vœlkner. Mais quand elle

remonta, un jour d'été 1941, la longue et magnifique allée menant au château, ce n'était point pour y prendre quelque repos : elle venait subir son examen de passage.

Une citoyenne allemande, née à Dantzig le 12 avril 1906 d'un père professeur de dessin et socialiste. Visage banal malgré une opulente chevelure blond cendré, mais un corps musclé et d'une infinie souplesse : elle devient danseuse acrobate. Tournées misérables à travers l'Europe au bras de son amant-manager, l'Italien Johann Podsialdo, qui lui fait deux enfants en chemin. La petite famille échoue un jour à Leningrad, sans le sou. On en prend soin et on donne même à Käthe la possibilité d'étudier. Elle est convertie. De ce jour date sans doute són engagement dans les services secrets soviétiques. Elle repart à travers l'Europe, mais cette fois en fonction d'un plan préconçu du Centre et en évitant soigneusement l'Allemagne nazie. En 1937, elle reçoit l'ordre d'aller à Paris ; elle y trouve un engagement dans un cabaret et danse pendant deux ans. En 1939, après la déclaration de guerre, elle se cache avec amant et enfants dans une maison du vingtième arrondissement pour éviter d'être internée comme sujet ennemi. Cette longue clandestinité de la « drôle de guerre », Podsialdo et elle la mettent à profit pour apprendre la sténo-dactylo. En 1940, Käthe émerge de l'ombre et va proposer ses services à ses compatriotes victorieux. Elle est embauchée par le Service du Travail, ou « Organisation Sauckel », qui a son siège à la Chambre des Députés. Podsialdo y trouve un emploi subalterne, mais Käthe devient la secrétaire du directeur parisien de l'organisation, le docteur Kleefeld. Elle jouit de son entière confiance : n'est-elle pas Allemande et n'a-t-elle pas dû se cacher près d'un an pour échapper aux policiers français ?...

Maximovitch, après son retour du Vernet, se rend à la Chambre des Députés pour être informé des offres du Service du Travail. Il rencontre Käthe, bavarde avec elle, devine son sentiment intime, estime enfin qu'il y a là une recrue possible, et de choix. Mais s'il se trompait ?

Il la fait inviter à Billeron. Pendant quinze jours, la

grosse Anna et la petite Käthe se promènent en bavardant dans le parc. Quand Käthe repart, Anna dit à son frère : « A mon avis, elle est bien. » Vassili reste méfiant. Il a fait du chemin depuis l'époque où il ne rêvait que bombes incendiaires. Il revoit Käthe à Paris, l'expédie de nouveau à Billeron pour s'y promener au bras d'Anna. Cette fois, les frondaisons sont rousses et des écharpes de brume se déchirent aux troncs massifs des arbres : c'est l'automne 1941. Anna confirme son verdict favorable et Vassili décide qu'il est temps de parler de Käthe au Grand Chef.

Leur entretien se situe après le raid sur les Atrébates, aussi Trepper est-il d'une prudence de loup ; il craint une tentative de pénétration. Käthe n'a évidemment pas parlé à Maximovitch de son appartenance ancienne aux services soviétiques ; elle s'est bornée à manifester avec discrétion son antinazisme. De son côté, Trepper, pour des raisons qu'on dira bientôt, ne demande au Centre aucun renseignement sur son compte. L'eût-il fait que la réponse évidemment favorable n'eût pas désarmé sa méfiance : Käthe a disparu en septembre 1939, coupant ses contacts avec le Centre, pour réapparaître en juillet 1940 dans le bureau du docteur Kleefeld. Initiative heureuse pour se mettre en posture de servir à nouveau, ou bien retournement de veste et ralliement au vainqueur ?

Le Grand Chef ne bronche jamais devant une rivière à sauter, mais il cherche toujours un gué avant de se résoudre aux risques spectaculaires. Aussi bien le recrutement de Käthe s'entoure-t-il de précautions remarquables. D'abord, voir la fille — mais sans la rencontrer. Il la fait inviter par Anna dans un restaurant abondamment équipé de glaces. Installé à une table voisine, Trepper scrute tous les miroirs pour déceler une éventuelle surveillance. Aucun indice suspect. On peut passer à la deuxième étape : rencontrer Käthe. Cela aura lieu sur un quai de métro pourvu d'issues nombreuses. Käthe demande à Vassili le signalement de son interlocuteur et le mot de reconnaissance qu'elle devra prononcer. Vassili ne lui donne ni l'un ni l'autre et explique que son partenaire la connaît déjà — stupeur de la fille. Mais si Käthe est un agent provocateur, elle ne pourra pas désigner leur gibier aux flics de la Gestapo : elle devra attendre d'être abordée par Trepper, ce qui laissera à celui-ci le temps de flairer les lieux. Il met Katz aux trousses de la demoiselle, avec mission de la suivre de son domicile jusqu'au quai. S'il s'aperçoit d'une filature, il préviendra son chef par un signe discret. Dans le métro, des complices placés aux points stratégiques guettent l'apparition de messieurs vêtus d'imperméables un peu longs et coiffés de chapeaux tyroliens. Le rendez-vous se passe à merveille ; Käthe manifeste son désir de servir. Troisième étape : mise à l'épreuve. On lui demande des cachets, des tampons, des spécimens d'écriture. Elle les livre. On la considère alors comme engagée et on passe aux affaires sérieuses : Käthe fournit des documents, mais pas à Trepper. Celui-ci envoie une comparse, Mme Giraud. Couverte par Katz, elle rencontre Käthe dans le métro et reçoit d'elle, cachés dans des journaux, les rapports rédigés par le docteur Kleefeld. Mme Giraud a l'ordre de traîner dans les rues pendant au moins six heures avant de rentrer chez elle, avec, toujours, le fidèle Katz sur ses talons. Puis elle doit conserver les documents chez elle pendant trois jours ; après quoi ce n'est pas elle, mais son mari, qui ira les porter au Grand Chef...

C'est faire bien des histoires ? Il est vrai. Mais si tous les chefs de réseaux avaient agi de la sorte, les charniers nazis n'eussent pas été si profonds.

Par Käthe, Moscou connaît les problèmes de main-d'œuvre qui se mettent à la traverse des plans hitlériens et le moyen envisagé pour y remédier : la réduction en esclavage de l'Europe occupée. Kleefeld sait tout : les contingents fixés pour chaque pays, leur affectation en Allemagne et — renseignement précieux — les industries inscrites en priorité. Il ne tardera pas à rendre compte des difficultés éprouvées dans le recrutement et de la vaste évasion dans les maquis. C'est important.

Mais Käthe fait mieux encore. Elle amène au réseau un Français employé dans le Service du Logement de la Wehrmacht à Paris. A première vue, l'intérêt du personnage est mince. En fait, c'est peut-être la plus importante recrue jamais acquise au Grand Chef. Mais nous laisserons à Franz Fortner le soin de l'expliquer : avec ses grandes oreilles, son gros nez et sa grosse voix, cet ogre naïf n'a pas son pareil pour raconter les belles surprises que ménageait l'Orchestre Rouge...

Un jour, Vassili de Maximovitch fit part à Trepper de son embarras (nous savons même qu'il triturait nerveusement la barbiche dont son menton s'ornait depuis peu) : on commençait de jaser. Faute d'obtenir la consécration officielle, ses amours avec Margarete viraient à la liaison vulgaire et les mauvaises langues ne tarderaient pas à douter qu'elle fût platonique. La position de Maximovitch s'en trouverait contestée, et même il ne tarderait pas à être mis au ban du *Gross Paris*. Trepper adjura d'épouser, mais Vassili lui fit observer en caressant sa barbiche qu'on n'en était pas encore réduit à la reddition pure et simple : un repli élastique amènerait sur une position capable de tenir au moins quelques mois : les fiançailles. « Et grâce au ciel, ajouta le Russe, dans notre milieu, il n'est pas question de consommer entre fiançailles et épousailles. »

Moscou devait être informé. Le Grand Chef sollicita l'autorisation du Directeur. Celui-ci ayant bien voulu accorder sa bénédiction, on inonda le *Gross Paris* de cartons d'invitation frappés aux armes des Maximovitch. La réception fut fastueuse ; on y vit valser les plus belles filles de l'aristocratie russe émigrée au bras des plus fiers officiers de l'Etat-Major allemand à Paris ; le champagne coula à flots et les tourtereaux reçurent les félicitations de tous les généraux du Majestic.

C'est peut-être témoigner d'un goût déplorable pour l'image d'Epinal, mais nous voudrions voir passer le Grand Chef devant les fenêtres des salons où l'on danse, nous voudrions qu'il s'arrêtât et regardât un instant les élégantes silhouettes tournoyer en ombres chinoises aux accords d'un orchestre dont il réglera le cachet, et les serveuses passer des coupes de champagne dont il paiera la note. Ces jolies femmes, ces beaux officiers sont réunis là de par sa volonté et à ses frais ; et il incarne pourtant, lui, Juif communiste, tout ce qu'ils haïssent le plus au monde. Il a fait de grandes choses — il en fera encore — mais pour ce qui est du pittoresque, cette réception de fiançailles constitue sans doute son chef-d'œuvre.

Mais le Grand Chef avait trop de soucis en tête et trop d'angoisse au cœur pour perdre son temps à voir valser ses dupes.

XIX

« CONSERVEZ VOTRE SANG-FROID ! »

FAISONS le point.

Cet été 1942 consomme la chute de Bruxelles et d'Amsterdam mais la citadelle parisienne semble inexpugnable. Entourée de guetteurs, protégée par un cloisonnement draconien, elle est prête à recevoir l'assaut.

Grâce à Grossvogel, l'intendance est assurée. Une dizaine d'appartements ou de chambres vides peuvent accueillir les hommes du réseau : 3, rue Edmond-Roger ; 13, quai Saint-Michel ; 94, rue de Varennes ; 6, rue Fortuny ; 78, avenue de Wagram, etc. ; il y a aussi un pavillon au Vésinet et une villa à Verviers. On dispose même d'une base arrière : le château de Billeron, où vont reprendre des forces les agents malades, fatigués, de sorte que clandestins communistes et femmes d'officiers junkers respirent côte à côte le bon air du Berry. Billeron, situé à quelques kilomètres de la ligne de démarcation, est aussi pour les agents menacés une issue de secours vers la zone libre ; des guides locaux les y conduisent en sécurité. Détails : la ferme des Corbin fournit en abondance volailles et œufs, et Thevenet, actionnaire de la Simexco belge, fabricant de cigarettes, continue d'assurer à Paris son tabac.

Quant aux finances, elles sont florissantes. Le bénéfice net de Simex et de Simexco s'élève à 1 616 000 francs pour l'année 1941, à 1 641 000 francs pour 1942, étant entendu que tous les frais de fonctionnement des réseaux belge, hollandais et français ont été inscrits au passif des deux sociétés. De ces dépenses, Trepper tient un compte rigoureux car, comme chaque chef de réseau soviétique, il sait qu'il devra présenter ses bilans à Moscou. Lui-même et ses hommes sont payés en dollars (le dollar est depuis toujours l'unité monétaire du Centre). En 1939, le Grand Chef recevait 350 dollars par mois. Ils furent réduits à 275 lorsque sa femme et ses enfants rejoignirent Moscou via Marseille. Kent, Alamo et Grossvogel touchèrent d'abord 175 dollars par mois, puis 225. Mais tous les agents, du plus grand au plus petit, reçoivent un salaire uniforme de 100 dollars par mois depuis le 22 juin 1941 : c'est la guerre et ils sont considérés comme des soldats mobilisés. Bien entendu, leurs indemnités pour frais de service sont illimitées.

Au premier regard, les dépenses apparaissent légères. Du 1er juin 1941 au 31 décembre 1941, Bruxelles coûte 5 650 dollars et Paris 9 421. Du 1er janvier 1942 au 30 avril 1942, 2 414 dollars pour le réseau français, 2 042 pour le réseau belge, tandis que Kent, à Marseille, reçoit pour son groupe 810 dollars. Du 1er mai 1942 au 30 septembre 1942, les frais s'expriment en francs : 593 000 pour la France, 380 000 pour la Belgique, 185 000 pour Kent.

Il ne s'agit là que des dépenses de routine (salaires des agents, locations d'appartements, etc.). Pour avoir une vue exacte des finances du réseau, il faudrait ajouter les fonds affectés à la corruption d'officiers allemands, la note des fiançailles de Maximovitch, l'entretien de Billeron, etc. Le Grand Chef peut dépenser sans compter puisque l'argent donné aux Allemands est, par l'intermédiaire de Simex et de Simexco, pris dans la poche même des Allemands. Le troisième Reich entretient l'Orchestre Rouge comme un organisme nourrit le cancer qui le ronge. Et il l'entretient sur un pied tel que le Centre songe un instant à faire du Grand Chef le banquier de tous les réseaux soviétiques à l'Ouest...

Ses comptes, Trepper les a cachés dans une horloge de la maison de Verviers. Au domicile de Katz, des pots de confiture contiennent un trésor de 1 000 dollars-or destinés à parer à une éventuelle catastrophe financière. Claude Spaak a toujours en dépôt le rouleau d'or confié par les Sokol. Même si Simex et Simexco sont découverts, le nerf de la guerre ne fera pas défaut.

Fort de cette infrastructure, le réseau abat une besogne hors de pair. On connaît déjà le rôle de la Simex : pénétration de l'organisation Todt et renseignements sur les grands travaux effectués par la Wehrmacht en Europe occupée ; celui de Vassili de Maximovitch : pénétration de l'État-Major à Paris, informations sur les mouvements de troupes, les mutations d'officiers, le moral de la Wehrmacht, les menées antihitlériennes dans son sein, les relations avec Vichy ; celui de Käthe Vœlkner : les problèmes de main-d'œuvre ; Anna, quant à elle, renseigne sur la politique vaticane et sur les affaires intérieures françaises ; à Lyon, Roméo Springer a noué contact avec l'ancien ministre belge Balthazar et le consul américain ; il en reçoit des informations intéressantes.

Ce n'est pas tout.

Le réseau a recruté deux agents dans le central téléphonique allemand de Paris. Ils écoutent les conversations échangées entre la capitale française et Berlin, rapportant au Grand Chef les faits les plus importants.

L'organisation du Komintern est également à son service. A sa tête, un Juif de quarante-quatre ans, long et mince, avec des yeux noirs au regard vif : Henry Robinson. La Gestapo écrira de lui dans son rapport : « Juif allemand, parlant couramment allemand, anglais, russe, français et italien. Utilise de nombreuses identités mais on ne sait pas laquelle est la bonne. Fondateur des Jeunesses Communistes avec son ami Humbert-Droz. Représentant des Jeunesses Communistes françaises au Komintern en 1922. En 1923, chef de l'Appareil ouvrier politico-militaire en Rhénanie pendant l'occupation française. En 1924, chef technique de l'Appareil ouvrier politico-militaire pour l'Europe Centrale et l'Europe de l'Ouest. En 1929, adjoint du général Muraille pour la direction des services de renseignements soviétiques en France. En 1930, chef des services de renseignement pour l'Europe de la IVe section de l'Armée Rouge. En 1940, chef de la section activiste et militaire pour l'Europe de l'Ouest. »

Curriculum vitæ entaché sans doute d'inexactitudes (même s'il a accompli quelques missions pour le compte du Centre, Robinson est resté jusqu'au bout d'obédience Komintern) mais fort éloquent : l'homme est un vétéran de la lutte clandestine. Guère plus âgé que le Grand Chef, il était déjà l'adjoint du général Muraille, chef de l'espionnage soviétique en France, trois ans avant que Trepper vînt dans ce pays faire ses classes avec Fantômas. Depuis, Robinson n'a cessé d'améliorer son implantation et de multiplier ses relations dans tous les milieux français, tandis que Trepper a vécu en Russie et en Belgique. C'est pourtant Robinson qui passe sous le commandement du Grand Chef, et non l'inverse. Trepper appartient aux services de l'Armée Rouge, que la guerre mondiale a mis au premier plan. L'autre fait partie d'un Komintern en baisse de prestige, suspect de déviationnisme aux yeux de Staline, tenu pour inefficace et désuet par les jeunes technocrates du Centre. En ordonnant à Trepper de s'adjoindre le groupe Komintern, le Directeur multiplie même les mises en garde : Robinson a été en conflit idéologique avec le Kremlin, il n'est politiquement pas sûr ; on le soupçonne d'avoir servi d'informateur au Deuxième Bureau français. La consigne est donc de l'utiliser avec la plus grande prudence.

Le général Sousloparov organise une rencontre entre les deux hommes à la veille de « Barbarossa ». Faisant taire sa probable amertume, Robinson met immédiatement ses agents belges et français à la disposition de l'Orchestre Rouge et apporte au Grand Chef son réseau personnel d'informateurs. Il est introduit dans les milieux dirigeants français et dispose de plusieurs « sources » au sein du Haut-Commandement allemand. Ses agents fourniront à Trepper des rapports précis sur des affaires telles que l'évasion du général Giraud et ses conséquences, le débarquement de Dieppe, les résultats des bombardements alliés sur la France, les préparatifs du débarquement anglo-américain en Afrique du Nord, etc.

Les groupes Vassili et Anna de Maximovitch, Käthe Vœlkner, Roméo Springer, Robinson : autant de cellules de travail débitant du renseignement avec une régularité d'usine. Pour être complet, il faudrait ajouter les contacts individuels que tel ou tel agent noue avec un informateur au hasard des circonstances. Le Grand Chef bénéficie par exemple des confidences d'une demoiselle Mayol de Lupé, sœur de l'aumônier de la Légion des Volontaires Français combattant en Russie sous l'uniforme allemand. Mgr Mayol de Lupé, beau spécimen de moine de l'Inquisition, règne sur cette unité où se côtoient mercenaires engagés pour la soupe et tristes enfants perdus assurés de défendre en Russie l'honneur de la France, qu'ils ont emballé un peu vite dans le drapeau à croix gammée. A ce qu'on dit, la conversation de la sœur portait essentiellement sur des sujets gaillards, mais gageons qu'il s'y mêlait parfois des informations obtenues du Monseigneur.

Il faut aussi rappeler les nombreuses relations que s'est faites le Grand Chef parmi les officiers allemands, soit par l'intermédiaire de la Simex, soit au cours de ses sorties vespérales. Autant d'informateurs involontaires...

... ou volontaires. Se souvient-on de Kaïnz, l'ingénieur de la Todt, qui avait annoncé à Trepper l'imminence de « Barbarossa » ? A cette époque, Kaïnz n'était encore qu'imprudent — quoique cet Autrichien n'ait jamais eu de sympathie pour le régime hitlérien. Depuis, il a été envoyé en mission à Kiev, en Ukraine, et il a vu, les

29 et 30 septembre 1941, 33 771 Juifs — hommes, femmes, enfants — massacrés au ravin de Baby Yar, le ravin des Bonnes Femmes ; il les a vus arriver au milieu des dunes de sable, leur balluchon sur le dos, puis s'asseoir au bord de la route et attendre qu'on vînt les chercher, tandis que la rafale qui moissonnait leurs frères scandait la fuite du temps comme un balancier d'horloge — 33 771 êtres humains assassinés en quarante-huit heures : sommet de l'horreur nazie, record absolu que n'égaleront jamais les fabriques de mort, Treblinka et Auschwitz, même à leur plus haut rendement ; il a vu cela, Ludwig Kaïnz, et il ressent déjà ce qu'écrira vingt ans plus tard le poète Evtouchenko :

« Dans l'herbe folle au ravin des Bonnes Femmes
Les arbres, dirait-on, profèrent des menaces
tels des juges.
De silence sont faits tous les cris de ce lieu
Je me découvre
et sens grisonner mes cheveux.
Je deviens à présent
cette plainte muette
qu'exhalent par milliers les morts inhumés là.
Je suis
chaque vieillard fusillé
sur ce tertre.
Je suis
chaque bambin fusillé
sur ce tertre
Longtemps j'aurai mémoire,
oh ! longtemps de cela [1].

Depuis Baby Yar, Kaïnz est des nôtres.

Moscou peut être content. Le Grand Chef, à force de travail et de talent, est parvenu avec le réseau français

1. Eugène Evtouchenko, *Trois minutes de vérité*, Gallimard 1963, p. 46.

au but suprême qu'on fixe à toute organisation de renseignement : la pénétration *au sommet* du dispositif ennemi. Comme Schulze-Boysen et ses gens — mais ceux-ci étaient Allemands, donc déjà dans la place. Eût-il réussi simplement la pénétration à la base, à laquelle se borneront la majorité des réseaux alliés, que le résultat eût été de moindre intérêt pour le Kremlin : Paris n'était pas le nombril du Reich et le tran-tran de sa vie quotidienne était sans conséquence directe pour la Russie. Mais nous savons que les rapports de Maximovitch sur les menées antihitlériennes d'officiers du type Pfeffer facilitèrent à Moscou la mise au point de sa campagne de propagande sur les cadres de la Wehrmacht. Le Kremlin connaissait mal la psychologie de l'« officier de tradition » allemand et son attitude vis-à-vis du régime. Eclairé par Maximovitch, il rédigea les appels du « Comité de l'Allemagne libre », présidé par le vaincu de Stalingrad, le maréchal von Paulus, en tenant compte des renseignements recueillis à Paris. De même, les contacts de Vassili et d'Anna — de Robinson également — parmi les émigrés russes sont précieux à l'époque où la politique allemande s'efforce de ressusciter à son profit les nationalismes ukrainien, tartare, cosaque, etc. Les aristocrates émigrés à Paris connaissent par leurs homologues allemands le mensonge de cette politique : il ne s'agit que de diviser pour vaincre, puis pour réduire en esclavage. Informé par le Grand Chef de leurs confidences et de leurs réactions, Moscou les utilise dans sa propagande contre les transfuges. Il serait facile de multiplier les exemples.

L'Etat-Major de l'Armée Rouge reçoit bien entendu sa part du butin. Outre des informations générales sur les projets de la Wehrmacht et ses grandes options stratégiques, il est instruit du départ en Russie de toute division stationnée à l'Ouest avant même que cette division ait fini de boucler ses bagages — et parfois avant que son général soit averti du transfèrement. Ce qui est bien.

Mais il serait encore mieux qu'une fiche signalétique complète accompagnât l'annonce du transfèrement. C'est ici que triomphe la Résistance française. Impuissante le plus souvent à pénétrer l'ennemi au sommet, elle y supplée par un envahissement à la base : grâce à ses milliers d'agents, tous amateurs de bonne volonté, elle parvient à reconstituer — une bribe par-ci, une bribe par-là — la mosaïque adverse jusque dans ses plus infimes détails. Elle dresse la *carte vivante* de l'armée ennemie. Elle obtiendra à elle seule, après le débarquement, la reddition du plus formidable point fortifié de la côte normande — *Ostek*, près de Cherbourg — qui résistait depuis quatre jours à tous les assauts : les officiers d'*Ostek* se rendront après qu'un parlementaire américain leur eut montré sa carte, où le dispositif allemand était reporté de manière plus précise encore que sur les leurs, où chaque arme était située avec son champ de tir et l'indication de sa réserve de munitions, à l'obus ou au chargeur près, où le contingent d'hommes de chaque blockhaus était indiqué en légende, avec le nom de l'officier qui le commandait... L'arme psychologique réussira là où échouait un déluge de fer et de feu : briser la résistance d'*Ostek*.

Les groupes spécialisés du Grand Chef ne peuvent descendre à ces détails minuscules : ils fraient avec les généraux à pantalons galonnés de rouge, et non avec les adjudants ; ils ne seraient d'ailleurs pas assez nombreux. Mais Trepper, comme les autres patrons de réseaux de résistance, comme Rémy, comme Sainteny, comme Marie-Madeleine Fourcade, dispose lui aussi d'une infinité d'agents subalternes occasionnels ; il a son armée d'« espions-balais ». Tout ce qui est Francs-Tireurs et Partisans, parti communiste, organisations de combat juives, groupes de résistants étrangers — une fourmilière ! — besogne pour l'Orchestre Rouge. Chaque fois qu'un camion de la Wehrmacht tombe dans une embuscade, chaque fois qu'un poste ennemi est enlevé d'assaut, les papiers des soldats et les documents en possession de leur officier sont triés, analysés à l'échelon local ; s'ils contiennent des renseignements d'intérêt général, ceux-ci sont transmis au Grand Chef. Butin de choix, encore, les informations obtenues par les cellules que ces organisations affectent au « travail allemand », c'est-à-dire à la pénétration de la Wehrmacht. Leurs éléments de pointe sont de jeunes militantes chargées de s'acoquiner avec les soldats et officiers pour en extirper le maximum de renseignements. La tâche est délicate ; comme l'écrit bravement un rapport : « Elles avaient affaire à des hommes qui ne voyaient en elles que l'objet de leur convoitise. Il fallait les tenir à distance tout en gagnant leur confiance et on peut dire que le passage de la « zone érotique » à la « zone politique » n'était pas facile à réaliser. » On le croit volontiers.

Le Centre ne reçoit pas la totalité du butin — tous les pianistes de France n'y suffiraient pas — mais sa fine fleur. Et notamment la fiche signalétique de chaque unité montée sur le front russe. C'est ainsi que les soldats de la 23e d'infanterie, la « division de la tour Eiffel », ont pu entendre les haut-parleurs de l'Armée Rouge leur annoncer que la belle vie de Paris était bien finie. Qu'on se mette un peu à la place du petit soldat de la 23e... Il a quitté la France et ses douceurs, il a traversé l'Europe pour aller affronter un ennemi d'autant plus redoutable qu'il lui est inconnu (confrontée avec l'inconnu, l'imagination travaille), et c'est pour découvrir, dans la nuit précédant l'assaut, par voie de haut-parleur, puis de tract, que cet ennemi sait tout de lui et de ses camarades... L'amère surprise ! La terrifiante révélation ! Il était donc, depuis le début, sous l'œil d'un adversaire diabolique ? Le petit soldat de la 23e est comme seront en juin 1944 les défenseurs d'*Ostek* : mortellement atteint dans son intime confiance en soi.

Que dire de plus, sinon qu'on vit rarement, dans l'histoire du renseignement, un réseau donner à son chef autant de motifs de satisfaction et de fierté que le réseau français de l'Orchestre Rouge en cet été 1942...

Il est pourtant avéré que ce même été marqua pour le Grand Chef le début de l'angoisse.

D'abord, la guerre va mal. Vingt-cinq ans après, nous voyons d'un œil l'Etat-Major allemand lancer l'« Opération Bleue » et nous avons déjà l'autre œil sur Stalingrad, mais le champ visuel de Trepper n'a pas cette superbe ampleur. Comme tout le monde, il en est réduit à constater que la Wehrmacht déferle vers le Caucase, que Rommel bouscule les Britanniques dans le désert africain, que l'armée japonaise continue de jaunir la carte du Pacifique.

Ensuite, et toujours, et plus que jamais : le problème des transmissions...

Hersch Sokol est capturé le 9 juin ; Wenzel tombe aux mains de Fortner à la fin du même mois. Qui prendra le relais ?

Kent le pourrait. Il possède un émetteur et ses activités à Marseille sont restées, depuis huit mois, indétectées de la police vichyssoise. Mais quelles activités ! « C'était la belle vie, raconte Margarete Barcza. Mon rêve se réalisait enfin : il ne me quittait jamais. Nous passions nos après-midi à la plage. Quand le ciel était gris : cinéma, et jusqu'à trois séances par jour, ou bien on dansait chez nous, ou on partait dans notre maison de campagne. De temps en temps, il allait prendre un verre avec M. Jaspar pour discuter travail, mais comme ça me rendait furieuse, il espaçait les rendez-vous. Croyez bien que je n'avais pas de mal à le persuader : Vincent en avait réellement par-dessus la tête de toutes ces histoires. Que voulez-vous, on s'aimait, on était heureux, pourquoi s'inquiéter du reste ? Mon fils René était avec nous mais ça ne créait aucun problème, au contraire, car Vincent l'aimait comme s'il avait été son enfant. Oui, c'était une bien belle vie et nous ne souhaitions qu'une chose : la voir continuer.

« Pour ça, Vincent avait un plan : filer en Suisse sans prévenir personne et attendre là-bas la fin de la guerre. Il possédait de l'argent et un passeport avec le visa pour la Suisse. Mais moi, pas de papiers naturellement. Il voulait que je m'installe avec René en Haute-Savoie ; lui, il serait allé en Suisse et aurait organisé de là-bas notre passage. J'ai refusé. Me séparer de lui, même pour quelques jours, c'était au-dessus de mes forces. On est donc restés tranquillement à Marseille en se disant que la guerre finirait bien un jour et qu'on passerait peut-être à travers. Pour plus de sûreté, Vincent m'a obligée à mettre René, qui marchait sur ses onze ans, dans un pensionnat de Marseille. Comme ça, s'ils nous arrivait une tuile, il ne serait pas à l'abandon.

« Trepper nous a rendu visite plusieurs fois pour relancer Vincent. Ils se mettaient tous les deux dans une pièce, parlaient à voix basse et se taisaient dès que je faisais mine d'entrer. Moi, ça me rendait folle ! Même qu'une fois, j'ai flanqué le Trepper à la porte ! Il était furieux parce que c'était juste avant le petit déjeuner et pardon ! question nourriture, il ne fallait pas lui en promettre ! Gourmet et gourmand !

« Comme Vincent, d'ailleurs... Ah, on aurait vraiment cru qu'il n'avait jamais mangé à sa faim avant de venir en Belgique et en France ! Au restaurant, il lui arrivait souvent de commander en même temps deux ou trois plats de viande — et encore, ça ne lui suffisait pas : quand on rentrait à la maison, il me demandait de lui préparer un petit en-cas ! Un ogre, je vous jure... »

Kent est perdu pour le réseau. Il fait mille difficultés pour utiliser son émetteur, invoque des pannes incessantes, de sorte que le Grand Chef est obligé de lui envoyer les techniciens d'un groupe de résistance local, qui ont tôt fait de déclarer l'émetteur bon pour le service. Même alors, Kent rechigne à la besogne. Impossible de compter sur lui pour écouler le trafic radio de réseau. Le Centre s'indigne et accable le Grand Chef de reproches sur l'inaction de son adjoint. Trepper préfère ne pas montrer les télégrammes à Kent afin de ne pas le démoraliser tout à fait : le mieux qu'on puisse espérer de l'ex-Petit Chef est qu'il demeure vautré dans son défaitisme et sa goinfrerie sans attirer l'attention du contre-espionnage vichyssois sur le réseau.

Robinson possède aussi un émetteur. Mais le vétéran du Komintern n'est pas à la hauteur de ses états de service ; il a peur des voitures radiogoniométriques de la Funkabwehr. Robinson a sur Kent le seul avantage de ne point faire perdre au Grand Chef son temps en vaines exhortations : il refuse tout net de se mettre au piano — rien ni personne ne l'en fera démordre.

Reste la carte Giraud.

Pierre et Lucienne Giraud, trente-quatre et trente-deux ans, ont été recrutés par leur vieil ami Katz. D'abord agents de liaison, ils servent de « coupe-circuit » entre le Grand Chef et Michel, son « contact » avec le parti communiste français, et aussi, comme on l'a vu, entre le Grand Chef et Käthe Vœlkner. Dès le printemps 1942, alors que Sokol et Wenzel sont encore en liberté, Grossvogel installe le couple à Saint-Leu-la-Forêt, près de Paris, avec un émetteur confié par Pauriol, le spécialiste radio du Parti qui avait déjà fourni son poste à Hersch Sokol ; les Giraud ont instruction de s'initier à sa manipulation. Ils y échouent et ne parviennent pas à établir la liaison avec le Centre quand Trepper leur en donne l'ordre, après la capture de Sokol et de Wenzel. Les Giraud reviennent à leur besogne d'agents de liaison et le Grand Chef est obligé d'avoir recours au Parti, comme après les Atrébates, pour écouler son trafic radio — solution toujours aussi peu satisfaisante en raison de la saturation des émetteurs communistes. Les Giraud, désolés de leur échec, s'emploient à y remédier. Ils scrutent l'oiseau rare qui saura manipuler le poste : Valentino Escudero, républicain espagnol réfugié en France après la retraite de Catalogne ; interné par les autorités françaises, puis libéré, Escudero travaille comme électricien dans une entreprise de transports allemande à Paris. Grossvogel loue pour le trio une villa au Pecq, en Seine-et-Oise. A la fin de l'été, Trepper donne le feu vert pour une nouvelle tentative. Mais avant même qu'elle ait eu lieu, la Gestapo survient et va droit à l'émetteur, enterré dans le jardin. Les Giraud s'enfuient. On retrouvera leur trace à Paris après la Libération, en 1946, mais ils disparaîtront à nouveau sans laisser d'adresse. Escudero, curieusement, n'est pas inquiété par la Gestapo. Après la Libération, il rallie l'Espagne, où son épouse ne tarde pas à le rejoindre. Pour que Valentino Escudero, ancien de l'armée républicaine, retournât chez

Franco dès 1945, il fallait qu'il eût donné des gages de sa conversion politique. Nous ne jurerions pas que la Gestapo vint au Pecq sur sa dénonciation, mais l'hypothèse paraît au moins vraisemblable.

Il est en tout cas certain qu'après ce nouveau coup du sort, Trepper se retrouve sans émetteur. Il est également vrai qu'il en a l'habitude. Aussi bien cet embarras n'est-il pas à la source de son angoisse, pas plus que la chute de Bruxelles et celle d'Amsterdam (le cloisonnement imposé à Paris limitera les dégâts), ou celle, inéluctable, de Berlin — dont il ignore l'imminence.

Son angoisse, c'est Moscou.

Le Kremlin avait refusé d'écouter les cris d'alarme du Grand Chef annonçant « Barbarossa », mais Sorge au Japon, Rado en Suisse, d'autres ailleurs, avaient esssuyé la même rebuffade et l'amertume de n'être point cru constitue le pain quotidien d'un chef de réseau.

Le général Sousloparov n'avait pas procuré à Trepper les émetteurs qu'il réclamait, mais on ne pouvait guère en vouloir au brave attaché militaire : son rôle se bornait à transmettre au Centre, et le Centre n'avait pas répondu puisqu'il ne croyait pas à la guerre.

Quand cette guerre était venue, les ordres du Directeur avaient pris une véhémence aussi excessive que l'avait été sa passivité antérieure. Malgré les avertissements du Grand Chef — malgré ses supplications ! — les pianistes du réseau avaient été rivés à leur émetteur cinq heures d'affilée quand une émission longue de vingt minutes offrait déjà de bonnes chances aux limiers de la Funkabwehr. Alamo, Wenzel et Sokol sont aux mains de la Gestapo pour avoir obéi au Centre. Mais c'est toujours ainsi en temps de guerre : les chefs aiment à décréter, du fond de leur quartier général, l'ordre de se faire tuer sur place, alors même qu'il suffirait d'un léger déplacement latéral pour éviter l'obus. Leurs foucades n'ont même pas l'avantage d'en finir avec les mœurs bureaucratiques antérieures : elles s'y ajoutent. Le Directeur traite les radios en grenadiers d'assaut, mais il exige aussi qu'ils conservent pendant vingt-quatre heures le double de tous les télégrammes émis afin de pouvoir les répéter au cas où le Centre les aurait mal captés ou mal déchiffrés : on apprécie le risque encouru ! Il est vrai que ces sottes exigences sont de tous les bureaux du monde.

La première vraie fêlure vint avec le fameux télégramme ordonnant à Kent de se rendre aux adresses des trois chefs du réseau berlinois. Atterré, le Grand Chef se dit : « Ce n'est pas possible ! Ils sont devenus fous ! » Trois adresses capitales livrées dans un télégramme qui pouvait être capté, décrypté — et qui le fut... Pourquoi n'avoir pas dépêché à Bruxelles un messager instruit des adresses et pourvu d'une pilule de cyanure ? Si le temps pressait à ce point, on pouvait au moins répartir les adresses sur trois messages, en utilisant des codes différents, de manière à diminuer le risque qu'elles fussent prises toutes ensemble. A compter de ce jour, le Grand Chef ne livrera plus à Moscou, malgré les protestations du Directeur, l'identité de ses « sources » — attentat sacrilège aux traditions du renseignement soviétique —, il lui célera même l'identité de la plupart de ses agents (et c'est pourquoi il préfère ne demander aucun renseignement sur Käthe Vœlkner). Mieux encore : quand ses transmissions seront de nouveau en ordre de marche, il réservera aux émetteurs du parti communiste français ses rapports les plus vitaux, soit qu'ils contiennent des renseignements essentiels, soit que leur capture risque de mettre en péril l'existence du réseau. Cette mesure de prudence offre un avantage subsidiaire : lesdits rapports sont lus par d'autres que le Directeur, car, confiés par Trepper à Pauriol, transmis par Pauriol au chef communiste Jacques Duclos, captés à Moscou par les services de Dimitrov, patron du Komintern, ils sont soumis au tout-puissant Comité Central soviétique en même temps qu'au Directeur.

Mais après le télégramme adressé à Kent, le Grand Chef ne se méfie encore que de l'imprudence du Centre : il ne se défie pas du Centre.

C'est ensuite le raid sur les Atrébates et les mesures de sécurité prises d'urgence : envoi de Kent à Marseille, repli des agents les plus menacés sur Lyon, mise en sommeil pour six mois du réseau bruxellois. Le Centre s'indigne et crie presque à la trahison ; on remontre à Trepper qu'il ne faut pas s'affoler pour si peu ; on exige le retour de Kent à Bruxelles. Le Grand Chef répond qu'étant sur le terrain, il est meilleur juge de la situation que le Directeur. Kent restera à Marseille et Roméo Springer à Lyon. Moscou ordonne alors le réveil immédiat du réseau belge sous la direction de Yefremov. Trepper confirme au contraire ses instructions : il a jaugé Yefremov ; toute l'activité de l'Ukrainien consiste à traîner dans les bars et à noter le numéro des unités auxquelles appartiennent les soldats allemands qui s'enivrent avec lui.

Yefremov est pris par Fortner. Trepper avertit immédiatement le Centre. Réponse du Directeur : « Nous savons. Il nous a prévenu par radio qu'il avait eu des ennuis pour une affaire de devises, mais c'est arrangé et il est libéré. » Cela, le Grand Chef le sait aussi, mais il devine le prix payé par Yefremov pour sa « libération » : la trahison du réseau. Comment en convaincre le Centre ? Grossvogel et Pauriol partent pour Bruxelles avec mission de tirer l'histoire au clair. Leur conclusion est catégorique, preuves à l'appui : Yefremov a trahi. Message du Grand Chef au Centre. Réponse du Directeur : « La peur vous égare. Ordre de reprendre immédiatement contact avec Yefremov. » Trepper, Grossvogel et Pauriol se bornent à rire jaune.

Wenzel est pris. Avertissement du Grand Chef au Centre. Réponse : « Vous vous trompez. Wenzel continue à émettre et nous envoie un excellent matériel. »

Le Hollandais Winterink est pris. Le Centre à Trepper : « Vous êtes fou. Il continue à nous fournir d'aussi bons renseignements qu'avant sa prétendue arrestation. Conservez votre sang-froid ! »

S'il n'est pas encore fou, le Grand Chef se sent le devenir. Nuit après nuit, il cherche une explication aux incroyables messages de Moscou, il s'efforce de repousser ce terrible soupçon : il y a au Centre un ou plusieurs traîtres à la solde des Allemands dont l'objectif est de briser les réseaux *de l'intérieur*. Mais alors, qui croire et en qui espérer ? Si le Centre lui-même est pénétré, tout n'est-il pas perdu ? Autre hypothèse : le Directeur pense peut-être qu'il est tombé, lui, Trepper, dans le coup de filet opéré par Fortner aux Atrébates. Après tout, vue de Moscou, sa dextérité à sortir de la souricière a pu paraître trop belle pour être vraie. Si le Directeur croit que Trepper est aux mains de la Gestapo, il est évident que tout ce que le Centre reçoit de lui est tenu à priori pour mensonger. Mais pourquoi le proclamer si ouvertement ? Pourquoi ne pas feindre d'entrer dans le jeu allemand, ne serait-ce que pour découvrir ses buts ? Et puis, si le Grand Chef s'est abaissé si bas que de pianoter pour le compte de la Gestapo, il est évident qu'il aura aussi livré Yefremov, Wenzel et Winterink. L'hypothèse ne résiste pas à l'examen. Aucune de celles qu'examine l'esprit fertile du Grand Chef ne peut rendre un compte logique de l'attitude du Centre.

Une seule certitude : Moscou est trompé par l'excellence des renseignements émis par les transfuges. Trepper a compris le mécanisme du Funkspiel ; il en devine la difficulté majeure : obtenir des autorités supérieures l'autorisation de passer à l'ennemi assez d'informations vraies pour faire croire aux fausses. Ceux qui manipulent Yefremov, Wenzel et Winterink ont d'évidence reçu cette autorisation : Moscou continue de se féliciter de leur ouvrage. Or, les renseignements transmis par les trois hommes avant leur arrestation étaient autant de coups de poignard pour la Wehrmacht. Il faut donc que le but du Funkspiel soit bien extraordinaire, bien grandiose, pour qu'on consente à l'alimenter de la sorte. Le Grand Chef est sans doute fier de son œuvre, mais il lui paraît invraisemblable que les maîtres du Funkspiel misent si gros le jeu dans le but d'en finir avec un réseau. Même s'ils avaient ce seul objectif (étant des hommes de renseignement et sachant l'importance de leur spécialité), ils ne seraient point parvenus à convaincre les profanes de la Wehrmacht que le jeu en valait la chandelle.

Le Funkspiel cache donc autre chose — mais quoi ?

Le secret gît à Bruxelles, où le Kommando finit sa Grand Chef est dispersé, anéanti. D'ailleurs, il ne s'agirait battue. Le « groupe de contre-espionnage » monté par le plus de guetter à la porte des prisons et de soudoyer des gardiens, mais de lire dans les dossiers de Giering. Trepper décide, tant son angoisse est forte, de lancer Vassili de Maximovitch dans une tentative où il risque de se brûler. L'oncle de sa fiancée, le lieutenant-colonel Hartog, fait la liaison entre l'Etat-Major allemand de Paris et celui de Bruxelles : peut-être sera-t-il au courant de l'arrivée prochaine du Kommando en France, et surtout de ses projets... Vassili marche courageusement au canon, bien qu'il sache que l'oncle ne l'aime pas. Mais cette inimitié le sauve justement : après quelques visites prudentes — avant qu'il ne se soit démasqué devant Hartog — la secrétaire de celui-ci, une demoiselle Kreuziger, informe Vassili que son patron souhaite qu'il le prive désormais du plaisir de sa conversation...

Il ne reste plus au Grand Chef qu'à attendre.

XX

LA FIN DES BERLINOIS

On croit rêver. Aucun romancier n'oserait inventer une intrigue aussi romanesque que celle qui précipita la chute du groupe de Berlin. Celui-ci devait finir comme il avait vécu : dans la fantaisie et la confusion.

Depuis le 14 juillet, la Gestapo exploite le filon découvert par Kludow. Elle a identifié les têtes du réseau : Harro Schulze-Boysen, officier de la Luftwaffe ; Arvid Harnack, Oberregierungsrat au ministère de l'Economie ; Adam Kuckhoff, écrivain connu, auteur de la pièce *Till Eulenspiegel,* directeur de la firme cinématographique « Prague-Films ». Schulze-Boysen et Harnack sont des personnalités de premier plan, connues du Tout-Berlin, frayant avec l'élite du régime. On s'explique à présent comment les secrets les mieux protégés du Reich ont pu filer à Moscou. Deux Kriminaldirektor de la Gestapo, Panzinger et Koppkow, prennent l'enquête en main. Supérieurs hiérarchiques de Giering, placés directement sous les ordres du grand Gestapo-Müller, ces deux-là sont de vieux spécialistes de la lutte anticommuniste. Ils ont liquidé le parti clandestin allemand, expédié ses membres à l'échafaud ou dans les camps de concentration, truffé d'indicateurs les vestiges laissés en place pour avertir d'un éventuel sursaut. A leur vive surprise, le réseau de l'Orchestre Rouge — cet épouvantail ! — se révèle plus facile à démanteler qu'une cellule communiste de la banlieue berlinoise. Cloisonnement inexistant ; rendez-vous pris par téléphone ; messages transmis par la poste : le militant de base était un gibier plus retors que ces super-espions ! La liste noire de la Gestapo s'allongeant tous les jours, il n'est pas question pour Panzinger et Koppkow de déclencher une rafle prématurée. C'est le réseau tout entier qui va tomber dans leur filet comme un beau fruit pourri.

Le samedi 29 août, branle-bas dans l'immeuble de la Funkabwehr. Kludow et ses jeunes gens déménagent pour aller occuper à l'étage supérieur des bureaux plus spacieux. Cela se déroule probablement dans une ambiance de franche gaieté estudiantine. Mais l'installation terminée, Kludow joue au pion : il annonce qu'on travaillera le lendemain, dimanche 30 août, pour récupérer ce samedi perdu. Consternation dans les rangs. Sauf peut-être chez Horst Heilmann. Un bon sujet, nazi farouche, le plus travailleur de l'équipe. Comme il était convenu avec des amis d'aller faire du bateau le lendemain sur le Wannsee, il lui faut les avertir de son empêchement. Il utilise le téléphone qu'on vient d'installer dans le bureau de Kludow et appelle un numéro berlinois. La domestique répond ; ses patrons sont absents. Horst laisse un message : qu'on le rappelle d'urgence. Il laisse à la bonne le numéro de Kludow, son appareil personnel n'étant pas encore branché dans son nouveau bureau.

Le destin des hommes et celui des peuples obéissent

peut-être à des lois ressemblant à celles de la balistique, mais il est rare de pouvoir isoler l'instant précis où la trajectoire s'infléchit, de pouvoir fixer le mois, le jour, qui marquent en même temps le plus haut triomphe et le début de la chute.

Il arrive pourtant que l'Histoire, bonne muse, se prête à l'image d'Epinal. Ainsi permet-elle d'écrire que l'empire hitlérien atteignit son apogée le dimanche 30 août 1942 très exactement. La puissance du Führer ne s'était jamais exercée sur tant de territoires et sur tant d'hommes qu'en ce jour mémorable ; jamais l'Allemagne ne parut si près de tenir le monde dans sa poigne.

Ce fut à tous points de vue une journée brûlante.

L'Afrika Korps de Rommel est en ordre de bataille avec les Pyramides dans sa ligne de mire. Le « Renard du désert » a regroupé ses forces pour une offensive qui lui livrera Le Caire, Alexandrie, le delta du Nil et Suez — la « suprême conquête », comme il l'écrit dans ses Carnets. Tout cela gît, offert, à moins de cent kilomètres de ses avant-postes. Les tankistes allemands, couchés sous leurs chars, suffoquent dans la fournaise de l'été égyptien. Ils attendent le crépuscule. Avec lui viendront la fraîcheur et la fusée rouge donnant le signal d'attaque. Ils ont parcouru des milliers de kilomètres dans un désert inhumain qui transforme les tanks en rôtissoires. Ils se battent depuis des mois contre un adversaire toujours plus nombreux et toujours mieux armé. Ils ont égrené bien des camarades morts au long de la piste. Mais demain, installés dans les bars du Caire, ils boiront de la bière anglaise et fumeront du tabac blond.

Rommel est plus près du Tchérek que de Rome, deux fois plus près du Tchérek que de Berlin. Prodigieuse armée allemande ! Le Tchérek, fleuve du Caucase, est le dernier obstacle qui s'oppose à la ruée des chars du général von Kleist sur le pétrole de Bakou. Trois divisions russes hérissent la rive sud de leurs canons et de leurs armes automatiques. Kleist lance un régiment à travers le fleuve. Le 30 août 1942, à trois heures de l'après-midi, par une température de cinquante degrés, les fantassins du 394e d'infanterie blindée de Hambourg sautent dans leurs bateaux d'assaut et foncent vers la rive ennemie. Le Tchérek : deux cent cinquante mètres de large, un courant violent, des tourbillons. Chaque obus russe soulève une colonne d'eau et les canots d'assaut font du slalom entre ces piliers éphémères. Les rafales de mitrailleuse écrêtent les vagues, ricochent sur les coques, fauchent les hommes quand ils jaillissent de l'onde écumeuse. Mais les Hambourgeois parviennent à la rive sud ; ils enfoncent leurs ongles dans son sable ; ils rampent vers la berge ; ils se forment en hérisson ; ils résistent à la première contre-attaque soviétique. Le soir, la tête de pont est suffisante pour qu'on puisse envisager l'ultime coup de rein qui mènera à Bakou. Les hommes du 394e ont fait un long chemin depuis la traversée du Bug polonais, quinze mois plus tôt. Il leur a fallu combattre dans la neige épaisse de l'hiver, patauger dans la boue du printemps. Ils ne comptent plus leurs morts, leurs estropiés et ceux que la guerre a rendus fous. Mais demain, ils verseront dans le réservoir de leurs voitures blindées le pétrole des puits caucasiens.

Ce dimanche 30 août, Hitler est à son Quartier Général de Vinnitza, en Ukraine. Quelques baraques en planches qui font la température plus étouffante encore qu'à l'extérieur. Le Führer ne supporte pas la chaleur ; il ne tardera pas à regagner sa tanière humide de Rastenburg, en Prusse-Orientale. Mais il est probable que la traversée du Tchérek et l'assaut imminent de l'Afrika Korps lui font oublier aujourd'hui les rigueurs de l'été ukrainien. Les yeux fiévreux, la bouche sèche, il est sans doute penché sur ses cartes, où s'inscrit en traits de feu et de sang, de par sa seule volonté, l'une des plus étonnantes aventures militaires de tous les temps ; il imagine déjà la rencontre des éclaireurs de pointe de Kleist et de ceux de Rommel, quelque part du côté de Bagdad, puis leur marche commune vers l'océan Indien où les attend l'armée japonaise ; il entend les paroles sauvages que chantent les tankistes S.S. :

Les os vermoulus du monde
Tremblent sous notre ruée.

Hitler croit que son rêve va devenir réalité. Dix jours plus tôt, le raid des Canadiens sur Dieppe n'a abouti qu'à joncher de cadavres les galets des plages. Hitler est persuadé d'avoir repoussé une véritable tentative d'invasion. A l'Ouest, il est invulnérable pour longtemps. A l'Est et en Afrique, il va assener le coup décisif. L'empire du monde est à portée de sa main.

A Berlin, il fait moins chaud que dans le Caucase, moins chaud qu'en Ukraine et qu'en Egypte. C'est simplement une magnifique journée d'été. Oubliant une guerre dont ils ne soupçonnent pas qu'elle est à son tournant, les Berlinois jouent à la paix dans les bois qui ceinturent leur capitale. Beaucoup de femmes, d'enfants et de vieux, bien entendu, mais aussi les affectés spéciaux, les officiers servant dans les états-majors berlinois, les convalescents, les permissionnaires qui se demandent s'ils ne rêvent pas...

Sur le Wannsee, paradis des fervents de la voile, les bateaux sont moins nombreux qu'avant-guerre ; on s'en amuse d'autant mieux. Corps étendus sur les planches tièdes, clapotis des vagues sur la coque, guitares et harmonicas jouant en sourdine, chants qu'on reprend d'un bateau à l'autre ; le soleil, la paix — le bonheur.

« Mais un observateur attentif aurait remarqué... », écrirait ici Balzac.

... que les équipages passaient volontiers d'un bateau à l'autre, et pour des raisons n'ayant apparemment rien à voir avec la polissonnerie ; que des conciliabules animés se tenaient autour des réchauds où les femmes faisaient cuire les pommes de terre ; que beaucoup d'embarcations allaient, l'une après l'autre, s'accoter à celle que barrait un gaillard blond à la mine impérieuse, comme les voiliers d'antan allant prendre leurs ordres auprès du vaisseau amiral.

Professionnels du renseignement, techniciens du cloisonnement, spécialistes de l'ombre et du secret, voilez-vous la face de vos capes couleur de muraille : ces ébats nautiques sont l'occasion d'une conférence plénière organisée par Schulze-Boysen, barreur du vaisseau amiral. Il a réuni sur le Wannsee *trente* membres de son réseau.

On refuserait d'y croire si l'événement n'était consigné dans le rapport de la Gestapo et si un survivant, Günther Weisenborn, n'en attestait la véracité.

Le soir du 30 août, les Hambourgeois s'enterrent dans les tranchées qu'ils ont creusées sur la rive sud du Tchérek. Ils vont résister cinq jours aux contre-attaques soviétiques. Puis ils tourneront le dos à l'Orient, repasseront le fleuve et marcheront vers l'Occident pour ne plus s'arrêter qu'au dernier jour de la guerre.

La fusée rouge zèbre le ciel égyptien et les grenadiers de l'Afrika Korps attaquent une fois de plus les « Rats du désert » de l'armée anglaise. Leur élan va être bloqué net par Montgomery, qui prépare de longue date la punition d'El-Alamein. Ils tourneront le dos aux Pyramides et referont le long chemin, le dur chemin, menant cette fois aux barbelés de la captivité.

Les plaisanciers du Wannsee amarrent leurs bateaux aux pontons et s'en retournent à Berlin. Avec cette belle journée finissent pour eux les plaisirs de ce monde. Leurs nuques bronzées par le soleil sont désormais promises à la corde ou au couperet de la guillotine.

Le lendemain, 31 août, vers neuf heures du matin, un coup de téléphone interrompit Kludow dans ses travaux. Selon Flicke, de la Funkabwehr, il décrocha et entendit ces mots :

« Schulze-Boysen à l'appareil. Vous vouliez me parler ? »

Stupeur de Kludow, à qui les chefs de l'Abwehr avaient confié sous le sceau du secret les vrais noms de ceux qu'il avait permis de démasquer.

« Allô ? Excusez-moi... j'ai mal entendu...

— Schulze-Boysen. Ma bonne me transmet à l'instant votre message. Il fallait que je vous appelle de toute urgence. De quoi s'agit-il ?

— Allô ? Eh bien... voyez-vous... oui...

— Allô, j'écoute...

— Excusez-moi... au fait, puis-je vous demander si votre nom s'écrit avec un *y* ou avec un *i* ?

— Avec un *y*, naturellement. Je suppose que je me suis trompé de numéro. Vous ne m'avez pas appelé ?

— Eh bien... non... je ne crois pas...

— Erreur de ma bonne, sans aucun doute. Elle aura noté un numéro inexact. Excusez-moi.

— Je vous en prie. »

Lorque Kludow annonça à ses supérieurs qu'il venait de s'entretenir au téléphone avec Schulze-Boysen, ceux-ci crurent que son labeur acharné avait eu raison des nerfs du bon professeur : il entendait des voix... On lui parla de permissions rafraîchissantes, mais il s'entêta à nier l'hallucination. Et il finit par vaincre le scepticisme de ses chefs en leur avouant la question posée à Schulze-Boysen sur l'orthographe de son nom. Depuis que Kludow connaissait son identité, le problème « *i* ou *y* » était devenu une véritable obsession. Dans l'état d'hébétude où l'avait mis la surprise, la question était sortie de sa bouche sans qu'il eût conscience de la formuler.

C'était convaincant et catastrophique. Schulze-Boysen, alerté sans doute par la surveillance de la Gestapo, avait voulu jeter un coup de sonde en téléphonant à la Funkabwehr. Or, la question de Kludow lui confirmait qu'il était découvert.

Avertis, Koppkow et Panzinger crièrent au sabotage de l'enquête. On leur déchiquetait la toile d'araignée où ils espéraient prendre *toute* l'organisation. Ils étaient forcés de passer à l'action.

Harro Schulze-Boysen fut appréhendé dans l'après-midi. Koppkow inventa une ruse subalterne pour le faire sortir de son bureau du ministère de l'Air ; il s'agissait d'éviter le scandale. On l'arrêta dans la rue et on répandit parmi ses collègues la rumeur d'une mission secrète à l'étranger. Sa femme, Libertas, fut prise quelques jours plus tard, au retour d'un voyage à Brême. Le couple Harnack fut arrêté le 3 septembre dans la station balnéaire où il était en vacances.

Une semaine après le déclenchement de la rafle, les équipes de Panzinger et de Koppkow avaient entassé cent dix-huit personnes dans les caveaux de la Prinz Albrechtstrasse, au siège de la Gestapo. Parmi elles, Horst Heilmann, collaborateur estimé de Kludow et membre actif de l'Orchestre Rouge. Car ce Schulze-Boysen, assez fou pour tenir des meetings nautiques sur le Wannsee, était aussi homme à introduire un agent jusque dans l'Abwehr — mieux encore : au cœur de l'Abwehr, dans son saint des saints : le service de décryptement... Etonnant chef de réseau qui suscite l'hyperbole dans la louange comme dans la critique ! Mais nous verrons que Schulze-Boysen sortait du commun dans tous les domaines. Le jeune Horst Heilmann a derrière lui un itinéraire de vieux routier de la politique. Ancien membre des Jeunesses Communistes, membre du parti communiste, il passe aux nazis et se signale par son dévouement fanatique : de là sa sélection pour servir d'abord à la centrale radio de l'Abwehr, puis dans la section ultra-secrète du décryptement. Mais il rencontre Schulze-Boysen et c'est un nouveau virage — le dernier, car il lui restera fidèle jusqu'à la mort. Il recrute pour lui un autre membre du service du chiffre, Alfred Traxl. Il lui fournit, un an durant, les renseignements les plus précieux. Mais rien sur l'équipe de Kludow et son travail, sur le déchiffrement du télégramme fatal ? On en discute. Certains croient que Heilmann apprit le samedi 29 août, lors du déménagement, que son chef était découvert. Son coup de téléphone aurait eu pour but de donner l'alarme, et non pas simplement de prévenir qu'il ne viendrait point au rendez-vous du Wannsee. Heilmann se serait alors borné à laisser un message à la domestique ? Il n'eût pas tout tenté pour joindre Schulze-Boysen le samedi soir, puis le dimanche soir en quittant son travail ? Après sa journée sur le Wannsee, Schulze-Boysen alla chez un ami berlinois, Hugo Buschmann, avec qui il bavarda jusqu'à quatre heures du matin. Selon Buschmann, il était « accablé, affamé et un peu nerveux ». Attitude normale s'il sentait le filet de la Gestapo l'enserrer lentement. Mais il demanda à Buschmann de lui ménager un contact avec un diplomate croate de Zagreb : il n'eût pas pris cette peine s'il se fût senti sur le point d'être pris. Heilmann ne l'avait donc pas encore prévenu. Parce qu'il ignorait la visite de Schulze-Boysen chez Buschmann et l'attendait en vain à son domicile ? Le péril était si grand qu'il l'eût attendu jusqu'à son retour, vers quatre heures du matin, qu'il fût même allé le voir à son ministère dès la première heure, dans l'hypothèse où Schulze-Boysen ne serait pas rentré chez lui après sa nuit chez Buschmann ! Non, Heilmann connaissait sans doute les progrès de Kludow, mais il ne devait pas savoir quelle étape décisive celui-ci avait franchie en « cassant » le message du Directeur à Kent ; le secret n'était pas sorti des cercles supérieurs de l'Abwehr.

Cent dix-huit personnes arrêtées. Dès les premiers interrogatoires, Panzinger et Koppkow savent que tout l'édifice repose sur deux piliers : Arvid Harnack et Harro Schulze-Boysen.

Fiche biographique d'Arvid Harnack.

Né en 1901 dans une famille vouée depuis des générations aux affaires de l'Etat et aux œuvres de l'esprit. Son père, le professeur Otto Harnack, fait autorité en matière de littérature. L'un de ses oncles est mondialement reconnu comme l'un des meilleurs spécialistes de l'histoire du christianisme. Plusieurs parents proches occupent des postes de premier plan dans l'administration publique.

Après la défaite de 1918, Arvid milite quelque temps dans une organisation ultra-nationaliste, puis il se convertit pour toujours au communisme.

En 1927, il bénéficie d'une bourse Rockfeller et part étudier aux Etats-Unis l'économie et l'histoire des partis politiques de gauche. Il y écrit un livre : *Le Mouvement syndical prémarxiste aux Etats-Unis.* Etudiant à l'Université du Wisconsin, il se lie d'amour avec une jeune Américaine, Mildred Fish, professeur de littérature. Il l'épouse et retourne avec elle en Allemagne.

En 1931, il fonde à Berlin le « Cercle d'étude de l'économie planifiée », où se regroupent quelques dizaines de personnalités progressistes. L'activité du groupe est exclusivement d'ordre scientifique. Mais l'année suivante, en 1932, vingt-quatre membres du Cercle, dont Harnack, font un voyage d'études organisé par l'ambassade russe à Berlin. Au cours de ce voyage, Harnack est reçu par les deux leaders du Komintern, Otto Kuusinen et Osip Piatnisky. Son dévouement, ses grandes capacités ont été remarquées en haut lieu : accepte-t-il de travailler pour Moscou ? Réponse affirmative.

En 1933, après la prise du pouvoir par les nazis, Harnack entre au ministère de l'Economie. D'abord Regierungsrat, il est ensuite promu au rang important d'Oberregierungsrat. On l'affecte au service des relations économiques avec la Russie, ce qui légitime ses nombreuses visites à l'ambassade russe à Berlin. Sa femme Mildred poursuit ses travaux littéraires. Elle traduit en allemand les romans *Drums along the Mohawk,* de Walter Edmond, et *Lust for Life,* de Stone. On lui confie un cours sur la littérature américaine à l'Université de Berlin.

En 1937, les Harnack font un voyage aux Etats-Unis. Leurs amis les pressent de ne pas retourner en Allemagne nazie et leur promettent de les aider à s'installer aux Etats-Unis. Harnack considère qu'une telle solution équivaudrait à une désertion, mais il ne peut pas donner ses vraies raisons, si bien qu'après son départ pour l'Allemagne, ses amis concluent qu'il est passé au nazisme.

En 1939, il fait partie de la délégation allemande qui va négocier à Moscou les accords commerciaux préalables au pacte germano-soviétique. A son retour à Berlin, il est muté au service des relations économiques avec les Etats-Unis.

Lorsque la guerre éclate, Arvid Harnack est l'un des fonctionnaires les plus importants du ministère de l'Economie. Il lui suffit d'en faire la demande pour obtenir immédiatement tous les détails imaginables sur n'importe quel secteur de la vie économique allemande, y compris la production de guerre.

Fiche biographique de Harro Schulze-Boysen.

Né en 1912 dans une famille d'aristocrates traditionnellement monarchistes. Petit-neveu de l'amiral von Tirpitz, gloire nationale allemande. Son père, capitaine de frégate, a commandé un navire de haute mer au cours de la première guerre mondiale ; lors de la seconde, il est chef d'état-major du général commandant les troupes allemandes de Hollande.

A dix-sept ans, Harro entre dans le « Jungdeutscher Orden », organisation nationaliste et conservatrice qui incarne les traditions et les sentiments de sa famille. Mais au cours de ses années d'université, il s'en détache et, refusant à la fois le nazisme et le communisme, cherche la « troisième voie » menant à une révolution totale des structures d'une société qu'il estime périmée. Il crée la revue *L'Adversaire,* dont les collaborateurs viennent de tous les horizons politiques.

En 1933, lors de la prise du pouvoir par Hitler, il est arrêté par les S.S. pour avoir permis à des communistes d'écrire dans sa revue. Enfermé dans une « prison privée » des S.S., il y est maltraité. On le relâche après des démarches de ses parents, qui mettent en branle le très vaste et très influent réseau de leurs relations [1].

Il entre ensuite dans une école d'aviation, mais ne

1. Selon certains renseignements, c'est par les S.A. que fut arrêté Schulze-Boysen. Mais la couleur de l'uniforme ne change rien au traitement infligé.

réussit pas à obtenir son brevet de pilote. Il se consacre alors à l'étude des langues, apprenant le danois, le suédois, l'italien, le français et le russe.

En 1936, il épouse Libertas Haas-Haye. Rejeton d'une illustre famille allemande, elle est la petite-fille du prince Philippe von Eulenburg, familier du Kaiser et héros malheureux d'une affaire de mœurs homosexuelles qui ébranla la cour impériale. Le maréchal Gœring est leur témoin.

Peu après, grâce à ses capacités linguistiques et surtout grâce à l'appui du chef de la Luftwaffe, Harro Schulze-Boysen entre à l'« Institut de Recherches Hermann Gœring ». Utilisant les possibilités offertes par sa nouvelle position, il collabore dès cette époque avec les services de renseignement soviétiques. Il leur transmet notamment des informations sur les plans d'offensives franquistes en Espagne, et l'on s'apercevra plus tard que ses renseignements ont efficacement servi à la défense républicaine. D'autre part, en 1937, un ami de Schulze-Boysen l'interroge sur son travail à l'« Institut de Recherches », où il était chargé de rassembler des renseignements sur l'Union Soviétique. Comme ledit ami s'étonne de sa connaissance intime des affaires russes, Schulze-Boysen éclate de rire et sort de son coffre-fort personnel (car l'entretien se déroule à son domicile) une liasse de photocopies. Les feuillets sont recouverts d'une écriture cyrillique. « Tu vois, dit Schulze-Boysen, nous sommes renseignés par Toukhachevsky, lui-même ! » Apprenant par la suite le procès du maréchal Toukhachevsky, puis le travail accompli par l'Orchestre Rouge pour les Russes, l'ami fut convaincu que les informations transmises par Schulze-Boysen avaient contribué à la chute du maréchal.

C'est en 1936 que Schulze-Boysen jette les bases de son réseau. Il réunit six amis sûrs, noyau de ce qui deviendra la section berlinoise de l'Orchestre Rouge.

En 1940, tout en gardant ses entrées à l'« Institut de Recherches », il est affecté à la section des attachés de la Luftwaffe. Ses fonctions l'amènent à prendre connaissance des rapports secrets envoyés de toutes les ambassades par les attachés militaires de la Luftwaffe.

Chargé de cours à l'Académie des Affaires étrangères, il réunit autour de lui un groupe d'étudiants dont il fait des disciples d'un dévouement absolu.

Sa femme Libertas travaille au ministère de la Propagande, service des films culturels.

Quand éclate la guerre germano-soviétique, Harro Schulze-Boysen est en position de transmettre à Moscou des informations militaires du plus haut intérêt, notamment en ce qui concerne la Luftwaffe, dont on peut dire qu'aucun de ses services n'a de secret pour lui. Sa femme et lui forment un couple connu du Tout-Berlin, et leur vie mondaine les met en contact avec les personnalités les plus éminentes du régime.

XXI

ÉPITAPHE POUR DEUX OMBRES

SI l'histoire d'espionnage est votre intérêt exclusif, vous pouvez sauter ce chapitre car vous savez l'essentiel : les éléments biographiques et la nature des renseignements transmis à Moscou.

Mais si vous êtes pris de sympathie, ou simplement de curiosité, pour les deux héros de cet épisode ; si vous êtes étonné que le neveu du théologien Harnack et le petit-neveu de l'amiral von Tirpitz en soient venus à travailler pour les services soviétiques ; si vous vous interrogez sur les mobiles qui ont conduit ces hommes à verser à grands flots le sang de leurs compatriotes ; si vous souhaitez enfin savoir qui ils étaient en vérité, les deux chefs d'un réseau dérisoire par son organisation, remarquable par son efficacité, alors, il vous faut nous suivre au-delà de la sèche nomenclature des faits et des dates. Un employé du Centre va bientôt classer deux fiches en archives : les agents « Arwid » et « Coro » sont liquidés ; c'étaient leurs pseudonymes. Il ne s'agit plus maintenant des agents, mais des hommes.

Pour le physique, point de difficulté : les photos parlent. Harro est un splendide spécimen de la race nordique : grand, blond, les yeux bleus, le visage buriné ; Fortner dit de lui avec amertume : « Il avait pourtant le type parfait de l'officier allemand. » Quant à Libertas, sa femme, un ordre écrit précisa, dès son arrestation, que deux commissaires devraient toujours procéder à son interrogatoire, car elle était si belle et si émouvante qu'on redoutait pour les cœurs policiers les périls d'un tête-à-tête... Les Harnack sont plus ternes. Arvid a le visage placide et l'expression réfléchie d'un homme voué aux études. On le devine réservé, avare de mots et de gestes, difficile à émouvoir. Mildred et lui ne devaient pas aller souvent sur le Wannsee.

Pour en savoir plus long, et puisqu'ils sont à jamais muets, point d'autre solution que de reconstruire leur personnalité à partir des esquisses tracées par qui a combattu avec eux ou contre eux, comme fait la police lorsqu'elle veut reconstituer le portrait d'un suspect inconnu.

Ce fut une quête étrange.

Les anciens de l'Abwehr et de la Gestapo tracent au crayon gras de violentes caricatures. Voici, selon l'un d'eux, comment le lieutenant Herbert Gollnow fut enrôlé dans l'Orchestre Rouge :

« Gollnow travaillait à l'Abwehr-Air ; il faisait la liaison avec le ministère de l'Air, où il rencontra Schulze-Boysen. C'était un garçon jeune, d'origine très modeste, qui s'était élevé à la force du poignet. Orphelin de père, il adorait sa mère ; elle-même lui vouait une grande admiration.

« La caractéristique de Gollnow, c'était l'ambition. Il voulait arriver. Or, il estimait qu'il perdrait son temps à Berlin. Décorations et galons se gagnaient sur le front, et non pas dans les couloirs des ministères. Qui mieux que Schulze-Boysen pouvait lui faire obtenir sa mutation ? Gollnow fut ébloui de voir un tel personnage, pourvu des relations les plus puissantes, accepter de s'intéresser à lui. Bien entendu, Schulze-Boysen ne songea pas une seconde à faire muter Gollnow : il lui était bien trop utile à Berlin. Mais il lui promit monts et merveilles, lui fit miroiter un avenir doré et commença par l'inviter aux conférences données à l'Académie des Affaires étrangères. Ce fut la première étape. La seconde consista à convaincre Gollnow qu'il devrait bien apprendre une langue étrangère. La connaissance de l'anglais, par exemple, était indispensable pour faire une vraie carrière. Schulze-Boysen lui suggéra de mettre dans les journaux berlinois une petite annonce demandant un professeur et lui promit de l'aider à choisir parmi les réponses.

« Il y en eut deux. La première émanait d'un vieux professeur qui posa évidemment certaines conditions financières. Schulze-Boysen conseilla à Gollnow : « Va « donc voir l'autre, ce sera peut-être plus intéressant. » L'autre, c'était une femme, c'était Mildred Harnack. Gollnow lui rendit visite et fut accueilli de la manière la plus charmante. Elle lui dit : « Je suis Américaine, « ça me fera plaisir de bavarder avec vous en anglais, « l'après-midi, en buvant une tasse de thé. » Gollnow, très intimidé par l'appartement et par cette femme de la haute société, bredouilla une vague question sur les conditions financières. Elle l'écarta d'un geste de la main et dit en souriant : « Mais vous n'y songez pas ! « Il n'est pas question que je vous demande de l'argent : « je suis trop heureuse d'avoir l'occasion de parler ma « langue. »

« Gollnow raconta sa visite à Schulze-Boysen, qui lui tapa sur l'épaule et s'écria : « Formidable ! Une jolie « femme et des leçons gratis ! Herbert, tu es un sacré « veinard ! »

En fait, il était surtout très mal à l'aise dans le salon des Harnack, sa tasse de thé à la main, raide sur sa chaise, face à Mildred qui lui recommandait de bien regarder sa bouche pour apprendre à prononcer les mots.

Passé directement d'un milieu modeste à l'armée, il s'empêtrait dans des délicatesses qui lui étaient complètement inconnues. L'un de ses plus mauvais moments, ce fut quand Arvid Harnack, sévère comme d'habitude, fit irruption au beau milieu d'une leçon. Gollnow trouvait déjà bizarre que Mildred le reçoive en tête-à-tête pendant des heures sans que son mari s'en émeuve. Il lui semblait aussi que la gentillesse de son professeur dépassait les limites fixées par le seul souci pédagogique. Voyant entrer Harnack dans le salon, il crut d'abord qu'une scène désagréable allait éclater, puis il pensa que les façons d'agir des gens de la haute obéissaient à un code décidément bizarre. Car Harnack fut tout à fait charmant, s'enquit de ses progrès en anglais et des fonctions qu'il exerçait dans l'armée. Gollnow, écarlate, murmura qu'il n'avait pas le droit de répondre sur ce dernier point. Harnack eut un sourire protecteur et dit : « Vous savez, je suis moi-même Oberregierungsrat au « ministère de l'Economie et j'ai l'habitude du secret. » Gollnow, mis en confiance, indiqua qu'il travaillait pour l'Abwehr. De fil en aiguille, la conversation bifurqua sur la situation militaire et Harnack déplora l'immobilisation du front à l'Est — c'était pendant l'hiver 1941-1942. « Ne vous inquiétez pas, assura Gollnow, ça va bientôt « bouger... — Vous m'étonnez beaucoup : si une offen- « sive était prévue, je serais tout de même au courant ! « — Monsieur l'Oberregierungsrat, en cette matière, je « suis peut-être mieux placé que vous. » Et Gollnow, ravi de pouvoir se mettre en valeur, révéla qu'il entraînait au combat d'infanterie un régiment de prisonniers originaires du Caucase qui avaient retourné leur veste. Ces Caucasiens devaient être parachutés dans leur pays, derrière les lignes soviétiques, lors de la prochaine offensive. Evidemment, on a su par la suite que les Russes avaient reçu tous les plans concernant cette offensive. Mais des plans, voyez-vous, les états-majors en fabriquent à la douzaine : ils sont là pour ça. Et la plupart moisissent dans un tiroir sans être jamais utilisés. Cette histoire de Caucasiens qu'on entraînait au sabotage, c'était le détail vivant, irréfutable, qui prouvait à Moscou que le plan d'offensive sur le pétrole n'était plus une hypothèse théorique puisqu'on était déjà passé au stade de la préparation pratique.

« Dès que les autres surent que Gollnow était malléable, tout alla très vite. C'est-à-dire que Mildred coucha avec lui. Et aussi Libertas, la femme de Schulze-Boysen. Lesbiennes toutes les deux, d'ailleurs, de sorte que le Gollnow participa à des séances assez épicées. Elles n'eurent aucun mal à lui tourner complètement la tête, à lui faire oublier ses devoirs les plus élémentaires et même son ambition. Rendez-vous compte : deux femmes dont l'une au moins — Libertas — était ravissante, deux femmes cultivées, aristocrates jusqu'au bout des ongles — et elles s'offraient à lui ! Et elles lui faisaient découvrir des plaisirs qu'il n'avait jamais imaginés ! Gollnow a lâché tout ce qu'il savait. Il en savait long. A cette époque, l'Abwehr envoyait des commandos de sabotage derrière les lignes russes. Aucun d'entre eux n'est jamais revenu. A cause de Gollnow. Et nous, jusqu'à l'arrestation de la bande Schulze-Boysen, nous avions la plus vive admiration pour le contre-espionnage soviétique, nous nous disions qu'il était vraiment sans défaut !... Gollnow a même passé aux Russes des renseignements sur nos infiltrations d'agents en Angleterre, sur les tentatives de sabotage des avions long-courriers qui faisaient la liaison U.S.A.-Portugal, etc. Ma parole, il leur aurait livré sa propre mère pour avoir le droit de participer aux « soirées quatorze points » ! Les « soirées quatorze points » ? C'étaient des surprise-parties, en quelque sorte, organisées par la bande Schulze-Boysen. Rien que le gratin berlinois : hauts fonctionnaires, officiers supérieurs, de l'aristocratie en pagaïe. Les femmes n'avaient le droit de porter sur elles que l'équivalent des quatorze points alloués chaque année par le rationnement en textile. Comme quatorze points ne donnaient pas droit à grand-chose, autant dire qu'elles étaient quasiment nues. Tout ça se terminait bien entendu par des coucheries collectives.

« Remarquez bien que les femmes n'étaient pas les seules à pratiquer cette méthode de recrutement. Les deux jeunes gens du service de décryptement, Heilmann et Traxl, n'allez pas croire que Schulze-Boysen les ait eus en les convertissant à ses doctrines politiques plus ou moins fumeuses : il a couché avec eux, tout simplement ! Heilmann était fou de lui. Il l'aurait suivi jusqu'en enfer — il l'a fait, du reste. Et il n'était pas le seul. Harro avait autant de succès auprès des hommes que Libertas auprès des femmes. »

Margaret Boveri : « Mildred avait des cheveux blonds et fins, brossés en arrière sur les tempes, des yeux bleus au regard direct. Elle incarnait pour moi le type parfait de la « puritaine américaine [1] ».

Axel von Harnack, cousin d'Arvid : « Mildred avait des yeux clairs et le regard lumineux. Des cheveux blonds, lissés à plat, encadraient son visage. Sa personnalité chaleureuse lui valait une affection unanime. Le moins qu'on puisse en dire est qu'elle avait une âme d'élite... Ses manières directes et franches allaient de pair avec l'extrême simplicité de ses toilettes et de son style de vie en général [2]. »

Otto Meyer [3], autrefois fonctionnaire éminent du Troisième Reich : « Schulze-Boysen homosexuel ? Première nouvelle. Il avait tellement d'histoires de femmes que je ne vois pas comment il aurait eu encore le temps de coucher avec les hommes. Quant à Libertas, il est vrai qu'elle menait une vie très libre. C'était une fille équivoque, très fin de race, je dirais presque « macabre ». Des amis à moi ont assisté chez eux à des soirées qui se terminaient en orgies. Mais ils s'aimaient, tous les deux, ne vous y trompez pas. Leur mariage avait été un mariage d'amour. Les désordres ultérieurs de leur vie, je ne sais s'il faut les imputer à leur action clandestine, avec ce qu'elle comportait de peur permanente, de tension nerveuse, ou bien s'ils ont eu froidement recours

1. Margaret Boveri, *Treason in the Twentieth Century*, Putnam's Sons, 1963, p. 256.
2. Axel von Harnack, *Arvid und Milfred Harnack, Die Gegenwart*, 31 janvier 1947.
3. Pseudonyme donné par l'auteur.

à la débauche pour corrompre des sources de renseignements possibles. Mildred n'était ni belle ni sexy, mais elle avait une intelligence captivante, un charme indéniable. Comme tout le monde, elle avait des aventures. Mais tout en restant très pure, très morale. Chaque fois, c'était le grand amour, l'affaire de sa vie. Schulze-Boysen en avait fait sa chose et, à eux deux, ils constituaient l'axe véritable du réseau. »

Ernst von Salomon : « Harro pédéraste ? Je n'en sais rien. C'est bien possible. Et après ? Il est exact que Lib et lui s'accordaient une complète liberté sexuelle, mais quoi d'extraordinaire à cela ? Ils avaient conservé le style bohème qui fut celui du Berlin de l'entre-deux-guerres. Il faut avoir vécu l'époque pour comprendre. En ce temps-là, il n'était même pas drôle de coucher avec la femme de son meilleur ami, tellement c'était facile. Quant à Mildred Harnack, on racontait qu'elle avait tenté d'approcher Hitler avec l'espoir de le séduire. Il n'avait pas daigné baisser les yeux sur elle, d'où la haine durable de Mildred. Mais qu'elle ait mené une vie de bâton de chaise, avec séduction de jeunes officiers et autres fantaisies, je n'y crois pas un seul instant : elle était bien trop laide pour ça ! »

Selon les survivants du réseau, une précaution banale consistait à camoufler les contacts entre agents de sexe opposé sous les apparences de liaisons amoureuses. Ils s'indignent aux portraits ignominieux de la Gestapo. Ils récusent à priori tout ce qui pourrait ternir l'auréole de leurs martyrs.

Laissons cela, où nous avait conduit, avouons-le, une sorte de saisissement devant la violence inouïe et la bassesse des accusations policières. Il y a une fascination de l'immonde. Même si cette voie d'approche ne mène qu'à une impasse, il n'était peut-être pas inutile de s'y engager : nous avons découvert en chemin le radical affrontement entre thèses adverses, entre ceux qui s'acharnent à clouer au pilori et ceux qui s'ingénient à dresser des statues. Porté à son degré le plus extrême dans ce débat précis, qui permettait de salir à plaisir, il va bien au-delà du simple domaine des mœurs.

Otto Meyer et Ernst von Salomon ont évidemment raison : hommes et femmes du réseau berlinois ne ressemblaient pas plus à ces caricatures qu'à ces images pour premiers communiants. En somme : ni anges ni bêtes. On aurait dû s'en douter.

Guère de passion autour du cas Harnack. Selon Reinhold Schönbrunn, l'un de ses anciens amis politiques : « Fanatique, rigide, travailleur, remarquablement énergique et efficace, Harnack n'était pas précisément une personne agréable. Ce n'était pas le bon et joyeux luron. Toujours sérieux, il n'avait guère le sens de l'humour... Il y avait du puritain dans cet homme, quelque chose d'étroit et de doctrinaire, mais il était extrêmement dévoué. Sa femme Mildred partageait ces traits avec Arvid [1]. »

Axel von Harnack, cousin d'Arvid, donne une esquisse assez proche de celle de Schönbrunn : « Arvid avait une vive intelligence et un esprit porté à la méditation et au recueillement. Il était expert dans l'art de la controverse et toujours disposé à le pratiquer. Une certaine dureté lui était naturelle ; il avait aussi tendance à être sarcastique, spécialement quand il discutait avec un interlocuteur qui lui était inférieur. Il était très ambitieux, mais sa confiance en soi était basée sur des accomplissements indiscutables [2]. »

Même les anciens de la Gestapo admettent l'intelligence et le sérieux de Harnack. Ils évitent d'évoquer à son sujet des fantaisies du style « soirées quatorze points ». Panzinger, qui n'était pas un sot, passa de longues heures à discuter avec lui de problèmes politiques et économiques. Jusqu'aux juges qui rendirent hommage à sa science et à ses vertus austères...

C'est d'abord que Harnack est un fort en thème. Il en

1. Dallin, *op. cit.*, p. 236.
2. A. von Harnack, *ibidem*, p. 237.

impose presque autant qu'il ennuie. C'est surtout qu'il ne fut jamais qu'un brillant second, comme il arrive souvent aux forts en thème. Le second d'un homme moins intelligent que lui, moins équilibré, moins cultivé, mais doué d'une vitalité presque effrayante, infatigable dans les fêtes et dans les travaux, créé pour séduire et enthousiasmer, fait pour le commandement : Harro Schulze-Boysen, l'âme du réseau berlinois.

« C'était un parfait aventurier, spirituel et intelligent, mais impulsif et débridé, téméraire, porté à exploiter ses amis, ambitieux à l'extrême, un révolutionnaire inné et fanatique [1]. »

Portrait sévère mais contestable : son auteur est Alexander Kræll, président du tribunal qui jugea Schulze-Boysen et ses amis. Sa nationalité et ses fonctions l'inclinaient forcément à la sévérité. Au contraire, celles d'Allen Dulles devraient le porter à la louange : envoyé en Suisse lors de la dernière guerre par Roosevelt, il avait mission d'encourager les mouvements allemands de résistance à Hitler :

« Dans ses débuts, Schulze-Boysen fit opposition à la fois aux nazis et aux communistes, trouvant les premiers trop bourgeois et les seconds trop bureaucratiques. Il inventa tout un fatras politique pour affirmer ses opinions : il déclarait qu'il n'existait ni gauche ni droite, et que les partis politiques ne suivaient pas une ligne droite mais formaient un cercle qui n'était pas complètement fermé. Les communistes et les nazis, naturellement, étaient placés aux deux extrémités du cercle ouvert. Schulze-Boysen décida que son parti occuperait l'espace libre et fermerait le cercle. Il était jeune, blond, nordique — un produit du « mouvement de la jeunesse allemande ». Toujours vêtu d'un sweater noir, il se promenait avec les révolutionnaires, les surréalis-

1. Déposition du 6 août 1948 lors de l'instruction de l'affaire Rœder.

tes, avec la racaille et les gens de réputation douteuse de la « génération perdue [1] ».

On est surpris de tant de froideur méprisante envers un homme qui contribua si fort à la défaite du nazisme, donc à la victoire alliée. Il est vrai que Dulles, futur chef de la C.I.A., est, pourrait-on dire, un anticommuniste « inné et fanatique ». N'a-t-il vu en Schulze-Boysen que l'agent soviétique, objet d'exécration ?

Et la Résistance allemande — l'officielle, l'homologuée —, que dit-elle du réseau berlinois ? Rien. Elle l'ignore. Mieux : elle le rejette. Fabian von Schlabrendorff, qui fut l'un de ses combattants les plus valeureux, citait Schulze-Boysen dans son livre *Des officiers contre Hitler ;* mais dans la première édition. Toute mention disparut dans les éditions ultérieures.

Il est vrai que cette résistance-là était plutôt de droite, tandis que Schulze-Boysen était vraiment de gauche. Les vieux messieurs qui conspiraient autour du général Beck tenaient leurs assises au « Club des Seigneurs » ; ils ne recrutaient pas comme Schulze-Boysen dans les banlieues ouvrières ; ils n'attendaient pas comme lui le salut de l'Orient, mais de l'Occident. Le fossé n'est pourtant pas si profond : le comte von Stauffenberg, héros de l'attentat contre Hitler, n'était-il pas prêt à négocier avec Moscou — et à aller très loin dans cette voie —, si les Anglo-Américains faisaient la sourde oreille à ses propositions ? N'a-t-il pas pris contact, quelques jours avant l'attentat, avec des chefs communistes clandestins qu'il voulait faire entrer dans le complot ?

Il est vrai que les honorables gentlemen de l'opposition de droite avaient tendance à situer leur action au plan métaphysique le plus élevé. Ils œuvraient par exemple « pour la renaissance morale et religieuse du peuple allemand, pour la suppression de la haine et du mensonge et pour la reconstruction d'une communauté européenne des peuples ». Portés à ces rêves sublimes, ils n'eussent jamais condescendu à mettre la main dans les sales besognes de l'espionnage. A une exception près,

1. Allen Dulles, *Germany's Underground*, Mac Millan, 1947, p. 100.

mais elle est de taille, car il s'agit de l'homme dont ils disent eux-mêmes qu'il fut le plus pur d'entre eux, et aussi le plus efficace : le colonel Oster, adjoint de Canaris à l'Abwehr, leur « chevalier sans peur et sans reproche », qui a, comme Schulze-Boysen, passé à l'ennemi les secrets militaires allemands. Sans doute ses renseignements ne furent-ils pas pris au sérieux par les gouvernements occidentaux intéressés. Mais s'ils l'avaient été — et Oster y comptait bien —, sa trahison eût fait couler le sang allemand à l'Ouest aussi libéralement que celle de Schulze-Boysen le fit couler à l'Est...

Encore une fois, il était peut-être juste et salutaire, du point de vue d'Oster et de ses amis, de faire abattre les fils d'Allemagne par les fusils anglais et français, mais non par les fusils russes. Admettons-le. Mais la contestation du choix fait par Schulze-Boysen ne devrait pas les empêcher d'admettre la pureté de ses intentions, l'importance de son rôle et le courage dont il a témoigné. Au lieu de quoi il est précipité dans les oubliettes de l'Histoire ; Oster, lui, est mis au pinacle.

Les Mémoires d'Ulrich von Hassel, l'un des chefs de la Résistance allemande, sont intitulés *D'une autre Allemagne.* C'est-à-dire d'une Allemagne non possédée par le nazisme, et le combattant même. Schulze-Boysen en faisait assurément partie. Aux yeux d'Alexander Kræll (un adversaire), d'Allen Dulles (un « allié »), de Fabian von Schlabrendorff (un « camarade de Résistance »), tous trois tenants de l'Allemagne de Bonn, il fait surtout partie d'« une autre Allemagne », celle de Pankow, l'Allemagne de l'Est, où il serait aujourd'hui si le bourreau l'avait épargné. Cela explique leur condamnation tacite du combat mené par Harro Schulze-Boysen, mais non pas la réserve, sinon même le mépris à peine dissimulé, qu'ils observent pour son personnage. S'agissant de trois hommes aussi différents, une telle concordance est au moins singulière.

Plus surprenant encore est ce grand silence qui s'est fait autour de la tombe de Schulze-Boysen — mis à part les aboiements des roquets vieillis de la Gestapo et les grognements courroucés des chiens de garde de la légende. Le grand public se soucie peu de la haute politique et de ses méandres. Un traître est un traître, quel que soit son maître. Et pour ce public, Schulze-Boysen a toutes chances de n'être qu'un espion, traître à son pays. Mais Richard Sorge aussi, et c'est une figure légendaire. On admet Sorge, même si l'on n'entre pas dans ses raisons, et l'on admire son travail. Il ne figurera jamais sur les rôles de la Résistance allemande, mais on le sacre « plus grand espion de tous les temps ». Le monde s'émerveille de son fameux télégramme qui permit en partie la victoire soviétique devant Moscou, mais personne pour s'ébaubir du télégramme de Schulze-Boysen facilitant Stalingrad. En Sorge, le technicien est reconnu et célébré : même cela est dénié à Schulze-Boysen.

Ainsi, entre les anciens de la Gestapo pétrissant de leurs doigts sanglants d'obscènes figurines de boue, et les quelques fidèles — parents et amis — montant une veille nerveuse autour de la statue de marbre du héros, le public qui baisse les yeux pour ne rien voir et se bouche le nez pour ne pas sentir. Quelquefois, un Schlabrendorff sort du rang et repousse du pied le cadavre encombrant de Harro Schulze-Boysen.

Pourquoi ?

D'abord, il n'est pas sérieux. Il ne fait pas sérieux. Un bourgeois bohème. Le chandail noir qui met en valeur son casque de cheveux blonds. Les discussions jusqu'à l'aube dans les bars à la mode : poésie surréaliste et — ce qui est plus gênant — politique surréaliste. Ni droite ni gauche, mais un cercle. Les communistes ? Des bureaucrates. Les nazis ? Trop bourgeois. Fichtre ! Ernst von Salomon : « Il proclamait qu'il ferait sauter ce monde encroûté et vieillot. Il était partisan d'une révolution nationale, mais contrairement aux nazis, il voulait la faire avec l'élite, et non pas avec la masse, qu'il méprisait. Hitler, à ses yeux, n'était qu'un individu très vulgaire avec lequel il n'était pas de bon goût de se commettre. » On fait donc sauter le monde entre amis avant de retourner dormir dans le studio d'artiste de l'Altenburgerstrasse. La famille pense probablement qu'on jette sa gourme, qu'on ne tardera pas à se rappeler qu'on est le descendant de l'amiral von Tirpitz et qu'on réintégrera le bercail, ses traditions et ses rites. Et la famille aurait peut-être eu raison, sans le petit-bourgeois Hitler...

Mais on est pris par les S.S., enfermé dans un bunker et passé à tabac par des bougres qui n'entendent rien aux subtilités de la « politique en rond ». C'est ici que le destin de Schulze-Boysen prend son tournant décisif. Au feu du bunker, ce mol argile devient un bloc compact et dur. Un bloc de haine. Il n'oubliera jamais ses souffrances et son humiliation. Il ne pardonnera pas. A Salomon qui le rencontre dans la rue, le visage boursouflé, une oreille meurtrie, il dit : « J'ai mis ma vengeance au frigidaire. Et maintenant, je suis avec ceux qui combattent le mieux ces gens-là. » Six ans plus tard, il redira à Hugo Buschmann : « En 1933, j'ai été mis en prison par les S.S. et à plusieurs reprises ensuite. Depuis, je n'ai qu'un but : la vengeance [1] ! »

Klaus Fuchs aussi, qui, à la même époque, est maltraité par les S.S. Il quittera l'Allemagne, travaillera pour le compte des Alliés à la recherche atomique, passera aux Russes le secret de la bombe, sera pris et jugé. Mais Fuchs, c'est tout de même plus grave qu'une simple raclée. Son père est enfermé dans un camp de concentration ; sa mère se suicide ; puis l'une de ses sœurs se jette à son tour sous le métro. On s'incline devant la douleur de Fuchs. Quoi qu'il fasse maintenant, il est d'une certaine manière justifié. Mais Schulze-Boysen ? Un fantaisiste à qui les poings des S.S. ont offert son premier contact avec la réalité, un fils à papa qui s'est mis dans un mauvais cas. Sa famille a d'ailleurs tôt fait de l'en tirer : alerté par ses soins, Levet-

1. Hugo Buschmann, *De la résistance au défaitisme*, *Les Temps modernes*, n°s 46-47, p. 266.

zow, chef de la police berlinoise, envoie une équipe à son secours. Il sort du bunker le visage gonflé et l'âme fripée, laissant derrière lui ses songes de poète et ses rêveries de politicien amateur. Il rejoint les communistes — non pas par conviction, mais parce que « ce sont eux qui se battent le mieux contre ces gens-là ». La doctrine ne l'intéresse pas ; en 1939, il ignore pratiquement Marx et Lénine. Rien à voir avec les solides convictions idéologiques d'un Sorge, d'un Harnack. Au vrai, une seule passion : effacer sur ses joues la brûlure laissée par les gifles des S.S. C'est pauvre.

Or, sur cette piètre base s'édifie une machine prodigieuse d'efficacité — comme un moteur qui fonctionnerait au maximum de sa puissance avec un filet de carburant. Le contraste entre la motivation et ses effets est proprement saisissant.

La haine peut aveugler. Elle peut aussi clarifier, épurer, purger. Chez Schulze-Boysen, elle arrache d'un seul coup les écailles qui lui brouillaient la vue. Désormais, le regard qu'il posera sur le monde sera d'une lucidité absolue, presque scientifique. Impossible de ne point sourire des divagations politiques du Schulze-Boysen légèrement farfelu d'avant 1933 ; difficile de ne pas reconnaître la pertinence du pronostic qu'il écrit à son père le 11 octobre 1938 : « Je vous prédis aujourd'hui qu'une guerre mondiale éclatera au plus tard en 1940-1941, mais vraisemblablement dès le printemps prochain. Elle sera suivie d'une guerre de classes en Europe. Mais j'affirme avec force que l'Autriche et la Tchécoslovaquie ont été les deux premières batailles de la nouvelle guerre. »

Le jour où éclate la troisième bataille — celle de Pologne — et du même coup la guerre mondiale, Harro Schulze-Boysen fête son anniversaire. Hugo Buschmann : « Il y avait là des écrivains, des acteurs, des peintres, un producteur de films, des médecins, des avocats, des jolies femmes — et ce n'était pas précisément un anniversaire qu'ils fêtaient, c'était l'entrée en guerre. Que d'illusions chez ces gens ! Tous étaient persuadés que la fin du Troisième Reich arrivait, presque tous la croyaient même imminente... Seul l'officier aviateur, dont la mâchoire tremblait de haine lorsqu'il était question des nazis, faisait des objections : il ne voulait pas détruire l'optimisme, le petit-bourgeois Hitler était devant une catastrophe inévitable, mais on n'en viendrait pas à bout aussi facilement. C'était Harro Schulze-Boysen. Puis il recommença à danser, et très bien. Les femmes le regardaient avec admiration. A la fin, il en eut assez de tout ce tapage. Il m'attira dans un coin, et, accrochant à l'une de mes remarques, il dit : « ...la « Pologne va être submergée, mais ce n'est là qu'un « intermède. Alors les armées et les aviateurs s'entre- « détruiront à l'Ouest... Ces gens-là — il désignait la « société qui bavardait gaiement — surestiment la puis- « sance militaire de l'Ouest. D'abord, l'Angleterre a à « s'équiper. Ils n'ont presque pas d'aviation, ni en « Angleterre ni en France. Mais ils ont le temps de res- « pirer jusqu'au printemps, car l'essentiel des opérations « en Pologne prendra la fin de l'année. Ce fou de Hitler « croit encore qu'il ne fera qu'une bouchée de l'Angle- « terre quand il aura avalé la Pologne. Il s'imagine qu'il « aura la possibilité, suivant le plan de *Mein Kampf*, « de tourner finalement sa force d'agression contre « l'Est. Non, les Anglais devront tenir bon. Ils ne peu- « vent pas s'en tirer avec des concessions. Il se fera un « jour un équilibre des forces. Alors l'ordre bourgeois « sera ébranlé dans toute l'Europe, parce que ces forces « bourgeoises se seront combattues jusqu'à épuisement [1]. »

Lucidité dans l'analyse, mais surtout implacabilité dans l'action. De toute son énergie, de toute sa haine, il est inconditionnellement contre « ces gens-là ». Même si, après le déclenchement de la guerre, « ces gens-là » sont aussi, par la force des choses, ses compatriotes, ses frères — le peuple allemand, et non plus seulement les nazis. Chez lui, point de ces équivoques où se débattent

1. H. Buschmann, *op. cit.*, p. 264.

tant d'Allemands antihitlériens. Ils s'émeuvent de voir le sang des leurs couler pour une entreprise insensée, mais éprouvent en même temps une secrète fierté devant les exploits accomplis par ce sang. Ils veulent l'écrasement de Hitler, mais non la défaite de l'Allemagne. Et ces tourments ne sont pas propres aux seuls opposants de droite, aux nationalistes réactionnaires du « Club des Seigneurs ». Hugo Buschmann, qui est de gauche : « Plusieurs fois, j'ai demandé à de bons amis personnels, lorsqu'ils parlaient ainsi en l'air, eux qui avaient eu une activité politique avant 1933 : « Veux-tu que nous « perdions la guerre, oui ou non ? » Presque toujours, après un moment d'hésitation craintive, c'était non [1]. »

Certains, en Allemagne, ont réussi à surmonter ces contradictions ; ils ont reconnu que la fin du nazisme passait par la défaite de leur pays. Mais ils n'ont rien fait pour favoriser cette défaite. La force d'âme leur a manqué pour empoigner le couteau et frapper les leurs dans le dos. Schulze-Boysen, lui, s'est servi du poignard jusqu'au jour où la Gestapo est venue le lui ôter des mains. Et sans dilemme apparent, sans déchirement intime. Jamais son cœur ne s'est insurgé contre les cruels diktats de l'esprit. Ah, si l'auteur de ces lignes avait été allemand, il n'eût pas eu le nerf de faire ce que fit Schulze-Boysen ; il eût versé des larmes abondantes sur la tragédie, sur toutes les tragédies, et Harro eût pu lui dire ce qu'il lança un jour à un ami geignard : « Vous avez la glande lacrymale facile du petit-bourgeois. » Et c'eût été justifié. Mais fallait-il que sa haine fût brûlante pour qu'aucune larme ne lui vînt jamais aux yeux ! Il ne se bornait pourtant pas à envoyer l'Armée Rouge au rendez-vous de Stalingrad, à transmettre des renseignements stratégiques aussi désincarnés qu'un plan d'état-major. On songe à ces parachutistes que l'Abwehr envoyait derrière les lignes soviétiques et dont Schulze-Boysen connaissait les noms, peut-être les visages, et qui montaient dans leur avion, graves et pâles, moutons bardés d'acier, chargés de poudre, mais moutons tout

1. H. Buschmann, *op. cit.*, p. 273.

de même et promis à la boucherie qu'il leur avait préparée... Oui, il était nécessaire qu'ils fussent tués, eux et les autres, pour que Hitler perdît sa guerre ; le salut de l'Europe était à ce prix. Mais il s'agit ici de Schulze-Boysen et non de l'Europe : entre les gifles du bunker et ces jeunes corps cueillis en plein ciel par le feu des mitrailleuses, y a-t-il une commune mesure ?

Peut-être faisons-nous la part trop grande à la vengeance dans ses motivations — peut-être se l'exagérait-il lui-même quand il criait sa haine au visage de Salomon et de Buschmann. Il était assurément l'homme des tempêtes : elles seules pouvaient lui offrir l'emploi de sa vitalité. Il avait été dans le Berlin d'avant 1933 comme un vaisseau encalminé sur une mer étale ; il fallut le coup de chien nazi pour tendre enfin ses voiles, l'incident du bunker pour donner l'alibi d'un but à cette force potentielle qui ne demandait qu'à se déchaîner. Mais si le vent avait soufflé d'un autre bord, Schulze-Boysen eût donc appareillé vers un autre cap — n'importe lequel, pourvu qu'on y allât à toutes voiles ? Si l'alibi avait porté une chemise rouge au lieu de la chemise noire des S.S., s'en fût-il aussi bien contenté, moins attentif à la couleur qu'au signal de départ qu'elle lui donnait en tout cas, qu'elle fût rouge ou noire ? La singulière inconséquence, et quelle légèreté pitoyable...

Arvid Harnack et Harro Schulze-Boysen : un fort en thème qui ne se pose plus de questions parce qu'il connaît toutes les réponses ; un furieux, brûlant de s'accomplir, peut-être de se venger, d'imprimer enfin sa cicatrice au monde. Et pendant un an, ils ont parcouru côte à côte cette route jonchée de morts et de blessés, mais impavides, mais sourds aux plaintes, aveugles au sang et aux larmes ; l'un, attentif à marcher dans le sens de l'Histoire ; l'autre, tout occupé de sa petite histoire.

S'ils sont encore seuls, vingt-cinq ans plus tard ; s'ils sont destinés à n'entrer jamais dans le panthéon imaginaire où les peuples finissent par mettre les héros, même quand ils n'ont été que des espions ; si la mémoire des hommes ne retient pas leurs noms ; si, plus tard, aucun cœur d'adolescent ne bat plus vite au récit de leur vie, c'est peut-être qu'il leur manquait, à tous deux, un peu d'humanité.

Au contraire des membres de la Résistance allemande — l'officielle, l'homologuée. Qui en débordent. Qui se débattent dans les doutes, les scrupules, les crises de conscience. Gœrdeler, Beck, Hassel — tous les autres : comme on les préfère, ces belles âmes éperdues, aux robots Harnack et Schulze-Boysen ! Avec eux, on est à son affaire ! Voyez d'ailleurs s'accumuler les panégyriques : combien de livres sur leur groupe ? Vingt ? Trente ? Rarement dans l'Histoire tant de lignes auront été consacrées à des hommes qui influèrent si peu sur l'événement. Car le bilan objectif de leur action est simple à établir : néant. Comme chez Schulze-Boysen, contraste saisissant entre les motivations et les effets ; mais chez eux, c'est l'inverse : admirables motivations, accomplissements dérisoires. Après des années de complots, conjurations, conspirations — vaines parlotes —, ils se décident enfin à tuer Hitler. Et ils le ratent. Résultat : crise de surdité passagère pour le Führer, dont les tympans sont percés. C'est tout. Stauffenberg fut héroïque, Gœrdeler déploya une activité inlassable, Beck et Hassel étaient de parfaits gentlemen, mais ils n'ont pas avancé *d'un jour* la fin de la guerre, ils n'ont pas abrégé *d'une heure* les souffrances imposées par le nazisme à des centaines de millions d'hommes, y compris leurs compatriotes. L'Histoire — qui se soucie moins des intentions que des faits —, l'Histoire dira sans doute que la Résistance allemande fut à l'image de son chef, ce général Beck qui, au soir de l'attentat du 20 juillet, échoua deux fois à se suicider ; il fallut que le général Fromm ordonnât à un officier : « Aidez le vieux monsieur. » Il n'avait pas réussi à tuer Hitler et il ne parvenait pas à se tuer tout seul.

Tandis que les membres de la Résistance allemande étaient en proie à leurs scrupules honorables mais stériles, les S.S. poursuivaient, de la manière étrange que l'on sait, leur classification de l'humanité et l'extermination par balle ou par gaz des couches réputées inférieures. Eux non plus, ils n'avaient pas la glande lacrymale facile. Contre de tels hommes, il fallait sans doute des adversaires à l'image de Harro Schulze-Boysen et d'Arvid Harnack : sommaires et rébarbatifs comme une lame d'acier, mais aussi efficaces qu'elle.

Il serait injuste de terminer sans signaler qu'il est pourtant un pays où Schulze-Boysen et ses amis sont reconnus et célébrés : l'Allemagne de l'Est. Mais dans les livres qu'on publie là-bas, dans les pièces qu'on y joue et qui leur sont consacrées, il n'est jamais question des émetteurs clandestins et des centaines de messages expédiés à Moscou. On parle seulement de l'action politique clandestine du réseau : il publiait des brochures, des tracts, une feuille bi-mensuelle. Les survivants du groupe berlinois, à l'unique exception de Günther Weisenborn, observent rigoureusement la consigne de silence qui leur a été imposée sur leurs activités de renseignement. Schulze-Boysen est ainsi réduit aux dimensions d'un héroïque colleur de papillons ; son groupe n'est plus qu'une cellule d'agitation politique à l'efficacité douteuse. C'est comme si le réseau berlinois, pendu déjà aux gibets nazis, était étranglé une seconde fois par les bonzes communistes de Pankow.

A la fin de l'été 1942, le contre-espionnage allemand a donc nettoyé Berlin après Bruxelles et Amsterdam. Mais ces succès, bien loin d'apaiser les chefs nazis, déchaînent leur fureur en leur dévoilant l'importance et l'efficacité du réseau soviétique : une organisation telle que les renseignements recueillis à Prague, à Berlin, à Madrid — partout ! — étaient transmis à Moscou par des émetteurs installés à Bruxelles et à Amsterdam, l'ensemble étant dirigé par un chef suprême caché à Paris. Et cela en un temps où les frontières sont réputées infranchissables, où l'Europe ploie sous un joug policier absolument sans précédent ! La Gestapo et l'Abwehr reçoivent l'injonction de capturer à tout prix et dans les plus brefs délais l'homme qui a créé, mis au point et animé cette organisation. Hitler exige de Himmler un rapport quotidien sur l'affaire. Le « Kommando Orchestre Rouge » quitte ses quartiers bruxellois et berlinois, et se rassemble à Paris pour donner la chasse au Grand Chef.

A sa tête, Karl Giering, le maître-flic. Il amène avec lui une équipe d'élite forte d'une vingtaine d'hommes et disposera à Paris du concours illimité des services locaux de l'Abwehr, de la Gestapo et de leurs auxiliaires français. Voici, sans commentaire, les réponses que Franz Fortner, représentant de l'Abwehr auprès du Kommando, fit aux questions que l'auteur lui posa sur ses collègues :

« Willy Berg ?

— Le bras droit de Giering. Cinquante ans à peu près. Tout petit, presque un nain. C'était un dur, sans aucun scrupule. Un vrai boucher.

— Richard Voss ?

— Physiquement, le contraire de Berg : très grand, carré d'épaules, les cheveux blonds. Un boucher.

— Otto Schwab ?

— Oui, un petit homme... il avait un caractère souple, conciliateur. Il préférait la ruse à la force.

— Ella Kempka ?

— Ah, la secrétaire... une blonde assez jolie... elle assistait sans émotion à tous les interrogatoires : elle venait de Berlin où elle travaillait au siège de la Gestapo ; là-bas, elle en avait vu d'autres...

— Eric Jung ?

— Grand et mince, sportif d'allure. Il s'est toujours montré très amical envers moi. Avec les prisonniers, c'était autre chose... un boucher !

— Rolf Richter ?

— Dur ! Terriblement dur ! Même avec les femmes, il était sans pitié... »

etc.

DEUXIÈME PARTIE

LE GRAND CHEF

XXII

LA SIMEX ASSIÉGÉE

A PARIS, le Kommando s'installe, rue des Saussaies, dans l'immeuble de la Sûreté française ; on lui alloue une suite de bureaux au quatrième étage. Dès le premier jour, Abraham Raichman, le faussaire bruxellois, est lâché dans les rues avec mission de trouver les fils menant à Trepper. Porteur des espoirs de la Gestapo, investi de son entière confiance, Raichman emménage en ville avec sa compagne Malvina. Il est libre d'aller et venir à sa guise ; seule obligation : rendre compte tous les matins à Fortner. Cela se passe au café Viel, boulevard des Italiens ; les deux hommes y prennent régulièrement leur petit déjeuner.

Raichman fait le tour de quelques « boîtes aux lettres » de sa connaissance. Chaque fois, il laisse un message demandant d'urgence une entrevue avec le Grand Chef et fixant même un rendez-vous. Au jour dit, et à l'endroit prévu, Giering met en place, plusieurs heures à l'avance, la nasse policière où il espère prendre son gros poisson. Mais Trepper ne se montre pas.

Le Kommando tient une autre piste : Simone Pheter, employée du bureau parisien de la Chambre de Commerce belge, rue Saint-Lazare. Grâce à elle, grâce à sa correspondante du service dactylographique de la Bourse de Bruxelles, les réseaux belges et français disposaient pour leur courrier d'une « couverture » officielle insoupçonnable — jusqu'au moment où l'enquête sur Roméo Springer a permis de découvrir sa recrue de la Bourse, puis la correspondante parisienne de celle-ci. Le Kommando s'est borné jusqu'à présent à surveiller la correspondance échangée, mais le moment est venu de passer à l'action. Une lettre postée à Bruxelles demande à Simone Pheter d'organiser un rendez-vous entre son patron et un agent venu de Belgique — ce sera Raichman. Simone ne soupçonne pas que la lettre est un faux. Elle indique à sa correspondante la date et l'heure du rendez-vous, qui aura lieu dans un restaurant parisien. Mais elle s'installe à l'avance dans ledit restaurant parisien, constate qu'il est sous surveillance et, quelques secondes avant l'entrée de son chef dans la salle, simule une violente crise de nerfs. Les consommateurs font cercle autour d'elle. Son patron survient, voit l'attroupement, pressent un danger et s'éclipse. C'était Léon Grossvogel.

Est-ce à dire que les deniers de la trahison régulièrement versés à Raichman le sont en vain ? Certes pas. Il connaît mal le réseau parisien : de là son échec à le pénétrer. Par contre, il fera merveille à Lyon, où sont regroupés les rescapés du réseau bruxellois : Germaine Schneider, Roméo Springer, et aussi Schumacher, l'homme qui avait offert le café à Fortner lors de l'arrestation de Wenzel. Raichman les connaît tous et pourra facilement renouer le contact. Le fait que Lyon soit en zone libre n'est plus un obstacle pour le Kommando car, un mois plus tôt, en septembre 1942, des négociations avec Vichy ont abouti à ouvrir la zone libre au contre-espionnage allemand. L'amiral Canaris lui-même est venu à Paris régler l'affaire avec les envoyés de Vichy. Grâce à la complaisance de ces derniers, deux cent quatre-vingts agents de l'Abwehr et de la Gestapo franchissent la ligne de démarcation le 28 septembre, pourvus de faux papiers fournis par la police française. La plupart s'installent à Lyon dans des logements loués à l'avance. Ils ont pour mission principale de découvrir et de « coiffer » une vingtaine de postes clandestins cachés dans la région lyonnaise et émettant vers l'Angleterre. Mais ils en profiteront pour balayer les résidus bruxellois avec l'aide de Raichman, qu'on expédie à Lyon. Quant aux équipes envoyées à Marseille, elles traqueront Kent et Margarete Barcza, qui, selon Malvina, se terrent dans cette ville.

Menu fretin auprès du Grand Chef ! Or, que sait-on de lui après quinze mois d'enquête ? On possède sa photo, trouvée aux Atrébates. On connaît son pseudonyme, Gilbert, livré par Myra Sokol. On sait, par Wenzel et par Yefremov, qu'il est installé à Paris. Et rien de plus. Trois centrales radio détruites (Bruxelles, Amsterdam, Berlin), des dizaines d'agents arrêtés, mais, en raison d'un cloisonnement draconien, pas un fil menant au maître-espion !

A moins que par la Simex...

Giering connaît la Simex parisienne grâce à la surveillance exercée sur la Simexco bruxelloise : les deux firmes échangent une abondante correspondance d'affaires. Pour que ses soupçons se transforment en certitude, il suffirait à Giering d'une visite au greffe du Tribunal de Commerce de la Seine, où la firme a été enregistrée le 16 octobre 1941 sous le n° 285 031 S. Parmi les actionnaires : Léon Grossvogel, dont Giering sait par Yefremov qu'il est l'un des lieutenants du Grand Chef.

Mais il n'est pas question de compulser le Registre du Commerce de la Seine, ou de demander des renseignements à la police économique française : l'ennemi est partout, les murs ont des oreilles ! Giering et Fortner décident d'aller se renseigner sur la Simex au siège de l'Organisation Todt. « Prudence ! » devrait ici dire Giering, tandis que Fortner renchérirait : « Je dirai même plus : prudence ! » Car nos deux compères en visite à la Todt, c'est vraiment la version Gestapo de Dupond et Dupont, les policiers bien connus, à la recherche d'un Tintin magistral.

Fortner :

« Nous avons décidé de ne négliger aucune précaution, d'éviter toute fausse manœuvre qui pourrait nous faire repérer. C'est qu'il s'agissait cette fois du Grand Chef ! Vêtus de costumes civils, naturellement, nous nous présentons donc au siège de la Todt, sur les Champs-Elysées, et nous demandons à être reçus par le Hauptsturmführer Nikholaï, officier de liaison de la Gestapo à l'Organisation Todt. Pour ne pas donner l'éveil, nous nous présentons comme des représentants d'une firme allemande venus traiter des affaires à Paris et désireux d'obtenir certains renseignements. Ah ! il fallait se méfier ! L'huissier qui avait pris nos fiches, par exemple, qu'est-ce qui nous garantissait que ce n'était pas un agent du Grand Chef ! Et dans la salle d'attente, dans les couloirs, même dans les bureaux : partout des Français ! D'ailleurs c'est simple : Giering et moi, on se méfiait de tout le monde.

« Bon, on nous fait attendre. Les heures passent. Giering s'impatiente. Et tout ça pour que l'huissier finisse par nous informer que Nikholaï était trop occupé pour nous recevoir, qu'il fallait revenir ! Nous étions plutôt de méchante humeur...

« Le lendemain matin, retour à la Todt, mais on avait pris nos précautions : Giering serrait dans sa poche un certificat du général von Stülpnagel, commandant du *Gross Paris,* attestant qui nous étions et exigeant de tous une coopération totale. On se présente donc à l'huissier — toujours en tant que représentants de commerce — et il nous dit d'attendre. Mais Giering et moi, on ne s'en laisse pas conter, on se fâche, on exige qu'il prévienne immédiatement Nikholaï de notre arrivée ! Il s'éloigne, on le suit, et, quand il ouvre la porte du bureau, on le bouscule pour entrer. Nikholaï, de l'autre côté, essaie de repousser la porte, mais — hop ! je la bloque avec mon pied : impossible de la refermer ! Nikholaï, écarlate dans son uniforme de S.S., nous crie des injures jusqu'au moment où Giering lui passe son certificat. Alors là, il fallait voir sa tête ! Calmé d'un seul coup. Respectueux. Effrayé, même. Giering le fait mettre au garde-à-vous et l'oblige à jurer de garder le secret sur tout ce dont nous allions parler. Ah ! la tête de Nikholaï...

« Là-dessus, je sors ma photo de Trepper et je lui demande :

« — Vous connaissez ?

« — Je pense bien ! Un type sensationnel ! »

« On se regarde, Giering et moi.

« — Qu'est-ce que vous voulez dire par là ?

« — Eh bien, nous dit Nikholaï, c'est un homme d'af-
« faires avec qui nous traitons depuis un an des mar-
« chés considérables, notamment pour le Mur de
« l'Atlantique. Très bien disposé à notre égard, très
« coopératif... J'ai beaucoup de sympathie pour lui.

« — Nous voudrions le rencontrer, c'est possible ?

« — C'est même très facile. Son *ausweis* pour la zone
« libre vient à expiration dans quelques jours et il ne
« va pas tarder à m'appeler pour demander son renou-
« vellement. »

« Bon, nous lui posons encore quelques questions, il nous fait les plus grands compliments de la Simex — « une firme sérieuse, celle-là, et collaborant sincèrement « avec les autorités d'occupation ! », comme à Bruxelles, quoi ! — et nous le quittons après lui avoir rappelé son serment de garder le secret. Il était entendu qu'il nous préviendrait dès qu'il aurait son rendez-vous avec le Grand Chef.

« Mais savez-vous ce qu'a fait cet idiot de Nikholaï ? Et sans nous avertir ni nous demander conseil ! Au lieu d'attendre que Trepper vienne le voir de lui-même, il lui a écrit que son *ausweis* venait à expiration et lui a demandé de passer à la Todt pour le faire renouveler ! Ah ! la ficelle était un peu grosse !... Mais il faut dire que Nikholaï ne savait pas qu'il s'agissait du Grand Chef. Il devait croire que nous étions sur une affaire banale.

« Il ne restait plus qu'à inventer autre chose. Mais quoi ? Comment obtenir le contact sans donner l'éveil ? Après y avoir longuement réfléchi, nous avons fini par trouver la solution. Continuer le petit jeu entamé avec Nikholaï. Nous présenter à la Simex comme des hommes d'affaires et leur proposer une opération commerciale. Nous avons soigneusement mis au point notre plan. Nous serions venus de Mayence pour acheter à Paris des diamants industriels. A l'époque, je n'ai pas besoin de vous dire que c'était une marchandise très rare et très recherchée. Un million et demi de marks de diamants : il y avait de quoi allécher n'importe qui.

« Nous demandons donc à Nikholaï comment procéder pour proposer l'affaire à Simex. Il nous dit : « Rien « de plus facile. Ici, à la Todt, travaille une certaine « Mme Likhonine. Elle est au mieux avec les gens de « la Simex. C'est à elle qu'il faut vous adresser. » Par prudence, nous avons préféré faire une petite enquête avant d'aller la voir. Résultats positifs : c'était une femme bien, très bien. La veuve du dernier attaché militaire tsariste à Paris. Une Russe blanche. A la Todt, tout le monde chantait ses louanges. D'ailleurs, son fils y travaillait aussi. Des gens très bien. Nous contactons Mme Likhonine et nous lui proposons l'affaire des diamants. Elle s'emballe, comme de bien entendu, et nous promet d'en parler à la Simex. Jouant les commerçants timorés, Giering et moi, nous disons qu'il s'agit d'une très grosse affaire où nous investissons toutes nos disponibilités, qu'elle doit comprendre que nous cherchons des garanties — bref, que le contrat devrait être signé par le directeur de la Simex en personne. Elle est d'accord et nous promet de faire vite. »

En automne 1942, la Simex n'est plus sur les Champs-Elysées. L'immeuble du Lido, repaire d'aigrefins et d'escrocs à la petite semaine, ne plaisait guère à Alfred Corbin. Il trouvait que « ça ne faisait pas sérieux ». Au mois de février 1942, Emmanuel Mignon, l'homme à tout faire de la maison, fut chargé de trouver un nouveau local. Ce fut aisé : à cette époque, les pancartes « à louer » fleurissaient dans Paris. Le 20 février, la Simex quittait ses deux pièces étriquées des Champs-Elysées et emménageait dans un somptueux appartement bourgeois au troisième étage du 89, boulevard Haussmann, face à l'église Saint-Augustin. Le deuxième étage, réquisitionné, était occupé par un service allemand.

Alfred Corbin savait depuis plusieurs mois la vérité sur la société dont il était le directeur en titre, mais c'est à l'occasion du déménagement que Katz, l'adjoint de Trepper, révéla à Mignon le rôle réel de la Simex. Il lui proposa d'entrer dans le réseau, mais Mignon lui ayant appris qu'il faisait déjà partie du réseau « Famille Martin », on décida d'en rester là : l'une des règles d'or de l'action clandestine proscrit formellement la double appartenance. D'ailleurs, la collaboration d'Emmanuel Mignon à la Simex n'allait pas tarder à connaître un dénouement imprévu : en septembre, il disparaissait pour des raisons étrangères à cette histoire.

« J'étais sans nouvelles de lui, raconte Mme Mignon — blonde, les yeux bleus, un beau visage aux traits volontaires ; pleine de fougue et de vie ; le verbe énergique et qui restitue les sentiments dans toute leur roideur : une Passionaria blonde — j'étais sans nouvelles et surtout sans argent. Au bout d'une semaine, je me suis décidée à aller voir M. Corbin et à lui demander si je ne pourrais pas prendre la place de mon mari. Il m'a répondu qu'il devait en référer à son conseil d'administration, mais m'a prêté mille francs pour me dépanner. Il ne m'a d'ailleurs jamais demandé de les lui rembourser ! C'était un homme très gentil, d'une bonté vraiment extraordinaire. Quarante-huit heures plus tard, j'ai reçu un pneumatique m'annonçant que ma demande était agréée.

« Je suis donc entrée à la Simex et j'y suis restée, car le chef du réseau « Famille Martin », le capitaine Darcy, insistait pour que je continue le travail de surveillance. La conversation de mon mari avec Katz, je n'étais pas au courant, bien entendu ; et Darcy non plus, apparemment. Moi, ça ne me plaisait guère. Je ne rêvais que plaies et bosses. Lancer des grenades sur les Allemands, faire des attentats, voilà ce que j'aurais aimé. Mais Darcy affirmait que j'étais beaucoup plus utile à la Simex que dans un maquis. Même que je donnais tous mes rapports à ce Charbonnier, ce type de la Gestapo ! Enfin... [1].

« La vie à la Simex était très agréable, très familiale. J'arrivais la première, vers neuf heures. Un peu plus tard, vers neuf heures et demie, arrivait Keller. Je l'aimais bien. Il était doux, attentionné. Et un homme très instruit. Mlle Cointe n'était jamais là avant dix heures. Une femme sèche, pointue, vieille fille jusqu'au bout des ongles, le caractère revêche. Mais elle avait quelque chose pour elle, Cointe : sa voix. Merveilleuse. Elle chantait toute la journée. Son air préféré, c'était *La Fiancée vendue,* de Smétana. M. Corbin arrivait le dernier au bureau, vers dix heures et demie. Il nous apportait souvent du ravitaillement, car il avait une ferme où il faisait de l'élevage. Des cigarettes, aussi. Grâce à lui, on n'en manquait jamais.

« Je n'ai vu Mme Likhonine qu'une ou deux fois : quand je suis entrée à la Simex, elle n'y était déjà plus en odeur de sainteté. La preuve, c'est que Keller m'a ordonné de ne pas lui remettre le courrier qu'elle se faisait adresser boulevard Haussmann. Je devais le donner soit à Mlle Cointe, soit à Keller lui-même. Toujours est-il que Mme Likhonine était une femme qui faisait vraiment impression. Très racée, encore très belle malgré son âge, d'une élégance parfaite. Mon mari m'avait dit qu'elle était la maîtresse de Kessmeyer, un grand pontife de l'Organisation Todt. »

Keller, tandis que son chien gronde derrière la porte :
« Mme Likhonine était belle, mais comme pouvait

1. M. et Mme Mignon ont été décorés de la croix de guerre pour l'ensemble de leurs activités au sein de « Famille Martin », activités dont la « surveillance » de la Simex n'était naturellement qu'une infime partie...

l'être une femme de son âge. Moi, je lui trouvais l'air d'une aventurière. Elle jouait un grand rôle dans la maison étant donné que c'est elle qui nous avait apporté la clientèle de la Todt. C'était son domaine réservé, personne d'autre n'avait le droit de s'occuper des marchés avec la Todt. Voici comment les choses se passaient — c'était très simple. Des courtiers arrivaient et nous proposaient du matériel, des marchandises de toutes sortes. M. Corbin mettait les dossiers en forme. Je les traduisais en allemand. Mlle Cointe les tapait à la machine. Mme Likhonine les présentait enfin à la Todt, et, de mon côté, je démarchais les autres administrations allemandes.

« M. Gilbert me compliquait souvent le travail. Il me faisait proposer aux Allemands des marchandises que nous ne possédions pas. Les autres s'excitaient, réclamaient la livraison et j'avais le plus grand mal à m'en sortir avec des explications bien embarrassées. A l'époque, je ne comprenais pas M. Gilbert. Ses procédés m'étonnaient de la part d'un homme si sérieux. Ensuite, évidemment, j'ai compris qu'en proposant aux Allemands des choses qu'il ne possédait pas, il obtenait des renseignements précieux sur leurs besoins et leurs projets... C'est comme pour M. Corbin. Plusieurs fois, il m'a envoyé porter des messages à des cheminots de la gare de Lyon. Je prenais aussi du courrier déposé dans un bistrot face à cette gare ; le patron glissait les lettres dans un journal avant de me les remettre. Ma foi, je supposais qu'il s'agissait d'affaires de marché noir particulièrement corsées... Je n'ai pas cherché plus loin.

« D'autant plus que je n'avais pas à me plaindre ! J'avais un salaire fixe assez médiocre mais je touchais cinq pour cent sur les achats et les ventes que je réalisais. Et ça, ça représentait des sommes énormes. On vivait bien. Sans compter le ravitaillement et les cigarettes que M. Corbin nous distribuait généreusement. Pendant toute cette période, je n'ai fréquenté que les meilleurs restaurants de marché noir. On ne peut pas dire qu'on se privait.

« Un jour, je vais chez un grand tailleur de l'avenue de l'Opéra pour me faire faire un costume. Le tailleur avait sur lui un complet coupé dans un beau tissu qui me plaisait beaucoup. Je lui en commande un dans la même étoffe. Mais, à la livraison, je m'aperçois que mon complet n'est pas neuf, que c'est celui du tailleur : il s'était contenté de l'ajuster à mes mesures. Je raconte l'histoire à Mme Likhonine et elle me dit : « Donnez-« moi son nom : j'ai des amis à la Gestapo, ils s'occu-« peront de lui. » Ça m'a fait froid dans le dos et j'ai commencé à la regarder d'un autre œil.

« Là-dessus, elle part en vacances à Spa, en Belgique. Comme elle tardait à revenir et que plusieurs factures restaient en souffrance, M. Corbin m'a envoyé à la Todt pour réclamer leur règlement. Les gens de la Todt me disent : « Voyons ! Il y a longtemps que ces factures « ont été payées à Mme Likhonine ! » M. Corbin a été furieux d'apprendre qu'elle détournait des fonds, mais elle, à son tour, elle ne s'est pas démontée. Au contraire ! Elle a fait tout un scandale en m'accusant d'avoir piétiné ses plates-bandes : « La Todt, c'est mon domaine ! »

« Après cette scène, elle est venue beaucoup moins souvent à la Simex. L'atmosphère n'était plus la même. »

Fortner :

« Mme Likhonine nous a rapporté une réponse rapide, comme prévu, mais négative. Le patron de la Simex ne pouvait pas signer le contrat. C'était un grand cardiaque et il était en cure. Bizarre. Mais Nikholaï nous confirme que Trepper souffre d'une maladie de cœur et qu'il va souvent se reposer au Château des Ardennes, à Spa. On expédie une équipe là-bas : personne ! On dit à Mme Likhonine : « C'est intolérable, nous ne pouvons « pas attendre, est-ce que vous faites l'affaire, oui ou « non ? » Le lendemain, elle arrive tout épanouie : « C'est arrangé, il ira à Bruxelles tel jour pour signer « le contrat. » Oui, nous avions proposé Bruxelles. Ça tenait debout, puisque les diamants étaient à Anvers.

Mais la vérité, c'est que nous préférions opérer là-bas, nous nous y sentions chez nous. Paris est si grand...

« Nous décidons, Giering et moi, d'arrêter le Grand Chef à la gare du Sud de Bruxelles, dès sa descente du train. Bouclage étanche de la gare et une équipe de la Gestapo avec nous, sur le quai. Malgré cela, j'avoue que nous étions très nerveux en attendant le train. Nous étions persuadés qu'il y aurait un coup dur, une fusillade, que le Grand Chef ne se laisserait pas prendre comme ça. Même Giering n'était pas dans son assiette.

« Le train arrive, nous guettons les voyageurs — et qui voyons-nous ? Mme Likhonine ! Seule ! Quelle déception... Je l'aborde. Elle me dit : « Je suis désolée. Il n'a « pas pu venir. Mais j'ai pouvoir pour signer le contrat. « Si vous êtes toujours disposés à traiter, j'irai demain « chercher les diamants à Anvers. »

« J'ai refusé, naturellement. Et j'ai fait suivre la femme. Elle s'est rendue directement à la Simexco.

« C'était raté. »

Keller :

« Il fallait que je vous raconte l'histoire des factures de la Todt pour que vous compreniez la surprise que j'ai eue un peu plus tard. C'était après l'affaire des diamants industriels avec les Allemands de Mayence. Je vois arriver Mme Likhonine et elle me dit : « Bonne « nouvelle : il y a à la Todt un officier qui a préparé « pour vous toute une liste de clients. Vous n'aurez qu'à « vous adresser à mon fils : il vous conduira auprès de « l'officier en question. » Je n'en croyais pas mes oreilles ; après m'avoir tant reproché de marcher sur ses plates-bandes, c'est elle-même qui m'introduisait dans son domaine !

« Je me rends donc au cinéma Marbeuf — enfin, à la Todt —, j'y rencontre le fils Likhonine et il me conduit au bureau de l'officier. Sur la porte, il y avait un écriteau : « Officier de liaison de la Gestapo. » L'officier, un certain Nikholaï, s'est montré très aimable. Il m'a mené au bar qui était installé dans son bureau et, tout en me versant un cognac, il m'a expliqué : « Voilà, j'ai « des commandes très importantes pour des fortifica- « tions dans la zone interdite — le Mur de l'Atlantique. « Le mieux serait que vous alliez là-bas prendre contact « directement avec les autorités. Pour ça, il vous faut « un *ausweis*, mais je vais le demander et vous l'aurez « très vite. Vous avez vos papiers ? »

« Je les lui ai tendus. Il les a examinés, puis m'a regardé d'un drôle d'air en disant : « Tiens... père suisse, « mère anglaise, né en Russie... » Tout en remplissant la demande d'*ausweis*, il m'a dit d'un ton confidentiel qu'il était dans une situation très pénible. Sa famille avait disparu dans un bombardement. De plus, il avait de graves soucis financiers. Il a tourné comme ça un bon moment autour du pot avant de me demander, d'un air gêné, si le patron de la Simex ne pourrait pas lui accorder une aide financière temporaire. C'était plutôt embarrassant. J'ai répondu : « Ecoutez, je n'en sais rien, « mais je peux toujours lui en parler. » Il m'a dit : « Parfait ! De mon côté, je vous avertirai dès que votre « *ausweis* sera régularisé. »

« Quelques jours après ce rendez-vous, un groupe de soldats allemands en uniforme arrive en délégation à la Simex. C'est moi qui les reçois. Ils m'expliquent que nous leur avons fait antérieurement des fournitures de machines et qu'ils voudraient obtenir certaines pièces détachées pour des réparations. C'était une demande ahurissante, vous pensez bien ! Notre travail consistait à proposer aux Allemands les marchandises amenées par des intermédiaires douteux qui les avaient raflées Dieu sait où... Pas question d'organiser un service après-vente ! Enfin, je m'en suis tiré comme j'ai pu en disant que nous allions essayer, mais que je ne pouvais rien promettre. Là-dessus, un soldat me dit : « Excusez-moi, « mais j'ai une rage de dents. Est-ce que je peux télé- « phoner à mon dentiste pour prendre un rendez- « vous ? » Je lui ai montré le téléphone et il a appelé un numéro, parlant effectivement d'une rage de dents. Sur le moment, je n'ai eu aucun soupçon. Maintenant, je me demande si ça n'était pas une manigance pour vérifier que notre ligne était bien sur la table d'écoute, ou quelque chose de ce genre.

« J'ai naturellement informé M. Corbin de ce que m'avait dit Nikholaï, mais j'ignore comment l'affaire s'est arrangée. A cette époque, M. Corbin n'était plus le même. On le sentait tendu, nerveux, rongé par l'inquiétude. Souvent, il se plantait devant la grande carte qui était dans son bureau et il me disait : « Ah ! Keller, « qu'est-ce que je donnerais pour être dans un coin « perdu, bien loin d'ici... » C'est aussi à cette époque qu'il m'a parlé d'augmentation. Il m'a dit : « Keller, « nous voudrions que vous gagniez convenablement « votre vie. » J'ai été stupéfait ! Moi qui n'avais jamais tant roulé sur l'or ! Je suppose qu'ils avaient décidé de me mettre dans le bain. »

Après les tentatives de Raichman, l'invitation à faire renouveler un *ausweis* et la négociation avortée sur les diamants industriels, l'affaire du prêt à Nikholaï est le quatrième piège tendu au Grand Chef. Giering et Fortner espèrent qu'il va bondir sur cette occasion de corrompre l'homme de la Gestapo à la Todt. Mais c'est Corbin qui traite avec le Hauptsturmführer et lui verse quarante mille francs. Nikholaï signe un reçu en bonne et due forme. Donc, Trepper le tient et peut le faire chanter. Va-t-on enfin entrer en contact avec lui ? C'est le suprême espoir de Giering et de Fortner. S'il ne se réalise pas, si le Grand Chef ne mord pas à l'hameçon, ils sont décidés à en finir avec la Simexco et la Simex. Leur patience est à bout.

Ils ignorent ce détail (Giering l'ignorera jusqu'à sa mort ; Fortner, jusqu'à la lecture de ces lignes) : Maria Likhonine les a trahis. Dès leurs premières approches, elle a avoué au Grand Chef, en pleurant à chaudes larmes : « Les Allemands me font travailler contre vous ; ils veulent que je vous livre... » Trepper, bonhomme, lui a tapoté le dos en disant : « Allons, allons, tout ça n'est pas bien grave... »

C'est grave, et il le sait. L'étau se referme sur sa « couverture » commerciale. Pendant dix-huit mois, la Simex et la Simexco lui ont permis de pénétrer les cercles allemands les plus fermés, d'obtenir tous les *ausweis* nécessaires pour franchir à sa guise les frontières gardées par la Gestapo ; elles ont probablement fait de lui l'espion le plus riche de l'histoire du renseignement. Mais il est temps de fermer boutique. Sa sécurité personnelle n'est pas en jeu, ni celle de sa Vieille Garde. Trepper, Katz et Grossvogel ne vont plus à la Simex. Corbin et ses employés ignorent leurs refuges. Et Trepper a mis au point pour lui-même un extraordinaire tour de passe-passe qui le dérobera aux yeux de la Gestapo aussi sûrement qu'un illusionniste escamote un lapin. Mais Suzanne Cointe, ouvrière de la première heure ? Et Jules Jaspar, Alfred Corbin, entrés dans le réseau avec leur bandeau sur les yeux, mais qui n'ont pas bronché lorsque Trepper le leur a ôté et qu'ils ont vu se profiler devant eux l'ombre du poteau d'exécution ? Et Keller, qui croit travailler pour une œuvre de bienfaisance dont les millions servent à adoucir le sort des prisonniers français ? Et Juliette Mignon, l'œil de « Famille Martin » à la Simex ?

Trepper préparait depuis longtemps le repli stratégique de sa succursale marseillaise. Jaspar et Kent passeraient en Afrique du Nord, où ils ouvriraient un nouveau bureau à Alger. Par la suite, les employés parisiens pourraient rejoindre ce détachement précurseur et se mettre à l'abri. De fait, Jaspar a bien obtenu le 15 juin précédent un visa pour Alger ; il a eu des pourparlers satisfaisants avec Chataîgneau, gouverneur général de l'Algérie, mais la réalisation du projet a traîné en longueur. Kent freinait tant qu'il pouvait : à cause de Margarete, il ne voulait pas quitter Marseille.

Le 8 novembre, les troupes américaines débarquent à Alger, fermant à la Simex cette sortie de secours. La Wehrmacht envahit la zone libre.

Une semaine plus tard, Kent et Margarete Barcza sont arrêtés.

L'arrestation eut lieu le 12 novembre au domicile du couple, 85, rue de l'Abbé-de-l'Epée. Ce jour-là, la concierge sonna à leur porte à l'heure habituelle ; elle venait faire le ménage. Margarete l'identifia à travers le judas, lui ouvrit et fut bousculée par cinq hommes qui se ruèrent dans l'appartement. C'étaient des policiers français. Ils attendaient depuis l'aube, cachés dans la cave de la maison.

Kent resta de marbre, mais Margarete éclata en sanglots. Les policiers semblaient d'ailleurs s'intéresser surtout à elle ; ils criaient : « C'est bien elle ! c'est l'espionne. » Avec l'accent. Ils fouillèrent la maison et découvrirent dans un tiroir des schémas bizarres qui leur firent pousser des hurlements de joie : « Voilà les preuves : des plans de fortifications ! » Entre deux sanglots, Margarete leur expliqua qu'il s'agissait de patrons de tricots découpés dans un journal de mode.

Les deux prisonniers furent conduits au commissariat de la gare Saint-Charles, où on leur fit subir une fouille au corps. La femme qui avait pris Margarete en charge trouva un marron dans son manteau. (« J'adore les marrons : c'est lisse, c'est frais. Celui-là, je l'avais ramassé à Spa, en septembre 1940, quand nous étions si heureux. Je l'avais machinalement fourré dans ma poche. Vous pensez si ça m'a rendue triste de le revoir dans ces circonstances. ») La fouilleuse prit le marron avec une paire de pincettes et appela à l'aide : « Attention ! Il y a sûrement de l'explosif à l'intérieur ! » Tout le commissariat fut en émoi. Soigneusement emballé, le marron partit pour une destination inconnue — probablement quelque laboratoire municipal.

Kent et Margarete passèrent leur première nuit de détention au commissariat Saint-Charles, couchés sur le ciment glacial. Le lendemain, 13 novembre, on les remit entre les mains de la Gestapo.

C'était la police française qui avait procédé à l'arrestation, mais sur renseignements fournis par la Gestapo. Depuis des semaines, des voitures camouflées en ambulances et en camionnettes de boulanger sillonnaient les rues de Marseille à la recherche du Petit Chef et de son amie. A la tête de l'équipe allemande, Bœmelburg, Sturmbannführer S.S., mais, comme Giering, vieux policier rompu à l'ouvrage, membre éminent de l' « Organisation internationale de police criminelle » qui jouait avant-guerre le rôle de l'actuel « Interpol ». Le seul élément tangible dont disposât Bœmelburg était la photo de Kent trouvée aux Atrébates. Mais grâce aux renseignements glanés à Bruxelles, il savait que les toilettes de Margarete ne passaient pas inaperçues (« A cette époque, j'adorais sortir coiffée d'un chapeau haut-de-forme »), et aussi que Kent se distinguait par un appétit réellement prodigieux. Il était fatal que les garçons de restaurant conservassent le souvenir d'un tel client et que sa goinfrerie perdît Kent. On trouva dans son appartement, entre autres choses, cinquante paires de chaussures et cinq mille cigares. Interrogé sur les mobiles de ce stockage, Kent répondit : « Qui sait si on pourra encore en acheter demain ? » Il était clair qu'après une jeunesse spartiate dans la patrie socialiste, le Petit Chef avait mal résisté aux vertiges de l'abondance capitaliste. Il était également probable qu'il n'aurait plus l'occasion de s'asseoir aux festins de ce monde.

Le 13 novembre, en fin d'après-midi, Kent et Margarete quittèrent Marseille dans deux voitures de la Gestapo. Bœmelburg était avec Kent ; l'un de ses lieutenants avec Margarete ; une demi-douzaine de policiers français complétaient l'équipage des voitures. Ils étaient fortement armés, car Bœmelburg craignait que le réseau organisât une embuscade pour délivrer les prisonniers, et si l'armée allemande occupait la zone libre depuis plusieurs jours, elle ne la tenait pas encore solidement en main. Pendant tout le voyage, les policiers français conservèrent donc mitraillettes et pistolets braqués vers les bas-côtés de la route, prêts à ouvrir le feu. Malgré les efforts de Bœmelburg pour engager la conversation avec eux (Bœmelburg parlait le français, et même l'argot, à la perfection), ils restèrent obstinément muets, comme si cette affaire ne les concernait pas.

Le soir venu, on fit étape à Lyon dans un hôtel réquisitionné. Kent et Margarete furent enfermés dans la même chambre, mais on leur prit leurs vêtements pour supprimer tout risque d'évasion. Kent restait très calme. Il se borna à répondre aux questions de sa compagne : « Ne t'en fais pas ! Surtout, ne t'en fais pas ! » Selon Margarete, elle croyait encore qu'ils devaient ces péripéties à la nationalité uruguayenne de Kent. Les policiers français l'avaient accusée d'être une espionne, et elle savait bien qu'elle ne l'était pas — pourquoi Kent l'eût-il été plus qu'elle ?

Le lendemain, la caravane arriva à Paris en fin d'après-midi. On enferma les prisonniers rue des Saussaies. Ils étaient encore dans la même pièce, mais un gardien les surveillait qui, toute la nuit, récita des vers à Margarete.

Au matin du troisième jour, les voitures prirent la route de Bruxelles. Les policiers marseillais avaient été remplacés par des gardes allemands. On conduisit Kent et Margarete directement au fort pénitentiaire de Breendonck. Quand elle vit les lourdes grilles se refermer derrière eux avec un grincement sinistre, Margarete Barcza, qui depuis sa naissance avait avancé dans la vie sur un tapis de roses, Margarete eut une crise de nerfs. Son cœur lâcha. Elle reprit conscience pour entendre un médecin déclarer : « Si vous la mettez en prison, elle ne survivra pas longtemps. »

Ils furent encore placés dans la même cellule, mais pendant la journée ils étaient sous la surveillance constante de deux gardiens relevés toutes les deux heures ; la nuit, un agent de la Gestapo couchait dans la cellule. Ils avaient le droit de se parler. Leurs conversations se limitèrent à des sujets futiles. Kent restait parfaitement placide. Il fut soumis à quelques interrogatoires sans qu'on usât de brutalité envers lui.

Quelques jours plus tard, on les emmena au siège de la Gestapo bruxelloise, avenue Louise. Là, on les installa dans une grosse Mercedes noire. La porte arrière droite était bloquée à l'extérieur par une corde épaisse qui allait d'un pare-choc à l'autre et s'enroulait plusieurs fois autour de la poignée ; ainsi était-il impossible de l'ouvrir. Kent reçut l'ordre de s'asseoir de ce côté, sur la banquette arrière. Margarete prit place au milieu, tandis qu'un agent de la Gestapo était à sa gauche. Devant, à côté du chauffeur, un autre agent de la Gestapo était assis de guingois de manière à pouvoir braquer sa mitraillette sur les prisonniers. Il resta dans cette position inconfortable tout au long du voyage. La Mercedes était pleine de colis que les membres de la Gestapo de Bruxelles envoyaient à leur famille. A l'exception du chauffeur et du garde à la mitraillette, chacun des passagers en avait une pile sur les genoux.

On arriva à Berlin après le crépuscule. La Mercedes s'arrêta d'abord devant le siège central de la Gestapo, Prinz-Albrechtstrasse. Kent fut emmené et enfermé dans une cellule du sous-sol. A quelques pas de lui dormaient Harro Schulze-Boysen et Arvid Harnack, qu'il avait rencontrés un an plus tôt au zoo de Berlin pour les aider à réorganiser leur système de transmissions. Puis la voiture conduisit Margarete à la prison de l'Alexanderplatz. On la mit dans une cellule vide. Elle eut une nouvelle crise de nerfs, mais les gardiens n'en furent pas émus. S'allongeant enfin sur sa paillasse, le visage baigné de larmes, le corps secoué de spasmes, cherchant malgré elle la chaleur du flanc de Kent contre son flanc, elle ne comprenait toujours pas pourquoi le monde était devenu soudain si horrible. C'était comme si un éclair terrifiant, surgi du ciel bleu, était venu la foudroyer en plein bonheur.

XXIII

« OU EST GILBERT ? »

LE 18 novembre, vers neuf heures et demie du matin, Keller reçoit un coup de téléphone de Nikholaï : « Votre *ausweis* pour la zone interdite est prêt ; vous passez le prendre ? » Il se rend immédiatement au siège de la Todt. Nikholaï le reçoit à bras ouverts et le remercie chaleureusement du rôle qu'il a joué dans son dépannage financier. Keller s'informe de l'adresse des clients qu'il doit aller visiter en zone interdite, mais l'autre a un geste évasif : « Ne vous emballez pas... il faut d'abord que je les prévienne... » Il annonce à Keller qu'il passera à la Simex en fin de matinée avec un nouveau client.

Il s'y présente en effet, accompagné d'un certain Jung qui déclare chercher des fers à souder. Keller promet d'accomplir l'impossible pour en trouver. L'attitude de ses visiteurs lui paraît étrange : ils ne tiennent pas en place, inspectent minutieusement la pièce, examinent les papiers étalés sur son bureau.

Au même moment, dans la pièce adjacente, Alfred Corbin reçoit son frère Robert. Ce dernier n'est absolument pas au fait des activités clandestines de son aîné. Il s'étonne de le trouver « las, l'air abattu, comme traqué ». C'est la première fois qu'il voit Alfred dans cet état. Il ne l'interroge pas, car il connaît sa pudeur, sa réserve sur tout ce qui concerne sa vie intime.

Alfred Corbin a peur. La veille, 17 novembre, il a rencontré le Grand Chef, qui lui a appris l'arrestation probable de Kent et l'a pressé de disparaître. Corbin a répondu : « Pourquoi m'enfuir ? Ils n'ont rien contre moi, aucune preuve ! Le seul homme qui puisse me compromettre, c'est Kent. Mais vous êtes tout à fait sûr de lui, n'est-ce pas ? » Il avait accompagné Kent à la Foire de Leipzig, lors de ce voyage d'affaires qui avait servi de « couverture » aux premiers contacts avec le réseau berlinois. Surpris par le silence de Trepper, Corbin a répété : « Vous êtes sûr de lui ? » Le Grand Chef a répondu en haussant les épaules : « Ecoutez, la Gestapo, c'est la Gestapo. Il faut que vous filiez. » Corbin a refusé. C'est un honnête homme qui croit à l'honnêteté d'autrui : Kent ne le dénoncera pas — ce serait malhonnête ; la Gestapo ne l'arrêtera pas sans preuves — ce serait injuste.

Malgré tout, il a peur. D'une voix lasse, il demande à son frère s'il veut bien l'accompagner à son déjeuner avec un officier allemand. Cette obligation paraît lui peser beaucoup. Au point qu'il finit par s'en décharger. Appelant Keller, il lui dit : « Emmenez donc ces deux messieurs au restaurant. »

Keller invite Nikholaï et Jung dans un excellent restaurant de marché noir installé au fond d'une cave proche de la gare Saint-Lazare. Dès les hors-d'œuvres, les Allemands se déchaînent contre la Suisse : « Ce sale pays d'horlogers peuplé de lâches, etc. » Keller, citoyen suisse, en a l'appétit coupé. Pourquoi cette attaque inouïe contre sa patrie ? En fait, l'examen de ses papiers d'identité a éveillé chez Nikholaï les plus noirs soupçons. Il est vrai qu'un papa suisse, une maman anglaise et une naissance en Russie font un état civil sortant du commun. Le Kommando se demande même s'il ne sort pas tout simplement de l'atelier d'un faussaire. De là cette fine manœuvre psychologique : attaquer la Suisse en présence de Keller ; s'il est vraiment citoyen helvétique, son orgueil national, piqué au vif, le fera se rebiffer. Un peu rouge, le nez dans son assiette, Keller mastique tristement son repas et avale sans protester toutes les couleuvres : « On n'a pas le droit de se brouiller avec des clients. » Mais au dessert, les assauts des deux autres atteignent à une telle grossièreté qu'il se venge en laissant froidement Nikholaï régler l'addition. Le trio se sépare sans effusions excessives. Nikholaï propose à Keller de passer le lendemain à la Todt avec Alfred Corbin ; rendez-vous est pris pour quatre heures. L'Allemand demande à Keller d'être très exact.

En fin d'après-midi, Mme Mignon ouvre la porte de la Simex à un visiteur « âgé d'une trentaine d'années, blond, le regard fuyant, l'air agité comme tout ». Il demande d'abord à voir M. Gilbert, puis le directeur de la maison. Mme Mignon lui répond qu'ils sont tous les deux absents. Il reste quelques minutes dans la salle d'attente et s'y livre à un manège bizarre : « Il a fait tout un cinéma, on aurait dit qu'il avait peur. Il n'arrêtait pas de regarder par la fenêtre, comme s'il surveillait le boulevard. » Après son départ, Mme Mignon, inquiète, fait part de ses appréhensions à Mlle Cointe. Celle-ci la remet vertement à sa place et lui conseille de ne pas se mêler d'affaires qui ne la regardent pas. C'est leur deuxième accrochage de la journée. La veille, Suzanne Cointe avait demandé à Mme Mignon de faire façonner par un serrurier un double de la clef de l'escalier de service, et elle le lui avait réclamé le matin même de ce 18 novembre. Il n'était pas prêt. Comme Mlle Cointe en avait marqué un vif mécontentement, Mme Mignon lui avait fait observer qu'elle ne savait pas que c'était si urgent et que, d'ailleurs, « il n'y avait pas le feu ». Suzanne Cointe lui avait alors lancé avec son grand air habituel : « Ma petite Mignon, il se passe ici des choses que vous n'avez pas à connaître. »

A six heures, Mme Mignon quitte le bureau du boulevard Haussmann en proie à une sourde inquiétude. Elle regrette de n'avoir pu prévenir M. Corbin, absent tout l'après-midi, de l'étrange visite qu'elle a reçue.

Le soir, Suzanne Cointe dîne en famille dans l'appartement du square Carpeaux. Depuis quelques jours, sa mère et sa sœur s'étonnent de sa nervosité inhabituelle. Elle leur a dit : « Il y a des histoires. La Russe nous a vendus. » Les deux femmes en déduisent que Mme Likhonine a dénoncé aux Allemands les procédés commerciaux indélicats de la Simex. Suzanne leur a répété bien souvent : « On leur vend de la saleté... »

Le repas terminé, Suzanne Cointe sort de l'appartement, grimpe jusqu'au dernier étage par l'escalier de fer et sonne à la porte de Jean-Paul Le Chanois. Elle est grave, tendue.

« Je viens te dire au revoir...

— Pourquoi ? Tu t'en vas ?

— Non, mais il se passe des choses très sérieuses à la Simex. Ça risque de mal finir. J'ai voulu t'embrasser avant... »

Ils s'étreignent.

Le lendemain, à l'aube du 19 novembre, un brouillard épais s'est abattu sur le front russe où la Sixième Armée de Paulus, avancée en pointe, s'acharne à débusquer les derniers défenseurs des dernières ruines de Stalingrad encore aux mains ennemies. C'est du sein de cette masse cotonneuse et froide — brouillard de glace — que nous parviennent, assourdis, les mille et un bruits d'une armée se préparant à l'attaque. Nous les avions entendus, étouffés alors par la tempête de neige, quand la Wehrmacht se disposait à son ultime bond sur Moscou et que nous captions à Bruxelles, avec Alamo, le fatal message à Kent ; nous les entendions aussi le 9 juin dernier, dans la villa d'où Hersch Sokol émettait pour la dernière fois, et c'était l'armée allemande qui sortait de sa torpeur hivernale et reprenait l'offensive ; nous en étions presque assourdis voici quelques semaines — le 15 août —, tant la sécheresse craquante du désert les faisait vifs et clairs, alors que Rommel attaquait vers le Nil, les Hambourgeois de Kleist sur le Tcherek, et que nous voguions sur le Wannsee avec Schulze-Boysen. Et voici que ceux de la Simex émergent d'une nuit d'angoisse et que nous entendons de nouveau le cliquetis des chenilles, le claquement des culasses qu'on arme, les chuchotements des hommes, l'injure du sous-officier quand une tourelle de char se referme avec trop de bruit — les mille et un craquements que fait une armée qui s'éveille, et s'étire, et s'apprête à bondir. Tant il est vrai que les péripéties de cette histoire auront été jusqu'au bout scandées par les percussions de l'Histoire, comme si quelque metteur en scène, quelque part, avait réglé sur le même rythme l'action de la guerre mondiale et celle du réseau de l'Orchestre Rouge. Mais alors qu'une funeste rencontre a fait qu'à chaque défaite du réseau a jusqu'ici correspondu une victoire des armes de l'Axe, le coup qui va fondre aujourd'hui sur les nôtres coïncidera avec le pire désastre qu'ait jamais connu Hitler (il est en train de dormir dans son nid d'aigle de Berchtesgaden, au sommet des Alpes, bien au-dessus des brouillards du Don et de la brume qui traîne sur Paris). Ce 19 novembre 1942, à l'aube, l'Armée Rouge émerge du néant cotonneux, percute le front allemand au nord de la poche de Stalingrad, enfonce les défenses, perce de cinquante kilomètres sur les arrières de Paulus et le boucle au fond du piège où il s'est enfoncé et d'où son Führer refusera de le laisser sortir. Le sort de la guerre est joué.

Car les accords de l'Orchestre Rouge peuvent être de plus en plus faibles, ses musiciens de moins en moins nombreux : aux matins où l'on guillotine, où l'on fusille et où l'on pend, il y a désormais ce grondement sourd de l'Armée Rouge en marche vers Berlin — rumeur consolante au cœur de ceux qui vont mourir après avoir tant fait pour la susciter.

Le 19 novembre, à dix heures du matin, on sonne à la porte de la Simex. Mme Mignon va ouvrir. Sur le palier, son visiteur blond de la veille. Il a avec lui une dizaine d'hommes en civil.

« M. Corbin est là ?

— Tiens, vous savez son nom, aujourd'hui ? Et vous nous en amenez du monde !

— Répondez ! Police !

— Ça va, je l'avais compris à l'odeur !

— Ah, je vous en prie ! Rentrez dans votre bureau ! »

Les auxiliaires français de la Gestapo se répandent dans les douze pièces de l'appartement, mais ils n'y découvrent que Suzanne Cointe. Alfred Corbin et Keller, pris à l'extérieur, ne viendront pas à la Simex ce matin. Livide, Mlle Cointe assiste sans mot dire à la fouille de ses affaires personnelles. Mme Mignon, qui n'a pas les mêmes raisons de trembler, oppose aux entreprises des policiers un violent tir de barrage verbal :

« Vous en faites un sale boulot ! Encore, les Allemands, ça se comprend... mais vous, ça me répugne. On est quand même entre Français, non ?

— Que voulez-vous, il faut bien maintenir l'ordre », etc.

Sans même prendre la peine de perquisitionner plus avant, la bande emmène ses deux prisonnières. Dans l'escalier, Mlle Cointe se retourne et souffle à Mme Mignon : « Vous aviez raison, pour le petit blond ! »

On les sépare. Mme Mignon est conduite à la préfecture de police. Elle y restera quatre jours, menant une vie d'enfer aux gardiens de la paix, faisant retentir les murs de continuelles réclamations, revendications et malédictions, de sorte que sa mise en liberté sera accueillie dans le soulagement général. Malgré la réserve marquée où elle se tient vis-à-vis de la gent policière,

Mme Mignon dira d'ailleurs plus tard de ses gardiens : « Au fond, ils étaient très gentils. Ça les embêtait visiblement de faire ce boulot. » L'un d'eux lui apprit le morse, ce qui lui valut une réprimande de son brigadier : il ne fallait tout de même pas exagérer.

Suzanne Cointe est emmenée rue des Saussaies.

Alfred Corbin et Vladimir Keller remontent les Champs-Elysées en direction du cinéma Marbeuf. Il est quatre heures moins le quart. Keller, mal à l'aise, dit pour la troisième fois à son patron : « Non, décidément, ce Nikholaï ne me revient pas. Un officier de la Gestapo qui fait en même temps des affaires, que voulez-vous, je trouve ça bizarre... » Corbin, perdu dans ses pensées, murmure une phrase rassurante.

Les kiosques affichent *Paris-Soir*. Les groupes de choc allemands progressent dans les ruines de Stalingrad. Bizerte vient d'être occupée par la Wehrmacht. Franco mobilise. Le maréchal Pétain parlera ce soir sur le débarquement allié en Afrique du Nord. Mais des nouvelles plus essentielles sont données au public français. En lettres aussi grosses que pour l'annonce du discours du maréchal, le journal proclame : « Au début de 1943, la carte de tabac sera prorogée sans fixation de délai. » Et sur deux colonnes en première page : « C'est principalement de corps gras que nous prive la perte de l'Afrique du Nord. »

A la hauteur du Rond-Point, Keller repère dans la foule un garagiste qu'il a connu au Havre. Il l'accoste et, toujours pratique, lui propose un lot de pièces détachées. L'autre accepte avec empressement. Marché conclu. Keller rejoint Corbin. Ils repartent vers le Marbeuf.

A quatre heures moins cinq, Keller s'arrête et regarde son compagnon.

« Alors, monsieur Corbin, on y va vraiment ?

— Mais oui, bien sûr ! »

Ils pénètrent dans le hall. Comme d'habitude, beaucoup de monde, notamment des soldats allemands. Keller se fraie un chemin vers l'ascenseur, au fond du hall. Corbin est derrière lui. Au moment précis où Keller pose la main sur la poignée de la porte de l'ascenseur, il s'entend interpeller : « *Herr Keller ?* » Il se retourne. Avant même qu'il ait terminé son demi-tour, ses poignets sont pris dans une paire de menottes. Un quart de siècle plus tard, Vladimir Keller s'émerveillera encore de cette dextérité. On lui arrache sa serviette, qu'il serrait sous son bras. Elle contient le montant de ses dernières commissions : cent trente-huit mille francs. « A l'époque, c'était une somme ! »

En face de lui, pistolet au poing, Jung, amateur occasionnel de fers à souder et Kriminal-Obersekretär du « Kommando Orchestre Rouge ». A sa gauche, quatre soldats en uniforme, mitraillettes braquées, bloquent la sortie sur la rue Marbeuf.

Jung les pousse, Corbin et lui, vers cette sortie et les fait asseoir dans une voiture garée le long du trottoir. Elle démarre brutalement. Dix secondes ne se sont pas écoulées depuis l'instant où Keller a posé la main sur la poignée de l'ascenseur.

Alfred Corbin est d'une pâleur absolue. La tête renversée en arrière, les yeux mi-clos, il murmure : « Ma pauvre petite Denise, elle n'aura plus son papa... » L'Allemand qui est assis à côté du chauffeur se retourne et lance : « Allons, un peu de dignité ! Prenez exemple sur votre coéquipier : lui, au moins, il se tient. »

Keller est ahuri. Que veut dire Corbin ? Il est fou ! Le Suisse s'était imaginé que la Gestapo avait fourré son nez dans les combines Simex-Todt, d'où leur arrestation. La phrase de Corbin lui donne à penser que c'est plus grave qu'il ne croyait. Nikholaï a dû dénicher une affaire particulièrement gratinée... Mais de là à être aussi macabre — Corbin y va un peu fort !

La voiture franchit le porche des Saussaies et stoppe dans la cour. Keller est emmené par Jung dans son bureau.

« Asseyez-vous ! »

A peine est-il assis qu'il reçoit une gifle :

« Debout ! C'est fini, la belle vie ! »

L'Allemand lui ordonne de vider ses poches, ajoutant aussitôt :

« Donnez-moi d'abord votre *ausweis* pour la zone interdite. »

Il l'examine attentivement, puis conclut avec une pointe de regret :

« Ah ! vous ne l'avez pas utilisé... »

L'*ausweis* était un piège. On espérait que ce Suisse très suspect l'utiliserait pour accomplir des missions secrètes en zone interdite. Mais Jung devrait savoir que Keller ne l'a en sa possession que depuis la veille...

« Où est Gilbert ? »

Keller l'ignore. Il reçoit une paire de gifles, des coups de poing.

« Où est Gilbert ? »

Keller affirme qu'il n'en a aucune idée. Jung ouvre un tiroir et en sort une corde qu'il noue autour des jambes du prisonnier. Il empoigne aussi un bâton, qu'il va insérer entre les liens. C'est le supplice dit « du tourniquet ». On tourne le bâton jusqu'à ce que la corde, tendue à craquer, pénètre dans les chairs du patient. Mais avant d'opérer, l'Allemand ouvre au maximum la radio posée sur un meuble. Une voix anglaise tonitrue : le poste est branché sur la B.B.C. Keller comprend qu'il s'agit de couvrir ses hurlements de douleur. Il braille à tue-tête :

« Ce n'est pas la peine ! »

Surpris, Jung baisse la radio.

« Comment ? Qu'est-ce que vous dites ? »

« Je lui ai expliqué que j'avais une particularité physiologique curieuse : je suis sensible aux douleurs légères, mais à partir d'un certain seuil, je ne sens plus rien. Une gifle, oui, ça me fait mal à la joue. Par contre, on pourrait me fouetter à mort sans que je dise « ouf ». J'ai eu l'occasion d'en parler à des médecins et ils m'ont dit que c'était très rare mais que ça s'expliquait scientifiquement. J'ai donc raconté ça à Jung. A la fin, il était tout décontenancé, il ne savait plus quoi faire... »

Après réflexion, l'Obersekretär décide pourtant de s'en tenir à la routine. Il insère le bâton entre les liens en disant à Keller :

« On nous reproche souvent d'être inhumains, à la

Gestapo, mais ce n'est pas vrai. Ici, rue des Saussaies, nous n'utilisons même pas la totalité du matériel de torture que nous ont laissé les Français... »

Il tourne. La corde creuse des sillons dans les jambes de Keller. Celui-ci regarde le plafond, l'air absent, tandis que Jung, écarlate, les veines gonflées, s'ingénie à lui arracher un soupir. L'Allemand, hors d'haleine, finit par renoncer. Il dénoue la corde, ordonne à Keller de se relever et lui administre une volée de gifles et de coups de poing en précisant : « Ça, c'est pour votre petite plaisanterie d'hier, quand vous nous avez laissés régler l'addition [1] !»

Vers huit heures du soir, Keller et Corbin sont embarqués dans une voiture de la Gestapo. Ils sont côte à côte sur la banquette arrière. A l'avant, le chauffeur et un officier. Il fait nuit noire. Le black-out transforme les rues en tunnels ténébreux. Le chauffeur erre de longues minutes dans le quartier de la porte d'Orléans avant d'avouer qu'il a perdu son chemin. Providentiellement, un passant surgit de l'ombre — un vieux monsieur en promenade, mains derrière le dos, très digne. L'officier sort et lui demande la route de Fresnes. Le passant jette un coup d'œil dans la voiture, voit les prisonniers menottés et s'écrie :

« Je m'en fous ! Je connais pas !

— Vous savez à qui vous parlez ? A un officier allemand ! Si vous ne répondez pas, je vous emmène aussi !

— Ta gueule ! J'en ai rien à foutre, de tes menaces ! »

« Le vieux monsieur était déchaîné, raconte Keller. Il lui lançait les pires insultes à la tête. Le ton montait, montait, si bien que le chauffeur est sorti à son tour pour prêter main-forte à l'officier : il y avait de la bagarre dans l'air. Je me suis dit « C'est le moment ! » Comment auraient-ils fait pour nous rattraper : on n'y voyait pas à trois mètres ! Les menottes, ce n'était pas grave. En un éclair, j'ai pensé à Racoua, un mar-

1. Lorsque l'auteur demandera son impression sur Jung à Keller, celui-ci réfléchira avant de répondre gravement : « Il ne m'a paru ni très correct ni très honnête. »

chand de ferrailles d'Aubervilliers qui travaillait avec la Simex. Tel que je connaissais Racoua, il n'hésiterait pas une seconde à couper des menottes ! J'ai donné un coup de coude à M. Corbin et je lui ai fait signe de filer. Il a secoué la tête, il ne voulait pas. Moi, c'était surtout à lui que je pensais. A cause de sa phrase sur Denise. Je me disais qu'il s'était mis dans un mauvais cas, qu'il risquait gros. Mais il est resté complètement amorphe. Ils ne l'avaient pourtant pas encore torturé. Vous voyez, M. Corbin, avec toutes ses qualités, ce n'était quand même pas un homme d'action. Il n'était pas fait pour ce travail-là... »

Dehors, la querelle tourne court. Le vieux monsieur courroucé disparaît dans la nuit en grommelant des injures. Le chauffeur retrouve son chemin. A Fresnes, Corbin et Keller sont mis au secret dans des cellules séparées. On leur menotte les poignets dans le dos, ce qui rend le sommeil difficile. Mais Giering préfère ne prendre aucun risque : il craint les suicides.

Fortner et lui se sont répartis les tâches. Tandis que le S.S. liquide la Simex parisienne, l'homme de l'Abwehr opère à Bruxelles dans les locaux de la Simexco. Jamais sans doute descente de police exigea-t-elle si peu d'effort : il suffit à Fortner de sortir de son bureau de la rue Royale et de frapper à la porte contiguë. Il ne trouve dans les lieux qu'un employé inoffensif ; les dossiers ne recèlent aucun document compromettant ; l'examen des murs ne fait découvrir aucun micro. Fortner est persuadé qu'ils ont été enlevés juste avant sa perquisition. Au total, une mesure pour rien. Mais on possède le nom et l'adresse des actionnaires et des employés de la Simexco ; on les cueillera quand on voudra.

Denise Corbin attend son père dans leur appartement du 15, rue Cernuschi. Elle est seule : sa mère est en province chez des parents ; elle doit d'ailleurs rentrer le lendemain.

Denise prépare son baccalauréat de philosophie au lycée Jules-Ferry. Elle ignore tout des activités paternelles. Katz, c'est cet ami de régiment d'Alfred Corbin qu'on reçoit souvent rue Cernuschi. Trepper, c'est ce personnage assez bourru qui est venu deux ou trois fois discuter affaires à la maison. Parlant du Grand Chef vingt-cinq ans plus tard, Denise dira encore : « L'employé de mon père... »

A huit heures, Alfred Corbin n'est toujours pas là. Denise décide de téléphoner à son oncle, Robert Corbin. Elle lui dit son inquiétude. Il l'interroge : sait-elle ce qu'était l'emploi du temps de son père ? Oui, il avait un rendez-vous à la Todt en fin d'après-midi. Eh bien ! il aura été retenu, peut-être invité à dîner. Denise répète ces phrases rassurantes à sa mère, qui l'appelle une heure plus tard de province et s'étonne de l'absence de son mari : « Il a dû être retardé. » Inutile de tourmenter Mme Corbin, qui n'a déjà que trop tendance à s'affoler.

Denise attend jusqu'à minuit, penchée sur ses cours, puis le sommeil vient lui fermer les paupières. Six heures plus tard, la sonnerie du téléphone la réveille en sursaut. C'est son oncle. Alfred est-il rentré ? Elle va jusqu'à sa chambre : personne, le lit n'est pas défait, Robert demande à sa nièce de le retrouver à huit heures devant la Simex.

Ils passent d'abord au commissariat du quartier pour obtenir l'autorisation de pénétrer dans les bureaux. Le commissaire déclare qu'il ne donne pas la permission, mais qu'il ne la refuse pas non plus. Robert Corbin va quérir un serrurier et l'emmène au 83, boulevard Haussmann. Aucun scellé sur la porte. A l'intérieur, tout est en ordre. Après une rapide inspection des lieux, l'oncle et la nièce s'en retournent chez eux.

Ils sont inquiets, mais sans excès. La Simex, ils le savent, se livrait à des opérations commerciales assez particulières ; l'une d'entre elles a peut-être mal tourné, ce qui expliquerait la nervosité d'Alfred Corbin, qui sentait venir le pépin. Denise raconte aussi à Robert Corbin une histoire de prêt dont son père a parlé à plusieurs reprises ces derniers temps. Un officier allemand lui avait emprunté quarante mille francs et Alfred Corbin se faisait quelques soucis à ce propos. Sans doute craignait-il de ne pas rentrer dans ses fonds. Mais s'il est aujourd'hui en difficulté avec la Todt, le prêt ne peut que contribuer à aplanir le conflit : on n'accable pas un homme qui vous a prêté quarante mille francs.

Robert Corbin croit à une vilaine affaire de marché noir. Il a préféré faire un tour à la Simex pour mettre à l'abri d'éventuels dossiers compromettants, mais n'en a pas vus. Pour tout butin, il emporte le carnet d'adresses de son frère, trouvé sur son bureau.

Mme Corbin rentre de voyage dans la journée. Comme son beau-frère, comme sa fille, elle ne se doute absolument pas qu'Alfred fait partie d'un réseau d'espionnage. Malgré cela, l'annonce de sa disparition la plonge dans une panique folle. Sans même prendre le temps de défaire sa valise, elle organise un gigantesque autodafé où disparaissent les papiers les plus disparates, y compris ses lettres de fiançailles, et jusqu'au cadre antibrouillage qui permettait d'écouter la B.B.C.

Les cendres du brasier sont encore tièdes lorsqu'on sonne à la porte. Des auxiliaires français de la Gestapo. Ceux-là mêmes qui ont opéré la veille à la Simex. Ils sont rassurants : Alfred Corbin est retenu à propos d'une affaire de marché noir sans gravité ; ça ne tardera pas à s'arranger. Quant à Mme Corbin et à sa fille, il n'est pas question de les inquiéter. On leur demande simplement de ne pas sortir de chez elles pendant quel ques jours. L'équipe se retire sur ces benoîtes assurances, mais deux policiers restent en faction dans le couloir des Corbin, devant la porte d'entrée.

Le Kommando espère que le Grand Chef viendra aux nouvelles et se jettera dans la souricière.

Interrogatoires d'Alfred Corbin et de Keller. Une seule question, mais cent fois répétée : « *Wo ist Gilbert ?* — où est Gilbert ? » Ils affirment ne pas le savoir. Giering n'en croit rien. Il demande à Berlin de lui envoyer un spécialiste de la torture. En attendant, ses hommes se limitent aux brutalités du « passage à tabac » traditionnel : « Quelques coups, écrira Alfred Corbin dans ses notes, mais enfin rien de bien grave. » Quant à Keller, sa petite particularité physiologique décourage les meilleures volontés.

Après trois jours de vaine attente, les auxiliaires français en faction chez les Corbin sont relevés par des agents allemands du Kommando, notamment Eric Jung. Le régime imposé aux deux femmes reste libéral : Robert Corbin et son épouse peuvent venir les voir à leur guise, faire leurs courses et prendre les repas avec elles. Mais les Allemands, habilement, exercent sur Mme Corbin une pression psychologique constante. Ils ne parlent plus marché noir mais espionnage. Oui, bien sûr, ils croient volontiers à l'innocence d'Alfred Corbin. Le drame, c'est qu'il risque de payer pour le coupable : Gilbert. En temps de guerre, la justice ne fait pas le détail ! Ils plaignent beaucoup Mme Corbin. Au fond, elle a plus intérêt que quiconque à ce qu'on retrouve Gilbert. Eux, ils font simplement leur métier. Un échec, on n'en meurt pas. Mais si on ne met pas la main sur Gilbert, Alfred Corbin risque d'y laisser sa peau...

Les nerfs brisés, harcelée par ces voix compatissantes et suggestives, Mme Corbin erre dans un appartement où tout lui rappelle son mari absent, son mari menacé, son mari innocent — elle en est sûre. Elle crie à Jung et aux autres : « Si je pouvais vous dire quelque chose, je le ferais... Mais je ne sais rien ! Rien du tout ! »

Le 24 novembre, à onze heures du matin, un souvenir insignifiant lui revient à la mémoire. Un jour, Gilbert s'est plaint chez eux de souffrir des dents. Alfred Corbin lui a donné l'adresse du dentiste de la famille : le docteur Maleplate, 13, rue de Rivoli, près de l'Hôtel de Ville. Pourquoi cacherait-elle ce détail à ses gardiens ? Gilbert, à ses yeux, n'est qu'une vague relation d'affaires d'Alfred. Elle est convaincue qu'il s'est servi de son mari sans que ce dernier s'en doutât — s'il s'en était douté, s'il avait travaillé volontairement pour Gilbert, elle, sa femme, serait tout de même au courant ! Pourquoi Mme Corbin hésiterait-elle donc entre la vie de Gilbert et celle de son mari ?

Le renseignement qu'elle donne, il est probable — certain — qu'un professionnel le livrerait aussi. La rage de dents du Grand Chef date de plus de six mois et il en a sûrement terminé depuis longtemps avec Maleplate. L'adresse du dentiste ? C'est exactement le pion sans intérêt qu'un joueur d'échecs peut sacrifier au salut des pièces maîtresses. Une chance sur mille pour que sa prise permette à la Gestapo de faire échec et mat.

« Le matin du 24 novembre, raconte le docteur Maleplate — aujourd'hui un fort gaillard aux cheveux poivre et sel, au teint coloré et à l'œil vif —, je travaillais comme tous les matins à l'hôpital Laënnec, où j'étais assistant. Vers midi, quelqu'un de la direction est venu m'annoncer qu'on me demandait au téléphone. C'était mon mécanicien. Il m'a dit : « Il faut que vous rentriez « immédiatement. » J'ai voulu savoir pourquoi, mais il s'est contenté de répondre : « Je ne peux rien vous dire, « mais il faut venir. » J'ai immédiatement demandé à mon patron l'autorisation de filer.

« Dans le métro, j'étais rongé d'inquiétude. A cause de mon père. Il était dentiste aussi ; à l'époque, nous travaillions ensemble dans ce cabinet. C'était un homme âgé et je craignais une attaque, un accident cardiaque, enfin quelque chose d'assez grave pour que mon mécanicien n'ait pas voulu me dire la vérité.

« En sortant de la station de métro Saint-Paul, vers midi et demi, j'ai trouvé mon mécanicien qui m'attendait en haut de l'escalier, un bouquet de fleurs à la main. Il dansait sur place d'énervement car il était très pressé de rentrer chez lui : c'était l'anniversaire de sa fille. Ou sa fête. Il m'a annoncé : « La Gestapo est « chez vous, ils vous attendent. » J'ai poussé un soupir de soulagement en me disant : « Si ce n'est que ça... »

« Ils étaient deux, en civil. L'un très grand ; l'autre, assez petit [Giering et Fortner]. Ils m'ont demandé de prendre mon carnet de rendez-vous et de leur énumérer tous mes rendez-vous de la semaine. Ce que j'ai fait. Ils ont écouté les noms avec attention, sans réaction apparente. A la fin, ils m'ont dit : « Voulez-vous recom- « mencer, s'il vous plaît. » J'ai donc repris la liste, mais ça ne leur a encore pas suffi : « Une troisième fois, s'il « vous plaît. » Là, je me suis aperçu que j'avais fait une erreur. Je leur ai dit : « Ah ! j'avais inscrit pour cet « après-midi, à deux heures, Mme Labayle, la femme « d'un confrère. Elle m'a téléphoné depuis qu'elle ne « pourrait pas venir et j'ai donné son rendez-vous à un « autre client. Mais j'ai oublié de rayer sur mon carnet « le nom de Mme Labayle et d'inscrire à sa place celui « de M. Gilbert. »

Quelle que fût la ville où l'avaient mené ses courses incessantes, c'était à Neumarkt que le Grand Chef passait le 24 novembre de chaque année — au moins par la pensée et par le cœur : son père était mort un 24 novembre et le temps n'avait pas émoussé le pouvoir funèbre de cet anniversaire.

Le coup de filet opéré par la Gestapo à la Simex devait forcément ajouter à sa tristesse habituelle. Du moins avait-il conscience d'avoir fait tout ce qu'il pouvait pour le contrecarrer. Alfred Corbin et Suzanne Cointe étaient prévenus. S'ils n'avaient rien tenté pour éviter la capture, c'était peut-être, chez Corbin, la conséquence de certaines illusions ; c'était surtout, chez l'un et chez l'autre, la certitude que leur salut individuel entraînerait la perte de leur famille, abandonnée aux représailles ennemies. Le Grand Chef ignore évidemment l'incident de la porte d'Orléans, au soir du 19 novembre, et les chances d'évasion aussitôt entrevues par Keller. Le connaîtrait-il qu'il comprendrait la passivité d'Alfred Corbin : à quoi bon échapper à la prison de Fresnes si c'est pour y faire jeter, à sa place, sa femme et sa fille ? Le ferrailleur Racoua eût bien coupé les menottes allemandes, mais personne au monde ne pouvait trancher les liens familiaux qui ligotaient Corbin.

Pour Mme Mignon et Keller, il en va autrement. Ils ne savent rien. C'eût été une erreur que de les avertir du danger, car leur belle innocence s'en fût trouvée ternie — cette innocence qui finira forcément par s'imposer à la Gestapo.

Mélancolie, tristesse : le succès des armes soviétiques

sur le Don eût peut-être suffi à en amoindrir le pouvoir sur l'âme du Grand Chef. Mais même le virage prodigieux pris par la guerre est impuissant à étouffer son angoisse.

Le Centre est carrément fou. Quatre mois après l'arrestation de Wenzel, de Yefremov et de Winterink, il continue de croire à leurs messages. Les avertissements de Trepper restent lettre morte. Le Directeur dissimule à peine sa méfiance à son endroit. Le chef de l'espionnage soviétique à l'Ouest est moins écouté au Centre que le S.S. Giering.

Donner dans le leurre d'un Funkspiel est déjà grave. Or Trepper s'affermit depuis des mois dans la conviction que ce Funkspiel n'est pas un but pour le Kommando, mais un moyen, la plate-forme qui permettra de lancer une manœuvre plus ambitieuse.

Anna de Maximovitch vient d'être découverte. C'est grave, tragique — logique. Découverte, elle est *contactée* par le Kommando : c'est affolant car sans justification rationnelle, au moins à première vue. Trepper ignore comment Anna a été démasquée. Nous le savons : les Maximovitch sont tombés à cause d'une triple découverte. D'abord, celle de leur dossier dans les archives de la police française. L'Abwehr y était allée aux renseignements après que Margarete Hoffman-Scholz eut demandé, conformément au règlement de la Wehrmacht, l'autorisation de convoler en justes noces avec Vassili, sujet étranger. La Sûreté française avait noté les sympathies gauchisantes d'Anna et le fait qu'elle avait soigné des républicains espagnols. Kludow et son équipe ouvrirent une deuxième brèche en décryptant des télégrammes où était résumé l'essentiel de plusieurs rapports de l'ambassadeur Abetz : cela menait à Margarete, donc à Vassili. Enfin, un autre télégramme intercepté faisait état des piètres effets d'un bombardement allié sur la ville allemande de Hamm ; il disait : « Notre personne de confiance a vu les dégâts, ils sont inexistants. » L'enquête de l'Abwehr démontra qu'après avoir déposé sa demande d'autorisation de mariage, Margarete avait fait un voyage en Allemagne et était passée par Hamm ; interrogée, la brave fille éperdue avoue avoir renseigné son baron.

Le Kommando devrait s'abattre comme la foudre sur les deux Russes : c'est la méthode habituelle à la Gestapo. Au lieu de quoi il laisse Vassili en paix et dépêche un émissaire à Anna. Celle-ci s'entend proposer un extraordinaire marché : on ne lui tiendra pas rigueur de son activité clandestine si elle parvient à procurer à Giering un entretien avec le Grand Chef.

Un entretien !

Averti par Anna, Trepper lui donne l'ordre de disparaître. Elle rallie Billeron et passe en zone libre. On vient de l'y arrêter en même temps que Kent — mais cela, le Grand Chef l'ignore encore. Vassili le devine. Inquiet d'être sans nouvelles de sa sœur, malade, ses pauvres jambes plus enflées que jamais, il dit à Trepper : « S'ils viennent me chercher, je me suicide au moment de l'arrestation : je préfère passer tout de suite dans l'autre monde. » Réponse du Grand Chef : « Non. Quittez ce monde si vous voulez, mais en emmenant avec vous le plus grand nombre possible de ces canailles. »

Un entretien... Le piège eût été offensant de naïveté si un autre élément n'était venu ajouter à la perplexité anxieuse de Trepper. Par l'intermédiaire de Nikholaï, le Kommando lui a tendu deux traquenards : l'offre de faire renouveler son *ausweis* et la corruption du S.S. au moyen des quarante mille francs prêtés par Corbin. L'un et l'autre ont échoué. Troisième traquenard : l'achat de diamants industriels proposé par les « industriels » de Mayence. Et troisième échec. Giering le sait d'autant mieux que le Grand Chef s'est offert le délassement de téléphoner à Nikholaï pour lui dire : « La Simex traite avec tout le monde, sauf avec la Gestapo. » On ne devrait donc pas insister. Or, on insiste. Après l'arrestation de Corbin et de ses gens, alors que Giering ne peut plus avoir le moindre espoir de passer aux yeux de Trepper pour un industriel de Mayence, il lui fait proposer par la Likhonine de reprendre la négociation sur les diamants industriels — et cela, à Berlin !

Tout se passe comme si le Kommando cherchait moins à arrêter le Grand Chef qu'à nouer contact avec lui. Mais dans quel but, et pour le faire servir à quelle manœuvre ?

Le 22 novembre, Trepper rencontre Michel, l'émissaire du parti communiste français. Il lui fait part de l'ahurissante proposition de Giering et lui demande d'informer Moscou qu'il est prêt à partir pour Berlin si l'on juge utile en haut lieu de tirer l'affaire au clair.

Le lendemain, 23 novembre, il décide de prendre du champ en attendant la réponse du Centre. Le réseau est mis en sommeil : travail suspendu, liaisons dénouées, contacts interdits — que chacun se terre dans son trou ! Le soir, il réunit une dernière fois sa Vieille Garde : Katz et Grossvogel. Avec eux, il rédige à l'intention du Directeur un ultime télégramme où perce son désespoir de n'être point cru : « La situation s'aggrave d'heure en heure. Kent est probablement arrêté. La Simex est liquidée. Mais, plus grave que tout cela : vos affirmations concernant Yefremov, Wenzel et Winterink. Il est clair que la Gestapo est plus puissante chez vous que moi. » Le trio écrit aussi une longue lettre à Jacques Duclos pour le supplier de convaincre Moscou de la véracité des informations concernant les désastres subis par le réseau et le « retournement » des pianistes. Que faire de plus ?

On décide que Katz partira dès le lendemain pour Marseille, où il dispose d'une cachette sûre. De son côté, Grossvogel en possède une à Vichy : qu'il s'y précipite. A l'un et à l'autre, Trepper fait cette suprême recommandation : « Si par malheur vous êtes arrêté, efforcez-vous à tout prix de découvrir quel est le jeu du Kommando et où ils veulent en venir. »

Ses dispositions personnelles sont prises. Georgie restera cachée dans le pavillon du Vésinet. Deux mois plus tôt, il l'a convaincue de mettre Patrick à l'abri. L'enfant a d'abord été placé dans une pension de Saint-Germain-en-Laye, mais il y était si mal soigné qu'ils ont dû l'en retirer rapidement. Par une amie de Georgie, une certaine Denise, ils ont alors obtenu l'adresse des Queyrie, braves gens qui habitent en banlieue, à Suresnes. Patrick, choyé comme s'il était l'enfant de la famille, paraît hors d'atteinte du Kommando.

Quant à lui, il va mourir dans quelques jours. Un médecin de Royat, qu'il a connu lors d'une cure, délivrera le certificat de décès, et l'on gravera une pierre tombale devant laquelle se recueilleront, étonnés, les hommes de Giering.

Mais avant de partir pour les montagnes d'Auvergne — Grand Chef devenu Petit Poucet et semant derrière lui des cailloux blancs afin que les autres suivent bien la piste —, avant de plonger dans la sublime clandestinité de l'au-delà, il a voulu se mettre en paix avec ses dents. La séance à laquelle il se rend aujourd'hui chez Maleplate est la dernière du traitement : trop occupé, il l'a repoussée de semaine en semaine jusqu'à ce 24 novembre.

« Au nom de Gilbert, raconte le docteur Maleplate, ils n'ont eu aucune réaction particulière mais l'un m'a demandé : « Vous connaissez bien vos clients ? — Un « peu, oui. — Alors, allez-y, reprenez la liste des rendez- « vous et, pour chaque nom, dites-nous de qui il s'agit, « la profession, etc. Vous n'avez pas de fiches pour votre « clientèle ? — Non. — Tant pis. Allez-y... » J'ai donc recommencé ma litanie en donnant quelques détails sur chaque client. De Gilbert, je savais simplement qu'il m'avait été adressé par les Corbin. Pour moi, c'était un homme d'affaires banal, à l'accent belge, qui arrivait toujours avec un porte-documents sous le bras. Sympathique, sans aucun doute, mais visiblement peu enclin à parler de soi.

« Ils me remercient et quittent mon cabinet, mais reviennent cinq ou dix minutes plus tard. Cette fois, ils étaient trois. J'ai su par la suite qu'ils avaient tenu un rapide conseil de guerre dans le café qui est en bas de l'immeuble. Ils me disent : « Nous allons arrêter « Gilbert. — Faites ce que vous voulez, ça vous regarde.

« — Ah, mais non ! crie le grand, ça ne se passera pas « comme ça ! Vous allez coopérer, que ça vous plaise « ou non ! »

« Ils m'ont expliqué leur plan. Je devais renvoyer mon mécanicien, ouvrir moi-même la porte, faire asseoir Gilbert dans le fauteuil et commencer les soins. Juste au moment où ils fonceraient sur lui, je me rejetterais en arrière, dans le coin de la pièce. C'était pour ma sécurité personnelle, car ils étaient certains que ça n'irait pas tout seul et qu'il y aurait échange de coups de feu. Ils commençaient déjà à être nerveux. Par exemple, au milieu de ces explications, mon téléphone sonne. Le plus grand dégaine son Lüger et crie : « Qu'est-ce que c'est ? » Je lui ai dit : « Allons, calmez-vous, c'est un confrère. » Il me téléphonait pour me rappeler que nous devions opérer le soir même dans une clinique de la rue d'Alésia. J'ai confirmé par monosyllabes que j'y serais et j'ai raccroché.

« Quand mon mécanicien est arrivé, je l'ai expédié à l'appartement avec mon père — oui, nous habitions au-dessus du cabinet. Ensuite, deuxième coup de sonnette. C'était une vieille dame, une cliente de mon père. Je l'ai installée dans la salle d'attente. Non, je me trompe : c'est la petite vieille qui est arrivée la première, avant mon mécanicien. Toujours est-il qu'on approchait de deux heures et que Gilbert n'allait pas tarder à arriver. C'était mon premier rendez-vous de l'après-midi. »

En face de la porte d'entrée, un long couloir. A droite du couloir, une seule pièce : l'atelier du mécanicien. A gauche s'ouvrent successivement les portes de la salle d'attente, d'un cabinet qui était autrefois celui de M. Maleplate père, d'un bureau qui, aujourd'hui en tout cas, sacrifie au culte napoléonien (estampes, etc.) et enfin celle du cabinet de Maleplate. Giering place un homme dans l'atelier du mécanicien : il coupera la retraite au Grand Chef. Lui-même et Fortner vont tout au fond du couloir et s'embusquent derrière la porte du cabinet de Maleplate. Il est entendu avec ce dernier qu'il fera passer Trepper par le bureau « napoléonien ».

Au-delà du bureau, le couloir fait une courbe : impossible d'apercevoir les deux chasseurs à l'affût.

Dehors, bien entendu, le Kommando au grand complet et ses auxiliaires français. Le pâté de maisons est bouclé.

Trepper dira plus tard le malaise éprouvé dès son entrée chez Maleplate. Quelque chose ne va pas. La salle d'attente est vide, à l'exception de la vieille dame ; ordinairement, elle est bondée. Le docteur le fait passer par son bureau, comme d'habitude, mais contrairement à l'habitude, la porte du cabinet donnant sur le couloir est fermée.

« Je l'ai fait asseoir dans le fauteuil. Il était très décontracté. Je me dis : « Le pauvre diable, à quoi bon lui « ouvrir sa dent ? Ce n'est pas le moment de lui faire « mal. » Tout en bavardant, je fais semblant de choisir mes instruments. Et lui, il me lance avec un sourire : « Ça va bien hein ? Vous avez écouté les nouvelles à la « radio ? » J'en avais des sueurs froides : derrière la porte du couloir, j'entendais au même moment le cliquetis des menottes qu'ils préparaient... Comme ça traînait, je lui ai placé du coton dans la bouche et j'ai commencé à ajuster ma fraise, mais ils se sont tout de même décidés à intervenir. Ils ont bondi sur lui, pistolet au poing. Il a levé les mains en disant : « Je ne suis « pas armé. » Il était très pâle, mais parfaitement calme. Quant aux Allemands, tout ce que je peux vous dire, c'est qu'ils avaient la trouille ! »

Fortner confirme : « Le dentiste tremblait ; Giering et moi étions très énervés. Ah ! il faut bien reconnaître que c'était lui le plus calme ! Il n'a pas bronché ! Pendant que Giering lui passait les menottes, il nous a dit : « Bravo ! Vous avez fait du bon travail. » J'ai répondu modestement : « C'est le résultat de deux ans de « recherches. »

Au moment du départ, le docteur Maleplate dit au prisonnier : « Je veux que vous sachiez que je n'y suis pour rien. » Trepper : « Mais naturellement ! Vous pensez bien que je ne vous en veux absolument pas ! »

S'ensuit une courtoise controverse à propos du règlement des honoraires du dentiste, mais ce dernier refuse tout paiement. Le Grand Chef lui serre la main et s'en va, menottes aux poings, entre l'immense Giering et le petit Fortner, entre la Gestapo et l'Abwehr.

Georgie avait rendez-vous avec lui en fin d'après-midi à Rueil. Ils devaient aller dîner ensemble à Saint-Germain-en-Laye. Elle l'attend en vain. Trepper lui a maintes fois répété : « Je peux être arrêté d'un moment à l'autre. Tu dois t'y préparer. Il ne faudra pas bouger et, surtout, ne pas aller aux nouvelles. »

Consumée d'inquiétude, Georgie va aux nouvelles. Elle téléphone à Katz. Ils conviennent de se rencontrer au café « Le Chien qui fume », à Montparnasse. Elle l'y trouve plongé dans la lecture de *Potemkine*. Conversation brève et angoissante. Katz dit : « Je suis presque sûr qu'il a été pris. D'autres viennent de l'être. Moi aussi, je suis traqué. Et ma femme est à la clinique, en train d'accoucher... » Pauvre Katz qui ne verra jamais cet enfant, et qui est lui-même, semble-t-il à Georgie, comme un enfant auquel on vient d'arracher son père. Il devait partir le soir même pour Marseille, d'ordre du Grand Chef. Il ne partira pas. Tel l'oiseau fasciné par le serpent, tous réflexes abolis, il attend la morsure mortelle.

Georgie, au contraire, s'affole devant l'événement. Elle envoie sa bonne, Marcelle Loukia, demander aux gardiens de la prison du Cherche-Midi si Trepper y est enfermé. Pourquoi le Cherche-Midi ? Parce qu'elle a lu dans le journal, quelques jours plus tôt, qu'on y avait fourré le comédien Harry Baur... Démarche imprudente, insensée même, si l'on tient compte de la personnalité de la messagère. Marcelle Loukia, noire Martiniquaise d'une quarantaine d'années, est un peu raciste : elle professe que les Allemands appartiennent à une espèce inférieure et manque de nuances dans l'expression de sa pensée. Après un échec au Cherche-Midi, Georgie l'enverra — toujours en vain — frapper à la porte de toutes les prisons parisiennes. Elle-même sillonne Paris, vêtue de son manteau préféré « en tissu écossais, avec des tons extraordinaires, un manteau luxueux comme on en voyait peu, à l'époque ». Elle passe dans cet appareil devant l'immeuble de la rue des Saussaies. Le Kommando ne sait alors rien de la compagne du Grand Chef, sinon qu'elle possède un manteau magnifique : Giering fait rechercher « la femme au manteau écossais ». Elle pourrait aller chez Alfred Corbin, tomber dans la souricière, mais le hasard — la chance ! la Providence, qui a cruellement moqué les prudences infinies du Grand Chef mais s'acharne à protéger ses amours ! — la Providence veut qu'elle aille chez Robert Corbin. Mme Robert Corbin confirme à Georgie la vague d'arrestations. Enfin, elle se rend chez Katz. La concierge la reconnaît et jaillit de sa loge : « Ne montez pas ! La Gestapo est en haut ! » Elle repart, va à Suresnes, où est Patrick, et annonce aux Queyrie l'arrestation de son mari. Elle ajoute : « Vous verrez qu'il s'en sortira. Ce n'est pas pour rien que ses amis l'appellent « boule de feu ». »

XXIV

LA CHUTE

Le Grand Chef parle.

« Dans la voiture, raconte Fortner, il m'a demandé si j'étais Abwehr ou Gestapo. Je lui ai répondu que j'étais un officier de l'armée allemande. Il a eu l'air soulagé et il a ajouté : « Pour moi, c'est terminé. Je vous dirai « certaines choses, mais vous devrez admettre que je « ne vous dise pas tout. » Naturellement, nous avons été stupéfaits, Giering et moi, par cette déclaration inespérée. Si le Grand Chef acceptait de collaborer, c'était la fin de l'espionnage soviétique à l'Ouest. Dès notre première conversation, j'ai donc cherché le contact humain. Nous avons parlé de sa vie, de sa famille, en buvant du café et en fumant des cigarettes. Il bavardait très librement. Moi-même, je dois dire que je n'avais pas à me forcer pour l'écouter avec sympathie. C'était un homme bien, très calme, très sobre. J'avais l'impression d'avoir en face de moi un vieux camarade avec qui j'échangeais des souvenirs. »

Après l'autobiographie, le cours du soir. Devant le Kommando ébaubi, Trepper fait une conférence sur l'art de l'espionnage. Les grands principes : cloisonnement sévère, utilisation systématique des pseudonymes, décentralisation (car il est dangereux de concentrer trop de liaisons sur un seul homme) ; cloisons étanches entre les pianistes, très vulnérables, et le reste du réseau. Les précautions classiques : ne jamais porter d'armes, qui vous mettent à la merci d'un contrôle de routine ; se passer de voiture ; habiter en banlieue, où les filatures sont plus facilement repérables que dans les rues animées du centre ; ne pas recevoir une correspondance d'un volume anormal — et se faire envoyer des cartes postales plutôt que des lettres, car on ne se méfie pas d'un homme qui reçoit des cartes postales ; ne jamais transmettre de documents de la main à la main sans les camoufler (stylos, boîtes d'allumettes, journaux) ; organiser les contacts entre agents de préférence le dimanche et les jours fériés, la police étant moins nombreuse et moins vigilante ; fixer les rendez-vous dans des lieux banals et fréquentés : librairies, pharmacies et aussi terrains de sport, lacs (promenades en bateau), piscines, mais à condition, précise Trepper pour ses interlocuteurs — et la Gestapo enregistrera scrupuleusement le conseil dans son rapport — à condition que la saison s'y prête... Enfin, des astuces techniques qui laissent pantois un Fortner et font comprendre à Giering et à Berg, passés maîtres dans la chasse au communiste clandestin de l'espèce militante, qu'ils en sont encore à balbutier les rudiments du contre-espionnage. Par exemple, l'utilisation des annuaires d'une cabine téléphonique pour fixer un rendez-vous. Le lieu étant prévu à l'avance, il reste à indiquer le jour et l'heure. A une certaine page déterminée de l'annuaire, l'agent souligne un mot placé à la quatrième ligne : le contact aura lieu à quatre heures ; il en encadre un autre à la sixième ligne : le sixième jour de la semaine, donc le samedi suivant. Grâce à ce système, aucun contact direct préalable entre les deux agents. D'autre part, celui qui fixe le rendez-vous, s'il a des doutes sur l'autre, peut s'assurer que cet autre vient à la cabine téléphonique seul, sans être escorté ou filé à courte distance.

C'est après la conférence du Grand Chef que l'Abwehr écrira dans son rapport aux autorités du Reich ces lignes destinées à justifier rétrospectivement les lenteurs de l'enquête : « Toute l'expérience antérieure acquise à l'Ouest était pour nous sans valeur. Il s'avéra bientôt que les Russes avaient accompli un travail d'experts. C'est pourquoi il fut nécessaire pour l'Abwehr d'apprendre les théories qui gouvernaient l'entraînement et l'implantation des agents soviétiques, théories qui étaient inconnues de ses officiers. »

Constat objectif : « l'expérience acquise à l'Ouest », elle l'avait été au détriment de réseaux de résistance improvisés à la hâte par des amateurs de bonne volonté, fort ignorants des règles de l'espionnage. Le meilleur d'entre eux — Rémy — pourra dresser ce bilan de la trahison *d'un seul* de ses agents : « 60 arrestations, 52 déportations, 14 morts dans les camps, 1 mort en prison, 2 exécutions, 2 disparus. Je ne suis pas certain que cette liste soit complète [1]. » Et le traître n'était même pas un agent de première importance ! Ni Yefremov ni Raichman n'ont été en mesure de faire tant de mal ; aucun agent de l'Orchestre Rouge ne le pourrait — Trepper excepté — car décentralisation et cloisonnement empêchent la gangrène de gagner tout l'organisme. Qu'on nous entende bien : point question de brocarder Rémy ! Sa grandeur fut d'être un amateur, et d'autant plus grand qu'il en savait moins sur les techniques salvatrices. Du reste, il dira lui-même : « Où étaient donc nos maîtres ? Tous tant que nous sommes, nous avons bien rarement trouvé des spécialistes qui fussent disposés à nous guider et à nous encadrer. Il fallait bien employer les moyens du bord [2]. »

L'étonnant capitaine ! Des matelots de fortune, ni

1. *Op. cit.*, t. II, p. 51.
2. *Op. cit.*, t. I, p. 413.

boussole ni cartes, mais l'œil fixé sur une étoile. Dans quelques mois, Rémy va apprendre que l'un de ses hommes, arrêté par la Gestapo, cherche de nouveau le contact : « Je suis avisé que Gaspard a été libéré et qu'il désire me voir. Libéré... Je suis sûr de sa loyauté, mais je soupçonne un piège *trop allemand.* Gaspard est filé, c'est sûr. Mais il n'est pas question de l'abandonner. Rendez-vous à midi moins le quart sous la tour Eiffel. Le Champ-de-Mars est l'endroit idéal pour parler tranquillement. Il est impossible d'y surveiller quelqu'un sans qu'il s'en aperçoive. Et puis, c'est à côté de chez moi, où j'ai beaucoup à faire [1]. »

Deux erreurs et un pari dangereux. Première erreur : le rendez-vous près de son domicile. La Gestapo connaît bien cette pratique habituelle aux chefs de réseaux surmenés : après avoir « retourné » un agent, elle le fait rouler en voiture, des heures durant, dans les quartiers où il a eu ses rendez-vous ; tôt ou tard, il finit par apercevoir ses interlocuteurs. Deuxième erreur : le choix du Champ-de-Mars, sachant surtout que Gaspard risque d'être filé : comment s'échapper de cette esplanade déserte ? Le pari magnifique tient en six mots : « Je suis sûr de sa loyauté. » Ils reviennent souvent sous la plume de Rémy, comme une litanie, comme une prière. Apprenant que des agents ont été arrêtés, qu'il a reçus à son domicile personnel (troisième erreur) : « Changer de domicile serait douter de la loyauté et du courage de mes amis. Je ne bougerai pas [2]. » Plus tard, dans des circonstances identiques : « Depuis plus de huit jours, je ne suis pas rentré chez moi une seule fois sans me dire que je serai arrêté durant la nuit... J'ai bien pensé à quitter mon appartement, mais je n'en ai pas eu le courage. Ce serait manquer à la confiance que je dois à ceux de mes amis qui sont en prison [3]. »

Un « cloisonnement mystique », en quelque sorte, et qui scandaliserait à coup sûr les bons esprits du Centre.

1. *Ib.*, t. I, p. 474.
2. *Ib.*, t. I, p. 498.
3. *Op. cit.*, t. I, p. 544.

Pour Rémy, la confiance gardée aux siens n'est pas un tribut passif, c'est un acte de foi qui sera mis au crédit du réseau et grâce auquel les prisonniers recevront, par les cheminements invisibles de la divine Providence, un surcroît de force au sein des tortures. Nous voyons bien ce qu'ont les experts du renseignement et qui manque à Rémy. Et pourtant, avec son équipage de rencontre, il a su mener le bateau au port malgré coups de tabac et lames de fond. Il faut bien qu'ils aient eu, lui et les siens, autre chose qui ne ressortit pas à la technique. L'œil sur une étoile. Leur inexpérience les a placés plus souvent que d'autres devant ce choix : être un héros ou un traître. Ils furent plus souvent héros que traîtres.

Trepper est arrivé à la croisée décisive.

Il peut éblouir le Kommando par sa virtuosité technique : il demeure que les S.S. de Giering le tiennent en leur pouvoir. Marchander ? Composer ? Entamer une subtile partie d'échecs ? Mais il est le Grand Chef et les autres ne se contenteront pas de quelques pions, puisqu'il peut leur donner les cavaliers et les tours du réseau — tout l'échiquier !

Traître ou héros ?

Le lendemain, 25 novembre, sont arrêtés Mme Alfred Corbin, sa fille Denise et Robert Corbin. Le 24, Giering avait fait prévenir les deux femmes qu'il voulait les confronter avec Alfred Corbin ; rendez-vous avait été pris pour ce 25 novembre à trois heures ; une voiture du Kommando viendrait les chercher rue Cernuschi. La Gestapo fut exacte. Mme Corbin demanda si elle devait emporter des couvertures. On la rassura : « Pour quoi faire ? Vous allez revenir tout de suite. » Malgré ces apaisements, l'épreuve à venir tourmentait si fort Mme Corbin que sa belle-sœur, Mme Robert Corbin, présente avec son mari, convainquit ce dernier d'accompagner les deux femmes rue des Saussaies.

La voiture de la Gestapo mena le trio droit à la prison de Fresnes. Robert Corbin, menotté dans le dos, fut jeté dans une cellule vide. Un drap noir, cloué sur la fenêtre, faisait écran à la clarté du jour, mais une ampoule électrique brûlait en permanence. Le soir, les détenus chargés de la distribution de la soupe lui soufflèrent qu'il avait sur sa porte la pancarte rouge réservée aux cas les plus graves. Il dit : « Je n'y comprenais rien. C'était comme si le ciel m'était tombé sur la tête. »

Mais Trepper n'avait pas été l'instrument de la catastrophe.

C'est aussi le 25 novembre que furent arrêtés en Belgique les membres de la Simexco. Robert Christen, le truculent patron du « Florida », en frémira encore d'indignation vingt-quatre ans plus tard : « Je vous donne ma parole d'honneur que jamais, pas un seul instant, je n'avais eu l'idée de faire de la résistance ! C'est une honte que la Gestapo n'ait pas reconnu ma bonne foi ! » A la prison Saint-Gilles, il retrouva Henri de Ryck, éditeur ; Jean Passelecq et Charles Drailly, hommes d'affaires ; l'avocat Beublet, conseiller juridique de la firme ; Louis Thevenet, propriétaire d'une fabrique de cigarettes. Henri Seghers fut jeté dans une cellule du fort de Breendonck pour avoir fait le quatrième au bridge de Margarete Barcza et le sixième lors de la constitution de la Simexco. Nazarin Drailly, directeur de la firme, échappa à la rafle. Il se cacha chez une amie, Mlle Ponsaint, qui prépara minutieusement sa fuite dans une cachette sûre. Mais l'épouse de Drailly avait été prise. Il n'accepta de disparaître qu'après que Mlle Ponsaint lui eut porté un colis. Elle accepta et fut arrêtée ; la Gestapo vint cueillir Nazarin Drailly.

Il était entré dans le réseau par l'intermédiaire de Grossvogel, de longue date son ami intime ; Mme Drailly avait même été gérante d'une succursale du « Roi du Caoutchouc ». Comme Alfred Corbin, son homologue de la Simex, Nazarin avait été prévenu de l'orage imminent ; Trepper avait organisé son passage en Suisse. Mais comme Corbin, avec lequel il semble avoir eu plus d'un point commun, et notamment l'attention à autrui et à ses souffrances, Drailly savait qu'il ne pouvait pas disparaître sans compromettre les siens. Il s'était borné à prévenir le Grand Chef qu'il pensait ne pas pouvoir supporter la torture. Son sacrifice n'avait évité ni la capture de sa femme ni celle de son frère Charles, actionnaire de la Simexco.

Et Mme Grossvogel fut prise, elle aussi, ce 25 novembre. On l'alla chercher dans la clinique où elle venait de mettre au monde l'enfant qu'elle désirait si fort depuis tant d'années. Ses espoirs toujours déçus lui faisaient craindre d'être stérile, mais une cure à Salies-de-Béarn avait enfin accompli le miracle : elle était mère. Son mari, averti de la menace pesant sur le réseau, l'avait suppliée de quitter rapidement la clinique et de gagner la cachette qu'il lui avait préparée. Elle avait refusé pour ne pas priver trop tôt le bébé des soins médicaux. La Gestapo la mit dans une cellule de la prison Saint-Gilles ; on lui permit de garder son enfant avec elle.

Bill Hoorickx fut capturé quelques jours plus tard. Il avait passé la nuit dans un cabaret où jouait Django Reinhard. A l'aube, il fut arrêté chez un ami par un officier S.S. et une escouade de gendarmes allemands armés de mitraillettes. La Gestapo connaissait l'adresse de Rauch. Elle demanda à Hoorickx de lui téléphoner pour le faire tomber dans une souricière. Lorsqu'il eut son ami au bout du fil, Hoorickx cria : « Fous le camp ! Je suis arrêté ! » Ses gardiens se ruèrent sur lui et l'assommèrent. Rauch fut tout de même pris le lendemain. Il ne jouait plus qu'un rôle épisodique dans le réseau, mais son fils était devenu une « source » importante. Ce jeune Tchèque, élève-ingénieur, avait été enrôlé de force dans la Wehrmacht et affecté à la construction du Mur de l'Atlantique. Chaque fois qu'il venait en permission à Bruxelles, il remettait à son père une liasse de documents.

Ainsi mourut définitivement le réseau belge. Mais Trepper n'avait eu aucune part à sa liquidation.

La Gestapo vint également rue du Dragon, à Marseille, où était installée la succursale de la Simex. Elle arrêta Jules Jaspar, sa femme et une jeune secrétaire, Marguerite Marivet. M. Jaspar, patricien belge, ancien consul, ex-directeur de « Foreign Excellent Trench-Coat », fut informé par la Gestapo de son appartenance à un réseau de renseignement soviétique. Il devint très rouge et s'écria : « Ah, les salauds, moi qui croyais travailler pour l'Intelligence Service ! »

Trepper avait peut-être menti sur son allégeance et confondu sciemment Moscou avec Londres, mais ce n'était pas sa faute si le bon M. Jaspar ne pouvait plus œuvrer pour ce qu'il croyait être le service de Sa Majesté britannique : la Gestapo avait trouvé l'adresse de la succursale marseillaise dans les dossiers de la maison mère, boulevard Haussmann.

Ensuite tomba le groupe de Lyon. Placé sous les ordres de l'ardent Roméo Springer, on sait qu'il avait noué des contacts intéressants avec des personnalités telles que l'ancien ministre belge Balthazar et le consul des Etats-Unis. Pourvu d'un émetteur construit par ses soins, le groupe lyonnais s'apprêtait à transmettre directement ses renseignements à Moscou lorsque la Gestapo frappa. Elle arrêta notamment Otto Schumacher, chez qui Wenzel avait été surpris en cours d'émission. Germaine Schneider, maîtresse du « Professeur », réussit à s'enfuir, mais pour aller se faire prendre à Paris par le Kommando. Roméo Springer se défendit les armes à la main ; on n'en vint à bout qu'après un siège en règle. Arrêté, transféré à Paris avec les autres, il enjamba la rambarde de la troisième galerie de Fresnes et se jeta dans le vide, muet pour l'éternité. Il avait toujours été courageux.

Telle fut la fin de l'éphémère réseau lyonnais. Raichman, et non Trepper, avait précipité sa perte.

Mais les documents allemands inscrivent à l'actif du Grand Chef les arrestations de Katz, Grossvogel, Vassili de Maximovitch et Robinson. Il donna d'abord Katz, son vieux compagnon de Palestine, son lieutenant le plus dévoué. D'ordre de Giering, il lui téléphona et lui fixa rendez-vous à la station de métro Madeleine. Le petit Katz y fut arrêté, conduit rue des Saussaies et mis en présence de Trepper. Celui-ci dit : « Katz, il faut travailler avec ces messieurs. Le jeu est fini. » Car dans l'argot des services soviétiques, l'espionnage s'appelle le « jeu ». Il trahit ensuite Vassili ; puis vint le tour de Léo Grossvogel, chef d'état-major du réseau. Infatigable organisateur, Grossvogel avait mis au point un éventail de filières menant à des cachettes sûres où les survivants pourraient attendre l'accalmie. Il n'avait omis dans ses plans qu'une seule hypothèse de travail : la félonie de son chef.

Un traître.

Fortner : « Je n'ai pas assisté aux premiers interrogatoires des Maximovitch, mais je sais que les hommes de Giering ont été très durs, spécialement Rolf Richter, qui s'était chargé d'Anna. Ils ont employé tous les moyens pour les assouplir. Vous comprenez, un Trepper, officier de l'Armée Rouge, on ne pouvait pas lui reprocher d'avoir travaillé contre nous : il faisait son devoir. Mais Maximovitch, fils d'un général tsariste ! Je lui ai dit : « Comment vous, un Russe blanc, avez-vous pu « aider les communistes ? » Il m'a répondu : « J'ai été « avec les Allemands jusqu'au jour où j'ai lu dans les « journaux qu'ils voulaient donner son indépendance à « l'Ukraine. Je suis Russe avant tout. Un Russe ne peut « accepter qu'on démembre sa patrie. » Ma foi, le raisonnement se tenait.

« On ne peut dire que les Maximovitch se soient effondrés. Ce serait excessif. Mais enfin, ils ont parlé. Enorme scandale, bien entendu ! Pratiquement, tout l'Etat-Major allemand à Paris était dans le bain. Et l'Ambassade ! Et le Service du Travail ! Vous pensez, avec les relations qu'ils avaient...

« Giering m'a laissé mener l'enquête car tout ce qui était Wehrmacht et administration militaire tombait dans le domaine de l'Abwehr ; les S.S. n'avaient pas à y fourrer leur nez. J'ai donc pris le relais de ses hommes. Dans le réseau proprement dit, Maximovitch nous a donné Käthe Vœlkner. Nous savions que Raichman recevait de Paris des formulaires administratifs en blanc. Maximovitch a avoué qu'ils étaient fournis par une employée de l'Organisation Sauckel et je n'ai pas mis longtemps à découvrir qu'il s'agissait de la Vœlkner. Elle n'était pas à Paris : partie en vacances à Kœnigsberg avec son patron. Dès son retour, je me présente à son bureau et je la trouve à genoux, en train d'ouvrir un coffre-fort. « Vous êtes Mlle Vœlkner ? — Oui. Je sais « pourquoi vous venez : pour m'arrêter. — Exact. Don- « nez-moi cette clef et suivez-moi. » Elle était blonde, plutôt petite, mais très musclée, très vive. J'ajoute que son patron est rentré le lendemain et qu'il m'a fait une scène à tout casser : « Mais vous êtes fou ! Cette fille « est irréprochable, etc. » Moi : « Du calme, du calme, « estimez-vous heureux de ne pas être arrêté vous- « même : votre Vœlkner est une espionne. » Il en est resté éberlué. C'est par lui que j'ai eu l'adresse où la fille vivait avec un Italien nommé Podsialdo. Nous nous y précipitons, mais il n'est pas là. Käthe, interrogée sur lui, refuse de parler. Nous retournons à son domicile et nous questionnons les voisins. Une femme nous dit : « L'Italien ? Mais il travaille aussi pour les Allemands ! » C'est comme ça que nous l'avons retrouvé dans un bureau de l'Organisation Sauckel ; il dépendait d'un autre service que la Vœlkner.

« Elle, c'était une fille de la même espèce que Sophie Poznanska, la chiffreuse des Atrébates. Elle ne nous a rien lâché — rien ! Mais Podsialdo nous a tout raconté : les voyages à travers l'Europe, le séjour à Leningrad, etc. Un faible, un pauvre type, ce Podsialdo. Il nous a dit que son amie tapait souvent des rapports secrets sur une machine à écrire cachée chez eux et que nous trouverions même la copie de certains rapports. Nous y sommes allés avec la Vœlkner et quand nous avons découvert sa machine à écrire, elle a commencé à s'agiter, il a fallu lui passer les menottes, bras dans le dos. Elle a crié : « Ça ne me dérange pas ! » — et hop ! elle se tortille et ramène ses mains devant elle. Forcément, une acrobate... On a tous ri et on lui a enlevé ses menottes.

« Podsialdo nous a aussi avoué qu'il était en contact avec un employé du Service du Logement de la Wehrmacht à Paris. Un Français. Il a été fusillé, celui-là, mais le mal qu'il avait pu nous faire !... Il s'occupait des « *Jeip-Fahrer* » [voyageurs-Jeip]. « *Jeip* », c'est un mot formé avec les initiales de « *Jeder einmal in Paris* » [Chacun une fois à Paris]. Autrement dit, il s'agissait d'un service chargé de faire visiter le beau Paris par chaque soldat allemand. Une sorte de propagande : c'était bon pour le moral des troupes. Notez bien : les invitations étaient individuelles ; on ne pouvait pas retirer du front des unités entières. Le service de Paris était donc averti que le soldat X, appartenant à telle unité, arriverait de tel endroit pour passer une permission à Paris. Vous saisissez ce que ça veut dire ? Ça veut dire que grâce à ce petit Français de rien du tout, Trepper pouvait reconstituer en grande partie l'ordre de bataille de la Wehrmacht. Ah, monsieur, ça, c'est de l'espionnage ! Remarquez que le Français n'avait pas le droit, en principe, de consulter les listes. Mais il avait gagné la confiance des deux sous-officiers qui étaient en charge et ils le laissaient faire. Ces deux-là, ils ont été condamnés à huit ans de travaux forcés.

« Ils n'ont pas été les seuls. Margarete Hoffman-Scholz, la fiancée de Maximovitch : six ans. Et beaucoup d'officiers supérieurs compromis avec les Maximovitch ont été condamnés à de lourdes peines. Quelle histoire ! J'étais allé voir le général Schaumberg, chargé des questions de sécurité au Quartier Général. Après m'avoir écouté, il était fou furieux : « Je vais cogner « là-dedans à la hache ! » Hélas ! le mal était déjà fait... Il y a même eu une sorte d'union sacrée, on a compris qu'il fallait se serrer les coudes. Si Berlin avait su toute la vérité, ils auraient vu rouge, là-bas ! Nous nous sommes mis d'accord pour leur envoyer des rapports très édulcorés, de sorte qu'ils n'ont jamais su à quel point l'Etat-Major de Paris était compromis... »

Au domicile de Käthe Vœlkner, Fortner avait trouvé une perruche. Il la confia à une voisine et dit en riant : « Elle est à vous. Vous pouvez garder cet oiseau car l'autre ne reviendra plus... » Mais le fils de Käthe, âgé de quatorze ans, fut envoyé à Berlin dans une « Maison d'accueil du parti nazi ». Il n'y avait aucune raison pour qu'il ne devînt pas, après « rééducation », un serviteur dévoué de ceux qui allaient tuer sa mère.

Kent s'effondre.

« Ils m'ont laissée quatre jours dans ma cellule de l'Alexanderplatz, raconte Margarete, avant de m'amener au siège de la Gestapo. Il était là. Pauvre ami, ça lui a fait un choc terrible : pour la première fois, il me voyait mal fichue, pas maquillée, ni peignée... Le type de la Gestapo qui était présent s'est aperçu de son émotion et lui a dit : « Je vous propose un marché : on vous « laisse avec elle toute la journée, mais vous nous par- « lez la nuit. » Vincent a accepté. Comme ça, j'ai pu le voir tous les jours. Mais les autres restaient méfiants : figurez-vous qu'après chaque séparation, ils m'examinaient l'intérieur de la bouche pour voir si Vincent ne m'avait pas glissé un message en m'embrassant ! Même à la prison, on est devenu plus gentil avec moi. Willy Berg venait souvent me rendre visite. Ah ! celui-là, il avait une sale tête, une vraie gueule de gestapiste ! Mais un pauvre homme, quand on le connaissait mieux, un malheureux... Il avait perdu deux enfants, emportés par la diphtérie. Et un jour, je le vois entrer dans ma cellule absolument bouleversé. Il me dit : « Je viens d'en- « terrer mon dernier enfant. » Une petite fille de dix ans. Le diabète. Ensuite, sa femme a essayé de se suicider. Pauvre type, il faisait tout de même pitié... »

Ainsi, après chaque baiser d'adieu à Margarete — version modifiée du baiser de Judas — Kent occupe ses nuits à trahir. Il confirme à la Gestapo ses contacts avec Schulze-Boysen et Harnack : c'est dans ce but qu'on l'a fait venir à Berlin. Il dénonce la présence d'Alfred Corbin à Leipzig. Il donne maints détails sur le réseau bruxellois. Ces aveux n'apportent guère que des confirmations, mais ils sont reçus avec intérêt dans la mesure où ils témoignent de la servilité de Kent. En cette fin d'année 1942 qui consacre le succès total du Kommando sur l'Orchestre Rouge, les chefs de la Gestapo songent déjà à l'avenir. Ils veulent bâtir sur les ruines de l'organisation détruite un chef-d'œuvre de contre-espionnage offensif. Le soir du 24 novembre, Giering avait fait prévenir Adolf Hitler, qu'il connaissait personnellement, de la capture du Grand Chef ; le Führer avait bien voulu exprimer ses félicitations. Himmler aussi avait jubilé au téléphone en entendant Giering lui annoncer de sa voix de rogomme la merveilleuse nouvelle ; il avait conclu l'entretien par cette adjuration aux accents médiévaux : « ...et maintenant, jetez-le dans la cave la plus profonde de Paris et chargez-le de chaînes — qu'il ne puisse surtout pas s'évader ! » C'était naturellement façon de parler. Le Reichsführer et ses adjoints ont imaginé pour leur captif un rôle à la mesure de sa personnalité. Ils n'ont pas pris le chef de l'espionnage soviétique en Europe de l'Ouest pour le laisser bêtement moisir au fond d'un cachot.

Dans les derniers jours de décembre, Kent est informé qu'il va être transféré à Paris. Là-bas, le Grand Chef et le Petit Chef, de nouveau associés, seront les instruments du Funkspiel le plus extraordinaire qu'on ait jamais vu.

Kent accepte. Trepper a déjà donné son accord.

XXV

LE SUPPLICE

LES Berlinois se tiennent mieux.

Cent dix-huit prisonniers enfermés dans les geôles de Berlin, les plus importants étant gardés au siège de la Gestapo, Prinz-Albrechtstrasse. Des jeunes et des vieux, des ouvriers et des femmes du monde, des militaires et des étudiants, des communistes et des réactionnaires. Un bric-à-brac hétéroclite où chaque classe sociale, et même chaque coterie, semble avoir délégué un représentant. C'est un peu comme ces grandes rafles du temps de paix, à l'aube, quand la police ramène pêle-mêle dans ses filets les employés qui allaient à leur travail et les derniers noctambules en frac et robe du soir. Et c'est tout le contraire de la démolition méthodique des réseaux frères. A Bruxelles et à Paris, chaque pierre descellée par la Gestapo entraînait la chute d'un pan de mur, mais le reste tenait bon. Ici, à peine les deux piliers du réseau sont-ils jetés à bas que tout l'édifice s'écroule. La Gestapo s'emploie à classer les débris.

Cent dix-huit personnes, et non cent dix-huit agents. Combien connaissent l'existence des émetteurs, les liens avec Trepper et Kent, les centaines de messages qui mettaient le soldat allemand dans la ligne de mire du canon russe ? Cinq au moins, quinze au plus. Agents aussi, les parachutistes Erna Eiffler et Wilhelm Fellendorf, largués le mois précédent sur la Prusse-Orientale et bloqués depuis à Hambourg ; ils viennent d'y être arrêtés avec quinze dockers communistes. Agents encore, Albert Hössler et Robert Barth, parachutés avec un émetteur quelques jours avant l'arrestation de Schulze-Boysen et capturés alors qu'ils venaient à peine d'établir la liaison avec Moscou.

Mais peut-on dire du colonel Gehrts qu'il est un espion conscient ? Politiquement, il se situe à droite, sinon à l'extrême-droite. Lieutenant aviateur lors de la première guerre, il s'essaie ensuite au journalisme et devient rédacteur à la publication conservatrice *Tägliche Rundschau*. En 1935, il réendosse son uniforme d'aviateur, gravit les échelons de la hiérarchie, obtient en 1942 le commandement du service des missions spéciales de la Luftwaffe. Son poste lui vaut les informations les plus variées et les plus secrètes. Il est notamment prévenu à l'avance des opérations aéroportées sur le front de l'Est. Officiellement, il se borne à organiser le transport des paras, mais ses soins officieux procurent à ceux-ci une mort rapide dès la portière de l'avion franchie. Gehrts, quoique anticommuniste, a dès le début considéré que la guerre contre la Russie était une folie meurtrière. Beaucoup de ses collègues le pensent aussi, qui ne trahissent pas pour autant. Mais Schulze-Boysen est maître dans l'art de s'attacher les hommes ; il eût fait un génial sergent-recruteur. Gehrts est superstitieux, friand d'occultisme, adepte du tarot, fanatique du marc de café. On l'abouche avec Anna Krause, tireuse de cartes. Car ce réseau avait sa tireuse de cartes. Parmi sa clientèle beaucoup d'officiers supérieurs, de fonctionnaires, d'hommes d'affaires. Elle les faisait parler du présent tout en leur dévoilant l'avenir, entremêlant allusions à une rencontre avec une femme brune ou blonde et questions sur les travaux du client (on lui préparait un questionnaire adapté à chacun). Gehrts, tombé sous sa coupe, est-il un espion ou une dupe ?

La plupart des prisonniers sont des résistants.

Il y avait eu cette nuit mémorable de 1941 où soixante d'entre eux s'étaient répandus dans les rues de Berlin pour coller sur les murs des affiches antinazies ; ils étaient protégés par des officiers en uniforme, pistolet au poing ; Harro Schulze-Boysen dirigeait l'opération. Il l'avait organisée pour répliquer à l'exposition de Gœbbels « Le Paradis soviétique », qui présentait au public allemand des témoignages saisissants sur la misère du peuple russe. Le matin suivant, les Berlinois avaient lu avec stupeur la réponse de Schulze-Boysen : « Le Paradis nazi : Guerre — Faim — Mensonge — Gestapo — Pour combien de temps encore ? »

Il y avait ces jeunes gens qui arpentaient les rues de Berlin, après la tombée de la nuit, tels des voyageurs harassés rentrant d'un long voyage. Leur valise était si lourde qu'ils devaient souvent s'arrêter et la poser pour reprendre haleine. Quand ils l'empoignaient de nouveau, la valise avait imprimé sur le macadam un slogan antinazi.

Il y avait les rédacteurs, les imprimeurs et les distributeurs du journal bi-mensuel *Le Front intérieur*, organe de propagande destiné surtout à la masse des ouvriers étrangers travaillant en Allemagne ; il comportait des éditions allemande, russe, italienne, polonaise, tchèque et française.

Il y avait les tracts antinazis qu'on déposait dans les cabines téléphoniques, sous les banquettes du métro et du tram, ou bien qu'on glissait à la nuit dans les boîtes aux lettres.

Il y avait les brochures longuement méditées et imprimées à la sauvette qu'on envoyait à ceux qui étaient dans le système nazi sans participer toujours à son idéologie et qu'on jugeait accessibles au raisonnement : « La naissance du parti nazi » ; « Qui a rendu la guerre inévitable ? » ; « Appel à la résistance » ; « Pourquoi la guerre est perdue. » Le meilleur de ces textes, « Napoléon Bonaparte », décrivait les épreuves de la Wehrmacht en Russie et annonçait son sort futur à coups de citations empruntées aux ouvrages d'histoire sur la défaite de la Grande Armée.

Il y avait encore les filières d'évasion vers la Suisse et la Suède pour les Juifs, les évadés des camps de concentration, les persécutés du régime.

Il y avait enfin le projet d'une campagne de sabotage à l'échelon national dont on parachevait les préparatifs lorsque frappa la Gestapo.

Chapeau bas devant ces braves gens, mais la folie de tout cela ! Harro Schulze-Boysen, l'une des trois ou quatre « sources » clefs du renseignement soviétique, mettant son bel uniforme et s'en allant, pistolet au poing, protéger ses petits gars pendant qu'ils collent sur les murs des affiches que la police aura déchirées cinq heures plus tard ! Et rédigeant des tracts ! Et corrigeant les épreuves du *Front intérieur !* Lui qui équivaut pour l'Etat-Major russe à l'appoint de plusieurs divisions, il se met à la merci d'une ronde de police, des aveux d'un distributeur de tracts, de la trahison d'un ouvrier étranger — après tout, beaucoup sont venus librement travailler pour le Reich. On le met en garde. Harnack, prudent et secret, l'adjure de cesser ses folies ; il s'obstine. Hugo Buschmann, qui n'est pourtant pas un professionnel du renseignement, mais il a du bon sens : « Je disais à Harro qu'il fallait séparer la propagande et le très important travail d'émissions secrètes. L'expérience prouvait qu'une telle propagande finissait toujours par être découverte. Il serait tout de même terrible de compromettre ainsi des tâches beaucoup plus importantes. Harro promettait, Harro ne pouvait jamais tenir. Il continua les deux choses jusqu'à la fin [1]. » Etait-ce ce dévorant besoin d'agir qui le jetait dans toutes les entreprises et l'empêchait d'en refuser aucune, même subalterne ? Ou

1. H. Buschmann, *op. cit.*, p. 274.

bien le roc Schulze-Boysen avait-il en fin de compte quelques failles humaines ? Peut-être lui fallait-il, pour accomplir sa terrible besogne, sentir autour de lui la générosité, l'enthousiasme, la pureté de ceux qui risquaient leur vie en échange de résultats médiocres ; lui qui martelait si férocement la face hideuse qu'il trouvait à sa patrie, il avait peut-être besoin de ces pauvres témoignages — un tract, une brochure — pour se prouver qu'il contribuait aussi à lui façonner un nouveau visage...

Pris dans la nasse avec les vrais agents et les vrais résistants, ceux qui donnaient le frisson à Ille, la compagne d'Ernst von Salomon : « Ils s'adossent négligemment à une cheminée, ils ont une tasse de thé à la main et ils vous racontent incidemment des choses... des choses ! Chaque phrase peut leur coûter la tête ! » Certains sont en cellule. Beaucoup (quatre ou cinq cents) sont inquiétés, interrogés ; ils sont assis sur un tabouret de bois dur, ils n'ont plus de tasse de thé à la main, et ils ne racontent pas grand-chose car ils ignorent à peu près tout, sinon que Schulze-Boysen criait sa haine des nazis à chaque dîner en ville — mais cela, mille ou deux mille Berlinois le savent... « Je voulais amener Harro à la prudence, écrit Buschmann. Il était effroyablement imprudent. A cette époque, il était de bon ton, dans les beaux quartiers de Berlin, de raconter ce qu'on appelait des histoires politiques. Harro ne pouvait pas s'en empêcher. Il était assis dans son uniforme d'aviateur, décoré de la croix de fer, et il faisait sensation en racontant des choses folles sur le ministère, sur les théâtres d'opérations, sur les exécutions de prisonniers et ainsi de suite. Ces dames élégantes et ces messieurs bavards caquetaient jusqu'à l'aube ; mais les femmes n'oubliaient pas de parler de ce brillant officier qui était leur dieu à toutes. Elles ne savaient pas combien il était dangereux d'avoir des relations avec lui [1]. »

Et lui avec elles, donc !

1. H. Buschmann, *op. cit.*, p. 272.

Mais que faisait la Gestapo ? On comprend l'admission de Schulze-Boysen, opposant notoire, à l'« Institut de Recherches » ; il était recommandé par le Reichsmarschall Gœring. De plus, il serait faux de croire que les nazis s'établirent au pouvoir et s'y retranchèrent avec la terreur pour seule arme : ils étaient si sûrs d'avoir raison, ils avaient une conscience si vive de leur dynamisme et de leur enthousiasme, qu'ils croyaient pouvoir se gagner tôt ou tard leurs adversaires les plus farouches. Et l'expérience les justifia : pour quelques milliers d'irréductibles enfermés à la fin dans les camps de concentration, combien de dizaines de milliers qui arrachèrent l'insigne de leur parti et arborèrent la croix gammée ? Enfin, selon le docteur Meyer, haut fonctionnaire du Troisième Reich, il faut ici tenir compte d'une particularité allemande : la confiance en autrui, l'incapacité à prévoir la perfidie. « Dès l'instant où Schulze-Boysen revêtit l'uniforme d'officier de la Luftwaffe, il devint insoupçonnable. On ne soupçonne pas un officier allemand. On ne peut pas en même temps être un traître et porter l'uniforme allemand. »

Admettons même que les incontinences verbales de Harro et de ses amis aient été tenues pour négligeables par la Gestapo. Dans tous les pays, sous tous les régimes, les salons sont frondeurs. Partout, dames élégantes et messieurs bavards caquettent jusqu'à l'aube en brocardant les dirigeants avec qui ils ont dîné la veille. Cela ne tirait pas plus à conséquence à Berlin qu'ailleurs. Au reste, selon Meyer : « On s'exagère aujourd'hui le caractère totalitaire du régime et l'efficacité de la Gestapo. Exagération bien normale car tout le monde trouve son intérêt, particulièrement en Allemagne, à prétendre avoir souffert du nazisme. Chacun fait comme s'il avait vécu pendant douze ans en attendant chaque seconde le coup de sonnette de la Gestapo. Ce n'est pas vrai. A Berlin notamment, régnait un libéralisme assez large. Les moqueries contre le régime, les conversations débridées, les réunions du style des fameuses « soirées quatorze points » — eh bien ! dans les milieux dirigeants, ce genre de fantaisies était assez banal. » Soit, admettons-le, bien que les lazzi d'un Schulze-Boysen, « dont la mâchoire « tremblait de haine lorsqu'il était question des nazis » aient tout de même largement dépassé la moyenne admise dans les salons berlinois (« Cher, saviez-vous que Ley, le ministre du Travail, avait supprimé le *v* que comportait autrefois son nom, entre le *e* et le *y* ? »)...

Mais les soixante colleurs d'affiches lâchés dans les rues de Berlin, l'édition en six langues du *Front intérieur,* les milliers de tracts essaimés de par la ville, les brochures répandues à foison : cela fait combien de femmes et d'hommes mis dans le secret ? Il eût suffi des aveux d'un seul pour mener au réseau lui-même, mal cloisonné, et faire découvrir son noyau central d'agents en liaison avec Moscou.

Ah ! n'ayons pas peur des mots : il est prodigieux, stupéfiant, que la Gestapo soit restée aveugle ! Cela ne s'explique pas. On bute sur l'irrationnel, d'où la tentation d'invoquer le surnaturel. Ainsi Rémy, dont le réseau était pourtant une merveille technique auprès de celui de Schulze-Boysen, mais qui sait bien qu'il eût dû *normalement* être pris : « Pourquoi ai-je été protégé tandis que d'autres succombaient ? Sans doute la mission qui m'avait été confiée, et qui dépassait de loin ma modeste personne, devait-elle être menée à bien. Je ne vois pas d'autre raison. Seul, désarmé, inexpérimenté, j'avais peur, constamment peur. Si j'ai tenu, si j'ai été secouru, c'est que j'ai prié, mettant toute ma confiance en Celle qui n'a cessé de me prodiguer ses bienfaits et sous l'égide de qui j'allais placer mon réseau [1]. » Il est probable que Schulze-Boysen et Harnack n'auraient point admis la Vierge Marie dans leur dispositif de protection, mais il est certain que leur longue impunité, comme la survie de Rémy — de tant d'autres ! — suggère que le renseignement n'est pas une science exacte et que le sort du meilleur agent, comme celui du pire, repose finalement sur les genoux des dieux.

A quoi bon les écoles ?

1. Rémy, *op. cit.*, t. I, p. 329.

A empêcher, par exemple, la chute du réseau allemand, tombé par la faute d'un fonctionnaire du Centre ignorant son métier. Si l'agent est ce funambule livré aux caprices du destin, raison de plus pour serrer soigneusement les écrous qui font tenir son fil aux mâts ! Et ces choses-là s'apprennent. N'ayons pas peur des mots : il est scandaleux, révoltant, que le Directeur des services soviétiques ait tout bonnement mis dans un télégramme les trois adresses fatidiques et que Schulze-Boysen et les siens, protégés si longtemps par quelque inexplicable grâce contre les maîtres de Berlin, aient été finalement victimes de l'incapacité des chefs de Moscou. Pour que la Prinz-Albrechtstrasse les découvrît, il fallut que la rue Znamenski — le Centre — les lui montrât du doigt.

« Staline, Staline a été le seul fautif ! » écrit le maréchal Eremenko des premiers désastres militaires russes. Le Directeur pourrait en dire autant de la catastrophe berlinoise. La cécité politique du dictateur a empêché les services soviétiques d'installer en Allemagne une organisation cohérente. Et après le déclenchement de « Barbarossa », le Centre a été, comme tout le monde, pris dans le tourbillon des sauve-qui-peut. Le télégramme à Kent est du 10 octobre. Quelques jours plus tard, le 19 octobre, toute liaison radio était rompue entre la centrale moscovite et des dizaines d'émetteurs soviétiques répartis à travers le monde ; certains pianistes, qui recevaient cette nuit-là des instructions de Moscou, perdirent le contact au milieu d'un groupe chiffré ; ils ne devaient le retrouver que six semaines plus tard — le technicien moscovite reprenant sans autre explication son groupe chiffré là où il l'avait laissé. L'explication, c'est que les blindés allemands fonçaient vers Moscou et que l'ordre était venu de replier la centrale sur Kouibychev. L'ordre de départ avait été donné avec douze heures de préavis aux officiers supérieurs, et sans préavis aucun aux subalternes. Quand le cerveau s'affole à ce point, quoi d'étonnant si les membres perdent toute coordination ?

Mais Kent avait déjà eu un premier contact avec le groupe berlinois en avril 1941, lors de son voyage à Leipzig. C'était avant « Barbarossa ». Le Directeur avait eu le loisir d'organiser un rendez-vous conforme aux règles de sécurité, avec signe d'identification et mot de reconnaissance. Pourquoi n'avoir pas saisi l'occasion pour mettre sur pied un système de communication entre les experts de Bruxelles et les amateurs de Berlin ? *Là est la faute !* Sans doute y avait-il danger : en liant les réseaux, on risquait que la découverte de l'un menât à celle de l'autre. Mais les astuces techniques ne manquent pas, qui permettent de multiplier les cloisons étanches (« boîtes aux lettres », vivantes ou mortes, « coupe-circuit », etc.). Un dispositif en chicane eût garanti la sécurité.

Après, bien sûr, on n'avait plus le temps. Tous les techniciens du renseignement que nous avons interrogés admettent sans broncher le télégramme du Directeur : au diable les règles de sécurité lorsque les chars allemands sont en vue du Kremlin ! Qu'importe la mort du réseau berlinois si son sacrifice contribue à sauver Moscou ? La richesse de l'espionnage soviétique l'autorise d'ailleurs à ces hécatombes réfléchies ; Schulze-Boysen et les siens seront vite remplacés.

Ils ont donc été sacrifiés. Tout comme l'arrière-garde qu'un général abandonne à l'ennemi pour sauver l'armée. C'est rationnel. Ils l'eussent sans doute eux-mêmes admis. Pourtant, leur destin continue de nous scandaliser, alors que le sort du fantassin sacrifié ne fait que nous émouvoir. C'est qu'un soldat met sa seule vie en jeu, et l'on sait assez — il le sait lui-même — qu'il devient chair à canon dès l'uniforme endossé. L'agent risque pis que la mort : la torture ; et pis que des souffrances effrayantes : il risque de trahir ses camarades, la femme qu'il aime, jusqu'à ses enfants, et d'y perdre ce qu'on appellera, pour simplifier, son âme.

Ils se tiennent bien.

Les commissaires Koppkow et Panzinger dosent la souffrance selon des critères hiérarchiques. Au bas de l'échelle, les « révolutionnaires de salon ». Conformément à leur habitude, ils bavardent sans contrainte. Oui, ils écoutaient parfois la radio anglaise ; oui, il leur est arrivé de se moquer du docteur Ley, le bon pochard, du petit Gœbbels et de ses maîtresses, et même — oui, même du Führer. Mais ils n'ont jamais fait partie d'un réseau. Ils n'imaginaient pas que pareille chose pût exister à Berlin. Ils jurent qu'ils n'étaient pas des agents. Et c'est vrai : ils n'étaient que des « sources ». Les secrets qu'ils trahissaient pour briller en société, comment pouvaient-ils se douter qu'ils étaient envoyés à Moscou ? On les punira pour leur bavardage, de même que seront punis les chefs et les collègues de Schulze-Boysen et de Harnack, coupables d'avoir laissé ceux-ci mettre le nez dans des affaires qui n'étaient pas de leur ressort. Il fallait donc se méfier du protégé de Gœring ? Et de Harnack, fonctionnaire modèle, incarnation de la conscience professionnelle ? Immense stupéfaction...

Pour les résistants, la lampe qui brûle les yeux, le bureau surchauffé après la cellule glaciale, les menottes serrées au point de déchirer la chair, les interrogatoires interminables avec l'interlude d'une raclée de détente. Quelques-uns s'effondrent ; la plupart tiennent bon et luttent farouchement pour leur vie. Tel Günther Weisenborn, auteur dramatique connu, entré sur l'ordre de Schulze-Boysen à la radio allemande, où il participait aux conférences secrètes. C'est grâce à lui que les discours de Staline, de Churchill et de Roosevelt, évidemment censurés par les nazis, étaient répandus par tracts dans le public allemand. Il nie tout. Puis il apprend qu'une femme l'a donné à Panzinger. Il garde confiance : la loi allemande exige deux dépositions à charge pour obtenir une condamnation. Mais le sculpteur Kurt Schumacher incrimine à son tour Weisenborn. Celui-ci l'apprend au cours d'un interrogatoire. De retour dans sa cellule, il déchire son drap de lit et cache une bande de tissu ; il est prêt au suicide. Kurt Schumacher est incarcéré dans la cellule voisine. Entre eux, un mur épais d'un mètre. Weisenborn prend un crayon et tape sur le mur : un coup pour *a*, deux coups pour *b*, trois coups pour *c*, etc. Le sculpteur répond par un martèlement incohérent.

Il ne comprend pas. Weisenborn s'acharne toute la nuit, un œil sur le judas, le cœur serré par la crainte de voir surgir un gardien. A l'aube, épuisé, désespéré, il se jette sur son bat-flanc : Schumacher ne comprend toujours pas. Le second soir, il recommence. Soudain, de l'autre côté, les heurts s'organisent, prennent un rythme. Weisenborn traduit :

« Compris. »

Ebloui, il communique à Schumacher :

« Devez revenir sur votre déposition. Seconde déposition contre moi. Signifie peine de mort.

— Savais pas. Retirerai. »

Weisenborn ignore si cela suffira, si la légalité sera respectée, mais il croit qu'il faut toujours se battre jusqu'au bout [1].

Pour ceux du réseau d'espionnage, la torture — la vraie.

Heinrich Kummerow, excédé de souffrance, avale le verre brisé de ses lunettes ; il en réchappe. Il s'ouvre les veines ; on le soigne à temps. A l'aide d'un fil, il s'ouvre la chair entre les orteils et creuse des plaies profondes qu'il envenime de son mieux ; on le sauve de la gangrène. Il avait été l'un des meilleurs ingénieurs de la « Lœwe-Opta-Radio », cette firme d'où étaient sortis des appareils de radiogoniométrie ingénieusement sabotés. A l'actif de Kummerow, entre autres renseignements capitaux : les plans d'un système de guidage pour chasseurs de nuit et ceux d'une nouvelle bombe iconoscopique.

Walter Husemann, ajusteur, bondit vers une fenêtre ouverte et tente d'entraîner dans sa chute le S.S. Panzinger ; on les rattrape juste à temps. Un délai de deux minutes avait été donné à Husemann pour livrer deux noms.

Johann Sieg et Herbert Grasse parviennent à se tuer.

Pour Frieda Wesolek, le canon d'un revolver placé sur la nuque de son petit garçon.

1. L'épisode est raconté par Eric H. Bœhm dans son livre *We Survived*, Yale University Press, 1949.

Le corps sauvagement brûlé aux rayons ultra-violets, Schulze-Boysen et Harnack ne parlent pas. Devant l'échec de la science, on en appelle à l'arsenal des supplices médiévaux. Le dictionnaire Littré donne cette définition des brodequins : « Nom d'une espèce de torture, où l'on serrait les jambes du criminel entre des pièces de bois, avec des coins, sur lesquels on frappait pour augmenter le serrement. » La Gestapo modernise le procédé en remplaçant les coins par des vis ; elle améliore aussi son efficacité en l'appliquant aux avant-bras en même temps qu'aux jambes. Les deux suppliciés crièrent sans doute leur douleur, mais ils ne parlèrent pas.

On affirma à Libertas Schulze-Boysen que ses aveux lui vaudraient la vie sauve. Elle raconta tout, et elle savait presque tout. Le peu qu'elle oublia de dire à Koppkow, elle le confia à sa codétenue, Gertrud Breiter, qui était en fait un « mouton » de la Gestapo. Libertas alla jusqu'à lui remettre des lettres compromettantes pour beaucoup, l'autre lui ayant assuré qu'elle avait un moyen de les faire sortir de la prison ; les missives allèrent grossir le dossier de la police. Belle au point qu'il était interdit de l'interroger en tête-à-tête, aventureuse et même un peu folle, Libertas était trop évidemment faite pour cueillir les roses de la vie ; elle se déchira à ses ronces. Le pasteur Pœlchau, aumônier de la prison, écrira d'elle : « C'était une personne sans grande volonté, fort inconséquente, dénuée de sens critique et très influençable [1]. » Elle avait toujours eu le pressentiment qu'elle sortirait indemne de l'aventure ; quand vint l'épreuve, elle en prit les moyens.

A dire vrai, Panzinger et Koppkow pouvaient se passer d'aveux. Ils ne furent jamais devant les débris du réseau comme les égyptologues d'autrefois devant leurs mystérieux hiéroglyphes. Malgré des ingéniosités occasionnelles (le recrutement d'un Gollnow, par exemple, et les petites annonces qui rappellent la technique employée par Trepper à Bruxelles pour mettre en contact Alamo et Grossvogel), le réseau berlinois restait

1. Harald Pœlchau, *Die Letzten Stunden,* Magdeburg, 1949.

cette organisation dont l'un des deux chefs avait pour pseudonyme son propre prénom, Arvid — et il signait ainsi ses télégrammes, tout comme dans le réseau de Rémy, M. Louis s'appelait joyeusement Joe, M. Petit, Poucet ; M. Colas, Nick et M. Bernard, L'Hermite. Harro Schulze-Boysen resta muet sous la torture, mais il avait beaucoup bavardé au téléphone avant son arrestation, et sa ligne était placée sur la table d'écoute...

Alexander Kræll, magistrat allemand : « La découverte d'un réseau d'espionnage tel qu'on était loin d'en avoir jamais vu de semblable, et dans lequel des fonctionnaires appartenant à divers ministères jouaient un rôle prédominant, éclata comme une bombe. Hitler réclama un châtiment rapide et rigoureux [1]. »

Le Führer exige aussi un secret absolu. L'affaire est classée « secret d'Etat ». Le simple fait d'en parler est justiciable de la peine de mort. Selon l'un des chefs de la Gestapo : « Nous ne pouvions pas nous permettre la publication d'une telle histoire. Les accusés n'étaient ni des Juifs ni des sujets de basse mentalité ou des ratés. Il s'agissait au contraire de l'élite [2]. » Aucune mention à la radio ou dans les journaux. Les collègues de Schulze-Boysen croient qu'il a été envoyé en mission à l'étranger. Le ministère de l'Economie continue d'envoyer son salaire à Harnack et le ministre lui-même, Funk, n'apprendra qu'au tout dernier moment la trahison de son adjoint. Mais Funk ne devait pas se distinguer par la finesse de ses antennes, car la nouvelle finit bien entendu par filtrer ; on se la murmure de bouche à oreille ; même Ulrich von Hassel, membre éminent de la Résistance, note dans son Journal : « Une vaste conspiration communiste a été découverte au ministère de l'Air et dans d'autres départements. En apparence, des fanatiques (par haine du

1. Déposition de M. Kræll lors de l'instruction ouverte contre Manfred Rœder en 1948.

2. G. Weisenborn, *Der lautlose Aufstand*, Hambourg : 1953.

régime) ; ils prétendent avoir voulu créer une organisation « de rechange » pour l'éventualité d'une victoire du bolchevisme [1] » ; dans les salons, dans les antichambres des ministères, dans les couloirs des quartiers généraux, on parle de cet abcès dont la puanteur soudain révélée empeste le Troisième Reich ; chacun affirme tout savoir ; ce qu'on ne sait pas, on l'invente ; l'affaire devient mythe et les soupçons n'ont plus de bornes — c'est la rançon du secret lorsqu'il n'est pas absolu ; Berlin frémit d'horreur et déjà d'épouvante, car là-bas, sur les rives de la Volga, à Stalingrad... Comment ne pas établir un lien de cause à effet entre le poison berlinois et la paralysie mortelle qui saisit la Wehrmacht ? On se répète l'estimation désabusée de l'amiral Canaris, chef de l'Abwehr : « Ce réseau a coûté à l'Allemagne la vie de deux cent mille soldats. » Sans parler des conséquences stratégiques.

Un châtiment impitoyable et rapide : c'est la volonté du Führer et ce serait sans aucun doute le vœu populaire, si le peuple savait.

Mais les grands fauves nazis sont moins pressés, sinon moins rigoureux. Ils rôdent autour du troupeau captif ; ils comptent d'un œil acéré les moutons noirs portant la marque du concurrent et s'efforcent en même temps de blanchir les leurs. Gœring est le plus compromis : plusieurs officiers de la Luftwaffe faisaient partie du réseau ; Schulze-Boysen était son chef. Sentant le péril, le Reichsmarschall réagit avec vigueur. Plus tard, lorsque Ribbentrop écrira ses Mémoires dans sa cellule de Nuremberg, il choisira cet épisode pour donner le ton de ses relations avec Gœring : « Quand j'étais avec le Führer et Gœring, ce dernier accaparait l'attention de Hitler et je n'existais pas ; j'en souffrais à cause des incidences que cela avait dans le domaine de la politique étrangère. Gœring savait admirablement jouer de son influence auprès de Hitler. Je me souviens d'une scène caractéristique qui se déroula au château de Klesheim ; désireux de mettre Hitler au courant, « avec ménagement », de

1. Ulrich von Hassel, *D'une autre Allemagne*, Editions de la Baconnière, 1948, p. 263.

l'affaire d'espionnage connue sous le nom d'« Orchestre Rouge », dans laquelle avaient trempé plusieurs officiers de la Luftwaffe, Gœring en rejeta la responsabilité sur un innocent fonctionnaire du ministère des Affaires étrangères. Hitler, qui n'aimait pas le personnel de la Wilhelmstrasse, se rangea, comme d'habitude, à l'avis de Gœring ; pour rétablir la vérité, il fallut que je proteste avec véhémence [1]. »

Un châtiment rapide. Hitler doute de l'obtenir par les voies normales de la procédure, qui prévoit une Cour Martiale composée d'officiers supérieurs. Par contre, un Tribunal du Peuple expédierait prestement les accusés. Chaque jour, chaque heure de vie supplémentaires accordés aux prisonniers sont ressentis par le Führer comme une injure personnelle. Il veut en finir.

La Gestapo s'inquiète de cette hâte. Elle craint un précédent. Si l'on prend l'habitude de lui ôter ses prisonniers avant qu'elle en ait fait son profit, le travail ne sera plus possible. Et tous les réseaux d'espionnage et de résistance ne se révéleront peut-être pas aussi faciles à démanteler que la section berlinoise de l'Orchestre Rouge. Himmler, de son côté, voudrait pouvoir mener à l'abattoir quelques moutons noirs de plus — si possible marqués au fer du ministre des Affaires étrangères, Ribbentrop, son rival détesté. Ainsi resterait-il le seul des bonzes nazis, avec Martin Bormann, à n'avoir aucune part au scandale. Il prend langue avec Gœring, dont l'influence sur Hitler reste puissante. Enfoncé jusqu'au cou dans ce bain de boue, le gros maréchal a, plus que quiconque, intérêt à éclabousser ses collègues. Himmler lui révèle les perspectives offertes par l'affaire Ilse Stöbe. Convaincu, Gœring entreprend le siège du Führer. Son opiniâtreté triomphe : les accusés de l'Orchestre Rouge seront jugés par une Cour Martiale de la Luftwaffe et non par un Tribunal du Peuple. Cela va donner quelques mois de répit à la Gestapo et lui permettre d'exploiter la piste Stöbe.

1. Joachim von Ribbentrop, *De Londres à Moscou*, Grasset, p. 41.

Ilse Stöbe, *alias* « Alte [1] », fonctionnaire au service d'information du ministère des Affaires étrangères et ange gardien, pour le compte de Moscou, du conseiller d'ambassade Rudolf von Scheliha. Ilse est une jeune communiste convaincue et sans mystère. D'un point de vue esthétique, cela gâche un peu le couple, car c'est une vulgaire Mata-Hari qui eût été dans le style de Scheliha, lui-même affreux bonhomme — mais quel repos, après ces Berlinois aux motivations confuses, aux comportements étranges et rétifs à l'analyse, quel repos qu'un espion trahissant tout bonnement par amour des femmes, des chevaux et du jeu...

Le traitement de Scheliha et la dot de son épouse eussent à la rigueur pourvu à l'entretien du harem et de l'écurie, mais le baccara consomma sa ruine. En 1937, il caressait, comme on dit, l'idée de se trouer la cervelle, seule solution convenable pour un noble rejeton d'une vieille famille de Silésie, lorsque les bonnes âmes de l'Intelligence Service et du Centre intervinrent miraculeusement, payèrent ses dettes de jeu et le sauvèrent du trépas. On ignore le détail de ses travaux ultérieurs pour le compte de Londres. A Moscou, le Directeur s'autorisa un peu d'humour et l'affubla du pseudonyme « l'Aryen », lequel devint à coup sûr fameux parmi les caissiers du Centre pour l'énormité des sommes qu'on lui versait ; les services soviétiques sont chiches et préfèrent les hommes de foi aux hommes d'argent. Mais Scheliha était alors conseiller d'ambassade à Varsovie, où se jouait une partie diplomatique cruciale. Il renseigna sur les efforts allemands pour rallier la Pologne à la coalition antisoviétique. Ses rapports lui furent payés six mille cinq cents dollars, virés par la Chase National Bank de New York, via le Crédit Lyonnais, sur son compte à la banque zurichoise Julius Bär.

A la veille de la guerre, Scheliha fut rappelé à Berlin, mais continua d'étonner les caissiers moscovites. Ils lui firent tenir, en février 1941, la somme de trente mille marks. L'ambassade soviétique remit le magot à Ilse

1. En allemand : « Vieille ».

Stöbe, qui lui transmettait de son côté les rapports de Scheliha. Quatre mois plus tard, « Barbarossa » renvoyait les diplomates russes dans leurs foyers et obligeait le Directeur à trouver un nouveau système de communication. Il eut recours à Kent. Le 28 août 1941, six semaines avant le fameux télégramme aux trois adresses, Kent recevait un message lui ordonnant de prendre contact avec « Alte », habitant 37, Wielandstrasse à Berlin, et de lui ménager une liaison radio indépendante du groupe Schulze-Boysen. Quand le Directeur rédigea cet ordre, les blindés allemands ne manœuvraient pas sous les murs de Moscou : ils en étaient encore à cinq cents kilomètres et fonçaient d'ailleurs vers le sud, vers les plaines d'Ukraine. L'adresse d'Ilse Stöbe figurait pourtant en toutes lettres sur le télégramme. De sorte que si le Directeur fut peut-être ce personnage angoissé dont nous avons parlé et qui, pris à la gorge, se résout au sacrifice d'une poignée d'agents pour sauver la patrie, il est également possible qu'il ait été un paisible rond-de-cuir croyant avec la foi du charbonnier à l'hermétisme de ses codes. Les Berlinois, au lieu d'être sacrifiés à de contraignantes nécessités supérieures, auraient alors été victimes de sa présomption, ce qui serait encore plus amer.

Un seul homme suffit à Kent pour régler les problèmes Schulze-Boysen-Harnack et Stöbe-Scheliha. On se rappelle qu'il présenta au pianiste amateur de Schulze-Boysen un spécialiste des transmissions, de qui l'amateur reçut quelques profitables leçons. Il s'agissait de Kurt Schulze, ancien radiotélégraphiste de la marine. Kent lui confia un code et le présenta à Ilse Stöbe, avec mission d'émettre dorénavant tous les rapports de Scheliha.

Le télégramme donnant l'adresse d'« Alte » fut décrypté comme l'autre. Le 12 septembre 1942, Ilse Stöbe rejoint ses compagnons en prison. Elle refuse de rien avouer, malgré le texte incriminateur. On continue de l'interroger. Mais ce n'est pas seulement en vue d'obtenir ses aveux que Himmler et Gœring veulent gagner du temps : ils espèrent beaucoup mieux, grâce à l'interception d'un autre message. Oui, il se confirme que le Directeur croyait décidément avoir découvert la merveille des merveilles, le code « incassable ». Ils le croient tous un jour ou l'autre et cela seul leur vaudrait d'aller en enfer s'ils n'y étaient de toute façon destinés. Cyniques comme personne, ils apprendraient sans broncher qu'ils sont trahis par père et mère et que leur enfant préféré est un agent manipulé par l'adversaire ; mais, naïfs comme pas un, ils s'ébaubissent aux chefs-d'œuvre produits par leur service du chiffre, quitte à être sincèrement désolés quand l'expérience confirme une fois de plus que d'autres mathématiciens peuvent défaire ce que leurs mathématiciens avaient fait.

Début septembre, la station d'écoute allemande de Prague intercepte et décrypte ce télégramme adressé par le Directeur à un réseau de résistance tchèque : « Avertir « Alte » Berlin-Charlottenburg 37 Wielandstrasse arrivée prochaine de Köster. »

Une femme de la Gestapo s'installe dans l'appartement d'Ilse Stöbe. Deux policiers s'embusquent dans une chambre de l'immeuble d'en face. La souricière est prête où va tomber « Köster » qui, peut-être, permettra d'enfoncer le ministère des Affaires étrangères dans le scandale de l'Orchestre Rouge.

Mais un coup de tonnerre pétrifie soudain les grands fauves nazis, tout occupés à se poser des pièges les uns aux autres, et les rend d'un seul coup solidaires : l'affaire des documents de Stockholm.

XXVI

L'ULTIME COMBAT DE SCHULZE-BOYSEN

Le 30 septembre, le capitaine de vaisseau Eric Schulze, arrivé de Hollande, pénétra dans l'immeuble de la Gestapo, Prinz Albrechtstrasse, pour y réncontrer son fils, Harro Schulze-Boysen. Les parents des autres prisonniers avaient sollicité semblable permission, mais leurs requêtes avaient été impitoyablement repoussées ; elles le furent jusqu'au dernier jour. Les accusés étaient au secret. Sauf leur chef, que son père venait visiter. Selon la noire légende qui a cours, aujourd'hui encore, parmi les anciens de l'Abwehr et de la Gestapo, Eric Schulze, ardent patriote, dégaina son revolver dès qu'il fut mis en présence son fils et tenta de l'abattre ; il fallut le maîtriser pour l'en empêcher.

Voici son récit :

« Le commissaire Koppkow, collaborateur de Panzinger,

me conduit au premier étage de l'immeuble dans une pièce qui ne semble pas être habituellement occupée. Un bureau nu dans un coin, un canapé contre un mur, deux fauteuils et une petite table. J'attends seul pendant deux minutes. Une porte dérobée s'ouvre et Harro fait son entrée, accompagné de Koppkow et d'un autre commissaire. Il avance d'un pas lourd, comme s'il n'avait plus l'habitude de marcher, mais le buste bien droit, les mains derrière le dos, de sorte que j'ai cru qu'elles étaient liées, ce qui n'était pas le cas. Son visage est plus que pâle, terriblement amaigri, avec des cernes autour des yeux. Cela mis à part, il donne presque l'impression d'un homme soigné, comme s'il s'était préparé pour ce rendez-vous. Il porte un costume gris et une chemise bleue. Je prends sa main, je le dirige vers l'un des fauteuils et je m'assieds dans le second, que j'approche tout près du sien. Je prends de nouveau ses deux mains que je garde dans les miennes tout au long de notre conversation. Cette pression de nos mains est comme un long dialogue intime entre nous.

« Les deux commissaires s'assoient derrière le bureau et nous surveillent. L'un d'eux semble écrire un procès-verbal.

« Je dis à Harro que je suis venu à lui tout empli de sentiments paternels, pour l'aider, pour combattre pour lui, pour l'entendre me dire comment je pourrais l'aider et pourquoi il avait été arrêté. En même temps, je lui transmets les pensées de sa mère, qui se trouve également à Berlin, et de son frère. On ne leur a pas permis de venir le voir. Il me répond calmement, mais fermement : il est impossible de l'aider, ce serait un combat sans espoir. Depuis des années, il trahit son pays en pleine connaissance de cause. C'est-à-dire qu'il a combattu le régime actuel comme il le pouvait, où il le pouvait. Il est parfaitement conscient des conséquences et tout à fait disposé à les supporter.

« L'un des commissaires — qui sont jusqu'alors restés muets — pose une question concernant une affaire dont Panzinger m'a déjà parlé et qui semble causer de graves soucis à la Gestapo : certains indices leur donnent à penser que Harro aurait fait passer à l'étranger, avant son arrestation, des documents secrets d'une extrême importance — probablement s'agit-il de révélations concernant les crimes des nazis — dans le but probable, ou même certain, de se ménager pour lui et ses amis une sorte de garantie au cas où ils seraient découverts. Jusqu'ici, Harro a refusé de donner la moindre indication à ce sujet, mais peut-être serait-il maintenant disposé à en parler [1]. »

Là est le piège. Depuis que Schulze-Boysen a laissé entendre qu'il avait transmis à des amis de Stockholm quelques dossiers ultra-secrets fort compromettants, ce qu'il faut bien appeler la panique règne chez les dirigeants nazis. Au-dessus de leurs têtes est suspendue, non pas une épée de Damoclès, mais une sorte de baquet répugnant plein de boue, de sang et d'excréments : leurs propres crimes, les tortures, les exécutions massives, les camps de la mort. Il dépend de Schulze-Boysen que cette fiente soit versée sur eux, souillant des visages qui, certes, ne sont tenus par personne pour angéliques, mais dont le monde ne sait pas encore, en cette année 1942, à quel point ils sont repoussants. Eux, ils savent. Et ils ont peur. « Il me suffirait d'appuyer sur un bouton », a menacé Harro. Les documents seraient transmis à Londres ou à Moscou, on ne sait pas. On ignore même leur contenu, ce qui laisse tout supposer.

Comme d'habitude, le premier recours est la terreur physique. Gœring ordonne à la Gestapo d'employer « tous les moyens pour obliger Schulze-Boysen à révéler les faits ». Himmler signe une autorisation officielle pour un « interrogatoire renforcé ». Cela signifie, dans le jargon judiciaire nazi, qu'on peut fouetter le prisonnier. Le supplice administré à Schulze-Boysen fut réglementairement noté au procès-verbal. Affreuse pitrerie et vaine mascarade : que sont quelques coups de fouet à qui supporte les brodequins sans faiblir ?

1. Témoignage publié en juin 1951 par l'hebdomadaire allemand *Der Stern* dans la série « Rote Agenten mitten unter uns ».

Faute de pouvoir briser Schulze-Boysen, on tente de l'amollir : la visite de son père.

« Il repousse avec fermeté leur demande, continue celui-ci. La fin de notre entretien fut d'ordre personnel et intime, mais face aux deux commissaires, nous nous gardons, Harro et moi, d'extérioriser nos sentiments profonds. Pourtant, à la fin, la douleur me submerge et je me lève en lui disant : « Le chemin qui s'ouvre devant « toi est un dur chemin. Je ne veux pas le rendre encore « plus pénible. Je vais m'en aller. » Harro se lève aussi. Il se dresse bien droit devant moi, il me regarde avec fierté, mais, pour la première fois, les larmes nous viennent aux yeux. Je ne peux plus lui dire que ceci : « Je t'ai « toujours aimé. » Il me répond doucement : « Je le « sais. » Je lui tends les mains et, à la porte, je me retourne, je le regarde encore une fois et je lui fais un signe de tête.

« Nous avions tous les deux le sentiment que nous nous voyions pour la dernière fois. »

On sonne à la porte d'Ilse Stöbe. La femme de la Gestapo se précipite et ouvre. Sur le seuil, un jeune homme. Il dit à voix basse :

« Je cherche une vieille connaissance...

— Qui ?

— Une *vieille* connaissance.

— Entrez, c'est moi. »

Mais le garçon tend une enveloppe et disparaît. Les deux policiers installés dans l'immeuble d'en face n'ont pas eu le temps d'intervenir. Personne ne saura jamais qui était le messager, d'où il venait, de qui il prenait ses ordres.

Dans l'enveloppe, une feuille de papier avec cette seule phrase : « Köster arrivera probablement 20 octobre. Arranger contact Köster-Scheliha. »

La Gestapo se rue au ministère des Affaires étrangères pour y apprendre que Rudolf von Scheliha fait un séjour en Suisse, près de Constance. Il a fui, sans aucun doute. L'arrestation d'Ilse Stöbe l'aura alerté. On le fait surveiller par des agents allemands opérant en Suisse. Panzinger lui-même part pour Constance. Mais comment ramener Scheliha de force ?

Le 21 octobre, le 22, les jours suivants, personne ne se présente au domicile d'Ilse Stöbe. Dans la nuit du 22 au 23, la Luftwaffe signale le survol de la Prusse-Orientale par un bombardier russe ; il repart sans lâcher de bombes. Köster est arrivé.

Puis la Prinz Albrechtstrasse reçoit d'un agent suisse cette nouvelle étonnante : Scheliha fait ses bagages et s'apprête à revenir en Allemagne. Son voyage n'était donc pas une fuite ? Serait-il par hasard innocent, malgré la lettre du mystérieux messager ? Les services soviétiques, prévenus de l'arrestation d'« Alte », cherchent-ils à lancer la Gestapo sur une fausse piste ? Ou bien le renseignement de l'agent suisse est-il tout simplement inexact ? Le commissaire Panzinger s'installe au poste frontière de Constance et guette, sans trop y croire, l'arrivée du diplomate.

Le 26 octobre, vers cinq heures de l'après-midi, les deux policiers embusqués en face de l'appartement d'Ilse Stöbe voient entrer dans l'immeuble un homme de taille moyenne, vêtu d'un imperméable et porteur d'une valise. Ils quittent leur « planque » et se dissimulent dans la rue. La femme de la Gestapo est armée d'un revolver, caché sous son tailleur, mais ses deux collègues se tiennent prêts à voler à son secours, car si Köster connaît personnellement « Alte », il est impossible de prévoir sa réaction quand il découvrira la substitution. Cinq minutes s'écoulent. L'homme ressort. Il n'a plus sa valise. Il s'éloigne d'un pas tranquille. L'un des policiers le prend en filature. L'autre se précipite dans l'appartement. La femme, radieuse, lui fait son rapport. C'était bien Köster. Sa valise contient un émetteur. Il a demandé à rencontrer Scheliha et elle lui a proposé un rendez-vous pour le même soir au café Adler, Wittenbergplatz. Il a grommelé des menaces contre Scheliha, affirmant que s'il refusait de marcher droit, on le ferait sauter. Il a montré à la femme un reçu de six mille cinq cents dollars, signé par le diplomate en 1938.

Köster va au rendez-vous. Il s'agit en réalité de Heinz Köhnen, fils d'un ancien député communiste au Reichstag. Le père est à Londres, où il participe à la célèbre « Opération Radio-Noire », entreprise de démoralisation de la Wehrmacht par la voie des ondes ; chaque jour, des Allemands antinazis incitent leurs compatriotes à la rébellion et leur donnent les nouvelles censurées par Gœbbels. Le fils, lui, s'est replié à Moscou. Le Centre l'enrôle dans l'« Opération Parachute », entreprise de réanimation du réseau allemand. Après Erna Eiffler, Wilhelm Fellendorf, Albert Hössler et Robert Barth — tous les quatre envoyés au secours des Berlinois et tombés aux mains de la Gestapo —, Heinz Köhnen saute d'un bombardier russe et atterrit près d'Osterode, en Prusse-Orientale. Sa mission principale consiste à prendre contact avec Scheliha et à réveiller son zèle. Depuis quelque temps, les rapports du conseiller d'ambassade sont rares et médiocres, alors que son poste au ministère des Affaires étrangères lui ouvre les arcanes de la diplomatie allemande. Sans doute a-t-il peur. C'est que l'ambiance du Berlin de 1942 n'est pas celle de la gaie Varsovie d'avant-guerre. Scheliha souhaiterait probablement se retirer de ce « jeu » particulier où l'on risque sa vie, et non pas simplement sa fortune, mais on ne quitte pas la partie du Directeur comme on abandonne une table de baccara. Heinz Köhnen arrive de Moscou pour le lui rappeler. Il est porteur de huit mille marks et du vieux reçu datant de 1938. La carotte et le bâton. Si le pactole ne suffit pas à réchauffer l'enthousiasme de Scheliha, la menace de remettre son reçu à la Gestapo saura l'aiguillonner.

Köhnen est pris au café Adler. On ignore s'il fut torturé ou s'il parla sans contrainte physique, écrasé par l'évidence que la Gestapo savait tout de lui grâce aux aveux des quatre premiers parachutistes : « Nous lui avons lancé au visage, par exemple, l'adresse où il avait vécu à Moscou, le numéro du tramway qu'il prenait pour aller à l'école d'espionnage, la forme des portes de cette école, les noms des étudiants et des professeurs, ceux de ses amis, etc. ; il s'est senti démasqué et trahi [1]. »

Köhnen parle ; Ilse Stöbe parle, convaincue que son silence ne sert désormais plus à rien ; Rudolf von Scheliha parle dès son arrestation au poste frontière de Constance. Gœring a réussi à compromettre Ribbentrop. Quant à Himmler, il a complété son échantillonnage : à part ses S.S. et la chancellerie de Bormann, tous les organismes du Reich auront un représentant dans le box des accusés.

Mais le procès ne peut pas s'ouvrir avant que soit réglée l'affaire des documents de Stockholm.

Nul ne sait de quelles pensées était agité Schulze-Boysen dans son cachot et il est difficile de comprendre les démarches d'un homme qui n'a plus qu'une carte en main — et sa vie dépend d'elle. Harro avait été magnifique jusqu'au bout, réussissant même du fond de sa cellule à faire trembler les bonzes nazis. Et il fut déconcertant jusqu'à la fin. Un autre se fût cramponné farouchement à cette ultime bouée de sauvetage ; il eût averti Panzinger et Koppkow que les documents de Stockholm seraient publiés dès la première exécution d'un membre du réseau ; il eût attendu ensuite le résultat du pari. Harro n'attendit pas. Il joua franc jeu. Avec la Gestapo. Il déclara à Panzinger qu'il était prêt à dévoiler la cachette des dossiers si on lui garantissait qu'aucune exécution n'aurait lieu avant le 31 décembre 1943, un an plus tard. Il était donc convaincu que Hitler aurait perdu sa guerre d'ici là. La Gestapo en référa aux autorités supérieures : Himmler, Gœring, le Führer lui-même. Le marché fut conclu. Schulze-Boysen exigea que son père fût présent lors de ses révélations et que la Gestapo réitérât devant lui sa promesse.

Eric Schulze raconte : « Harro entre dans la pièce avec un sourire confiant. Panzinger lui confirme solennelle-

1. Témoignage d'un agent secret de la Gestapo cité par D. J. Dallin dans son ouvrage *Soviet Espionage*, Yale University Press, 1955, p. 254.

ment que l'accord entrera en vigueur dès qu'il aura dit la vérité sur la cachette des documents, quelle que soit cette cachette. Après un petit silence destiné à préparer son effet, Harro déclare : « Les documents n'ont pas bougé « des placards du ministère de l'Air. J'ai éveillé sciemment « les soupçons de la Gestapo afin d'avoir en main un « moyen de pression. » La stupeur des commissaires est indescriptible. Au bout d'un moment, Panzinger déclare que les conditions du contrat sont remplies et que l'accord est en conséquence valable. »

En guise de phrase de reconnaissance, Harro Schulze-Boysen choisissait fréquemment cette citation du poète Stefan George : « Un regard ouvert et une main ferme sont plus éloquents que des mots. »

Le jour de la première audience du procès, une équipe d'ouvriers est déjà au travail dans le local de la prison de Plotzensee où l'on décapite les condamnés à mort. Ils fixent au plafond un rail d'acier équipé de crochets coulissants. Le personnel de la prison ne comprend rien à cette installation hâtive (elle est classée « important et urgent ») car le Code pénal est formel : tout condamné à mort doit être fusillé ou décapité ; on ne pend pas en Allemagne.

La Cour est composée d'officiers supérieurs. L'accusation sera soutenue par le Procureur Manfred Rœder, Oberstgerichsrat de la Luftwaffe, à qui son zèle fanatique vaut le surnom de « limier de Hitler ». Les avocats, désignés d'office, n'ont pas eu le temps d'étudier le dossier ; il paraît d'ailleurs que certains n'en avaient pas le désir.

Dans le box, treize membres de l'Orchestre Rouge. Les Schulze-Boysen et les Harnack font évidemment partie de cette première fournée. Il y a aussi Horst Heilmann, de l'équipe de décryptement Kludow ; Herbert Gollnow, le jeune ambitieux qui entraînait les transfuges caucasiens ; Kurt Schulze, radio de Scheliha, et son élève Hans Coppi, le pianiste amateur de Schulze-Boysen. Voici encore Johann Graudenz, ancien correspondant de la *Uni-*

ted Press à Moscou et du *New York Times* à Berlin ; chargé des relations entre des usines d'armement et la Luftwaffe, il communiquait à Schulze-Boysen les chiffres de la production aéronautique allemande et tous les détails sur le type des avions, leurs performances et leur armement. Le sculpteur Schumacher est ce détenu qui, après des heures d'angoisse, a enfin compris le s.o.s. envoyé de la cellule voisine par Günther Weisenborn. Il est dans le box avec sa femme Elisabeth. Kent a reconnu qu'il les avait rencontrés lors de son voyage à Berlin. Assis à côté du communiste Schumacher, le réactionnaire colonel Erwin Gehrts, amateur de spiritisme et client de la tireuse de cartes Anna Krause.

Il y a enfin une jeune femme au sourire radieux, très belle, débordante de vitalité : la comtesse Erika von Brockdorf. Comme Elisabeth Schumacher, elle était employée depuis la guerre au ministère du Travail. Son mari est officier. Elle a abrité chez elle l'émetteur de Coppi et hébergé des parachutistes. Au procureur Rœder qui, irrité de la voir assister à son procès comme à une fête, lui criera ce sinistre avertissement : « Vous allez bientôt perdre votre rire ! », elle répondra : « Pas tant que je vous vois. »

Les treize accusés savent qu'ils encourent le châtiment suprême. Harro Schulze-Boysen espère sans doute que la peine de mort, si elle est prononcée, ne sera pas appliquée avant un délai d'un an. Quant à Libertas, elle est convaincue qu'une condamnation légère l'attend — peut-être même sera-t-elle relâchée à la fin du procès. Le dossier du procureur repose presque entièrement sur ses déclarations et les messieurs de la Gestapo ont expliqué à Libertas ce qu'était en Angleterre un « témoin de la Couronne » : ses aveux et son témoignage contre ses complices lui valent l'impunité. Eh bien, Libertas, « témoin de la Gestapo », bénéficiera du même privilège ! Il est vrai que les codes allemands ne prévoient rien de ce genre, mais il y a beau temps que la justice, en Allemagne, prend ses aises avec le code. Libertas est sûre de s'en tirer. Les autres, nous ignorons quels sont leurs sentiments intimes lorsqu'ils s'assoient dans le box.

La peur, sans doute, et probablement l'espoir, car l'espoir est tenace. Sauf Arvid Harnack, dont le visage exprime seulement une mélancolie profonde. Et aussi Erika von Brockdorf : ce sourire est au-delà de la peur, au-delà de l'espoir.

Le procès se tient à huis clos, mais il y a quelques spectateurs dans la salle : officiels de la Gestapo et représentants des divers ministères impliqués dans le scandale. Pour eux, il ne fait aucun doute que les treize accusés sont promis au supplice au terme d'une audience de pure forme. Ils se trompent. La Cour reviendra du délibéré avec onze condamnations à mort.

Rœder fut à la hauteur de sa réputation. Il lui suffisait de prouver que les accusés s'étaient livrés à l'espionnage pour obtenir leurs têtes, et il avait cette preuve dans son dossier. Mais la vie des treize ne l'intéressait déjà plus — il la tenait pour acquise — ; c'est contre leur mémoire qu'il s'acharna. Il accusa Schulze-Boysen d'avoir détourné les fonds de l'organisation ; il parla longuement des « soirées quatorze points » et, plutôt que de montrer aux juges l'organigramme du réseau, il choisit de leur faire un schéma détaillé des liaisons amoureuses de chacun. Le but était évidemment de plaquer un masque de boue sur le visage des accusés. Mais pour quels yeux ? Le public ne savait rien du procès ; Rœder et les juges croyaient fermement qu'il n'en saurait jamais rien. Les chefs de la Gestapo et les officiels nazis présents dans la salle n'étaient pas hommes à s'émouvoir de quelques facéties sexuelles ; ils connaissaient d'ailleurs ceux qui étaient dans le box. La postérité ? Oui, c'est pour elle que le procureur devait exhiber ses images pornographiques, oubliant que la postérité n'est pas aux ordres des cours martiales et que son verdict diffère souvent de leurs arrêts.

Arvid Harnack, la voix lasse et sourde, se borna à une déclaration de principe. Il termina ainsi : « J'ai agi dans la conviction que les idéaux de l'Union Soviétique ouvrent la voix au salut du monde. Mon but a été la destruction du régime hitlérien par tous les moyens. »

Schulze-Boysen se battit comme un lion, niant chaque détail qui n'était pas positivement prouvé. D'accusé, il se fit accusateur et cloua au pilori ses adversaires par des interventions où brûlaient, toujours intactes, sa passion et sa fougue ; il fallut lui imposer silence. Les autres furent à sa hauteur. Un officiel présent à l'audience nous dira : « Le fait est qu'ils se sont tous tenus de manière splendide. Sauf Libertas. »

Onze condamnations à mort. Deux femmes sauvaient leur vie : Mildred Harnack, six ans de prison ; Erika von Brockdorf, dix ans de prison.

« Quand le verdict fut prononcé, raconte l'avocat Behse, Libertas cria et s'évanouit. Bien que je l'aie adjurée plus d'une fois de prendre conscience de sa situation et de se préparer au pire, elle était restée jusque-là confiante et optimiste. Et maintenant, elle m'expliquait que la Gestapo lui avait promis, en récompense de ses aveux, une peine légère ou même la liberté... »

En principe, la sentence était soumise à l'entérinement du président de la Cour Martiale, il pouvait la confirmer ou l'infirmer. Mais dans ce cas précis, Hitler s'était réservé ce privilège pour prix de son renoncement à un Tribunal du Peuple. Le sort des treize reposait donc entre ses mains.

Un messager alla rendre compte à Gœring dès le prononcé de l'arrêt. Selon le Generaloberstabrichter Lehmann, sa réaction fut violente : « Il explosa aux mots « peines de prison » et dit que le Führer ne donnerait jamais son accord [1]. » Quelques heures plus tard, Hitler était lui-même informé par son aide de camp, l'amiral Puttkamer. Il confirma les peines de mort, cassa les peines de prison et ordonna un nouveau procès pour Mildred Harnack et Erika von Brockdorf.

Ils furent onze à mourir trois jours plus tard, le

1. Déposition de M. Lehmann lors de l'instruction de l'affaire Manfred Rœder.

22 décembre 1942. L'exécution de Herbert Gollnow et du colonel Gehrts avait été reportée, car on avait besoin d'eux pour le deuxième procès de Mildred Harnack, mais Rudolf von Scheliha et Ilse Stöbe prirent leur place après avoir été, eux aussi, condamnés à mort.

Le 22 décembre fut lugubre et froid ; un vent d'est glacial balayait Berlin et la nuit vint encore plus tôt que de coutume. Pourtant, la tradition de Noël est si fortement enracinée dans les cœurs allemands que même ce jour-là, malgré la guerre, malgré les mauvais vents et les mauvaises nouvelles soufflant de l'Est, malgré les peines, la misère — même ce jour-là, il devait y avoir dans les rues de Berlin comme un reflet des veilles de Noël d'antan.

Les femmes furent décapitées, conformément à la loi. Pour parachever le calvaire de Libertas, on lui révéla que sa compagne de cellule et confidente, Gertrud Breiter, appartenait à la Gestapo. Elle écrivit à sa mère, quelques heures avant la fin :

« Il m'a fallu boire la coupe jusqu'à la lie et apprendre qu'une personne en qui j'avais pleine confiance, Gertrud Breiter, nous a trahies, toi et moi.

« Récolte à présent ce que tu as semé
« Car celui qui trahit sera lui-même trahi. »

« Par égoïsme, j'ai trahi des amis. Je voulais être libre et revenir vers toi — mais, crois-moi, j'aurais immensément souffert de ma faute. »

Selon la noire légende de la Gestapo, Libertas avait séduit un jeune garde S.S. de la Prinz Albrechtstrasse. On ferma les yeux sur leurs amours hâtives. Ayant demandé et obtenu que son amant l'accompagnât jusqu'au bout, elle s'en fit aimer une dernière fois dans la voiture qui la menait au supplice.

Le lendemain, 23 décembre, sa mère, la belle comtesse Thora Eulenburg, pianiste renommée, courut Berlin par un froid glacial, frappant à la porte de chaque prison pour qu'on remît à sa fille le colis de Noël qu'elle lui avait préparé. On la repoussa partout, mais sans lui dire que Libertas avait été exécutée quelques heures plus tôt. Alors, épuisée, folle d'angoisse, la pauvre femme alla tirer la sonnette de son ami le maréchal Gœring ; il lui demandait souvent de jouer du piano pour ses invités. Gœring feignit l'ignorance. Mais il savait probablement que le corps décapité de Libertas était en cet instant même livré au bistouri d'un médecin-légiste. Car immédiatement après la mise à mort, Rœder avait été averti d'une rumeur selon laquelle Libertas était enceinte des œuvres de son S.S. : sachant que la loi allemande repousse l'exécution d'une femme enceinte jusqu'à sa délivrance, elle avait trouvé expédient ce moyen d'obtenir un sursis. L'implacable Rœder ordonna une autopsie ; elle fut négative.

Les huit hommes avaient été tranférés de la Prinz-Albrechtstrasse à la prison de Plötzensee au cours de l'après-midi. Avant de quitter son cachot, Harro dissimula dans un interstice du mur un poème qu'il venait d'écrire. Il en prévint un autre prisonnier qui, au moment d'être exécuté, le dit à un troisième. Ce dernier survécut et revint après la guerre fouiller dans les ruines de l'immeuble. Miraculeusement, le poème était intact. Il se termine par cette strophe :

« Les arguments derniers
Ne sont pas la corde ou le couteau
Et nos juges d'aujourd'hui
Ne siègent pas au Jugement dernier. »

On les mit dans huit cellules de la Troisième Division. Les portes restèrent ouvertes pour faciliter la surveillance des gardiens. Chaque condamné eut le droit d'écrire une lettre d'adieu.

Arvid Harnack écrivit à sa famille :

Chers tous,

Je vais quitter la vie dans les heures qui viennent. Je voudrais vous remercier une fois encore pour tout l'amour que vous m'avez donné, surtout ces derniers temps. La pensée de cet amour m'a rendu le fardeau léger. Je suis donc calme et heureux. Je pense aussi à la Nature prodigieuse, dont je me sens si proche. Ce matin, j'ai récité à haute voix :

Le soleil, selon le rite antique
Mêle sa voix au chœur harmonieux des sphères
Et il achève sa course prescrite
A pas tonnants.

Mais, avant tout, je pense à l'humanité en pleine évolution. Voilà quels sont les trois fondements de ma force.

J'ai été particulièrement heureux d'apprendre que des fiançailles auront bientôt lieu dans la famille. J'aimerais bien que ma bague (à cachet), qui vient de mon père, soit donné à F. Et L. pourrait ainsi porter la sienne. Ma bague vous sera envoyée avec mes affaires.

Ce soir, je vais encore m'organiser une petite veillée de Noël en lisant l'histoire de la Nativité. Et après viendra le moment de partir. J'aurais aimé vous revoir tous encore une fois. Hélas, ce n'est pas possible. Mes pensées vont vers vous et je n'oublierai personne, chacun doit le savoir, surtout maman.

Pour la dernière fois, je vous embrasse tous.

VOTRE ARVID.

P. S. — Il faut que vous fêtiez Noël comme d'habitude. C'est mon dernier vœu. Et chantez aussi : « J'invoque la puissance de l'amour. »

Harro Schulze-Boysen écrivit :

Chers parents,

Ainsi, le moment est venu : dans quelques heures, je quitterai mon « moi ». Je suis parfaitement calme et je vous prie de l'être aussi, d'apprendre impassiblement la nouvelle. Des choses si importantes sont actuellement en jeu sur cette terre qu'une vie humaine qui s'éteint ne compte pas beaucoup.

Ce qui a été, ce que j'ai fait — je ne veux plus en parler. Tout ce que j'ai accompli, je l'ai accompli avec ma tête, avec mon cœur et par conviction. Dans ces conditions, vous mes parents, vous devez l'accepter. Je vous en prie.

Cette mort me convient. De toute manière, j'ai toujours su qu'elle serait telle. Elle est ma « mort personnelle », comme disait Rilke.

C'est seulement quand je pense à vous que j'ai le cœur lourd, mes bien-aimés. Libertas m'est proche et partagera mon sort à la même heure. Vous, vous éprouvez en même temps la perte et la honte, et cela, vous ne l'avez pas mérité. Le temps adoucira votre douleur — non seulement je l'espère, mais j'en suis convaincu. Je ne suis qu'un pionnier avec mes élans impétueux et mes intentions parfois un peu confuses. Croyez avec moi que le temps, qui est juste, fera tout mûrir.

Je penserai jusqu'à la fin au dernier regard de mon père — je penserai aux larmes de Noël de ma petite maman chérie. Il m'a fallu ces derniers mois pour me rapprocher à ce point de vous, moi, votre fils prodigue tout à fait revenu au foyer. Après tant d'impétuosité et de passion, après tant de chemins qui vous semblaient si étranges, j'ai enfin retrouvé le chemin de la maison.

Je pense au bon H. et je suis heureux qu'il aille mieux. Mes pensées reviennent à Fribourg où j'ai vu Helga et les siens pour la première et dernière fois. Oui, j'évoque le souvenir de tant d'autres, le souvenir d'une vie pleine et belle pour laquelle je vous dois tant — tant qui ne fut jamais rendu.

Si vous étiez ici — vous y êtes, même invisibles — vous pourriez me voir rire devant la mort. Il y a longtemps que je l'ai vaincue. En Europe, il est d'usage de faire avec du sang le ferment de l'esprit. Il est possible que nous n'ayons été que quelques imbéciles. Mais si près de la mort, on a bien droit à une toute petite illusion personnelle.

Oui, et maintenant, je vous donne la main à tous, et,

tout à l'heure, je déposerai ici une larme (une seule) comme cachet et comme gage de mon amour.

VOTRE HARRO.

L'aumônier Pœlchau avait été averti par hasard de l'arrivée à Plötzensee d'un groupe de condamnés à mort. Il s'y rendit aussitôt et visita chaque cellule l'une après l'autre. Le sculpteur Schumacher lui fit une impression profonde. A quelques heures de la mort, il rayonnait de joie. Harro, par contre, lui parut renâcler devant l'obstacle. Non point qu'il eût peur : son calme était absolu. Mais il souffrait de toutes les occasions d'agir qui lui étaient ôtées ; comme un soldat vaincu est déchiré à l'instant de rendre ses armes à l'adversaire, Harro Schulze-Boysen devait se convaincre pour accepter l'évidence que le combat était fini et qu'il lui fallait remettre à la mort son courage et sa force. Le poème qu'il avait caché dans sa cellule jetait ce cri :

« La mort à la gorge
Combien tu aimes la vie...
Et toute remplie est l'âme
De ce qui la jetait en avant. »

On dut allumer très tôt les ampoules des cellules ; dehors, il faisait déjà presque nuit. Les gardiens allaient et venaient dans le couloir. Inhumains, pareils à des robots, ils étaient murés dans un silence hostile. Dans toutes les prisons du monde, les gardiens se font fraternels aux derniers instants d'un condamné, même s'il a commis des crimes monstrueux. Nous ne savons pas si ceux de Plötzensee étaient toujours implacables ou s'ils le devinrent pour les condamnés de l'Orchestre Rouge.

Un officiel arriva avant les autres et se rendit auprès de Scheliha. Ribbentrop avait demandé un sursis pour le conseiller d'ambassade sous prétexte que celui-ci n'avait pas encore terminé l'inventaire complet des renseignements passés aux Russes depuis 1937. On attendait la réponse à cette requête. Comme elle pouvait être retardée, le ministère des Affaires étrangères avait préféré envoyer à Plötzensee l'un de ses fonctionnaires, Karl Hofman [1] : en cas de réponse favorable, il serait déjà sur place.

Hofman connaissait Scheliha. Il lui trouvait du charme et espérait qu'il obtiendrait son sursis. Sans doute Scheliha était-il un traître, mais Hofman pensait qu'il aurait eu une chance de sauver sa vie si on ne l'avait pas fourré dans le même sac que les gens de l'Orchestre Rouge.

L'aumônier Pœlchau trouva Arvid Harnack calme et serein. Il était prêt à mourir pour ses convictions, tout en sachant bien qu'un tel sacrifice ne sauverait pas l'Allemagne. Il dit à l'aumônier son angoisse à propos du peuple allemand, dont Hitler avait corrompu l'âme. Puis il lui demanda de réciter les vers de l'*Orphée* de Gœthe. Quand le pasteur eut terminé, il le pria de lui lire dans la Bible le récit de la Nativité.

Hans Coppi, l'ancien radio de Schulze-Boysen, pensait sans doute à son fils, venu au monde le 27 novembre précédent dans la prison où était enfermée sa femme, Hilde. Dès qu'il avait appris la naissance, Hans avait écrit à Hilde une lettre où il l'exhortait à ne pas se tourmenter pour l'avenir et à jouir du grand bonheur que le présent leur offrait. Pour lui, ce bonheur avait duré vingt-six jours.

Le sursis n'arrivait pas. Hofman, étreint par la cruauté de ces heures interminables, vit enfin les gardiens s'approcher des condamnés pour leur dernière toilette. On leur coupa les cheveux et on les fit changer de vêtements. Puis les officiels arrivèrent. L'aumônier Pœlchau se plaignit à Rœder de n'avoir pas été officiellement averti de l'exécution. Le procureur répondit : « La participation d'un ecclésiastique n'était pas prévue [2]. »

Les gardiens firent sortir les condamnés de leur cellule et les rassemblèrent dans le couloir. On procéda

1. Pseudonyme donné par l'auteur.
2. Harald Pœlchau, *Die letzten Studen*, Magdebourg, 1949.

à l'appel. Quand il fut terminé, on ordonna aux huit condamnés d'avancer vers la porte du couloir. Ils partirent d'un pas ferme, la tête haute, sauf Scheliha, qui se roula sur le ciment et hurla qu'il ne voulait pas être tué. Il lui était plus difficile qu'aux autres d'accepter, car il mourait, lui, pour quelques milliers de dollars.

La porte du couloir s'ouvrait sur une cour. Quelques mètres plus loin, c'était le local où l'on tuait. Un grand rideau masquait la salle d'exécution. Le cortège s'arrêta, puis l'un des coins du rideau se souleva et les bourreaux apparurent. Ils étaient trois, vêtus d'une redingote de cérémonie, gantés de blanc, coiffés d'un chapeau haut-de-forme. Ils se firent remettre les condamnés et les emmenèrent de l'autre côté du rideau, suivis par les officiels. L'aumônier Pœlchau n'eut pas le droit de les accompagner.

A l'intérieur, il y eut un nouvel arrêt près de la porte. Le président de la Cour Martiale relut les huit condamnations à quelques mètres de la guillotine qui se dressait au milieu de la salle. Après, les condamnés se remirent en marche et dépassèrent la guillotine ; par une porte ouverte sur leur droite, ils aperçurent leurs cercueils rangés dans un appentis. Au fond, les ouvriers avaient confectionné quatre boxes avec de grandes feuilles de papier noir ; accrochée au rail d'acier, une corde pendait dans chaque box. Il fallait monter sur un tabouret ; l'un des bourreaux passait la corde autour du cou du condamné tandis que l'autre ôtait le tabouret. Cette mort, choisie par Hitler, lui plaisait pour deux raisons : son caractère avilissant et les souffrances qu'elle entraînait. Avec la guillotine, tout était fini en onze secondes, alors que les bourreaux de Plötzensee avaient été avertis par le médecin de la prison qu'il ne faudrait pas descendre les pendus avant vingt minutes, faute de quoi il ne pourrait pas répondre avec certitude du décès.

Le procureur Rœder sortit de la salle d'exécution en disant : « Ce Schulze-Boysen est mort comme un homme. »

« Après, écrit l'aumônier Pœlchau, ce fut le silence. Les

gardiens se dispersèrent et les officiels repartirent. Le gardien de service cette nuit-là passa dans le couloir, tenant à la main son trousseau de clefs qui cliquetaient ; il ferma les portes des cellules maintenant vides et éteignit les lumières l'une après l'autre.

« Il faisait nuit partout. »

XXVII

LE GRAND JEU

FRANZ FORTNER est formel : « Je n'ai pas assisté à tous ses interrogatoires, loin de là, car après son arrestation, je suis retourné à Bruxelles où m'appelait mon travail. Mais je peux vous garantir une chose : si le Grand Chef a parlé, ce n'est pas par crainte d'être torturé ou pour sauver sa peau. Cet homme-là n'avait pas peur. Rien de commun avec un Raichman ou un Wenzel. Même sous la torture, je suis convaincu qu'il n'aurait rien dit s'il avait décidé de se taire. Voyez-vous, je n'ai compris son attitude que beaucoup plus tard, après la guerre, quand on a un peu mieux connu les méthodes de l'espionnage soviétique. Oh, il a été très intelligent, très fort ! Il nous a bien roulés ! Les Russes mettent toujours en place trois réseaux : un réseau actif, un réseau de réserve, un réseau « dormant ». Quand le réseau actif est coincé, on ne perd pas de temps à essayer de sauver les meubles — non : on trace une croix dessus, un point c'est tout. Et le réseau de réserve entre en action, avec son patron, son état-major, ses agents de liaison et ses radios. Le réseau « dormant » passe en réserve, prêt à prendre la relève au prochain coup dur. Vous comprenez l'astuce, maintenant ? Trepper nous lâchait quelques miettes sur lesquelles nous nous précipitions, et pendant ce temps-là, pendant que nous perdions notre temps à nettoyer les débris de son réseau, l'autre, le réseau de réserve prenait tout tranquillement sa place ! Trepper a parlé, c'est vrai, mais il a parlé sur ordre. C'était son devoir. Aussi curieux que ça puisse paraître, c'est en se taisant qu'il aurait trahi Moscou. »

Trois réseaux manœuvrant comme des bataillons de soldats de plomb ? Un télégramme du Directeur tenant lieu d'affiche de mobilisation, et les réservistes de gagner en bon ordre leurs positions préparées à l'avance tandis que les « dormants » s'éveillent et procèdent aussitôt à quelques mouvements d'assouplissement ? Fortner doit se tromper de date, confondre l'Orchestre Rouge, rassemblé au son du canon, avec les réseaux minutieux que le Centre montera beaucoup plus tard, la paix revenue. Car si Moscou avait disposé en France d'un pareil effectif, Trepper n'eût pas été à ce point tourmenté par le problème des transmissions ; il est probable qu'on eût « activé » quelques radios de la réserve au lieu de se résoudre à percer la cloison séparant le parti communiste des organisations de renseignement. Trois réseaux ? Mais on les aurait déjà lancés dans la bataille ! A Waterloo, même la Garde Impériale entre dans la fournaise. De 1941 à l'arrestation du Grand Chef, combien de Waterloo en terre russe ?

Trois réseaux ? Admettons. On peut trouver des cadres, recruter des agents, former des radios. Mais les « sources » ? Elles ne sont pas multipliables à volonté. On ne forme pas une « source » : on la découvre, en général par hasard, et on la capte. La théorie de Fortner s'applique à Grossvogel ou à Katz : Trepper peut trahir ces vieux camarades, ils ont leur remplaçant dans le réseau de réserve. Mais qui remplacera Maximovitch ? Qui prendra la relève de Käthe Vœlkner ? La minutie du Directeur ne va tout de même pas jusqu'à prévoir — en 1942 ! — des « sources de réserve » et des « sources dormantes »...

Peu importent les faiblesses de l'explication de Fortner. L'essentiel, c'est qu'elle existe, c'est la nécessité ressentie d'une justification logique. Fortner a arrêté le Grand Chef et il a passé plusieurs heures avec lui. Il est convaincu que ni la peur des souffrances ni celle de la mort n'ont pu l'amener à parler. Et cependant, il a parlé : les rapports de la Gestapo en témoignent. Il devait donc avoir une raison. Laquelle ?

Les spécialistes français sont unanimes : Trepper, une fois pris, n'a plus songé qu'à protéger le parti communiste et ses organisations satellites. L'arrestation du Comité central était poursuivie avec acharnement par la Gestapo ; elle s'y employa jusqu'au dernier jour de l'occupation en France et ses archives montrent à quel point elle fut près de réussir. Des chefs communistes importants, identifiés par elle, « logés », furent laissés en liberté dans l'espoir qu'ils la mèneraient jusqu'au saint des saints. Mais le Comité central était d'une prudence extrême. Rémy, lorsqu'il noue contact avec lui, en éprouve quelque irritation : « Ce Comité fantôme s'entoure de telles sauvegardes qu'il lui faut au moins quinze jours pour répondre à la moindre de mes questions » — tout en reconnaissant : « Les communistes peuvent nous donner des leçons en matière de prudence [1]. » Les raisons de cette prudence et de l'acharnement allemand sont évidentes : l'arrestation du Comité eût porté un coup meurtrier à la Résistance communiste tout entière. Or, par Trepper, la Gestapo avait la possibilité de remonter jusqu'à lui.

Le dilemme était donc cruel, mais simple. Trepper pouvait choisir de se taire. C'était aller aux supplices ;

1. Rémy, *op. cit.*, t. II, p. 121.

bien fou qui préjuge de son stoïcisme sous la torture. Il pouvait au contraire livrer les rescapés du réseau, convaincre la Gestapo de sa bonne volonté, et, en disant assez, faire croire qu'il disait tout pour éviter qu'on lui demandât le reste. A cette terrible balance, Katz et Grossvogel devaient forcément être trouvés légers. Même Maximovitch, même Käthe Vœlkner ne pesaient pas lourd : à quoi bon des « sources » s'il n'y a plus de réseau pour les exploiter ?

Ainsi raisonnaient les spécialistes et leur explication ne manquait pas de force. Mais que l'hypothèse fût vraisemblable n'impliquait pas qu'elle fût exacte. L'attitude de Trepper avait-elle été réellement déterminée par le raisonnement qu'ils lui prêtaient ?

J'allai à Stuttgart le demander à Heinrich Reiser.

Au physique, un éléphant. Les cheveux blancs coupés très court. Ses yeux bleus : deux oasis perdues dans un Sahara de chair rose. Leur regard, vraiment, n'irradie pas la tendresse. Il s'assied sur une chaise comme si c'était pour l'éternité, croise les mains et parle en français cinq heures d'affilée sans un geste, sans une mimique, sans un frémissement du visage. On l'entend presque réfléchir. Chaque mot pèse une tonne. Sa femme, petite et fluette, l'écoute avec adoration. Elle ignore le français, mais n'importe : c'est l'oracle. Il ne lui a jamais parlé de son travail. Elle sait simplement qu'il a passé la plus grande partie de la guerre à Paris. La nature de ses occupations là-bas l'intéresse aussi peu que le sens de ces phrases qu'elle écoute comme si elles lui étaient une mélodie divine. Ce qu'il a fait était forcément bien fait. Son domaine à elle, c'est la cage de l'éléphant. Elle l'astique depuis trente ou quarante ans. On cherche en vain un grain de poussière dans l'appartement. Tout est luisant d'une propreté impitoyable.

Il était Hauptsturmführer S.S., mais, comme Giering, comme Berg, vieux flic professionnel raflé par Himmler. Spécialiste du contre-espionnage dès avant la prise du pouvoir par les nazis. Affecté à Paris au début de l'occupation. Giering était le chef du Kommando, mais il faisait sans cesse la navette entre Berlin, Bruxelles et Paris. L'éléphant Reiser ne bougeait pas. Giering supervisait tout à l'échelon international et c'était Reiser, son adjoint, qui commandait en France.

Il dit : « J'ai lutté contre l'Orchestre Rouge avant même la création du Kommando. L'arrestation des Sokol, c'est moi. Nous ignorions qu'ils travaillaient pour les Russes. Nous pensions qu'il s'agissait d'un réseau de résistance banal aux ordres de Londres. Berlin les a tout de suite réclamés. S'ils ont été torturés, c'est à Berlin, pas à Paris. »

Il dit : « La guerre, quelle tragédie ! Et quelle bêtise ! J'ai toujours aimé la France. Aujourd'hui encore, je vais chaque semaine me cultiver à l'Institut Français de Stuttgart. Mes écrivains préférés sont Henry Bordeaux et René Bazin, mais je lis aussi cette femme, cette existentialiste — comment s'appelle-t-elle... Simone de Beauvoir ! »

Il dit : « Dès mon arrivée en France, j'ai déclaré à mes hommes qu'il n'était pas question de brutaliser les prisonniers. On n'a jamais torturé dans mon service. D'ailleurs, à la fin de la guerre, nous avons été pris par les Français et gardés très longtemps en prison, mais l'instruction s'est terminée par un non-lieu. S'il y avait eu des tortures, ils ne nous auraient pas lâchés comme ça. Pour les récalcitrants, ceux qui ne voulaient pas parler, il existait un service spécial, tout à fait indépendant : le « service pour interrogatoires renforcés ». Il se passait là des choses très déplaisantes. »

Il dit : « Katz, c'est moi qui l'ai arrêté. En personne. Nous l'avons eu par Raichman, le « cordonnier » de Bruxelles. Raichman connaissait quelques adresses de gens en relation avec Katz. Je les ai toutes mises sous surveillance, mais sans résultat. Jusqu'à l'arrestation du Grand Chef. Là, Katz semble s'être affolé. Il changeait sans cesse d'abri. Une nuit, il s'est réfugié chez une amie, une communiste, que Raichman nous avait signalée. Les guetteurs m'ont alerté et je suis allé l'arrêter. »

Aurait-il tout de l'éléphant, la mémoire exceptée ?

« Monsieur Reiser, il y a confusion : Katz vous a été livré par Trepper lui-même...

— C'est faux. Le Grand Chef n'a donné aucun de ses agents pour la bonne raison qu'on ne le lui a pas demandé. S'il l'avait fait, je le saurais : j'étais sur place en permanence.

— Le rapport de la Gestapo est pourtant formel. Trepper a téléphoné à Katz et lui a fixé rendez-vous à la station de métro « Madeleine », devant une colonne Morris. Quand Katz a été amené rue des Saussaies, Trepper lui a dit : « Il faut travailler avec ces messieurs. « Le jeu est fini. »

Il se tasse un peu plus sur sa chaise, ses yeux durs réduits à deux minuscules taches bleues, les mains serrées à en faire blanchir les articulations.

« Ecoutez-moi bien, monsieur. Si vous voulez comprendre quelque chose à cette affaire, vous ne devez pas croire un mot de ce que les rapports de la Gestapo disent du Grand Chef. Vous m'entendez ? Pas un mot ! »

A première vue, cela changeait tout. Réflexion faite, rien n'était modifié.

On l'a dit : le Funkspiel est une opération aussi délicate qu'excitante dont le but final consiste à tromper l'adversaire. Mais avant de gagner la partie, encore faut-il obtenir l'autorisation de la jouer. La hiérarchie est méfiante. Elle considère que l'affaire peut payer de gros dividendes, mais que si elle échoue, on aura communiqué pour rien à l'ennemi les renseignements exacts destinés à « nourrir » le Funkspiel. La peur des responsabilités incline à exiger des garanties, dont la première est évidemment qu'on soit sûr du personnel « retourné ».

La Gestapo décide d'utiliser Trepper pour lancer un Funkspiel d'une ampleur sans précédent. Elle a raison. En Hollande, Giskes réussit des merveilles contre Londres en utilisant une poignée de pianistes subalternes : que ne peut-on espérer de l'emploi contre Moscou d'un des chefs de l'espionnage soviétique ! Mais il faut convaincre la hiérarchie.

Depuis l'arrestation de Trepper, la hiérarchie est nerveuse. Elle fait pleuvoir sur Paris des télégrammes dont Fortner et Reiser attestent la monotonie : « Que dit le Grand Chef ? » Eh bien le Grand Chef raconte sa vie et donne des détails fascinants sur les possibilités offertes par un annuaire téléphonique. Si l'on informe Berlin de ce beau résultat, Himmler s'étrangle de rage et refuse tout net le Funkspiel. Et il a raison. Pour convaincre l'Etat-Major suprême, les Affaires étrangères et tous les ministères allemands de lui fournir la « nourriture » nécessaire, il doit pouvoir se porter garant de la servilité de son prisonnier.

Alors, briser Trepper ? Le confier aux bons soins du « service pour interrogatoires renforcés » ? Lui arracher le nom de ses agents ? Ce serait une solution. Bien sûr, le réseau n'intéresse plus guère la Gestapo. Une construction admirablement structurée et cloisonnée, sans aucun doute, mais quand les fondations s'effondrent, les cloisons tombent avec le reste. On cueillera les rescapés l'un après l'autre. Et si certains échappent, quelle importance, puisqu'ils sont désormais inefficaces ? Mais en forçant les aveux du Grand Chef, en le précipitant dans la trahison, on rassurerait la hiérarchie.

Briser Trepper ? Pas impossible ; très aléatoire ; et périlleux. C'est une chose de faire crier des noms à un supplicié, c'en est une autre d'obtenir sa coopération volontaire des mois durant pour un Funkspiel. Le bonhomme n'est pas commode. Pour l'instant, il ne parle pas, mais il bavarde. Il accepte le café et les cigarettes. Si on le brusque, ne se refermera-t-il pas comme une huître ? Or, on a besoin de sa collaboration. Lui seul peut donner aux messages du Funkspiel le style, le « coup de patte », propres à rassurer Moscou.

D'où cette solution ingénieuse : lui fabriquer une « légende », présenter à Himmler l'image retouchée et apaisante d'un félon absolu. Schellenberg nous a déjà montré la Gestapo truquant ses rapports pour s'attribuer les lauriers d'autrui. Ici, la fanfaronnade est plus justifiée : on ment pour le bon motif. Giering explique au Grand Chef : « Il ne faut pas tout dire aux militaires, car ils n'entendent rien aux choses politiques ; et il ne faut pas tout dire aux policiers, car ils n'entendent rien aux choses du renseignement. » Trepper : « Mais alors, qui doit tout savoir ? — Celui qui mène le jeu. Et c'est à lui de distribuer à chacun sa ration. »

Himmler reçoit bonne mesure. Les comptes rendus de Giering ne laissent aucun doute sur la trahison du prisonnier. Fortner, comme tout le monde, croira en les lisant que Trepper a vraiment livré Katz, Grossvogel, Robinson, Maximovitch. Certain rapport avancera même la date de l'arrestation du Grand Chef du 24 novembre au 16 novembre, de manière à pouvoir lui imputer la chute de Simex et de Simexco, la rafle opérée en Belgique et la capture du groupe de Lyon...

On comprend Giering. Mais Trepper ? Ne voit-il donc pas l'enjeu de la partie qui s'engage, et où il va servir de carte maîtresse au Kommando ?

L'enjeu est énorme. Avant de partir à sa découverte, mieux vaut se débarrasser de quelques idées préconçues qui alourdiraient le sac.

Le moral allemand fut moins bas en 1943 ou 1944 qu'au cours de l'hiver 1941-1942, alors que les Alliés, vaincus sur tous les fronts, touchaient eux-mêmes le fond de la dépression. L'Allemagne, soûle de victoires, dégrisée d'un seul coup sous les murs de Moscou, connut durant quelques mois la tristesse des lendemains d'ivresse. La guerre cessait d'être une grandiose promenade ; elle serait longue et dure ; son issue devenait douteuse. Effrayante prise de conscience pour un peuple qui s'était habitué à vivre au rythme des « communiqués spéciaux » lui annonçant des offensives toujours victorieuses et l'élargissement du Troisième Reich aux dimensions de l'Europe. Il n'est que de lire le Journal de Gœbbels pour mesurer la gravité du choc ; du haut en bas de l'échelle sociale, on se prit à douter. Puis

Hitler serra la Wehrmacht dans sa poigne de fer et la galvanisa à force de discipline ; puis les Alliés déclenchèrent la « terreur aérienne » et, sur l'enclume de ses ruines, forgèrent au peuple allemand un nouveau moral — résultat inattendu mais incontestable — ; puis la peur de l'Armée Rouge rassembla les énergies pour un combat désespéré. Sauf aux tout derniers temps, on ne devait plus voir à l'Allemagne le visage défait qu'elle avait eu pendant le premier hiver de la campagne de Russie.

Parmi les chefs militaires ou civils, beaucoup continuent cependant de penser qu'on va au désastre. L'Allemagne n'a jamais gagné une guerre sur deux fronts. Il faudrait traiter avec l'Ouest ou avec l'Est. Mais préconiser une négociation équivaudrait à un suicide ; on se ferait taxer de défaitisme, donc de trahison. Plutôt marcher vers le précipice comme tout le monde : au pas cadencé.

Himmler n'est pas tout le monde. Il échappe à la terreur générale, puisqu'il est la source et l'instrument de cette terreur. La Gestapo ne l'effraie pas : il est la Gestapo. S'il pose un œil lucide sur la situation, qui peut, mieux que lui, prendre les moyens d'y pourvoir ?

Himmler : un fou plein de bon sens ; l'espèce n'est pas rare. La tête dans les nuées et les pieds sur la terre. Il est à peu près convaincu d'être la réincarnation du roi Henri l'Oiseleur, qui a régné sur les peuples germaniques au XIe siècle et auquel il fait rendre un culte spécial — n'empêche que ses divisions S.S. sont les seules à être équipées de vêtements fourrés dès le premier hiver russe. Cet hiver-là, Himmler mesure l'affaissement du moral allemand devant une situation dont on n'aperçoit plus le dénouement. Le moral pourra être remonté à coups d'excitants, mais la situation n'en sera pas pour autant modifiée. Le printemps venu, quand la Wehrmacht reprend son élan et fonce vers le Caucase à l'enthousiasme général, car toute l'Allemagne est convaincue qu'elle va donner le coup de grâce, Himmler conserve sa lucidité : Ciano, ministre des Affaires étrangères d'Italie, note le 19 mai 1942 dans son Journal que le Reichsführer estime que l'offensive sera brillante, mais non décisive, avec la perspective d'un hiver ultérieur difficile du point de vue matériel et moral. L'événement confirme sa prévision. C'est pourquoi l'avocat Langbehn, ami de Himmler, obtient de lui l'autorisation d'engager, en décembre 1942, des conversations avec des officiels anglais et américains à Zurich et à Stockholm ; il sonde ses interlocuteurs sur la possibilité d'une paix séparée avec l'Ouest moyennant un changement de régime en Allemagne. « Rien de défini ne sortit de ces contacts, écrit l'historien Wheeler-Bennett, mais ils renforcèrent chez Langbehn la double conviction que, dans certaines circonstances données, Himmler « renverrait la balle » aux conspirateurs [la Résistance allemande] et que c'était la condition indispensable pour que fût réussie l'élimination de Hitler et du régime nazi [1]. »

Ulrich von Hassel, l'un des chefs de la Résistance, diplomate limogé par Hitler mais toujours bien informé, Hassel mentionne ces conversations dans son Journal. Ce n'est d'ailleurs pas la première fois qu'il constate le jeu où s'est engagé Himmler. Il écrivait à la date du 22 mars 1942 : « Récemment, soirée très intéressante chez Langbehn, qui croit toujours qu'on projette toutes sortes de choses dans l'entourage de Himmler. En tout cas, on est, dans ces parages, plus capable d'agir que dans le groupe de Beck, etc. » Sept mois plus tôt, en septembre 1941, Hassel a reçu la visite d'un certain Danfeld, membre du service de renseignement S.S. : « Ce S.S., encore relativement jeune, était remarquablement informé en politique étrangère, d'un jugement sobre et d'une franchise d'expression étonnante. Il est resté une heure et demie et a emprunté des voies sur lesquelles, par prudence, je ne l'ai pas suivi. L'impression d'ensemble était que dans le rayon de Himmler on se fait de graves soucis et on se creuse la tête pour trouver une issue [2] ».

1. J. W. Wheeler-Bennett, *The Nemesis of Power*, Mac Millan, 1953, p. 577.
2. U. von Hassel, *op. cit.*, p. 233 et 205.

Ne nous étonnons point d'entendre des S.S. tenir ce langage (Hassel ne s'étonne pas) : nous avons dit qu'ils étaient les seuls à pouvoir exprimer tout haut ce que les autres osaient à peine penser. Et point d'étonnement non plus à constater le rapprochement contre nature entre un homme de la Résistance et un agent S.S. : c'est que Himmler compte justement sur la Résistance pour obtenir le contact avec l'Ouest et traiter avec lui.

Les historiens du Troisième Reich ont relaté en détail comment il tenta d'utiliser chaque filière clandestine à ses fins politiques. De 1942 au 20 juillet 1944, date de l'attentat contre Hitler, les groupes de résistance en relation avec l'Ouest bénéficièrent de sa part d'une extraordinaire mansuétude. Découverts, leurs membres n'étaient arrêtés qu'à la toute dernière extrémité ; arrêtés, ils ne furent pour la plupart exécutés qu'après le 20 juillet 1944, quand il n'était vraiment plus possible de les soustraire au bourreau. Aussi l'historien anglais Gerald Reitlinger conclut-il : « On peut dire avec certitude qu'aucun mouvement qui avait une chance de négocier avec les Occidentaux en 1943 n'aurait été brisé par Himmler s'il avait pu l'éviter. Et il répugna à faire un exemple des conspirateurs que ses agents découvrirent, car il craignait qu'un tel exemple ne détruisît la Résistance tout entière [1]. »

La Résistance devine si bien le jeu du Reichsführer qu'elle vient carrément frapper à sa porte. On a vu que Hassel et ses amis connaissaient les inquiétudes des S.S. quant à l'issue de la guerre. Dans le même temps, ils désespéraient de rallier les généraux craintifs de la Wehrmacht à l'idée d'un putsch antihitlérien. De cette double constatation naît un projet effarant et rationnel : enrôler Himmler dans les rangs de la Résistance. Il y a risque, mais Hassel et ses amis estiment à juste titre que le jeu en vaut la chandelle. Si Himmler et ses S.S. marchent avec eux, les militaires ne pourront plus refuser d'agir.

L'intermédiaire est ce Langbehn qui a déjà effectué

1. G. Reitlinger, *The S.S.*, Heinemann, 1956, p. 289.

une mission exploratoire en Suisse et en Suède. Il organise un rendez-vous entre Himmler et Popitz, ministre des Finances de Prusse, membre de la Résistance. L'entretien a lieu au ministère de l'Intérieur le 26 août 1943. Popitz suggère qu'on devrait tenter de négocier avec l'Ouest même sans le consentement de Hitler. Himmler (« le fidèle Heinrich », comme l'appelle volontiers le Führer), Himmler reste à peu près silencieux, mais en dit cependant assez pour que Popitz ait l'impression, écrit Wheeler-Bennett, « qu'il n'est pas hostile en principe [1] ». C'est déjà énorme ! Langbehn file aussitôt en Suisse pour y donner la bonne nouvelle à ses interlocuteurs occidentaux. Malheureusement, la Gestapo capte un message radio émis de Suisse où sont résumées à l'intention d'une capitale alliée les informations apportées par Langbehn. Hitler est prévenu avant qu'ait pu intervenir Himmler. Ce dernier, obligé de se couvrir, laisse Popitz en liberté mais fait arrêter Langbehn [2]. L'opération a échoué par la faute d'un incident malheureux et imprévisible.

Elle reste significative de la politique poursuivie par Himmler. Toujours les pieds sur la terre et la tête dans les nuages. Le bon sens lui dicte d'en finir avec la guerre sur deux fronts. Traiter avec l'Est est pour lui hors de question : il croit farouchement à la « Croisade antibolchevique ». Ses efforts tendront donc à traiter avec l'Ouest. La folie de Himmler, c'est évidemment d'espérer qu'un Churchill ou qu'un Roosevelt accepteront de négocier avec lui et de mettre leur main dans la sienne, tout engluée du sang de ses millions de victimes. Mais les illusions du Reichsführer — qu'il entretiendra d'ailleurs jusqu'au bout — sont une autre affaire : *son* affaire.

La nôtre, c'est sa politique.

Quel rapport entre le jeu politique à l'échelle mondiale d'un Himmler et Trepper, son minuscule prisonnier ? Le rapport est direct et d'une simplicité absolue.

1. *Op. cit.*, p. 578.
2. Les deux hommes ne seront exécutés qu'après le 20 juillet 1944.

Pour conclure une paix séparée avec l'un des Alliés, il faut d'abord briser l'alliance, rompre le front adverse, y ouvrir une brèche par laquelle s'engouffrer. L'entreprise est toujours possible, souvent aisée, car l'Histoire abonde de coalitions qui se dénouèrent avant que de porter leurs fruits. Etre alliés, c'est regarder dans la même direction tout en gardant un œil sur le voisin ; c'est avancer du même pas en prenant garde aux croche-pieds ; c'est publier des déclarations communes où n'apparaissent point les arrière-pensées et les doutes dont chaque partenaire est hanté. Aussi la meilleure alliance n'est-elle jamais bien loin de la séparation de corps et de biens, sinon du divorce.

Staline, Churchill et Roosevelt en offrent la parfaite illustration. Les péripéties de leur union provisoire sont trop connues pour qu'on s'y attarde. Résumons-les : dans la première partie de la guerre, quand la Russie titube sous les coups allemands, Churchill et Roosevelt tremblent de la voir échapper au martyre par le biais d'une paix séparée ; dans la seconde moitié du conflit, quand l'Armée Rouge contre-attaque au prix de dix mille soldats par jour, Staline enrage de voir les Occidentaux retarder sans cesse l'ouverture du second front, puis il en vient à les soupçonner de vouloir traiter avec le Reich afin de bloquer le déferlement rouge sur l'Europe centrale.

Le jeu allemand va donc consister à irriter les antagonismes, à envenimer les malentendus, à distiller dans la coalition le poison des doutes réciproques de manière à la faire éclater de par la force même de ses contradictions internes.

Comment ?

Schellenberg, chef du service de renseignement S.S., l'explique clairement dans ses Mémoires : en faisant croire à chacun des partenaires que l'Allemagne s'apprête à négocier avec l'autre. « Il était donc fort important, écrit-il — et cette réflexion lui vient au cours de l'été 1942 — d'entrer en contact avec les Russes au moment même où nous entamerions des négociations avec l'Ouest. La rivalité grandissante entre les puissances alliées renforcerait notre position[1]. » Mais il ajoute que la difficulté majeure consiste à prendre langue avec les Soviétiques[2].

Les Occidentaux sont aisément accessibles. Stockholm, Madrid, Genève, Lisbonne et Ankara grouillent d'émissaires officiels ou officieux qui seront autant d'interlocuteurs valables. Le prudent Himmler cherche à les atteindre par la filière de la Résistance allemande pour dissimuler ses démarches à ses collègues nazis. Mais s'il est vraiment décidé à négocier, disposé à en assumer le risque et la responsabilité, il n'est que de vouloir le contact direct avec l'Ouest pour l'obtenir aussitôt, et de la manière la plus simple qui soit, dans une capitale neutre.

Les Russes sont, on l'a dit, moins faciles à atteindre. Et le jeu du Reichsführer exige pourtant qu'il les atteigne. Nous ignorons qui lui souffla cette solution : les émetteurs de l'Orchestre Rouge.

L'idée était ingénieuse ; son exécution fut parfaite. On comprend maintenant l'excellence des renseignements transmis par les pianistes « retournés » : il fallait à tout prix que Moscou ignorât les captures et persistât à

1. *Op. cit.*, p. 378.

2. Les historiens n'ont à ce jour enregistré qu'un seul contact direct entre représentants soviétiques et allemands au cours de la dernière guerre. En décembre 1942, puis en juin 1943, Peter Kleist, diplomate allemand, est approché au cours de missions à Stockholm par l'agent soviétique Edgar Clauss, qui lui propose une rencontre avec Alexandrov, chef du département Europe au commissariat soviétique des Affaires étrangères, en lui annonçant que le Kremlin serait disposé à conclure sous certaines conditions une paix de compromis avec l'Allemagne. Par suite d'une maladresse de Clauss (qui prend également contact avec le représentant à Stockholm de l'Abwehr, dont le chef, l'amiral Canaris, est farouchement anticommuniste), Hitler est mis au courant. Il explose de rage devant cette « impudente provocation juive » (Clauss est présumé juif) et ordonne une enquête sur les antécédents raciaux d'Alexandrov. Peter Kleist conclut : « Cette mission fut exécutée avec un soin tout particulier. Mais elle demeura sans résultat, car il fut impossible d'interroger le « Bureau central soviétique pour la détermination de la race et de « l'origine sur l'arbre généalogique du camarade Alexandrov. » (Cf. P. Kleist, *Entre Staline et Hitler,* Librairie Plon, 1953.) Ainsi se termina dans un ridicule typiquement nazi la seule tentative faite pour lancer une passerelle entre Moscou et Berlin.

croire à la bonne foi de ses gens. Ainsi l'Orchestre Rouge continuerait-il de jouer sans entracte inquiétant, mais cette fois pour le compte de Berlin et au grand dam de Moscou. Yefremov, Wenzel et Winterink furent les premiers solistes de la symphonie nouvelle. L'objectif essentiel restait cependant de replacer à la tête de cet Orchestre seconde manière son chef attitré — le Grand Chef. Les autres sont des instrumentistes ; lui seul possède l'envergure nécessaire pour intoxiquer Moscou au plan de la politique internationale.

Comment va-t-on l'utiliser, maintenant qu'on le tient ? Là encore, avec ingéniosité et brio. En procédant par touches légères, sans forcer la note, et en s'attachant aux détails concrets. C'est pierre par pierre qu'on va construire le mur de défiance derrière lequel on espère isoler Staline.

A titre d'exemples, voici trois de ces pierres.

Les chefs S.S. reçoivent un rapport de dix pages dactylographiées établi par les services de Gœbbels, ministre de la Propagande. Il condense les résultats d'une vaste enquête d'opinion publique sur l'attitude du peuple allemand face à la guerre. Deux conclusions s'imposent : d'abord, on croit toujours à la victoire ; ensuite, et dans l'hypothèse d'une défaite de la Wehrmacht, l'Allemand moyen estime qu'il faudra traiter à n'importe quel prix avec l'Ouest de manière à écarter le Russe des frontières germaniques. Le rapport est naturellement ultra-secret, mais les S.S., après force palabres, arrachent l'autorisation de le transmettre à Moscou sous le couvert du Grand Chef. Il apporte à Staline la preuve des prédispositions allemandes à traiter avec les Occidentaux pour rejeter tout le poids de la Wehrmacht sur l'Armée Rouge.

Les aviateurs anglais et américains abattus au-dessus de la région parisienne sont conduits lorsqu'ils ont été blessés, à l'hôpital de Clichy. Le Kommando envoie sur les émetteurs « retournés » les déclarations d'un certain nombre de ces aviateurs, qu'un membre du réseau aurait réussi à approcher. Ils sont las de la guerre. Surtout, ils doutent de son bien-fondé. La majorité paraît plus antisoviétique qu'antinazie. Ils se demandent si, en écrasant l'Allemagne, on n'est pas en train de « tuer le mauvais cochon ». Ainsi Staline saura-t-il les sentiments réels des combattants occidentaux pour leur allié russe. Il soupçonne déjà de noires tractations entre les chefs nazis, Churchill et Roosevelt : le rapport de Gœbbels et les interviews de Clichy lui démontreront que ces menées au sommet ne risquent pas d'être contrecarrées par le populaire [1].

Moscou demande à l'un des pianistes « retournés » des informations sur les défenses de Calais. Le Kommando envoie quelques renseignements. Ils sont jugés insuffisants par le Centre, qui exige un complément d'enquête. Le Kommando rend compte de ses difficultés : Calais grouille de gendarmes allemands armés de mitraillettes Sten. Moscou saute sur l'hameçon : quoi ? des Sten, marque anglaise ? Cherchez et trouvez comment la Wehrmacht a pu se les procurer ! Réponse du Kommando : les Sten ont été acquises par la Whermacht en pays neutre ; les Anglais savaient qui était l'acheteur, mais ils n'ont mis à la vente qu'une seule condition : les armes ne devraient pas être utilisées sur le front de l'Est. Ah, l'admirable supercherie ! Car Staline va tirer de l'épisode deux conclusions erronées et de conséquence grave. En premier lieu, les Anglais arment la Wehrmacht : trahison patente de l'alliance. S'ils ont interdit l'emploi des Sten sur le front de l'Est, c'est évidemment pour éviter que la capture d'une arme ne révélât leur félonie ; n'empêche qu'en équipant les armées hitlériennes de l'Ouest, ils libèrent de l'armement allemand pour les armées de l'Est. Mieux encore : si les Anglais accroissent aussi complaisamment la puissance de feu du Mur de l'Atlantique, c'est d'évidence qu'ils n'ont aucune intention de débarquer. L'ouverture du second front n'est pas pour demain ! Retranchés dans leurs bases, les Occidentaux attendront paisible-

1. L'auteur précise qu'il n'a pas la preuve de l'authenticité des interviews. Il est probable que les « déclarations » des aviateurs furent forgées de toutes pièces pour les besoins de la cause.

ment que « le dernier soldat russe tue le dernier soldat allemand », selon la formule célèbre, si même ils ne décident pas de traiter avec l'Allemagne pour faire en sorte que ce soit le dernier soldat allemand qui tue le dernier soldat russe...

Le 17 janvier 1944, le journal moscovite *Pravda* publie sous le titre « Rumeurs au Caire » l'information suivante : « Le Caire, 12 janvier (du correspondant particulier de la *Pravda*). Selon des informations dignes de foi provenant de sources grecques et yougoslaves, une entrevue secrète entre deux importantes personnalités britanniques et Ribbentrop a eu lieu récemment dans une ville côtière de la Péninsule ibérique. Le but de la rencontre était de mettre au clair les conditions d'une paix séparée avec l'Allemagne. On présume que l'entrevue n'a pas été sans résultat. »

A Berlin, Gœbbels prend connaissance de l'article avec stupéfaction : « Il fit sur le ministre l'effet d'une puissante drogue, écrit son ancien adjoint Wilfrid von Oven. Quand il me convoqua à la conférence consacrée au matériel de presse, parmi lequel se trouvait bien entendu l'article en question, il paraissait très excité. L'article était placé au sommet d'une pile de télégrammes et il était marqué — signe de très grande importance — d'une grande accolade tracée avec son stylo vert ; il y avait aussi plusieurs points d'exclamation dans la marge. Le ministre me jette un regard lourd de signification, tapote la feuille du dos de sa main et dit : « Voici l'information la plus importante qui « puisse exister à l'heure actuelle. Evidemment — et, « je dois dire, malheureusement — elle est inventée de A jusqu'à Z. La question qui se pose est celle-ci : où « Staline — car ce rusé renard, et personne d'autre, se « cache derrière l'affaire — où Staline veut-il en venir « avec ce canard [1] ? »

1. W. von Oven, *Mit Gœbbels bis zum Ende*, Buenos Aires, 1949, t. I, p. 180.

On se pose anxieusement la même question à Londres et à Washington. L'information de la *Pravda* est, bien sûr, dénuée de tout fondement, mais si Staline est d'humeur à y croire — et il est bien connu que la *Pravda* ne publie rien qu'il n'ait approuvé — l'alliance peut être compromise. Le Foreign Office s'empresse de publier un démenti ; une enquête est ouverte ; on découvre que la *Pravda* n'a pas de correspondant en Egypte ; que son article eût été de toute façon soumis à la censure avant d'être câblé. L'agence soviétique Tass publie le démenti britannique en y ajoutant des commentaires insinuatifs sur les louches activités de Franz von Pàpen, l'ambassadeur d'Allemagne en Turquie. La confusion est générale. A Berlin, Gœbbels dit à Wilfrid von Oven : « Nous devons suivre avec beaucoup d'attention les développements de l'affaire. En tout cas, c'est une confirmation de ce que j'ai prédit depuis longtemps : les Alliés se menacent réciproquement de s'entendre avec nous. Evidemment, le public ne doit rien savoir de cette information ; vis-à-vis de l'étranger, nous devons également observer un mutisme absolu et ne pas laisser entendre par un seul mot combien nous sommes intéressés. Donc, information bloquée pour le pays et l'étranger. Vous vous portez garant qu'il n'y aura aucune fuite. » Mais il y a des fuites. Le 7 février, Ulrich von Hassel note dans son journal : « Trait significatif de la situation : la « bombe puante » lâchée par la *Pravda* contre les Anglo-Américains, affirmant que Ribbentrop aurait eu des pourparlers avec Hoare en Espagne. Résultat en Allemagne : méfiance accrue des dirigeants qui supposent que, non pas Ribbentrop il est vrai, mais d'autres groupes sont en contact avec les Anglais. Schwerin [1] m'a raconté qu'on espionne un groupe de jeunes au ministère des Affaires étrangères [2]. »

Londres et Washington ignorent ce qui a pu justifier l'article. Les capitales neutres s'interrogent à son sujet.

1. Schwerin von Krosigk, ministre des Finances du Reich.
2. *Op. cit.*, p. 315.

A Berlin, Gœbbels, ministre de la Propagande, Schwerin von Krosigk, ministre des Finances, et la quasi-totalité des dirigeants nazis sont dans la même incertitude. Les historiens du Troisième Reich eux-mêmes buteront sur ce système et affecteront de croire à un simple « bobard » — un « canard », comme dit Reitlinger, reprenant l'expression de Gœbbels...

Rédigée par les inspirateurs du Funkspiel, transmise à Paris par Gestapo-Müller, l'information a été envoyée par le Kommando sur l'émetteur de Kent. Un message très antérieur, transmis par le même émetteur, avait annoncé à Moscou que le Petit Chef était en contact avec un fonctionnaire important du ministère allemand des Affaires étrangères. Le Directeur s'était empressé de demander son nom. Le Kommando avait fourni celui d'un authentique diplomate allemand qui avait été en poste à Lisbonne avant 1939 et dont les sentiments antinazis étaient bien connus. Ainsi s'était trouvé justifié l'afflux soudain de renseignements diplomatiques importants dans les télégrammes de Kent. L'information sur les tractations entre Ribbentrop et les Britanniques était censée provenir de cette source. Selon Kent, son agent avait eu connaissance du rapport d'un diplomate neutre en mission à Londres, ledit rapport ayant été intercepté par les services allemands. Et il était exact que le diplomate neutre était alors à Londres — le Kremlin pouvait aisément vérifier sa présence —, qu'il avait envoyé un compte rendu à son gouvernement et que les services allemands avaient réussi l'interception. Les maîtres du Funkspiel n'avaient eu qu'à changer quelques phrases pour en modifier entièrement le sens et lui faire annoncer une rencontre en terrain neutre entre des officiels allemands et britanniques, rencontre motivée par l'inquiétude des cercles dirigeants de Londres devant les immenses gains territoriaux opérés par l'Armée Rouge.

Il s'agissait, après avoir soigneusement cultivé les doutes de Staline sur la loyauté de ses alliés, de le convaincre que ceux-ci s'apprêtaient à négocier avec l'Allemagne afin qu'il s'empressât de les devancer sur le chemin de la félonie, déclenchant ainsi le processus de désintégration de l'alliance pour avoir cru à tort qu'il était déjà entamé.

Tel est le redoutable Grand Jeu auquel Trepper est contraint de se prêter s'il veut conserver la vie.

XXVIII

SOLEIL ET BROUILLARD

Une bonne vie.

Après sa capture chez le docteur Maleplate, Giering et Fortner l'avaient amené rue des Saussaies. Il y avait été accueilli par le maître des lieux, le Sturmbannführer S.S. Bœmelburg, qui était allé deux semaines plus tôt arrêter Kent à Marseille. Bœmelburg — l'un des chefs de la Gestapo en France — s'était écrié en voyant Trepper : « Ah ! nous l'avons tout de même, l'ours soviétique ! » Pendant la demi-heure suivante, le Kommando téléphona à Berlin la merveilleuse nouvelle, puis on fourra le prisonnier dans une voiture qui le mena à la prison de Fresnes. Plusieurs autos bondées de policiers armés encadraient la sienne.

Il ne passa qu'une nuit à Fresnes et il est probable qu'il éprouva quelque difficulté à trouver le sommeil : on lui avait menotté les mains dans le dos, conformément aux instructions données par Giering pour tous les prisonniers de l'Orchestre Rouge.

Le lendemain, le Kommando ramenait Trepper rue des Saussaies et l'installait dans une cellule improvisée au rez-de-chaussée. Il devait y rester deux mois et demi. Personne ne porta jamais la main sur lui. Il était bien nourri et pourvu en cigarettes. Comme il souffrait d'une maladie de cœur, un médecin de la Wehrmacht venait l'examiner et le soigner tous les trois jours. Reiser raconte même qu'il avait la permission de prendre un bain deux ou trois fois par semaine dans une baignoire placée au dernier étage de l'immeuble. Le prisonnier s'étant plaint de l'ennui où le plongeait l'inaction, on lui donna un dictionnaire, du papier et un crayon afin qu'il pût occuper ses loisirs à parfaire sa connaissance de la langue allemande.

Ses interrogatoires se déroulaient sur le ton le plus familier. Ils avaient lieu après le déjeuner car, le matin, les membres du Kommando n'étaient pas dans leur meilleure forme intellectuelle : ils subissaient les affres de la « gueule de bois ». C'est qu'on formait une joyeuse équipe, bien soudée, dure au travail mais ardente aux plaisirs, habile à se délasser le soir des grandes fatigues du jour. A l'exception de l'austère Reiser, la bande partait en bordée dès la fermeture des bureaux. Son repaire favori fut d'abord un bar russe — c'était, d'une certaine manière, rester dans l'ambiance de l'Orchestre Rouge — ; mais les lurons du Kommando y rencontrèrent la chanteuse Suzy Solidor ; elle les séduisit et annexa leur clientèle pour sa boîte de nuit personnelle, 12, rue Sainte-Anne. Là, chaque soir, Giering et ses hommes retrouvaient leurs maîtresses (des femmes appartenant aux services auxiliaires de la Wehrmacht) et absorbaient force alcool en écoutant la blonde Solidor leur détailler de sa voix rauque : *J'avais un camarade* ou *Lily Marlène*. Ces chants mélancoliques n'excluaient pas de bonnes parties de rire. Ainsi, le jour où Suzy, de retour de Berlin, raconta avoir trouvé la gare berlinoise constellée de drapeaux frappés aux initiales S.S. Il s'agissait naturellement d'oriflammes déployées en l'honneur de

Himmler, mais la chanteuse de soupirer : « Ce n'était quand même pas la peine de mettre pour moi tous ces drapeaux avec mes initiales. » Fortner en rit encore.

Après le déjeuner, donc, Giering et Trepper s'installaient devant une bouteille de cognac et une énorme cafetière. Ils bavardaient des après-midi entiers comme de vieux camarades échangeant des souvenirs et c'est bien rarement qu'un détour de la conversation venait leur rappeler qu'ils n'étaient pas du même côté de la barricade. Un jour, par exemple, Giering annonça que l'Armée Rouge venait de franchir le Dniepr, ajoutant : « A Berlin, ils commencent à compter les fleuves qui les séparent du front. » Trepper raconta la célèbre anecdote du Kaiser qui, en 1918, exprime à son aide de camp le désir de visiter le front ; et l'aide de camp de répondre : « Patience, Sire, le front ne va pas tarder à arriver jusqu'à vous. » Giering devint blême et son prisonnier, comprenant qu'il était allé trop loin, enchaîna avec philosophie : « Bah ! les fleuves, ça coule tantôt dans un sens, tantôt dans un autre. » Cela, qui ne voulait strictement rien dire, suffit, le cognac aidant, à apaiser Giering.

Le chef du Kommando maigrissait sans cesse et sa voix n'était plus qu'un grondement caverneux : le cancer allait encore plus vite que l'Armée Rouge. Trepper compatissait à ses souffrances et l'encourageait à accroître sa consommation d'alcool — seul moyen, selon lui, de réduire la fatale tumeur. Curieusement, le Grand Chef devint d'ailleurs une sorte de conseiller médical pour le Kommando, distribuant autour de lui avis et conseils gratuits. Sa pratique la plus assidue était l'adjoint de Giering, Willy Berg (« Hügel [1] » pour les amis du Kommando), dont les souffrances après boire étaient prodigieuses. Le Grand Chef le réconfortait en lui disant : « Je connais une pharmacie parisienne qui fabrique un remède miracle ; il faudra qu'on y aille ensemble, un de ces jours. »

1. En allemand, *Berg* veut dire montagne, et *Hügel*, colline. Rappelons que Willy Berg culminait très bas.

De fait, il ne tarda pas à obtenir des permissions de sortie. Les premières fois qu'il quitta sa geôle pour une promenade en voiture, deux autos de la Gestapo encadraient la sienne. Puis l'escorte fut réduite de moitié, puis supprimée. La voiture de Trepper roulait donc seule dans les rues de Paris, avec deux gardiens à bord en plus du chauffeur. Même cette précaution fut abandonnée : on laissa le prisonnier partir avec un seul gardien, qui était le plus souvent Willy Berg. Ce dernier implora maintes fois qu'on fît un saut jusqu'à la fameuse pharmacie, mais Trepper refusa toujours, sous divers prétextes, et le pauvre Berg finit par croire qu'il avait purement et simplement inventé l'histoire du remède miracle.

Les pianistes retournés des réseaux belge et hollandais bénéficient d'un traitement aussi doux. Yefremov et Wenzel sont installés dans un appartement réquisitionné, 68, rue de l'Aurore à Bruxelles ; Winterink est à Amsterdam. Le Kommando, par prudence, avait d'abord jugé préférable de les utiliser pour la seule rédaction des messages : on craignait chez eux un éventuel sursaut de conscience qui les eût ramenés à leur ancienne allégeance. Dans un premier temps, des spécialistes allemands s'installent donc au piano et tentent de renouer le dialogue avec Moscou. Ils y échouent. Le Centre se méfie et ne répond pas. Rien d'étonnant : chaque pianiste a sa technique personnelle — sa « signature », aussi individualisée que sa voix ou ses empreintes digitales (il émet sur un rythme plus ou moins rapide, détache telle ou telle lettre, etc.). Son interlocuteur de la centrale connaît ses manies et l'identifie à sa seule qualité de touche ; si on remplace le pianiste, il est capable de découvrir à l'oreille la supercherie.

Après quelques semaines de transes, le Kommando se résigne à employer ses trois prisonniers pour la transmission des messages. Par prudence, on leur fait émettre plusieurs textes « dans le vide », c'est-à-dire sans contacter Moscou. Ces textes, dûment enregistrés, sont ensuite scrutés par des spécialistes qui s'efforcent de déceler une éventuelle anomalie propre à alerter les Russes. Ils ne découvrent rien de tel. Les trois pianistes reprennent contact avec le Centre. Celui-ci s'étonne : « Que s'est-il passé ? » Le Kommando fait répondre : « Il y a eu une certaine confusion due aux arrestations ; maintenant, tout va bien. » Et la qualité du matériel transmis a tôt fait d'apaiser les doutes de Moscou.

Dès lors, c'est l'idylle. Un ancien de la Funkabwehr raconte : « La passion des prisonniers pour leur travail tourna à la vraie manie. Leurs conditions de vie étaient acceptables, ils jouissaient d'une certaine liberté et leurs relations personnelles avec les officiers allemands qui les supervisaient ne firent que s'améliorer avec le temps. »

Ces relations, entamées dans la défiance réciproque, s'épanouissent en chaleureuse camaraderie. C'est presque inévitable. D'abord, on est entre spécialistes, on communie dans la passion d'une même technique, on parle inlassablement métier comme font tous les spécialistes du monde. Et l'on vit ensemble du matin au soir, partageant les mêmes repas, fumant les mêmes cigarettes, échangeant des plaisanteries qui deviennent vite rituelles. Le monde extérieur s'estompe, même le grondement de la guerre s'assourdit ; rien n'existe plus que cette chambrée attelée à une tâche passionnante. Après quelques semaines, il serait difficile à un visiteur de distinguer d'emblée les prisonniers des gardiens.

Tous les maîtres de Funkspiel sont avertis du phénomène. Ils s'efforcent de lutter contre une fraternisation excessive, mais en vain. L'homme est ainsi fait. Grandeur ou faiblesse, comme on voudra.

Un jour de janvier 1943, Wenzel et son surveillant attitré entrent dans la pièce où est l'émetteur ; le poêle s'est éteint ; il fait froid. L'Allemand s'accroupit pour ranimer le feu. Wenzel se jette sur lui, l'assomme, se rue vers la porte. Les clefs sont dans la serrure, à l'extérieur. Il enferme son gardien et dévale l'escalier. La rue.

La liberté. Malgré des recherches intensives, le Kommando ne retrouvera jamais Wenzel.

Son ange gardien prend sa place au piano. Il a eu le temps d'étudier la technique du prisonnier : le Centre ne remarque pas la substitution.

Mais comme on a senti le vent du boulet, on arrache les deux autres pianistes à leur prison dorée et on les enferme dans des cellules du camp de concentration de Breendonck, près de Bruxelles, d'où ils continueront le Funkspiel. Winterink et Yefremov paient d'une détention plus dure la liberté de Wenzel.

A Paris, la vie douillette du Grand Chef était à l'occasion troublée par l'effrayante apparition de prisonniers capturés par le Kommando. Le S.S. Jung avait, d'un coup de poing, écrasé les lunettes de Katz sur ses yeux : son visage était cisaillé de coupures ; entre autres supplices, on lui avait arraché les ongles. Il montra ses doigts ensanglantés à Trepper et souffla : « Je n'ai rien dit ! » Nous ignorons de quelle manière Grossvogel fut torturé, mais nous savons qu'il refusa de parler même après avoir été averti que son silence entraînerait la mort de sa femme et de son enfant. Il devait sa capture à son amour pour eux. Le Kommando, maître de Mme Grossvogel, avait menacé celle-ci de tuer son bébé sous ses yeux si elle n'aidait pas à attirer son mari dans une souricière. La malheureuse y consentit. Grossvogel, malgré ses doutes, se rendit à son appel et fut arrêté. Cela s'était passé une semaine après la prise du Grand Chef.

Robinson fut capturé quelques semaines plus tard par Reiser et Fortner. Selon Reiser, le Kommando l'avait débusqué en remontant certaines filières du Komintern. On lui fixa rendez-vous au Palais de Chaillot ; il s'y rendit. Tapi au fond d'une voiture de la Gestapo, Trepper assistait à l'arrestation. Quand Reiser l'avait averti qu'on l'y emmènerait pour qu'il aidât éventuellement à identifier Robinson, le Grand Chef avait répondu :

« Celui-là, prenez-le si vous voulez. Il ne m'a jamais créé que des ennuis et ce ne sera une perte pour personne ! » Robinson, qui se prétendait journaliste, habitait dans une petite chambre d'hôtel où régnait un désordre très Komintern : livres et dossiers débordaient des tiroirs et s'empilaient sur les meubles. Le Kommando découvrit au milieu de ce fatras cinq passeports qui tempérèrent sa joie d'avoir mis la main sur un personnage aussi célèbre de l'Internationale communiste : trois des passeports étaient établis au nom de Henri Robinson ; les cachets qui y étaient apposés prouvaient que leur propriétaire les avait utilisés récemment pour passer en Suisse. Or, Henri Robinson figurait depuis 1930 sur le « Bulletin de Recherches » de la police allemande ! Comment un agent de réelle envergure pouvait-il commettre la folie d'utiliser des documents aussi compromettants ? Le nombre des passeports s'expliquait par le souci de ne pas alerter la police frontalière par la fréquence des passages (les cachets étaient ainsi éparpillés), mais qu'ils fussent au nom de Robinson demeura incompréhensible pour le Kommando. Quant à Trepper, il y vit un exemple typique de l'amateurisme du Komintern en général et de Robinson en particulier[1].

Reiser et Fortner conduisirent leur prisonnier abasourdi dans les bureaux du Kommando. Là, Fortner entama l'interrogatoire à sa manière habituelle, qui était aimable. De sorte que Robinson finit par s'exclamer : « Mais pourquoi êtes-vous si gentil avec moi ? » Pris de court, l'homme de l'Abwehr ne sut que répondre : « Parce que je vous aime bien. » Survint alors Willy

1. Les services occidentaux partagent aujourd'hui encore la perplexité du Kommando. Leur étonnement a été encore renforcé par la découverte fortuite en Allemagne de l'Ouest, au cours de l'année 1947, de plusieurs passeports établis avant la guerre et qui s'ornaient tous de la photo de Robinson. L'enquête permit de remonter jusqu'à un certain Max Habijanic, policier suisse de Bâle. Arrêté en 1948, Habijanic avoua qu'il fournissait depuis vingt ans le Komintern en passeports d'une authenticité insoupçonnable. (*Cf.* Dallin, *op. cit.*, p. 203.) On comprend donc encore moins que Robinson, disposant d'un tel « cordonnier », ait couru le risque énorme d'utiliser ses papiers personnels.

Berg, qui venait d'examiner le contenu de la serviette de Robinson. Il écouta quelques questions et réponses puis, apparemment peu satisfait du ton de l'interrogatoire, fonça sur le prisonnier et le gifla à toute volée. Robinson se leva, hurlant : « Que me voulez-vous ? Je ne suis qu'un journaliste ! » Fortner, très énervé, cria à Giering : « Si vous commencez à cogner, je m'en vais ! » Giering fit sortir Berg, mais à compter de ce jour, Fortner ne fut plus dans les grâces du Kommando. Il savait qu'on le trouvait depuis longtemps d'un formalisme ennuyeux. La première fois qu'il avait vu à un prisonnier un visage marqué par les coups, il avait dit à Giering : « Voyons, vous êtes un policier professionnel et vous savez que de tels procédés sont illégaux. » Giering avait répondu : « Quoi ? Mais ce type s'est tout bonnement cogné contre une porte. » Les captifs du Kommando semblaient en proie à la manie de se jeter contre les portes. Tout cela fit que Fortner prit aisément son parti de sa mise en quarantaine. Tenu à l'écart, privé d'informations, il se rencoigna à Bruxelles et n'en bougea plus. Il ne pouvait pas deviner à quel point sa retraite ravissait Giering : le Kommando ne voulait pas qu'un membre de l'Abwehr fût au courant du Grand Jeu inauguré par les S.S. ; la pusillanimité excessive de Fortner n'avait été qu'un prétexte pour le mettre sur la touche.

Le 16 février 1942 fut décapitée à Berlin la douce Mildred Harnack.

Après l'annulation de la première sentence par Hitler, les défenseurs de Mildred avaient dit à sa famille leur stupeur devant un rebondissement sans précédent. Axel von Harnack, cousin d'Arvid, décida de tenter une démarche auprès du procureur Manfred Rœder. Il écrit : « Je n'ai jamais ressenti devant un homme une telle impression de brutalité. Il s'entourait d'une atmosphère de peur [1]. » Rœder répondit à la supplique : « Je

1. A. von Harnack, *op. cit.*

mets la famille Harnack en garde contre toute démarche en faveur de cette femme. Il faut faire comme si elle n'avait rien à voir avec vous. Elle n'appartient plus à votre famille. » Et il termina par des menaces non déguisées au cas où l'on interviendrait encore en sa faveur.

Mildred Harnack et la comtesse Erika von Brockdorf comparurent devant un autre tribunal. L'accusation n'invoqua aucun fait nouveau, aucun témoignage inédit, aucune preuve qui ne fût déjà connue. Mais les juges, dociles à leur Führer, rapportèrent cette fois deux condamnations à mort.

Mildred retourna dans sa cellule et attendit qu'on vînt la chercher. Elle était très affaiblie ; en cinq mois, la belle chevelure blonde qui faisait son principal ornement était devenue blanche. L'aumônier Pœlchau écrivit plus tard à l'un de ses parents :

« Elle était très courageuse, pleinement consciente, mais elle en avait visiblement déjà terminé avec le monde extérieur. Pour devenir insensible à la douleur, elle s'était entourée d'une muraille, excluant de son univers tout ce qui était d'ordre sentimental : ses réactions intimes, sa famille, etc. Il n'y avait que la photo de sa mère pour lui faire abandonner quelques instants cette attitude. Elle tenait avec elle des dialogues muets mais passionnés et des larmes lui emplissaient les yeux. Elle couvrait cette photo de baisers, puis retrouvait son calme [1]. »

Le 15 février, elle traduisit en anglais ces vers de Gœthe :

CHANT DU VOYAGEUR DANS LA NUIT.

« Toi qui viens du haut du ciel
Pour calmer peine et douleur,

1. Günther Weisenborn, *op. cit.*

Toi qui doublement apaises
Qui connaît double malheur,
Je suis las de tout ce trouble !
A quoi bon peine et bonheur ?
Paix si douce
Viens, ah ! viens dans mon cœur ! »

Le lendemain, quand on vint la prendre pour la tuer, elle dit — cette Américaine qu'un jeune étudiant allemand passionné et têtu était allé chercher, quinze ans plus tôt, dans une université du lointain Middle West — elle dit simplement : « ... et j'ai tant aimé l'Allemagne ! »

Elle marcha à l'échafaud d'un pas ferme, encadrée par deux gardiens.

Six jours plus tôt avait été décapité le colonel Erwin Gehrts, client de la tireuse de cartes Anna Krause.

Et huit jours plus tôt Wilhelm Thews. Ancien officier des Brigades Internationales, il s'était évadé d'un camp français pour retourner en Allemagne et y reprendre son combat.

Le 23 février, qui était la fête de l'Armée Rouge, le Kommando offrit à son ours soviétique une cage enfin digne de lui. On le conduisit à Neuilly dans un hôtel particulier sis à l'angle du boulevard Victor-Hugo et de la rue du Rouvray. C'était, entourée d'un jardin, une construction assez gracieuse avec une façade de colonnes blanches qui lui donnait un air de temple grec. La Gestapo l'avait réquisitionnée pour y loger ses prisonniers de marque : on y vit le ministre espagnol Largo Caballero, le colonel de La Rocque, plusieurs hommes d'Etat français. Une dizaine de volontaires slovaques assuraient la garde. Le régime était libéral : chaque détenu disposait d'une pièce confortable, de livres en abondance, et les repas, préparés à l'extérieur, étaient servis dans les chambres. Les portes étaient fermées à clef, mais il suffisait d'y frapper pour qu'un garde apparût aussitôt, prêt à satisfaire à toute demande raisonnable. Deux bonnes faisaient le ménage, aspirateur au poing. On avait droit à une promenade quotidienne, soit autour de la pelouse, devant la façade, soit autour du carré de légumes que le concierge Prodhomme et ses filles cultivaient avec amour derrière l'hôtel. La grille entourant le jardin avait été recouverte de tôles noires afin de boucher la vue, mais quelques interstices subsistaient. Le prisonnier en promenade pouvait aussi entendre les rumeurs de la ville, la conversation des passants et même les murmures amoureux des couples qui venaient sans méfiance s'adosser à la grille, car aucune sentinelle ne montait la garde à l'extérieur ; pour se protéger de la Résistance, la Gestapo comptait plus sur le secret que sur un déploiement de force. L'expérience lui donna raison.

Là encore, le maître de maison était Bœmelburg. Il accueillit Trepper en lui présentant son chien, nommé « Staline ». Trepper répondit en faisant la moue : « Oui, je sais, beaucoup de communistes appellent leur chien « Hitler » ; j'ai toujours trouvé ces procédés bien ridicules ». Bœmelburg fit la tête. Assez bon bougre au fond, mais ivre dès le saut du lit, il commençait ses journées en s'exerçant au tir au pistolet ; les cibles étaient de grandes photos de chefs communistes ou de personnalités juives recherchés par la Gestapo.

Bœmelburg et ses foucades ; la garde slovaque respectueuse ; les prisonniers de haut vol se promenant d'un pas grave, la tête pensivement inclinée, comme au temps où ils foulaient les tapis des palais gouvernementaux ; le concierge Prodhomme, ses deux filles et leurs soins jardiniers ; les cris des enfants allant en classe, de l'autre côté des plaques de tôle : la Gestapo eut, de par l'Europe, des prisons bien étonnantes, mais aucune sans doute qui approchât celle de Neuilly dans l'ordre de l'étrange et du mystère feutré.

Même M. François-Poncet, l'éminent ambassadeur, en fut profondément troublé quand on l'y amena, en compagnie de M. Albert Lebrun, président de la République, au mois d'août 1943. Ces deux grands personnages ne devaient d'ailleurs séjourner que six jours à Neuilly avant d'être déportés en Allemagne. M. François-Poncet écrit dans ses *Carnets d'un captif* [1] :

« La maison où nous nous trouvons nous intrigue ; elle est pleine de mystère ; c'est un petit hôtel particulier, qui a dû être confortable et qui a des restes d'élégance ; mais à quoi sert-elle maintenant ? Elle comporte dix chambres numérotées. Sont-elles toutes changées en cellules de prisonniers ? Et qui les habite ?

« Par-dessus la grille nous apercevons le clocher d'une église. Des fiacres passent, cochers minables, chevaux encore plus minables, cyclistes ; personne ne jette un regard sur notre étrange maison...

« Mais qui loge dans les dix chambres de la maison ? Qu'est-ce que cette maison, qui abrite à la fois les fonctionnaires de la Gestapo qui semblent y être au repos, et des captifs allemands et français ! Nous n'arrivons pas à percer le mystère.

« Nous voyons tourner successivement autour de la pelouse, comme nous le faisons nous-mêmes, un homme chauve, d'environ cinquante ans, en costume de sport ; un homme plus jeune, plus sec, qui paraît grave et concentré ; un troisième, enfin, très cambré sur ses reins, qui bombe le torse et cause familièrement avec les gardiens. »

Ces reins cambrés, ce torse bombé — les survivants du réseau sont unanimes : c'est Trepper ! Impossible d'en douter ! (« Il se tenait exactement comme Léon Zitrone », précisera l'un d'eux.)

M. François-Poncet continue :

« Par la fenêtre de ma mansarde, j'aperçois une femme outrageusement blonde, d'âge moyen, en pyjama de laine ; elle est assise dans un fauteuil de jardin, en avant du potager qui fait pendant à la pelouse, sur l'autre face de la maison ; elle lit ; parfois lève la tête et s'entretient avec une autre femme qui lui parle d'une des pièces de la maison ; j'entends un mélange de phrases allemandes et françaises. »

1. *Historia*, août 1951, n° 57.

Margarete Barcza, évidemment. Mais M. François-Poncet la verra à Neuilly au mois d'août 1943 et nous ne sommes qu'au mois de février : Kent et sa maîtresse ne sont pas encore les hôtes de Bœmelburg. Il est incarcéré rue des Saussaies ; elle est au secret dans une cellule de Fresnes. Le 4 janvier, à Berlin, la Gestapo avait annoncé à Margarete : « Vous êtes libérée : on va vous ramener à Paris. Kent aussi retourne à Paris, mais nous aurons encore besoin de lui et nous le garderons. » Ils voyagèrent en train, menottés. Un gardien miséricordieux posa son chapeau sur les poignets de Margarete pour dissimuler les menottes aux regards des autres voyageurs.

A Paris, une cellule de Fresnes au lieu de la liberté promise à Margarete : crises de nerfs. Cinq ou six jours plus tard, on lui amène Kent, escorté par deux hommes du Kommando. Margarete : « J'étais laide, pas maquillée, folle d'énervement : ses nerfs ont craqué. » Ahuris, les S.S. voient Kent éclater en sanglots ; il se jette à leurs genoux en hurlant : « Je ferai tout ce que vous voudrez, mais laissez-la tranquille ! Remettez-la en liberté. » On garde Margarete à Fresnes, mais on autorise une rencontre hebdomadaire entre les deux amants. Après chaque entrevue, une gardienne déshabille la prisonnière et l'examine de la manière la plus intime. Margarete, à force de crises de nerfs, obtient des rendez-vous supplémentaires ; ses gardiens excédés lui disent : « Ça va bien, cessez et on vous emmène le voir. » On la conduit rue des Saussaies pour de nouvelles effusions.

Ceux de la Simex sont aussi à Fresnes. Seuls Alfred Corbin et Suzanne Cointe savent pourquoi.

En attendant l'arrivée du spécialiste berlinois de la torture, le Kommando avait usé sur Alfred Corbin de son procédé favori : le chantage à la mort. Le 30 novembre, sa femme et sa fille furent réunies dans une même cellule de Fresnes ; on leur ordonna de se tenir debout, le nez contre le mur. Elles entendirent des pas s'approcher ; deux ou trois personnes entrèrent dans la cellule. Une voix à l'accent allemand conseilla à quelqu'un de faire des aveux complets s'il ne voulait pas voir certaine menace mise à exécution. Les deux femmes entendirent alors la voix d'Alfred Corbin ; il répondait qu'il n'avait rien à dire. L'Allemand conseilla à Mme Corbin d'exhorter son mari à avouer. Elle prononça quelques phrases, mais Alfred Corbin demeura muet. On ramena les trois prisonniers dans leur cellule respective. En chemin, Denise trébucha et tomba dans un escalier. L'émotion des gardiens fut intense : ils se jetèrent sur elle, croyant à un geste de désespoir — encore la hantise du suicide. Bien loin de nourrir de noirs projets, Denise préparait assidûment son baccalauréat. On l'avait conduite à plusieurs reprises rue des Saussaies pour s'y faire interroger par Reiser. Elle y rencontra l'un des interprètes du Kommando, l'Oberscharführer S.S. Siegfried Schneider — très jeune, très bien élevé — qui lui témoigna une sympathie agissante puisqu'il alla chercher rue Cernuschi les livres de classe de Denise. Nous reparlerons de l'Oberscharführer Schneider.

Le 3 décembre, le spécialiste arriva avec son matériel. Alfred Corbin fut remis entre ses mains à six heures trente ; il n'en sortit que trois heures plus tard dans un état quasi comateux. La séance avait débuté par un travail à la matraque sur les cuisses, les reins et la plante des pieds ; après quoi, on passa aux brodequins — ceux-là mêmes, peut-être, qui avaient servi pour Schulze-Boysen et Harnack. Il y eut trois interrogatoires de cette sorte au cours du mois de décembre, puis le spécialiste repartit pour Berlin, sa petite valise à la main ; Alfred Corbin n'avait pas parlé.

Suzanne Cointe étant au secret comme tout le monde, les siens ignoraient ce qu'elle était devenue. Elle avait dit à sa sœur : « Si je suis arrêtée, allez demander à Jean-Paul [Le Chanois] ce qu'il faut faire. » Le soir du 19 novembre, sa sœur monta donc au dernier étage de l'immeuble et prévint Le Chanois. Celui-ci se borna à jurer et entreprit de vider ses tiroirs. Il ne donna aucun conseil (et quel conseil eût-il bien pu donner ?), si ce n'est de détruire toutes les adresses qu'on trouverait dans les affaires de Suzanne. Quelques jours plus tard, les deux femmes reçurent mystérieusement un message de la prisonnière : « Nous crevons de faim, envoyez des vivres. » Le régime alimentaire de Fresnes était en effet cruel. Ignorant la prison où était enfermée Suzanne, elles confièrent des colis à diverses organisations charitables (les Quakers, la Croix-Rouge), mais ils furent tous refusés par l'administration pénitentiaire allemande. Enfin, un soir, Mme Cointe reçoit un coup de téléphone d'une de ses amies, Mme Malavoix, dont la fille Odette, « Dolorès » dans la Résistance, était incarcérée à Fresnes, mais non pas au secret. Odette avait envoyé à sa mère une chemise portant, brodée sur le cœur, une croix rouge et le mot « Yaya ». Mme Malavoix savait que « Yaya » était le surnom donné à Suzanne par sa famille. Elle dit à Mme Cointe : « Que se passe-t-il avec votre fille ? Je n'y comprends rien ! » Mme Cointe apprit de la sorte où était emprisonnée Suzanne, mais les tentatives pour lui faire passer des colis échouèrent l'une après l'autre.

Les autres prisonniers de la Simex passaient du cauchemar de l'incompréhension totale à celui où les plongeait la révélation d'une réalité incroyable. C'était tomber de Charybde en Scylla.

Le plus stupéfait de tous était probablement Robert Breyer, chirurgien-dentiste. Ami des Corbin, parrain de leur fille Denise, il était devenu actionnaire de la Simex de la même manière que le fonctionnaire belge Seghers avait accepté d'entrer dans la Simexco : pour rendre service. Et il risquait à présent sa tête ! C'était à devenir fou.

Robert Corbin restait sous le coup d'une immense stupeur. Trois jours après son arrestation, quatre soldats allemands et un caporal, tous armés, firent irruption dans sa cellule et lui ordonnèrent de se déshabiller ; ils le laissèrent en chemise. Comme les autres, menotté dans le dos. Un drap noir cloué sur la fenêtre ; l'ampoule électrique allumée jour et nuit. Et les « porteurs de soupe », le coiffeur de la prison, lui soufflent qu'il a sur sa porte la fatidique « pancarte rouge ». La veille de Noël, on l'extrait de sa cellule, on lui ôte ses menottes et on le fait asseoir dans une magnifique voiture américaine pilotée par un jeune garçon ; il est convoqué rue des Saussaies. En cours de route, il envisage un instant de tenter de s'évader, mais y renonce finalement : que peut-on lui reprocher ? Rue des Saussaies, on s'aperçoit qu'il y a eu confusion, c'est Alfred qu'on veut interroger et non Robert. Il est ramené à Fresnes.

En mars, interrogatoire conduit très en douceur par le S.S. Jung. Il pose à Robert Corbin des questions étonnantes. Par exemple : « Etes-vous parent de l'ambassadeur Corbin ? » (Celui-ci est à Londres avec les Français Libres. La présence de Scheliha et du baron Jaspar dans le réseau faisait soupçonner au Kommando que l'Orchestre Rouge avait noyauté les chancelleries européennes...) Jung termine par des apaisements : Robert Corbin sera bientôt libéré, ainsi que sa nièce Denise. Dès son retour à Fresnes, on lui ôte ses menottes. Il se prend à espérer.

Keller avait été interrogé à deux reprises par Jung, avec gifles, coups de pied et usage du tourniquet — toujours sans désagrément notable pour le supplicié. Comme Robert Corbin, il fut ensuite mené par erreur rue des Saussaies : on l'avait confondu avec un autre prisonnier. Il dut attendre le fourgon du soir qui ramenait les prisonniers à Fresnes. Au cours de l'après-midi, l'envie le poignit d'aller aux cabinets. Il y fut, accompagné du soldat préposé à sa surveillance. Mais vint l'instant où Keller eût eu besoin de quelque liberté de mouvement ; or, il était menotté. Le gardien refusa d'ôter les menottes et préféra prêter au prisonnier l'office de sa main — toujours la phobie du suicide. Keller fut infiniment impressionné par l'épisode : à n'en pas douter, la Gestapo le cotait très haut. Il eût préféré qu'on le tînt pour quantité négligeable.

Quand on vint le chercher pour la quatrième fois, il crut bien que c'en était fait de lui. Un gardien, jeune soldat de dix-neuf ans, lui montra un morceau d'étoffe en disant : « Je regrette : j'ai l'ordre de vous mettre ça. » C'était une cagoule. Elle l'aveuglait complètement. Le soldat le conduisit jusqu'à la voiture et l'y installa. Du coude, Keller reconnut qu'un homme était assis à son côté. En cours de route, un Allemand posa une question ; Grossvogel répondit.

C'est au cours de ce troisième interrogatoire que Keller reçut cette révélation foudroyante : la Simex dissimulait un réseau d'espionnage. Sa surprise fut à la mesure de ce qu'avait été son aveuglement. Il se renversa dans son fauteuil en criant : « Ah, mon Dieu ! Ah, mon Dieu ! » Un quart de siècle plus tard, il aura l'honnêteté de ne point farder sa réaction immédiate : « Si j'avais su, je ne serais pas venu ! » Sujet suisse, il n'avait pas à aller à la guerre ; la guerre, sournoisement, était venue le prendre.

Il était, de tous les prisonniers, le mieux acclimaté à la vie pénitentiaire. Les menottes l'avaient d'abord privé de sommeil, mais, adroit mécanicien, il avait trouvé le moyen de les ouvrir chaque soir pour ne les replacer qu'à l'aube. Son gardien attitré venait d'ailleurs souvent les lui ôter dans la journée. C'était un garçon de vingt-deux ans, grand, beau et blond, garde forestier dans le civil. La nuit de Noël, il partagea son colis personnel avec Keller. Celui-ci apprit par la suite l'exécution du pauvre diable, fusillé par ses compatriotes pour avoir transmis une lettre à un prisonnier [1].

Keller jouissait d'ailleurs d'une vive popularité parmi les gardiens de Fresnes. Le fait qu'il parlait parfaitement leur langue n'y eût pas suffi : il y avait aussi son exceptionnelle chaleur humaine, ce don de sympathie qu'il possède au plus haut point. Chaque semaine, c'était dans sa cellule un défilé de gardiens : ils avaient reçu leur feuille de mutation pour le front russe et venaient,

1. Le personnel des prisons françaises passées sous contrôle allemand fut, jusqu'à la fin, choisi parmi la Wehrmacht. Malgré ses efforts, la Gestapo ne parvint pas à assurer sa mainmise sur l'administration pénitentiaire.

en larmes, épancher leur angoisse. Keller les consolait de son mieux.

Tout cela lui valut d'obtenir le poste envié de « porteur de soupe ». Il pouvait circuler dans les couloirs de la prison et échanger quelques phrases avec ses amis de la Simex. Ils avaient grand besoin de son réconfort. La prison de Fresnes n'était pas l'hôtel particulier de Neuilly : on y mourait de faim.

XXIX

CONVOI POUR BERLIN

LE 8 mars 1943, au matin, Jung vint à Fresnes en Simca 8 et se fit remettre Alfred Corbin et Keller. Les deux prisonniers se revoyaient pour la première fois depuis leur arrestation, le 19 novembre précédent. Keller trouva Corbin « amaigri, très pâle, avec une extinction de voix presque totale ». Il lui apparut comme un homme absolument brisé. L'impression était d'autant plus forte que Corbin ne portait aucune marque extérieure de torture.

La Simca prit la route de Paris. Quand elle traversa la place de la Concorde, Alfred Corbin murmura : « Ah ! je ne verrai plus jamais cette place... » On s'arrêta face au palais de l'Elysée. Jung fit entrer ses prisonniers dans l'immeuble où est installée la société des « Parfums Coty ». C'était là le siège du « Conseil de Guerre à procédure accélérée du général commandant militaire de la IIIe Région aérienne ». En d'autres termes : la Cour

Martiale de la Luftwaffe. Comme on va voir, les mots importants sont « à procédure accélérée ».

Le hall est plein d'officiers allemands. Devant l'ascenseur, Jung retient par le bras l'un d'eux, qui s'apprêtait à monter ; il lui désigne les prisonniers et dit : « Priorité ! Candidats à la mort. » L'officier s'efface.

Le trio monte au sixième étage. Là, une petite pièce avec quelques banquettes ; au fond, une table ; derrière la table, des drapeaux nazis encadrent un buste de Hitler, couleur noir ébène ; quatre palmiers en pots ornent les coins de la salle.

Un officier allemand s'approche de Keller : « Je suis votre avocat, racontez-moi votre histoire. » Keller explique comment il est entré à la Simex, insiste sur sa complète ignorance des activités secrètes de la firme. L'autre : « Bon, je vais essayer de vous tirer d'affaire. Mais quelle que soit la peine qu'on vous infligera, je vous conseille de ne pas protester. Votre ami Corbin parle-t-il allemand ? » Non, Corbin ignore cette langue ; Keller servira d'interprète. Le dialogue est d'ailleurs bref : « Monsieur Corbin, est-ce que vous vous rendez compte de la gravité de votre cas ? — Oui. — Vous comprendrez qu'en tant qu'officier allemand, je ne puisse guère vous défendre. Il faut vous attendre au pire. — Je sais. » Rarement vit-on avocat si singulier, et défense si cavalièrement improvisée... Mais Corbin ne s'en étonne pas ; il paraît résigné à son sort.

La salle se remplit peu à peu d'officiers qui vont s'asseoir sur les banquettes. Puis la Cour fait son entrée, le président en tête. Nous le connaissons déjà : c'est Manfred Rœder, qui fut procureur au procès des Berlinois. Le « limier de Hitler » continue sa chasse, laissant derrière lui un sillage de sang. Après avoir obtenu la tête — il s'en vante — d'une soixantaine de membres du réseau berlinois, il est allé à Bruxelles avec son arroi judiciaire, dépêchant au bourreau une nouvelle charrette de condamnés. Le voici maintenant à Paris pour régler les comptes du réseau français.

Jung se lève, fait le salut hitlérien et présente le réquisitoire. De Keller, il dit : « Celui-là n'était pas directement dans le coup, mais il s'est montré au moins sympathisant. D'autre part, une fois arrêté, il a fait preuve de réticence dans ses déclarations. »

Ce qui suit est assez étrange pour qui est habitué aux règles de procédure communément en usage. Rœder fait lever Keller et lui lit la sentence : « Cinq ans de travaux forcés. » L'avocat n'a pas bronché. Malgré le conseil de cet avocat, Keller s'écrie, les larmes aux yeux : « Cinq ans pour n'avoir rien fait, c'est cher ! » Le défenseur se lève alors, enhardi, et murmure à la Cour : « Ce qui est arrivé à cet homme peut arriver à n'importe lequel d'entre nous. Je vous demande d'y réfléchir. » Rœder hésite, puis se retire pour délibérer avec ses assesseurs — des officiers supérieurs de la Luftwaffe. Quand il revient, il donne lecture d'une nouvelle sentence : « Trois ans de travaux forcés. »

C'est ensuite le tour d'Alfred Corbin. Rœder : « Vous vous rendez compte de la gravité de vos actions ? » Corbin : « Oui. » On passe immédiatement à la lecture de l'arrêt : « Peine de mort par décapitation. » Le défenseur n'a pas ouvert la bouche. Rœder, sarcastique, lance au condamné : « Vous voyez, même pour de l'espionnage économique, on perd sa tête ! » Alors, Alfred Corbin le regarde et de sa faible voix — presque un chuchotement — lui lance : « Ça n'a pas d'importance : vous perdrez votre guerre. » Rœder, écarlate, sort de la salle en claquant la porte.

Retour à Fresnes. Alfred Corbin ne dit pas un mot pendant le trajet. Le soir, en donnant à Robert Corbin sa gamelle de soupe, Keller lui souffle : « Votre frère vient d'être condamné. Il a eu le maximum. »

Presque tous les membres de l'Orchestre Rouge « eurent le maximum ». Ils attendirent à Fresnes leur mise à mort. Selon une rumeur qui courait la prison, l'habitude allemande était de procéder à l'exécution cent jours exactement après le prononcé de la sentence.

Mais le 15 avril, branle-bas dans la prison : les gardiens rassemblent les prisonniers du réseau et les alignent dans la cour. Nous ne connaissons pas avec exactitude leur nombre et leur identité. Etaient certainement absents : Grossvogel, les Maximovitch, Katz, Robinson, et, bien entendu, Trepper et Kent. Etaient présents : les frères Corbin, Mme Alfred Corbin, M. et Mme Jaspar, Robert Breyer, Keller, Suzanne Cointe, Germaine Schneider (l'ex-maîtresse de Wenzel) et son mari, et aussi Ludwig Kaïnz, l'ingénieur de la Todt. Egalement présents, les époux Griotto, membres du groupe Komintern de Robinson ; Medardo Griotto, graveur de profession, était, comme Raichman, spécialiste des faux papiers.

Käthe Vœlkner n'est pas là. Elle a été jugée par Rœder, s'est entendu condamner à mort, a salué du poing fermé en disant avec un sourire : « Je suis heureuse d'avoir pu faire quelques petites choses pour le communisme » ; puis elle a été exécutée dans les délais les plus brefs.

Denise Corbin n'a pas quitté sa cellule. La veille de ce 15 avril, elle a entendu un remue-ménage dans la cellule contiguë à la sienne ; c'était Suzanne Cointe qu'on y installait pour quelques heures. Les deux prisonnières ont pu communiquer ; Suzanne a annoncé à Denise qu'ils allaient tous être transférés ailleurs. Mais les gardiens viennent chercher Suzanne et ignorent Denise. Celle-ci en est dévorée d'inquiétude : il lui paraît alarmant de ne point partager le sort commun. Elle écrira rue des Saussaies pour se plaindre : « Tout le monde est parti, sauf moi. Pourquoi ? Quel va être mon sort ? » Ses tourments dureront encore quelques semaines ; elle sera libérée en juin, juste à temps pour passer son baccalauréat.

Parmi ceux qui partent, la plupart ont été condamnés à mort, tel Alfred Corbin ; certains n'ont reçu que des peines de travaux forcés, tels Keller (trois ans) et Mme Alfred Corbin (dix-huit mois) ; d'autres, tel Robert Corbin, n'ont même pas été jugés. Mais qu'importent les condamnations et leur gravité : dans la cour de Fresnes, un officier allemand prend la parole et annonce aux prisonniers éblouis qu'ils ont tous été graciés ; on les emmène travailler en Allemagne, où l'industrie manque de bras. Et chacun de recevoir ses papiers d'identité, qui lui avaient été naturellement confisqués lors de son arrestation...

Les détenus sont conduits sous bonne garde jusqu'à la gare du Nord. Là, on les embarque dans un wagon de chemin de fer. Six à huit prisonniers par compartiment ; portes et fenêtres sont verrouillées ; des gardes S.S. déambulent dans le couloir, l'arme au poing. Les prisonniers ont été groupés en fonction de la gravité de leur condamnation. Ainsi Robert Corbin peut-il apercevoir son frère, mais non pas lui parler : Alfred est dans un compartiment de condamnés à mort. Par contre, il réussit à échanger quelques mots avec sa belle-sœur. Il a dans son compartiment le baron Jaspar, presque septuagénaire mais d'une jovialité à toute épreuve, ruisselant de vertes anecdotes, et aussi Ludwig Kaïnz, qui est parvenu à dissimuler à la Gestapo ses activités de renseignement : il n'a été condamné que pour corruption et marché noir.

Arrêt à Lille vers midi. Il fait une chaleur épouvantable dans les compartiments hermétiquement clos. Les prisonniers supplient qu'on leur donne à boire. Les gardiens tendent un broc à Keller (choisi comme « homme de confiance » en raison de la légèreté de sa peine) et lui ordonnent d'aller chercher du café au *Soldatenheim* de la gare. Il s'y rend, accompagné d'un soldat. Pendant qu'un serveur remplit le broc, il demande à son gardien l'autorisation d'aller laver ses mains sales dans les lavabos ; elle lui est accordée. Au fond des toilettes, une deuxième porte ouvre sur la liberté. Keller hésite, puis renonce. Après tout, il n'a que trois ans à tirer ; ce serait trop bête de s'évader pour être repris et risquer une condamnation à mort. Il revient au wagon avec son broc.

Second arrêt à Bruxelles. Horrifiés, les voyageurs voient alors s'avancer vers eux un groupe de prisonniers misérables, maigres à faire peur, certains portant aux jambes des plaies profondes et suppurantes : ce sont les membres des réseaux belge et hollandais qu'on vient d'extraire du fort de Breendonck.

La France ne connut sans doute pas l'équivalent de Breendonck ; ce camp horrible ne se peut comparer qu'à Dachau, Mauthausen et Buchenwald — on y tuait avec autant de facilité ; le sort des détenus était même pire que celui des déportés car, du fait de leur nombre relativement réduit, ils étaient connus individuellement des gardiens et se savaient *personnellement* surveillés du matin au soir, tandis qu'on pouvait se fondre dans l'anonymat miséricordieux des grandes masses enfermées à Mauthausen ou à Buchenwald.

C'était, près de Bruxelles, une série de casemates militaires étroitement imbriquées et entourées d'un large fossé où croupissait une morte. On y accédait par un pont-levis pour tomber au pouvoir de S.S. allemands et belges, maîtres de la vie et de la mort. Le régime alimentaire impliquait le dépérissement à court terme. Chaque matin, les détenus valides, formés en équipes de travail, partaient en chantant accomplir des travaux épuisants. La chiourme maniait la trique avec frénésie ; on pouvait toujours être tué d'une seconde à l'autre.

Après les tortures de Berlin, après cinq mois de Fresnes, déjà affaiblis par la souffrance et les privations, Hersch et Myra Sokol furent précipités dans cet enfer. Nous savons ce que fut leur martyre grâce au témoignage de Mme Betty Depelsenaire, avocat à la Cour d'appel de Bruxelles, qui souffrit trois mois à Breendonck, de septembre à décembre 1942.

La cellule jamais chauffée ; les menottes dans le dos — et serrées si fort qu'elles entamaient la chair jusqu'à provoquer l'évanouissement ; la promenade quotidienne, mais avec une cagoule sur la tête (le garde S.S. s'amuse à faire trébucher son prisonnier, puis à le punir d'une volée de coups) ; et, lancinante, source de délires où l'esprit s'égare : la faim...

La seule distraction de Myra est de voir, devant sa fenêtre, le rassemblement des travailleurs avant et après leur besogne. Un soir, elle aperçoit dans les rangs une silhouette familière : c'est Jack Sokol, son beau-frère. Membre d'un réseau de résistance — qui n'était pas l'Orchestre Rouge —, il a été pris, lui aussi, et jeté à Breendonck. Matin et soir, la pelle sur l'épaule, il parcourt au pas cadencé la route menant du camp au lieu de travail, et il chante avec ses compagnons :

« Avant que le jour ne s'éveille
Avant que le soleil ne sourie
Les colonnes marchent
Dans la grisaille de l'aube
Vers les peines du jour
Et la forêt est noire
Et le ciel est rouge
Et nous portons dans la besace un petit morceau de [pain
Et dans le cœur, dans le cœur, nos soucis. »

Puis la torture. Cela se passe dans une salle où mène un long couloir étroit et sombre. « Cette pièce n'a aucune fenêtre, n'est jamais aérée. Une odeur de chair brûlée et de moisi y monte aux narines et fait tourner le cœur. Une table, un tabouret, une grosse corde fixée au plafond au moyen d'une poulie, un téléphone communiquant directement avec les services policiers à Bruxelles [1]. »

On y mène Myra. On la fait s'agenouiller, le buste reposant sur le tabouret. On la cingle de coups de cravache ; elle se tait. On lui ordonne alors de se relever et on attache le bout de la corde à ses menottes. On la hisse en l'air de manière qu'elle ne touche plus le sol que de la pointe des pieds. Ainsi l'arête des menottes d'acier coupe-t-elle les poignets, tandis que l'effort imposé aux orteils fait naître des crampes insoutenables. Elle ne parle pas. On la bat avec une cravache, puis avec une matraque, puis avec un bâton. Elle hurle mais ne parle pas. Comme ses pieds, recroquevillés par

1. Betty Depelsenaire, *Symphonie fraternelle*, Editions Lumen, Bruxelles, p. 28.

les crampes, ne touchent plus le sol, le corps de la suppliciée prend un ballant qui émousse l'impact des coups ; un Allemand empoigne Myra et la maintient droite. Mais elle ne peut plus parler : elle est évanouie. On la descend et on la détache. Après quelques moments de pause, elle reprend conscience. On la remonte et on recommence. Deuxième évanouissement. Cette fois, le commandant du camp quitte la pièce, tenant en laisse son chien, qui est une vraie bête féroce dressée à l'attaque des détenus.

Après cette séance, Myra est mise dans la « casemate des torturés ». Hersch s'y trouve déjà. Ils peuvent se parler, sinon se voir : la salle est divisée en cellules, mais les cloisons s'arrêtent à cinquante centimètres du plafond. Quoique séparés par toute la longueur de la casemate, les deux époux s'entendent à condition de crier à pleine voix ; si un gardien surprend leurs cris, c'est la trique. Dans chaque cellule, une planche pour dormir. Il est interdit de s'y asseoir pendant la journée. Cette perpétuelle station debout achève d'épuiser les forces. Après une visite médicale, Myra, atterrée, entend Hersch lui annoncer son poids : trente-huit kilos...

Dans la cellule faisant face à celle de Myra est enfermé un « diplomate russe », Danilov. Mais le lecteur se souvient-il encore de Danilov, fonctionnaire du consulat soviétique en France avant d'être affecté au réseau belge, et dont nous avons écrit qu'il n'était qu'un espion-balai destiné à finir dans l'indifférence générale [1] ? C'était l'expédier avec légèreté. A Breendonck : « Dan est aimé de tous. Il a la voix très douce et s'exprime dans des termes choisis comme un vrai diplomate, et demeure imperturbablement calme. Il n'exprime jamais une idée sans avoir réfléchi, pesé le pour et le contre et donne dans toute son attitude l'impression d'un cerveau bien bâti, d'un être parfaitement équilibré. Il fut en maintes discussions l'homme de science, le guide dans les appréciations politiques [2] ? »

1. Voir p. 197.
2. B. Depelsenaire, *op. cit.*, p. 37.

Et puisque nous en sommes aux remords, avouons celui d'avoir tu jusqu'ici l'existence de Hermann Isbutski, alias Bob, homme à tout faire du réseau belge, maigrichon, minable, l'air veule et lâche, la physionomie d'un traître du répertoire, mais dont le Grand Chef disait : « Il est de ceux qui tirent la charrue. » Livré par Yefremov, Bob est aussitôt mis à la torture : le Kommando sait qu'il a un contact avec Grossvogel. On le supplicie en vain. Dans la « casemate des torturés », il occupe la première cellule à l'entrée. « Il était particulièrement détesté du lieutenant et lorsque le moindre acte d'indiscipline était signalé par la sentinelle de garde, c'était Bob qui recevait les coups. C'est lui qui faisait la police et criait : « 22 » ou « 23 » suivant que le garde s'approchait ou s'écartait de quelques pas. Cela permit à tous de tenir parfois de longues conversations si nécessaires pour garder un bon moral. C'est lui qui dit un jour en riant : « On se demande si l'on sortira d'ici les pieds par terre ou les pieds devant... » Se rendant compte aussitôt que cette réflexion aurait pu décourager certains, il essaya de les convaincre qu'il avait voulu plaisanter, mais que de toute manière il fallait que chacun ici se considère comme un soldat qui fait volontairement le sacrifice de sa vie. « C'est la guerre, disait-il, mieux vaut mourir ainsi que sous les bombes [1]. »

De temps en temps, la Gestapo venait dans la « casemate des torturés » pour y choisir quelques victimes, car Breendonck lui servait de vivier à otages ; chaque attentat commis en Belgique trouvait là son épilogue. Plus fréquemment, le tortionnaire attitré du camp, un sergent énorme au faciès de boxeur, toujours souriant, venait prendre un prisonnier et l'emmenait dans la salle de torture après lui avoir recouvert la tête d'une cagoule. Hersch Sokol fut souvent du voyage. Il en revint un jour en annonçant à son voisin qu'il avait été brûlé (« Une odeur de chair brûlée et de moisi monte aux narines... »).

Puis, un matin, il est pris d'effrayantes douleurs dans le ventre. Pendant des heures, il se tord sur sa planche,

1. B. Depelsenaire, *op. cit.*, p. 35.

souffrant le martyre, impuissant à contenir des plaintes qui parviennent à Myra, si proche et si lointaine... La sentinelle, alertée, refuse de le conduire à l'infirmerie. On se borne à le jeter dans une autre casemate, au bout du camp, là où ses cris ne gêneront plus personne. Myra est aussitôt convoquée par le commandant S.S. ; il lui dit : « Vous savez que votre mari est très malade, mais nous le guérirons si vous parlez » ; elle ne parle pas. Le lendemain, la crise est apaisée ; Hersch peut réintégrer sa cellule. Mais il continue de s'affaiblir, car son estomac délabré ne supporte aucune nourriture ; il devient sourd au point de ne plus entendre Myra. Médecin, il sait qu'il va bientôt mourir. Le médecin du camp le sait aussi, et s'étonne même de cette agonie qui n'en finit pas ; à chacune de ses visites dans la casemate, il s'exclame : « Tiens, il n'est pas encore mort... c'est un dur celui-là. C'est étonnant comme l'organisme humain peut résister longtemps. Il faudra que je note ce cas dans mon livre de statistique. Je vais prescrire un peu de levure, ça le maintiendra en vie pendant un petit temps encore [1]... » Mais il refuse jusqu'au bout l'entrée de l'infirmerie au moribond.

Le calvaire de Hersch Sokol n'atteignit pourtant pas son terme dans la casemate, mais dans la salle de torture. On y conduisit ce spectre effrayant pour un dernier interrogatoire ; on le suspendit au plafond et le commandant du camp lâcha sur lui son chien.

Il mourut.

Quelques jours plus tard, Myra était transférée à la prison Saint-Gilles [2].

Ceux de Saint-Gilles viennent aussi prendre le train

1. B. Depelsenaire, *op. cit.*, p. 59.

2. Hersch Sokol repose dans l'ancien Tir National de Bruxelles, là même où fut fusillée, lors de la première guerre mondiale, l'héroïne Edith Cavell. Trois cents tombes de résistants exécutés par les nazis y sont rassemblées. Chacune est simple et belle, comme celle d'un soldat.

pour Berlin. Toute la Simexco est rassemblée sur le quai : Charles Drailly, frère de Nazarin, Mlle Ponsaint, le Suisse Robert Christen, l'éditeur Henri de Ryck, Jean Passelecq [1], ainsi que le fabricant de cigarettes Louis Thévenet. Il y a aussi Rauch, l'homme de l'Intelligence Service ; le peintre Bill Hoorickx ; Mme Grossvogel ; Augustin Sesée, radio à Ostende, livré à Fortner par Yefremov. Nous croyons, mais sans en avoir la preuve, que Myra Sokol était avec eux.

Même incertitude concernant la composition du groupe extrait de Breendonck. Nous sommes certains de la présence de ces prisonniers : Henri Seghers, de la Simexco ; Me Beublet, avocat de la firme ; Nazarin Drailly, son directeur ; Camille, le pianiste capturé rue des Atrébates ; Bob Isbutski et Alamo. Les plus marqués étaient Nazarin Drailly, Beublet, Camille et Alamo : comme Sokol, ils avaient été « interrogés au chien » et pouvaient à peine marcher. L'état d'Alamo était si grave qu'il avait dû être admis à l'infirmerie du camp. Quant à Nazarin Drailly, il avait été martyrisé au point que sa femme ne le reconnut pas quand elle le vit sur le quai.

Les gardiens répartissent les prisonniers par affinités

1. Passelecq laissait à Saint-Gilles un sien cousin, arrêté à peu près en même temps que lui. Ce cousin n'appartenait ni à la Simexco ni au réseau. Il avait rallié l'Angleterre et s'était engagé dans les services secrets britanniques. Après un entraînement minutieux, il fut parachuté en Belgique et téléphona à Jean Passelecq. Celui ci, qui sentait se refermer l'étau de la Gestapo, indiqua à son cousin qu'il lui était impossible de le voir. Les deux hommes se retrouvèrent à Saint-Gilles, où ils purent échanger quelques phrases d'une cellule à l'autre. Par la suite, le cousin fut déporté en Allemagne et décapité. Après la guerre, Jean Passelecq reçut le journal intime que son cousin avait tenu en Angleterre. Il y avait noté quelques détails sur sa mission et, à sa très vive surprise, Jean Passelecq découvrit qu'elle consistait notamment à entrer en contact avec la Simexco. Les chefs britanniques du cousin semblent avoir été assez bien informés sur le réseau, puisque plusieurs pseudonymes figurent sur les carnets, par exemple ceux de Nazarin Drailly (« commerçant »), de Jean Passelecq lui-même et de Mlle Ponsaint. Nous pensons que ces renseignements ont été fournis à Londres par Rauch, mais M. Passelecq tient la chose pour improbable. Faut-il en conclure que l'Intelligence Service possédait un deuxième agent au sein du réseau ?

de condamnation. Puis le convoi s'ébranle et l'Orchestre Rouge roule vers Berlin.

On avait mis dans le compartiment de Robert Corbin quelques Belges faisant partie du menu fretin et pourvus de colis de la Croix-Rouge. Ils partagent généreusement leurs trésors avec les affamés de Fresnes. Robert Corbin mange tant de chocolat qu'il se donne une violente crise de foie.

Soudain, le train s'arrête : alerte aérienne. Les gardes S.S. verrouillent le wagon et disparaissent. Bill Hoorickx sort de son compartiment, passe dans celui où sont rassemblés Alamo, Camille et Beublet, tous trois dans un état pitoyable. Hoorickx, très ému, étreint Alamo. Le Russe l'embrasse et lui dit : « Pardonne-moi de t'avoir embarqué dans cette affaire. » Maître Beublet, les larmes aux yeux, le visage défait (« c'était un homme rompu, anéanti »), dit à son tour : « C'est ma faute, je suis cause de tout : ils m'ont obligé à donner des noms. Mais il y a des choses qu'on ne peut pas supporter. »

L'alerte se termine ; le convoi repart.

Il arrive à Berlin le 17 avril, quarante-huit heures après avoir quitté Paris. C'est un dimanche matin. Les voyageurs épuisés ont l'impression de débarquer sur une autre planète : les quais sont encombrés de Berlinois partant joyeusement pique-niquer dans les forêts alentour...

La Gestapo trie son troupeau.

Suzanne Cointe et Mme Robert Corbin sont conduites à la prison de Moabit. Keller, Alfred Corbin, Robert Breyer, Médardo Griotto et Ludwig Kaïnz sont enfermés dans la prison de la Lehrterstrasse. Et sans doute aussi Makarov, Danilov, Camille et Isbutski, mais les survivants n'en sont pas sûrs [1].

1. Car tout prisonnier est dans sa cellule comme au centre d'un univers limité, mais familier jusque dans le moindre détail (ses voisins, la fréquence des rondes de surveillance, les « porteurs de soupe », etc.), chaque incident, chaque anomalie sont enregistrés et analysés. Arraché à cet univers, le détenu est submergé par une foule d'impressions neuves qu'il a le plus grand mal à assimiler, d'autant que tout changement est source d'angoisse (où le conduit-on ? Que va-t-on lui faire ?). Ainsi, sur le quai de la gare de Berlin,

Keller conserve un souvenir inoubliable de son arrivée à la prison de la Lehrterstrasse. On eût dit qu'une kermesse se donnait dans cette geôle : elle était pleine de soldats allemands, pour la plupart très jeunes, qui chantaient gaiement et échangeaient des plaisanteries. C'étaient des déserteurs ; ils attendaient d'être exécutés. Keller, interloqué, leur dit : « Je ne comprends pas, vous êtes pourtant condamnés à mort... » Ils répondirent : « Mais c'est le paradis, ici ! On touche des rations presque égales à celles des combattants. Et pour mourir, il suffira de s'adosser contre un mur, tandis qu'en Russie, il faut supporter toutes sortes de misères avant d'être finalement tué... »

Les Belges sont d'abord conduits au siège de la Gestapo, Alexanderplatz, puis transférés au camp de Mauthausen. Il faudrait pouvoir décrire l'arrivée au camp avec les accents de Robert Christen, le chansonnier de Bruxelles. Leur sincérité fait leur grandeur. Nulle emphase, nulle gloriole rétrospective, mais l'épouvante d'un brave homme précipité dans l'inhumain — et il aura la dignité de s'en tenir, vingt-cinq ans plus tard, à cette simple vérité : « Le plus dur, c'était de souffrir tant pour n'avoir finalement rien fait. Les autres déportés avaient le sentiment d'avoir combattu et de souffrir pour quelque chose. »

Il dit qu'ils virent d'abord se profiler à l'horizon le camp de Mauthausen, forteresse de granit ceinturée d'une muraille. Puis ils longèrent une carrière immense,

chacun est-il muré dans ses tourments personnels et presque indifférent au sort du voisin. Si nous perdons la trace, au moins momentanément, d'hommes et de femmes qui ont joué dans cette histoire un rôle éminent, il va sans dire que la confusion est encore plus grande pour ce qui est des comparses. Nous ne les avons pas toujours mentionnés. Par exemple, nous avons raconté la chute d'Amsterdam à travers la capture de Winterink, sans nous attarder à la liquidation de son réseau. C'est qu'à eux tous, les comparses de Bruxelles, d'Amsterdam, de Paris, de Lyon et de Marseille — plusieurs dizaines d'hommes et de femmes — eussent rendu plus touffu encore ce récit déjà complexe. Mais, comme Bob Isbutski, « ils avaient tiré la charrue ». Et s'ils n'avaient pas égalé leurs chefs par l'importance des services rendus, les voici justement à l'instant de les dépasser par la grandeur du sacrifice consenti.

profonde, lunaire, au fond de laquelle grouillaient des milliers de fourmis humaines vêtues de tenues rayées. Et ils se disaient entre eux : « Mais qui travaille là ? Mais où sommes-nous ? » Le soir, ils virent pour la première fois assassiner un homme sous leurs yeux ; les Kapos s'étaient jetés sur lui et l'avaient battu ; il gisait à terre, inconscient mais vivant ; alors, selon le rite, les Kapos appelèrent le bourreau du camp pour qu'il vînt donner avec une chaise le traditionnel coup de grâce, et le nom du bourreau volait de baraque en baraque, répercuté par chaque Kapo. Et les Belges épouvantés ne dormirent pas cette nuit-là, se demandant avec angoisse comment la souris Simexco avait pu accoucher de la montagne concentrationnaire.

Ils étaient soixante-huit dans le train de Berlin. Neuf survivront.

Le 13 mai moururent sur l'échafaud nazi treize membres du groupe berlinois :

Fritz Thiel
Walter Husemann
Karl Behrens
Wilhelm Guddorf
John Rittmeister
Thomfor
Heinz Strelow
Walter Küchenmeister
Fritz Rehmer
Philippe Schæffer
Hans Helmuth Himpel
Richard Wüsstensteiner
Erika von Brockdorf

La comtesse von Brockdorf alla au supplice comme à une fête : elle rit jusque devant l'échafaud. Ceux qui assistaient à son exécution en furent stupéfaits, même scandalisés. Car les nazis surent souvent mourir, mais ils semblent n'avoir jamais compris qu'on pouvait mourir joyeusement.

La dernière lettre d'un condamné à mort est en général écrite d'une encre sereine, comme si le condamné, parvenu à cette extrémité, s'était déjà détaché des bruissements de ce monde et, laissant tomber ses armes, ne songeait plus qu'à quelques êtres aimés. Même Harro Schulze-Boysen avait scellé d'une larme sa dernière lettre. Voici celle que Walter Husemann, ajusteur, militant communiste, écrivit à son père avant d'être décapité [1] :

Mon cher Père,

Sois fort, je vais mourir comme j'ai vécu : en combattant de la lutte des classes. Il est facile de s'appeler communiste tant qu'on n'a pas à verser son sang. Si on est vraiment un communiste, c'est à l'heure de l'épreuve qu'on le prouve. Père, je suis un communiste. Je ne souffre pas, Père, il faut me croire. Il ne sera donné à personne de me voir faiblir. Il faut mourir bien : c'est là mon dernier devoir. Sois fier de ton fils, surmonte ta douleur : toi, tu as encore une tâche à remplir. Tu dois la remplir doublement, et même triplement, puisque tes fils ne sont plus. Pauvre Père, heureux Père, qui a dû sacrifier à son idéal ce qu'il avait de plus cher au monde. La guerre ne durera pas toujours et votre heure viendra. Pensez à tous ceux qui ont déjà suivi ce chemin et qui le suivront encore. Et apprenez ceci des nazis : chaque faiblesse se paiera par des flots de sang. C'est pour cela qu'il faut rester dur. Je ne regrette rien de la vie, sinon peut-être de ne pas en avoir assez fait. Mais ma mort réconciliera ceux qui n'étaient pas toujours d'accord avec moi. Oh Père, Père, mon cher, mon bon Père, si seulement je savais que tu ne t'écrouleras pas à cause de ma mort... Reste dur, dur, dur ! C'est maintenant que tu peux prouver que tu as été, du fond du cœur, toujours, toujours un combattant de la lutte des classes. Aide-le, Friede, épaule-le, soutiens-le ! Il ne faut pas qu'il se laisse abattre. Sa vie n'est plus à lui, mais au Parti. Maintenant mille fois plus qu'avant. C'est maintenant qu'il doit prouver que sa conviction n'est pas fondée sur un idéal romantique, mais sur une nécessité inexorable.

1. C'est Walter Husemann qui, interrogé à la Prinz Albrechtstrasse, avait tenté de se jeter par une fenêtre en entraînant dans sa chute le commissaire Panzinger.

Occupe-toi de Marthe, elle est votre fille. Elle vous aidera à supporter ma disparition. Transmettez mes pensées à tout le monde, à tous les amis, à toutes les connaissances dont je ne veux pas citer les noms. A chacun, je donne ma main avec une reconnaissance profonde pour l'amour qu'il m'a témoigné.

Je mourrai facilement. Car je sais pourquoi. Ceux qui vont m'assassiner subiront bientôt une mort pénible, j'en suis convaincu. Reste dur, Père, dur ! Ne recule pas ! A chaque instant de faiblesse, rappelle-toi la dernière exigence de ton fils Walter.

« Ceux qui vont m'assassiner subiront bientôt une mort pénible, j'en suis convaincu. »... Quinze jours après avoir admiré le golfe de Saint-Tropez de la terrasse du docteur Darquier, je contemplai un paysage presque aussi beau : la plaine de Francfort étalée à perte de vue, ses lointains noyés dans une brume rose. Et j'écoutai de nouveau une voix dure crier la haine des Juifs. J'étais sur les premiers contreforts du Taunus, à Glashütten. J'étais chez le « limier de Hitler » : Manfred Rœder.

A l'en croire, il sut très vite qu'il échapperait à la mort — pénible ou non. (Mais faut-il le croire ? Les drogués de l'antisémitisme sont comme les autres : ils voudraient que leur vice fût partagé par tous et n'hésitent pas à infléchir la réalité conformément à leur désir.) Selon Rœder, donc, il fut arrêté par les Américains à la fin de la guerre et confié à la garde d'un certain colonel Hays. On savait ses antécédents, mais on ne lui en tint pas rigueur. Les adjoints de Hays lui montrèrent une bague qu'ils avaient au doigt et dirent : « C'est la bague de West-Point [1]. Quand vous la verrez sur un officier, vous saurez qu'il n'a rien de commun avec les trois millions de Juifs d'Amérique. » Lorsqu'il fut convoqué pour interrogatoire à Nuremberg, Hays lui dit : « Excu-

1. West Point est le Saint-Cyr de l'armée américaine.

sez-moi de vous faire conduire par un sergent-chef, mais les Juifs que vous allez retrouver là-bas ne valent pas que je leur envoie un lieutenant[1]. » Et le colonel de conseiller à son prisonnier : « Ne leur dites surtout rien : tous ces Juifs de Nuremberg, nous les soupçonnons de travailler avec les communistes. »

L'instruction se termine par un non-lieu. Dès sa libération, Manfred Rœder adhère au « parti socialiste du Reich » de l'ancien S.S. Rœmer, organisation néo-nazie dont il devient aussitôt l'une des vedettes. Au cours de maintes réunions publiques, il traîne dans la boue « les chiens de l'Orchestre Rouge », s'en prenant plus spécialement à un rescapé du groupe berlinois, Adolf Grimme, devenu le directeur de la radio de Hambourg[2]. Rœder attaque sur le thème : « Un traître pourrit nos ondes. »

1. Un grand nombre des « juges d'instruction » américains de Nuremberg étaient des Juifs allemands, qui avaient émigré aux U.S.A. après l'arrivée au pouvoir des nazis. Naturalisés américains, engagés ou mobilisés dans l'armée, ils avaient été affectés aux tâches de la dénazification en raison de leur connaissance intime de l'Allemagne, de ses mœurs, de son organisation politique, économique et sociale.

2. Adolf Grimme, ancien ministre de l'Etat de Prusse, est l'un des vingt prisonniers de Berlin qui sauvèrent leur tête, sur soixante-quinze accusés. La Cour Martiale retint contre lui ses conversations subversives avec Arvid Harnack et Adam Kuckhoff (« qui l'avaient convaincu à 90 % ») et le fait qu'il avait caché chez lui, dans le tuyau d'un radiateur, une somme de cinq mille marks confiée par Harnack. Mais le jugement déclare que l'accusation n'a pas apporté la preuve que Grimme connaissait les activités d'espionnage de Harnack et de Kuckhoff, ni qu'il connaissait l'origine et l'emploi des cinq mille marks. On le condamna simplement pour n'avoir pas dénoncé l'activité subversive de ses interlocuteurs et leurs propos séditieux contre l'Etat. La Cour déclara même qu'elle devait tenir compte des convictions religieuses de Grimme, qui le prédisposaient à la rebellion contre le régime. Elle lui infligea trois ans de prison.

Günther Weisenborn, dont nous avons décrit les efforts pour se faire comprendre de son voisin de cellule, et qui était plus compromis que Grimme, fut lui aussi condamné à trois ans de pénitencier. Il semble que les comparses du groupe berlinois bénéficièrent d'un procès loyal chaque fois qu'ils n'eurent pas la malchance d'être incorporés à un « mauvais » groupe. La Gestapo fit en effet juger ses prisonniers par petits paquets et s'efforça de placer dans chaque lot quelques inculpés des plus compromis afin que tous les autres en fussent contaminés.

Grimme répond au micro de Radio-Hambourg : « Comment se peut-il qu'un tel homme ait le droit, aujourd'hui, de parler publiquement en Allemagne ? » Les survivants du groupe berlinois s'émeuvent et multiplient les protestations contre l'activité politique de Rœder. Prudemment, celui-ci abandonne la bataille ; il disparaît. Un homme qui l'a bien connu, et qui servit comme lui le Troisième Reich, nous avouera : « Au fond, il n'avait fait que son travail. Si les poursuites engagées contre lui ne s'étaient pas terminées par un non-lieu, il aurait fallu condamner ensuite tous les procureurs d'Allemagne. Mais ce Rœder était si dur, si implacable, si déplaisant, que je comprends tout à fait que les survivants aient essayé de le coincer. »

Il avait disparu. On m'avait affirmé pendant deux ans qu'il s'était réfugié en Amérique du Sud, où vivait sa fille aînée. Mais je le retrouvai en fin de compte sur le Taunus, à Glasshütten. C'est une jolie bourgade sylvestre où les bourgeois de Francfort ont leur villa de week-end. Il a été élu maire-adjoint. Son cabinet juridique est florissant. Il vit heureux et prospère entre sa femme, qui dut être très belle, et sa fille cadette. L'aînée n'est pas en Amérique du Sud, mais aux U.S.A. ; elle a épousé un Américain. Il dit volontiers : « En 1965, quand j'ai été invité par l'ancien gouverneur du Michigan... » Ou encore : « La dernière fois qu'un chef de la C.I.A. est venu me rendre visite... » Sa villa, magnifique, est de pur style californien, comme en hommage à ses amitiés. Dans le garage, une grosse Opel et une petite Fiat.

C'est un homme de haute taille, un peu voûté, les cheveux blancs, le teint couperosé, avec un gros nez violet. La bouche est affreuse, déformée par la protubérance des dents. Derrière les verres de ses lunettes, épais comme des loupes, on ne voit de l'œil qu'une énorme pupille marron au regard impitoyable.

Pour me reposer de son visage, je contemplais parfois la plaine immense, de l'autre côté de la baie vitrée. Et je songeais non pas même à Walter Husemann dans sa tombe, mais aux Mignon, par exemple, qui croupissent toujours dans leur immeuble-taudis des bords de Seine, tandis qu'un Rœder ou un Darquier dominent en seigneurs les beautés de ce monde. Et je pensais que la guerre, décidément, avait tout bouleversé sans rien changer.

Le commissaire Koppkow eut moins de chance avec les Anglais. Selon Rœder, ils ne lui infligèrent pas une mort pénible, mais vaudevillesque : une mort pour rire. Tombé dans leurs mains, il fut aussitôt transféré à Edimbourg, puis interrogé pendant quatre ans. On lui fit raconter tout ce qu'il savait, et il savait beaucoup de choses. Quand il eut fini, les chefs des services anglais craignirent que s'ils libéraient ce précieux témoin, d'autres mains ne s'en emparassent — des mains soviétiques. Ils établirent un faux certificat de décès au nom de Koppkow, l'envoyèrent à son épouse, en Allemagne, et permirent alors au prisonnier de retourner dans son pays. Il s'appellerait Cordes et ne devrait en aucun cas prendre contact avec sa femme et sa famille. Koppkow obéit scrupuleusement aux instructions : il savait que Moscou n'aurait pas pour lui les charmes d'Edimbourg. Durant cinq ans, il vécut solitaire. On lui avait trouvé un travail dans une firme de textiles. En 1954, la guerre froide s'attiédit et les Anglais jugèrent possible de procéder à la résurrection du mort. Koppkow reçut l'autorisation d'adjoindre son vrai nom à celui de Cordes. Sa veuve étonnée tomba dans les bras d'un fantôme bien en chair.

Ils vivent aujourd'hui à Gelsenkirchen, dans la Ruhr. Je passai deux jours devant leur porte, mais l'ex-commissaire Koppkow ne voulait pas me voir : il préféra quitter la ville. Sa femme est une personne étrange, aux manières feutrées, à la voix sans timbre. Elle vit comme sous le coup d'une catastrophe imminente. Selon elle, la menace n'est plus russe, mais allemande. Son mari reste à la merci du zèle d'un procureur.

Le commissaire Panzinger, précisément, eut encore moins de chance avec ses compatriotes d'Allemagne de l'Ouest que Koppkow avec les Anglais. A la fin de la guerre, il avait échappé aux recherches en se cachant dans un couvent. Quelques années plus tard, rassuré, il alla s'installer à Munich. En 1961, la Justice de Bonn ouvrit une information contre lui. Quand il sut que sa retraite était découverte, Panzinger se suicida.

XXX

L'ÉCHAFAUD

Deux détenus partageaient la cellule d'Alfred Corbin : un instituteur belge et un jeune Hollandais — ils n'appartenaient pas à l'Orchestre Rouge. Comme il n'y avait que deux bat-flanc, Alfred Corbin couchait par terre. L'exiguïté contraignait à une immobilité rendant le froid encore plus pénible à supporter. La nourriture, par contre, était à peu près suffisante, surtout pour qui venait de Fresnes. Les prisonniers recevaient les trois quarts d'une ration militaire, c'est-à-dire qu'ils étaient mieux nourris que les civils allemands, et deux fois mieux qu'à Fresnes. Et puis Ludwig Kaïnz avait été affecté à la cuisine de la prison. Il témoignait d'un dévouement admirable pour ses compagnons du réseau, qui l'appelaient « la Musaraigne », à cause de son nez pointu. Il fut jusqu'au bout le pourvoyeur secret de merveilleux festins. Grâce à lui, on obtenait aussi des journaux allemands.

Les détenus de la Lehrterstrasse pouvaient disposer de papier et de crayons. Dès son arrivée, Alfred Corbin tint son journal intime. Mais s'agit-il bien d'un journal ? Trois fois par jour, il s'y adressait à sa femme, Marie Corbin, enfermée à la prison de Moabit ; il lui parlait comme si elle était en face de lui, il « entrait en communication » avec elle, de sorte que ces mots tracés d'une écriture microscopique, et qui va s'amenuisant encore avec le temps, semblent être la transcription d'une conversation infinie entre les deux époux, comme si des murailles et des soldats en armes ne les séparaient point, comme si leur dialogue ne risquait pas à chaque instant d'être brisé par la venue du bourreau.

Le 12 mai, Alfred Corbin écrivit : « Faut-il se réjouir d'avoir été transférés à Berlin ? De toute façon, nous ne perdons rien au change ! Je ne crois pas que l'on nous ait amenés ici, spécialement pour nous fusiller cent jours après le jugement, comme telle est la règle ici — ou plutôt « était », puisque le jeune Hollandais et beaucoup d'autres qui sont jugés et condamnés depuis plus de six mois n'entendent plus parler de rien. Va-t-on recommencer le procès, comme tout le monde le dit ? C'est possible. Nous verrons bien, le moral est bon et je veux rentrer avec toi, comme tu me l'as demandé. Je suis revenu de Belgique, de la guerre en France — pourquoi pas de ce voyage en Allemagne ?

« Mon intention est de passer cette affaire Simex à mon frère, s'il veut toujours quitter Creed, moi ne venant qu'une fois de temps en temps pour voir les choses de haut. Je me suis fait pas mal de relations à l'étranger et je crois qu'il y aura beaucoup à faire après la guerre dans l'importation et dans l'exportation. De toute façon, je changerai le nom de la maison. »

19 mai : « Et je calcule, et je fais des hypothèses sur la fin de la guerre, que les uns voient pour dans trois mois et les autres pour la fin de l'année... C'est à devenir fou ! Et la question est d'autant plus angoissante que mon sort en dépend... Je n'ai en effet aucune illusion sur le jugement qui sera rendu ici, toute la question est

donc de savoir si nous arriverons à gagner suffisamment de temps pour échapper à l'exécution. »

20 mai : « Je viens de faire un petit signe d'amitié à Keller qui est à la promenade. Mais Breyer, qui fait partie du même groupe que lui, ne regarde jamais du côté de ma fenêtre. Il a l'air plongé dans de profondes réflexions... sans doute calcule-t-il aussi la fin de la guerre ! »

4 juin : « Quelle effroyable matinée. Notre camarade de cellule hollandais a été exécuté ce matin avec tout son groupe de quarante condamnés. A 3 h 30 ce matin, on est venu nous réveiller et, par un quiproquo, j'ai cru que l'on venait me chercher pour la dernière promenade. On nous a fait nous habiller tous les trois et quand nous avons été prêts, on a fait sortir ce garçon de vingt-trois ans qui attendait son sort depuis le 2 octobre 1942 ! Quelle infamie ! Depuis quelques jours, j'étais nerveux et je sentais que quelque chose se préparait. Je ne sais évidemment pas ce qui m'attend, j'ai toujours bon espoir ! Ce qui est peut-être idiot. Mais si le même réveil doit m'arriver, sois certaine, ma chérie, que je serai très, très calme. Je suis même un peu surpris de ma sérénité. »

6 juin : « Le type qui est devenu à moitié fou est resté vendredi matin deux heures dans notre cellule et nous a expliqué par $a + b$ que la guerre ne finirait pas avant 1945 !! Tu parles d'un camarade réconfortant ! »

Le 12 juin, Alfred Corbin reçut pour la première fois un livre de la bibliothèque de la prison. C'était un ouvrage français : *Le Monde où l'on s'ennuie.* Mais Corbin ne s'ennuyait pas. Rédacteur, avant et pendant la guerre, de la revue *Rustica* [1] (sous le pseudonyme Bellême), il avait entrepris, dès la première semaine de son

1. Publication spécialisée dans les problèmes de jardinage et d'élevage.

arrivée à Berlin, d'écrire un livre à l'intention des fidèles lecteurs de Bellême.

Voici son avant-propos :

A Gérard Biront, de Louvain (Belgique)
et Jean Vrolyk de Zwyndrecht (Hollande)
mes camarades de cellule.

Lehrterstrasse 3.
Berlin, avril 1943.

Je dois m'excuser tout d'abord auprès de mes amis lecteurs de Rustica *pour les avoir quittés si brusquement ; qu'ils soient bien certains que ce n'est pas de ma faute ! et que je pense beaucoup à eux.*

Cinq mois de cellule, au secret, en France, suivis d'une condamnation à mort n'ont sans doute pas paru suffisants à la police allemande qui m'a amené ici, dans cette prison berlinoise.

Or que peut-on faire de mieux, en attendant son Destin, que de penser à ses amis et de travailler pour eux ?

Je me suis donc attelé à la tâche et j'ai entrepris de traiter ici ce problème qui m'a toujours intéressé : la création et l'organisation des élevages professionnels.

Je souhaite que cet ouvrage aussi complet que possible puisse servir de guide à tous mes amis éleveurs ou futurs éleveurs. Quand paraîtra-t-il ? Pourra-t-il jamais être édité ? Voilà deux questions auxquelles je ne puis pas répondre, mais je me suis rappelé ici, dans notre solitude, les paroles de Guillaume d'Orange : « Il n'est pas nécessaire d'espérer pour entreprendre, il n'est pas nécessaire de réussir pour persévérer », alors j'ai entrepris... avec les moyens du bord, c'est-à-dire simplement avec mes connaissances de la question et ma mémoire.

Que le lecteur veuille donc bien m'excuser s'il ne trouve pas toujours dans ce livre toutes *les précisions qu'il voudrait trouver. Je n'ai pas de bibliothèque à ma disposition et par conséquent aucun moyen de compilation : d'ailleurs les chiffres d'aujourd'hui n'auront sans doute pas de valeur demain et nous devons pour l'instant, nous en tenir aux généralités et aux principes essentiels.*

L'aviculture française, pour l'instant ruinée, renaîtra bientôt, puisse ce petit livre aider à sa renaissance : c'est là mon plus cher désir.

A. CORBIN BELLÊME.

Grossvogel, Alamo, Sokol, Erika von Brockdorf, qui ne sont pas de notre paroisse, territoriale ou spirituelle, nous avons assez exprimé notre admiration pour eux ; et nous avons ajouté une larme à celle qu'avait versée l'Allemand Schulze-Boysen sur la dernière lettre à ses parents ; et nous avons récité Gœthe avec l'Américaine Mildred Harnack ; et notre cœur a battu plus fort en lisant l'ultime appel aux armes du communiste Husemann ; et nous avons tendu le poing à Rœder en même temps que Käthe Vœlkner... Qu'il nous soit donc permis de dire que nous sommes fiers de notre Alfred Corbin. Car ces lignes écrites dans une cellule de condamné à mort, à cent pas de la guillotine, témoignent elles aussi, à leur naïve manière, pour la grandeur de l'homme.

Le 21 juillet, Margarete Barcza sortit de la prison de Fresnes et, accompagnée d'une femme de la Gestapo, prit le train pour Marseille. Les jours précédents, on lui avait fait répéter son rôle dans sa cellule. Il s'agissait de donner à croire qu'elle était toujours libre, de même que Kent. Ainsi les comparses du réseau marseillais — s'ils existaient — seraient-ils rassurés quant au sort de leur chef et de sa maîtresse : leurs éventuels soupçons ne devaient à aucun prix alerter Moscou sur la sincérité des messages de Kent.

Le voyage se déroula sans accroc et Margarete reçut sa récompense dès le retour à Paris : on la mit avec Kent dans la villa de Neuilly. Elle quitta Fresnes « fêtée comme une star » par les gardiens, qui lui offrirent une gerbe de fleurs en gage de réconciliation.

A Neuilly, elle occupa la chambre numéro sept. Kent

était au numéro huit. D'abord, ils ne purent être ensemble que le dimanche, mais Margarete s'employa à assouplir ces rigueurs. Le 12 août, elle fit la grève de la faim. Quand on vint s'informer de ses raisons, elle hurla : « Comment ? Vous osez le demander ? Mais je n'ai pas de mari et pas de cigarettes et vous savez pourtant bien, avec tous vos papiers, que c'est aujourd'hui mon anniversaire ! » On alla en hâte lui quérir Kent et un paquet de Gauloises. D'ailleurs, un événement inattendu, quoique prévisible, convainquit bientôt Bœmelburg de mettre les deux amants dans la même chambre : Margarete se trouva enceinte et sa grossesse menaçait d'être infernale si Kent ne l'aidait pas à en supporter les tracas.

La vie retrouva alors un peu de ses charmes d'antan, aux beaux jours de Bruxelles et de Marseille. Elle s'écoulait, monotone et heureuse, en bains de soleil dans le jardin, en parties de cartes avec les gardiens, en effusions amoureuses avec Kent. Celui-ci continuait d'observer un mutisme absolu sur ses activités. Il n'avait même pas jugé bon d'expliquer à son amie les événements qui avaient bouleversé leur vie, de sorte que Margarete croyait toujours qu'un vague problème de nationalité uruguayenne était cause de leurs péripéties. Il fallut un incident fortuit pour la détromper. Un jour, elle entendit un gardien de Neuilly réclamer à tue-tête : « La machine à écrire russe de Kent [1]. » Il savait donc le russe ? Il était peut-être Russe ? Elle interrogea Willy Berg, qui confirma à regret la nationalité russe, ajoutant aussitôt : « Mais surtout, faites semblant de ne pas le savoir : ça le bouleverserait. Dès son arrestation, il nous a suppliés de vous cacher sa nationalité, car il sait que vous détestez les Russes et il a une peur folle de vous perdre à cause de ça. » Margarete promit et tint parole. Effectivement elle n'aimait pas la Russie. Mais pourquoi Kent se défendait-il si fort auprès d'elle d'être israélite, puisqu'elle l'était elle-même et ne pouvait donc lui en tenir rigueur ? Au vrai, Margarete ne s'embarrassait

1. En fait, le gardien dit : « de Fritz », car le Kommando avait affublé Kent du pseudonyme « Fritz Frisch ».

guère de ces mystères, de même qu'elle accueillait coups du sort et revers de fortune avec indifférence tant que son union physique avec Kent n'était pas en cause. L'enfer consistait à être séparée de lui ; Neuilly, malgré ses inconvénients, demeurait donc un paradis.

On ne se sauve pas du paradis, surtout quand on y laisse en otage l'être adoré. Quelques semaines après son installation à Neuilly, Margarete retourna à Marseille afin d'en ramener son fils René. Jung lui servait d'escorte. Le S.S., buveur magnifique, laissa sa prisonnière seule dans sa chambre d'hôtel — et non enfermée — pour aller écumer les bars. Ce n'était pas imprudent : Margarete ne songea même pas à l'évasion. René, qui avait alors onze ans, fut mis pensionnaire à Sainte-Barbe. Chaque jeudi, Margarete quittait Neuilly et passait l'après-midi avec lui.

Les autres jours, elle offrait à peu près invariablement le spectacle observé par M. André François-Poncet. Autour de sa chaise longue tournait parfois Trepper en promenade, ou bien Katz, qui logeait aussi à Neuilly, de même que Schumacher, capturé à Lyon. Sur les dix chambres de la prison de luxe de la Gestapo, cinq étaient réservées à l'Orchestre Rouge.

Le 1er juillet, Alfred Corbin note dans son Journal : « Nous commençons un nouveau mois et un nouveau semestre : nous apporteront-ils la libération ? »

Le 20 juillet : « Tout à l'heure, on est venu demander si j'étais Belge ou Français. Ça peut être pour me changer de cellule ou pour quelque chose de plus grave ! Je n'aime pas beaucoup qu'on s'intéresse à mon humble personne ! »

Le 21 juillet : « J'ai oublié de te dire que, ce matin, on était encore venu me demander si j'étais civil ou militaire ! J'ai peur qu'il y ait des changements de cellule. »

Au même moment, une extraordinaire vague d'optimisme soulève les détenus de la Lehrterstrasse. Ceux-ci, comme tous les prisonniers du monde, se nourrissaient d'espoirs qu'ils tenaient pour réalités et fondaient les plus grandes espérances sur la rumeur la plus futile. Leur information se limitait au communiqué publié dans les journaux de Berlin : jusque dans le texte tendancieux élaboré par Gœbbels, ils lisaient la certitude de l'écroulement du Reich pour le mois suivant. Corbin ne participait pas à leurs délires. Il taisait ses objections, sachant qu'il eût été cruel de démentir une illusion bienfaisante, et se bornait à les transcrire dans son Journal. Non point qu'il crût, comme ce camarade rendu fou par l'exécution de quarante prisonniers, que la guerre ne dût se terminer qu'en 1945 (opinion d'un pessimisme aussi insensé à ses yeux que l'était l'optimisme du plus grand nombre), mais il avait la certitude que la Wehrmacht ne pourrait être frappée à mort que par un débarquement allié sur les côtes de France. Même l'invasion de la Sicile, le 10 juillet, ne l'en fait pas démordre, alors qu'elle est pour ses compagnons l'annonce d'une imminente libération. Même la chute de Mussolini, le 25 juillet — qui porte l'enthousiasme à son comble —, laisse intacte sa lucidité : il étudie à fond les discours du roi d'Italie et de Badoglio, et conclut : « Ce n'est pas fini. »

Mais soudain, le 27 juillet, il s'abandonne et se laisse emporter comme les autres par la vague d'espérance : « J'ai la conviction que tout sera fini pour la fin de l'année. »

Le lendemain, 28 juillet, il note dès son réveil : « Bonjour, ma chérie. J'ai assez bien dormi, malgré le bruit de la gare et d'un avion qui a tourné plusieurs heures. Je croyais qu'il n'y avait que moi de nerveux et de... faible par moments, mais Biront a eu une crise de gros chagrin. C'est terrible au point de vue nerveux : nous sentons que l'écroulement de l'Italie doit précéder celui de l'Allemagne, mais quand cela se produira-t-il ? Chérie, chérie, comme je pense à toi — à nous. »

C'est alors qu'on vient le chercher en lui annonçant

qu'il doit laisser ses affaires personnelles dans la cellule. Il sait ce que signifie cette phrase.

Six hommes de l'Orchestre Rouge, dont Robert Breyer et Medardo Griotto, périrent avec lui. Ils furent décapités à la prison de Plötzensee, dans ce même hangar où avaient été pendus Schulze-Boysen et Harnack. Au témoignage de l'aumônier Kreuzberg, tous moururent bravement.

Huit jours plus tard, le 5 août, périrent à leur tour sur l'échafaud nazi quinze membres du groupe berlinois :

Rose-Marie Terwiel
Hilde Coppi
Emil Hubner
Frieda Wesolek
Stanislas Wesolek
Adam Kuckhoff
Oda Schottmüller
Ursula Gœtze
Liane Berkowitz
Eva Maria Buch
Anna Krause
Cato Bontjes van Beek
Rose Schlesinger
Klara Schabbel
Ingeborg Kummerow

Douze femmes... La danseuse Oda Schottmüller, qui avait caché chez elle un émetteur ; de même que Rose Schlosinger ; Anna Krause, cartomancienne ; Cato Bontjes von Beek, artiste céramiste ; Eva Maria Buch, qui avait traduit en allemand un article écrit par un ouvrier français pour le journal *Le Front intérieur*, et qui déclara en être l'auteur, sauvant ainsi un camarade inconnu ; Klara Schabbel, qui servait de relais entre Berlin et Bruxelles ; Ingeborg Kummerow, épouse de Hans Heinrich Kummerow, ingénieur à la « Lœwe-Opta-Radio » ; Rose-Marie Terwiel, secrétaire de Schulze-Boysen ; Ursula Gœtze, étudiante ; Frieda Wesolek, qui avait hébergé des parachutistes et fut décapitée en même temps que son père et son mari ; Liane Berkowitz, vingt ans, à qui son enfant, né en prison, fut retiré pour être mis dans un hôpital S.S. — où il mourut avant elle ; et Hilde Coppi, la femme du pianiste amateur de Schulze-

Boysen, qui avait elle aussi accouché d'un enfant dans sa prison, et qui écrivait peu avant son exécution : « Je suis très calme, je suis même contente, je suis heureuse de chaque jour que je peux passer avec mon fils. Et lui, il aime tellement rire, il est si gai : pourquoi voulez-vous que je pleure ? »

Des trois hommes, Adam Kuckhoff était le plus remarquable. Ecrivain connu, auteur dramatique applaudi, il avait été avec Schulze-Boysen et Harnack l'un des piliers du groupe berlinois, dont il avait organisé les finances et pour qui il avait rédigé maints articles et tracts anti-nazis. Aussi bien son adresse figurait-elle dans le fameux message envoyé par le Centre à Kent. On se souvient peut-être que le Directeur spécifiait : « Rappelez ici Till Eulenspiegel. » C'était le titre de la dernière pièce de Kukhoff. Elle avait servi de clef de chiffrement pour les télégrammes du réseau.

Il était petit, trapu, avec une tête ronde aux traits énergiques. Condamné à mort, il employa ses dernières semaines à rédiger — les mains menottées — un « schéma d'une esthétique dialectique ». Son destin personnel le laissait indifférent, mais il souffrait à la pensée de laisser derrière lui un enfant sans défense : son fils Ule, cinq ans. Quand on vint le chercher dans sa cellule, il jeta sur un bout de papier ces quatre vers :

« Pour Ule
Mon fils aimé, mon grand et dernier bonheur
Je te quitte et te laisse sans père
Non ! Tout un peuple — non, ce n'est pas assez —
L'humanité tout entière te servira de père. »

Quelques semaines plus tard moururent Wilhelm Schürmann-Horster, Wolfgang Thiess, Eugen Neutert. Avec eux finissait le martyre du groupe berlinois. Deux condamnés avaient réussi à se suicider, huit avaient été pendus, le couperet de la guillotine était tombé quarante et une fois.

A Paris, le cancer en terminait avec Giering. Le chef du Kommando fut contraint d'abandonner son poste au mois d'août 1943 ; il entra à l'hôpital de Landsberg, où il mourut vers la fin de l'année. Sans doute lui fut-il douloureux de quitter la partie en cours car il aimait passionnément son ouvrage. Mais il emportait avec lui la certitude consolante d'avoir gagné la course de vitesse engagée deux ans plus tôt contre la maladie : l'Orchestre Rouge était anéanti et il avait à sa botte, serviteurs obéissants, le Grand Chef et le Petit Chef. Il avait fait preuve de violence et de cruauté, mais aussi d'intelligence et de ruse. Il avait infligé sans broncher la torture et supporté sans broncher la torture du cancer. Les survivants de l'Orchestre Rouge le haïssent, et ils le respectent.

Son successeur à la tête du Kommando devrait être Reiser. Mais celui-ci, contrairement à Giering, est bien incapable de se hisser du niveau des besognes policières à celui de la haute politique. Ses hommes disent de lui : « Un tape-dur, et rien de plus. » L'esprit rond-de-cuir, rétif aux initiatives, attentif à esquiver les responsabilités. On ne l'a même pas mis au courant du Grand Jeu — domaine réservé de Giering et de Willy Berg. Il sait tout juste qu'on fait du Funkspiel, sans se douter de l'importance de la partie. Et d'une pusillanimité insupportable ! Six mois après la capture du Grand Chef, il continue de lui témoigner une méfiance de serpent, convaincu que Trepper dupe le Kommando tout entier. Giering se méfie aussi, bien entendu, mais cela ne l'empêche pas d'aller de l'avant. Tandis qu'à chacun de ses voyages à Berlin, Reiser accable de ses doutes les chefs de la Gestapo, sans jamais pouvoir fournir la moindre preuve, naturellement, mais en invoquant son flair de vieux policier blanchi sous le harnais, de sorte que ses patrons excédés finissent par lui dire : « Assez avec vos éternels soupçons ! Il est évident que ce type marche avec nous ! »

Reiser est limogé. On le renvoie en Allemagne, à Karlsruhe. Prétexte invoqué : il travaille depuis trop longtemps à Paris pour ne pas être repéré par l'adversaire...

Le successeur de Giering sera le Kriminalrat S.S. Heinz Pannwitz.

Pannwitz est un exemplaire caractéristique de ceux que l'historien américain Shirer appelle les « gangsters intellectuels du Troisième Reich ». Lors de la prise du pouvoir par Hitler, en 1933, il a vingt-deux ans et se soucie fort peu de politique : il étudie la théologie pour devenir pasteur. Mais après ses cinq années d'études, il se détourne du temple et choisit, tous comptes faits, d'entrer dans la police nazie. Les voies de la vocation sont imprévisibles. A la même époque débute chez Himmler un jeune homme de vingt-trois ans, brillant diplômé de l'Université de Bonn, passionné pour l'histoire de la Renaissance : Walter Schellenberg, qui deviendra un jour le chef suprême des services d'espionnage allemands. Et aussi un garçon de vingt-sept ans, très travailleur, dont le nom est Adolf Eichmann. Et un autre de trente ans : Alfred Naujocks, ancien étudiant à l'Université de Kiel. Leur chef à tous était Rheinard Heydrich, trente-neuf ans, ancien officier de marine, violoniste virtuose et escrimeur de classe internationale. Ils avaient en commun la jeunesse et de grands appétits. L'aventure nazie leur parut offrir le meilleur emploi imaginable à leurs dons. Elle permettait tout, et tout de suite. L'Allemagne fut leur première proie, puis ils reçurent l'Europe des mains débiles des vieux messieurs qui la gouvernaient, et ils en firent leur terrain de jeu. Car ils étaient essentiellement joueurs, ne croyant qu'aux charmes et aux vertus de l'action pour l'action. Schellenberg trahira, Naujocks désertera, et Heydrich, s'il eût vécu jusqu'à la fin, on peut penser qu'il eût été pour l'existence du Führer une menace autrement redoutable que les gentlemen de la Résistance. Leurs jeux furent dérisoires et fascinants. Dérisoires, car l'hégémonie temporaire de l'Allemagne ne fut pas leur fait, mais celui de la Wehrmacht. Sans ses divisions blindées, ils n'eussent rien accompli. Grâce à elles, ils eurent les mains libres pour mettre un continent à feu et à sang. Ils s'amusèrent royalement. Tous les chemins de fer d'Europe à Eichmann et quatre ou cinq millions d'hommes à transbahuter à travers un continent : c'était un beau train électrique. Il en jouit sans haine pour ses victimes, comme il apparaîtra plus tard à ses juges étonnés. Mais si jongler avec les horaires et les aiguillages était un divertissement placide bien fait pour séduire Eichmann — le moins fantaisiste de la meute —, les autres apportèrent à leurs activités une imagination délirante, des dons d'invention proprement extraordinaires. Naujocks et Schellenberg organisent et réussissent en 1939 le rapt rocambolesque de deux officiers de l'Intelligence Service sur la frontière hollandaise : c'est l'« incident de Venlo » — de l'Eugène Sue. Quelques mois plus tard, Schellenberg est à Lisbonne pour y kidnapper le duc et la duchesse de Windsor ; il fait jeter des pierres dans leurs fenêtres et envoie à la duchesse un bouquet avec cette carte : « Prenez garde aux machinations du service secret britannique. Un ami portugais qui a vos intérêts à cœur » — de l'Alexandre Dumas. Naujocks invente l'« Opération Bernhard », plan fantastique consistant à inonder l'Angleterre de faux billets, de manière à détraquer son économie — du Ian Fleming. Heydrich installe à Berlin un bordel de luxe, le « Salon Kitty », où fréquentent les diplomates accrédités à Berlin ; toutes les conversations sont enregistrées dans une salle d'écoute aménagée au sous-sol — du Roger Peyrefitte. Quant à Heinz Pannwitz, il offre le moyen mirobolant de supprimer Winston Churchill, âme de la résistance britannique : parachuter sur l'Angleterre deux aliénés obsédés par l'idée fixe de le tuer. Le projet est accepté. Comme aucun asile allemand ne recèle de fous présentant cette particularité, des psychiatres s'ingénieront pendant des semaines — mais en vain — à inoculer la haine de Churchill dans la cervelle de deux pauvres diables...

Amusant.

Il y a moins drôle, comme on sait.

Le 29 septembre 1941, Reinhard Heydrich s'installe à Prague. Il vient d'être nommé « vice-protecteur de

Bohême-Moravie ». En fait, Hitler lui a donné tous pouvoirs pour reprendre en main l'ancienne Tchécoslovaquie, que son maître en titre, le « protecteur » Neurath, se révèle impuissant à juguler. Heinz Pannwitz est du voyage. Grâce à l'appui de Heydrich, il a fait dans la Gestapo une ascension météorique. Parvenu à la dignité de Kriminalrat, il s'établit à Prague avec femme et enfants pour servir de bras droit à son patron dans son grand dessein politique.

Une politique que le vice-protecteur définit en cinq mots : « le fouet et le sucre ». Le fouet d'abord : exécutions massives et déportations à la moindre incartade. Deux semaines après l'arrivée de Heydrich, Himmler reçoit ce rapport : « Tous les bataillons de Waffen S.S. seront amenés par roulement dans le protectorat de Bohême-Moravie pour exécuter les fusillades et contrôler les pendaisons. Il y a jusqu'à présent : à Prague, quatre-vingt-dix-neuf fusillés et vingt et un pendus ; à Brno, cinquante-quatre fusillés et dix-sept pendus, soit au total cent quatre-vingt-onze exécutions, dont seize Juifs. » Et ce n'est qu'un début. Mais n'importe quelle brute S.S. est capable de manier le fouet, tandis que la politique du sucre exige intelligence et doigté. Heydrich n'en manque pas. Il met au point une extraordinaire campagne de promotion alimentaire : pour chaque heure de travail supplémentaire, l'ouvrier tchèque reçoit en gratification, non pas de l'argent sans valeur, mais quelques tickets de viande ou de matières grasses. Heydrich a visé bas, et juste. La production industrielle tchèque fait un bond en avant immédiat [1]. Il développe son système, l'améliore sans cesse (vacances dans les hôtels de luxe pour les ouvriers les plus zélés, etc.) et lance dans un second temps une campagne de propagande sur le thème de la réconciliation germano-tchèque. La troisième étape consistera à accorder aux Tchèques une autonomie mesurée en échange de leur entrée dans la grande croisade anti-bolchevique. Cette fois, c'en est

1. La production industrielle de n'importe quel pays occupé eût fait un bond en avant.

trop pour le gouvernement tchèque exilé à Londres. Heydrich, l'« Ange du mal », doit disparaître. Deux agents sont parachutés avec mission de l'abattre. Le 27 mai, ils attaquent la Mercedes découverte de Heydrich au pistolet et à la bombe, blessent grièvement le S.S. — il mourra le 4 juin — et s'enfuient.

C'est ici que la carrière de Heinz Pannwitz atteint son apogée.

Quelques jours avant l'attentat, il avait supplié son patron d'accepter une escorte. Heydrich avait refusé, comme d'habitude. Il était tout, sauf lâche. Mais Pannwitz, chef de la Gestapo à Prague, donc responsable de la sécurité du vice-protecteur, risque à présent de payer pour sa témérité. Dès le soir de l'attentat, Schellenberg et Gestapo-Müller atterrissent à Prague. Les dirigeants nazis, en transes, exigent un holocauste pour venger Heydrich. Gœbbels a déjà fait arrêter 500 Juifs berlinois, dont 252 seront mis à mort, tandis que 300 autres, arrachés au ghetto de Theresienstadt, seront eux aussi exécutés. Baldur von Schirach, Gauleiter de Vienne, réclame la destruction d'une ville anglaise d'intérêt culturel à titre de représailles. Mais c'est naturellement en Tchécoslovaquie même que devra couler le flot de sang expiatoire.

A Prague et dans les grandes villes, plus de 3 000 arrestations ; 1 331 Tchèques, dont 201 femmes, exécutés sur place ; dans la campagne, 5 000 communes fouillées et 657 personnes fusillées. La mort de Heydrich, le 4 juin, relance le massacre : les pelotons s'installent dans la cour même des geôles. A la prison Pankrac de Prague, 1 700 Tchèques assassinés ; à celle de Brno, 1 300 cadavres. Puis, le 10 juin, l'anéantissement du village de Lidice, l'exécution de sa population mâle et la déportation des femmes à Ravensbrück, les enfants en bas âge étant égorgés sur place.

Heinz Pannwitz n'avait pas été l'inspirateur de ces massacres, mais il en fut, de par ses fonctions mêmes, l'un des ordonnateurs.

L'enquête proprement dite fut menée sous sa direction. Elle commença dans les caveaux de torture de l'immeuble de la Gestapo et se termina, le 18 juin, dans la crypte de l'église Saint-Charles-Borromée, où s'étaient réfugiés les parachutistes et leurs compagnons. Pannwitz dirigea l'assaut d'un régiment d'élite S.S., que sept Tchèques héroïques tinrent en échec des heures durant — il fallut les noyer.

On fit à Heydrich des funérailles nationales. Hitler quitta son quartier général pour venir prononcer l'oraison funèbre ; il célébra en lui l'« homme au cœur de fer » et lui décerna la plus haute dignité dans l'Ordre Allemand, qui n'avait été attribuée qu'une fois. L'orchestre philharmonique de Berlin joua la marche funèbre du *Crépuscule des dieux*, puis on mit le mort dans son trou et les chefs nazis, gorgés de sang, saturés de belle musique et d'étendards flottant au vent, s'en retournèrent à leurs bureaux.

Ç'avait été un beau spectacle.

Pour la plupart, la disparition de Heydrich était aussi une bonne affaire, et Pannwitz ne l'ignorait pas. Il savait la terreur *physique* que son chef inspirait aux autres (le « complexe de Heydrich », comme disait Schellenberg). Il connaissait les jalousies suscitées par une carrière vertigineuse dont le but était d'évidence le pouvoir suprême. Il devinait que la disparition du vice-protecteur allait signifier pour ses anciens protégés l'anéantissement de leurs espérances : le Kriminalrat Pannwitz finirait Kriminalrat.

C'est sans doute pourquoi son rapport sur l'enquête criminelle fut rédigé de si curieuse manière. La première partie était un classique exposé des faits, mais la seconde, sous prétexte de rechercher les motivations des « assassins », accumulait les critiques contre la politique menée par Heydrich en Tchécoslovaquie : un véritable acte d'accusation, et d'une violence inouïe.

C'était jouer quitte ou double. Si les adversaires de Heydrich accueillaient à bras ouverts le transfuge Pannwitz, sa carrière était relancée. S'ils le repoussaient, le pire devenait possible, car les fidèles de l'« homme au cœur de fer » ne pardonneraient pas.

Heinz Pannwitz perdit son premier banco. Convoqué à Berlin, où son rapport avait fait scandale, il fut reçu froidement, écouté sans intérêt, congédié avec l'ordre de regagner Prague. Eût-il trahi Heydrich que l'accueil eût sans doute été différent, mais il n'avait trahi que son cadavre.

Le Kriminalrat s'affola. A tort ou à raison, sa vie même lui apparut menacée. Il avait des relations à l'O.K.W., le Grand Quartier Général allemand ; il les supplia de le sauver. Le meilleur moyen qu'on trouva fut de le mobiliser dans la Wehrmacht. Il reçut secrètement une feuille de route et partit rejoindre son unité sur la rive du lac Ladoga, à la frontière russo-finlandaise. C'était un régiment de la fameuse division Brandenburg. La Brandenburg, corps d'élite affecté aux missions spéciales, dépendait directement de l'Abwehr. Les S.S. ne viendraient pas y chercher Pannwitz.

Son séjour au front dura quatre mois : de septembre 1942 à la fin de l'année. En janvier 1943, ayant fait sa paix avec ses anciens maîtres, il réintégrait le giron S.S. et s'installait à Berlin pour y travailler sous les ordres de Gestapo-Müller. Six mois plus tard, on l'affectait au poste abandonné par Giering. C'était une nomination flatteuse. Il ne la devait pas au seul fait qu'il avait, de son bureau, suivi de près le travail du Kommando grâce aux rapports envoyés par Giering. Au temps de Prague, Pannwitz avait soumis des propositions révolutionnaires pour en finir avec la Résistance. La méthode traditionnelle consistait à anéantir tout réseau découvert. Mais à peine une organisation était-elle détruite qu'une autre renaissait de ses cendres ; on n'en finissait pas. Heinz Pannwitz suggérait de laisser les réseaux en paix et de s'attacher à la capture des seuls chefs. Ceux-ci, « retournés », deviendraient les « conseillers politiques » de l'autorité allemande et, grâce à eux, on utiliserait l'appareil de la Résistance — conservé intact — pour détruire l'esprit même de résistance. C'était ingénieux et hardi — trop hardi pour l'époque. Mais le Grand Jeu ne reposait-il pas sur les principes définis par Pannwitz ? Le subtil Kriminalrat était d'évidence l'homme qu'il fallait pour remplacer Giering. Et cela d'autant plus que le Grand Jeu allait prendre son tournant décisif. Depuis six mois, on s'était surtout attaché à mettre Moscou en confiance, à amorcer le poisson russe : l'heure était venue de le ferrer.

Heinz Pannwitz arriva à Paris peu avant le départ de Reiser. Il lui déclara : « Jusqu'à présent, vous avez fait du bricolage. Moi, je vais me lancer dans la grande politique. » Reiser lui répondit qu'il n'était quant à lui qu'un policier désireux de faire son travail de policier, et qu'il lui laissait donc volontiers la place.

Pannwitz avait alors trente-deux ans ; selon l'un de ses collaborateurs, il était « joufflu, rose et frais comme un petit cochon ».

Le 13 septembre 1943, Willy Berg se lève avec d'atroces maux d'estomac. La veille, il a bu plus encore que de coutume pour noyer son chagrin : c'était l'anniversaire de la mort d'un de ses enfants. Vers onze heures et demie, il arrive à l'hôtel particulier de Neuilly dans un état de complète prostration. Trepper compatit à ses souffrances et propose de le conduire jusqu'à cette pharmacie où l'on vend le remède-miracle. Berg le remercie chaleureusement. Ils s'installent dans une voiture de la Gestapo. Trepper donne au chauffeur l'ordre d'aller à la gare Saint-Lazare. A gauche de la gare, 15, rue de Rome, la pharmacie Bailly. Ce n'est pas une officine banale. Le rez-de-chaussée, immense, comporte une dizaine de comptoirs. Dans les étages supérieurs de l'immeuble sont installés bureaux et laboratoires. Une entrée rue de Rome et une autre rue du Rocher.

La voiture se range face à l'entrée principale. Trepper descend et tient la porte ouverte pour Berg. Celui-ci se soulève et dit en fronçant les sourcils : « Mais il y a plusieurs entrées, dans cette pharmacie... — Bien sûr, mais vous venez avec moi. » Berg hésite, puis s'affale de nouveau en murmurant : « Pensez-vous ! J'ai confiance en vous. Allez-y... »

Le Grand Chef entre par la porte de la rue de Rome,

sort par celle de la rue du Rocher et disparaît dans la foule.

Il est midi. Vingt heures plus tôt a été réalisée l'évasion la plus spectaculaire du siècle : Benito Mussolini, dictateur déchu, arraché de sa prison du Gran-Sasso par le Sturmbannführer S.S. Otto Skorzeny.

Le 15 octobre 1965, il faisait à Varsovie un temps splendide. Je descendis à pied la grande artère de Nowy Swiat jusqu'à la rue Nowogrodska. C'est une petite rue qui ressemble curieusement à celles de Greenwich Village, à New York ; il ne manque que l'escalier de secours accroché à chaque immeuble pour que l'illusion soit complète. Autour de la porte du n° 5, siège de l'Union Culturelle Juive, une demi-douzaine de plaques rédigées en polonais et en yiddish, ou peut-être en hébreu. Quelques personnes attendaient dans le hall d'entrée. Je demandai à l'employé de la réception s'il était possible de voir M. Leiba Domb. Il m'invita à le suivre et me fit signe d'entrer dans un bureau. Mon cœur devait battre aussi fort que celui du Grand Chef quand, vingt-deux ans plus tôt, il poussait la porte de la pharmacie Bailly.

Selon Manfred Rœder : « Les Américains avaient une très haute opinion de lui. Ils voulaient absolument le prendre. Mais en 1948, un chef de section de la C.I.A. m'apprit qu'il venait d'être fusillé par les Russes. » Je savais que la nouvelle n'avait pas été confirmée. En fait, tout le monde ignorait ce qu'était devenu le Grand Chef, et tout le monde — les services américains, anglais, français, belges — eût bien voulu le savoir. Il était devenu leur Arlésienne : on en parlait toujours, on ne le voyait jamais. De temps à autre, on signalait son apparition ici et là, mais les vérifications aussitôt entreprises échouaient à le situer, encore plus à le saisir. Sachant tout cela dès le début de mon enquête, il est à peine besoin de dire que je n'avais pas entretenu une seule seconde l'espoir d'être un jour en face de l'homme auquel j'allais consacrer quelques milliers d'heures de mon existence — à supposer qu'il fût encore vivant. Si des organisations aussi puissantes n'avaient pas réussi à retrouver Léopold Trepper, il eût été vain de croire que j'y pourrais parvenir. La chance aidant, il fut pourtant relativement simple de retrouver Leiba Domb, dont la C.I.A., l'Abwehr, l'Intelligence Service, la D.S.T. et la Gestapo (pardonnez l'amalgame) ignoraient qu'il fût aussi Léopold Trepper.

Claude Spaak m'avait dit, le 28 avril 1965 : « Après la guerre, je n'ai reçu aucune nouvelle de lui. Mais il y a quatre ou cinq ans, lors d'un dîner chez mon ami le docteur Chertok, celui-ci m'a appris qu'il avait entendu parler de Trepper ; il vivrait actuellement en Pologne, à Varsovie... »

Le docteur Chertok, qui joua dans cette histoire le rôle fortuit qu'on verra plus loin, est un psychiatre de réputation internationale. Cinq jours après que Claude Spaak m'eut parlé de lui, la presse française rendait compte de ses interventions au congrès mondial consacré à l'hypnose médicale qui se tenait alors à Paris. Je m'attendais à voir un vieux monsieur barbu portant des verres fumés, mais je découvris un gaillard piaffant d'énergie, taillé en pilier de rugby, l'œil pétillant, le rire tonitruant, dont la seule apparition crée chez son interlocuteur un complexe de sous-vitalité.

Il me dit : « Je repense souvent à cette affaire à laquelle j'ai été mêlé par hasard — après tout, elle m'a valu l'une des plus grandes peurs de ma vie — et je me suis souvent demandé ce qu'était devenu le héros principal. Or, il y a quelques années, à l'occasion d'un congrès scientifique à Varsovie, j'ai retrouvé quelques anciens compagnons de résistance et, naturellement, nous avons évoqué des souvenirs. L'un d'eux a parlé du Grand Chef. A ma très vive surprise, j'ai appris qu'il s'agissait de mon homme, de celui qui était resté pour moi « l'homme de Bourg-la-Reine ». On m'a dit qu'il vivait à Varsovie, en parfaite liberté, mais qu'il était assez sérieusement malade. Son vrai nom est Leiba Domb. Il est président de l'Union Culturelle Juive de Pologne. »

Pendant quelques mois, je vécus dans les transes de l'indécision. Ecrire, solliciter un entretien, c'était s'exposer à un refus sans recours. Frapper à sa porte sans s'être annoncé risquait de gâcher toute chance d'être reçu. Je décidai de partir à l'aventure, sans avertissement préalable. Même s'il me jetait à la rue, j'aurais au moins vu le Grand Chef. Cela valait le voyage.

Il a vieilli, bien sûr, mais je le reconnus immédiatement à son regard qu'avaient si souvent évoqué ses anciens compagnons. Les yeux, d'un gris très clair, vous fixent avec une extraordinaire intensité. On ne voit qu'eux dans le masque à la Joseph Kessel : léonin et creusé de rides. Les cheveux ondulés, autrefois blonds, sont devenus presque blancs. Assis, à mon entrée, derrière un petit bureau encombré de papiers et de brochures, il se lève et s'avance, la main tendue. Veste brune en similitweed, pantalon gris anthracite, polo gris clair. Une démarche assez lourde. La fameuse cambrure des reins. Sa voix extrêmement douce, modulée, musicale, offre un contraste frappant avec la dureté du regard, avec ce visage où tant de drames ont laissé leur cicatrice.

Je bredouillai que j'étais venu de Paris pour lui parler du passé. Il hocha la tête. Ses traits demeuraient impassibles. Il tenait dans sa main gauche une pipe miniature pareille à celle de Tito ; une cigarette était fichée dans le fourneau. Cette main gauche tremblait. J'attribuai cela à sa maladie de cœur. Pourtant, les jours suivants, elle ne tremblait plus.

Je dis :

« Depuis deux ans, je vis pratiquement avec vous, avec le Trepper d'il y a vingt ans.

— Tiens donc...

— Je veux écrire un livre sur votre réseau.

— Si vous n'avez rien d'autre à faire, pourquoi pas ?

— Vous avez lu ce qu'on a déjà écrit sur vous ?

— Très peu. Ça ne m'intéresse pas.

— Vous voulez bien me parler ?

— Parler ? Oh ! on peut toujours parler...

— Et qu'allez-vous me dire ? »

Quand il rit, il rajeunit de vingt ans, de trente ans, et son visage perd d'un seul coup son implacabilité. Il est comme un étudiant racontant un chahut.

Il éclata de rire et dit :

« Mais... ce que vous savez déjà, naturellement ! »

XXXI

LE DUEL TREPPER-GIERING

QUITTANT le cabinet du docteur Maleplate entre Giering et Fortner, son impatience était plus forte encore que son anxiété. Depuis des mois, il s'ingéniait à trouver une explication à l'étrange manière dont le Kommando menait ses affaires et à l'invraisemblable crédulité de Moscou face au Funkspiel : il allait enfin savoir.

Le lendemain de son arrestation, on le ramena de Fresnes à la rue des Saussaies. Il comparut dans la soirée devant un aréopage de chefs de la Gestapo. Plusieurs étaient arrivés de Berlin le jour même. Parmi eux, un certain Müller auquel on témoignait beaucoup de déférence et qui était peut-être Gestapo-Müller en personne.

Giering prit la parole. Il dit :

« Voilà, vous avez perdu. Et vous n'avez pas seulement perdu contre nous, mais vis-à-vis de Moscou. Depuis longtemps, on ne vous croit plus, là-bas. Après les arrestations des Atrébates, on vous a reproché de vous affoler pour rien. Après la capture de Yefremov, vous avez essayé d'alerter Moscou et vous avez encore perdu. Nous, la Gestapo, nous avons la confiance du Centre, pas vous. Mais vous savez déjà tout cela, bien entendu. Quand un homme de votre qualité voit ses agents tomber l'un après l'autre, quoi qu'il fasse, il comprend forcément que l'ennemi est en contact avec ses propres patrons. C'est bien ainsi que les choses se sont passées. Tenez, voici quelques-uns des télégrammes que nous avons échangés avec Moscou : ils vous montreront à quel point nous sommes maîtres de la situation. »

Le Grand Chef prit connaissance des messages échangés entre les pianistes « retournés » et Moscou, puis les rendit à Giering. Celui-ci continua :

« Maintenant, qu'allons-nous faire de vous ? Obtenir les noms de vos derniers agents ? Ça ne nous intéresse pas. Votre réseau était une belle chose, je vous l'accorde, mais il est fini. Vous en voulez la preuve ? La voici... »

Et Giering lut au prisonnier la liste des agents de l'Orchestre Rouge déjà arrêtés. Il énuméra tous ceux qui étaient repérés, « logés », et qu'on pourrait prendre quand on le voudrait. Il lui donna même le nom des hommes et des femmes simplement soupçonnés de travailler pour le réseau. Puis il enchaîna :

« Vous voyez qu'on n'a pas besoin de vous pour liquider votre organisation. Mais encore une fois, ça ne nous intéresse pas. Nous avons un objectif beaucoup plus important. Un objectif qui nous dépasse tous, vous et nous. Il s'agit de parvenir à une paix entre la Russie et l'Allemagne pour mettre un terme à cette guerre absurde. Elle ne profite qu'aux ploutocraties capitalistes qui attendent que nous ayons fini de nous égorger pour venir rafler le butin. Ce serait idiot et nous voulons l'empêcher.

« Vous pouvez évidemment refuser de nous y aider. Franchement, ce ne serait pas très gênant. Vous savez que nous disposons d'émetteurs retournés et les télégrammes vous ont prouvé que l'affaire marchait bien. Nous avons le contact avec Moscou et nous pouvons engager le dialogue même sans vous. Simplement, il serait mieux de le faire avec vous.

« Si vous refusez, vous mourrez pour ainsi dire deux fois. Ici, nous vous fusillerons comme espion. Et nous ferons croire à Moscou que vous avez trahi, que vous êtes passé de notre côté. Vous savez que nous en avons le pouvoir : là-bas, ils avalent tout ce que nous leur envoyons.

« J'attends votre réponse. »

Trepper avait soigneusement enregistré le texte des télégrammes ; il avait noté dans sa mémoire les noms d'agents que lui énumérait si complaisamment Giering ; et il s'était dit : « Leur seul atout contre toi, c'est que tu es assis sur une chaise avec des menottes aux poignets. Mais tu es plus fort qu'eux et tu vas les avoir. »

Il répondit :

« Etre fusillé ici, je m'y attendais. Etre considéré comme un traître par Moscou, vous pensez si je m'en fiche. Quant à cette histoire de paix, ma foi, ce n'est pas inintéressant...

« Mais votre affaire ne marchera pas, je vous en préviens tout de suite. Vous voulez bien reconnaître une certaine valeur à l'organisation que j'ai montée : sachez que le système de renseignement soviétique n'est rien auprès du système que le Centre met en place pour le protéger, ou le surveiller. Nous appelons cela le « contre-espionnage ». Il est omniprésent, tout-puissant. Il apprendra vite mon arrestation et préviendra Moscou. Quand on saura là-bas que je suis tombé, ce sera la fin de vos projets. »

Giering fit observer que les arrestations et les « retournements » de Bruxelles avaient échappé au « contre-espionnage » soviétique. Trepper répliqua en fournissant maints détails sur les activités du Kommando en Belgique. Il prétendit qu'ils lui avaient été rapportés par ledit « contre-espionnage ». En fait, il les avait reçus du groupe de contrôle qu'il avait organisé lui-même après le raid sur les Atrébates. Et il termina par cet avertissement :

« Jusqu'à présent, vous avez réussi à cacher au Centre le « retournement » de quelques pianistes et de sous-ordres tels que Yefremov. C'est évident et je suis bien forcé de le reconnaître. Mais laissez-moi vous dire qu'en ce qui me concerne, les choses seront un peu différentes. Je ne suis pas un Yefremov. On ne peut pas m'escamoter sans faire de remous. »

La discussion ne se termina qu'à l'aube. Trepper n'avait pas refusé de collaborer : il s'était contenté de souligner les difficultés pratiques d'une telle collaboration. Giering n'avait pas insisté pour obtenir une réponse nette : pareille exigence eût démenti son affirmation, sincère ou non, qu'il pouvait se passer du Grand Chef. Cette première reprise avait été d'observation. A son terme, Trepper savait que Giering était un adversaire redoutable.

On descendit le prisonnier au rez-de-chaussée et on l'enferma dans une petite pièce qui avait été autrefois la caisse de la Sûreté nationale. Il s'agissait de le garder sous la main tout en le mettant au secret. Giering redoutait particulièrement la promiscuité de la police française, dont certains services étaient toujours installés rue des Saussaies. Mais on mit naïvement cet écriteau sur la porte de la caisse : « Prisonnier spécial. Entrée interdite », de sorte que la curiosité de l'immeuble fut aussitôt en éveil.

La révélation du Grand Jeu avait bouleversé Trepper sans l'étonner autant qu'il s'y fût lui-même attendu. Par les rapports de Maximovitch sur le groupe d'officiers rassemblé autour du général von Pfeffer, il savait qu'une partie des cadres de la Wehrmacht souhaitait traiter avec l'Ouest pour mieux régler son compte à l'Est. Mais il s'agissait là de vagues velléités entretenues par des officiers sans moyens d'action. Que les S.S. se fussent engagés dans la même voie était de conséquences infiniment plus graves. Car Trepper était persuadé que le discours de Giering sur une paix de compromis avec la Russie n'était qu'un leurre destiné à lui faciliter la trahison. Le Grand Jeu devait tendre au but poursuivi par le cercle Pfeffer : préparer un accord entre l'Allemagne et les Anglo-Américains, susciter au moins des tensions entre les Alliés. Dans les deux cas, l'issue de la guerre risquait d'être remise en question.

Le Grand Chef avait toujours été économe de ses gens. Les plus vifs reproches du Centre n'avaient pu le déterminer à hasarder leur existence. Mais là, dans sa petite cellule des Saussaies, il décida que l'enjeu les dépassait tous. Dussent-ils y laisser la vie, le plan S.S. devait être mis en échec. Deux possibilités : soit alerter Moscou, soit gripper le mécanisme en agissant de l'intérieur du Kommando. L'une et l'autre hypothèse impliquaient que la position du prisonnier se renforçât puissamment, et rapidement. Il lui fallait avoir les coudées franches.

Il avait deviné Giering. Grâce à Kent, arrêté deux semaines plus tôt, le chef du Kommando savait que les messages les plus importants du Grand Chef passaient par les émetteurs du parti communiste. Logiquement, Giering devait à tout prix trouver la filière menant à ces émetteurs. S'il parvenait à la ligne du Parti, ses messages à Moscou recevraient le cachet d'une authenticité incontestable. Accessoirement, il saurait si la capture du Grand Chef avait été signalée par le « contre-espionnage ».

Deux hommes pouvaient mener le Kommando au Parti : Trepper et le Directeur.

Fin novembre, quelques jours après l'arrestation chez Maleplate, Giering tend triomphalement à son prisonnier un message que le Centre vient d'envoyer à Kent, dont la radio est aux mains de la Gestapo. Le Directeur ordonne une rencontre entre Trepper et Michel, son « contact » avec le Parti ; il fixe le jour, l'heure et l'endroit.

Giering monte une souricière. Il ne s'agit pas d'arrêter Michel, bien entendu, mais de le filer pour remonter par lui au Parti.

Michel ne vient pas. Il était convenu avec Trepper de n'aller aux rendez-vous fixés par le Centre qu'avec un certain décalage : deux jours et deux heures avant le temps indiqué.

Deuxième reprise à l'avantage du Grand Chef. Mais l'issue du duel demeure indécise. Giering le tient toujours confiné dans sa cellule. Or, il ne pourra agir qu'à condition d'en sortir.

Ce n'était pas vraiment en sortir que d'en être extrait pour quelque interrogatoire ou confrontation. La rencontre la plus dramatique fut avec Vassili de Maximovitch. Il ne s'était pas suicidé avant d'être arrêté, le gros baron barbichu, pauvre Casanova aux mains des tortionnaires ; il avait obéi au Grand Chef et s'efforçait d'entraîner dans l'autre monde « le plus grand nombre possible de ces canailles ». Le cercle Pfeffer était sur le gril. Le sort de ses membres tenait à six mots : « Négocier avec ou sans le Führer. » Giering demanda à Trepper si le rapport de Maximovitch spécifiait bien qu'ils avaient été prononcés par Pfeffer. Trepper confirma avec empressement et vit « un immense bonheur illuminer le visage martyrisé de Maximovitch ». Pour faire bonne mesure, il ajouta que *tous* les officiers entourant Pfeffer voulaient négocier avec l'Ouest « avec ou sans le Führer ». C'était exact pour la négociation mais une extrapolation pour ce qui concernait le Führer. Le Grand Chef ne crut pas devoir lésiner. Il fallait frapper le plus grand nombre possible de partisans d'une paix séparée, qu'ils fussent S.S. ou non.

On l'interrogea aussi sur le curare : Anna de Maximovitch avait farouchement affirmé qu'elle lui en avait remis quantité suffisante pour empoisonner mille personnes, déclenchant du même coup une panique réjouissante. Ce fut un de ses bons moments.

Puis il comparut à maintes reprises devant le juge d'instruction militaire chargé d'enquêter sur ses « sources » allemandes. Du fond de sa cage, il avait perçu les échos du scandale dont le *Gross Paris* était secoué et qui allait s'amplifiant à mesure que l'on découvrait jusqu'où l'Orchestre Rouge avait pénétré l'Etat-Major allemand. C'était un bel hommage à son travail antérieur. Ses auditions lui furent une occasion de le parachever en lui offrant le délicat plaisir de tenir dans ses mains menottées l'existence de plusieurs officiers. Cette fois, aucune exigence de haute politique ne l'obligeait à la rigueur ; il distribua la mort, les travaux forcés ou la dégradation selon son inclination personnelle épargnant les « bons », accablant les « mauvais ». Bien entendu, son premier souci fut de sauver Ludwig Kaïnz. Il affirma que celui-ci n'avait fait que du marché noir avec la Simex et déclara au juge d'instruction : « Si vous le punissez pour ça, il faudra aussi punir toute la Todt, de l'adjoint du directeur au dernier sous-fifre. » Il sauva également le brave colonel autrichien affecté à l'Intendance de la Wehrmacht, de qui il avait appris l'imminence de « Barbarossa ». Par contre, il chargea tous les officiers S.S. qu'il avait fréquentés, de même que certains officiers de la Wehrmacht particulièrement fanatiques : il affirma qu'il les avait achetés ; en réalité, ils n'avaient été qu'un peu trop bavards — au poteau ! Ce fut encore un bon moment.

Dispensateur de la mort, il fut aussi frappé par elle, au moins indirectement. Le Kommando avait découvert chez Mme Grossvogel un passeport établi au nom de Trepper et portant la photo du Grand Chef. Giering le montra au prisonnier, qui s'exclama : « Bravo ! C'est mon vrai passeport : Trepper est bien mon nom. » Cette complaisance à avouer son identité suscita la méfiance de Giering. Il ne pouvait pas deviner que le Grand Chef désirait par-dessus tout éviter qu'on découvrît son pseudonyme « Domb », sous lequel il était connu dans les milieux communistes et paracommunistes. Un membre du Kommando partit pour la Pologne afin de rechercher à Neumarkt la trace éventuelle d'un Léopold Trepper. Son rapport parvint à Berg alors que celui-ci était en train d'interroger le Grand Chef. Il lui lut le texte du télégramme : « Neumarkt est *judenrein* [1]. Les documents d'état civil ont été brûlés. Le cimetière a été détruit et labouré, de sorte qu'il n'est pas possible de rechercher le nom « Trepper » sur les pierres tombales. »

Ainsi le Grand Chef apprit-il que tous les siens avaient été exterminés. Le temps de lire un télégramme, il

1. « Nettoyé des Juifs. » Dans le vocabulaire nazi, cette expression signifiait que toute la population juive d'une localité avait été liquidée ou déportée.

avait perdu sa mère, ses frères et ses sœurs, et aussi ses oncles et tantes, ses cousins — toute sa parentèle, quarante-huit personnes au total. Les adultes avaient été déportés et gazés. On avait abattu sur place vieillards et enfants.

Il haussa les épaules et dit à Berg en souriant : « Vous devriez chercher dans les archives de la Préfecture de Police, à Paris. Il serait étonnant que vous ne trouviez rien au nom de Trepper. »

Giering lui avait fait donner un dictionnaire, du papier et un crayon. Le jour, il griffonnait sous l'œil indifférent du gardien installé en permanence dans sa cellule. Il était interdit de parler avec le prisonnier. La nuit, les sentinelles avaient tendance à enfreindre la consigne. On restait muet jusque vers une heure du matin, mais ensuite, quand tout l'immeuble dormait, on bavardait jusqu'à deux ou trois heures. Puis la sentinelle s'allongeait sur son lit de camp et s'endormait à son tour. Le Grand Chef attendait encore une demi-heure avant de soulever son propre lit pour récupérer un rouleau de papier dissimulé dans le tube creux d'un des pieds : son rapport à Moscou.

Il débutait par une accumulation de détails. Depuis des mois, Trepper transmettait au Centre des avertissements dont on ne tenait pas compte. Cette fois-ci, il fallait qu'on le crût. C'était la dernière chance. Il décrivit minutieusement son arrestation (jour, date, endroit), son incarcération à Fresnes, son retour aux Saussaies. Il raconta chaque confrontation (avec qui, quand et où). Tout cela était vérifiable, même si le fameux « contre-espionnage » soviétique n'était qu'un épouvantail destiné à assouplir Giering. A peu près assuré que le Centre serait convaincu qu'il était prisonnier du Kommando, il poursuivit en dressant la liste des agents déjà arrêtés, et surtout en donnant les noms de ceux dont Giering lui avait dit qu'ils étaient convaincus ou soupçonnés d'appartenir au réseau. Le plus important était Fernand Pauriol, responsable radio du Parti. Trepper insista pour qu'il se cachât au plus vite.

Puis il exposa ce qu'était le Grand Jeu. Il décrivit son but et les moyens mis en œuvre. Pour preuve de ce qu'on pouvait faire avec quelques pianistes « retournés », il cita le texte des télégrammes que Giering lui avait si complaisamment fait lire et les commentaires du chef du Kommando. Il termina en prévenant qu'il tenterait de s'évader en proposant plusieurs plans. La meilleure opportunité lui semblait offerte par un café à double issue situé au bas du boulevard Saint-Michel.

La rédaction du rapport prit plusieurs nuits. Il ne pouvait y travailler qu'entre trois et six heures du matin, tout en surveillant le sommeil du gardien. Berg était le plus agréable, car l'alcool lui était un puissant somnifère ; le plus fâcheux était un prêtre mobilisé qui occupait ses nuits de garde à prier pour l'âme du captif.

Il rédigea son texte en hébreu, yiddish et polonais, entremêlant ces trois langues aussi étroitement que possible. Si ses papiers étaient découverts, il faudrait réunir trois interprètes pour les déchiffrer : cela ménagerait toujours un répit de quelques heures. Précaution minuscule mais caractéristique du Grand Chef ; ficelé au poteau d'exécution, cet homme réfléchirait à la conduite à tenir en cas où les douze balles viendraient à le manquer.

Quand il eut terminé le rapport, il jugea qu'il était temps de courir sa chance contre Giering. De tous les risques qu'il avait pris dans sa vie, celui-ci était le plus grand.

Le chef du Kommando sut que le premier maillon de la chaîne menant au Parti était une certaine Juliette, vieille militante communiste. Elle travaillait dans une confiserie en gros située près du Châtelet.

Mais au lieu de lui envoyer Trepper, comme ce dernier l'espérait, Giering décida d'utiliser Raichman, le faussaire de Bruxelles ; il avait eu, plus d'un an auparavant, un contact avec Juliette. Le Grand Chef dit au S.S. : « Vous allez perdre votre temps. Vous verrez qu'elle fera comme si elle ne reconnaissait pas Raichman. »

Elle fit comme si elle ne reconnaissait pas Raichman. Quelques mois plus tôt, Trepper avait ordonné à Juliette de ne plus recevoir personne, sinon Katz et lui-même. Tout autre émissaire devait présenter, en signe de reconnaissance, un petit bouton rouge. Giering et Raichman ignoraient ce détail.

Troisième round pour le Grand Chef. Giering et Willy Berg s'en vont à Berlin. A leur retour, Berg presse Trepper de collaborer. Celui-ci rétorque qu'il ne demande pas mieux, mais qu'on lui en ôte la possibilité en le confinant dans sa cellule. Il était prêt à aller chez Juliette : ce n'est pas sa faute si Giering a préféré envoyer Raichman. Il est toujours disposé à aider le Kommando, mais qu'on lui donne au moins les moyens de duper le fameux « contre-espionnage ». Il faut qu'on le revoie aux endroits qu'il avait l'habitude de fréquenter ; il faut même le laisser reprendre contact avec certains agents. Berg répond qu'il accepterait volontiers ces conditions, mais il ajoute que Giering n'y consentira pas. Moins par méfiance envers le Grand Chef que par crainte d'un attentat s'il laissait sortir son précieux prisonnier. Giering est convaincu que tous les groupes de choc parisiens du parti communiste ont reçu l'ordre soit de libérer Trepper, soit de l'abattre pour lui fermer la bouche.

Le Grand Chef suggère alors d'envoyer Hillel Katz à Juliette.

Il avait appris l'arrestation de son fidèle adjoint avec désespoir et soulagement. La peine allait de soi ; le soulagement tenait aux qualités exceptionnelles de l'homme : avec lui, la partie devenait un peu moins difficile à jouer.

Torturé, sommé de parler et de collaborer, Katz répétait depuis sa capture : « Trepper est mon chef. Il le restera jusqu'au bout. Je ferai ce qu'il me demandera de faire, et rien d'autre. » Il était certain qu'il n'irait voir Juliette que si le Grand Chef le lui ordonnait. Berg réussit à convaincre Giering de les mettre en présence. Ils se revirent pour la première fois le 23 novembre.. Katz était défiguré par les coups.

La confrontation avait été minutieusement organisée entre les deux S.S. et Trepper. Grande difficulté : contrairement à Trepper, Katz ne parlait pas allemand : Giering et Berg ignoraient le français. On ne pouvait naturellement pas utiliser l'interprète du Kommando, l'Oberscharführer Siegfried Schneider : si un Reiser était tenu à l'écart de l'affaire, ce n'était pas pour y fourrer un simple adjudant. D'un autre côté, la plus élémentaire prudence interdisait aux deux S.S. de laisser les prisonniers s'entretenir sans qu'ils comprissent leur dialogue.

La solution avait été fournie par le Grand Chef lui-même. Il avait dit à Berg : « Vous comprenez à peu près le yiddish. Je parlerai à Katz en yiddish et vous pourrez ainsi vous assurer que je ne vous trompe pas. » Le yiddish, langue dérivée de l'allemand, est en effet compréhensible pour un Allemand. Mais il est émaillé de mots hébreux dont on ne peut évidemment savoir le sens qu'à condition de parler hébreu.

Le Grand Chef fit à Katz un long discours pour l'exhorter à se soumettre aux volontés du Kommando ; il lui enjoignit d'aller voir Juliette et lui donna de nombreux conseils pour se faire reconnaître d'elle — conseils superflus puisque Katz eût été, de toute façon, reçu par Juliette. Et il parsema son discours de quelques mots hébreux. Ces mots, mis bout à bout, signifiaient : « Elle doit répondre qu'elle va chercher le contact, mais qu'elle ne promet rien. »

Reiser conserve un vif souvenir du rendez-vous, qui eut lieu par un pluvieux après-midi de décembre. Un cordon de policiers en civil ceinturait le quartier du Châtelet. Le Kommando avait pris position dans les rues avoisinant la confiserie. Mais on laissa Katz y pénétrer seul : Trepper avait prévenu que le « contre-espionnage » surveillait probablement Juliette ; si les gardiens collaient trop étroitement à Katz, ils seraient repérés et la tentative échouerait.

Katz revint avec la réponse dictée par le Grand Chef.

Huit jours plus tard, Giering le renvoyait à la confiserie. Conformément aux instructions de Trepper, Katz prétendit que Juliette lui avait répondu : « J'ai trouvé le contact, mais il faut que le patron vienne en personne. »

Ces tergiversations et cette exigence tourmentèrent beaucoup Giering : cachaient-elles un piège ? Trepper le rassura : « Mais non ! C'est simplement que ma disparition soudaine les inquiète ! Je me tue à vous le répéter : si on ne me voit plus circuler, c'est la preuve que je suis arrêté et toute votre histoire tombe à l'eau. Ils commencent sûrement a flairer quelque chose... »

Giering ne pouvait plus reculer. En arrêtant le Grand Chef, il avait en somme joué quitte ou double. Avec lui, et grâce à la ligne du Parti, les messages du Funkspiel pouvaient atteindre à une parfaite crédibilité. Par contre, si sa capture était connue, Moscou devrait admettre que les appréhensions antérieures de Trepper étaient justifiées. Le Centre procéderait alors à un nouvel examen de la situation du réseau et cette contre-enquête aurait pour résultat certain de démasquer les pianistes « retournés ». Ce serait l'écroulement du Funkspiel et la fin du Grand Jeu.

Le chef du Kommando décida d'envoyer Trepper à la confiserie. Cette fois, tout le quartier fut bouclé par des forces de police importantes. Des pelotons de gendarmes en civil prirent position aux carrefours commandant l'accès du Châtelet. La Gestapo et ses auxiliaires français étaient chargés de la protection rapprochée.

Giering avait remis au prisonnier un message que Juliette devrait passer aux échelons supérieurs pour qu'il fût transmis à Moscou. Il était censé émaner du Grand Chef. Celui-ci expliquait que le réseau avait été sérieusement secoué, mais non détruit. Il proposait d'interrompre la liaison avec Moscou pendant un mois pour laisser à la tempête le temps de s'apaiser. Le Centre donnerait lui-même le feu vert pour de nouveaux contacts en envoyant au Grand Chef, à l'occasion de la fête de l'Armée Rouge, l'habituel télégramme de félicitations.

Le délai d'un mois était une trouvaille de Trepper. Il avait affirmé à Giering que le Centre, habitué à sa prudence, s'attendrait à une proposition de ce genre. En fait, le prisonnier voulait laisser à Moscou le temps de vérifier son rapport, et bloquer dans l'intervalle toute initiative de la part du Kommando.

Le chiffrement du message avait posé un problème. Par Kent, Giering savait qu'un code ultra-secret était utilisé pour les télégrammes passant par la ligne du Parti. Logiquement, son message devait être chiffré à partir de ce code. Mis en demeure de le livrer, Trepper éclata de rire et s'exclama : « Vous ne croyez tout de même pas qu'un grand patron comme moi perdait son temps à des histoires de code ! » Kent révéla que Grossvogel possédait la clef, mais nous savons que toutes les tentatives échouèrent à briser Grossvogel. Faute de mieux, le message fut chiffré en utilisant l'un des codes de Bruxelles.

Willy Berg accompagna Trepper dans la confiserie, mais feignit de s'intéresser à l'étalage. Trepper s'approcha de Juliette et lui tendit une liasse de papiers. Il y avait le message de Giering, son propre rapport trilingue et une lettre commençant ainsi : « Cher camarade Duclos, je te supplie de faire l'impossible pour transmettre ce document à Dimitrov et au Comité central du parti communiste de l'Union soviétique. Il y a à Moscou quelque chose qui ne va pas. Il est même possible qu'un traître se soit glissé dans nos services. »

Juliette prit les papiers sans souffler mot. Trepper lui murmura : « Disparaissez immédiatement après avoir transmis, et ne revenez plus ! » Puis il sortit, suivi de Berg.

En ce qui le concernait, la partie était terminée et gagnée. Du sein même de la Gestapo — du sein de ce groupe d'élite qu'était le Kommando —, il avait réussi à communiquer avec Moscou au nez et à la barbe de ses gardiens. Grâce à lui, le Centre allait recevoir plus d'atouts qu'il n'en fallait pour contrer le jeu S.S. Mais si cruelles avaient été ses déceptions avec le Centre qu'une crainte diffuse continuait de l'habiter. Même après qu'il eut surclassé et ridiculisé Giering, l'issue de la rencontre dépendait de la décision du juge-arbitre : le Directeur. Si celui-ci refusait d'ajouter foi au rapport trilingue, le S.S. l'emportait.

Une attente d'un mois excédait les réserves de patience de Giering. Trois jours après la remise des documents à Juliette, il envoyait un agent français à la confiserie pour demander, de la part du Grand Chef, si la transmission en haut lieu avait bien été faite. Juliette n'était pas là. Sa patronne expliqua qu'elle avait pris un congé. Une semaine plus tard, elle était toujours en congé. Une semaine encore, et la patronne apprenait à l'émissaire que Juliette avait été appelée au chevet d'une tante malade ; on ignorait quand elle pourrait reprendre son travail.

Affolé, Giering exigea de Trepper une explication. Le prisonnier fit la moue et murmura : « Je vous l'ai dit et répété : en me cloîtrant ici, vous éveillez forcément les suspicions. »

On le laissa sortir. Deux voitures encadraient la sienne. Il mena le Kommando dans divers magasins où il avait, disait-il, des agents à lui. Ses gardes le laissaient entrer seul dans la boutique mais surveillaient étroitement les abords. On n'arrêta évidemment personne : cela eût inquiété et il s'agissait de rassurer. L'eût-on fait qu'on eût pris le tailleur du Grand Chef, son marchand de tabac, son libraire, son chausseur, etc., braves gens qui ignoraient tout des activités de leur client.

Le 23 février, jour de la fête de l'Armée Rouge, Giering recevait le télégramme de félicitations adressé au Grand Chef par le Directeur. C'était le feu vert pour la reprise de la liaison avec Moscou. C'était surtout le feu vert pour le Grand Jeu. Sans doute fallait-il renoncer provisoirement à utiliser la précieuse ligne du Parti, puisqu'on avait perdu la trace de Juliette, mais le télégramme du Centre garantissait à Giering que la capture de Trepper était ignorée de Moscou : on pouvait couvrir le Funkspiel de son autorité.

Ce jour de fête pour l'Armée Rouge le fut probablement aussi pour le Kommando ; chez Suzy Solidor, le cognac dut couler à flots. Trepper profita de l'euphorie générale : le soir même, on le mettait à Neuilly. Kent, lui, restait aux Saussaies. Il était enfermé dans une pièce contiguë à celle de Trepper et les deux hommes avaient pu échanger quelques phrases. Kent avait dit : « Je suis convaincu que tu ne travailles pas vraiment pour eux... Tu essaies de les rouler... » Trepper : « Mais si, bien sûr que je marche avec eux ! Que faire d'autre ? Tu vois bien que tout est foutu ! »

Le transfèrement dans la prison de luxe de Neuilly n'était pas seulement une récompense. Giering témoignait d'une méfiance grandissante envers les policiers français qui étaient installés aux Saussaies. Il grognait à ses hommes : « Chaque fois qu'on travaille avec ceux-là, ça finit mal. » Mieux valait en éloigner le prisonnier. Ses soupçons avaient été encore augmentés par quelques remarques du Grand Chef sur la sympathie de la police française pour la Résistance. Aussi prêta-t-il une oreille attentive à certaines suggestions du prisonnier. Celui-ci lui fit observer qu'il était démuni de papiers d'identité et d'argent. Or, les agents du Kommando, pour mieux passer inaperçus — car ils n'étaient pas en France comme des poissons dans l'eau et se défiaient de tous et de chacun — utilisaient de faux papiers au lieu de leurs documents allemands. Leurs cartes d'identité les donnaient pour des hommes d'affaires hollandais, flamands ou suédois installés à Paris ; ils les exhibaient toujours lorsqu'ils étaient contrôlés par un barrage de police français. Mais que se passerait-il si la voiture de Trepper était, lors d'une de ses sorties, arrêtée par des policiers français ? Quelle serait la réaction de ceux-ci en présence d'un individu dépourvu de papiers et d'argent ? Ils voudraient forcément l'appréhender. Sans doute l'incident n'irait-il pas loin, mais ses conséquences seraient imprévisibles. On pourrait craindre que la Résistance fût avertie de l'existence d'un mystérieux prisonnier que des policiers allemands camouflés promènent à travers Paris. Le signalement de Trepper serait diffusé. A partir de là, tout devenait possible.

Giering en convint et fit donner au Grand Chef des papiers et quelque argent.

Les six mois suivants consistèrent essentiellement à tourner en rond autour de la pelouse de Neuilly. Le Kommando ne demandait au Grand Chef que des consultations d'ordre général ; les besognes pratiques du Funkspiel étaient pour Kent ; il rédigeait et chiffrait les messages — les siens en français, ceux de Trepper en russe. Katz n'avait rien à faire et tournait en rond. On l'avait mis à Neuilly sur l'insistance du Grand Chef, de même qu'on gardait Grossvogel en vie sur son affirmation qu'il pourrait se révéler indispensable au Funkspiel. Otto Schumacher — chez qui Wenzel s'était fait prendre et qui avait été lui-même arrêté à Lyon — Schumacher était tenu à l'œil par ses compagnons. Il demandait sans cesse à Katz : « Mais c'est vrai que le Grand Chef travaille pour eux ? Tu ne penses pas qu'il essaie de les jouer en double ? Je n'arrive pas à croire qu'il ait trahi ! » Un « mouton », probablement. Katz haussait les sourcils et répondait, étonné : « Tu rêves ? Bien sûr qu'on s'est allongé ! Tu crois qu'il y avait une autre solution ? » Chose étrange : Kent, qui s'était tout à fait allongé après sa capture, revenait lentement vers la verticale. Installé à son tour à Neuilly, il avait répété à Trepper qu'il ne croyait pas à sa trahison. Certaines de ses remarques laissaient supposer qu'il regrettait la sienne. Encore un peu de temps et il n'était pas impossible que le Petit Chef redevînt utilisable.

Avec Berg, c'était l'idylle. Il avait lancé à Trepper sa formule favorite : « Moi, j'ai été flic sous le Kaiser, flic sous la république de Weimar, je suis flic sous Hitler et je serai encore flic si Thaelmann prend le pouvoir. » Les deux hommes s'étaient compris. Puis Berg, à qui la maladie avait enlevé trois enfants, revint méconnaissable d'une permission à Berlin : sa femme était devenue folle au cours d'un bombardement. Dès lors, ce fut un homme brisé. Il n'aspirait plus qu'à voir la guerre se terminer et le Grand Chef songeait souvent en l'écoutant que celui-là, au moins, souhaitait sincèrement une paix de compromis — n'importe laquelle. Il fut pour le prisonnier une « source » exceptionnelle, l'informant au jour le jour, et dans le moindre détail, des activités du Kommando, de sorte que Trepper était au fait des projets de Giering avant même qu'ils fussent mis à exécution. Il n'y eut pas « retournement » de Berg, ni complicité tacite. Trepper avait le sentiment qu'il raisonnait ainsi : « Si le Grand Chef travaille sincèrement pour une paix séparée et pour nous, je peux lui parler sans inconvénient. S'il nous double, eh bien, on ne sait pas comment la guerre peut tourner et je lui parle quand même... »

Il en allait autrement avec Giering. Jusqu'au dernier jour, Trepper sut qu'il ne devait sous aucun prétexte baisser sa garde. Il accueillit avec soulagement son départ, et l'arrivée de Pannwitz avec satisfaction, convaincu qu'il gagnait au change. C'était exact pour divers motifs, notamment celui-ci : Giering, dans son immense scepticisme policier, estimait que les Juifs ne valaient pas mieux que les autres ; Pannwitz croyait absolument qu'ils valaient moins que les autres. Vingt-trois ans après son arrivée à Paris, il nous tracera ce portrait de son prisonnier : « Un grand comédien ! Quand il ne se savait pas observé, il avait un regard très dur, très méfiant, et un maintien plein de calme et de souveraineté. Dès qu'on s'occupait de lui, il jouait la comédie. Si on le pressait de questions, il se mettait la main sur le cœur pour rappeler qu'il était cardiaque. Mais c'était avant tout un Juif. Les Russes ont eu grand tort de mettre tant de Juifs dans ce réseau — pensez que l'Orchestre Rouge était juif à quatre-vingt-dix pour cent ! — car un Juif est beaucoup trop malin pour mourir pour une cause perdue [1]. »

Le Kriminalrat croyait d'autant moins aux vertus héroïques du Juif Trepper qu'il avait lu à Berlin les

1. Manfred Rœder, qui vit Trepper après son arrestation, le décrit ainsi : « Un homme d'affaires intelligent et souple, très aimable, quelqu'un de très bien élevé. » Quant à Fortner, il résume naturellement son impression par sa phrase habituelle : « Il avait le type officier. »

rapports où s'étalait sa trahison. Détail significatif du peu de confiance qu'on se témoignait à la Gestapo : personne n'expliqua au nouveau venu que la « légende » de Trepper avait été forgée de toutes pièces à l'usage de la hiérarchie. On laissa Pannwitz s'installer à la tête du Kommando avec une image complètement fausse de son prisonnier. Aussi bien lui témoigne-t-il d'entrée la plus entière confiance. Trepper apprend qu'il va bientôt quitter Neuilly ; on l'installera dans un appartement parisien et il pourra aller et venir à sa guise moyennant une discrète surveillance.

Mais il doit d'abord aider au démarrage de la « grande politique » inaugurée par Pannwitz. Contrairement au vieux et prudent Giering, le Kriminalrat est possédé de l'impatience habituelle à son âge. Il est décidé à brûler les étapes. Pour lui, les émetteurs « retournés » constituaient de bons instruments tant qu'il s'agissait de préparer les voies du Grand Jeu en captant la confiance de Moscou — ce but est atteint. Mais pour parler politique au niveau le plus élevé, la radio n'offre que des possibilités réduites. Il faudrait pouvoir discuter, argumenter — faire enfin de la diplomatie, ce qui n'est guère possible avec le seul véhicule de quelques groupes chiffrés. Pourquoi ne pas prendre langue directement avec Moscou ? Pourquoi ne pas envoyer là-bas un émissaire cautionné par le Grand Chef ? Avant de partir pour Paris, le pétulant Pannwitz a soumis son plan à Himmler. Celui-ci n'en a pas apprécié la hardiesse. Il a dit de sa petite voix sentencieuse : « Non. L'idéologie bolchévique est si fascinante qu'il ne faut envoyer personne là-bas : le risque de contamination est trop grand. » Conclusion de Pannwitz : le Reichsführer n'est qu'un cuistre de plate envergure paralysé par la peur des initiatives.

Il s'accroche à son plan mais le modifie : au lieu d'expédier un émissaire en Russie, on va faire envoyer quelqu'un par Moscou. Pannwitz demande à Trepper s'il est d'usage, dans les services soviétiques, de déléguer un responsable de rang élevé pour régler sur place les affaires d'intérêt exceptionnel. Réponse affirmative. Kent, interrogé à son tour, prétend le contraire. Pannwitz, troublé, invite Trepper à expliquer cette contradiction. Le prisonnier lève les bras au ciel et s'exclame : « Mais comment voulez-vous qu'un Kent sache comment les choses se passent à un certain niveau ! » Pannwitz acquiesce. Le Centre reçoit donc un long message du Grand Chef. Celui-ci explique qu'il est en contact avec un puissant groupe d'opposants à Hitler dont les sentiments sont très favorables à l'Union Soviétique. Mais il n'a pas compétence pour traiter d'affaires politiques : le Directeur pourrait-il lui déléguer une personnalité susceptible d'entamer les négociations ? Rendez-vous est fixé à des dates successives dans l'ancien appartement de Katz, rue Edmond-Roger.

A la première des dates prévues, on emmène Trepper chez Katz. Il a la surprise d'y retrouver Raichman, dont c'est à présent le domicile. Les deux hommes bavardent. Comme Kent, comme Schumacher, Raichman dit à son ancien chef : « Ce n'est pas possible, tu ne travailles pas vraiment pour eux. » Comme avec Kent, comme avec Schumacher, Trepper joue les âmes brisées.

L'émissaire de Moscou ne vient pas au rendez-vous. Ce n'est peut-être que partie remise et Pannwitz ne perd pas espoir. Mais avant qu'échoie le dernier rendez-vous fixé au Centre, une bombe à retardement laissée par Giering éclate au sein du Kommando.

Ce fut le dernier triomphe du policier et il est probable qu'il n'en sut rien : il se mourait déjà à Landsberg.

L'affaire Juliette lui avait laissé un sentiment de malaise. Pourquoi cette femme avait-elle disparu subitement et sans laisser de traces ? On pouvait admettre que le « contre-espionnage », inquiet sur le sort du Grand Chef, lui eût enjoint de se cacher. Mais alors, elle eût dû réapparaître après les premières sorties du prisonnier, en tout cas après la réception du télégramme de félicitations du 23 février. Si ce télégramme était « sincère », le Centre ne soupçonnait aucun piège et Juliette pouvait revenir dans sa confiserie. Si elle n'y revenait pas, était-ce donc que le télégramme avait été envoyé de Moscou en parfaite connaissance de cause et pour duper le Kommando ?

Le seul moyen d'en avoir le cœur net consistait à

capturer le maillon suivant de la chaîne menant au Parti. C'était Fernand Pauriol.

Par Raichman, Giering connaissait l'existence de Pauriol. Par Kent, il apprit ses fonctions dans l'appareil technique du Parti et son rôle de courrier extraordinaire pour le compte de l'Orchestre Rouge : il assurait la liaison entre Juliette et le Comité central. Son arrestation apporterait la possibilité de tirer au clair l'affaire Juliette et de savoir si les instances supérieures du Parti — donc Moscou — donnaient réellement dans le panneau du Funkspiel. Giering était trop méfiant pour ne pas vouloir à tout prix lancer un tel coup de sonde.

La Gestapo reçut l'ordre de traquer Pauriol à travers la France entière. Elle échoua. L'homme avait disparu. Les mois passèrent, mais Giering n'oubliait pas. Il voulait Pauriol. Et pour l'avoir, il mit au point un piège d'un parfait machiavélisme : se faire livrer par le Centre celui que la Gestapo n'avait pas su prendre.

L'émetteur utilisé pour les messages attribués au Grand Chef tomba un jour en panne. Bien entendu, le Kommando disposait de techniciens capables de le réparer. Au lieu d'avoir recours à eux, Giering envoya par l'émetteur de Kent un message informant le Centre de la panne et demandant qu'on lui adressât d'urgence un spécialiste radio du Parti. C'était un astucieux traquenard. Qu'on se mette à présent à la place du Directeur. Si celui-ci est toujours abusé par le Funkspiel, il dépêche sans broncher un spécialiste à Trepper. Mais même si le rapport du Grand Chef lui est parvenu, et s'il y ajoute foi, *même si le Directeur sait que Giering lui tend un piège,* il doit faire semblant d'être dupe et organiser le contact avec un réparateur. C'est sacrifier ce dernier ? On n'en est pas à un homme près. Giering non plus, d'ailleurs, et rien ne prouve qu'il arrêtera le technicien. Engagé dans une partie gigantesque, pourquoi perdrait-il son temps à la cueillette d'agents de dernier ordre ? Le message annonçant la panne doit avoir pour seul but de « faire vrai » : un réseau sans ennuis n'existe pas — ou n'existe plus...

Le Directeur indique à Trepper un technicien communiste dont le pseudonyme est Jojo. Ses parents tiennent un bar à Saint-Denis. Lui-même a monté un atelier où il construit et répare les postes émetteurs.

Rien ne prouve que Jojo mènera à Pauriol, et le chemin risque d'être long (Giering quittera Paris avant qu'on soit au bout), mais les bouchers du Kommando se mettent à l'ouvrage. La chance est avec eux. Toujours cette même histoire de tortures et de noms qu'on crie lorsque le corps n'en peut plus et que la raison chavire, et que l'âme se brise. Jojo donne Auguste, qui donne Marc, qui donne Michel. Michel mène à Francis — ou François —, qui était caché près de Bordeaux. Fernand Pauriol, *alias* Duval, est à Bordeaux. On l'y arrête le 13 août 1943. Comme il observe un mutisme absolu, il faut trois semaines à la Gestapo pour identifier sa prise.

Un jour de la première semaine de septembre, Berg, fou de joie, fait irruption dans la chambre de Trepper en hurlant : « Ça y est ! On a Duval ! »

Le Grand Chef en fut comme foudroyé et, pour la première fois, il crut qu'il avait atteint le terme de son long combat. Sa porte allait être ouverte d'un instant à l'autre et il s'entendrait ordonner de sortir pour être exécuté. Il ne lui restait plus qu'à finir en beauté. Toujours méthodique, il prépara la belle phrase qu'il jetterait à la face de ses bourreaux.

Mais Fernand Pauriol ne parla pas. Atrocement torturé, il ne parla pas. Menacé de voir sa femme abattue sous ses yeux, il ne parla pas.

Son calvaire va durer exactement un an, mais Pauriol ne parlera pas.

A peine le Grand Chef a-t-il surmonté ses craintes qu'un nouveau coup vient l'accabler. Le 12 septembre, Berg lui annonce qu'il va partir sous escorte pour le Midi. La Funkabwehr vient de découvrir là-bas un émetteur communiste ; elle a mis la main sur les doubles des télégrammes envoyés et reçus. L'éminent « casseur de codes » Kludow est en route pour la France et s'attaquera incessamment aux archives, mais le Kommando est d'ores et déjà persuadé que l'émetteur découvert est celui qui a transmis à Moscou le message confié à Juliette. On va donc savoir dans quels termes le Centre en a accusé réception, s'il a posé des questions au Parti, et lesquelles. Trepper est naturellement du voyage : on peut avoir besoin de lui.

C'est une catastrophe. Si l'émetteur a transmis le message de la Gestapo, n'y a-t-il pas toutes chances pour qu'il ait aussi transmis le rapport du Grand Chef, qu'on va retrouver en archives et que Kludow aura tôt fait de décrypter ? Le raisonnement est logique, mais l'hypothèse de départ est fausse. Car l'émetteur découvert n'a pas servi à transmettre à Moscou le message de Giering. Quant au rapport trilingue du Grand Chef, Jacques Duclos n'a pas voulu confier aux ondes un document d'une telle importance : il l'a fait porter par courrier à Londres, d'où il a été acheminé jusqu'à Moscou. Cela, Trepper ne peut pas le deviner. Il tient pour acquis qu'il est sur le point d'être démasqué. Mais il dispose d'une marge de manœuvre : le voyage n'est prévu que pour le surlendemain.

Il a eu le temps, depuis six mois, d'examiner les lieux et de jauger la valeur des mesures de sécurité. Une tentative d'évasion finira probablement sous les balles des gardes slovaques, mais que faire, sinon en courir le risque ? Le soir même, il s'ouvre de son projet à Katz. Celui-ci refuse de le suivre. Sa femme et ses enfants sont installés au château de Billeron, chez les Maximovitch. Ils servent d'otages au Kommando. Katz a été prévenu qu'ils seraient exécutés s'il ne marchait pas droit. Il a accepté de risquer leur vie dans l'affaire Juliette à cause de ce qui était en jeu, mais il ne se sent pas le droit de les condamner à mort pour sauver sa propre existence. Il restera à Neuilly — bonne chance à son vieux compagnon ! Kriminalrat Pannwitz, Hauptsturmführer S.S., bourreau de Prague, vous qui êtes bien vivant tandis que Katz est mort, direz-vous encore, après avoir lu ces lignes, que cet homme était de par sa race inapte au sacrifice ?

Trepper modifie son plan. Il avait envisagé une tentative en force pour ne pas laisser son ami derrière lui. Seul, il peut éviter d'affronter le feu des Slovaques. Il a des papiers et de l'argent ; il peut jouer de Berg et de ses affres d'ivrogne. Dès le lendemain matin, il lui suggère d'aller à la pharmacie Bailly.

Que l'Allemand demeurât dans la voiture, le Grand Chef n'y comptait pas. Il avait décidé de l'assommer dans la pharmacie et de s'enfuir à toutes jambes. Si Berg dégainait, la présence d'un public toujours nombreux l'empêcherait d'ajuster son tir. Il était même possible que quelque client s'employât à le maîtriser.

Tout fut infiniment plus simple : il suffit d'entrer par une porte et de sortir par une autre.

Deux ans plus tôt, le 13 septembre 1941, le Grand Chef avait réussi à sortir de la souricière installée par Fortner rue des Atrébates. Depuis son enfance, il tenait le chiffre 13 pour son porte-bonheur.

XXXII

LA TRAQUE

WILLY BERG, plus mort que vif, téléphone aux Saussaies ; son rapport y crée la panique. Pannwitz déclenche aussitôt une gigantesque opération de police. Le quartier Saint-Lazare est bouclé ; des dizaines de badauds sont appréhendés ; on passe au peigne fin l'immeuble Bailly. Aucune trace de Trepper. En fin d'après-midi, Pannwitz fait lever l'inutile dispositif de sécurité. C'est alors que le Grand Chef pénètre dans la gare Saint-Lazare par la rue d'Amsterdam et saute dans un train pour Saint-Germain-en-Laye.

Il avait prévu que la Gestapo allait s'abattre sur le quartier. De la pharmacie, il s'était précipité dans une bouche de métro et, montant dans la première rame venue, était resté coi jusqu'au terminus. De là, il était retourné par petites étapes vers le centre ; un autobus l'avait finalement déposé à Saint-Lazare.

Le train s'arrêta au Vésinet, mais il ne descendit pas.

Il ignorait si Georgie de Winter habitait toujours leur pavillon du 22, rue de la Borde. Peut-être avait-elle manqué d'argent pour payer le loyer. Le bail arrivait d'ailleurs à expiration — si même il n'était pas déjà expiré. Il quitta le train à Saint-Germain-en-Laye et sonna à la porte d'une pension de famille tenue par deux sœurs. C'était là que Patrick, le fils de Georgie, avait été placé pendant quelques temps. On accueillit le fugitif. Il téléphona aussitôt au Vésinet, mais personne ne répondit. Apparemment, le pavillon était désert.

Katz ! Il était sûrement au courant du projet d'évasion de son chef ; probablement sait-il où il se terre. Katz est emmené aux Saussaies et mis à la torture. Il ne parle pas. On le ramène à Neuilly à demi-mort. Epouvanté, le concierge Prodhomme s'approche du malheureux gisant sur le sol. Katz lui souffle : « Un jour, le monsieur qui s'est échappé reviendra ici. Dites-lui bien que même s'ils m'ont fait mourir en me torturant, je serai mort la joie au cœur. Et demandez-lui de ma part de s'occuper de mes enfants. »

Le jour s'achève. Pannwitz, prostré sur sa chaise, contemple d'un œil fixe son téléphone. Il finit par se décider, décroche le combiné et demande le bureau de Gestapo-Müller, à Berlin. Quand il l'a en ligne, il dit : « Ne vous évanouissez pas. Trepper s'est évadé. » Silence au bout du fil. Pannwitz : « Allô... Vous vous êtes évanoui ? » Eclate alors une tempête de furieuses imprécations. Puis Müller se lasse de jurer et murmure d'une voix défaite : « Mais comment voulez-vous que j'annonce ça au Reichsführer Himmler — lui qui nous avait ordonné de mettre le prisonnier dans un trou profond et de le couvrir de chaînes !... » Pannwitz : « Il y a bien une solution... — Ah oui ? Laquelle ? — Ne rien lui annoncer du tout ! » D'abord stupéfait, Müller admet que c'est le seul moyen d'éviter les foudres de Himmler. Les deux compères scellent un pacte de silence.

Il sera respecté. Le Reichsführer ignorera jusqu'à sa mort l'évasion du Grand Chef.

Pannwitz raccroche. Le pire est provisoirement conjuré. Il reste à la tête du Kommando. Mais ce n'est qu'un sursis, et il le sait. S'il ne reprend pas l'évadé dans les plus brefs délais, le Grand Jeu sera terminé avant d'avoir vraiment commencé.

Cette nuit-là, le sommeil du Kriminalrat dut être peuplé de cauchemars.

Cette nuit-là, au Vésinet, Georgie fit un rêve : elle retrouvait son ami sur le quai de la gare de Rueil, où il lui avait fixé son dernier rendez-vous et où elle l'avait attendu en vain.

La sonnerie du téléphone la tira du lit — la veille, elle était rentrée tard. Elle décroche le combiné et reconnaît la voix d'une des sœurs de Saint-Germain.

« Madame, venez tout de suite !

— Moi ? Mais pourquoi ? Que se passe-t-il ?

— Je ne peux rien vous dire, mais il faut que vous veniez. »

Elle s'habille en hâte, prend le train pour Saint-Germain, sonne à la porte de la pension. Trepper lui ouvre. Ils s'étreignent. Elle avait toujours su qu'ils se reverraient — « Des êtres comme toi et moi, ça passe à travers tout. »

Il lui parle longuement. Non, il ne travaille pas pour l'Intelligence Service ; il a le grade de général de l'Armée Rouge et dirige un grand réseau de renseignement soviétique. Elle est surprise, car elle avait cru qu'il faisait vraiment partie des services anglais, mais ces histoires d'allégeances lui paraissent sans grand intérêt. Ce qui compte, c'est la dernière phrase du Grand Chef : « Il faut que tu m'aides. »

Ils décident de se cacher provisoirement au Vésinet. Avant de quitter la pension, Trepper écrit une lettre à Pannwitz. Il lui explique que sa disparition n'est pas une évasion ; il y a été contraint par une circonstance imprévue. Alors qu'il entrait dans la pharmacie Bailly avec le seul désir d'acheter un remède pour Berg, il a été accosté par un membre du « contre-espionnage ». Celui-ci a prononcé un mot de reconnaissance prévu et lui a annoncé qu'il était très menacé et qu'il lui fallait disparaître immédiatement. Trepper était obligé de le suivre, sous peine d'éveiller les pires soupçons et de mettre le Grand Jeu en danger : l'homme du « contre-espionnage » n'eût pas compris qu'un agent averti du péril fît la sourde oreille. Enfin, c'était un ordre et il fallait obéir. Une équipe du « contre-espionnage » avait d'abord fait voyager Trepper en voiture, puis ils avaient tous pris le train. Il supposait qu'on l'emmenait à l'abri en Suisse. Il profitait d'un arrêt en gare de Besançon pour jeter son message dans une boîte aux lettres. Ledit message se termine par un plaidoyer pour Willy Berg : qu'on ne le punisse point, il n'a aucune faute à se reprocher.

L'une des deux sœurs de Saint-Germain accepte de partir immédiatement pour Besançon et d'y poster la lettre.

Comme Pannwitz, mais pour une raison évidemment inverse, le Grand Chef s'efforce à tout prix de sauver le Grand Jeu. Il est persuadé que Moscou en tire le plus grand profit. Son rapport de janvier a mis le Directeur « sur le cheval », comme il dit. Il serait dommage que le cheval tombât prématurément.

Les jours suivants, Georgie de Winter court Paris à la recherche d'un contact avec le Parti. Elle l'obtient le 17. Le Grand Chef quitte sa tanière et rencontre un émissaire accrédité. Il en apprend que son rapport a bien été acheminé vers Moscou, et aussi que le poste émetteur découvert dans le Midi n'a pas servi à sa transmission. Le Kommando ne découvrira donc pas dans les archives saisies la preuve qu'il a été mystifié. Le Grand Jeu peut continuer. Trepper demande au Parti d'avertir le Centre de son évasion, de lui en expliquer les motifs et de le prévenir qu'elle ne changera vraisemblablement rien aux plans du Kommando. L'émissaire lui remet la pilule de cyanure qu'il avait fait demander : il ne veut pas être repris vivant et risquer de tout compromettre en parlant sous la torture.

A l'aube de la troisième nuit passée au Vésinet, les deux amants sont réveillés par des coups contre leur porte. Trepper saute du lit et se précipite à la fenêtre. L'obscurité est presque complète, mais il devine un groupe d'hommes agglutinés sur le trottoir. Les coups se font plus insistants, ébranlant la porte ; on appelle. Puis un intervalle de silence. En bas, le groupe reste immobile. Et soudain, le bruit caractéristique d'une clef qu'on enfonce dans la serrure. La porte s'ouvre. Trepper prend sa pilule et passe dans une pièce dont la fenêtre donne sur l'arrière de la maison. Georgie l'a suivi. Il lui ordonne de le laisser seul et ouvre la fenêtre. Quand les autres entreront, il avalera le cyanure et se jettera dans le vide. Eclats de voix, appels — Georgie répond. Il entend le propriétaire du pavillon s'excuser de son intrusion matinale. Georgie lui avait donné congé et il voulait faire visiter la maison à des candidats locataires. Il était déjà venu la veille mais n'avait trouvé personne, d'où son idée de revenir très tôt ce matin-ci pour avoir meilleure chance de trouver sa locataire au gîte.

Trepper fourre sa pillule dans sa poche. A une seconde près, il l'avalait pour rien.

Mais il faut décamper.

La famille Queyrie habite à Suresnes, allée de la Pépinière. C'est une toute petite voie qui serpente au flanc du mont Valérien. A vol d'oiseau, le pavillon des Queyrie est à cent mètres du fossé où fonctionnent les pelotons d'exécution allemands. De style banlieusard très pur, il offre à l'œil une façade en crépi jaune canari. On y accède par un jardin de quatre mètres sur deux où poussent des bégonias. L'intérieur, qui n'a guère dû changer en un quart de siècle, n'inflige aucun démenti à l'extérieur : une cuisine où l'on vit, une salle à manger où l'on entre le moins possible, des chambres à l'étage ; le tout d'une propreté méticuleuse.

Un pavillon semblable à cent mille autres ; une famille pareille à dix millions de familles françaises. M. Queyrie est jardinier de la Ville de Paris. Mme Queyrie tient son ménage. Ils ont une fille, Annie, qui est, à l'époque, âgée de dix ans.

Patrick est chez eux depuis douze mois — octobre 1942. Il leur est arrivé de Saint-Germain dans un état épouvantable : amaigri, sale, couvert de gale, la tête pleine de poux — une horreur ! Et un défi au culte que Mme Queyrie voue à la propreté. En un tournemain, elle a fait l'enfant aussi reluisant que le buffet de la salle à manger, puis s'est lancée dans un programme en trois étapes : « le sauver, le retaper, le faire profiter. » Grâce à ses soins, à son amour — elle l'aime comme s'il était son propre fils — Patrick s'est vite épanoui. Il est vif, drôle, intelligent, avec des cheveux blonds, un regard lumineux et un petit menton volontaire. On vient de fêter ses quatre ans. Il appelle Mme Queyrie « Maman Annie » (pour « Maman d'Annie »). Nous ignorons par contre pourquoi il appelait Trepper « Papa Nano » — de tous les pseudonymes du Grand Chef, le plus charmant sans doute.

Par Georgie, les Queyrie connaissent l'existence de Trepper, savent qu'il se bat contre l'Allemagne, mais ils ne l'ont encore jamais rencontré. Toujours par Georgie, ils ont appris son arrestation. Ils considèrent qu'il est perdu, même s'ils n'osent pas démentir les espoirs où s'obstine la pauvre Georgie.

Mais soudain, le 18 septembre : « J'ai vu arriver Georgie complètement affolée, raconte Mme Queyrie. Elle m'a dit : « Maman Annie, Papa Nano s'est échappé ! Il faut « que vous le cachiez » J'ai été très émue, naturellement, la tête me tournait, et Georgie n'arrêtait pas de crier : « Il est ici, à Suresnes, mais on ne sait pas où aller ! « Maman Annie, vous seule pouvez le sauver ! »

Mme Queyrie délibère — non pas sur le principe : sur les moyens. Le pavillon est plein. Mais sa vieille mère occupe dans les cités de Suresne — bâtisses de genre H.L.M. — un logement minuscule. Et elle est actuellement absente. On va mettre Trepper chez elle : qu'il vienne tout de suite pour qu'on l'y conduise.

« Mais c'était une tête, ce Papa Nano ! Il avait déjà

tout préparé, tout organisé ! Georgie m'a dit ce que je devais faire : aller jusqu'à la place de la Paix, à Suresnes, la traverser, et aller ensuite à la cachette sans m'occuper de rien. Il avait mon signalement par Georgie et me suivrait sans qu'on ait besoin de se parler. Je vais donc place de la Paix et je vois un homme qui attend, une valise à la main, l'air vraiment calme. Il m'a emboîté le pas et je l'ai conduit aux cités. »

C'est là qu'il reçoit la réponse de Moscou au message annonçant son évasion. Elle lui glace le cœur par sa sécheresse : « Nous sommes très heureux pour vous. Vous devez maintenant couper les contacts avec tout le monde et disparaître. » Il est vrai que la continuation du Grand Jeu exige qu'il disparaisse. Mais pourquoi cette froideur dans les termes ? Se peut-il que le Directeur doute encore de lui ?

Trepper se souvient d'une phrase de Giering : « Si vous vous échappez et si vous avertissez Moscou, vous serez quand même considéré comme un traître. Ils vous diront qu'au début, vous ne saviez pas si vous pourriez les prévenir, et ils vous accuseront d'avoir marché avec nous uniquement pour sauver votre peau. »

Kent connaît l'existence de la pension de Saint-Germain. Nous ne savons pas par qui ou comment. Georgie ? Il ne l'a encore jamais rencontrée. Trepper ? Ce n'est pas impossible. Lors de ses visites à Marseille, le Grand Chef avait beaucoup insisté pour que Kent et Margerete missent le petit René à l'abri dans un pensionnat : peut-être avait-il cité en exemple les précautions prises pour Patrick. Mais il aurait donné des détails, situé l'endroit ? Cela ne va guère avec sa prudence habituelle. Il y a une autre explication. Une servante d'origine russe travaillait à Saint-Germain. On peut supposer qu'elle faisait partie du réseau ; que c'est même par son intermédiaire que Trepper était entré en relation avec les deux sœurs. Kent aurait alors pu faire sa connaissance à l'occasion d'un travail quelconque.

L'évasion de Trepper a bouleversé le tran-tran douillet

de Neuilly. Hier amical, le Kommando n'offre aujourd'hui que visages féroces et les pièces retentissent d'imprécations et de menaces de mort. Comme après les Atrébates, comme après sa capture, Kent s'effondre. Il révèle à Pannwitz que Saint-Germain est l'un des refuges possibles de l'évadé.

Mais s'il connaît l'existence de la pension, il en ignore l'emplacement. Le Kommando perd une semaine à la repérer. On y envoie Kent ; les patronnes lui affirment qu'elles n'entendent rien à ses questions. On y envoie Katz, sous surveillance ; elles lui donnent la même réponse.

Pannwitz se résigne à les faire arrêter. Trepper en est aussitôt informé. Or, par les deux sœurs, le Kommando peut remonter jusqu'à Suresnes : elles savent qu'on leur a ôté Patrick pour le confier aux Queyrie.

Une fois de plus, il faut fuir.

Claude Spaak : « Vers la fin de septembre 1943, une femme très belle s'est présentée à mon domicile parisien, rue de Beaujolais, de la part de Trepper. Elle m'a dit : « Il voudrait que votre femme vienne le voir tout de « suite. Il est dans un appartement du côté de la Défense « et il ne peut pas en sortir car la Gestapo le recherche. » Il était évident qu'il y avait danger et j'ai préféré y aller moi-même. C'était à Suresnes, dans un grand immeuble. Il m'a ouvert la porte et s'est jeté dans mes bras. Puis il m'a dit : « J'ai toute la Gestapo à mes trousses, pou« vez-vous m'aider ? »

Deux problèmes se posent au Grand Chef : rassurer Pannwitz ; reprendre contact avec le Parti. Le second sera peut-être résolu avec l'aide des Spaak, mais personne n'est en mesure de l'aider à régler le premier. Les arrestations de Saint-Germain n'ont pas pour seule conséquence de l'obliger à quitter Suresnes : elles compromettent le Grand Jeu. Si Pannwitz apprend que la lettre postée à Besançon l'a été par l'une des deux sœurs, il saura que le fugitif lui a menti au moins une fois. Cela risque de le rendre soupçonneux pour le reste.

Trepper lui écrit une seconde lettre. Comme elle sera postée de Paris, il explique que le « contre-espionnage » a décidé au dernier moment de l'y ramener au lieu de le faire passer en Suisse. Et il s'indigne des arrestations opérées par le Kommando après sa fuite. Car Pannwitz a fait rafler les patrons et les employés des magasins que Trepper fréquentait du temps de sa captivité sous prétexte de s'y montrer à quelque agent. Plus de cent personnes ont été arrêtées, dont tous les fournisseurs du Grand Chef. Celui-ci reproche vertement à Pannwitz sa frénésie imprudente : à créer tant de remous, il finira par alerter le « contre-espionnage ». Il faut relâcher les prisonniers, et le plus tôt sera le mieux.

Cette lettre ne résout évidemment pas la difficulté majeure : effacer l'impression produite sur Pannwitz par les éventuelles révélations des sœurs de Saint-Germain. Faute de mieux, Trepper ne peut que s'efforcer d'embrouiller les choses. Il sait que le vœu ardent du Kriminalrat serait de pouvoir conclure que le Funkspiel demeure possible. Par sa seconde lettre, le Grand Chef cherche à lui fournir des raisons de croire qu'il n'est pas mystifié.

Mais il n'est plus question de disparaître et de rester sans contacts. Moscou le lui avait ordonné dans l'intérêt du Grand Jeu. Or, les arrestations de Saint-Germain risquent de modifier la situation du tout au tout ; il n'est même plus certain que le Grand Jeu continue. Trepper doit pouvoir informer le Centre des développements à venir.

Ses contacts sont coupés, mais Suzanne Spaak va l'aider à retrouver le fil.

« Dès les premières déportations, raconte Claude Spaak, elle s'était consacrée au sauvetage des enfants juifs. Comme vous le savez peut-être, les Allemands procédaient par étapes. Ils arrêtaient d'abord les hommes, puis les femmes, puis les enfants. Ces derniers étaient placés provisoirement dans des centres de regroupement surveillés par un personnel français ; ils constituaient des sortes de réserves où la Gestapo venait puiser pour remplir les trains de la déportation.

« Mais entre la capture de leurs parents et leur propre arrestation, il y avait donc souvent un laps de temps pendant lequel les enfants restaient livrés à eux-mêmes, abandonnés sur place. C'est alors que pouvaient intervenir ma femme et ses amis — dont le professeur Debré et beaucoup d'autres personnalités. Mais où les abriter ? Et comment les nourrir ? Quelqu'un eut l'idée de les faire entrer en fraude dans les centres de regroupement : ils seraient pris en charge par les Allemands sans que ces derniers s'en doutassent. Il y avait donc deux listes dans chaque centre : la liste des « officiels » et la liste des « fraudeurs ».

« Un jour, on apprit que les Allemands allaient vider tous les centres le lendemain et déporter les gosses. Comme vous imaginez, cette nouvelle fut reçue avec horreur : que faire des « fraudeurs » ? Comment les sauver ? Le pasteur de l'Oratoire protestant du Louvre accepta de les accueillir, mais ce n'était qu'une solution provisoire car cet homme n'avait évidemment pas la possibilité de nourrir une centaine de gosses, ni même de les héberger longtemps. C'est Suzanne qui assura leur salut. Déployant une activité frénétique, elle battit le rappel de ceux qui étaient susceptibles de prendre un ou plusieurs enfants en charge, et elle réussit à les caser tous. Nous mêmes, nous en avons cachés cinq ou six dans notre maison de Choisel.

« Tout cela, Suzanne l'accomplissait avec un dévouement incroyable, un total mépris du danger. A plusieurs reprises, elle reçut des avertissements dont elle ne tint aucun compte. Une fois, par exemple, un prêtre est venu lui dire qu'elle devait se méfier, qu'elle avait été signalée au commissariat du quartier. Ça ne l'arrêtait pas. Elle continuait. »

En octobre 1943, Suzanne Spaak est devenue l'une des « plaques tournantes » de la Résistance. Elle est en liaison avec les organisations clandestines les plus diverses : réseaux dépendants du B.C.R.A. gaulliste ou des services britanniques, mouvements antiracistes, organisations communistes, etc. Son activité en faveur des enfants juifs l'a notamment mise en contact avec le docteur Chertok, jeune et brillant médecin qui milite au Mouvement national contre le racisme, et avec l'avocat Lederman, l'un des organisateurs de la Résistance juive en France (groupes de combat, propagande, etc.). Lederman est en rapport avec Kovalski, dont nous avons dit plus haut la superbe insouciance dans le danger[1]. Et Kovalski est l'un des très grands patrons de la Résistance communiste. Chef adjoint de la M.O.I. (Main-d'Œuvre immigrée), c'est-à-dire de l'organisation regroupant les travailleurs immigrés, il est responsable national pour les groupes de combat étrangers. A ce titre, il rend compte à l'état-major des F.T.P. (Francs-Tireurs et Partisans) qui est lui-même en liaison constante avec le Comité central du parti communiste.

Telle est la longue filière par laquelle Trepper va s'efforcer de retrouver le contact avec Moscou.

Mais en attendant le résultat des démarches de Suzanne Spaak, le couple traqué doit trouver un nouveau refuge. Les Queyrie, conscients du danger qu'ils encouraient, voient pourtant partir Trepper avec regret. Il a fait leur conquête par sa simplicité et son humanité. L'amour qu'il témoigne au petit Patrick est allé droit au cœur de Mme Queyrie — elle lui a plusieurs fois amené l'enfant. On regrettera, à Suresnes, les longues conversations avec le Grand Chef (« Dites, Papa Nano, vous qui êtes dans la politique, est-ce que vous croyez que cette guerre va encore durer longtemps ? — Ah, Maman Annie, mon avis est que ça tire à sa fin... »). Beaucoup plus tard, après avoir connu à cause de lui les angoisses et la prison allemande, après avoir été longuement interrogée à son sujet, pendant la guerre froide, par les policiers français de la D.S.T., Mme Queyrie restera inébranlable dans son opinion, qui est celle de tous les Français entraînés dans cette histoire — et aussi de celui qui la raconte aujourd'hui — : « Espion et tout

1. Voir p. 199.

ça, ce n'est pas tellement notre genre à nous, mais on avait bien senti qu'il travaillait pour la France. »

Où aller ? Georgie propose d'avoir recours à son amie Denise. Elle l'a rencontrée au cours de danse de la place Clichy. Denise est une luronne de vingt-deux ans, très dégourdie, virtuose de l'argot, folle de son corps et disant volontiers de son époux, prisonnier de guerre en Allemagne : « Il est tellement cocu qu'il ne pourrait pas passer sous l'Arc de triomphe. » Georgie n'a pour elle qu'une estime mesurée, mais son côté « titi parisien » l'amuse ; elles ont passé des heures ensemble à écouter des disques et à danser.

Denise accepte de prêter sa chambrette de la rue du Chabanais ; ils s'y installent le 24 septembre. La tension de la traque commence de les marquer ; ils ont peur ; Trepper reste cloîtré tout le jour.

Les deux sœurs de Saint-Germain ne parlent pas. Pannwitz se doute-t-il qu'elles peuvent le mettre sur la trace du fugitif ? C'est peu vraisemblable. Elles ne sont probablement à ses yeux que deux unités parmi la centaine de personnes arrêtées depuis le 13 septembre. Le Kommando use en vain ses jours et ses nuits à interroger tout ce monde : on croyait tenir des agents du Grand Chef et on est en face de braves commerçants jurant avec ensemble de leur innocence — c'est à devenir fou. Willy Berg, acharné à obtenir sa réhabilitation, frôle la crise de nerfs à chaque interrogatoire.

Pannwitz met ses espoirs ailleurs. Dès l'évasion, il a fait enquêter sur Georgie de Winter, dont on connaissait depuis longtemps l'existence, mais dont personne ne s'était soucié jusqu'à présent. En douze heures, le Kriminalrat localise ses origines belges. La mère de Georgie et plusieurs de ses amies sont arrêtées en Belgique et détenues pendant quelque temps. A Paris, le Kommando s'emploie à découvrir ses activités antérieures, ses relations, quels endroits elle fréquentait. Pannwitz a demandé et obtenu de Gestapo-Müller l'envoi d'un renfort important.

Chaque jour, Georgie quitte la soupente de la rue du Chabanais et va aux nouvelles chez les Spaak, rue de Beaujolais. Suzanne Spaak organise pour elle un premier rendez-vous dans le jardin du Luxembourg. Le mot de reconnaissance sera « Leben ». Georgie, déguisée, affublée de lunettes, attend en vain l'émissaire. Deuxième rendez-vous à l'église d'Auteuil. Cette fois, Georgie devra se présenter avec un journal sous le bras et un crucifix à la main. L'émissaire lui demandera : « M. le Curé est-il ici ? », elle répondra : « Non, mais vous pouvez le rencontrer à l'église voisine. » Georgie se plante sous le porche de l'église — la bien jolie dame patronnesse qu'elle devait faire ! — mais personne ne vient.

Son interlocuteur désigné n'eût pas déparé le tableau, au moins si l'on en juge par son apparence actuelle : le teint rose, de bonnes joues, une tignasse de cheveux frisés formant auréole, la voix douce — un chanoine. C'est Me Lederman, éminent avocat communiste, dont ses confrères du barreau parisien, même s'ils ne sont pas de son chapitre, apprécient talent et courtoisie. A l'époque, il ignore à peu près tout de Trepper et de son réseau : « Je savais qu'il y avait une organisation très secrète faisant du renseignement militaire avec, à sa tête, un très grand patron. Et je me doutais que tel ou tel en faisait partie, ou l'approchait. Mais nous n'en parlions jamais entre nous. C'était tabou. »

Pourquoi le rendez-vous a-t-il échoué ? Nul ne le sait. Un quiproquo sur l'heure, probablement...

Après trois jours de claustration, Trepper veut changer de refuge. Georgie a multiplié les allées et venues entre la rue du Chabanais, l'appartement des Spaak et ses divers lieux de rendez-vous ; elle risque d'avoir été repérée. Faute d'une cachette vraiment sûre, leur salut tient à des déplacements constants.

Ils passent la nuit du 28 au 29 septembre à l'Oratoire du Louvre, dont la recommandation de Suzanne Spaak leur ouvre la porte. Le pasteur leur donne deux chambres séparées. Ils s'y reposent jusqu'à quatre heures du matin, puis doivent repartir. Trepper continue d'afficher un sang-froid inébranlable, mais son amie le devine mortellement inquiet. Le lendemain soir, ils sont chez les Spaak.

Claude Spaak : « Nous avons longuement bavardé — écoutant Trepper, j'avais l'impression de lire un roman —, et il m'a raconté en détail son extraordinaire histoire : l'arrestation chez le dentiste (à ce propos, voyez comme le monde est petit : récemment, alors que j'étais soigné par mon médecin, il me dit : « J'ai pour « client un dentiste qui m'a fait un récit curieux. Il « paraît qu'on a arrêté chez lui, et pratiquement sous « la roulette, le chef de l'espionnage russe sous l'Occupation... ») ; son arrestation, donc, et sa comparution devant une commission suprême de la Gestapo. Il m'a dit aussi comment et pourquoi il avait décidé de faire semblant de travailler avec les Allemands. C'était une décision très grave, impliquant des risques énormes, mais il avait estimé qu'il n'y avait pas d'autre moyen de sauver ses hommes, ceux qui étaient arrêtés et les autres.

« Il avait donc passé un marché avec la Gestapo : il travaillerait pour elle, mais elle épargnerait les prisonniers et ne toucherait pas à ses agents encore en liberté. Cela allait d'ailleurs de soi car, du point de vue allemand, il fallait à tout prix éviter que Moscou fût prévenu de sa capture. Le but de l'opération était de transmettre là-bas de faux renseignements.

« On l'a donc laissé circuler à travers Paris. Les premiers temps, la surveillance était très stricte, mais ses gardes le suivaient à distance pour ne pas donner l'éveil. Il s'est amusé avec eux en prétendant qu'il avait un agent aux grands magasins du Printemps : comme ils ne pouvaient pas le suivre à l'intérieur, ils étaient obligés de surveiller toutes les issues — et il y en a quelques-unes !

« Naturellement, il avait tout de suite repris contact avec l'un de ses agents — authentique, celui-là. C'était une employée de la pharmacie Bailly. Par elle, il a pu prévenir Moscou du jeu de la Gestapo.

« Je me rappelle un exemple précis qu'il m'a cité. Moscou lui avait demandé de fournir le chiffre des effectifs allemands dans le Var et les Bouches-du-Rhône, et d'identifier les unités. Au reçu de ce message, les chefs de la Gestapo avaient dit qu'ils ne transmettraient certainement pas des renseignements d'une telle importance (il s'agissait évidemment pour Moscou de savoir si une tentative de débarquement alliée dans le Midi rencontrerait une forte opposition). Trepper leur fit alors un cours de haute politique et leur expliqua qu'ils avaient intérêt à révéler à Moscou la vérité, c'est-à-dire que le Midi n'était pas solidement tenu par la Wehrmacht : c'était un moyen d'entretenir les griefs russes sur le retard qu'apportaient leurs alliés à ouvrir un second front. Les chefs de la Gestapo reconnurent la justesse du raisonnement et répondirent au questionnaire.

« Ce qui m'a frappé, c'est la qualité de son information. Pensez que dès cette époque, il m'a révélé l'existence des V 1 ! Il savait comment ils fonctionnaient et où étaient situés les rampes de lancement. En octobre 1943 [1] ! »

Trepper parle parce qu'il y est peu ou prou obligé. Son évasion rocambolesque pourrait susciter des doutes (on a vu plus d'une fois la Gestapo organiser une « évasion » pour infiltrer dans la Résistance un agent « retourné ») ; Spaak ne lui procurera des contacts en haut lieu qu'à condition d'être certain de sa bonne foi. En fait, l'écrivain n'est pas si soupçonneux : « Je ne lui demandais certes pas toutes ces explications et il n'avait aucun besoin de me les donner. J'ai toujours eu l'impression que cet homme jouait cartes sur table avec moi. Sa franchise ne m'a jamais donné le moindre doute. »

Cartes sur table ? Le Grand Chef en conserve quelques-unes dans sa manche. Non point qu'il se méfie de son interlocuteur : il a en lui une entière confiance. Mais Spaak risque d'être arrêté. A quoi bon l'accabler de secrets qu'il lui faudrait peut-être défendre contre la torture ? Il ne lui dévoile pas la véritable raison de sa

1. Le premier V1 ne sera lancé sur Londres qu'en juillet 1944, près d'un an plus tard.

« collaboration » avec le Kommando, il ne lui indique pas l'objectif réel du Funkspiel (tout en donnant, des messages transmis à Moscou, un exemple qui relève typiquement du Grand Jeu) ; enfin, il lui cache l'existence de Juliette et prétend faussement que son agent était une employée de la pharmacie Bailly. Ce mensonge est destiné à rassurer Pannwitz au cas où il arrêterait Spaak et le ferait parler. Par Berg, le Kriminalrat saura que Trepper n'est *jamais* allé chez Bailly entre le 24 novembre 1942, date de sa capture, et le 13 septembre 1943, jour de son évasion. Il en conclura que l'affirmation du fugitif à Spaak n'était que vaine vantardise destinée à se donner le beau rôle.

Et maintenant, où aller ? L'appartement de la rue de Beaujolais n'offre certes pas un bon refuge ; la Gestapo peut à chaque instant déboucher sur cette « plaque tournante » par cinq ou six voies différentes. Suzanne Spaak obtient d'une amie l'adresse d'une pension de famille de Bourg-la-Reine où sont hébergés plusieurs enfants juifs. Georgie va sonder son propriétaire : il accepte de les recevoir, elle et Trepper. Mais la pension, déjà bondée d'hôtes clandestins, n'inspire pas au Grand Chef un vif sentiment de sécurité. Dans la même rue, tout à côté, une autre pension de famille tenue par deux dames paisibles : « La Maison Blanche. » Celle-ci paraît beaucoup plus sûre. Présenté par le voisin, Trepper y obtient une chambre. Quant à Georgie, il a décidé de la mettre à l'abri de la Gestapo. Comme elle proteste, il se borne à répondre : « Ecoute-moi, je dois rester pour retrouver le contact, car je suis complètement isolé. Après tout ça, il est probable qu'on m'enverra très loin, à l'étranger, et on ne se verra pas pendant longtemps. » Croit-il même, en son for intérieur, qu'ils se reverront un jour ? Il ne lui a jamais celé son attachement indissoluble pour sa femme, Luba. Née avec la guerre, leur liaison finira avec elle.

Les Spaak ont pour amies deux Anglaises, Ruth Peters et Antonia Lyon-Smith (elles sont cousines), qui se cachent à Paris depuis le début de l'occupation. La plus jeune, Antonia, connaît un certain docteur de Joncker, de Saint-Pierre-de-Chartreuse, près de la frontière helvétique, dont elle sait qu'il fait passer en Suisse les clandestins traqués. Elle accepte de lui écrire pour lui demander de s'occuper de Georgie de Winter.

Mais Trepper tremble pour son amie ; il estime que chaque minute de leur cohabitation lui fait courir le risque de tomber dans des mains impitoyables. En attendant la réponse du docteur, Georgie va donc se cacher dans un petit village de la Beauce, près de Chartres, chez des paysans auxquels elle a été recommandée par une de ses amies du cours de danse — qui n'est pas Denise. Trepper lui a donné un viatique de cent mille francs ; elle possède aussi une lettre d'Antonia Lyon-Smith qui lui permettra de se faire reconnaître du docteur de Joncker.

La séparation posait un problème : qui allait assurer les liaisons de Trepper à la place de Georgie ? Celle-ci a proposé la vieille Mme May, qu'elle a connue par l'intermédiaire de sa couturière. Mme May est la veuve d'un chanteur-compositeur assez célèbre avant-guerre ; elle vit des droits d'auteur de son défunt époux. Sa gaîté, son perpétuel entrain ont séduit Georgie et les deux femmes ont sympathisé. Pressentie par sa jeune amie, Mme May n'hésite pas : son aide est acquise à un homme que la Gestapo pourchasse. Elle entre dans la pension de famille de Bourg-la-Reine en qualité de « garde-malade » du Grand Chef. Ainsi seront justifiées la claustration du « malade » et les allées et venues de son « infirmière ».

Il reste à trouver la filière conduisant au Parti. Les Spaak s'adressent au docteur Chertok, membre du Mouvement National contre le racisme, dans l'espoir qu'il parviendra à contacter les résistants communistes. Après les avoir écouté raconter l'odyssée de Trepper, Chertok éclate de rire en disant : « Mes pauvres amis, vous êtes tombés sur un mythomane de première grandeur ! Tout ça ne peut être qu'un tissu de mensonges ! » Sur l'insistance des Spaak, il accepte cependant d'essayer d'établir la liaison. Quelques jours plus tard, il revient rue de Beaujolais toute gaîté envolée : « Vous aviez raison : c'est très sérieux. » Un rendez-vous est fixé avec un émissaire du Parti dans une rue de Bourg-la-Reine. Date : le 22 octobre. L'heure sera indiquée ultérieurement par un coup de fil de Chertok aux Spaak.

Pannwitz apprend que Georgie de Winter étudiait la danse, découvre le cours de la place Clichy, arrête Denise ; conformément à sa nature, elle se couche. Elle connaît la villa du Vésinet, les Queyrie (c'est elle qui les a indiqués à Georgie, un an plus tôt) et Mme May (Georgie la lui a présentée).

Au Vésinet, le Kommando ne trouve que des indices attestant le séjour récent des deux fugitifs.

A Suresnes, le pavillon des Queyrie est l'objet d'un assaut spectaculaire. Deux voitures de la Gestapo foncent dans l'allée de la Pépinière, freinent brutalement devant la maison ; le Kommando au grand complet saute la grille en voltige, pistolets braqués, et enfonce la porte. Pannwitz est convaincu de tenir Trepper ; il ne trouve que la grand-mère Queyrie. M. Queyrie est à son travail. Quant à Mme Queyrie, obéissant au conseil du Grand Chef, elle est partie avec Patrick pour Corrèze, chez une belle-sœur qui héberge depuis plusieurs mois déjà sa fille Annie.

Corrèze est une bourgade située exactement au centre du département du même nom. Les plateaux alentour servent alors de repaires aux maquis teigneux qui, en juin 1944, retarderont de si belle manière la montée de la division « Das Reich » vers le front de Normandie. Sans qu'un seul mot soit échangé entre eux, les hommes du Kommando ont la même pensée : là-bas, il ne s'agira pas de sauter par-dessus la grille d'un pavillon de banlieue pour passer les menottes à une vieille dame. Plutôt que d'aller à Corrèze, on va essayer d'en faire revenir Mme Queyrie. Le soir, celle-ci reçoit un coup de téléphone de Paris. Une voix inconnue lui annonce que son mari s'est cassé la jambe et qu'il réclame son épouse. Méfiante, Mme Queyrie ne bouge pas.

Il faut donc aller à Corrèze. Pannwitz en ressent d'autant plus la nécessité qu'il est convaincu que Patrick est le fils de Trepper ; sa capture devrait permettre un chantage efficace. On partira à deux voitures, bourrées d'hommes, hérissées d'armes. Il faut entendre Pannwitz évoquer l'expédition : c'est Stalingrad. Les S.S. kamikazés foncent vers le sud à tombeau ouvert, parviennent à la bourgade, s'emparent de Patrick et de Mme Queyrie (« Vous les auriez vus, précise cette dernière : ils étaient comme fous », remettent le cap sur Paris sans s'attarder une seconde de plus en ces lieux inhospitaliers. A une heure du matin, ils franchissent le porche de la rue des Saussaies. Le cœur serré, Mme Queyrie entend les lourdes grilles se refermer derrière elle. Patrick dort sur ses genoux. Elle le prend dans ses bras, monte à la suite de ses gardiens dans une pièce enfumée. Assise sur un coin de table, cigarette au bec, la jupe troussée, une femme bavarde familièrement avec les Allemands ; c'est Denise.

On installe les nouveaux venus dans une pièce pourvue d'un divan. Tels des naufragés cramponnés à leur radeau, ils resteront sur ce divan trois jours et trois nuits, l'œil éberlué par le tourbillon des sbires de la Gestapo, l'oreille abasourdie par des hurlements auxquels ils ne comprennent rien. Un phare dans ces ténèbres : l'Oberscharführer Siegfried Schneider, l'interprète du Kommando. Il se montre aussi secourable pour la femme et l'enfant qu'il l'avait été pour Denise Corbin. « C'était un grand et beau garçon, dit Mme Queyrie, toujours en civil, avec des chaussures de daim. A mon idée, il s'agissait d'un fils de famille qui s'était fait inscrire à la Gestapo pour se planquer. Il était bien trop gentil pour être vraiment de la police. » Elle apprend de lui que sa mère et son mari sont à Fresnes, mais en bonne santé.

Après trois jours, le Kommando décide que ce camping insolite ne peut se prolonger plus longtemps et délibère sur le sort de ses deux prisonniers. La discussion est houleuse. A son terme, Pannwitz annonce à Mme Queyrie : « Nous allons vous placer tous les deux dans un de nos centres, à Saint-Germain. Si vous cherchez à vous évader, votre mère et votre mari en supporteront les conséquences. » Schneider ajoute en catimini cette précision : « Ils voulaient envoyer Patrick en Allemagne, quelque part dans la Forêt-Noire. C'est parce qu'il vous est si visiblement attaché qu'on vous le laisse. » Depuis leur arrestation, l'enfant tient à deux mains la jupe de Mme Queyrie et pousse des hurlements dès qu'on veut lui faire lâcher prise.

On les met à la Légion d'honneur de Saint-Germain. L'institution, réquisitionnée par la Wehrmacht, est gérée par des « souris grises ». Deux d'entre elles, Grete et Margarete, se prennent de passion pour Patrick. Elles l'installent avec Mme Queyrie dans la plus belle chambre de l'infirmerie. Quand on leur apporte leur premier repas, Mme Queyrie, incrédule, écarquille les yeux : sur le plateau, à côté de l'assiette, une tranche de pain *blanc*. Elle la saisit entre le pouce et l'index, l'élève comme si c'était hostie consacrée, croque dedans avec déférence.

Le fils adoptif de Papa Nano continuait d'avoir de la chance.

Chez Mme May, le Kommando essuie une nouvelle déception : l'appartement est vide. Pannwitz y installe une souricière en laissant sur place quelques-uns de ses auxiliaires français, membres de la célèbre « bande à Lafont ». Henri Chamberlain, dit Lafont, figure bien connue du « milieu » parisien, a recruté pour le compte de la Gestapo des prisonniers de droit commun sélectionnés dans les prisons. Ils tiennent leurs assises dans le sinistre immeuble du 93, rue Lauriston, dont les murs ne sont pas assez épais pour étouffer les cris des suppliciés. Accessoirement, ces voyous s'enrichissent à force de meurtres, de vols, de chantages et de marché noir.

Pannwitz a découvert dans les papiers de Mme May que le jour anniversaire de son mari était imminent.

Cette circonstance lui donne l'idée d'un piège astucieux. Ce jour-là, le Kommando se rend en délégation au cimetière ; son chef porte une superbe couronne ceinturée d'une banderole spécifiant : « De la part des Amis de la Chanson. » L'œil aux aguets, on piétine des heures durant dans le petit vent frisquet qui court entre les tombes. Mais Mme May ne vient pas se recueillir sur les restes de son défunt. La nuit descend ; les gardiens du cimetière annoncent la fermeture. Le Kommando contristé dépose sa couronne sur la tombe de M. May et s'en retourne lugubrement rue des Saussaies.

La chasse à l'homme est déclenchée depuis un mois ; le Grand Chef court toujours.

XXXIII

SAUVE-QUI-PEUT

Georgie de Winter s'ennuie.

Le 14 octobre, n'en pouvant plus de solitude, elle quitte son village beauceron et rejoint Trepper à Bourg-la-Reine. Il la tance pour cette imprudence, mais ses objurgations dissimulent mal son ravissement intime. Leurs retrouvailles ne durent qu'une nuit : Georgie, dûment chapitrée, repart dès le matin du 15 octobre. Sur le seuil, Mme May lui dit : « Vous devriez bien me donner votre adresse pour que je puisse au moins vous prévenir s'il arrivait quelque chose. » Elle la lui donne.

Mme May quitte à son tour la pension de famille pour se rendre aux Buttes-Chaumont. Avant l'arrestation du Grand Chef, le Centre avait organisé avec lui un système de rendez-vous dits « de routine ». Le 1er et le 15 de chaque mois, un envoyé se tiendrait devant certaine église du quartier des Buttes-Chaumont pour le rencontrer s'il l'estimait nécessaire. Georgie, expédiée au rendez-vous le 1er octobre, n'y a trouvé personne. Trepper espère que Mme May aura plus de chance. Les Spaak l'ont naturellement averti de la rencontre prévue à Bourg-la-Reine pour le 22, mais le Grand Chef ne veut négliger aucune opportunité de retrouver le contact. De plus, le représentant du Centre pourrait assurer la liaison avec le Directeur beaucoup plus rapidement que le parti communiste.

Mme May a prévenu Trepper qu'elle profiterait de l'occasion pour faire un saut chez elle — son appartement est aux Buttes-Chaumont ; elle voudrait y prendre quelques affaires. Il le lui a formellement déconseillé, mais la vieille dame s'est obstinée et force à bien été de s'incliner.

Pannwitz : « Dès le coup de téléphone des hommes de Lafont, j'ai sauté dans une voiture et je suis allé chez Mme May. Elle était furieuse car la bande, comme d'habitude, avait tout saccagé. Quand elle m'a vu entrer, elle a foncé sur moi en hurlant des injures et m'a lancé un violent coup de pied dans le tibia droit. Ça m'a fait très mal. J'ai crié de douleur et, instinctivement, je me suis baissé pour me frotter la jambe. Elle m'a alors assommé à coups de parapluie et je suis tombé à genoux. Les hommes de Lafont ont tout de même réussi à la maîtriser. J'ai préféré leur laisser le soin de l'interroger, car j'étais absolument hors de moi et ça se serait mal passé. »

Mme May a un fils. Menacée de le voir tuer sous ses yeux, elle donne l'adresse de Trepper et celle de Georgie.

Le Grand Chef lui avait dit : « Si vous êtes arrêtée, je vous demande simplement de tenir le coup pendant deux heures : je saurai qu'il vous est arrivé quelque chose et je prendrai mes dispositions. »

Le rendez-vous des Buttes-Chaumont était prévu pour midi. A deux heures, Trepper commence de s'alarmer. A trois heures, il quitte la pension en disant à la directrice, Mme Parrend : « Ecoutez, j'ai eu l'impression que vous aviez quelques locataires... en situation irrégulière. Si c'est bien le cas, ils doivent disparaître immédiatement. » Il ajoute : « Il est possible qu'on vienne me voir ou qu'on me demande au téléphone. Répondez s'il vous plaît que je suis parti faire une promenade et que je serai de retour à sept heures. » Car s'il ignore que Georgie a eu l'imprudence de confier son adresse à Mme May, il sait que la vieille dame possède celle des Spaak, chez lesquels il l'a envoyée à plusieurs reprises. Il faut les prévenir immédiatement du danger. En « fixant » le Kommando sur Bourg-la-Reine, Trepper compte faciliter sa visite rue de Beaujolais. Et à sept heures, il fera nuit.

Le stratagème réussit. Au moment précis où Bourg-la-Reine est bouclé par une opération de police, il pénètre sans encombre chez Claude Spaak et lui donne la terrible nouvelle : il faut fuir sur-le-champ. Mais Suzanne Spaak est à Orléans ; elle ne rentrera que dans la soirée. Et que faire des enfants — une fille de treize ans, un garçon de douze ? Trepper supplie l'écrivain de prendre conscience de cette réalité : la Gestapo peut sonner à sa porte d'une seconde à l'autre ! Il faut disparaître ! Et il faut aussi alerter l'amie par laquelle on a obtenu l'adresse de la première pension de Bourg-la-Reine ; en faisant parler les dames de la « Maison-Blanche », la Gestapo remontera vite la filière.

Enfin convaincu, Claude Spaak raccompagne Trepper à la porte ; il lui demande :

« Et vous, où allez-vous ?

— Je n'en sais rien. »

Suzanne Spaak est de retour à neuf heures du soir. Mise au fait par son mari, elle va immédiatement prévenir la personne menacée. Puis le couple et ses enfants part se réfugier chez leur amie Ruth Peters, qui se cache dans un appartement de l'avenue Matignon.

Cette nuit-là, le Grand Chef la passe à la belle étoile, allongé sur un banc de square, grelottant de froid, à la merci d'une ronde de police.

Le lendemain, Claude Spaak se présente au consulat

belge. Il obtient pour sa femme et ses enfants une autorisation de se rendre en Belgique.

Le surlendemain, 17 octobre, il accompagne son monde à la gare du Nord. Suzanne Spaak est très réticente. Comme d'habitude, elle juge qu'on s'affole pour peu de chose. Mais son mari lui a représenté qu'ils n'avaient pas le droit de jouer la vie de leurs deux enfants.

Sur le quai, Claude Spaak lui dit : « On ne sait pas ce qui peut nous arriver. Convenons que si je reçois de toi une lettre commençant par « mon cher Claude » au lieu de « mon chéri », et signée « Suzanne » au lieu de « Suzette », je saurai qu'il ne faut pas la croire. » (Il appelle toujours sa femme « Suzette », « Suzanne » étant réservé aux disputes). Un système analogue est prévu pour les lettres de Claude. Le train s'ébranle.

Suzanne lance une dernière fois : « Je t'assure que tu exagères ! Dans huit jours, je serai là ! »

Il ne la reverra jamais.

Au même moment, le Grand Chef se dirige vers cette église d'Auteuil où Georgie a déjà attendu en vain, un journal sous le bras et un crucifix à la main. Son rendez-vous n'est pas avec maître Lederman. Il doit rencontrer un agent envoyé par l'imprimeur Grou-Radenez, membre d'un réseau de résistance dépendant de Londres. Le contact, organisé par l'inlassable Mme Spaak, était destiné à pallier un éventuel échec des efforts de Chertok. Trepper compte demander à l'émissaire de Grou-Radenez de le mettre en relation avec l'ambassade soviétique à Londres. Au point où il en est, toutes les possibilités doivent être exploitées.

Devant l'église, une Citroën noire — la marque utilisée par la Gestapo.

Nous n'en savons pas plus, si ce n'est que Grou-Radenez sera arrêté le 11 novembre et qu'il mourra d'avoir tenté d'aider le Grand Chef. Celui-ci tourne les talons. Quelques minutes plus tard, il entre dans une cabine téléphonique et appelle la « Maison Blanche ». Une voix inconnue lui répond et s'efforce de faire traîner la conversation en longueur. Il raccroche. La Gestapo est à Bourg-la-Reine.

Rassuré par le départ des siens, Claude Spaak sort de la gare du Nord en envisageant d'un cœur plus serein l'épreuve qui l'attend. Il lui faut passer à son domicile, rue de Beaujolais, où la Gestapo a peut-être installé une souricière, car le docteur Chertok l'appellera à midi pour lui dire l'heure du rendez-vous de Bour-la-Reine. Bien sûr, il n'est plus question de faire se rencontrer là-bas Trepper et l'émissaire du Parti : le terrain est trop brûlant ; de nouvelles dispositions devront être prises.

L'appartement est vide. Spaak s'installe dans un fauteuil et attend. A midi juste, la sonnerie du téléphone le fait sursauter. Décrochant le combiné, il dit très vite : « Ça brûle ! Que personne ne se dérange ! » Silence à l'autre bout du fil, puis le déclic signifiant qu'on a raccroché. Perplexe, il raccroche à son tour. Pourquoi Chertok n'a-t-il rien dit ? Etait-ce bien lui qui appelait ? Spaak quitte aussitôt son appartement et retourne se cacher avenue Matignon. Il a rendez-vous quatre jours plus tard avec Trepper, devant l'église de la Trinité, pour lui communiquer l'heure que devait indiquer Chertok. Mais le Grand Chef n'est-il pas déjà arrêté ? S'il est toujours en liberté, le sera-t-il encore le 21 au soir ? Est-ce lui qui viendra à la Trinité, ou la Gestapo ?

Spaak en a pour quatre jours à ruminer ses angoisses. Le silence de son interlocuteur téléphonique lui paraît de sinistre augure.

La phrase précipitée de Claude Spaak a stupéfait Chertok ; pris de court, il a raccroché machinalement. « Que personne ne se dérange ! » ... Mais il n'a pas la possibilité d'alerter l'émissaire du Parti — Kovalski lui-même — d'ici le 22 ! Le chef de la M.O.I., le responsable des groupes de combat étrangers en France, va donc se jeter dans la gueule du loup ! Et sa capture sera pour la Résistance un désastre.

Que faire ?

Au soir de ce 17 octobre, Georgie est rentrée de sa promenade habituelle. Désœuvrée, esseulée, elle tue le temps en longues marches dans les chemins beaucerons. La table est mise dans la cuisine de la ferme ; elle s'y installe entre les deux paysans, ses hôtes.

Le Kriminalrat Pannwitz est à l'affût derrière la fenêtre de la cuisine. Ses hommes, armés jusqu'aux dents, attendent son signal dans la cour. La ferme est entourée de gendarmes allemands. Prudent, Pannwitz a amené *cinquante* hommes avec lui.

Cœur battant, l'œil fixé sur le trio attablé, il ne se résout pas à donner le signal d'attaque. Son espoir ? Qu'un quatrième convive rejoigne les trois autres : le Grand Chef. Quand Georgie plonge sa cuillère dans sa soupe, il comprend que cet espoir est vain.

« La cuisine a été d'un seul coup envahie, raconte Georgie de Winter. Ils étaient neuf, Pannwitz et Berg en tête. « Vos papiers ! Comment vous appelez-vous ? » J'ai montré mes faux papiers et ils les ont regardés en ricanant. Les deux vieux paysans tremblaient comme des feuilles. « Maud ? Votre prénom est Maud ? Et d'où « venez-vous ? » Une avalanche de questions ! J'ai essayé de tenir bon. Pour gagner du temps, je leur faisais répéter chaque phrase en disant : « Comment ? » Pannwitz, furieux, a fini par me crier : « Ah ! ça suffit avec votre « petite astuce ! D'ailleurs, nous savons qui vous êtes. « Allez chercher vos affaires ! »

« Je prenais mes repas à la ferme, comme ça, mais j'avais ma chambre chez une voisine. Une drôle de chambre, vous savez, avec une couronne de fleurs d'oranger sur la cheminée et un lit si haut qu'il fallait un escabeau pour y monter. Alors, ils m'ont accompagnée chez la voisine, qui m'a traitée de tous les noms en me voyant entre deux policiers. Elle avait peur, évidemment. Elle gémissait sans arrêt : « Ah ! si j'avais « su que je louais ma chambre à quelqu'un comme ça, « etc. »

« Après, ils m'ont emmenée vers une Citroën. J'en

avais un à ma gauche, un à ma droite, et ils me tenaient par le bras. Moi, je tremblais d'émotion et je ne voulais pas qu'ils s'en aperçoivent. Mais ils s'en sont rendu compte et ils m'ont dit : « Vous devez avoir un peu « froid. » Pour ne pas me faire honte, vous comprenez... Dans la voiture, j'étais à côté de Pannwitz. Il a engagé tout de suite la conversation : « Alors, Otto [Trepper] « s'est sauvé en nous laissant en plan... » Eddy [Trepper] m'avait fait la leçon pour le cas où je serais arrêtée. J'ai donc répondu : « Mais non, pas du tout ! Il est « parti arranger l'affaire. » C'est à ce moment-là que j'ai placé la fameuse phrase sur Bismarck. Eddy m'avait fait la leçon : « Tu leur diras : « Il est parti pour pré- « parer la paix négociée, car en ce qui concerne les rela- « tions entre la Russie et l'Allemagne, il abonde dans le « sens de Bismarck. » Vous savez, Bismarck était toujours partisan de s'entendre avec la Russie. Alors là, Pannwitz s'est épanoui ! Il est devenu gai comme un pinson et on a bavardé pendant tout le trajet.

« J'avais une peur horrible qu'ils trouvent sur moi la lettre au docteur de Joncker. »

On fait halte à Chartres, dans la villa qui sert de siège local à la Gestapo. Georgie demande la permission de se rendre aux toilettes. Pannwitz : « Si elle ne s'était pas montrée si détendue, si gaie, je l'aurais probablement laissée y aller seule. Mais sa gaieté m'avait rendu méfiant. J'ai demandé à une auxiliaire allemande de procéder à une fouille complète. »

Elle découvre dans les vêtements de Georgie les cent mille francs confiés par Trepper et, au plus intime de son être adorable, la lettre d'Antonia Lyon-Smith. Par une extrême imprudence, le nom et l'adresse du docteur y sont indiqués.

« Après ça, continue Georgie, on est tous allés dîner dans un restaurant de Chartres. Le patron nous a installés dans une salle à part. On aurait dit un vrai banquet, tellement l'ambiance était joyeuse. J'étais à la place d'honneur, à la droite de Pannwitz. Il m'a avoué en riant : « Depuis trois semaines qu'on vous court « après, on n'a même pas pris le temps de manger et

« de dormir. » Les autres aussi étaient très gentils avec moi, presque paternels. Ils m'appelaient *Mädchen* [1]. » Une seule fausse note : quand Georgie souhaite s'isoler de nouveau, Pannwitz ordonne à l'un de ses hommes de l'accompagner. Georgie fait observer à son gardien qu'elle a déjà été fouillée, mais il répond en haussant les épaules : « On est à l'étage, vous pourriez essayer « de vous suicider en sautant par la fenêtre... »

Les agapes terminées, le convoi reprend la route de Paris. Georgie passe sa première nuit de captivité sur un divan des Saussaies — celui-là même, peut-être, où son fils avait dormi avec Mme Queyrie.

Le Kriminalrat exulte. Il a enfin le sentiment d'avoir repris la situation en main. Sans doute Trepper court-il toujours, mais quelle importance, si c'est pour s'employer à organiser une négociation entre Moscou et Berlin ? D'évidence, Georgie n'a pas la tête politique. Elle est incapable d'avoir prêté au Grand Chef des déclarations inventées. La phrase sur Bismarck est particulièrement significative.

Réflexion faite, il ne paraît d'ailleurs pas si surprenant à Pannwitz que son ex-prisonnier emploie sa liberté à terminer l'ouvrage commencé en captivité. Pour le Kriminalrat, Trepper est contraint, même après son évasion, de marcher droit : la Gestapo possède dans ses dossiers la preuve de ses multiples trahisons (Maximovitch, Katz, Robinson — livrés par lui). S'il ne veut pas que Moscou soit averti de sa conduite, s'il ne veut pas recevoir la mort des mains de ceux auprès de qui il s'est réfugié, il doit continuer d'obéir aux volontés du Kommando. Sans doute met-il même tous ses espoirs de réhabilitation dans une conclusion heureuse du Grand Jeu, confiant que Moscou ne tiendra pas rigueur de son passé à l'homme qui lui aura apporté la paix avec l'Allemagne.

Mais alors, pourquoi cet idiot laisse-t-il Pannwitz sans nouvelles ? Pourquoi ne pas le tenir informé de ses

1. En allemand : « jeune fille ».

démarches ? Pourquoi se prêter à une interminable chasse à l'homme où tout le monde use ses nerfs et son temps ?

Grâce à la capture de Georgie, on va y mettre bon ordre.

Le surlendemain, 21 octobre, est le jour fixé pour la rencontre entre Trepper et Spaak devant l'église de la Trinité.

Les errances du Grand Chef durent depuis sept jours. Il mange peu et mal, dort dans des gîtes de fortune, mène enfin la vie épuisante du gibier traqué qu'il est devenu. Les officiers de la Todt ne reconnaîtraient certes pas l'homme d'affaires cossu, vêtu et nourri au marché noir, qui passait avec eux des contrats de plusieurs millions et les invitait à sabler le champagne dans les boîtes de nuit...

La rencontre à la Trinité est prévue pour neuf heures du soir. Mais Trepper est sans nouvelles de Spaak depuis le 15 octobre. Sera-t-il au rendez-vous ou la Gestapo y viendra-t-elle à sa place ?

Paris-Soir est mis en vente dans l'après-midi. C'est un numéro banal comme il en paraît chaque jour de la semaine, dimanche excepté, depuis trois ans. En première page, trois grands titres :

PARISIENS, TOUTES VOS RATIONS DE VIANDE SERONT ASSURÉES JUSQU'A LA FIN DU MOIS, AINSI EN A DÉCIDÉ LE PRÉSIDENT LAVAL

LES BOLCHEVIKS ENGAGENT DE NOUVELLES RÉSERVES

M. DE BRINON ÉCHAPPE PAR MIRACLE A UN ATTENTAT TERRORISTE

En première page également, un long article ainsi titré : *Farine chocolatée de marrons d'Inde et confiture de « gratte-cul » : ce sont les derniers produits officiels dus au ramassage des fruits sauvages.* Révélant que le « gratte-cul » est le fruit de l'églantier, l'article conclut avec jovialité : « Eh bien ! une fois écrasés, malaxés, sucrés et cuits à point, ces cynorrhodons (c'est le mot savant) nous donnent une délectable confiture très riche en vitamines C. »

« Les petites annonces » de la page 2 sont, elles aussi, marquées au sceau de l'époque. A la rubrique « occasions diverses » :

« Breack s'attelant à un cheval et deux chevaux, décapotable, marque Griffaut, état neuf, et plusieurs harnais légers à vendre — occasion exceptionnelle. »

« J'ai quatre bœufs de travail à prendre à Lieux (Haute-Vienne.) Je cherche camion possédant autorisation transport pour retour Rambouillet — Tavel, 146, Champs-Elysées, Paris, Ely. 31-34. »

Mais il est au moins deux textes du journal qui durent plonger les lecteurs dans la perplexité. Ils tenaient en deux phrases identiques, insérées en pleine page 2, l'une sous les mots croisés, l'autre sous une offre d'échange de timbres-poste :

« EDGAR ! Pourquoi ne téléphones-tu pas ? — Georgie. »

C'était le cri d'appel imaginé par Pannwitz pour adjurer le Grand Chef de sortir de l'ombre.

« Le soir du 21, raconte Claude Spaak, j'ai quitté ma cachette de l'avenue Matignon en proie aux plus sombres pressentiments. J'avais décidé de partir un peu à l'avance pour reconnaître les lieux. Il était neuf heures moins le quart quand je suis arrivé à la Trinité. Avec le black-out, l'obscurité était totale — à peine piquetée ici et là par de petites lumières bleues tamisées. Mais au milieu de tout ce noir se découpait une lune ronde et jaune : l'horloge de l'église, bizarrement restée éclairée.

« J'ai fait le tour de la place. Derrière l'église, rue de la Trinité, il y avait un immeuble occupé par les Allemands ; ils paraissaient très agités, en plein remue-ménage, et cela a porté mon anxiété à son comble. Je me demandais sans cesse : est-il arrêté ? S'il a été arrêté a-t-il parlé ? J'avais le pressentiment que j'allais me jeter dans la gueule du loup. D'un autre côté, il fallait absolument le prévenir de l'annulation du rendez-vous de Bourg-la-Reine — c'était capital. Allons, avouons-le : je n'avais pas un poil de sec !

« Les neuf coups tintèrent à l'horloge. Convulsé de peur, je me plaçai devant le porche de l'église, au centre même du petit cercle lumineux projeté par l'horloge. Et je vis Trepper émerger des ténèbres, venir vers moi. Nous tombâmes dans les bras l'un de l'autre. C'est en constatant à quel point il tremblait que je pris conscience de mon propre tremblement.

« Nous étreignant comme deux noyés, nous remontâmes la rue de Clichy. »

Ils se séparent à la place Clichy. Spaak a annoncé le départ de sa famille pour la Belgique et l'annulation du rendez-vous de Bourg-la-Reine, tandis que Trepper lui racontait ses pérégrinations depuis une semaine en concluant : « Maintenant, ça va : j'ai trouvé un abri. » Pieux mensonge : le Grand Chef estime sans doute que la famille Spaak en a assez fait pour lui ; il ne veut pas continuer d'être un fardeau pour Claude Spaak. Mais il n'a pas de gîte. Et, après leurs adieux, il regarde son compagnon se hâter vers sa cachette en se demandant une fois de plus où il va lui-même passer la nuit. Il hèle un vélo-taxi et demande au cycliste de le conduire à la gare Montparnasse. Rien ne l'appelle là-bas ; il ne veut qu'être assis pendant quelques minutes. Comme Spaak, il lui a fallu vaincre une peur épouvantable pour venir à la Trinité. Aggravé par son délabrement physique, l'épuisement de ses nerfs le met au bord de la dépression. Dans la cabine cahotante, il est en proie aux vertiges, aux hallucinations. Et cette question le lancine : où passer la nuit ?

On est à la gare. Il s'extirpe de la cabine, tend un billet au cycliste. Celui-ci — un vieil homme harassé — s'émeut de la pauvre mine de son client. Trepper finit par lui avouer qu'il ne sait où aller. L'autre hésite, puis murmure : « Je vous proposerais bien de venir chez moi, mais il faut que je fasse encore une course avant que ma journée soit finie. — Si vous voulez, je vous paie cette dernière course et vous m'emmenez chez vous. »

Il en sort à quatre heures du matin, un peu reposé, avec devant lui la perspective de vingt heures de déambulation sur le pavé parisien, au terme desquelles se posera de nouveau le problème de trouver un abri pour la nuit.

A l'aube de ce 22 octobre, le docteur Chertok et Charles Lederman se réveillent étreints par la même anxiété qui possédait la veille Trepper et Claude Spaak. Ils ont eux aussi le pressentiment d'aller se jeter dans un piège. Faute d'avoir pu alerter Kovalski, ils vont tenter de l'intercepter sur place, à Bourg-la-Reine.

La tentative est folle. Il est probable que la Gestapo a installé sur place un dispositif de surveillance où ils risquent de donner tête baissée ; leurs faux papiers ne résisteraient pas à un examen sérieux. De plus, Chertok est sans nouvelles de Spaak et donc de Trepper depuis plusieurs jours. S'ils ont été pris et torturés, s'ils ont livré la date et le lieu du rendez-vous, une souricière inéluctable guettera les deux compagnons.

Dans la matinée, Trepper téléphone chez Spaak, rue de Beaujolais. Simple curiosité. Une voix féminine répond : « Ici la secrétaire de M. Spaak, j'écoute... » Il sait que l'écrivain n'a pas de secrétaire. « Voulez-vous lui dire, s'il vous plaît, que son ami passera le voir à deux heures ? » Simple divertissement.

Pannwitz, informé, envoie du monde chez Spaak.

A midi, Chertok déjeune dans un restaurant de la rue Laromiguière avec une camarade de résistance, Charlotte. Le bœuf bourguignon restera pour lui un souvenir impérissable. Au dessert, il tend à Charlotte son trousseau de clefs et une serviette bourrée de documents : « Tiens, garde-moi ça. Je reviendrai dans trois heures ou pas du tout. Dans ce dernier cas, tu disparais... »

Il rejoint Lederman ; ensemble, ils prennent le métro à la gare du Luxembourg. Une étude minutieuse du plan de Bourg-la-Reine leur a démontré que Kovalski pouvait arriver au rendez-vous par plusieurs voies ; la seule méthode d'interception sûre consiste donc à l'aborder à proximité immédiate — ce qui multiplie d'autant les risques.

Ils descendent du métro à Bourg-la-Reine. La gare est vide. Ils rejoignent la grand-route de Paris et se séparent, Lederman allant vers le sud, Chertok vers le nord, vers Paris. Aucun barrage de police en vue. Mais chaque voiture qui passe leur noue les entrailles : ne va-t-elle pas freiner brutalement le long du trottoir et dégorger une cargaison de policiers allemands ? Soudain, Chertok reconnaît la silhouette de Kovalski, qui marche devant lui et dans la même direction. Il accélère le pas, le rejoint, gronde entre ses dents : « Fous le camp ! Fous le camp ! »

L'un derrière l'autre, silencieux, crispés, les deux hommes marchent jusqu'à Cachan.

L'édition du jour de *Paris-Soir* lance à trois reprises l'appel : « EDGAR ! Pourquoi ne téléphones-tu pas ? — Georgie. »

Ce 22 octobre est l'anniversaire de Claude Spaak. Rendu euphorique par la mise à l'abri des siens et l'heureux déroulement du rendez-vous de la Trinité, il décide de faire un saut rue de Beaujolais pour y prendre une bouteille de bon vin. Son amie Ruth Peters, affolée, le supplie de ne pas commettre cette folie, mais il veut absolument fêter son anniversaire. Elle parvient de justesse à le convaincre de passer au moins un coup de fil préalable. Il est convenu avec sa femme de ménage, Mme Mélandes, d'un système d'alerte. Si elle lui dit au téléphone « cher Monsieur », c'est qu'il peut venir prendre son courrier ; « Monsieur » signifiera au contraire qu'il y a danger.

Elle dit à plusieurs reprises « Monsieur » et lance finalement à la cantonade cette question inquiétante : « C'est tout ce que je dois lui dire ? » — la communication est alors coupée.

L'anniversaire sera célébré à l'eau fraîche.

Mme Mélandes était entourée de quatorze Allemands armés de mitraillettes. Après l'interruption de la communication par l'un d'eux, c'est une tempête d'imprécations, de menaces : pourquoi a-t-elle prononcé sa dernière phrase, qui va donner l'alerte à Spaak ? Elle répond : « Mais vous êtes idiots ! Il croyait tout simplement que je parlais à la concierge ! » Les policiers conviennent qu'ils se sont énervés trop vite.

La nuit tombe. Trepper, infiniment las, se résigne à une imprudence caractérisée. Du temps de la Simex — il y a, lui semble-t-il, un siècle ! — son médecin lui avait ordonné une série de piqûres et il avait obtenu d'Alfred Corbin l'adresse d'une infirmière, Lucie — personne sympathique et secourable. Pourquoi ne pas lui demander asile ?

Pour trois raisons.

La première réside dans le précédent Maleplate. Les Corbin ont pu donner le nom de l'infirmière en même temps que celui du dentiste et il est certain que le Kommando exerce depuis l'évasion une surveillance attentive sur tous les suspects. La seconde tient à cette particularité : l'infirmière habite dans l'immeuble où est installé le quartier général du collaborateur Marcel Déat, chef du Rassemblement National Populaire pronazi ; une garde armée veille en permanence dans le hall. Enfin, cet immeuble est situé rue de Surène, c'est-à-dire dans une voie débouchant sur la rue des Saussaies.

Mais le Grand Chef en est arrivé au point de chercher refuge à moins de cent mètres du Kommando. Il parvient à l'immeuble sans faire de mauvaises rencontres, pénètre dans le hall d'entrée, franchit le cordon des gardes de Déat et sonne à la porte de Lucie. Elle lui ouvre et le fait entrer. Il dit : « Voilà, vous ne le saviez pas : je suis Juif. Les Allemands m'ont arrêté et mis dans un camp de concentration dont j'ai réussi à m'évader. Pouvez-vous me cacher pendant quelques jours, malgré les risques que cela vous fera courir ? » A sa grande surprise — à son immense contrariété —,

Lucie fond en larmes. Mais elle finit par répondre d'une voix entrecoupée de sanglots : « Comment osez-vous me poser une question pareille ? Bien sûr que je vais vous cacher ? » Trepper respire. Maintenant qu'il est dans la place, deux des inconvénients qu'elle présentait tournent à son avantage : le Kommando ne le cherchera pas si près, et surtout pas dans un immeuble surveillé par les hommes de Déat.

Un peu plus tard tinte un coup de sonnette. Lucie va ouvrir. Elle revient aussitôt rassurer Trepper : « Ne vous en faites pas : c'est un chef de la Résistance ; il va passer la nuit ici. » Il sursaute et dit précipitamment : « Non, ça ne va pas, je vous assure qu'il faut que l'un de nous deux s'en aille ! » Lucie le présente au chef clandestin ; celui-ci décampe après un bref conciliabule : il dispose d'une autre « planque »...

Des fenêtres de l'appartement, Trepper voit passer les Citroën noires du Kommando, dont il a soigneusement noté les numéros au cours de ses mois de captivité.

Le lendemain de son arrestation, on conduit Georgie de Winter à Neuilly. La voiture tourne des heures dans Paris et sa banlieue avant de mettre le cap sur l'hôtel particulier ; il s'agit probablement d'empêcher la prisonnière de situer l'endroit. Elle est accueillie « par un gaillard impressionnant, tout à fait dans le style Eric von Stroheim ». C'est le père Bœmelburg, affublé d'un bandeau noir sur l'œil car il s'est récemment égratigné la cornée avec une feuille de papier. S'efforçant à la galanterie, il demande à Georgie : « Voulez-vous bien être mon invitée ? » Mais le naturel revient au galop et l'Allemand grommelle : « Attention ! Il y a ici d'autres prisonniers ! Si vous essayez d'entrer en contact avec eux, ce sera Fresnes ! »

Katz ne figure plus parmi les « invités ». L'évasion du Grand Chef lui a ôté tout intérêt aux yeux du Kommando. Peut-être est-il à Fresnes, peut-être en Allemagne, à moins qu'il n'ait déjà été exécuté — nous l'ignorons.

On installe Georgie dans la chambre que son ami occupait encore six semaines plus tôt. Chaque jour, une voiture l'emmène aux Saussaies pour interrogatoire.

« Ils m'ont fait raconter ma vie, mais ils voulaient surtout savoir où était Eddy, chez qui il pouvait se cacher. Pannwitz m'a montré un grand album rempli de photos des membres du réseau. Comme Eddy m'avait indiqué ceux qui étaient déjà arrêtés, j'ai identifié les prisonniers et j'ai dit que les autres m'étaient inconnus. Il y avait une photo qui les intéressait beaucoup ; ils m'ont demandé : « Vous connaissez ? — Mais oui, bien sûr ! » Ah ! ils ont sauté de joie ! « Qui est-ce ? — Fran« çois Périer, voyons ! » C'était une photo de Claude Spaak et de l'acteur côte à côte.

« Comme ils n'arrêtaient pas de me poser des questions sur les amis d'Eddy, j'ai fini par inventer un personnage : Paul. Chaque jour, comme ça, je donnais des détails supplémentaires et c'était fatiguant parce qu'il fallait faire attention de ne pas se couper. Ils l'ont fait rechercher à travers la France entière. Berg était le plus excité ; il hurlait sans cesse : « *Aber wo ist* « *Paul* [1] ? »

« Et on parlait toujours de l'histoire de la paix séparée. Il y a même un chef de la Gestapo qui m'a interrogée pendant des heures après m'avoir annoncé : « Je « viens spécialement de Berlin pour vous parler de cette « affaire. » Ça avait l'air d'avoir pour eux une importance capitale.

« Ah ! j'ai oublié quelque chose... Eddy m'avait demandé de leur raconter une histoire : qu'après son évasion, il était arrivé au Vésinet avec plusieurs hommes, que ceux-ci l'avaient ensuite emmené avec eux, puis qu'ils l'avaient ramené deux jours plus tard. J'ai donc dit tout ça à Pannwitz, sans savoir d'ailleurs à quoi ça correspondait [2]. »

1. « Mais où est Paul ? »

2. Il s'agissait évidemment de pallier les éventuels aveux des sœurs de Saint-Germain et d'expliquer tant bien que mal que la première lettre du fugitif ait été postée de Besançon.

Les interrogatoires se déroulent de la manière la plus plaisante. On continue d'appeler Georgie *Mädchen,* on lui offre le thé, et, quand elle repart pour Neuilly, on glisse dans sa poche un sac de bonbons. Il est clair que Pannwitz et ses acolytes tiennent la compagne du Grand Chef pour une jolie gourde parfaitement inoffensive. Elle, de son côté : « J'ai toujours eu la certitude de les avoir bien en main. Ils croyaient dur comme fer à tout ce que je leur disais. Le fameux Paul, par exemple, ils auraient mis leur tête à couper qu'il existait vraiment. La paix séparée, c'était la même chose. J'avais dit à Pannwitz qu'Eddy comptait revenir dès qu'il aurait organisé l'affaire. Ça l'avait rendu très heureux et il l'attendait comme le Messie. Simplement, il trouvait le temps long... »

Très long. De là les appels publiés dans *Paris-Soir.* Mais seront-ils remarqués par l'intéressé ? Pannwitz peut en douter car il lui est déjà arrivé de crier dans le désert. Après le raid sur Corrèze, il a fait demander par la presse parisienne : « Georgie ! Pourquoi ne viens-tu pas ? Patrick est chez ses oncles. » L'invitation avunculaire est passée inaperçue.

S'il ne téléphone point, le Grand Chef continue d'écrire. Pannwitz reçoit une troisième missive [1]. Elle reprend, sur un ton plus vif, les reproches exprimés dans la seconde : « Vous n'avez relâché personne, vous persistez au contraire à multiplier les arrestations. Tout cela prouve que vous n'êtes pas sérieux et qu'il est impossible de travailler correctement avec vous. Comprenez donc qu'il ne faut à aucun prix alerter le contre-espionnage. Du reste, les gens que vous avez arrêtés ne sont pas mêlés à l'affaire, et vous le savez bien. Si vous ne les relâchez pas, je casserai moi-même votre Grand Jeu. »

Libérer les prisonniers ? Pannwitz y consentirait volontiers si le Grand Chef, au lieu de l'accabler de menaces, lui faisait un rapport sur ses démarches auprès de Moscou. Mais il ne les lâchera pas avant d'être sûr de la

1. Elle a été rédigée chez Lucie.

bonne foi du fugitif : ils sont ses otages, Georgie surtout. Enfin, il conserve l'espoir — de plus en plus fragile il est vrai — de rattraper Trepper. Pour l'instant, la chasse continue.

Scénariste célèbre, Charles Spaak, frère de Claude, est arrêté à Paris ; sa compagne est capturée avec lui, mais Pannwitz la relâche rapidement : elle est enceinte [1]. En Belgique, la Gestapo rafle les autres membres de la famille. Et l'on procède au chantage habituel : faute de livrer Suzanne, tout le monde sera fusillé. Quelqu'un faiblit, donne l'adresse désirée. Suzanne Spaak est prise le 8 novembre.

Pannwitz ignore qu'il tient avec elle la clef ouvrant les portes d'une demi-douzaine d'organisations clandestines de toutes obédiences. Il croit avoir arrêté une personne distinguée mais fort peu réaliste, qui s'est laissé compromettre par le Grand Chef tout comme les sœurs de Saint-Germain, les dames de Bourg-la-Reine, la vieille Mme May, la bonne Mme Queyrie... Quand il apprendra de l'auteur, bien longtemps après, le rôle réel de Suzanne Spaak dans la Résistance, il s'exclamera d'une voix grinçante : « Ah ! elle m'a bien roulé, celle-là, avec ses airs si convenables ! Et dire qu'elle n'arrêtait pas de me parler de ses bonnes œuvres !... » Mais si le Kriminalrat avait connu à l'époque l'importance de sa prisonnière, l'eût-il pour autant mise à la torture pour lui arracher des aveux ? Rien n'est moins sûr. Le troisième frère Spaak, Paul-Henri, est ministre des Affaires étrangères du gouvernement belge en exil à Londres. Cette circonstance et le cours inquiétant pris par la guerre incitent à la prudence. Pannwitz y est si sensible qu'il demande à deux amis, correspondants de guerre de la Wehrmacht, d'assister à tous les interrogatoires de Suzanne Spaak, pour qu'ils puissent éventuellement témoigner de la correction dont il a fait preuve. C'est une violation flagrante du secret auquel est astreint le Kommando, mais son chef juge raisonnable de prendre des gages sur l'avenir.

1. De celle qui deviendra la star de cinéma Catherine Spaak.

D'évidence, le Pannwitz de Paris n'est plus celui de Prague.

Sa patience reçoit enfin sa récompense : Trepper téléphone. Georgie apprend la nouvelle de sa propre bouche, au cours d'un interrogatoire. Le Kriminalrat lui paraît amer, déçu. Elle demande : « Qu'a-t-il dit ? — Oh ! murmure Pannwitz d'une voix lasse, il est resté très évasif... »

Evasif était le mot.

Le 17 novembre, toutes les forces de police françaises reçoivent ce télégramme : « Rechercher Jean Gilbert. A pénétré l'organisation policière pour le compte de la Résistance. A fui avec des documents. A appréhender par tous les moyens. Rendre compte à Lafont. » Suivent un signalement, puis une photo de Trepper, *alias* Jean Gilbert. Sa tête est mise à prix. La prime offerte sera augmentée à trois reprises au cours des mois à venir.

Les termes du télégramme ont été soigneusement pesés. Il n'y est pas fait allusion à la Gestapo. Au contraire, tout laisse croire à ses destinataires qu'il s'agit d'une affaire intestine de la police française : un provocateur s'est glissé dans son sein ; il a volé des documents. Même la référence à Lafont a pour but d'exciter le zèle des policiers : le chef de bande est associé avec l'inspecteur Bony, l'une des grandes figures de la Sûreté d'avant-guerre ; on mise sur les amitiés qu'il a dû conserver parmi ses anciens pairs [1].

Parallèlement, toutes les officines et sous-officines de la Gestapo, toutes les sections et sous-sections de l'Abwehr, tous les organismes militaires, administratifs ou économiques de l'occupant — tout ce qui est allemand

1. Quand on sait quel mépris lui vouaient ceux-ci, il apparaît que la manœuvre ne relevait pas d'une sûre psychologie.

en France et en Belgique, reçoit une affichette ornée du portrait du Grand Chef, avec cette suscription : « Espion très dangereux. En fuite. »

Ainsi, deux mois après l'évasion, Pannwitz lance aux trousses du fugitif les polices française et allemande... Après avoir mené un jeu subtil où alternaient l'usage de la force et celui de la persuasion, la torture pour Katz et le thé pour Georgie, les souricières montées par le Kommando et les invitations bienveillantes de *Paris-Soir ;* après avoir tendu les fils d'une toile d'araignée suffisamment ample pour que l'évadé vînt y donner, suffisamment souple pour qu'il ne craignît pas d'y rester pris — on ne lui demandait que d'entrer en contact ; après avoir tissé pendant huit semaines cet ouvrage délicat, voici donc qu'il le détruit d'un seul coup d'épée...

C'est qu'il désespère de tirer au clair les intentions du Grand Chef. Celui-ci a-t-il trahi le Kommando ou continue-t-il de trahir Moscou ? On n'en sait rien. Et l'incertitude demeurera aussi longtemps que Trepper se limitera à des lettres vagues et à des coups de téléphone « évasifs ». Il peut à volonté relancer le Grand Jeu ou le bloquer selon qu'il choisira de se faire rassurant ou inquiétant. L'initiative est passée entre ses mains : voilà à quoi Pannwitz ne peut consentir. Ses projets ne sauraient dépendre du caprice d'un prisonnier évadé, fût-il le Grand Chef. Et puis, il a trente-deux ans : l'âge où l'on préfère trancher le nœud gordien plutôt que de s'essayer à le dénouer.

Abandonner Trepper à toutes les polices de France et d'Allemagne n'est pas sans conséquence. Ces milliers d'affiches collées au mur des bureaux, ces bulletins de recherche envoyés à profusion vont évidemment donner l'éveil à l'adversaire, même si le « contre-espionnage » tant vanté n'est qu'un mythe : il en faut beaucoup moins pour alerter l'appareil de sécurité du parti communiste. Sachant cela, Pannwitz déclenche pourtant l'opération. Il suscite la difficulté en pleine connaissance de cause. La capture du Grand Chef l'intéresse donc si fort ? Sans doute, mais elle n'eût pas suffi à décider le Kriminalrat, car elle demeure malgré tout aléatoire. Son plan a pour objectif, non pas une capture douteuse, mais une neutralisation certaine.

L'émetteur de Kent est resté dans le Midi (il est installé dans la villa de la couturière Coco Chanel, dont la cave bien fournie fait les délices des radios allemands). Il fallait bien qu'il y restât si on voulait l'utiliser pour le Funkspiel, car Moscou pouvait faire procéder à une vérification technique par repérage de l'origine du faisceau d'ondes. Pannwitz est naturellement convaincu que le Directeur ignore la présence de Kent à Paris : pour le Centre, le Petit Chef est toujours dans le Midi, auprès de son émetteur. Heinz Pannwitz va jouer sur sa méprise.

Il envoie au Centre un message signé de Kent par lequel celui-ci demande l'autorisation d'aller à Paris : il a l'impression que le réseau fonctionne mal et voudrait en savoir les raisons. L'autorisation est accordée. Pannwitz envoie alors un message où s'exprime la stupeur de Kent : « Que se passe-t-il avec Trepper ? Je vois partout des avis de recherche le concernant ! Il se serait échappé d'une prison allemande. » Réponse du Centre : « Evitez Trepper. Que le Parti ne lui donne pas un morceau de pain. Pour nous, c'est un traître. »

Pannwitz a atteint son but : arracher l'initiative des mains du Grand Chef. Celui-ci ne pourra plus le menacer de dénoncer le Funkspiel : quoi qu'il dise ou fasse, Moscou ne le croira pas. Le coup d'audace du Kriminalrat l'a purement et simplement éliminé de la partie. Il est neutralisé.

Intéressante opération, mais ses conséquences sont immenses. *Car le télégramme de Kent révèle à Moscou que Trepper était, depuis des mois, entre les mains de la Gestapo, et que tous les messages radio du Grand Chef faisaient partie, depuis des mois, d'une entreprise d'intoxication allemande !* Toutes les fondations du Funkspiel sont détruites d'un seul coup ; l'indispensable confiance du Centre, si patiemment conquise par Giering, est annihilée par son successeur. Sur quelle base Pannwitz compte-t-il donc à présent bâtir son ouvrage ? Espère-t-il vraiment qu'après cette commotion, Moscou continuera d'accorder une confiance sereine aux messages venus de France ? Ne voit-il pas que son coup d'audace n'est qu'accès de folie et qu'en voulant à tout prix éliminer Trepper, il écrase sous le pavé de l'ours le Grand Jeu en même temps que son adversaire ?

Il y avait là un stupéfiant mystère. Comme l'auteur a mis trois ans à en découvrir la clef, son lecteur acceptera peut-être d'en attendre la révélation quelques pages encore...

TROISIÈME PARTIE

LE CENTRE

XXXIV

MADCHEN ET MAMY

L'AN 1943 s'achève.

L'approche de Noël était suffisante pour mettre en émoi les « souris grises » de Saint-Germain, mais l'annonce soudaine de la visite du maréchal Gœring porte à son comble leur excitation. Saisies d'une frénésie ménagère, elles astiquent chaque centimètre carré de l'immense bâtisse. « Il n'y avait rien à redire, admet Mme Queyrie, pour être briqué, c'était briqué. » Gœring passe son inspection, accorde un sourire bienveillant à Patrick et s'en va vers d'autres plaisirs. On l'eût probablement beaucoup surpris en lui révélant que ce petit blondinet au regard vif était le fils adoptif du chef de l'Orchestre Rouge.

Fêtes et banquets commencent les quatre dimanches précédant Noël, selon la coutume allemande. Bien nourrie, reposée, Mme Queyrie ne se fait pas trop de soucis pour sa mère et son mari : Schneider lui en donne régulièrement des nouvelles satisfaisantes. Le 24 décembre, réveillon somptueux ; on boit force champagne.

Mme Queyrie est à la droite du commandant du centre. Comme tout le monde, l'officier adore Patrick. Il ne se lasse pas de le coiffer de sa casquette et de le hisser à bout de bras en hurlant : « Toi soldat ! » Mais le 8 janvier, à la consternation générale, il reçoit l'ordre de libérer ses deux hôtes. Pleurant à chaudes larmes, Grete et Margarete accompagnent leurs protégés à la gare de Saint-Germain. On se sépare brisé d'émotion.

Une triste surprise attend Mme Queyrie à Suresnes : son pavillon est dans un état repoussant. Pannwitz y avait installé en souricière quelques voyous de Lafont ; ceux-ci se sont livrés à leurs facéties coutumières : excréments dans les tiroirs, etc. En partant, ils ont laissé ouverts les robinets de la maison, de sorte qu'un ruisseau d'eau coule jusque dans la rue.

Elle se met au travail.

Tous les suspects raflés par le Kommando sont eux aussi relâchés. Ils encombraient. Et Pannwitz peut se permettre d'offrir cette satisfaction au Grand Chef, maintenant qu'il a repris l'initiative. Même si Trepper n'a plus l'oreille du Centre, mieux vaut qu'il garde le silence sur le Grand Jeu. Après la libération de Patrick, Pannwitz fait publier dans la presse parisienne cet avis : « L'enfant va bien. Il est retourné à la maison. »

Une quatrième lettre du fugitif confirme aussitôt au Kriminalrat la justesse de son raisonnement. Elle est d'un ton las et désabusé : « Je suis fatigué, j'en ai assez et je préfère quitter la partie. Vous pouvez continuer le Grand Jeu sans inquiétude si vous ne recommencez pas à arrêter des gens. Sous cette condition, je vous promets de ne pas interférer. »

Le Grand Chef n'est plus chez Lucie. Il s'est installé avenue du Maine, chez un célibataire adorateur du beau sexe auquel il loue une chambre. Son propriétaire croit qu'il héberge un réfugié du Nord dont toute la famille a disparu au cours d'un bombardement.

Au fond, la lettre dit vrai : Trepper est sur la touche. Il a pu finalement rencontrer Kovalski, faire prévenir

Moscou que le Grand Jeu continuait. Mais il continuera sans lui. Faut-il s'étonner si les mois prochains vont être plus pénibles à supporter que les années de fièvre qui ont précédé l'arrestation, que les mois d'angoisse qui l'ont suivie ? La tension brusquement rompue le laisse déprimé, désemparé. Une élémentaire prudence interdit au Parti de l'employer à d'autres tâches : gibier de toutes les polices opérant en France, il est comme pestiféré. On se borne à l'entretenir en lui versant quelques subsides. Les billets de banque sont tout neufs — trop neufs — et le Grand Chef tue le temps à les froisser entre ses doigts.

Rarement, une vague vient soulever cet océan d'ennui. Se promenant rue de Vaugirard, il croise Willy Berg. L'Allemand ne le reconnaît pas : il a beaucoup maigri et s'est laissé pousser une superbe moustache d'aristocrate polonais.

Une autre fois, il se risque à aller récupérer une valise de vêtements chez une institutrice logeant à Pigalle. La femme le reçoit avec épouvante : Kent est venu récemment lui demander si elle l'avait vu. Il lui a montré une lettre du maréchal Pétain où Trepper était dénoncé comme un « mauvais Français » que tous les « bons Français » devaient mettre hors d'état de nuire en le livrant à la police [1]. Sur la réponse négative de l'institutrice, Kent lui a recommandé de retenir Trepper le plus longtemps possible, au cas où il se présenterait, et d'appeler certain numéro de téléphone. Pourquoi ? C'est dimanche. Le Kommando est en bordée, comme d'habitude, et n'aura laissé rue des Saussaies qu'un homme de permanence.

« Allez-y ! Téléphonez-leur tout de suite ! Vous verrez qu'ils prendront leur temps... »

Trois heures plus tard, deux autos freinent devant l'immeuble.

A la fin janvier, Mme Queyrie voit à son tour deux Citroën stopper devant sa grille. Le Kommando, Pann-

1. Un faux forgé par le Kommando, bien évidemment.

witz en tête, fait irruption dans le pavillon et fouille toutes les pièces. A la fin de cette vaine perquisition, un Allemand annonce à Mme Queyrie : « Le chef vous fait ses compliments. Vous avez l'une des maisons les plus propres de France. »

Pour être moins complimenteur, Schneider reste plus efficace. Il vient régulièrement à Suresnes donner des nouvelles des prisonniers de Fresnes — et il a toujours un cadeau pour Patrick : des œufs frais, des fruits, etc. Puis il se charge de remettre des colis aux détenus (« Pour leur faire comprendre qu'ils venaient de moi, explique Mme Queyrie, je les enveloppais avec des papiers de chez nous »). Enfin, il accepte de leur transmettre des lettres.

Contrairement à ces pratiques clandestines, les visites à Georgie sont très officielles. Mme Queyrie et Patrick vont aux Saussaies, d'où Schneider les conduit en voiture jusqu'à Neuilly. Comme il assiste aux entrevues, Georgie — qui ne le connaît guère — choisit de s'entretenir avec sa visiteuse dans un argot hermétique. La précaution paraît superflue à Mme Queyrie, d'autant que l'atmosphère de Neuilly est rien moins que dramatique : « Je vous jure qu'elle avait l'air tout à fait à l'aise dans sa peau. Et bien traitée. Pensez qu'elle avait une chambre particulière et des domestiques pour la servir. »

La chambre est fermée à clef et les domestiques sont des gardes slovaques, mais il est vrai que cette captivité serait douce sans le profond ennui qui pèse sur la prisonnière. Elle a obtenu qu'on aille chercher au Vésinet son tutu et ses chaussons de danse ; elle fait des pointes durant des heures, au grand plaisir des Slovaques agglutinés devant le trou de la serrure, mais on ne peut pas danser du matin au soir. Un jour, Pannwitz pénètre dans la chambre, voit la table tirée au milieu de la pièce, une chaise sur cette table, une seconde chaise sur la première, un tabouret encore, et, sur le tout, atteignant le plafond, Georgie qui lui fait des grimaces. Mais on ne peut pas tirer la langue à Pannwitz du matin au soir.

Soudain, tout change.

« Je passais des heures à ma fenêtre, au premier étage. Elle donnait sur l'arrière de l'hôtel particulier et je voyais les prisonniers se promener autour du carré de légumes que le concierge Prodhomme cultivait. On échangeait des signes, on se souriait, vous comprenez. Alors, comme ça, un prisonnier — celui qui avait des bandes molletières — a profité de ce que ma fenêtre était ouverte pour m'envoyer un papier lesté d'un bonbon. C'était une lettre qui commençait par « à une jeune captive », comme le poème de Chénier, vous savez. Elle était vraiment gentille, très jolie. Je ne sais pas comment en décrire le style... c'était très poétique et très militaire à la fois. D'ailleurs elle était signée « Général Dumazel ». A la fin, il me disait : « J'espère que vous « me répondrez. Mettez votre billet dans le tube d'aspi- « rine caché au pied du buisson. » J'ai répondu, évidemment, et nous avons commencé toute une correspondance.

« Après, ça a été un autre militaire, le général Delmotte. On s'écrivait aussi. Il était déjà plus hardi, Delmotte, tandis que le général Dumazel est toujours resté très discret, très poétique, dans le style Chénier. Delmotte, lui, il m'a dit qu'il était tombé amoureux.

« Mais le plus fort de tous, c'était Dungler. Ah ! rien ne l'arrêtait ! Il avait remarqué que le vasistas des W.-C. était contigu à la fenêtre de mon cabinet de toilette. Un jour, j'ai entendu qu'on frappait à mon carreau : c'était lui. Il m'a tendu une grande lettre où il commençait par se présenter. Il me disait qu'il était l'un des chefs de la Résistance en Alsace.

« Après, il a demandé sans cesse à aller aux W.-C. Vous savez, c'était toute une histoire : il fallait sonner pour qu'un gardien vienne vous ouvrir ; il vous accompagnait jusqu'à la porte et vous attendait. On se tendait nos lettres par la petite fenêtre. Mais il a fait encore mieux : il a soudoyé l'un des gardiens, Hans. C'était un petit Allemand noiraud, assez gentil ! Il l'envoyait à la Brasserie Alsacienne du faubourg Montmartre, dont le patron était un de ses amis, et Hans lui ramenait des victuailles et des bouteilles de vin. Moi, je recevais tout ça par le vasistas. Il fallait rendre la bouteille dès le lendemain, alors, vous comprenez, je la buvais le soir même, et comme c'était du bourgogne, j'étais très gaie après l'avoir vidée. Ensuite, il a réussi à obtenir de Hans un double de la clef de sa chambre. Ça lui a permis d'en sortir la nuit, quand tout le monde dormait, sauf les gardes au rez-de-chaussée, et il est venu prendre l'empreinte de ma serrure avec de la mie de pain. Hans a fait fabriquer un autre double. C'est comme ça qu'on a pu se voir. Mais quelles émotions ! Il y avait dans le couloir un gros tapis qui étouffait les pas, alors on pouvait craindre à chaque instant de voir entrer quelqu'un. C'est arrivé une fois ; Dungler a eu juste le temps d'aller se cacher dans le cabinet de toilette. J'ai bien eu l'idée de profiter de la clef pour m'enfuir. Une nuit, je suis allée jusqu'à l'escalier, le cœur battant, mais je n'ai pas osé pousser plus loin et je suis vite rentrée. Il y avait des gardes en bas. Et puis, on m'avait dit que si j'essayais de m'échapper, ce serait Patrick qui paierait.

« Mes trois amoureux occupaient presque tout mon temps : je passais des heures à leur écrire, et eux à me répondre. Quand on manquait de papier, on déchirait les pages de garde des livres qu'on nous prêtait : une collection complète de la Pléiade. J'en ai même profité pour lire tout Balzac. »

Une prison de luxe, douce au corps, point trop pénible à l'âme, mais dont on peut être tiré à chaque instant pour aller sur l'échafaud ; et, dans cette prison, à l'ombre de la guillotine, des amours légères et tendres parce que le cœur veut aussi s'occuper ; la frivolité des billets doux, la libéralité des « pour la vie » quand la vie peut finir avec la prochaine aube ; le cœur offert à chacun tant qu'il bat encore ; les feux de paille où l'on fait flamber les amours qu'on n'aura pas le temps de vivre — nous avons déjà connu cela, bien sûr, c'est la « maison Belhomme » de la Révolution française, la fameuse maison de santé où se réfugiaient, moyennant finance et grâce à leurs relations, les plus privilégiés parmi les accusés du Tribunal révolutionnaire, et où ils menaient eux aussi, le temps que leur magot fût épuisé, cet étrange ballet amoureux dont le chorégraphe était un bourreau...

Ah, chère Georgie, m'en voudrez-vous beaucoup si j'avoue qu'en vous écoutant raconter comment vous fleurtiez avec les ci-devant généraux, je ne pouvais m'empêcher de songer à cette héroïne romanesque que le caprice de l'écrivain fait entrer dans la maison Belhomme (la vôtre, c'était en quelque sorte la « maison Prodhomme ») — elle s'appelle Caroline Chérie... Vous avez sa beauté, son charme, le don de légèreté quand les temps sont d'airain, et surtout ce talent insolent pour traverser l'événement sans être mordue par lui. Mais la comparaison ne vaut rien, je le sais : elle avait des amours et vous n'en aviez qu'un.

Elle était bien jolie, votre ancienne prison, le jour où j'allai la voir. Alentour avaient poussé de grands immeubles neufs mais, rompant leur alignement rigoureux, l'hôtel particulier était là, anachronique, un peu fripé, et tout à fait abandonné : on eût dit que personne n'y était entré depuis le départ des gardes slovaques. Il y avait des lianes aux branches des arbres, des herbes folles ployaient jusqu'au perron, la fougère était souveraine. Avec la maison aux persiennes closes, aux murs lézardés, cela faisait songer au domaine de quelque Grand Meaulnes. Les portes étaient verrouillées et la sonnette ne fonctionnait plus. Chez les voisins, on ne savait pas. Alors, empêché d'entrer en ces lieux d'où tant d'êtres avaient désiré sortir, je restai une heure — ou deux, je ne sais plus — planté devant la grille rouillée, et je voyais le Grand Chef tourner autour de la pelouse, Bœmelburg tituber sur les marches du perron ; je voyais Dungler vous passer son bourgogne par le vasistas et votre main lui tendre un billet écrit sur le papier pelure de la Pléiade, et Pannwitz allant et venant de son petit pas de coq pressé, et Margarete prenant son bain de soleil, et Kent la regardant d'une fenêtre. Ah, ce jour-là, je vous voyais tous comme si j'avais été des vôtres !

Un an plus tard, je revins à Neuilly pour prendre des photographies. Il n'y avait plus rien qu'un énorme cratère surmonté d'un panneau annonçant la construction d'un immeuble de grand standing. J'en fus aussi touché que si l'on eût abattu un décor de ma vie, puis déçu pour des raisons pratiques : les photos. Mais on ne peut pas photographier un rêve — et c'était aussi irréel qu'un rêve, n'est-ce pas, ce temps de Neuilly, où, en pleine guerre mondiale, dans un repaire de la Gestapo, votre apparition à la fenêtre touchait le cœur de généraux au poil gris et leur faisait cambrer pour vous leur mollet ceint de bandes molletières tandis qu'ils tournaient autour des légumes du concierge Prodhomme...

Dans les premiers jours de mai 1944, Georgie est conduite à l'immeuble où ont été jugés, un an plus tôt, Alfred Corbin, Keller et les autres. On la fait asseoir dans la petite salle d'attente. Soudain un homme entre, le visage d'une pâleur mortelle. Il regarde Georgie, semble la reconnaître et articule d'une voix rauque : « Je viens d'être condamné à mort. » Elle s'écrie : « Mais c'est affreux ! » Un garde leur interdit de poursuivre. Georgie cherche dans sa mémoire où elle a vu cet homme. Oui, dans l'album de Pannwitz ; il lui a montré sa photographie. C'est le docteur de Joncker, qui devait la faire passer en Suisse.

Son tour arrive. Elle est introduite dans la salle d'audience. Bœmelburg fait partie de la Cour. Pannwitz et Berg sont également présents mais ils affectent, devant les juges, de traiter leur *Mädchen* avec froideur. Elle ne comparaît pas en tant qu'accusée, mais comme témoin, et doit répondre à un interrogatoire serré, notamment sur Grossvogel. Elle s'efforce d'en dire le moins possible. Comme la fatigue lui fait ployer l'échine, Berg la rudoie : « Mais tenez-vous donc droite ! » On la ramène à Neuilly épuisée. Cette séance où chacune de ses phrases risquait de conduire un homme à la mort restera l'un de ses plus affreux souvenirs.

Un matin du même mois de mai, Mme Queyrie est tirée du lit par un agent du Kommando. Il lui ordonne de confier Patrick à des voisins et de le suivre. La bonne Mme Queyrie entre dans la salle d'attente du Tribunal à sept heures et demie du matin. Deux femmes l'y rejoignent et se présentent : « Nous sommes les dames de Bourg-la-Reine. » Mme Queyrie demande : « Savez-vous ce qu'on va nous faire ? » ; elles répondent : « Mais madame, voyons, c'est le jugement ! » Elles l'attendent avec une parfaite sérénité, convaincues que leur innocence sera reconnue.

Elles se trompent. Mme Parrend, directrice de la « Maison-Blanche », condamnée à la déportation, ne rentrera d'Allemagne que pour mourir quelques années plus tard des séquelles de maladies contractées au camp ; nous ignorons le sort de son adjointe. Les sœurs de Saint-Germain seront déportées ; une seule reviendra. Au contraire du docteur de Joncker, Antonia Lyon-Smith réussit à sauver sa vie, aidée peut-être par cette circonstance qu'un membre du Kommando était tombé follement amoureux d'elle. Mme May est condamnée à mort, mais le maréchal Gœring la graciera. Suzanne Spaak est également condamnée à mort. Peu après sa belle-mère, Mme Spaak, reçoit d'elle une longue lettre écrite à Fresnes. Suzanne lui raconte sa vie en prison (avec deux cure-dents, elle a tricoté une cravate pour son fils ; elle a réussi à faire pousser dans la rainure de sa fenêtre une fleurette qu'elle glisse dans l'enveloppe à l'intention de sa fille), mais elle annonce surtout sa condamnation à mort et demande à Mme Spaak de transmettre à Claude une proposition de la Gestapo : s'il accepte de se livrer, sa femme sera graciée et libérée. Lui-même ne sera d'ailleurs pas inquiété ; on se bornera à lui poser quelques questions, après quoi il sera assigné à résidence chez lui, avec pour seule obligation de se présenter à intervalles réguliers au commissariat de police de son quartier. Suzanne termine en adjurant son mari de se livrer, pour elle-même et pour les enfants.

Mme Queyrie n'est introduite dans la salle d'audience qu'en fin d'après-midi. Elle a aperçu son mari, le visage bouffi et le teint blafard. Elle s'est aussi entretenue avec son avocat, un officier allemand sympathique et parlant parfaitement le français. Devant la Cour, elle s'en tient à ses dépositions antérieures : il est vrai qu'elle sert de nourrice au fils du Grand Chef (car pour la Gestapo, la filiation ne fait aucun doute. Beaucoup plus tard, Pannwitz n'en démordra pas : « Je vous dis que c'est son fils ! La ressemblance ne trompe pas ! »), il est également vrai qu'elle a hébergé Trepper pendant une semaine, mais elle ignorait tout de ses activités.

On l'acquitte. Elle se retrouve sur le trottoir de la rue du Faubourg-Saint-Honoré pour découvrir qu'elle est partie de chez elle sans un sou. Son avocat sort à son tour de l'immeuble, la voit désemparée et lui donne des tickets de métro et d'autobus. Comme elle s'inquiète de la manière dont elle pourra le rembourser, il lui dit avec un sourire : « Laissez donc ! Et que cela vous porte bonheur... »

A la fin du mois, sa mère sort de Fresnes après huit mois de détention, sans même avoir été jugée. Elle dit qu'une femme extraordinaire réconforte là-bas le moral des détenues : Suzanne Spaak. En juin, c'est au tour de M. Queyrie de rentrer à Suresnes ; il avait été condamné à huit mois de prison. Un prisonnier compatissant lui avait fait passer une paire de chaussons : Léon Grossvogel, qui va être bientôt exécuté [1].

Margarete Barcza a été prise le 21 avril des douleurs de l'enfantement. Pannwitz la fait entrer dans une clinique privée de Neuilly sans même spécifier qu'il s'agit d'une prisonnière. Elle y accouche d'un garçon qu'elle décide avec Kent de prénommer Michel. Son amant lui rend visite tous les jours, accompagné de trois membres du Kommando. Le 2 mai, une voiture vient chercher la mère et l'enfant. Mais au lieu de les ramener « à la

1. En même temps, croyons-nous, que Vassili et Anna de Maximovitch.

maison », elle les conduit rue de Courcelles, à Paris, dans un hôtel particulier infiniment plus somptueux que celui de Neuilly. C'est la demeure du milliardaire Veil-Picard, grand collectionneur de tableaux. La Wehrmacht a réquisitionné les communs dès 1940 ; cette occupation s'est limitée à quelques vieux soldats occupés à réparer des camions et à les repeindre. Puis les pillards spécialisés du maréchal Gœring sont venus rafler les tableaux et le mobilier. Enfin, au mois d'avril 1944, Pannwitz décide d'y installer son Kommando.

« Nous n'étions pas tout à fait considérés comme des Juifs et pas tout à fait comme des Aryens, explique M. Veil-Picard fils... Une situation un peu ambiguë... Nous avions quitté l'hôtel mais mon père y passait une ou deux fois par semaine. Quand ces nouveaux messieurs se sont installés, il m'a envoyé leur expliquer qu'ils n'en avaient pas le droit, puisque nous n'étions pas tout à fait Juifs, etc. On m'a introduit dans une pièce... je revois encore ces grands Allemands — ils étaient deux — avec leurs yeux gris et froids et leur imperméable qui leur tombait sur les talons. J'ai commencé à raconter mon histoire, mais l'un d'eux a levé la main sur moi et j'ai compris qu'il valait mieux ne pas insister. Ma foi, j'ai décampé... »

La hantise d'un coup de main de la Résistance fait prendre à Pannwitz d'extraordinaires précautions. Il répand dans le voisinage la rumeur que son Kommando relève de la gendarmerie militaire et non de la Gestapo. Puis il met l'hôtel en état de soutenir un siège. La petite porte dont l'ouverture est commandée électriquement du pavillon du concierge reste libre, mais il fait barricader le grand portail par deux énormes poutres (on voit aujourd'hui encore les pitons qui les maintenaient en place). Une mitrailleuse, placée en batterie sur le perron, tient la cour sous son feu. Dans le hall, tout un arsenal est à portée de la main.

A gauche de l'hôtel s'étend un terrain vague servant de parc automobile à la Wehrmacht. Pannwitz fait ouvrir une brèche dans le mur de séparation, à la hauteur de l'hôtel. Ainsi les allées et venues de ses Citroën n'attireront pas l'attention des curieux : on croira qu'elles vont tout bonnement se garer dans le parc automobile. Les prisonniers descendent, franchissent la brèche et s'engouffrent dans la porte qui s'ouvre juste en face, sur le côté de l'hôtel. Cette porte mène à la cave, où l'on fait également de gros travaux. Deux réduits sont aménagés en cellules, avec bat-flanc superposés. La pose d'une lourde porte blindée et de deux verrous rend toute évasion impossible. Enfin, au deuxième étage de l'hôtel, une chambre de bonne est transformée en « cellule de luxe » : barreaux à la fenêtre et verrous extérieurs sur la porte.

Le mobilier raflé par Gœring est remplacé par des pièces pillées un peu partout. Pannwitz fait notamment transférer à Courcelles le mobilier complet de la maison de campagne des Spaak, à Choisel ; il se sert aussi rue de Beaujolais.

« Ils avaient organisé une grande fête pour mon retour, raconte Margarete ; ils m'ont dit : « C'est pour « célébrer votre mariage avec Kent. » Effectivement, c'était comme une noce. A la fin du banquet, ils m'ont offert des cadeaux : un berceau et un landau absolument magnifiques pour Michel. Pannwitz m'a dit qu'il tenait à être son parrain et il m'a donné des conseils : « S'il pleure la nuit, ne le levez surtout pas : vous lui « donneriez de mauvaises habitudes. Et ne vous inquiétez « pas s'il nous réveille, çà n'a aucune importance. » A partir de ce jour-là, ils m'ont tous appelée « Mamy ». »

Pannwitz a fait aménager pour le couple et le bébé un petit appartement privé de deux pièces ; un cabinet de toilette complet est installé dans un placard. Le Kommando leur fait volontiers visite et aime à s'épancher dans le giron de « Mamy ». Après avoir tué un homme au cours d'une arrestation — son premier mort — c'est chez elle que Karl Ball viendra pleurer toute une nuit ; et l'on y évoquera longuement le sort cruel qui s'est abattu sur Eric Jung.

« Il en avait marre, dit Margarete, visiblement marre, et il buvait beaucoup : ça devait mal finir. » Un soir, Jung rentra chez lui ivre mort ; il avait alors une chambre au troisième étage d'un hôtel réquisitionné. Un officier de sa connaissance prit l'ascenseur avec lui et le poussa gentiment dehors quand ils furent arrivés au troisième, malgré les hurlements de Jung qui prétendait monter plus haut. Fou de rage, le S.S. dégaina son pistolet, escalada deux étages et vida son chargeur sur l'officier au moment où il sortait de la cabine. Puni de dix ans de travaux forcés, Jung a fait appel pour s'entendre alors condamner à la peine de mort. Il sera finalement versé dans un bataillon disciplinaire servant sur le front russe, où il disparaîtra.

Les portes de son appartement restent constamment verrouillées, mais chaque après-midi, à heure fixe, Margarete peut aller promener Michel dans le jardin ; elle y succède au prisonnier enfermé dans la « cellule de luxe », qui lui est inconnu. Elle a également la permission de sortir le jeudi après-midi pour aller voir son fils René et assiste même à sa communion solennelle en compagnie de Kent et de trois Allemands. Ceux-ci la laissent déjeuner avec René, reviennent la chercher au dessert, la ramènent à Courcelles pour qu'elle nourrisse Michel ; après quoi, elle met le bébé dans son landau et va le plus simplement du monde retrouver René, à qui elle a fixé rendez-vous à six heures ; ils passent la soirée ensemble. « J'aurais pu m'évader cent fois, bien sûr, mais je savais qu'ils tueraient Kent... »

Ce n'est pas certain. Le Russe est devenu trop précieux. Outre sa collaboration au Grand Jeu, il est en voie de réussir une mystification aux dépens de la Résistance.

Tout a commencé par un message du Directeur : « Travaillait autrefois pour nous Ozols Waldemar, *alias* Solja stop je répète Ozols Waldemar ancien général letton stop pris part à la guerre dans les rangs républicains espagnols stop donna renseignements sur déplacements troupes allemandes stop avait un réseau stop avons donné un émetteur stop Solja vécu à Paris adresse inconnue stop vécu chez un dentiste stop a aussi une famille stop dites-nous si vous connaissez existence Solja et nature de son activité stop soyez prudent stop les Verts[1] intéressés très tôt par activités Solja. »

Ce message est envoyé à Kent le 14 mars 1943, quatre mois après l'arrestation de Trepper. Giering, qui dirige encore le Kommando, y voit la possibilité de mettre la main sur un nouveau réseau soviétique : la Gestapo reçoit l'ordre de rechercher Ozols. Elle découvre au mois de juillet suivant sa cachette parisienne, 24, villa Molitor. Aussitôt, Kent informe le Centre qu'il a retrouvé Ozols. Le Directeur lui ordonne de le contacter en lui envoyant une lettre signée « Z ». Kent propose par écrit à Ozols de le rencontrer le 1er août 1943 au café Dupont, place des Ternes.

Le général est au rendez-vous. Il n'a aucune raison de se méfier de son interlocuteur, puisque celui-ci a signé sa lettre « Z », signe de reconnaissance fixé par le Centre pour une éventuelle reprise de contact. D'ailleurs quelques phrases achèveraient de le rassurer, si besoin était : Kent, comme tous les hommes de sa génération, parle le russe « moderne ». En raison du brassage des populations intervenu depuis 1918, de l'influence de la radio et de la prolétarisation générale, il y a autant de différence entre le russe parlé avant la révolution et le russe « moderne » qu'entre l'anglais et l'américain. Ozols est donc tout à fait convaincu d'avoir affaire à un jeune officier soviétique et non à un fils d'émigré au service de l'Allemagne.

Il lui raconte son histoire. Ancien combattant des Brigades Internationales, il s'est réfugié en France après la défaite républicaine. En 1940, l'attaché militaire Air de l'ambassade soviétique à Paris l'a chargé de créer un réseau de renseignement. Ozols a recruté une dizaine d'agents et a commencé de fournir des rapports. Quand les diplomates soviétiques ont quitté Paris, l'attaché lui a confié un émetteur, mais Ozols n'a pas réussi à découvrir un pianiste expérimenté et ses tentatives de liaison avec Moscou sont restées vaines. Pressentant peu après que la Gestapo était à ses trousses (deux de ses agents ont été arrêtés), il est allé se cacher en Nor-

1. Sobriquet favori du Directeur pour désigner les Allemands.

mandie, attendant l'année 1943 pour rallier Paris. Il est maintenant disponible, prêt à reprendre le travail.

Ozols mentionne-t-il à Kent qu'il a été en contact avec le Grand Chef en 1940 ? Le fait doit lui paraître sans intérêt. Il ignore lui-même ce détail essentiel : le Centre avait recommandé à Trepper de conserver une extrême prudence dans ses rapports avec Ozols, car celui-ci était soupçonné de travailler à la fois pour Moscou, pour le Deuxième Bureau et pour la Gestapo !

Kent lui ordonne de rassembler les débris de son réseau et de l'étoffer en recrutant des techniciens et des officiers français capables de fournir des renseignements d'ordre politique, économique et militaire. Il lui remet une avance de dix mille francs. Son salaire mensuel sera de douze mille francs.

Quatre mois plus tard, en décembre 1943, Ozols est mis en relation par une amie commune avec Paul Legendre, capitaine de réserve âgé de soixante-cinq ans. Celui-ci a été pendant trois ans le chef du réseau Mithridate pour la région de Marseille ; Mithridate est l'une des plus importantes organisations de résistance françaises. Au printemps 1943, une offensive de la Gestapo a acculé Legendre à la fuite ; il s'est réfugié à Paris mais il a perdu le contact avec ses chefs ; sa « boîte aux lettres » n'est plus relevée. Lui aussi est disponible et prêt à travailler. Ozols lui révèle son appartenance aux services soviétiques : Legendre accepte-t-il de l'y rejoindre ? « Oui, à condition que l'objectif principal soit la lutte contre les Allemands. » Le général letton lui annonce alors pompeusement qu'il sera inscrit sous le matricule 305 dans le réseau B du S.R. russe. Il recevra six mille francs par mois.

En janvier 1944, Ozols organise une rencontre entre Legendre et Kent, patron du réseau B. Au cours de la conversation, Legendre mentionne que sa femme a été arrêtée, déportée. L'autre exprime sa compassion et promet de s'occuper de la malheureuse. Sans doute Legendre croit-il sur le moment à une simple vantardise d'assez mauvais goût, mais sa femme, libérée, le rejoint quelques semaines plus tard. Après cela, confondu d'admiration devant la puissance des services russes, le capitaine Legendre est totalement acquis à Kent.

Il lui livre la liste complète de ses anciens agents de Marseille, ce qui va permettre à la Gestapo de pénétrer Mithridate et de remonter jusqu'à sa tête, mais il s'emploie surtout à jeter les bases d'une nouvelle organisation clandestine. D'accord avec Kent, la France est divisée en huit régions militaires ; Legendre dirigera les régions de Marseille et de Paris. Son salaire est porté à douze mille francs, plus cinquante mille francs par mois pour ses agents. Dans le Midi, ses troupes sont déjà en place. Dans la région parisienne, le recrutement et l'encadrement sont activement poussés. Legendre enrôle notamment Maurice Violette, ancien ministre de la Troisième République, maire de Dreux, qui se trouve ainsi embarqué sur une galère de la Gestapo tout en croyant de la meilleure foi du monde ramer pour les Alliés...

Il ne s'agissait au départ que d'une opération classique de pénétration et de manipulation de la Résistance. Mais avec le printemps 1944 et les rumeurs de plus en plus précises sur l'imminence du débarquement allié, un projet d'une étonnante hardiesse prend forme dans l'esprit inventif du Kriminalrat Pannwitz : pourquoi ne pas utiliser les groupes de Legendre pour transmettre à la Gestapo, *après* le débarquement, et des arrières mêmes du front allié, les renseignements dont aura besoin le Quartier Général allemand pour monter sa contre-offensive ?

C'est à ce bel ouvrage qu'est employé Kent depuis la naissance de son fils. Il y faut de l'astuce et du doigté car, à priori, les braves gens du réseau B pourraient s'étonner qu'on leur demandât de continuer leur travail *après* la libération. Kent exige de Legendre qu'il lui présente individuellement tous ses radios. Et il tient à chacun ce langage : « Londres et Washington n'informent pas Moscou de leurs plans militaires, et c'est bien dommage, car cela interdit la mise au point d'une stratégie commune. On ne sait même pas si le prochain débarquement sera un simple coup de main, comme à Dieppe, ou une opération de grande envergure. En nous renseignant sur le nombre et la nature des forces débarquées, vous permettrez à l'Etat-Major soviétique de se faire une idée plus précise et d'harmoniser sa stratégie en conséquence, ce qui hâtera la défaite de l'Allemagne. »

Certains pianistes crient à l'histoire de fou, mais d'autres sont sensibles au raisonnement de Kent et acceptent sa suggestion.

Va-et-vient des Citroën noires, promenades de Margarete, sorties de Kent, transfèrements de prisonniers, démarches de Pannwitz et de ses hommes : tout est soigneusement observé et noté par des guetteurs discrets aux ordres de Trepper. Il ne fallait qu'une nouvelle raison d'agir pour sortir le fugitif du marasme où l'avait plongé son esseulement ; à peine s'est-il assigné cet objectif — épier le Kommando, être avec lui « tel un tigre à sa proie attaché » — que sa vitalité s'est trouvée de nouveau mobilisée. Il a organisé un groupe de surveillance avec l'aide d'un vieux camarade, Alex Lesovoy, qui joue auprès de lui le rôle de « chef d'état-major » tenu autrefois par Grossvogel. Ses hommes photographient toute voiture, tout piéton entrant ou sortant de Courcelles. Comme le concierge Prodhomme à Neuilly, les concierges des Veil-Picard sont restés sur place ; ils bavardent. Parmi les hommes de corvée que Pannwitz emploie au parc, un détenu juif qui renseigne sur l'activité du Kommando.

Ce travail d'observation est destiné à préparer l'action. Pannwitz n'est pas le seul à pressentir que le débarquement est imminent. Et le Grand Chef a conçu, lui aussi, un projet d'une belle hardiesse...

XXXV

UNE BELGE, UN FRANÇAIS

A Neuilly, où était toujours Georgie, la nervosité gagnait les Allemands, les Slovaques et même les prisonniers. Une nuit, ces derniers furent arrachés au sommeil par les hurlements des gardiens et des rafales de mitraillette : tentative d'évasion. L'homme réussit à fuir, mais il avait été blessé, ainsi qu'en témoignaient des traces de sang au pied de la grille.

Ces journées de mai 1944 étaient magnifiques et le ciel de Paris s'en trouvait presque quotidiennement zébré par le blanc sillage des « forteresses volantes » américaines. Au premier mugissement des sirènes, les prisonniers étaient rassemblés dans la cave de l'hôtel. Georgie put ainsi s'entretenir avec ses trois D (Dumazel, Dungler, Delmotte) ; elle eut aussi la surprise d'y retrouver le prince Michel de Monténégro, à qui elle avait été présentée, toute jeune encore, alors qu'il vivait en exil à Bruxelles [1].

Elle disposait dans sa chambre d'un poste de radio en fort mauvais état. La seule station qu'il pût capter était la B.B.C. Elle écoutait les bulletins d'information l'oreille collée à l'ébonite, prête à tourner le bouton si un gardien survenait.

Un matin, elle manqua le communiqué. Peu après, regardant le général Delmotte tourner autour du carré de légumes, elle le vit se livrer à des gesticulations frénétiques qui n'étaient pas dans sa manière. Sémaphore vivant, il lui fit comprendre que le débarquement avait eu lieu à l'aube de ce 6 juin.

L'événement influa sur le Kommando. Quand on venait chercher Georgie pour un interrogatoire, on lui disait d'un air sombre : « *Ach, Mädchen,* aujourd'hui, votre tête ne tient pas bien sur vos épaules... » Pareil leitmotiv ne pouvait qu'éteindre sa bonne humeur et susciter l'angoisse ; elle commença de craindre pour sa vie. Un jour, on la mena avenue de la Grande-Armée et on lui ordonna de remonter le trottoir de droite vers l'Etoile. Deux agents du Kommando la surveillaient à distance, l'un derrière elle, l'autre à sa gauche. Si forte était alors sa peur qu'elle fut saisie, à l'angle de la rue Pergolèse, d'une envie presque irrésistible de prendre ses jambes à son cou et de tenter de fuir ; seule la pensée de Patrick put l'en retenir. Elle ne sut jamais le but de la promenade.

Fin juin, on lui annonça qu'elle allait être transférée à Fresnes sous prétexte qu'on ne pouvait plus assurer sa sécurité à Neuilly. Curieusement, cette nouvelle la réconforta. Son régime de « prisonnière exceptionnelle » lui paraissait plus dangereux qu'enviable. Elle aspirait à se perdre dans l'anonymat. Fresnes le lui permettrait.

On la mit au secret dans une cellule du rez-de-chaussée,

1. Mussolini lui avait offert de le remettre sur le trône de ses ancêtres, mais le prince Michel, peu soucieux d'assumer le rôle d'un Quisling, même royal, avait décliné la proposition. La Gestapo l'avait alors arrêté. Comme M. François-Poncet dans ses *Carnets d'un captif*, le prince évoque dans ses *Souvenirs d'un roi sans couronne* son séjour dans la « sinistre villa » de Neuilly.

mais elle eut tôt fait de s'adapter à cette situation nouvelle et communiqua rapidement avec les détenues de l'étage supérieur ; l'une d'elles lui fit même passer par le vasistas un morceau d'étoffe pour qu'elle y coupât un corsage ; couturière accomplie, Georgie exécuta le travail. Surprise en cours de conversation elle fut ensuite envoyée au cachot : une cellule obscure avec une planche pour dormir. Elle y apprit que Suzanne Spaak était à Fresnes. Dès sa sortie du cachot, elle lui fit parvenir un message verbal et reçut une réponse affectueuse et réconfortante. Quelques jours plus tard, à la promenade, le hasard lui fit côtoyer Suzanne Spaak. Elle lui dit : « Je suis désolée, c'est à cause de nous que vous avez été arrêtée. » Mme Spaak répondit en souriant : « Ne vous en faites pas : ça n'a pas d'importance. » Rayonnante de générosité et d'optimisme, elle était le soleil de la prison et toutes ses compagnes se réchauffaient à son enthousiasme. Par la suite, elle fit encore transmettre à Georgie un message verbal où elle lui disait que tout allait bien et qu'il fallait avoir confiance.

Même dans le monde singulier de Fresnes, Georgie présentait une particularité exceptionnelle qui la mettait hors du troupeau : sa nationalité américaine. Au fil des jours, la gardienne allemande affectée à son groupe de cellules perdit de sa roideur au profit d'une déférente bienveillance. Elle apportait des livres à la prisonnière, alla jusqu'à lui faire don d'un chandail et répétait sans cesse : « Quand vos compatriotes arriveront, je compte sur vous pour leur dire que je vous ai bien traitée... »

En Normandie, le front allemand s'écroulait sous les coups de boutoir du général Patton.

Le 9 août, Pannwitz sollicite de Margarete la faveur d'une partie de ping-pong. Tout en jouant, il lui explique que l'avance alliée l'oblige à certaines mesures de sécurité : Kent et René resteront à Paris avec lui, mais Margarete et Michel doivent partir pour l'Allemagne. Margarete répond sur le mode dramatique habituel lorsque ses amours sont en question : si on veut les séparer, Kent et elle, autant les tuer tout de suite. Le Kriminalrat multiplie les apaisements et finit par emporter la décision. Parrain attentionné, quoique officieux, il fait acheter pour Michel une brassée de jouets et diverses choses difficiles à trouver en Allemagne : biberons, vêtements, etc.

Le 10 août, Georgie est extraite de sa cellule. On la conduit au greffe de la prison, où l'attend un agent du Kommando : « *Ach, Mädchen,* vous quittez Fresnes ! » Le sac de la prisonnière lui est restitué, ainsi que ses bijoux. L'Allemand éclate de rire en la voyant sortir de son corsage une bague qu'elle est parvenue à soustraire à la fouille. Dehors, une voiture attend. « Où allons-nous ? — C'est l'été, *Mädchen,* il faut se promener ! » La journée est en effet splendide. Mais au lieu de virer vers la campagne, l'auto roule vers Paris. Elle s'arrête à la gare de l'Est. L'Allemand accompagne Georgie jusqu'à un quai où se trouvent rassemblés Pannwitz et ses hommes. Autour d'eux, c'est la panique. De vieux soldats malades et des « souris grises » encombrées d'enfants prennent d'assaut le train rangé le long du quai.

Les Alliés avancent à marches forcées vers Paris.

Pannwitz tire Georgie à l'écart et lui dit très gentiment : « Vous partez en Allemagne. Il m'est impossible de vous garder ici : vous seriez en danger. Je ne tarderai d'ailleurs pas à vous rejoindre et là-bas, il est probable que nous aurons des nouvelles de Trepper. — Et Patrick ? Qu'allez-vous en faire ? — Si vous vous sauvez, je l'envoie en Forêt-Noire et vous ne le retrouverez plus jamais. Si vous ne cherchez pas à vous sauver, je vous promets que tout ira bien. »

Malgré cette promesse, Georgie est inquiète. Que va devenir son enfant ? Elle se souvient de sa première visite à Neuilly. Impressionné par les gardes, saisi par l'ambiance étrange de la maison, Patrick a eu une sorte de crise de nerfs ; il s'est agrippé à la bonne Mme Queyrie en hurlant : « Partons d'ici ! Je veux qu'on s'en aille ! » Le lendemain matin, Georgie a découvert dans sa chevelure d'ébène son premier cheveu blanc.

Elle aperçoit Kent au bout du quai, se précipite vers

lui et l'implore : « Monsieur, je sais que vous êtes dans la même situation que moi, que vous avez aussi un petit enfant ! Je vous supplie de veiller sur Patrick... qu'on ne lui fasse pas de mal... » Kent pose sur elle un regard indifférent et se détourne.

On la fait monter dans un compartiment. Margarete et Michel l'y rejoignent. Les deux secrétaires du Kommando, Ella Kempka et une collègue plus jeune, sont aussi du voyage.

Le train s'ébranle. Margarete sort un tricot. Georgie s'occupe du bébé. Les deux Allemandes bavardent. Plusieurs fois, le convoi s'arrête en plein champ : alerte aérienne. Il serait facile de s'évader, mais Patrick ? Le soir, on fait étape à Metz. Les quatre femmes et Michel passent la nuit au siège local de la Gestapo. Puis on repart. Deux jours après avoir quitté Paris, le train touche enfin à Karlsruhe, où habite Ella Kempka.

Son logement n'est pas vaste, mais on s'y entasse tant bien que mal. Margarete est bien sûr traitée en compagne ; Georgie elle-même peut pratiquement se promener à sa guise, accompagnée de la jeune secrétaire. Celle-ci la conduit chez le coiffeur, l'y laisse, vient la chercher deux heures plus tard ; elles prennent le thé ensemble, etc.

Quelques jours après son arrivée, Georgie est convoquée au siège de la Gestapo. Un policier massif et dur la reçoit. C'est Reiser, l'ancien adjoint de Giering, muté à Karlsruhe depuis un an. Il lui demande si elle pense que Trepper va se décider à donner signe de vie au Kommando. Sur sa réponse affirmative, il grommelle, vaguement menaçant : « Ça vaudrait mieux pour vous, sinon, votre situation risque de s'aggraver... » Son propos ranime l'anxiété de Georgie. Il lui paraît infiniment périlleux d'être mêlée à cette énorme histoire de paix séparée qui a le don de mettre tout le monde en transes.

Trepper est au contraire convaincu que le Grand Jeu touche à sa fin. L'effondrement des armées allemandes de l'Ouest laisse présager une conclusion très prochaine de la guerre. Rien ne s'oppose donc à la réalisation de son projet : attaquer le Kommando, bloquer sa fuite et le faire prisonnier. Il lui serait doux de finir la partie en capturant ceux qui le traquent depuis tant d'années et qui lui ont pris tant des siens.

Avec l'aide de Kovalski, il a mis sur pied un groupe de combat fort de trente hommes bien armés. Le plan d'attaque a été préparé par Alex Lesovoy. Celui-ci a garanti le succès de l'affaire : « La seule façon pour eux de nous échapper, ce sera de se suicider. » Le Grand Chef a répondu en riant : « N'aie aucune crainte ! Pour ça, on peut leur faire confiance : ils ne se suicideront pas ! »

Il fallait naturellement avertir Moscou. Un message a été envoyé, sollicitant le feu vert. On attend la réponse.

Les blindés de Leclerc fonçant sur Paris, Pannwitz et ses hommes bouclèrent leurs bagages. Sans doute leur humeur était-elle bien mélancolique. Ils avaient beaucoup travaillé, ils avaient essuyé des déceptions et des défaites, ils s'étaient usé les nerfs à traquer et, pour certains, à torturer ; mais tous comptes faits, ces trois années avaient été bonnes à prendre. Aucun d'eux n'était mort à Paris : on y mourait moins qu'à Stalingrad ou à Tobrouk. Même Willy Berg, qui eût dû être passé par les armes, en bonne justice militaire, pour avoir laissé s'échapper le Grand Chef, même le vieux Berg était là, avec les autres, en train d'entasser des souvenirs dans ses cantines. Berlin n'avait rien su. Berlin ne savait jamais que ce qu'on voulait bien lui dire. Quant aux autorités allemandes en France, elles étaient sans pouvoir sur le Kommando. On avait formé, trois ans durant, une bande de bons amis menant sa petite guerre en marge de la grande. Jadis flics de rien, on s'était retrouvés puissants seigneurs, sans maître à proximité, avec pour fief l'une des plus belles villes du monde. On avait roulé carrosse, logé chez des milliardaires ; on avait mangé au marché noir et l'on s'était, misère, soûlés comme de vrais Bacchus. Les femmes à foison. L'argent à profusion, surtout après que l'astucieux Pannwitz eût créé sa Simex à lui : la Société Helvétia, siège social à Monte-Carlo pour des raisons fiscales, succursales à Paris et à Madrid, trafics en tous genres mais spécialisation dans la quinine, le wolfram, les matériaux stratégiques.

Et il fallait laisser tout ça...

Le départ a lieu le 26 août au milieu de Paris insurgé. Des automitrailleuses encadrent les voitures, elles-mêmes hérissées d'armes. Le convoi contourne les rues barricadées, traverse la banlieue sans encombre, rejoint le flot des armées en déroute et file vers l'Est, vers l'Allemagne.

La réponse de Moscou n'étant pas arrivée, Trepper avait rangé dans un tiroir son plan d'attaque et remis à la disposition de Kovalski ses trente francs-tireurs.

Ce 26 août, il quitte son refuge de l'avenue du Maine et, accompagné d'Alex Lesovoy, s'efforce d'atteindre Courcelles le plus rapidement possible. Ils perdent du temps rue de Rivoli, où Lesovoy doit apprendre à des F.F.I. comment dégoupiller et lancer leurs grenades. Ils participent même à un engagement près de l'hôtel Majestic, siège du Quartier Général allemand — où était si souvent venu Vassili de Maximovitch ; le Grand Chef joue de la grenade avec allégresse et découvre que pour être moins subtiles que celles du renseignement, les joies de l'action directe n'en sont pas moins enivrantes. A la Concorde, les deux compagnons sont bloqués un long moment par la bataille engagée autour de l'hôtel Crillon. Ils arrivent finalement à Courcelles deux heures après le départ du Kommando. Le concierge et sa femme les accueillent en tremblant de peur ; à l'instant de monter en voiture, Kent leur a crié : « Faites attention et ne croyez pas que c'est terminé : nous reviendrons ! »

Ils visitent les lieux. Dans la cave, les cellules aux couchettes superposées. Puis les pièces de réception et les chambres, où ils découvrent des monceaux de documents sur lesquels ils font main basse. Au dernier étage, la « cellule de luxe » du prisonnier inconnu, que le Kommando vient d'emmener avec lui. Qui était donc ce personnage mystérieux ? Selon Pannwitz, dont les souvenirs sur ce point sont curieusement imprécis, il s'agissait sans doute d'Alamo. Mais Margarete, qui a vu bien des fois l'homme se promener dans le parc, et qui connaissait

Alamo, dément formellement le Kriminalrat. Selon M. Veil-Picard fils, c'était un ingénieur belge. Les guetteurs de Lesovoy n'avaient pu le photographier puisqu'il n'était jamais sorti, mais le jardinier juif avait indiqué qu'il passait ses journées à faire des mathématiques. Trepper estime qu'il devait s'agir de Yefremov, ingénieur militaire du troisième grade et chimiste distingué. Nous n'en savons pas plus. Le prisonnier de Courcelles aura jusqu'au bout conservé son mystère [1].

Le même jour, à deux heures de l'après-midi, Claude Spaak et Ruth Peters pénètrent dans l'appartement de la rue de Beaujolais. Seuls ont échappé au pillage les gros meubles, la bibliothèque et les tableaux. Au milieu du bureau, un amas de papiers et de livres en vrac témoigne de la minutie de la perquisition. Pauline, la bonne de l'écrivain Colette, frappe à la porte alors qu'ils errent à travers les pièces dévastées. Elle vient leur dire les regrets de leur voisine, qui ne peut se déplacer, mais les invite à venir la voir. La première phrase de Colette témoigne de son sens des réalités : « Avez-vous besoin d'argent ? » Spaak remercie et décline cette offre généreuse. Il repart toutefois avec une savonnette.

A quelques temps de là, un homme se présente : « Je suis déménageur de profession. Au mois de mars dernier, les Allemands m'ont fait venir chez vous. J'ai transporté tout un chargement dans un hôtel particulier de la rue de Courcelles. » Claude Spaak va à Courcelles. On l'introduit dans une immense pièce aux boiseries somptueuses mais dont l'ameublement se limite à une table, deux chaises et un poêle. Prostré près du poêle, engoncé dans son pardessus, le chapeau sur la tête, un petit vieillard frileux : M. Veil-Picard père. Il confie Spaak à sa gouvernante. Celle-ci le conduit au deuxième étage, où sont entassés des monceaux de meubles, et lui dit avec un geste large : « Allez-y, servez-vous, et n'hésitez pas : les propriétaires sont morts. » Il récupère quelques pièces pillées à Choisel et rue de Beaujolais, mais refuse éner-

1. Le sort de Yefremov nous est inconnu. Selon certaine rumeur, il aurait pu se réfugier en Amérique du Sud à la fin de la guerre, grâce à de faux papiers fournis par le Kommando.

giquement, à l'ébahissement de la gouvernante, d'emporter un superbe tapis d'Orient qui ne lui appartient pas. Quant à sa baignoire de Choisel, trouvée à la cave, il ne la reprend qu'après avoir vérifié qu'elle n'a pas « servi »...

La gouvernante lui a fait visiter la galerie recouverte d'une verrière où était exposée avant la guerre une magnifique collection de tableaux du XVIIIe siècle. Les murs et le parquet sont éclaboussés de sang. Le Kommando en avait fait sa salle de torture.

Il n'a aucune nouvelle de sa femme.

C'est à ce point de son récit que Claude Spaak cessa d'être tel qu'il m'était jusqu'alors apparu : maître de soi, de ses sentiments et de leur expression... Nous étions dans son bureau de Choisel où tout n'était qu'ordre et harmonie et je l'écoutais parler depuis des heures avec, bien sûr, la passion que l'on devine, mais aussi avec une admiration toute professionnelle pour son sens du récit, sa maîtrise, sa sûreté dans le choix du détail évocateur. Lorsqu'il en vint à ces semaines d'après la Libération — quand Paris, pour les autres, était vraiment une fête —, ce fut comme s'il perdait pied, comme si une vague d'émotion l'avait tout à coup submergé et laissé désemparé. Son visage jusqu'alors impassible était parcouru de frémissements fugitifs. Ses yeux embués m'avaient abandonné. Ce qu'il disait d'une voix rauque, je sentais qu'il ne le racontait plus pour moi, mais pour lui-même.

« J'avais entendu des rumeurs à propos d'une fusillade à Fresnes, quelques jours avant la Libération, mais rien de précis. On disait qu'il y avait eu une révolte des détenus de droit commun : ça ne concernait pas Suzanne. On pouvait encore espérer. Et puis j'ai reçu une lettre. Sa dernière lettre. On venait de lui annoncer qu'elle allait mourir. Elle se terminait par cette phrase : « Je repense à Myra. » Il y avait aussi un mot pour les enfants. Suzanne avait confié les lettres à l'aumônier de la prison. J'ignore à qui le prêtre les a remises : elles me sont parvenues par l'intermédiaire du ministère des Affaires étrangères. Dans l'enveloppe il y avait aussi un bulletin d'inhumation au cimetière de Bagneux.

« Là-bas, nous avons trouvé deux tombes fraîchement creusées. Ils avaient apporté les corps sans dire de qui il s'agissait. Sur les croix, il y avait simplement : « une Belge », « un Français ».

« Nous n'étions pas certains que c'était Suzanne. Il a fallu procéder à une exhumation. Je n'ai pas voulu entrer dans la morgue. C'est le docteur Chertok qui y est allé, muni du dessin dentaire de Suzanne. C'était bien elle. On l'a laissée à Bagneux. Vous savez, je suis libre penseur et je n'ai pas la dévotion des cimetières. Le véritable cimetière, c'est le cœur. Mais un jour, j'ai tout de même voulu voir sa tombe. Ah, c'est bouleversant... une immense nécropole où sont enterrés trois mille soldats... il y a des fleurs partout... et au milieu de tous ces hommes, Suzanne et une compagne... ce sont les seules femmes...

« Quelque temps après la Libération, une ancienne détenue de Fresnes était venue me voir. Elle m'avait dit le rôle joué là-bas par ma femme, dont elle était la voisine, et combien elle avait été admirable. Elle m'avait dit aussi que Suzanne avait exprimé le vœu que j'aille visiter sa cellule, au cas où elle ne reviendrait pas.

« Je suis donc allé à Fresnes — c'était en janvier 1945. J'ai demandé au directeur de la prison l'autorisation de voir la cellule, dont ma visiteuse m'avait donné le numéro. Il m'a répondu d'une manière extraordinairement administrative : « Ce n'est pas la peine. Nous avons « relevé sur un registre toutes les inscriptions faites par « les détenus résistants. » J'ai compulsé le registre. Il n'y avait rien. Pas une phrase n'y était attribuée à Suzanne. J'ai insisté pour qu'on me laissât malgré tout visiter la cellule. Le directeur m'a répondu que ce n'était pas facile — à cette époque, la prison était bondée de collaborateurs —, mais qu'il allait voir ce qu'on pourrait faire. Et il revint en m'annonçant que la visite était possible : la cellule avait été transformée en magasin, on y entreposait des couvertures.

« Il y avait, sur les murs, plus de trois cents inscriptions de la main de Suzanne.

« Je ne me souviens pas combien de temps je suis resté. Sanglotant, j'allais d'un mur à l'autre, recopiant toutes ces inscriptions sur du papier de l'administration pénitentiaire que le directeur m'avait donné. Il y avait des pensées, des poèmes et aussi une sorte de journal qu'elle avait tenu lors des derniers jours. Elle notait avec espoir que les chars américains étaient signalés à Chartres. Elle s'étonnait aussi d'être toujours à Fresnes, alors que presque toutes ses compagnes avaient été évacuées. Mais lisez vous-même... »

Il pleurait et me tendit d'une main tremblante quelques feuillets pris dans un tiroir. Je les parcourus et les rendis vite, — trop vite, mais j'étais oppressé par le sentiment d'être cause de l'intolérable souffrance qui crispait son visage. Si j'avais su devoir raviver pareille douleur, serais-je venu ? Il y avait : « Seule avec mes pensées, c'est encore la liberté. » Et cette phrase de Socrate : « Mes ennemis peuvent me tuer, mais ils ne peuvent me nuire. » Et celle-ci, de Kipling : « Où sont les enfants doivent être aussi les mères, afin de veiller sur eux. »

Il me donna encore la lettre écrite par Suzanne Spaak après sa condamnation à mort. La destinatrice, Mme Spaak mère, l'avait reçue en Belgique mais n'avait pu la transmettre à son fils, dont elle ignorait la cachette parisienne. Elle la lui remit après la Libération. C'était par cette lettre que Suzanne avertissait son mari de la proposition de la Gestapo : qu'il se livrât et elle serait graciée et libérée. Et après avoir écrit cela, elle signa en lettres vraiment gigantesques : « Suzanne. »

« Voilà, elle est morte à l'âge de trente-neuf ans et j'ignore de quelle manière. Il est certain qu'elle a été prévenue à l'avance de son exécution, puisqu'on lui a laissé le temps d'écrire ses dernières lettres. Mais je me suis renseigné : à la mi-août, on ne fusillait plus à Fresnes, ni au mont Valérien. Alors, je ne sais pas. Mais il y a quelque chose que je ne peux pas oublier : cette large tache brune que j'ai vue sur le plancher de sa cellule... »

C'était fini. Il se leva, le visage baigné de larmes. En me reconduisant, il s'arrêta dans le salon devant un tableau du peintre Magritte représentant un livre ouvert. Sur la page de droite, des nuages blancs sur fond de ciel bleu ; sur celle de gauche, le portrait de Suzanne Spaak : nez hardi, cheveux bruns coiffés à plat, le regard vif. Il dit : « Quand ce portrait a été peint, la famille ne l'a pas aimé. On trouvait qu'il vieillissait Suzanne. Mais à présent, c'est nous qui vieillissons, et elle qui reste jeune. »

A la porte, nous nous serrâmes la main sans pouvoir prononcer un mot. Son émotion était presque insoutenable. Je vis dans mon rétroviseur qu'il restait là, immobile, pitoyable, brisé. Puis un virage l'effaça ; je restai seul avec le souvenir de Suzanne Spaak, cette femme dont je ne savais rien quelques heures plus tôt et que je n'oublierais plus jamais. Et roulant entre les maisons de week-end de la vallée de Chevreuse, si bien équipées pour les mornes plaisirs où nous tentons de tromper l'ennui, si parfaitement conformes à notre représentation du bonheur, si symboliques enfin de notre temps en proie aux choses, je songeai que vivre vraiment, c'était peut-être mourir comme Suzanne Spaak.

« Une Belge », « un Français ». Le Français était Fernand Pauriol, *alias* Duval, qui, jusqu'au bout, n'avait pas parlé. On les avait abattus en même temps. Il venait de Marseille ; elle, de Bruxelles ; ils avaient fait chacun un bout de chemin pour se retrouver à Fresnes et y mourir côte à côte. Elle sortait d'une riche famille bourgeoise ; il était un communiste ; le même combat les avait unis jusque dans la mort. C'est cela, l'Orchestre Rouge.

« Une Belge », « un Français ». Pour être involontaire, l'épitaphe était belle.

XXXVI

LE RETOUR DU HÉROS

En octobre 1944, deux mois après la Libération, une mission militaire soviétique arriva à Paris et s'installa d'abord dans les locaux de l'ancienne ambassade de Lithuanie, puis dans ceux de l'ambassade d'Esthonie, boulevard Lannes. Elle était dirigée par le lieutenant-colonel Novikov.

Le Grand Chef prit aussitôt contact avec lui et il fut entendu qu'il partirait pour Moscou par le premier moyen de transport disponible. L'attente risquait d'être longue. Après sa galopade effrénée à travers la France, la Wehrmacht s'était ressaisie sur le Rhin et bloquait l'avance alliée. La paix entrevue pour l'automne était reportée au printemps suivant. Ces circonstances ne laissaient pas prévoir un prompt rétablissement des communications entre Paris et Moscou.

Trepper occupa son temps à rechercher les rescapés de son réseau et à tenter de découvrir le sort de ceux qui avaient été pris. Il retrouva au château de Billeron, chez Mme de Maximovitch, la femme et les enfants de Katz. Raichman était allé les voir, et aussi Willy Berg, mais le Kommando les avait laissés en paix, préférant les conserver sur place comme appâts plutôt que de s'encombrer d'eux. Accompagné de Mme Katz, il passa la journée du 29 septembre chez les Queyrie : c'était l'anniversaire de Patrick ; l'après-midi, ils emmenèrent l'enfant au cirque Médrano. Il alla souvent chez Claude Spaak et l'aida dans sa funèbre quête. Il retrouva aussi Emmanuel Mignon, croisé par hasard place Saint-Michel, et ils burent un verre en évoquant les beaux jours de la Simex. Aucune nouvelle de Georgie, bien entendu. Il confia à Mme Queyrie deux malles pleines de vêtements neufs et de cadeaux, la priant de les remettre à son amie si la chance voulait qu'elle revînt un jour.

Fin novembre, Novikov lui annonça que l'avion personnel de Staline venait d'atterrir au Bourget. Il ramenait Maurice Thorez, qui avait passé à Moscou les quatre dernières années. Trepper avait une place réservée pour le voyage de retour. Il boucla donc ses valises et attendit d'être convoqué au Bourget. L'attente dura plus d'un mois. Les trois colonels qui formaient l'équipage n'étant pas insensibles aux douceurs parisiennes, une série d'avaries calamiteuses clouaient l'avion au sol. Finalement, un télégramme impératif du Kremlin remit les moteurs en ordre de marche et le Grand Chef s'envola vers Moscou le 6 janvier, à neuf heures du matin.

L'avion était censé ramener en Russie des prisonniers de guerre soviétiques, mais sur les huit passagers, un seul répondait à cette qualité ; les autres étaient, soit des diplomates, soit des agents du Centre rentrant au bercail ; il y avait aussi un vieux révolutionnaire russe en exil depuis vingt ans, auquel Staline venait d'accorder son pardon [1].

1. L'un des compagnons de voyage du Grand Chef le décrivit par la suite ainsi : « Le certificat de rapatriement n° 4 appartenait à un certain Ivanousky, agent soviétique d'une nationalité indéterminée. Il parlait couramment le russe et le français et il était capable de se débrouiller en anglais. J'appris qu'il avait passé une grande partie de

La guerre obligeait à prendre le chemin des écoliers. On fit escale à Marseille, Castel-Benito, Le Caire, Téhéran et Bakou. Enfin, le 14 janvier, à quatre heures de l'après-midi, l'avion se posait sur un petit aérodrome proche de Moscou.

Six ans s'étaient écoulés depuis que le Grand Chef avait quitté pour la dernière fois la Russie. Six années riches de joies et d'angoisses, de deuils et de triomphes. Six années de combat. Il rentrait, non pas bouffi d'orgueil, mais fier du travail accompli.

Une voiture l'attendait à l'aérodrome. Elle le conduisit au Centre, rue Znamenski. Il fut immédiatement introduit dans le bureau du Directeur. Leur dialogue fut bref :

« Quels sont vos projets d'avenir ? demanda le Directeur.

— Avant de parler de l'avenir, on pourrait peut-être parler du passé ! Pourquoi ne m'avez-vous pas cru dès le début ? Comment avez-vous pu cafouiller si lamentablement ? Est-ce que je ne vous ai pas assez averti ?

— Vous êtes revenu pour demander des comptes ?

— Pourquoi pas ?

— Dans ce cas, ils ne se régleront pas dans mon bureau. »

Le Grand Chef fut immédiatement incarcéré à la prison Lubianka. Il allait y rester dix ans.

la guerre dans une cachette ; c'était un charmant compagnon de voyage, je ne sais rien d'autre sur lui. » (A. Foote, *Handbook for spies*, London Museum Press, à paraître prochainement à la Librairie Fayard dans la collection *La guerre secrète*.)

XXXVII

« LA VICTOIRE EN CHANTANT... »

A PEINE Paris vient-il d'être libéré que Reiser convoque de nouveau Georgie pour lui annoncer : « La situation s'aggrave. Il n'est pas impossible qu'on cherche à vous faire évader. Vous comprendrez donc que je sois obligé de vous mettre en prison. » Elle ignore si des amis inconnus préparent son évasion, mais le fait est qu'elle songeait à s'enfuir (les représailles du Kommando ne peuvent plus s'abattre sur Patrick). Reiser, par sa décision prudente, lui en ôte l'espoir. Elle ne se faisait d'ailleurs aucune illusion sur la difficulté d'atteindre la frontière française à travers un pays hostile dont elle parle mal la langue. Enfin, la perspective de retourner en cellule ne la désespère point, au contraire ; comme à Neuilly, elle préfère la prison à son statut ambigu de demi-captive.

Elle passa donc chez Ella Kempka prendre ses affaires et s'en alla d'un pas assez léger se faire enfermer dans la prison de la ville. Ainsi commença son calvaire dont les étapes furent Francfort, Leipzig, Ravensbrück, Francfort-sur-Oder, Oranienburg, Sachsenhausen. Elle les aborda protégée par la triple armure de sa beauté, de sa vitalité et de sa nationalité, mais elle arriva au terme saine et sauve grâce à une qualité plus essentielle encore, quoique difficile à définir. Comme tout le monde elle eût dû s'éprouver humiliée, menacée dans son être et toucher parfois le fond du désespoir, mais elle ne parle jamais que de l'humiliation, de la souffrance, du désespoir de ses compagnes. Oubli de soi ? attention à autrui ? Oui, à condition d'y voir une conséquence de cette qualité, et non la qualité elle-même. A l'entendre, on devine qu'un sentiment de souveraine invulnérabilité l'habitait tout au long du cauchemar. L'événement continuait de glisser sur elle sans la marquer (« sans mordre », comme elle dit). Elle ne mourrait pas, elle ne s'avilirait pas, elle n'enlaidirait pas. « Des êtres comme toi et moi, ça passe à travers tout. » Elle y croyait. C'était son talisman.

Dans sa cellule de Karlsruhe, elle subit des bombardements terrifiants qui faisaient trembler la porte toujours verrouillée. Mais son souvenir de Karlsruhe, c'est le Français — un tout jeune garçon, presque un enfant — qui, une nuit, fracassa le silence de la prison de ce cri unique : « Je vais être fusillé demain ! » Elle ne savait pas qu'une voix humaine pût exprimer tant de déchirante détresse. Reiser vint lui faire visite et lui déclara qu'on craignait un coup de main ayant pour objectif de la faire évader. On allait la transférer ailleurs.

Ce fut Francfort. La prison était surpeuplée au point de rendre toute vie impossible. Les prisonnières se révoltèrent. On les mata.

Puis Leipzig. Une petite baraque où s'entassaient vingt femmes russes. Il fallait dormir par terre, serrées les unes contre les autres. Chaque nuit, la tinette débordait et l'on se réveillait au milieu des excréments. Mais il y avait un banc et les Russes exigèrent que Georgie y dormît. A son arrivée, elles avaient caressé son visage et touché ses riches vêtements avec une admiration sans bornes.

La prison de Leipzig fut évacuée. Des S.S. menèrent le troupeau misérable à la gare. Dans les rues de la ville, les passants criaient des insultes et les enfants jetaient des pierres. On bourra les wagons tant qu'on put et le train démarra. C'était à mourir d'étouffement ; la tinette, éternellement, débordait ; le voyage fut un supplice. Il se termina enfin et Ravensbrück commença. On ne rasa pas les cheveux de Georgie, on regardait avec curiosité son écusson « Américaine », et on ne la battit qu'au cours de punitions collectives, jamais individuellement. Elle se lia d'amitié avec une demoiselle de Fourcroy et sa belle-sœur Nicole, toutes deux bruxelloises. Elle vit pour la première fois mourir un être humain ; au travail, une gardienne allemande se jeta sur la prisonnière qui creusait à son côté et lui fit éclater le crâne d'un coup de bêche. Elle dit qu'il y eut un moment « où ça n'allait pas » (elle avait quarante et un degrés de fièvre et des hallucinations). Mais Ravensbrück, dans son souvenir, c'est pour toujours cette femme gitane qui faisait la queue devant la baraque où l'on sélectionnait pour la mort, et qui tenait serré dans ses bras son petit enfant, âgé de quinze jours au plus, tout nu dans le froid glacial.

Puis Ravensbrück fut évacué et on la mit dans un camp près de Berlin. Les détenues travaillaient dans une usine de caoutchouc synthétique et fabriquaient du fil pour téléphones de campagne. Le sabotage était florissant. Après cela, elle creusa des fossés antichars devant Francfort-sur-Oder ; les pioches rebondissaient sur le sol gelé. Enfin, comme les Russes avançaient toujours, la chiourme nazie rassembla son troupeau et le lança sur les routes de ce qui subsistait de l'Allemagne. Ce fut la tristement célèbre « marche de la mort » : des milliers de femmes hébétées tournant en rond entre le front de l'Est et le front de l'Ouest, menées à la schlague par des S.S. dont la peur exaspérait la haine. Les traînardes étaient abattues. Souvent, une femme sortait de la colonne — sortait de la vie — et se plaçait sur le bas-côté, attendant avec passivité la balle dans la nuque qui terminerait cet enfer. Pour toute nourriture, une soupe avalée au bord de la route. Un soir, il y eut une bousculade dans la queue qui s'allongeait devant la cuisine roulante. La prisonnière placée devant Georgie trébucha contre la marmite. Un S.S. surveillait la distribution. « Il tira son revolver comme on sort un mouchoir et l'abattit sans même un froncement de sourcils, comme si c'était vraiment banal. J'avais si faim que je me suis avancée et que j'ai tendu ma gamelle tandis que l'autre, la pauvre, mourait à mes pieds en griffant la terre de ses ongles, avec des mouvements de plus en plus lents. » Pour dormir, il n'y avait que des granges trop petites ; les déportées se livraient à des batailles sanglantes devant leurs portes, car celles qui restaient dehors, on les retrouvait à l'aube recroquevillées par le gel, saupoudrées de givre ; le froid les avait tuées. « Moi, j'escaladais les poutres de la grange et je dormais sur la poutre la plus élevée, tout en haut, au-dessus de tout le monde. »

Mais on marchait de plus en plus vite, on mangeait de moins en moins, on mourait davantage, et elle sut qu'elle allait craquer d'un instant à l'autre. Avec ses deux amies bruxelloises, elle décida que mourir lors d'une tentative d'évasion valait mieux que d'être froidement abattue d'une balle dans la nuque. L'instant le plus propice se situait après la tombée de la nuit, quand la colonne famélique marchait à l'aveuglette dans le vacarme des gamelles et des couverts que les déportées portaient accrochés à leur défroque — sinistre tintamarre précurseur de misère et de mort, telle la sonnette des lépreux d'antan.

La première choisit un virage pour bondir hors de la colonne et plonger dans une haie. Georgie et l'autre attendirent le village suivant. La porte d'un jardinet était ouverte ; elles s'y précipitèrent et se dissimulèrent derrière le mur. Tout proche, un chien se déchaîna en aboiements furieux. Les S.S. n'en furent pas alertés. Elles écoutèrent, tremblantes de peur, le vacarme des gamelles décroître au loin, puis elles sortirent du jardin et allèrent retrouver leur compagne, toujours mussée dans sa haie.

Elles passèrent la nuit dans une canardière pleine de foin, au bord d'un étang ; se réveillèrent au son du canon. Un petit Russe, déporté du travail, leur rendit visite et leur laissa trois allumettes. Elles purent ainsi faire cuire quelques racines. « Après, on s'est mises toutes nues et on s'est baignées — Ah ! c'était merveilleux !... »

Les racines n'avaient pas apaisé leur faim ; le bain la décupla. Il fut décidé que Georgie partirait à la recherche de quelque nourriture. Elle marcha à travers champs. Le canon grondait de plus en plus fort ; c'était comme un roulement de tonnerre ininterrompu qui faisait trembler le sol et nouait le ventre. Elle parvint à une ferme. Dans la grande salle, des paysans étaient assis autour de la table où s'étalaient les reliefs d'un festin somptueux. Vêtus de leurs habits du dimanche, graves et silencieux, ils attendaient les Russes. Georgie demanda si elle pouvait manger. Le maître inclina la tête. Tandis qu'elle se gavait sous leurs yeux indifférents, un Cosaque coiffé d'une toque de fourrure pénétra dans la salle et réclama du schnaps. Le maître dit qu'il n'en avait pas. Le Cosaque expliqua calmement que si on ne lui donnait pas de schnaps, il tuerait tout le monde. Et il arma son pistolet mitrailleur. C'est à cet instant précis que Georgie éprouva la plus grande peur de sa vie. Le Cosaque eut son schnaps, but et partit content.

Elle fut rapatriée le 15 mai 1945. Quand elle sonna à la porte du pavillon de Suresnes, Mme Queyrie et Patrick étaient en visite chez la voisine d'en face. Patrick reconnut sa mère de dos, devint tout pâle et pleura d'émotion. Mme Queyrie hébergea dix-huit mois la revenante, et ses bons soins eurent tôt fait de « la retaper et de la faire profiter ». Elle ne lui dit pas ce qu'elle nous avouera beaucoup plus tard : « Evidemment, ce n'est pas bien, mais j'aimais tellement cet enfant qu'il m'arrivait d'espérer, au fond de moi-même, que Georgie ne reviendrait pas : comme ça, je pourrais l'adopter et le garder toujours avec moi... » Patrick avait décidément eu beaucoup de chance. Promis en principe à l'esseulement, précipité ensuite dans les vicissitudes, caché ici, prisonnier là, si frêle qu'un tourbillon pouvait à tout instant le happer, on se l'était pour ainsi dire passé de bras en bras, et grâce à cette chaîne secourable — dont quelques maillons avaient des noms allemands —, grâce surtout à l'amour de la bonne Mme Queyrie, il abordait intact au rivage de la paix.

Dix-huit mois plus tard, Georgie retrouvait à Bruxelles le vieux baron Jaspar, revenu de Mauthausen. Au camp, sa silhouette pittoresque ravissait ses camarades : on l'avait affublé d'une veste bleue et d'un pantalon rouge de cavalier yougoslave ; son moral avait ces couleurs. Tout, et même Mauthausen, semblait lui être fontaine de Jouvence. Mais Mme Jaspar était morte. Le commandant de son camp avait annoncé un jour la création d'un centre spécial pour vieillards et malades. Malgré les supplications de ses compagnes, elle s'était portée volontaire. Le camp spécial, c'était Auschwitz et ses chambres à gaz.

Georgie de Winter, veuve de son amour, unit sa solitude à celle de Jules Jaspar. Ils vécurent ensemble dans les Cévennes jusqu'à la mort du vieux monsieur. Deux ans plus tard, Georgie épousait un aristocrate polonais, colonel de la Garde, héros de la Résistance et adjoint du général Bor lors de l'insurrection de Varsovie, qui avait lui aussi choisi de terminer une vie tumultueuse dans les austérités cévenoles. Le colonel est mort à son tour, le 18 mai 1966, laissant Georgie seule dans la vieille maison-forteresse ancrée au flanc de la montagne. Etrange destinée que celle de cette femme si peu faite pour la guerre secrète, la prison, la solitude, et qui aura vécu tout cela parce que, certain jour de 1939, elle avait laissé tomber sa paire de gants dans une pâtisserie de Bruxelles...

Les libérateurs arrivèrent au camp de Mauthausen trop tard pour sauver Henri de Ryck, actionnaire de la Simexco belge ; et Rauch, l'homme de l'Intelligence Service ; et Charles Drailly, de la Simexco (son frère Nazarin était lui-même mort à Dachau de la peste bubonique).

« Moi, proclame le chanteur comique Robert Christen, ex-patron du « Florida », j'ai survécu grâce à mes grimaces. » Chaque dimanche avait lieu — dérision suprême

— une « matinée récréative » : des détenus acrobates ou jongleurs présentaient quelques attractions devant un parterre de spectres vivants. Christen fut candidat pour une audition. Il ne savait ni sauter ni jongler ; quant à chanter des couplets comiques, il n'en était pas question, fût-ce en espéranto. Lorsqu'on lui demanda ce qu'il pouvait faire, il répondit : « Des grimaces. » Elles eurent le don de dilater les rates S.S. et on l'engagea. Il n'en mangeait pas plus que les autres, mais il se fatiguait beaucoup moins, étant dispensé de travail. Ce régime de faveur dura jusqu'à son transfèrement à Gouzen I, camp satellite de Mauthausen, où l'on exterminait. Plus de « matinées récréatives » et plus de grimaces. Mais un accordéon et un four. Le chef du four crématoire possédait en effet un accordéon dont il ne savait pas jouer ; il demanda à Christen de lui donner des leçons. D'autre part, certains détenus de Gouzen I n'étaient pas *Nacht und Nebel*[1] et recevaient des colis. Ils confièrent leurs gamelles à Christen pour qu'il les fît chauffer, moyennant le prélèvement d'une dîme. Chaque soir, Christen disposait donc les gamelles dans le four crématoire, au milieu des os incandescents, puis il empoignait son accordéon et jouait des valses pour le chef du crématoire, tandis que cuisait la soupe.

Robert Corbin avait été affecté à l'atelier de couture du camp. Les loques qu'on lui donnait à rapetasser n'avaient vraiment rien de commun avec le tweed anglais qu'il vendait autrefois chez « Creed », rue Royale, mais c'était un travail peu fatiguant, à l'abri du froid, et il lui permit de survivre.

Le sort le plus rude était par bonheur échu à Jean Passelecq : avec ses épaules de docker, sa phénoménale vitalité, il était de taille à traverser des épreuves où les autres se fussent rompus. La fantaisie bureaucratique allemande le jeta dans une sorte de tourisme concentrationnaire : en deux ans, il passa par *dix* camps différents, ce qui constitue probablement un record

1. « Nuit et Brouillard » : terme nazi désignant les déportés dont le sort devait rester inconnu des leurs.

dans la spécialité. Chaque transfèrement était catastrophique car on le dépouillait au départ des minuscules trésors qu'il avait pu rassembler et on lui donnait les hardes les plus vieilles et les moins chaudes ; à l'arrivée, inconnu de tous, il était immanquablement affecté au kommando de travail le plus meurtrier, mis dans la plus mauvaise baraque, placé sous la coupe du plus méchant kapo. A peine s'était-il adapté, à peine avait-il tissé le réseau d'amitiés sans lequel on ne survivait pas, qu'il lui fallait encore décamper et repartir de zéro dans un autre enfer. Ces tribulations lui sculptèrent un visage de vieux loup de mer qui aurait doublé dix fois le cap Horn sur les galères nazies ; elles ne l'abattirent point.

Libérés, rapatriés, ceux de la Simex et de la Simexco rentrèrent en portant aux nues le nom de Bill Hoorickx, qu'ils avaient laissé au camp. Le destin a ses caprices : il avait fallu la déportation pour que le peintre pût donner sa vraie mesure ; Mauthausen était la scène prédestinée où devaient éclater ses dons. Il y fut étonnant de hardiesse et de dévouement. A la suite de quelque erreur administrative dans son dossier, le commandant du camp crut qu'il était médecin ; il ne démentit pas. Ses connaissances médicales se limitaient aux souvenirs déjà anciens d'un cours accéléré de médecine coloniale qu'il avait suivi quand il voulait devenir missionnaire ; il eût fait à la rigueur un bon aide-infirmier ; les S.S. le nommèrent médecin-chef et placèrent sous ses ordres un certain nombre de médecins déportés ; ceux-ci ne découvrirent pas la supercherie — il est vrai que la médecine concentrationnaire restait, par force, d'envergure limitée. Faute de moyens matériels, il ne réussit pas à guérir les corps autant qu'il l'eût voulu, mais il avait en lui assez de générosité et d'abnégation pour réconforter les cœurs, revigorer l'énergie, lutter contre la contagion du désespoir. Il sauva beaucoup de ses compagnons désignés pour la chambre à gaz en les faisant entrer en fraude dans la baraque des malades contagieux, où les S.S. ne pénétraient jamais. Puis, quand le camp fut libéré, il refusa d'être rapatrié avant ses malades. Il quitta Mauthausen le dernier, emportant pour tout souvenir une liasse de lettres où les médecins de son service exaltaient son action bienfaisante et parvenaient presque à masquer leur confusion de n'avoir pas deviné qu'il n'était point exactement cet « éminent confrère » dont il avait si bien tenu les fonctions. S'ils l'avaient pu, ils l'eussent probablement nommé docteur « honoris causa » de la Faculté de Mauthausen...

Vladimir Keller, de la Simex parisienne, avait quitté sa cellule de la Lehrterstrasse deux mois après l'exécution d'Alfred Corbin. On l'avait incarcéré à la prison civile de Tegel, où il travaillait sur une machine à imprimer. Il fabriqua notamment six mille cartes de visite pour Himmler et fut très impressionné par l'abondance des titres honorifiques du Reichsführer. L'étape suivante le mena dans une geôle tchécoslovaque. Il y souffrit cruellement du froid et de la faim. Plus d'une fois, il rêva à cette porte, dans les toilettes de la gare de Lille, qu'il lui eût suffi de pousser pour ne point subir pareils tourments. Enfin, le 8 mai 1945, l'Armée Rouge libératrice se manifesta sous la forme d'un officier isolé caracolant à cheval. Ses bottes trouées laissaient passer ses orteils. Implacablement suisse, Keller lui fit remarquer cette singularité. Le Russe répondit en riant : « Ce n'est pas grave ; l'important, c'était de gagner la guerre ! »

L'Allemand Ludwig Kaïnz, dit « Musaraigne », avait également survécu, et aussi Mlle Ponsaint et Henri Seghers, du réseau belge. Mais les autres, tous les autres qui étaient venus en Allemagne par le triste convoi d'avril 1943, ils y restaient pour toujours, exécutés ou morts d'épuisement.

Sauf peut-être le lieutenant Makarov, *alias* Carlos Alamo. En février 1943, la Cour Martiale présidée par le « limier de Hitler », Manfred Rœder, l'avait condamné à la peine capitale, puis il avait été du voyage à Berlin, au cours duquel Hoorickx avait pu échanger quelques mots avec lui. A Berlin, sa trace se perd. Aucun survivant du réseau ne l'a jamais revu.

Mais la guerre terminée, alors qu'il était aux mains des Américains, Manfred Rœder raconta à son juge d'instruction une étrange histoire, qu'il devait d'ailleurs nous répéter par la suite. Selon lui, il découvrit dans le dossier de Makarov qu'il était le neveu de Molotov, ministre des Affaires étrangères de l'Union Soviétique. Cette parenté investissait évidemment le condamné d'une importance spéciale ; son exécution prendrait une signification politique. Or, toutes les sentences de la Cour Martiale restaient subordonnées à l'entérinement de Hitler ; dans le cas particulier de Makarov comme dans quelques autres, le Führer avait délégué ses pouvoirs à Gœring. En soumettant à ce dernier le jugement rendu contre Makarov, Manfred Rœder mit en exergue la parenté du condamné et suggéra qu'il serait peut-être expédient de le conserver en vie, soit pour un échange avec les Russes, soit pour que son cadavre ne vînt pas se mettre à la traverse d'éventuelles négociations avec Moscou — donc avec son oncle Molotov. Selon Rœder, Gœring se rendit à ces raisons et ordonna d'enfermer le Russe dans un camp de concentration. Il y fut enregistré sous le nom de Kokorine ; les Américains l'en libérèrent et il retourna en Russie.

Il est de fait que le journal *New York Times* rapporta en mai 1945 la libération d'un groupe de « prisonniers exceptionnels » et mentionna parmi eux ledit Kokorine, mais nous avons la certitude qu'il ne peut en aucun cas s'agir de Makarov.

Un homme a bien connu Kokorine en captivité : le capitaine Payne-Best, de l'Intelligence Service — l'un des deux officiers dont nous avons mentionné le rapt perpétré à Venlo, sur la frontière hollandaise, par les S.S. Schellenberg et Naujocks [1]. Après sa capture, Payne-Best avait été enfermé dans le bunker du camp de Sachsenhausen, où la Gestapo mettait ses prisonniers les plus marquants. Au début de l'année 1943, il y vit apparaître

1. Voir p. 457.

le fameux Kokorine. Celui-ci arrivait de la section du camp où étaient parqués des prisonniers de guerre ; il avait eu pour compagnon de détention le fils de Staline, aviateur descendu derrière les lignes allemandes ; ensemble ils avaient essayé de s'évader, mais leur tentative avait échoué.

Kokorine raconta à Payne-Best qu'il avait été parachuté sur les arrières du front allemand pour assurer le commandement d'un groupe de partisans. Pris en chasse par les Allemands, les pieds gelés, il avait dû se rendre. Quand Payne-Best le vit, il portait toujours son uniforme de l'Armée Rouge et avait eu les orteils amputés à la suite de ses gelures, ce qui semble accréditer son récit de manière convaincante. Il était âgé de vingt-deux ans, donc sensiblement plus jeune que notre homme. Contrairement à Makarov, il portait des lunettes, puisqu'il avait tenté de se suicider, après l'échec de son essai d'évasion, en se coupant les veines avec l'un des verres. Contrairement encore à Makarov, il ne parlait pas anglais, puisqu'il s'entretenait avec Payne-Best en mauvais allemand — et pour dire des choses de cette force : « Staline très bel homme... Il aime ma mère énormément... Elle va le voir chaque jour après le dîner... Staline très paresseux, déteste le travail... Il aime la bonne nourriture, les bons vins et les belles filles... Staline type magnifique... se fait jamais de souci et aime beaucoup rire, etc. [1]. » Nous voulons bien que Makarov ait été un cœur simple, mais pas à ce point.

Notons encore une inexactitude de la thèse de Rœder : au contraire de ce qu'il affirme, Kokorine ne retourna jamais en Russie. Le groupe de « prisonniers exceptionnels » dont il faisait partie avait été tranféré à l'hôtel Prags Wildbad, près de Niederdorf, petite ville du Tyrol. Il y fut libéré par un détachement américain. Quelques jours plus tard, Kokorine disparaissait dans la montagne. Le froid réveilla ses vieilles gelures, les plaies se rouvrirent, la gangrène s'y mit et l'emporta. Il avait confié à Payne-Best sa décision de ne point se laisser rapatrier en

1. Payne-Best, *The Venlo Incident*, Londres, 1950.

Russie, où l'attendait un sort qu'il pressentait facheux [1].

Kokorine n'est donc pas Makarov. Cela posé, le problème consiste à trancher si Rœder se trompe ou s'il ment. On aperçoit mal l'intérêt qu'il aurait à mentir. Poser au sauveur du neveu de Molotov ? Il n'a jamais prétendu avoir agi par un humanitarisme qu'il estimerait d'ailleurs déplacé ; sa suggestion à Gœring avait pour seule motivation l'intérêt bien compris du Troisième Reich. Du reste, si cet homme prend une pose, ce n'est assurément pas celle du russophile, mais au contraire — et plus que jamais — celle du pourfendeur de bolcheviks. Le mensonge serait enfin bien vain, que la vérification la plus élémentaire suffit à démasquer. Il est donc probable qu'il se trompe. Dans quelle mesure ? Qu'il ait suggéré à Gœring de gracier Makarov, que le Reichsmarschall ait décidé de mettre le Russe dans un camp, on peut le tenir pour acquit : Rœder a rédigé lui-même la suggestion et il a reçu la réponse de Gœring. Par contre, le destin ultérieur du prisonnier n'était plus de son ressort ; il n'avait même pas à en connaître. On peut donc présumer qu'en apprenant après-guerre l'existence d'un neveu de Molotov nommé Kokorine, et ses aventures, il en déduisit à tort qu'il s'agissait de Makarov. Dans cette hypothèse, Alamo aurait été *un autre* neveu de Molotov, il aurait été effectivement gracié et incarcéré dans des conditions que nous ignorons, mais qui lui laissaient des chances sérieuses de survivre.

Une curieuse coïncidence renforce chez Manfred Rœder la certitude que Makarov est toujours vivant — qu'il l'était en tout cas en 1948. A cette époque, Rœder était détenu à la prison de Nuremberg. Or, au mois d'octobre, le contre-espionnage américain en Allemagne arrêta un Tchèque, Frantizcek Klecka, qui avait repris du service chez les Soviétiques après avoir fait partie pendant la guerre du réseau tchécoslovaque rattaché à l'Orchestre Rouge. Un malin hasard voulut qu'on mît cet ancien

1. On sait que les prisonniers russes de retour au pays reçurent en effet un accueil des plus réservés. On leur tint rigueur de s'être laissés prendre. Dix ans après la fin de la guerre, le fait d'avoir été prisonnier entraînait encore vexations et mesures discriminatoires.

de l'Orchestre Rouge dans la même cellule que l'homme qui avait envoyé tant de ses membres à l'échafaud ou au poteau. Après les premières réticences, l'ennui fut le plus fort et l'on parla du bon vieux temps. « Ce Klecka, raconte Rœder, m'a donné le bonjour de Makarov et m'a invité à aller le voir à Berlin. »

L'auteur a la preuve qu'un capitaine Makarov était affecté à Berlin-Est en 1948. Il y dirigeait le groupe I du M.G.B. — sigle désignant alors les services soviétiques. Notre Alamo aurait donc persévéré dans la spécialité qui l'ennuyait si fort à Bruxelles ? C'est possible. Le Centre l'aurait conservé malgré le mauvais souvenir laissé par ses débuts ? C'est également possible : on a pu penser que ses années de tribulations l'avaient déniaisé. Mais rien n'est certain. Le nom Makarov étant fort répandu en Russie, on ne peut écarter l'hypothèse que le capitaine du M.G.B. soit seulement l'homonyme de celui de l'Orchestre Rouge.

Peu après que Reiser eut fait enfermer Georgie à la prison de Karlsruhe, Margarete vit arriver dans les fourgons du Kommando son amant Kent et son fils René. Kent repartit presque aussitôt avec Pannwitz pour Hornberg, en Forêt-Noire, où s'était repliée l'antenne-ouest des services de renseignement S.S. Pannwitz y reçut de Reiser la nouvelle que Berlin exigeait qu'on brulât sans délai tous les dossiers du Kommando. Ils avaient été entreposés dans la vallée du Tauber, près de Würzburg. Pannwitz et Reiser procédèrent ensemble à l'incinération.

Margarete et ses enfants quittèrent à leur tour Karlsruhe vers la mi-septembre ; la ville croulait sous les bombes. Pannwitz les fit mener dans une pension de Friedrich-Roda où étaient déjà internés la princesse italienne Ruspoli, la famille du général Giraud et quelques autres personnalités du même acabit et tout aussi inoffensives. Aussi bien la maison n'était-elle pas surveillée et chacun disposait-il d'une complète liberté de mouvement : on savait assez que les femmes encombrées d'enfants ne risquaient pas d'aller loin. Au mois d'octobre, Michel contracta une double pneumonie. Son père vint à son chevet le 22 et resta quelques jours. Il revint encore le 13 décembre sans instructions précises pour l'avenir ; Margarete crut que c'en était terminé de leurs continuelles séparations et qu'ils allaient attendre ensemble la fin de la guerre, le retour au calme, la possibilité, après cinq ans d'errances, de vivre un amour paisible. Mais Pannwitz surgit à la mi-février et, malgré les cris hystériques de Margarete, en proie à une crise de nerfs, il emmena Kent avec lui.

Friedrich-Roda fut pris par les Américains, puis rétrocédé à l'Armée Rouge en raison de son inclusion dans la zone d'occupation soviétique. Ravie de ce transfert de souveraineté, Margarete fit visite à la *Kommandantura* russe et se présenta à l'officier de permanence comme l'épouse d'un agent soviétique dont le pseudonyme était Kent. L'officier sursauta et s'écria : « Quoi ! Kent ? Mais nous le recherchons partout ! C'est un traître ! » Devant l'émotion de Margarete, il ajouta : « Bien entendu, vous n'êtes pas responsable des erreurs de votre mari... »

Au mois de juin — elle était toujours à Friedrich-Roda —, la poste fonctionna de nouveau ; elle manqua défaillir quand le facteur lui remit une enveloppe dont la suscription était de la main de Kent. Il avait écrit la lettre en avril et l'avait postée à Stuttgart. Le texte en était concis : « Quand tu liras ceci, je serai un cadavre. Ouvre notre petit coffre. Au besoin, force-le. » Il lui avait laissé ce coffre au moment de repartir avec Pannwitz. Elle fit sauter le couvercle et trouva à l'intérieur une lettre dactylographiée commençant par cette phrase : « J'ai trahi mon pays. » Kent avouait ensuite à sa maîtresse — et pour la première fois — qu'il était un agent de renseignement soviétique ; il affirmait n'être point juif avec une passion inexplicable, on eût dit que c'était pour lui l'essentiel ; il indiquait au passage l'inexactitude de sa date de naissance « officielle » (3 juillet 1911) : il était né en 1912 ; il terminait enfin en lui donnant de multiples conseils pour elle-même et pour ses enfants. Un médecin, compagnon de détention de Margarete, lui suggéra avec bon sens qu'il serait plus prudent de faire disparaître cette lettre ; elle la brûla.

En septembre 1945, les formalités administratives de son rapatriement furent enfin réglées et elle put quitter Friedrich-Roda, où plus rien ne la retenait puisque Kent avait disparu. Elle avait décidé de retourner en France. A la frontière, on la fit descendre du train avec ses enfants, on la mit en état d'arrestation et on l'interrogea sans relâche sur Kent, sans qu'elle pût discerner si les policiers français du contre-espionnage en avaient à l'agent soviétique ou au collaborateur trop docile du Kommando. La découverte d'une pipe dans sa poche suscita chez ces policiers la plus grande excitation : ils furent persuadés que Kent avait pris le train avec sa maîtresse mais qu'il l'avait quitté avant d'arriver à la frontière. En fait, l'originale Margarete suppléait au manque de cigarettes en fumant des mégots dans une vieille pipe de Kent.

Après d'interminables interrogatoires, on l'enferma avec René et Michel dans un camp d'internement où étaient rassemblés quelques centaines d'individus suspects de collaboration. Le régime était dur, sans comparaison aucune avec Neuilly, Courcelles ou Friedrich-Roda. Elle y eut faim et froid ; elle y souffrit par-dessus tout de ne pas comprendre pourquoi le malheur continuait de l'accabler. Les Allemands l'avaient gardée prisonnière pendant plus de deux ans, et voici que les Français l'enfermaient à leur tour... Il lui semblait que le monde était devenu fou, qu'elle était destinée à finir entre des barbelés, qu'elle mourrait sans même savoir quel crime elle avait commis. Si ç'avait été son amour pour Kent, soleil de sa vie, pourquoi ne cessait-on pas de la tourmenter maintenant qu'il était mort ?

L'ordre de la remettre en liberté fut signé à la fin de l'année, mais Michel était si malade qu'il fallut attendre son rétablissement pour partir. Elle ne quitta le camp que six mois plus tard, le 18 mai 1946. Les policiers lui avaient fait signer l'engagement de les prévenir si elle recevait des nouvelles de Kent.

Elle avait deux enfants à sa charge : l'un âgé de quatorze ans ; l'autre, de trois. Elle était sans argent et sans métier, avec une santé gravement compromise. Alors que commençait partout la lente et irrésistible remontée vers la douceur de vivre, dix années de maladies et de misère s'ouvraient devant elle.

Ce soir de décembre 1965 où j'entraînai ma femme au « Moulin-Rouge », place de Brouckhere, à Bruxelles, elle savait à l'avance que ce ne serait pas gai. Depuis deux ans que nous faisions ensemble nos pèlerinages, elle avait pris l'habitude de mes ruminations sur les lieux consacrés : le « Moulin-Rouge » était l'un d'eux. On nous installa au bord de la piste et, graves et silencieux, je suppose que nous donnâmes le spectacle, cheveux blancs en moins, d'un vieux couple navré venu célébrer là le trentième anniversaire de ses épousailles. J'étais depuis longtemps rompu au maniement de ma machine à remonter le temps et le jeu des transpositions m'était devenu instinctif. Ce client blond assis en face, c'était Kent — il venait souvent au « Moulin-Rouge ». Si un maître d'hôtel se penchait vers lui, c'était pour lui souffler à l'oreille que la jalouse Margarete le réclamait au téléphone. Au lieu des danseuses espagnoles passant en attraction, je voyais le ballet du « French-Cancan » de 1940 : « Entièrement composé de filles juives, monsieur ! Avant, elles faisaient des numéros, mais leurs partenaires masculins, qui n'étaient pas juifs, les avaient laissé tomber et elles s'étaient mises ensemble. » Robert Christen, oui, il était là, sur la scène, et il chantait ses couplets comiques sans se douter qu'on rassemblait pour lui, très loin à l'est, un public d'une tout autre sorte.

Les lumières s'éteignirent et l'on annonça le prestidigitateur. Plus besoin de machine à remonter le temps, plus besoin de jouer aux substitutions : ce garçon aux gestes vifs, gracieux, plein de flamme et de vie c'était Michel, le fils de Kent, donnant la représentation là même où son père avait été spectateur assidu au temps où il s'appelait Sierra.

Jusqu'en 1961, il vit dans le sillage tourmenté de sa mère. A quinze ans, on l'engage comme garçon de bureau dans une agence photographique de presse. Il apprend en cachette à développer les photos. Un jour, grave accident de la circulation sous les fenêtres de l'agence ; aucun photographe n'est présent. Il empoigne un appareil, se rue dans l'escalier, prend plusieurs clichés, les développe, porte les épreuves dans les salles de rédaction de Bruxelles ; elles sont toutes publiées. On l'intègre à l'équipe des photographes. Le jour du mariage du roi Baudoin, il est au premier rang de la foule. Le passage du carrosse crée un remous — tout le monde veut voir. Le service d'ordre s'énerve ; un policier matraque Michel ; il s'écroule avec une fracture du crâne. A l'hôpital, quelqu'un lui offre un matériel d'illusionniste. Désœuvré, il s'en distrait ; guéri, il décide d'en faire son gagne-pain. Les débuts sont âpres : quelques miettes. Puis la réussite et les tournées à travers le monde : Allemagne, Canada, Etats-Unis, Moyen-Orient, Japon. Non pas la richesse, mais l'aisance. Il économise — quand la mère est cigale, le fils se fait fourmi. Il compte abandonner la prestidigitation dans dix ans, la trentaine venue, comblé de voyages et d'expériences. Après ? Il ne sait pas encore. Mais avec cette maturité, ce sérieux, cette lucidité, où qu'il décide d'aller, parions qu'il ira loin.

Au physique, c'est Kent dans une version améliorée. Les lèvres mieux dessinées, le visage plus fin, l'oreille moins expansive, l'expression plus détendue. Margarete ne lui a rien donné, mais elle a su admirablement gommer ce qui faisait la laideur de l'autre.

Dans son métier, il paraît qu'il faut beaucoup écrire : aux imprésarios, aux directeurs de music-hall, de boîtes de nuit, etc. Il a des dossiers, des fiches et un bureau devant lequel il reste assis plusieurs heures par jour. C'est sur ce bureau qu'il a posé le portrait de son père disparu quand il avait deux ans. Ainsi travaille-t-il à quelques centimètres de lui, sous son regard. Il vénère Kent. Il l'aime.

Ah, Michel, je pensais à vous et ma plume s'arrêtait à l'instant d'écrire ses abandons, ses lâchetés, ses trahisons... Gracieux illusionniste qui jouez si joliment des foulards et des colombes, j'ai fait sortir de mon encrier une image désolante que vous ne saurez pas escamoter. Qu'y puis-je ? Qu'y pouvons-nous tous deux ? Il n'était pas fait pour ces besognes. On peut avoir les nerfs qu'il faut pour rester impassible dans un sous-marin en détresse, et non pas ceux qui permettraient de tenir contre la Gestapo — ce ne sont pas forcément les mêmes. On peut avoir été un brillant officier des Brigades Internationales et s'effondrer à la vue de la Citroën noire. Michel, nous n'avons pas à le juger, ni vous ni moi ; seuls en ont le droit ceux qui n'ont pas parlé. Même pour vous consoler, je ne dirai pas que Kent était la règle. Mais il n'était pas l'exception. Je connais ces histoires : on a vu des pères livrer leur enfant ; des enfants donner leur mère. Lui, si jeune, si friable, on l'avait envoyé se battre à trois mille kilomètres de sa patrie, aux côtés d'étrangers. Un seul être occupa son cœur ; le destin voulut qu'il ne pût le sauver qu'en devenant un traître ; si le salut de Margarete eût coïncidé avec l'héroïsme, il eût été héroïque et fût monté sans doute aussi haut qu'il est tombé bas. Le Grand Chef dit : « Rien ne serait arrivé s'il n'avait pas rencontré cette femme. Et quand elle lui a donné un enfant, il a complètement perdu la tête. » Cela ne vaut excuse absolutoire pour personne — sauf pour vous, puisque cette femme est votre mère, puisque vous êtes cet enfant.

Et puis la pièce n'est pas finie ! Quittons le «Moulin-Rouge » (remarquez au passage qu'à force de multiplier les coïncidences, le hasard est ce soir comme un acteur qui charge trop son rôle : il y a au-dessus de l'entrée de la boîte de nuit une publicité lumineuse pour les cigarettes « Kent » ; à droite, une affiche vantant les téléviseurs « Siera »), quittons ensemble Bruxelles et rejoignons-le dans le chalet autrichien où va se jouer l'avant-dernier acte...

C'était à Bludenz, à une dizaine de kilomètres de la frontière suisse, un chalet isolé où s'étaient réfugiés Pannwitz, Kent et quelques hommes du Kommando. Pour atteindre ce recoin méridional du Reich, ils avaient dû parcourir trois cents kilomètres à travers les unités allemandes en retraite, sur des routes coupées par des barrages de gendarmes ou de S.S. prompts à fusiller ceux qui tournaient le dos à la ligne de feu. Mais le Kriminalrat possédait un document, signé conjointement par Himmler et le général Jodl, qui l'autorisait à circuler librement et lui donnait pouvoir de réquisition sur les civils et les militaires.

Blottis dans leur chalet, ils écoutèrent se rapprocher la bataille. Les Français de la Première Armée arrivaient. Un jour, ils furent là, à Bludenz ; on percevait du chalet le grondement sourd de leurs chars. Pannwitz et ses hommes brûlèrent leurs papiers d'identité ; nerveux, crispés, ils attendirent le dénouement. L'attente s'éternisa. Ils avaient envisagé toutes les hypothèses, sauf celle-ci : qu'on ne vînt pas les chercher. Des semaines passèrent et ils tournaient toujours en rond dans leur chalet, au milieu des prairies en fleurs et du chant printanier des oiseaux. Chaque soir, Kent avait un contact radio avec Moscou. En bas, à Bludenz, on s'installait dans une occupation paisible. C'était déconcertant.

Il fallut, pour qu'on s'occupât d'eux, qu'un de leurs compatriotes, réfugié berlinois, les dénonçât aux Français. Un matin, ils virent des soldats prendre position autour du chalet et mettre en batterie un canon de 37. On leur offrait l'occasion d'un baroud d'honneur. Mais le Kriminalrat Pannwitz était décidément trop malin pour mourir pour une cause perdue. Il agita un chiffon blanc et ses hommes levèrent les bras. Un jeune lieutenant français arriva, pistolet au poing, et, sans leur accorder un regard, fonça sur une photo du Führer qui ornait le mur ; il l'arracha et la déchira tandis que les S.S. contemplaient d'un œil torve la Croix de Fer qu'il avait accrochée à sa ceinture de manière qu'elle reposât sur ses fesses. Pannwitz regarda Kent. Celui-ci fit un pas en avant et dit : « J'appartiens aux services de renseignement soviétiques ; j'ai le grade de commandant de l'Armée Rouge. Ces messieurs font partie d'un mouvement de résistance allemand et travaillent avec moi depuis longtemps. » Comme le lieutenant abasourdi demeurait incrédule, Kent lui montra les derniers télégrammes reçus du Centre. Il conclut : « Bien entendu, ces messieurs restent sous ma protection : j'ai besoin d'eux. Quant à ce matériel — il désigna l'émetteur et l'armement personnel des S.S. — c'est la propriété de l'Armée Rouge et je vous prie de ne pas y toucher. »

Les télégrammes du Centre avaient convaincu le lieutenant. Il salua et décampa, sa Croix de Fer battant sur ses fesses. Mais, une semaine plus tard, sa section était relevée. Son remplaçant vint au chalet, haussa les sourcils en écoutant Kent, flaira néanmoins l'incident diplomatique possible et jugea prudent de se débarrasser au plus vite de ce commandant de l'Armée Rouge et de ces messieurs de la Résistance allemande ; il les fit conduire au quartier général de Lindau. Pannwitz et Kent y furent reçus par un colonel surmené. Entre deux coups de téléphone, il leur demanda s'ils n'avaient pas entendu parler d'un groupe de la Gestapo bizarrement nommé « Kommando Orchestre Rouge ». Pannwitz s'agita sur sa chaise et s'efforça d'obtenir des précisions. Le colonel lui tendit un télégramme émanant du quartier général américain le plus proche. On signalait aux Français la présence dans la région du « Kommando Orchestre Rouge », dont le chef était un certain Heinz Pannwitz, et on leur demandait de faire diligence pour sa capture : selon certains renseignements, il avait mission d'abattre le général Patton.

Kent s'empressa de faire dévier la conversation. Il déclina son identité, son grade et donna au colonel des précisions accréditant son appartenance aux services russes. Pannwitz exhiba à son tour ses faux papiers en multipliant les professions de foi antihitlériennes. Probablement ébranlé sans être tout à fait convaincu, le colonel décida qu'un verre n'engageait à rien : on trinqua donc gaiement à la victoire alliée. Après quoi, il se hâta de préparer un rapport pour le général de Lattre de Tassigny. Les S.S. et Kent passèrent la nuit dans une chambrée du quartier général, au milieu de quelques soldats français parfaitement indifférents. A l'heure de l'habituelle liaison radio avec Moscou, Pannwitz eut la stupeur de voir Kent passer discrètement son récepteur à un S.S. L'appareil, capturé sur un agent anglais, était pour l'époque une merveille technique : ses deux piles tenaient dans une boîte d'allumettes ; l'écouteur était minuscule. Quand commença l'émission, les soldats n'eurent qu'un coup d'œil distrait pour celui de leurs hôtes qui, la main sur l'oreille, le visage incliné, les yeux clos, se mit à marmonner dans son sommeil. En fait, le S.S. — un radio expérimenté — avait dissimulé l'écouteur sous sa paume et dictait le texte du télégramme ; Kent transcrivait en marge d'un livre qu'il feignait d'annoter. C'était une prouesse gratuite, mais elle eut au moins l'avantage de dénouer les nerfs.

Le lendemain matin, Pannwitz et Kent apprirent qu'on les expédiait à Paris, le général de Lattre ayant décidé de se décharger sur le ministère de la Guerre du soin de tirer leur affaire au clair. Ainsi retournèrent-ils à Paris, accompagnés par un officier de de Lattre, dix mois après l'avoir fui précipitamment devant les hommes de Leclerc. Ils avaient avec eux dix valises remplies d'effets personnels ; Pannwitz était toujours armé de son pistolet ; personne ne lui avait demandé d'ouvrir la serviette bourrée de documents dont il ne se séparait pas.

Embarrassé, le ministère prit contact avec la délégation soviétique installée à l'ancienne ambassade d'Esthonie. Le lieutenant-colonel Novikov déclara qu'il accueillerait volontiers ce commandant de l'Armée Rouge : sa mission à Paris consistait justement à organiser le rapatriement des sujets soviétiques ; quant à ce monsieur de la Résistance allemande, il verrait ce qu'il pourrait faire.

Le 6 juin 1945, une voiture de la mission conduisit Pannwitz et Kent au Bourget, où les attendait un avion. Ils s'envolèrent vers Moscou avec leurs dix valises et leur serviette de documents. Novikov n'avait gardé que le pistolet du Kriminalrat.

Les occasions n'avaient pas manqué. Ne parlons pas de la frontière suisse : à deux heures de marche, il est vrai, mais très surveillée, presque impossible à franchir. Le Tyrol tout proche offrait plus de facilités, avec ses forêts profondes, ses vallées secrètes. Toutes les filières d'évasion nazies passaient par là, pour rejoindre l'Italie et Gênes, porte ouverte sur l'Amérique du Sud. Tandis que Pannwitz dormait dans son chalet, ses collègues, par dizaines, s'essoufflaient à suivre les guides sur les sentiers de montagne.

Il ne le savait pas ? Kriminalrat, chef d'un Kommando, il ignorait ce précieux détail ? Admettons. Mais l'Allemagne de ce printemps 1945 est comme balayée par un cyclone brassant des hordes innombrables. Les déportés, les ouvriers requis, les prisonniers de toutes nationalités rentrent au pays ; les familles réfugiées à la campagne rallient les villes ; par centaines de mille, ceux de l'Est ont fui l'Armée Rouge ; un million d'Allemands des Sudètes se sont entassés sur les routes pour échapper aux représailles tchèques ; la Wehrmacht éclate en longues colonnes de prisonniers... Avec la mainmise alliée encore indécise, le désordre est partout — un chaos tel que l'Europe n'en connut probablement jamais depuis les grandes invasions...

Pannwitz a des faux papiers, de l'argent, un physique banal. Il ne bouge pas. Il ne plonge pas dans ce bouillonnement humain où il pourrait disparaître. Il attend qu'on vienne le chercher dans son chalet.

Pour Kent, c'est encore plus simple : il est Russe. Un allié. Qu'il descende à Bludenz — trois cents mètres à peine — et il devient au choix prisonnier de l'Armée Rouge évadé ou déporté libéré ; les Français l'accueillent à bras ouverts ; ils s'emploient à le rapatrier, bien sûr, mais avec moins de diligence qu'ils n'en mettront pour un commandant de l'Armée Rouge, officier des services secrets. Petit ouvrier russe, déporté du travail, ou deuxième classe en rupture de captivité, on lui fera attendre des mois le retour au pays — mille opportunités peuvent se présenter.

En tout cas, et quelles que soient les incertitudes de

l'avenir, un impératif s'impose pour le présent : ne pas se laisser prendre avec les S.S. Kent doit décamper au plus tôt du chalet, abandonner à leur sort ses occupants pestiférés, mettre le plus d'espace possible entre eux et lui. Mais non. Il ne bouge pas. Comme Pannwitz, il attend qu'on vienne le chercher.

Admettons.

On vient les chercher. Ils ont la chance de tomber aux mains des Occidentaux, ce qui est alors le rêve de millions d'Allemands. Le moindre caporal de la Wehrmacht, coupable seulement de s'être battu six ans sur le front, traverserait son pays à genoux pour échapper aux Russes et finir prisonnier des Occidentaux. Mais pas Pannwitz. Il fait au contraire force de rames vers la Russie. Car dès l'instant où Kent révèle sa qualité d'officier russe au lieutenant français, leur destination finale est évidemment Moscou. Kriminalrat de la Gestapo, Hauptsturmführer S.S., il met le cap à l'Est — c'est déjà étrange. Maître du Grand Jeu, acharné depuis deux ans à mystifier le Centre, il se rue vers ceux dont il a fait ses dupes — c'est stupéfiant. De par ses fonctions, Pannwitz connaît mieux que personne les tensions existant entre les Alliés ; on avait même tendance, chez les siens, à en exagérer démesurément l'importance. Il devrait lui être évident que les Occidentaux n'auront pas le cœur déchiré en apprenant qu'il a mystifié l'allié russe ; peut-être leurs services secrets prendraient-ils même un intérêt discret à la chose. Mais au lieu de se blottir dans leurs bras rassurants, il va se jeter dans ceux de son pire ennemi : le Directeur.

Quant à Kent, c'est bien simple : il court au poteau. De Bludenz à Lindau, de Lindau à Paris, il pourrait s'évader dix fois : on ne les escorte pas, on les accompagne. Un pas de côté et il disparaît. Mais il continue droit devant lui, droit vers la mort.

Incompréhensible ? Peut-être pas.

XXXVIII

UN PETIT JEU

GESTAPO-MULLER.

Citons pour mémoire la description du capitaine Payne-Best, le kidnappé de Venlo : « Un petit homme convenable [1]. » L'honorable gentleman a une propension irrésistible à juger tout ce qui n'est pas sujet britannique petit de taille et intellectuellement dépourvu des moyens qui permettraient de lutter à armes égales avec les membre de l'Intelligence Service. Mais il est vrai que Heinrich Müller n'était pas grand : « Petit et trapu, écrit Schellenberg, avec le crâne carré d'un paysan et le front saillant, il avait des lèvres minces et des yeux bruns pénétrants, voilés par de lourdes paupières qui frémissaient nerveusement. Ses mains aux doigts carrés étaient larges et massives [2]. »

1. « *A very decent little man.* » Payne-Best, *The Venlo Incident*, Londres, 1950, p. 44.
2. Schellenberg, *op. cit.*

Il entre dans la police bavaroise bien avant l'avènement du Führer. Fonctionnaire de la République de Weimar, il lutte contre les nazis en marche vers le pouvoir et leur porte des coups sévères, puis il devient leur auxiliaire dès qu'ils ont triomphé. Ce n'est pas qu'il tourne casaque : sa casaque est une fois pour toutes aux couleurs de l'Etat, quel qu'il soit. Serviteur dévoué de la République de Weimar, serviteur non moins dévoué du Troisième Reich, serviteur du roi de Prusse s'il remontait sur le trône, il est de même espèce que Giering et Berg. Mais tandis que ceux-ci passent par toutes les couleurs avec une indifférence de caméléon, chaque avatar doit permettre à Müller un assouvissement plus complet de sa passion pour l'ordre, l'autorité — l'Etat. Wilhelm Hœttl, Obersturmführer des services de renseignement S.S. : « Il reconnaissait pour seule loi la toute-puissance de l'Etat et considérait comme un ennemi tout individu suspect de simple résistance intellectuelle. Son modèle était la police secrète soviétique et il réussit assurément à créer une organisation digne de cet idéal [1]. » Reitlinger : « Il fut pendant dix ans la personnification du chef de police froid, sans passion, toujours sur la brèche [2]. » Edward Crankshaw : « Il était le propotype parfait du fonctionnaire sans opinions politiques, épris de pouvoir personnel et dévoué au service de l'autorité, de l'Etat [3]. »

Si peu nazi en vérité, et affligé de tels antécédents, que le Parti oppose un refus tenace à ses demandes d'admission. Ce n'est pas que Müller soit démangé du désir d'obtenir une carte, mais son patron, Heydrich, estime inconvenant que le chef de la Gestapo ne soit pas membre du Parti alors que le moindre fonctionnaire allemand s'empresse d'y adhérer. La situation est en effet singulière. Mais il faudra des années d'efforts, et toute la puissance de Heydrich, pour que la chancellerie nazie revienne sur son ostracisme : Müller n'est admis qu'en 1939, à la veille de la guerre.

1. W. Hœttl, *The Secret Front*, Weidenfeld, 1953, p. 58.
2. Reitlinger, *The S.S.*, Heinemann, 1956, p. 39.
3. E. Crankshaw, *Gestapo*, Putnam, 1956, p. 96.

Rudolf Hess dirige cette chancellerie depuis sa création. L'un des plus anciens compagnons de Hitler (il le tutoie), deuxième successeur désigné (après Gœring), il donne furieusement dans l'astrologie et la magie. Le 10 mai 1941, alors que l'Etat-Major allemand met la dernière main aux préparatifs de « Barbarossa », les chimères de Hess le font s'installer aux commandes d'un Messerschmitt et décoller vers l'Ecosse avec le projet insensé de conclure à lui seul une paix séparée entre l'Allemagne et la Grande-Bretagne. Son adjoint s'appelle Bormann.

Martin Bormann.

Ancien régisseur d'un domaine du Mecklembourg, saboteur dans la Ruhr sous l'occupation française de 1923, condamné en 1924 par un tribunal allemand pour meurtre politique, libéré en 1925, adhérent de la première heure du parti nazi, « c'était, écrit Schellenberg, un homme trapu, aux épaules carrées, à la nuque de taureau. Sa tête, penchée en avant, était toujours légèrement inclinée de côté ; il avait les yeux d'un boxeur avançant sur son adversaire. Ses doigts courts, épais, étaient recouverts de poils noirs [1] ». Adjoint de Hess à la chancellerie du Parti, il avait su, dès avant l'escapade en Ecosse, parvenir à des positions clefs sur le chemin du pouvoir. Hitler l'avait nommé son conseiller privé et son administrateur financier : pareilles fonctions ouvraient forcément l'intimité du Führer [2]. En mai 1941, il y était assez solidement retranché pour ne pas craindre de subir les conséquences du geste de Hess. Les principaux collaborateurs de celui-ci furent arrêtés ou disgraciés mais non pas Bormann, qui continua au contraire de renforcer sa puissance jusqu'à posséder, comme l'écrit Trevor-Roper, « une suprématie incontestée, telle qu'il n'en avait encore jamais existé dans l'entourage du maître ».

Il y parvint sans à-coups, sans éclats, par la persévé-

1. Schellenberg, *op. cit.*, p. 396.
2. C'était Bormann qui avait fait construire le Berghof, chalet montagnard où Hitler aimait tant se reposer ; lui encore qui avait acheté les tableaux pour le décorer, etc. Cf. Trevor-Roper, *Les Derniers Jours de Hitler*, Calmann-Lévy, 1964, p. 69.

rance et une sorte de ténacité modeste. Une secrétaire de Hitler : « Organisateur forcené et véritable hercule de la paperasse, Bormann mâchait son travail à Hitler et le débarrassait de toutes les questions ennuyeuses [1]. » Rosenberg, ministre nazi des Territoires de l'Est : « Que la conversation à table vînt à tomber sur n'importe quel événement, Bormann tirait son mouchoir et prenait une note. Ou bien le Führer s'irritait-il d'un mot, d'une mesure, d'un film ? Bormann notait. Quand une affaire quelconque paraissait obscure, Bormann se levait, puis revenait : il avait donné l'ordre à son bureau de faire immédiatement des recherches, de téléphoner, de télégraphier, d'écrire... Il arrivait que Bormann puisse donner des éclaircissements avant la fin du repas [2]. » Aussi : « Indispensable, infatigable, jouissant du don d'ubiquité, il fut désormais, conclut Trevor-Roper, l'unique dépositaire des secrets de Hitler, l'unique intermédiaire de ses ordres, l'unique moyen de parvenir au dictateur de plus en plus inaccessible [3]. »

Müller connaît bien entendu Bormann de longue date, mais son premier vrai contact avec lui se situe précisément après la fuite de Hess. Gestapo-Müller a été chargé de nettoyer la chancellerie nazie, devenue aux yeux de Hitler les écuries d'Augias du Troisième Reich. C'est pour Bormann l'occasion d'assouvir de vieilles rancunes contre ses collègues et surtout d'éliminer d'éventuels concurrents. Müller, qui a décidé d'attacher son char à l'astre montant de Bormann, prête une oreille complaisante à ses suggestions : il fait place nette ; même ceux des dignitaires de la chancellerie qui n'étaient pas compromis le moins du monde dans la fuite de Hess s'en trouvent injustement châtiés. « Müller avait compris, écrit Schellenberg, que Bormann succéderait à Hess et qu'il était une personnalité infiniment plus dynamique. Aussi, tout en feignant vis-à-vis de Himmler et de Heydrich d'être contre Bormann,

1. Zoller, *Douze ans auprès de Hitler*, Fayard, 1949, p. 31.
2. S. Lang et E. von Schenck, *Testament nazi*, Trois Collines, 1948, p. 191.
3. Trevor-Roper, *op. cit.*, p. 96.

Müller s'efforça-t-il de nouer avec lui d'excellentes relations intimes. »

Leurs affinités étaient trop grandes pour qu'il n'y réussît pas. Deux êtres de proie, communiant dans les mêmes fins et utilisant les mêmes moyens ; possédés l'un et l'autre d'une identique passion pour le pouvoir considéré comme un but en soi, et non pas comme la possibilité de mettre en œuvre certaine idéologie ou certaine politique ; tels enfin que fut Joseph Fouché, le plus remarquable peut-être des disciples de Machiavel, qui, servant tour à tour la république, l'empereur et le roi, ne servit jamais que la puissance qu'il en recevait ; deux hommes d'appareil (*apparatchiki,* disent les Russes) habiles à s'assurer le contrôle des leviers de commande de la manière la moins spectaculaire et la plus efficace (ses concurrents nazis appelaient Bormann « le Méphistophélès de Hitler », « cette Eminence brune, toujours tapie dans l'ombre ») ; assoiffés de pouvoir, mais surtout techniciens du pouvoir et sachant distinguer ses réalités de ses vanités creuses. Gœbbels, Ribbentrop, Gœring même, auront droit jusqu'à la fin aux feux de la rampe, mais c'est Bormann qui, dans les coulisses, règle les projecteurs et mesure l'éclairage. Son ascension était irrésistible, puisque invisible. Soudain il est là, et il est tout, s'appliquant d'ailleurs à sembler n'être rien, ce qui est difficile à la nature humaine. Comme lui, Gestapo-Müller ne poursuivra jamais les vanités de la puissance. Wilhelm Hœttl : « Sa grande ambition était de mettre au point un fichier central avec une fiche individuelle pour chaque Allemand vivant, sur laquelle serait naturellement reporté tout « épisode douteux », même le plus banal [1]. » C'est là qu'est le vrai pouvoir.

Il est significatif que les historiens emploient des images presque identiques pour les dépeindre. Trevor-Roper dit de Bormann qu'il possédait la nature de la taupe, évitant soigneusement l'éclat du jour et de la

1. W. Hœttl, *op. cit.*, p. 58.

publicité, et il souligne le fait qu'on ne possède de lui que de très rares photos. Serge Lang et Ernest von Schenck : « Martin Bormann, la puissance invisible [...] dont le nom apparut rarement dans les journaux allemands au cours des cinq années de guerre, dont le portrait n'était presque jamais publié et dont l'activité n'était jamais évoquée qu'avec la plus grande discrétion par l'appareil de propagande de Gœbbels [...] cet homme dont c'est à peine si un Allemand encore vivant sait s'il était grand ou petit, maigre ou gros [1]... » Edward Crankshaw, à propos de Müller : « Il travaillait anonymement et ne laissait pratiquement aucune trace derrière lui. Nous trouvons sa signature sur des ordres autorisant les actes les plus atroces. Nous le surprenons une ou deux fois en action, et nous nous étonnons de découvrir que cet homme sans ombre, ce rond-de-cuir, pouvait sortir et se servir d'un revolver. Mais nous ne savons rien de lui, ni d'où il venait, ni où il alla [2]... »

Ils étaient faits pour s'entendre.

Chef de la Gestapo, Heinrich Müller assume du début à la fin la responsabilité technique du Grand Jeu. Au contraire, la direction politique de la partie change de mains. Elle appartient d'abord à Himmler, qui lance l'opération dans le but secret décrit par Schellenberg : faire éclater l'alliance adverse afin de parvenir à une paix de compromis avec l'Ouest. Mais le Reichsführer, pour « nourrir » un Funkspiel d'une telle ampleur, doit obtenir des ministères allemands — et notamment des Affaires étrangères — un matériel de premier ordre. Il en résulte des conflits incessants que l'autorité du Führer est seule à pouvoir trancher. Hitler, débordant d'aversion pour les affaires de renseignement, accaparé par la direction des opérations militaires, se décharge sur Bormann du soin d'assurer un arbitrage qui l'assomme. Dès lors, l'initiative échappe à Himmler. Bormann, maître du matériel d'intoxication, devient l'ins-

1. Lang et Schenck, *op. cit.*, p. 190.
2. Crankshaw, *op. cit.*, p. 96.

pirateur du Grand Jeu. Sur l'ordre du Führer, il s'en occupe personnellement sans se faire aider d'aucun adjoint, d'aucune secrétaire. Hormis les chefs de la Gestapo, seuls sont au courant Ribbentrop et un groupe d'experts triés sur le volet. Les dossiers restent enfermés dans un énorme coffre-fort ; ils portent l'étiquette : « Opération Ours. »

Au printemps 1943, une banale conférence de travail réunit Schellenberg et Gestapo-Müller. Le premier relate dans ses Mémoires :

« Müller, avec qui j'étais de plus en plus sur un pied d'inimitié ouverte, s'était ce soir-là montré particulièrement correct et courtois. Je crus, car il était fort tard, qu'il était gris quand il manifesta le désir d'avoir un entretien avec moi. Il commença par me parler de l'Orchestre Rouge. Il s'était occupé de certains cas de trahison, de leurs motifs et du milieu intellectuel dont ils étaient issus. [Il dit :]

« — Je pense que d'après vos propres expériences, « vous estimerez comme moi que l'influence soviétique, « en Europe occidentale, ne se fait pas sentir unique- « ment dans les classes laborieuses, mais prend égale- « ment racine dans les milieux cultivés. A mon avis, il « s'agit là d'un développement inévitable, historique, « propre à notre ère, surtout si l'on considère l' « anar- « chie » spirituelle de notre culture occidentale — y « compris l'idéologie du Troisième Reich. Le national- « socialisme n'est rien qu'une sorte de tas de fumier « dans ce désert spirituel ! Par contre, chacun peut voir « qu'il se développe en Russie une force spirituelle et « biologique réellement pure. La Révolution spirituelle « et matérielle vers quoi tend le communisme offre une « sorte de charge d'électricité positive à notre négati- « visme occidental. »

« J'étais assis en face de Müller, perdu dans mes pensées. Tel était l'homme qui avait mené, sous toutes ses formes, la lutte la plus impitoyable, la plus brutale qui fût, contre le communisme — l'homme qui, dans son enquête sur l'Orchestre Rouge, n'avait pas laissé un pouce de terrain inexploré dans l'espoir de découvrir les moindres ramifications d'une conspiration. Quelle volte-face !... Il parlait toujours :

« — Voyez-vous, Schellenberg, ces histoires entre nous, « c'est par trop bête. Au début, je pensais qu'on s'en-« tendrait bien tous les deux, dans le travail comme « dans le privé, et ça n'a pas marché ! Vous avez cer-« tains avantages sur moi. Mes parents étaient pauvres, « je me suis fait tout seul. J'étais agent de la Sûreté... « sorti du rang. Vous êtes un homme instruit, un juriste, « avec un solide fonds de culture, et vous avez voyagé. « En un mot, vous êtes embourbé dans l'optimisme « pétrifié de la tradition conservatrice. Prenez, par « exemple, des gens que vous connaissez, de l'Orchestre « Rouge : Schulze-Boysen, ou Harnack... des intellectuels « aussi, mais d'un tout autre genre — des purs, des révo-« lutionnaires progressistes, toujours à la recherche « d'une solution définitive, jamais empêtrés dans des « demi-mesures. Et ils sont morts croyant toujours à « cette solution définitive. Le national-socialisme est « trop entaché de compromis pour offrir une foi sem-« blable : le communisme spirituel le peut... Je dois « dire que je vois à présent Staline sous un tout autre « jour. Il est infiniment supérieur à tous les dirigeants « des nations occidentales et, si j'avais un conseil à don-« ner, ce serait de s'arranger avec lui le plus vite pos-« sible. Ce serait un coup dont l'Occident, avec sa « satanée hypocrisie, ne se relèverait jamais. Voyez-vous, « avec les Russes, on sait toujours à quoi s'en tenir — « ils vous coupent la tête ou ils vous embrassent. Dans « cette espèce de boîte à ordures de l'Ouest, ils ne font « que parler du bon Dieu et d'un tas de choses vagues, « mais s'ils croient y trouver leur avantage, ils laisseront « un pays entier crever de faim ! L'Allemagne serait en « tête, si le Führer avait réellement pris les choses « comme il fallait. Mais, chez nous, tout est commencé, « rien n'est achevé, et si nous n'y prenons pas garde, « c'en sera fini de nous ! Himmler a de l'énergie, mais

« seulement quand il sent le Führer derrière lui. Autre-
« ment, il ne peut pas se décider. Heydrich lui était
« bien supérieur. Le Führer avait raison quand il l'ap-
« pelait « l'homme au cœur de fer ». Bormann, lui, sait
« ce qu'il veut, mais il n'a pas l'étoffe d'un homme d'Etat.
« Et regardez-le avec Himmler, deux serpents qui se
« battent ! Himmler aura du mal à en venir à bout. »

« J'écoutais, stupéfait. J'avais toujours entendu Müller traiter Bormann de criminel. Quel brusque changement d'attitude ! Je me sentais de plus en plus nerveux ; où voulait-il en venir ? Etait-ce un piège ? Il avalait petit verre sur petit verre et, dans son jargon bavarois, continuait de déblatérer contre l'Occident décadent et contre tous nos dirigeants : Gœring, Gœbbels, Ribbentrop et Ley, dont les oreilles devaient tinter. Comme Müller était un véritable fichier ambulant, au courant des détails les plus intimes, cela devenait assez amusant. Néanmoins, j'étais plutôt inquiet. Que voulait cet homme, rempli de haine et d'amertume et devenu si soudainement bavard ? Jamais Müller ne s'était montré ainsi ! Finalement, pour donner à la conversation un tour plus léger, je dis :

« — Parfait, camarade Müller. Allons-y... Crions tous :
« *Heil* Staline !... et le petit père Müller deviendra le
« grand ponte du NKVD ! »

« Il me regarda, une lueur mauvaise au fond des yeux :

« — Ce serait rudement bien, dit-il dédaigneusement,
« avec son lourd accent bavarois. Et vous seriez bon
« pour le grand saut, vous et vos sacrés bourgeois
« d'amis ! »

« Je sortis de ce singulier entretien sans savoir au juste à quoi Müller voulait en venir... mais je le compris quelques mois après [1]. »

C'est à l'époque où se déroule cet entretien, effective-

1. Schellenberg, *op. cit.*, p. 397.

ment singulier, que les chefs de la Résistance allemande conçoivent le projet plus singulier encore d'enrôler Himmler dans leurs rangs. On a raconté plus haut[1] l'audience accordée par le Reichsführer à l'un des affidés, son assentiment tacite à la suggestion de nouer des négociations de paix avec l'Ouest, le départ subséquent de Langbehn en Suisse pour y porter la bonne nouvelle à ses correspondants occidentaux. On a dit aussi que l'affaire avait avorté à la suite de l'interception d'un message où l'un des interlocuteurs de Langbehn résumait pour ses chefs les propositions reçues.

Par quel service allemand l'interception a-t-elle été réussie ? Aucun document d'archives connu ne les mentionne, mais il n'est pas difficile de le déduire du sort réservé à la découverte. Si c'est l'Abwehr de Canaris, l'affaire ne connaît aucune suite : l'Abwehr, bouclier et fer de lance de la Résistance allemande, ne va évidemment pas contrecarrer une initiative de cette Résistance. S'il s'agit du service de renseignement S.S., le scandale est pareillement étouffé car le message compromet son chef, Walter Schellenberg ; celui-ci note dans ses Mémoires : « Le fait que Langbehn ait entrepris ces pourparlers officieux avec mon accord y était mentionné. » S'il s'agit d'un service d'écoute de la Gestapo, l'affaire devrait également ne connaître aucune suite puisqu'elle place Himmler en position délicate. A condition que Müller, chef de la Gestapo, soit dévoué à son Reichsführer.

Le télégramme intercepté est mis dans les plus brefs délais sous les yeux de Hitler. En parfaite violation des règles hiérarchiques, c'est à Bormann que Gestapo-Müller confie sa découverte pour qu'il en fasse bon usage. Mieux encore : il omet de prévenir Himmler. Le Reichsführer, dans l'ignorance où il est maintenu, reçoit Langbehn à son retour de Suisse et écoute son rapport, achevant ainsi de se compromettre. Il parviendra à conjurer le péril car il est assez puissant, en 1943, pour tenir

1. Voir p. 396.

Bormann en échec, mais il devra arrêter Langbehn et renoncer à utiliser ses relations occidentales [1].

Rappelons que Bormann et Müller, qui ont fait avorter de si belle manière cette tentative de négociation, sont les maîtres d'œuvre d'un Funkspiel dont le but était initialement d'intoxiquer Moscou pour faciliter la conclusion d'une paix séparée avec les Occidentaux. Selon toutes apparences, ils n'ont pas le même objectif. Mais cela ne doit pas surprendre Himmler. Quand Schellenberg l'a adjuré pour la première fois, en août 1942, d'entamer des négociations, le Reichsführer a conclu l'entretien par cet avertissement : « Nous ne devons jamais laisser Bormann se douter de nos projets. Il torpillerait tout le plan, ou bien le triturerait pour en faire sortir un compromis avec Staline. Et nous ne devons jamais permettre que cela arrive. » En avril 1943, au cours d'un second entretien : « Il [Bormann] est responsable de beaucoup de décisions erronées du Führer. En fait, il n'a pas seulement approuvé son attitude inflexible : il l'a rendue plus opiniâtre encore [2]. »

Bloquer toutes les tentatives d'ouverture à l'Ouest, enfoncer le Führer dans son refus d'une solution autre que la victoire finale, c'est rendre à Staline le plus signalé service. A partir de la conférence de Téhéran, où il a reçu de Churchill et de Roosevelt satisfaction à ses demandes, le chef du Kremlin vit dans la hantise

1. L'opération Müller-Bormann est menée avec tant de rigueur et de décision qu'elle nous conduit à nous demander s'il ne s'agissait pas, dès le départ, d'un coup monté. L'interception du message reste en effet entourée de mystère. Allen Dulles, qui était alors le représentant des services américains en Suisse, affirme de la manière la plus formelle qu'il n'émanait ni de lui ni des services britanniques. Mais de qui donc, alors ? On voit mal Langbehn prendre langue, en 1943, avec des représentants de la France Libre, ou du gouvernement belge réfugié à Londres, ou de tout autre gouvernement en exil, dont le poids sur la décision alliée eût été pratiquement nul. Il n'est pas impossible que Müller ait été averti de la mission de Langbehn par ses informateurs (de toutes les Résistances, l'allemande fut sans aucun doute l'une des plus bavardes). Il aurait alors choisi de porter l'affaire devant Hitler sous la forme particulièrement accusatrice d'un télégramme soi-disant intercepté par ses services, mais en fait forgé de toutes pièces...

2. Schellenberg, *op. cit.*, p. 388.

d'une paix séparée entre ses alliés et l'Allemagne, qui le priverait des fruits de la victoire.

Paul Leverkuehn, l'un des collaborateurs de l'amiral Canaris, explique que le dégoût de son chef pour le nazisme n'était dépassé que par son aversion pour le communisme ; la seule qualité que Canaris trouvait au premier, c'était qu'il fût l'adversaire le plus farouche du second. Mais cet antagonisme lui parut bientôt perdre de sa netteté en raison des inclinations secrètes de certaines personnalités du régime. « Au milieu de la guerre, écrit Leverkuehn, il considéra avec la plus vive inquiétude la situation révélée par la découverte de l'Orchestre Rouge, l'organisation de renseignement soviétique qui avait pénétré le ministère de l'Air ; il croyait fermement que les fils de cette organisation s'étendaient jusqu'au propre Quartier Général de Hitler, et jusqu'à son adjoint lui-même, Martin Bormann [1]. » Le chef de l'Abwehr appelait Bormann « le bolchevique brun [2] ».

Walter Schellenberg : « En 1945, ayant une vue très claire de la situation générale et parfaitement conscient du danger qu'il courait, il [Bormann] fut l'un des premiers à tenter de passer dans le camp de l'Est [3]. »

Schellenberg encore, après avoir entendu les étonnants propos de Gestapo-Müller : « Cette conversation avait eu lieu au moment où Müller réalisait sa volte-face intellectuelle. Il ne croyait plus en la victoire de l'Allemagne et estimait qu'une paix avec la Russie constituait la meilleure solution. Ce qui, d'ailleurs concordait avec ses méthodes. Pour autant que l'on pouvait en juger d'après ses actes, sa conception des rapports d'Etat à individu n'avait jamais été allemande, ni national-socialiste, mais purement communiste. Combien d'adeptes avait-il fait et poussé dans le camp des puissances de l'Est ? »

Et Schellenberg de conclure : « Son inimitié me coûta

1. Leverkuehn, *op. cit.*, p. 197.
2. « Eminence brune », « bolchevique brun » : la couleur tient évidemment à celle de la chemise de l'uniforme nazi, qui était brune.
3. Schellenberg, *op. cit.*, p. 397.

cher en soucis et en dépense d'énergie... *surtout après que j'eus, fin 1943, découvert qu'il était en relation avec les services secrets russes*[1]. »

Avec une légère variante sur la date, Wilhelm Hœttl, des services de renseignement S.S., renouvelle et développe l'accusation de Schellenberg : « Dès 1944, Schellenberg avait suspecté que Müller utilisait des émetteurs retournés afin d'entrer authentiquement et sincèrement en contact avec les Russes. Il affirma en avoir obtenu la preuve après avoir mis sous surveillance plusieurs émetteurs. En tout cas, il déclara à Kaltenbrunner [successeur de Heydrich] qu'il était prêt à fournir les preuves de son accusation. Kaltenbrunner ne prit pas l'affaire au sérieux et mit les accusations de Schellenberg sur le compte de sa jalousie professionnelle. Néanmoins, Schellenberg insista et déclara que si Kaltenbrunner n'agissait pas, il conserverait ses preuves pour démontrer dans les années à venir que le chef de la Gestapo avait travaillé pour les Russes[2]. »

Avril 1945. Le Troisième Reich s'écroule. L'Armée Rouge encercle Berlin. Presque tous les chefs nazis ont fui la capitale menacée, mais Bormann et Müller n'ont pas bougé. Dans le bunker de la chancellerie se déroulent des scènes démentielles[3]. Les fidèles se suicident. Gœb-

1. Schellenberg, *op. cit.*, p. 400. Passage souligné par l'auteur.
2. W. Hœttl, *op. cit.*, p. 302.
3. L'une de ces scènes est significative des distances prises par Müller vis-à-vis de la hiérarchie S.S. Hitler vient d'être informé des négociations nouées par Himmler avec le comte Bernadotte dans le but de signer un armistice avec les Occidentaux. Sa rage est à la mesure de sa stupeur (le « fidèle Heinrich » le trahit !). « Il se démenait comme un fou, raconte un témoin. Son teint avait pris un ton de brique, et son visage était presque méconnaissable. » (Trevor-Roper, *op. cit.*, p. 254.) Tout ce qui est S.S. devient sur-le-champ entaché de traîtrise, corrompu de forfaiture, justiciable de la mort. Mais Himmler et ses gens sont loin, hors de portée du Führer — ne pourra-t-il donc assouvir sa rage ? On tient par bonheur un bouc émissaire : Fegelein, ancien jockey devenu général S.S. et représentant personnel de Himmler auprès du Führer. Ayant épousé la sœur d'Eva Braun, il est en quelque sorte le « beau-frère » de Hitler. Celui-ci

bels meurt avec sa femme et ses cinq enfants. Hitler et Eva Braun mettent fin à leurs jours. Mais « il y avait encore au moins un homme, dans l'abri, qui ne songeait qu'à vivre : Martin Bormann », écrit Trevor-Roper. Il semble immunisé contre l'hystérie collective ; calme, impavide au milieu des fous, comme si ce « crépuscule des dieux » ne le concernait pas, comme si l'aube devait toujours se lever pour lui, tissant jusqu'au dernier moment ses intrigues [1]...

Puis il disparaît.

Gestapo-Müller ne s'est pas installé dans l'abri de la chancellerie. Il y vient régulièrement au rapport, mais regagne aussitôt l'immeuble de la Kurfürstenstrasse où la Gestapo a emménagé après la destruction par les bombardiers alliés de son quartier général de la Prinz-Albrechtstrasse. L'abri souterrain y est aussi invulnérable aux bombes que celui de Hitler, et il présente quelques avantages supplémentaires non négligeables. En effet, des réduits secrets, auxquels on accède par des portes

ne s'arrête pas à pareilles considérations familiales : il veut châtier tous les S.S. en sa personne. Mais qui charge-il d'interroger Fegelein et de lui faire avouer sa trahison ? Heinrich Müller, lui-même général S.S., collaborateur de Himmler ! Ce choix démontre assez qu'il ne le jugeait pas d'obédience S.S. et que son éloignement de Himmler lui était bien connu. Trevor-Roper écrit (*op. cit.*, p. 255) : « Müller possédait à ce moment une situation presque complètement indépendante de celui-ci [Himmler] et les autres collaborateurs de Himmler n'eurent jamais confiance en lui. » Edward Crankshaw (*op. cit.*, p. 98) :« Le fait qu'il n'ait pas été compromis par la trahison de son maître est caractéristique de tout ce que nous savons de Müller. »

1. Et même capable d'humour noir, comme l'atteste sa conversation avec de jeunes officiers d'état-major affectés au bunker : « Il se mit à nous parler des troupes de Wenck et de la prochaine délivrance de Berlin. Puis, à sa manière habituellement emphatique, il ajouta : « Quant à vous, qui, fidèles à notre Führer, aurez vécu avec lui ses « heures les plus graves, vous recevrez de très hautes fonctions dans « l'Etat quand ce combat se terminera bientôt victorieusement, ainsi « que des terres nobiliaires en récompense de vos loyaux services. » Après quoi il nous sourit d'un air gracieux et s'éloigna plein d'assurance. Cette plaisanterie est du 27 avril, trois jours avant le suicide de Hitler. (Cf. Gehrard Boldt, *La Fin de Hitler*, Editions J'ai Lu, p. 141.)

ingénieusement dissimulées, ont été équipés pour un séjour prolongé : électricité, eau courante, provisions de vivres et de médicaments. Plusieurs tunnels, dont le plus long mesure un kilomètre et demi, en partent pour aboutir à des issues de secours débouchant au milieu des ruines. Adolf Eichmann a baptisé ce repaire souterrain le « terrier de renard ». Müller y a élu domicile depuis l'encerclement de Berlin. Son fidèle lieutenant Scholz est avec lui. Scholz assurait sous les ordres de Müller le fonctionnement technique du Funkspiel.

Wilhelm Hœttl : « Schellenberg affirma que Müller avait continué d'être en contact radio avec les Russes après s'être installé dans le « terrier de renard » de la Kurfürstenstrasse. Si Müller a vraiment poursuivi ses émissions de l'intérieur du « terrier de renard », le fait confirmerait puissamment les accusations de Schellenberg. Car quel homme pourvu de bon sens — et Müller était un assez froid réaliste — continuerait dans les derniers jours précédant l'effondrement final d'utiliser un système compliqué destiné à fourvoyer l'ennemi, alors que ce même ennemi triomphant n'est déjà plus éloigné que d'un kilomètre ou deux ? Donc, si Müller a réellement utilisé son émetteur, il est infiniment probable qu'il était, comme le proclame Schellenberg, en contact sincère avec les services secrets russes [1]. »

L'hypothèse que Müller ait continué d'émettre pratiquement sous les chenilles des chars russes ne peut en aucun cas nous paraître chimérique, ou simplement aventurée : n'avons-nous pas vu le Kriminalrat Pannwitz, subordonné de Müller, émettre à trois cents mètres des chars français ? Et si l'obstination de Müller justifierait en effet les accusations portées contre lui par Schellenberg, que dire de l'entêtement de Pannwitz restant en liaison avec le Centre *plusieurs semaines après la fin de la guerre...*

On connaît la polémique ouverte dès 1945 sur le sort de Bormann après sa fuite du bunker de la chancelle-

1. W. Hœttl, *op. cit.*, p. 303.

rie. On sait aussi que les organismes spécialisés dans la chasse aux criminels de guerre ont la certitude qu'il vit aujourd'hui en Amérique du Sud [1]. Quant à Müller, disparu avec son lieutenant Scholz, on retrouva une tombe à son nom dans les décombres de Berlin et l'administration le tint officiellement pour mort. Mais quand on décida d'ouvrir la tombe pour identifier son cadavre, on y trouva les restes de trois hommes, tous plus jeunes que lui à l'époque de leur mort... Schellenberg : « En 1945, il rejoignit les communistes et en 1950, un officier allemand qui avait été prisonnier de guerre en Russie me dit avoir aperçu Müller à Moscou, en 1948, et qu'il était mort peu après [2]. » Mais Jacques Delarue, membre d'une organisation internationale s'intéressant de fort près aux nazis en fuite : « Une information beaucoup plus récente signale que Müller se trouverait actuellement au Chili avec Bormann [3]. »

Ont-ils, oui ou non, utilisé les émetteurs de l'Orchestre Rouge pour entrer en contact sincère avec le Centre ? La réponse se trouve dans les centaines de télégrammes échangés avec Moscou, mais on ne les possède pas...

Faute de mieux, tâtons du bon sens.

L'accusation de Canaris sur les liens de Bormann, le « bolchevique brun », avec l'Orchestre Rouge ? Simple ragot de seconde main ; au mieux, une affirmation sans preuve. La conversation entre Schellenberg et Müller ? Suspecte, comme l'ensemble des Mémoires de Schellenberg, dont on sait que des journalistes y ont prêté la main. Remarquons d'abord que Schellenberg fait du « dialogue reconstitué », car, écrivant son récit plusieurs années après l'événement, il ne peut prétendre avoir conservé le souvenir précis de chaque phrase de Müller. Il en restitue au moins la substance ? Accordé. Mais si l'on veut prouver par une conversation que le chef de la police allemande était au service de l'ennemi, chaque

1. Eichmann l'a confirmé après sa capture par des agents israéliens.
2. Schellenberg, *op. cit.*, p. 401.
3. Jacques Delarue, *Histoire de la Gestapo*, Fayard, 1962, p. 444.

phrase est précieuse, chaque mot compte — il nous faudrait presque les intonations. Et puis Müller, si prudent, si secret, s'épanchant de la sorte dans le sein d'un rival, c'est bizarre... En somme, il le met carrément sur sa piste... Il l'invite presque à faire surveiller les « émetteurs retournés »... Les émetteurs, justement ? Eh bien, nous n'avons pas la chance de Kaltenbrunner : Schellenberg ne nous a pas offert la preuve qu'ils étaient en contact sincère avec le Centre. Le fait qu'il n'ait pas publié cette preuve après la guerre, comme il en avait menacé Kaltenbrunner, ne signifie d'ailleurs pas qu'il ne l'ait jamais possédée. Prisonnier des Anglais, Schellenberg a sauvé sa vie en racontant à l'Intelligence Service tout ce qu'il savait [1]. Sa preuve gît peut-être dans un coffre-fort londonien. Mais aussi longtemps qu'elle y restera, nous ne pourrons pas en tenir compte [2]. Hœttl ? Il ne fait que rapporter en les amplifiant les accusations de son chef, sans prétendre du reste pouvoir prouver quoi que ce soit. Il est intéressant dans la seule mesure où il démontre qu'il y avait bien une « affaire Müller » et que le réquisitoire de Schellenberg n'a pas été imaginé après la guerre dans le but de pimenter ses Mémoires.

L'affaire Langbehn ? Il est vrai que Müller et Bormann ont admirablement manœuvré. Mais dans quel but ? Pour briser dans l'œuf une tentative de négociation avec l'Ouest, ou simplement pour permettre à Bormann de marquer un point dans sa lutte personnelle contre Himmler, ou pour les deux à la fois ? Il est probable qu'on ne le saura jamais. Mais tant que subsiste la possibilité qu'ils aient agi en fonction de leurs seules ambitions — le sabotage de la mission Langbehn n'étant qu'une conséquence et non le but —, il n'est pas possible de déduire de l'épisode le double jeu des deux associés. Et d'ailleurs, même s'ils avaient voulu empêcher la négociation avec l'Ouest, où serait le mal, selon les critères nazis ? Ils répondaient aux vœux de Staline ? Ils obéissaient surtout aux ordres de leur Führer, muré

1. Libéré en 1951, il mourut l'année suivante.
2. Et si elle y est, il est probable que c'est pour une petite éternité...

dans son refus fanatique d'une transaction. Himmler trahissait en cherchant à obtenir une paix de compromis, et non pas Bormann en l'en empêchant.

Ils ont stérilisé le Grand Jeu et l'ont réduit à n'être qu'un dard dont on agaçait les Alliés, tandis que Himmler avait conçu d'en faire le levier d'une nouvelle diplomatie ? C'est vrai. Le Grand Jeu ne pouvait obtenir des résultats que dans une perspective dynamique : il fallait, avait préconisé Schellenberg, prendre contact avec Moscou dans le temps même qu'on nouerait des négociations avec l'Ouest, de manière à accélérer le processus de désintégration de l'alliance. Si les brèches creusées dans le front allié n'étaient pas utilisées pour une offensive-éclair, à quoi bon se donner la peine de les ouvrir ? Le message qui fut à l'origine de l'article publié par la *Pravda* en janvier 1944 pouvait créer la confusion entre les Alliés, mais faute d'une initiative diplomatique allemande pour exploiter cette confusion, le quiproquo ne devait-il pas se régler rapidement ? C'est toujours vrai. Mais il demeure que l'immobilisme était voulu par Hitler. Surestimant les tensions au sein du camp adverse, il était persuadé qu'elles feraient tôt ou tard éclater la coalition. Il admettait que le Grand Jeu servît à hâter l'explosion, non pas qu'il débouchât sur quelque négociation. De là cette réflexion désabusée d'un ancien fonctionnaire des Affaires étrangères qui fit partie du groupe d'experts chargés de l' « Opération Ours » : « Hitler n'était pas désireux, ou pas capable, de transformer le jeu en réalité diplomatique. Et le Talleyrand qui en eût pris la responsabilité n'existait pas à Berlin. » Que Bormann n'ait pas su être Talleyrand ne signifie pas qu'il était un traître [1]...

1. Au reste, à supposer même que Himmler eût conservé la direction du Grand Jeu avec l'objectif qui était le sien, ou que Hitler eût été désireux et capable de mener une partie diplomatique, ou que Bormann eût été le Talleyrand susceptible d'en prendre la responsabilité, ils se fussent heurtés tous les trois au refus définitif de chacun des Alliés à traiter séparément avec eux. Admirable instrument diplomatique en puissance, le Grand Jeu était condamné à ne déboucher sur aucun résultat concret pour la très simple raison qu'aucun des quatre chefs d'Etat intéressés ne souhaitait négocier une

Bormann et Müller (Bormann *ou* Müller) se sont-ils enfin servis du Funkspiel pour prendre des gages sur l'avenir en passant au Centre d'authentiques renseignements — pierres précieuses enfouies dans la gangue grossière et vaine du matériel diplomatique ? Ont-ils joué un petit jeu personnel à l'intérieur du Grand Jeu ? Encore une fois, on ne pourrait le savoir qu'en dépouillant les archives du Centre, qui ne sont pas dans le domaine public. Il est avéré que Bormann « nourrit » fastueusement le Funkspiel, au grand scandale des ministères intéressés qui s'affolaient de voir transmettre à l'ennemi des informations de premier ordre. C'est une indication, non une preuve. Il est également avéré que l'attentat du 20 juillet 1944 laissa les mains libres à Gestapo-Müller : Hitler, sa méfiance exacerbée, mit un terme à l' « Opération Ours » ; le groupe d'experts se dispersa ; la Gestapo continua le Funkspiel pour son compte personnel, sans avoir à référer en haut lieu des télégrammes envoyés à Moscou : c'était pour son chef la possibilité de nouer à moindre risque un contact sincère avec le Centre. Mais l'existence de cette possibilité ne prouve pas qu'il l'ait saisie.

Ainsi aucun détail de la fresque n'est-il pleinement convaincant. Scruté de près, il devient flou, sujet à interprétations diverses, parfois contradictoires. Comment s'en étonner ? Si Bormann et Müller ont réussi à trahir sans être démasqués par leurs compatriotes, sauf peut-être Schellenberg, il faudra beaucoup de chance aux historiens pour découvrir la preuve de cette trahison. Habiles à se mouvoir dans l'ombre, ces deux-là savaient aussi brouiller leurs traces.

Faut-il les acquitter au bénéfice du doute ?

paix de compromis (Churchill et Roosevelt, tout au long de la guerre ; Hitler, après ses premiers désastres en Russie, qui le mettaient en position d'infériorité ; Staline, en tout cas après la conférence de Téhéran de novembre 1943). Mais cela, les acteurs du Grand Jeu (Trepper, Bormann, Müller, le Directeur, etc.) pouvaient d'autant moins le savoir à l'époque que les Trois Grands eux-mêmes ignoraient la solidité de leur alliance !

La fresque, prise dans son ensemble, laisse tout de même songeur. Deux hommes d'appareil, sensibles aux qualités de la machine qu'on leur a confiée, mais prêts à la briser si elle s'enraye (cela ne s'appelle pas trahir ; on trahit une idée, un pays, un parti, un homme — pas une machine) ; fascinés l'un comme l'autre par la Russie stalinienne, Müller plaçant son idéal policier dans la Guépéou et Bormann suscitant, en 1944, la création dans la Wehrmacht d'un corps d' « officiers nationaux-socialistes de direction » sur le modèle des commissaires politiques de l'Armée Rouge ; seuls, absolument seuls de la clique dirigeante nazie à avoir été soupçonnés de servir Moscou, et par deux hommes aussi différents que Canaris et Schellenberg, dont les sources d'information n'étaient pas les mêmes ; placés tous deux assez haut pour voir poindre dès 1943 la défaite inévitable ; assez clairvoyants pour la reconnaître puisqu'ils n'étaient pas affublés, comme tant d'autres, des œillères du fanatisme ; ayant, Dieu sait, beaucoup à craindre de cette défaite, mais disposant par chance du moyen de nouer un contact précoce avec le plus réaliste de leurs adversaires ; choisissant de rester dans Berlin encerclé alors que le Führer a autorisé son entourage à filer vers les montagnes du sud et que tous les faux papiers désirables, toutes les filières d'évasion organisées de longue date, étaient à la disposition du chef de la Gestapo ; s'incrustant dans une capitale condamnée avec le dernier carré des fanatiques et des romantiques, eux qui ne sont ni l'un ni l'autre, puis disparaissant à l'heure dernière pour, seuls de leur espèce, n'être jamais retrouvés — *tous* les autres dirigeants du Troisième Reich ont été pris ; morts, on avait leur cadavre ; et ce n'est peut-être pas simple hasard si les deux seuls grands chefs nazis qui aient échappé au châtiment ont été, pendant plus de deux ans, associés dans la direction du Grand Jeu...

Alors ?

Alors, partons pour Stuttgart, où nous attend l'ex-Kriminalrat Heinz Pannwitz.

XXXIX

LE TROISIÈME BANCO DU KRIMINALRAT PANNWITZ

BRUXELLES, Francfort, Varsovie, Stuttgart, Naples, Berlin-Ouest, Munich : autant d'étapes où je serai passé et repassé, sans parler des incessants voyages aux quatre coins de la France. Cette enquête aura été ce qu'elle devait être : un marathon. Nous autres à qui l'on accorde parfois avec indulgence le titre d'« historiens de la période contemporaine », nous ne sommes en vérité que les éclaireurs de pointe des historiens, leurs rabatteurs, leurs fourrageurs. Le temps viendra où l'on pourra examiner notre butin avec un recul suffisant ; pour l'heure, la tâche consiste à courir fébrilement les grands chemins et à recueillir, avant qu'ils se taisent à jamais, le témoignage des auteurs.

Modestie ? Etre modeste, c'est savoir choisir ses vanités : mes huit mille kilomètres au volant en moins de trois semaines, interviews comprises, de juin 1966, une bête et un historien ne les auraient pas faits...

J'avais pris le départ, la fleur au stylo, dans le sillage de mon éditeur, Constantin Melnik ; nous pensions boucler le circuit en six mois. Mais nous avions cheminé ensemble beaucoup plus longtemps, poursuivant inlassablement un dialogue de sourds (« Ami Perrault, votre candeur m'enchante : vous êtes avec l'Orchestre Rouge comme un adolescent vivant son premier amour. — Ami Melnik, votre cynisme me plaît, mais pourquoi faut-il que l'amour évoque forcément pour vous les maladies vénériennes ? — La manipulation d'agents implique chantage, corruption, exploitation des vices et des failles psychologiques. « Espion, je t'apprendrai le mépris des hommes. » — Je regarde l'Orchestre Rouge et je cherche de bonne foi le chantage, la corruption, l'exploitation des vices... — Vous ne les y trouverez pas. Trepper ne vous a parlé que de Résistance. C'est la grande époque, la belle époque, l'union sacrée — tout ce que vous voudrez. Après ça — et avant ça —, on a vu de quoi étaient capables les services russes. Une fois les « belles âmes » ferrées, le Centre a su les faire marcher à la baguette, bon gré mal gré, union sacrée ou pas. — Possible, mais ce n'est pas mon affaire : je ne m'intéresse qu'à l'Orchestre Rouge. — De votre description partielle, les lecteurs concluront malheureusement à la beauté idyllique de la fresque tout entière ! » etc.). Il n'y eut pas rupture entre nous. Je crois bien que nous nous sommes éloignés insensiblement l'un de l'autre pour ne plus avoir les oreilles rebattues d'un discours cent fois entendu. Un jour, je me découvris seul sans même avoir vu partir mon coéquipier.

Seul, j'avais donc frappé à des dizaines de portes ; on avait généralement cru à une nouvelle visite policière et on m'avait invité à entrer avec un morne : « Encore vous ! » trop rarement corrigé ensuite par un : « Je me disais aussi que vous n'en aviez pas la tête ». Et, pendant des centaines d'heures, j'avais écouté parler les survivants.

A la fin, riche de leurs récits, sachant sur eux tous davantage qu'aucun n'en savait en particulier, j'étais devenu le facteur de l'Orchestre Rouge et mes tournées avaient pour but de donner des nouvelles plus encore que de recevoir des informations. Car ils n'avaient pas de contacts, chacun se terrant dans son trou et se gardant bien de chercher à renouer les liens, fût-ce pour parler simplement du passé, de manière à ne pas fournir une apparence de justification aux soupçons policiers. Ma sacoche contenait souvent des faire-part de deuil, mais il y avait parfois des enveloppes roses (la joie de Bill Hoorickx quand il sut que Makarov-Alamo était sans doute vivant ; le bonheur de Mme Queyrie apprenant le mariage à New York de son Patrick, futur professeur d'histoire de l'art, dont elle ne savait rien depuis dix-huit ans ; leur émotion à tous quand ils apprirent que le Grand Chef avait survécu ; le visage inoubliable de Michel quand je lui dis que Kent, qu'il croyait depuis toujours enfoui dans quelque tombe perdue, que Kent vivait à Léningrad : ce qui passa sur ce visage d'un fils auquel on restituait son père, oui, cela valait à soi tant de fatigues).

Mais les épanchements et les émotions n'émoussaient pas mon dévorant désir de savoir la vérité. Il m'avait fait guetter au détour de chaque récit une preuve supplémentaire de la trahison de Trepper et de ses gens, quand je croyais encore à cette trahison sur la foi des rapports de la Gestapo. Je prêtais alors une oreille sincèrement compatissante à la narration de leurs malheurs, j'avais l'œil sincèrement attendri, mais ma main n'attendait que l'occasion de remplir l'acte d'accusation. Puis, les témoignages s'accumulant et se corroborant, l'inimaginable devint possible : que tous ceux qui avaient jusqu'ici écrit sur cette affaire, doctes professeurs ou simples journalistes, se fussent trompés en affirmant que la Gestapo avait finalement triomphé de l'Orchestre Rouge, et réduit ses chefs au rang de valets toutes mains. Il dépendait peut-être de ma persévérance, de ma chance et de quelques autres qualités subalternes que le Waterloo de l'Orchestre Rouge se révélât avoir été un triomphant Austerlitz. Rarement historien, ou apprenti historien, trouva-t-il en chemin pareil trèfle à quatre feuilles : être investi du pouvoir de désigner le vainqueur d'une bataille livrée vingt-cinq ans plus tôt. De ce moment, ma passion (curiosité ? le mot est faible, à moins que la curiosité puisse devenir une rage), ma passion ne connut plus de bornes.

Elle m'avait fait prendre le thé avec Manfred Rœder et ses pareils, écouter les divagations antisémites du docteur Darquier, écrire au S.S. Koppkow que ses hauts faits méritaient d'être enregistrés pour la postérité. Elle m'habita tout au long du voyage jusqu'à Stuttgart. J'allai là-bas comme à un combat où chaque coup serait permis. J'étais, à la lettre, prêt à tout pour faire parler Pannwitz.

Un grand air de jeunesse. Il est vrai qu'il n'avait que trente-deux ans quand on le mit à la tête du Kommando. On s'attendait cependant à lire ses épreuves sur son visage. Elles ne l'ont même pas griffé. La figure est ronde et lisse, sans ossature apparente. Un teint de jeune fille. Les cheveux poivre et sel. Le regard très vif derrière les lunettes. Petit de taille, assez mince. Extraordinairement fébrile. Il sourit beaucoup, bavarde intarissablement en sautant sans cesse d'un sujet à l'autre. Curieuse jovialité : il commence une anecdote, s'étouffe de rire, on rit avec lui, ma foi ; puis, insensiblement, il s'échauffe, pousse des hurlements d'une voix rauque, son regard devient dur, il tape du poing sur la table, on se dit : « Eh bien... »

Sa femme devait être, il y a vingt ans, un magnifique spécimen de la « race des seigneurs » : grande, carrée d'épaules, le verbe sonore, avec une opulente chevelure blonde de Walkyrie. Elle ne s'est jamais remise d'avoir dû quitter Prague et ses splendeurs, en 1945, sans emporter une seule valise et en s'installant avec ses enfants sur la plate-forme d'un wagon découvert. Elle parle des Tchèques comme d'une sorte de tribu primitive, mais soigne ses deux chiens avec un extraordinaire dévouement.

Ils ont trois enfants. Un garçon qui sera jardinier, une fille qui se prépare à être assistante sociale, le troisième est resté dans le vague. Pannwitz touche une pension du gouvernement de Bonn. Il travaille dans une banque spécialisée dans les prêts à la construction, mais un récent infarctus l'a obligé à ralentir son activité Il possède une Mercedes d'un modèle déjà ancien. L'appartement est petit, bien meublé, agréable. On ne roule visiblement pas sur l'or, mais on mène une existence confortable de petit-bourgeois.

Sa première question fut pour me demander quel service de renseignement m'avait envoyé à lui ; il hésitait entre la C.I.A. américaine et le S.D.E.C.E. français. Ma réponse ne le convainquit guère ; il bougonna : « Si c'est vrai, si vous êtes venu de votre propre initiative, je dois vous tresser une couronne de lauriers, car vous êtes vraiment le premier. » Quand les Russes l'eurent libéré, après l'avoir gardé plus de dix ans, il fut pris en main par les services allemands, américains et britanniques, qui s'efforcèrent de lui faire avouer les raisons de son départ pour Moscou. On le soumit à l'épreuve du « détecteur de mensonge », dont il sortit victorieux [1]. Après cela, et pendant des années, il reçut la visite d'anciens collègues débordant de sympathie qui lui tapaient fraternellement sur l'épaule avant de demander : « Dites, tout à fait entre nous, ce voyage à Moscou ?... » L'un des plus assidus fut Reiser, qui habite également Stuttgart. Il ne manquait jamais d'apporter un très beau cadeau pour Mme Pannwitz : « Beaucoup trop beau, précise le Kriminalrat en souriant. Je me suis rendu compte que ça ne pouvait pas sortir de son portefeuille et j'ai cessé de le voir. » Divers émissaires des services occidentaux cherchèrent encore à le faire parler. Il affirme que son téléphone est écouté ; son courrier, ouvert ; même ses visiteurs seraient épiés par les services allemands du

1. Selon Pannwitz, la technique du « détecteur de mensonge » laisse à désirer. On pose par exemple au patient des questions extrêmement hardies sur ses fantaisies sexuelles. Un sujet déluré les reçoit avec le plus grand calme, tandis qu'un brave homme qui n'a jamais imaginé pareilles excentricités perd son sang froid : ses paumes deviennent moites, son cœur bat plus vite, et l'on en conclut qu'il ment, ce qui n'est pas le cas.

général Gehlen. Mythomanie ? Ce n'est pas son ton : il dit ces choses comme il expliquerait que sa concierge ne lui veut pas de bien.

En fait, je l'avais retrouvé sans l'aide d'un quelconque service, mais avec celle d'un personnage qui avait comme lui servi le Troisième Reich à un poste éminent. La négociation avec Pannwitz s'était nouée par son intermédiaire ; très vite, elle s'était révélée délicate. Il ne refusait pas une entrevue mais laissait entendre qu'il y mettrait certaines conditions. Lesquelles ? Il avait fallu plusieurs mois pour arracher à la pudeur effarouchée du Kriminalrat l'aveu que ces conditions seraient d'ordre financier. Ne voyant aucun inconvénient à lui verser les deniers de Judas pour entendre de sa bouche l'aveu de sa trahison, je lui avais fait proposer cinq cents marks : c'était rester dans la limite des douze deniers. Il n'avait pas donné un accord formel, mais comme il m'avait alors invité à venir le voir, j'en avais conclu que cette invitation équivalait à une acceptation implicite.

Sa réticence à répondre à mes questions me parut donc surprenante. Il se dérobait à l'interrogatoire, multipliant les anecdotes décousues sans jamais organiser son récit. Il me semblait même qu'il s'irritait de me voir prendre des notes : pourquoi ? Où voulait-il venir ?

Il est pourtant un sujet sur lequel il parla d'abondance : la mort de Mme Spaak. Chaque fois qu'il prononce ce nom, une lueur d'angoisse passe dans son regard, et lui qui est déjà si nerveux à son naturel, il devient alors un homme traqué répétant à l'avance les justifications qu'il fournira à la justice. Hanté par le spectre de l'assassinée et l'évoquant sans cesse pour en exorciser les pouvoirs vengeurs, il a, tout en parlant, le geste machinal de se laver les mains : Ponce Pilate ou bien Lady Macbeth ? Il dit, il crie, il jure qu'il n'a rien fait. Il répète inlassablement : « A Moscou, le Grand Chef m'a accusé d'être responsable de sa mort. Mais si les Russes l'avaient cru, s'ils en avaient eu la preuve, je ne serais jamais revenu vivant de là-bas. » Et encore : « Si je suis parti pour Moscou, c'est justement parce que j'étais net. Les agents de l'Orchestre Rouge exécutés sous mon commandement avaient été condamnés à mort avant mon arrivée. *Je pouvais me présenter devant les Russes avec des mains propres.* » Et encore : « J'avais pris la précaution de demander à deux correspondants de guerre d'assister à ses interrogatoires : est-ce qu'un homme qui assure ainsi ses arrières commettrait ensuite la folie de se couvrir de sang ? » Il demanda enfin : « Et pourquoi l'aurais-je fait tuer ? »

Trepper répond : « Pour ne pas laisser derrière lui quelqu'un qui était parfaitement au courant du Grand Jeu. Pauriol et Mme Spaak auraient pu raconter à leurs libérateurs que le Kommando faisait du Funkspiel avec Moscou. » L'argument ne manque pas de force. Il est vrai que Pannwitz ne pouvait courir le risque de voir les Américains ou les Français mis au courant de ses contacts radio avec Moscou : ils se fussent empressés de prévenir le Centre qu'il était l'objet d'une intoxication. Mais si les contacts de Pannwitz étaient authentiques, « sincères », comme dit Hœttl, quelle importance ? Le Kriminalrat n'avait d'ailleurs pas besoin de faire abattre Suzanne Spaak et Fernand Pauriol pour leur fermer la bouche : il pouvait les emmener en Allemagne avec Kent et le mystérieux prisonnier de Courcelles. Le jour de l'exécution, l'insurrection n'avait pas encore fait jaillir les barricades du pavé parisien ; il était facile d'aller chercher les deux prisonniers à Fresnes. Par scrupule humanitaire ? Evidemment pas, et Pannwitz ne cherche même pas à le faire croire. La prudence, là encore, l'aurait inspiré. Qu'il ait donné l'ordre d'abattre Pauriol, militant communiste, ne nous étonnerait pas. Mais Suzanne Spaak était la belle-sœur d'un homme politique jouant un rôie de premier plan dans le camp victorieux des Alliés...

Pannwitz le savait si bien qu'il écrivit d'Allemagne une lettre à Paul-Henri Spaak, ministre des Affaires étrangères de Belgique. Il lui disait : « Votre belle-sœur va bien. Nous avons été obligés de l'emmener, mais vous pouvez être assuré qu'il ne lui arrivera rien de fâcheux. » Le ministre reçut ces nouvelles à Londres et partit immédiatement pour Paris afin de les communiquer à son frère Claude ; mais celui-ci avait déjà la certitude de la mort de Suzanne.

Pour le Grand Chef, la lettre de Pannwitz achève de le condamner. Monument d'hypocrisie (le Kriminalrat savait bien qu'il n'avait pas emmené sa prisonnière avec lui), elle n'avait pour but que de brouiller définitivement les traces. Déjà, on s'était bien gardé d'inscrire le nom des deux martyrs sur leur tombe, de manière à rendre leur identification impossible. La lettre confirmerait les Spaak dans la pensée que Suzanne était toujours vivante et Pannwitz pourrait prétendre ensuite qu'elle avait disparu dans le chaos de la défaite sans qu'il y fût pour rien.

C'est possible. Il est également possible que le Kriminalrat ait cru sincèrement que Suzanne Spaak avait été déportée en Allemagne avec les autres prisonniers de Fresnes. L'absence de noms sur les croix laisse sans doute tout supposer, mais si l'on voulait absolument supprimer les traces de la mise à mort, pourquoi n'être pas allé jusqu'au bout dans l'anonymat, pourquoi avoir inscrit « une Belge », « un Français », ce qui était déjà laisser un indice ? Enfin et surtout, pourquoi avoir permis à Suzanne Spaak d'écrire la dernière lettre où elle annonçait elle-même à son mari son imminente exécution ? L'existence de cette lettre et le fait que le Kriminalrat l'ignorait (il l'ignorait forcément, sans quoi il n'eût pas pris la peine d'écrire à Paul-Henri Spaak) donnent à penser qu'il ne fut pour rien dans la tragédie de Fresnes. Nous avons dit que le Pannwitz de Paris n'était plus celui de Prague.

Les prisons françaises s'ouvrirent à partir de janvier 1944 à de patibulaires visiteurs. Ils venaient toujours à trois et exhibaient des documents français et allemands leur donnant la libre disposition des prisonniers incarcérés. C'étaient les bourreaux de la Milice française. Quelquefois, ils mettaient des formes à leur besogne, car une loi de Vichy leur permettait de s'ériger en cour martiale et de rendre des arrêts sans appel, exécutoires sur-le-champ. Ils arrivaient alors avec un peloton d'exécution et des cercueils. Le résistant Jacques Delarue, détenu à la Santé, ne vit pas fonctionner ces cours martiales (ceux qui les voyaient ne revenaient pas), mais il entendit souvent, du fond de sa cellule, le macabre cérémonial qui présidait à leur fonctionnement, depuis l'entrée dans la cour du camion où étaient chargés les cercueils vides jusqu'aux coups de marteau sur le couvercle des cercueils pleins [1]. Parfois, les bourreaux arrivaient sans peloton et se chargeaient eux-mêmes de la mise à mort. Dominique Ponchardier, qui en tua quelques-uns, écrit dans ses souvenirs : « Ils partaient au hasard des villes se faire remettre, avec des papiers, vrais ou faux, ou même plus simplement des ordres de mission, des petits lots de prisonniers clandestins pris au hasard. Ils les emmenaient dans la nature et, sans que Vichyssois ou même Allemands fussent au courant, ils les mitraillaient tranquillement au coin d'un sentier [2]. »

C'est peut-être ainsi que moururent Suzanne Spaak et Fernand Pauriol, leur sang versé par des mains françaises.

J'essayai inlassablement d'arracher à Pannwitz le secret de son voyage à Moscou. A chaque question, il répondait par une autre, toujours la même : « Quel service vous envoie ? » En trois jours de conversations presque ininterrompues, je ne réussis que trois fois à lui faire baisser sa garde. Comme je le félicitais du courage qu'il avait montré en allant se jeter dans la gueule du loup, il me répondit en ricanant : « Ne soyez donc pas stupide ! Les Anglais et les Américains n'arrêtaient pas de proclamer à la radio quel sort ils réservaient aux gens comme moi. Je ne me faisais aucune illusion. En partant pour Moscou, j'allais directement en enfer, c'est vrai. Mais là, au moins, je pouvais aider à faire chauf-

1. Jacques Delarue, *Histoire de la Gestapo*, Fayard, 1962, p. 397.
2. Dominique Ponchardier, *Les Pavés de l'Enfer*, Gallimard, p. 225.

fer la marmite. » Il me dit aussi que sa décision avait été mûrement réfléchie : disposant en 1945 d'une filière sûre pour gagner l'Espagne, il avait préféré mettre le cap sur Moscou. Comment savait-il qu'on ne l'y fusillerait pas dans l'heure de son arrivée ? « Ecoutez, une voiture m'attendait à l'aérodrome et m'a conduit au ministère de la Sécurité. Abakoumov, le ministre, m'a reçu immédiatement et nous avons parlé pendant deux heures. Rien que ça devrait vous faire comprendre qu'il y avait déjà eu quelques petites choses avant mon départ et que je ne fonçais pas dans le noir... » Aussi vagues qu'elles fussent, ces trois indications confirmaient bien la déclaration d'un membre du Kommando, Otto Schwab, aux policiers français qui l'avaient interrogé en 1947 à la prison du Cherche-Midi : « Le Kriminalrat Pannwitz m'a confié que si l'Allemagne perdait la guerre, il ne resterait pas avec les Américains mais au contraire qu'il se réfugierait chez les Russes où il se proposait de se mettre à leur service. »

Le troisième jour, il me demanda soudain : « Alors, sur quelles bases allons-nous travailler et comment allons-nous organiser ce travail ? » Stupéfait, je répondis : « Mais... nous sommes en train de travailler, non ? » Il se renfrogna, parut hésiter, puis se jeta à l'eau : « Votre offre de cinq cents marks n'est évidemment pas sérieuse. C'est une broutille ! Sachez qu'une compagnie cinématographique américaine m'a proposé cent mille dollars en échange de mes souvenirs. Même pas mes souvenirs, d'ailleurs : on ne me demandait que de garantir l'authenticité du film. Il y aurait eu une annonce du genre : « M. Pannwitz, ancien Kriminalrat, etc., garantit « que l'histoire que nous vous présentons est bien « conforme à la vérité historique. » Mais les Américains se réservaient de mettre ce qui leur plairait dans le scénario. J'ai étudié l'affaire avec quelques amis. Nous avons conclu qu'avec l'argent qui me resterait, impôts payés, je ne pourrais pas acheter l'île déserte indispensable pour échapper aux coups de mes anciens collègues ! J'ai donc refusé. Depuis dix ans, les éditeurs allemands me harcèlent pour que j'écrive mes Mémoires. J'ai également refusé. Les conditions politiques actuelles ne s'y prêtent pas. Il est possible que je décide de traiter avec vous, mais certainement pas pour cinq cents marks ! »

Je répondis que si j'avais la possibilité de dépenser cent mille dollars pour une enquête, il était probable que je ne ferais pas d'enquête du tout et que je vivrais, moi aussi, au soleil sur une île déserte. Cinq cents marks constituaient mon plafond. S'il estimait la somme insuffisante, il n'y avait plus qu'à nous séparer.

Et j'étais en effet convaincu que nous allions en rester là. Mais il se hâta d'enchaîner avec une proposition qu'il estimait de nature à tout arranger : nous partagerions les droits d'auteur, moyennant quoi il me raconterait ses souvenirs du Kommando et me permettrait même d'apposer sur mon livre le fameux cachet d'authenticité, « M. Pannwitz, ancien Kriminalrat, etc. » Le fou rire dont je devins à l'instant la proie l'interloqua et il me regarda avec perplexité. Si j'avais accepté de donner à Judas ses douze deniers, je n'avais certes pas imaginé qu'il pût me proposer de les faire fructifier en association et de nous partager les bénéfices... Quand je fus parvenu à réprimer l'accès de gaieté où m'avait mis la perspective de devenir le collaborateur littéraire — le nègre, en somme — de l'ex-Hauptsturmführer S.S. Pannwitz, ancien Kriminalrat, etc., je lui dis que sa proposition me plongeait dans un bonheur sans mélange, comme il le pouvait constater, mais que la seule chose qui m'intéressât de sa part était l'exposé sincère des motifs de son voyage à Moscou. Pour la première fois, il s'abstint de me demander quel service de renseignement pourvoyait à ma subsistance. Mais il renâcla tout de même et me proposa un moyen terme : « Il y a deux hypothèses. Je peux être parti là-bas parce que je croyais pouvoir être utile une dernière fois à l'Allemagne. Je peux également être parti là-bas parce que j'étais en contact sincère avec eux depuis longtemps. A mon avis, le mieux serait de ne pas trancher l'alternative. Il faudrait se contenter de présenter les deux hypothèses au lecteur en lui laissant le soin de conclure. Ça ne serait pas mal, vous ne trouvez pas ?

Ça introduirait un élément de mystère... Ça mettrait du suspense... »

J'accordai que pour du suspense, ce serait du suspense, mais j'ajoutai que j'étais précisément venu à Stuttgart pour qu'il y en eût un peu moins. De son côté, il me pria de considérer le caractère explosif que pourraient prendre ses révélations et quelles conséquences graves elles risquaient d'entraîner pour lui. Enfin, il m'annonça que nos trois journées d'entretien avaient eu un caractère exploratoire : il voulait savoir à qui il avait affaire. L'impression était satisfaisante, il avait demandé à l'un de ses amis, Thomas Lieven, de venir nous rejoindre. Lieven était en quelque sorte son conseiller pour cette affaire ; son avis serait déterminant..

Mais savais-je au moins qui était Thomas Lieven ? Je ne le savais pas. Cela parut inconcevable. On m'apprit que l'écrivain allemand Mario Simmel, son compatriote, avait écrit à partir de ses souvenirs un best-seller international : *Es muss nicht immer Kaviar sein.* Un million d'exemplaires vendus en Allemagne, des tirages vertigineux dans le monde entier [1], deux fois porté à l'écran ! Sa lecture ultérieure me fit comprendre que son succès tenait à la nature exceptionnelle du héros. Lieven combinait harmonieusement en lui les qualités de James Bond pour l'action, de Robin des Bois pour le cœur, d'un Rothschild pour la finance, de Casanova pour la chose, de Curnonsky, prince des gastronomes, pour la gueule ; enfin, rien de ce qui est humain ne lui était étranger. Très beau, très gai, très riche, il avait traversé la dernière guerre, une femme à la boutonnière, en se jouant de tous les services secrets, y compris ceux de son pays, accordant à leurs piètres embûches la commisération amusée qu'elles méritaient et réservant son seul courroux aux sbires de la Gestapo. Thomas Lieven n'aimait pas la Gestapo et le lui avait fait sentir.

Toujours avide de ces rencontres qui nous hissent au-dessus de nous-mêmes, je déclarai à Pannwitz com-

1. Il a été publié en France sous le titre *On n'a pas toujours du caviar,* R. Laffont éditeur.

bien je me réjouissais de pouvoir rencontrer Thomas Lieven.

En l'attendant, nous parlâmes du général Ozols, du résistant français Legendre, de leur enrôlement sous la bannière du Kommando. Pannwitz me confirma l'aveuglement des deux hommes, convaincus jusqu'au bout de travailler pour les services soviétiques. Le 16 août, Kent avait fait ses adieux à Ozols en lui annonçant qu'il partait « accomplir une mission très dangereuse » ; il lui avait donné trente mille francs et l'avait exhorté à continuer le travail. Selon Pannwitz, la superbe mystification des émetteurs installés en Normandie réussit à merveille : quelques semaines après le débarquement, ils envoyaient encore des arrières du front allié les renseignements qu'on attendait d'eux.

Le Kriminalrat ignorait le sort ultérieur de ses deux dupes, mais je le connaissais depuis le début de l'enquête, et il m'avait plongé dans la plus noire perplexité. Ozols et Legendre furent arrêtés le 17 novembre 1944 par les autorités françaises pour collaboration avec l'ennemi. Plusieurs agents allemands, introduits par la Gestapo dans le réseau Mithridate, avaient dénoncé le rôle de Legendre : en donnant à l'ennemi une liste de membres de l'organisation, il lui avait permis de la pénétrer et de la démanteler partiellement. Il eût été probablement très difficile à Legendre d'expliquer sa conduite à un tribunal français et de faire croire à ses juges qu'il avait la sincère conviction de travailler pour la cause alliée ; de même qu'Ozols eût eu le plus grand mal à démontrer qu'il ignorait que Kent fût un agent de la Gestapo. Mais les deux hommes ne passèrent pas en jugement. *Le lieutenant-colonel Novikov, chef de la mission soviétique à Paris, intervint en leur faveur auprès des autorités françaises.* Il se porta garant d'eux et obtint leur libération. Legendre ne fut plus jamais inquiété, à la stupéfaction de ses anciens camarades de Mithridate ; Ozols fut rapatrié en Russie.

Si l'intervention de Novikov donne déjà à penser, l'affaire des émetteurs installés en Normandie est peut-être plus significative encore. Il était de suprême importance pour le Haut-Commandement allemand de savoir très vite si le débarquement anglo-américain constituait une opération d'envergure ou s'il se réduisait à un raid sans lendemain. Ce l'était aussi pour Staline, irrité des retards apportés à l'ouverture du second front et qui soupçonnait ses alliés de vouloir limiter leur effort à une simple réédition du coup de Dieppe. Dès juillet 1942, alors qu'on commence tout juste à parler d'un second front, le Centre envoie au Grand Chef ce message : « Essayez par tous les moyens de placer un émetteur à chaque emplacement stratégique où peut avoir lieu le débarquement des Anglo-Américains et faites en sorte que nous puissions recevoir tous les deux jours un rapport exact et détaillé sur les forces débarquées et leur objectif. »

Avec deux ans de retard, aux lieu et place de Trepper empêché, et tout en se donnant les gants de conserver les apparences d'un fidèle serviteur de son pays, Heinz Pannwitz avait peut-être exécuté les instructions du Centre.

Nous parlâmes aussi du réseau suisse. Car il y avait un réseau soviétique sur cette planète lointaine qu'était la Suisse par rapport à l'Europe en guerre. Ses membres accomplissaient le même travail que Trepper, Schulze-Boysen, Harnack, tous les autres, et ils le faisaient au même moment, mais l'éloignement de la planète Suisse (plusieurs années-lumière) crée un décalage qui nous rend l'amalgame malaisé. Il y entre eux toute la différence séparant un petit pays paisible d'un continent à feu et à sang. Tandis que les uns savaient devoir finir, s'ils étaient pris, au poteau ou sur l'échafaud, les autres n'étaient exposés, s'ils tombaient aux mains de la police suisse — célèbre dans le monde entier pour sa bonne éducation —, qu'à une sévère réprimande des magistrats helvétiques, au pire à quelques mois de prison [1].

Ce n'est évidemment pas à cause de ces dissemblances et des ruptures de ton qu'elles eussent entraînées qu'on a cru bon d'exclure le réseau suisse de ce récit. Ce n'est pas non plus en raison de la médiocrité de son travail, car il atteignit au contraire à des résultats tenant du prodige. Terne, sans relief, ennuyeux tant qu'on voudra, mais sur le plan de l'efficacité, l'équivalent à lui seul de l'Orchestre Rouge tout entier. L'historien américain Dallin écrit : « Sa contribution à la victoire soviétique fut d'une importance capitale [2]. » L'un de ses membres, l'Anglais Alexander Foote, va encore plus loin : « A la fin, Moscou basa dans une très large mesure sa stratégie sur les renseignements fournis par « Lucy » [l'un des informateurs du réseau], comme l'eût fait en vérité n'importe quel Haut-Commandement qui eût reçu des informations authentiques émanant en flot continu du Quartier Général ennemi [3]. » Deux auteurs français poussent enfin l'éloge jusqu'à écrire que, grâce à lui, « la guerre a été gagnée en Suisse [4]. » La formule est sans doute excessive, mais elle n'est pas absolument dénuée de fondement.

Si nous n'avons pas traité du réseau suisse, c'est qu'il a constitué une entité à part fonctionnant indépendamment au sein de l'enclave helvétique, tandis que l'hégémonie nazie avait rassemblé en un seul corps les groupes allemand, belge, hollandais et français de l'Orchestre Rouge : ils luttèrent dans des conditions identiques contre la même police. Aussi bien cette police n'engloba t-elle jamais le groupe suisse dans le terme générique « Orchestre Rouge » : elle le baptisa d'un nom de code particulier, « les Trois Rouges » — il utilisait trois émetteurs.

1. La plus forte peine subie par un membre du groupe suisse fut de dix mois de prison. Il y eut des acquittements. Certains prisonniers furent relâchés sans avoir été jugés.
2. D. Dallin, *op. cit.*, p. 182.
3. A. Foote, *op. cit.*
4. Pierre Accoce et Pierre Quet, *La Guerre a été gagnée en Suisse*, Presses de la Cité, 1966.

Le surnom rendait bien compte de la réalité car l'importance du groupe suisse tenait essentiellement à ses trois émetteurs. Plus qu'un véritable réseau, ce fut une station technique d'émission, une sorte de « boîte aux lettres » où l'on glissait les renseignements pour qu'elle les expédiât à Moscou. La recherche des « sources » (le groupe n'avait pas pour mission d'espionner la Suisse neutre, mais l'Allemagne), cette recherche, qui absorbe le plus clair des efforts d'un réseau, ne lui posa aucun problème : les informateurs furent des volontaires. Il s'agissait le plus souvent d'émigrés allemands farouchement antinazis. Le plus précieux fut Rudolf Rössler, *alias* Lucy, qui disposait d'agents au sein d'organismes très importants du Troisième Reich, notamment au Quartier Général. Alexander Rado, chef du réseau, ne connut jamais l'identité des « sources » de Rössler. Le Centre les réclama en vain. Aujourd'hui encore, on les ignore, quoi qu'on ait pu écrire à ce propos, et nous savons que les services occidentaux s'efforcent toujours de les découvrir [1].

La poursuite de l'enquête si longtemps après la fin de la guerre laisse imaginer ce que fut son acharnement aux heures chaudes où chaque message des Trois Rouges poignardait la Wehrmacht dans le dos. La machine policière utilisée contre les pianistes de Trepper fut également mise en œuvre contre ceux de Rado : repérage radiogoniométrique de trois émetteurs à longue, puis à courte distance. On sait assez vite que l'un d'eux est installé à Lausanne, les deux autres à Genève. Leurs télégrammes, dûment enregistrés, sont confiés aux « casseurs de code » de Kludow. Comme pour l'Orchestre Rouge, ceux-ci parviennent à décrypter quelques textes. Comme pour l'Orchestre Rouge, on découvre avec effarement et

1. On a quelquefois avancé que Schulze-Boysen et ses amis avaient compté parmi les « sources » de Rossler. Aucune preuve n'en a jamais été donnée et tous les faits connus à ce jour démentent l'hypothèse. Les renseignements fournis par le groupe berlinois et les agents de Rossler n'étaient pas du même ordre. Schulze-Boysen avait accès à des secteurs, économiques notamment, qui restèrent étrangers à Rossler. Par contre, ce dernier semble avoir été renseigné de manière beaucoup plus minutieuse dans le domaine strictement militaire.

terreur que les secrets du Reich passent à l'ennemi à cadence accélérée. Mais contrairement à ceux de l'Orchestre Rouge, les pianistes des Trois Rouges sont hors de portée de l'Abwehr et de la Gestapo ; la frontière suisse les protège. Faute de pouvoir agir en force, il faut user de ruse : s'infiltrer dans le réseau suisse pour découvrir ses « sources » allemandes et le désintégrer de l'intérieur.

Les prisonniers de l'Orchestre Rouge peuvent mener aux Trois Rouges. Car si les deux groupes ont des structures indépendantes et si le cours pris par la guerre a encore accentué leur autonomie de travail, il est évident qu'ils n'ont jamais cessé d'être en liaison. Malvina Gruber, maîtresse du « cordonnier » bruxellois Raichman, proclame avoir très souvent franchi la frontière franco-helvétique entre 1940 et 1942. Kent reconnaît s'être rendu

D'autre part, si Schulze-Boysen avait pu faire passer ses informations par les Trois Rouges, il est probable que l'inexpérience de ses pianistes n'eût pas constitué le grand handicap que nous savons, et que le Centre ne lui eût pas dépêché Kent en renfort dans des conditions aussi dramatiquement improvisées. Il est également significatif que la disparition du groupe berlinois, au cours de l'été 1942, n'ait ni réduit ni modifié le butin transmis par Rossler aux Trois Rouges, ce qui eût été forcément le cas s'il avait été renseigné par ses membres. (Par contre, les services d'écoute de l'Abwehr ont constaté qu'après la mise en sommeil de l'émetteur fantôme berlinois, en novembre 1941, l'activité du PTX bruxellois s'était accrue dans l'exacte proportion de ce qu'avait été le trafic de son confrère berlinois : il avait donc pris en charge l'intégralité dudit trafic.) Enfin, une péripétie précise démontre que Schulze-Boysen ne disposait d'aucune filière organisée vers la Suisse. En 1942, Horst Heilmann lui apprit que l'Abwehr venait de « casser » un code anglais. Schulze-Boysen, soucieux d'alerter les Britanniques, chercha le moyen d'atteindre leurs représentants en Suisse. Il prit contact avec un certain Marcel Melliand, sympathisant du réseau, qui prétendait avoir la possibilité de se rendre à Bâle. Melliand accepta de prévenir l'ambassade britannique de la découverte du code, et aussi de lui communiquer le plan d'attaque de la Luftwaffe contre un convoi allié se préparant à quitter les ports d'Islande à destination de Mourmansk. Mais il ne put finalement obtenir son visa, et l'affaire en resta là. Il est évident que si Schulze-Boysen avait été l'une des sources de Rossler, il se fût empressé de lui transmettre les deux informations en cause pour qu'il les passât aux Anglais — et cela eût été certainement accompli, car Rossler travaillait en même temps pour les services soviétiques, suisses et occidentaux...

en Suisse à deux reprises, en mars et en décembre 1940 ; il a rencontré là-bas le chef du réseau. Chez Robinson, l'ancien dirigeant du Komintern, on a trouvé plusieurs passeports dont les cachets attestent qu'il a passé maintes fois la frontière suisse.

Telles sont les cartes dont dispose Giering. Laquelle est la meilleure ? Malvina Gruber, comme son compagnon Raichman, a été trop employée par le Kommando à Paris, et surtout à Lyon, pour ne pas être « brûlée » ; son envoi en Suisse est impossible. Kent ? Ses derniers contacts datent de 1940. Robinson, lui, offre le double avantage d'être un agent important et d'avoir eu des contacts récents avec les membres du groupe suisse.

Giering décide de jouer l'atout Robinson. Pour l'utiliser, il faut d'abord briser l'homme et en faire un instrument docile. De tous les prisonniers de l'Orchestre Rouge, Robinson fut l'un des plus torturés ; les pires sévices échouèrent à le faire parler sur ses liaisons avec le réseau suisse. Le Kommando use alors du procédé traditionnel : le chantage. Franz Schneider, époux de la maîtresse de Wenzel, a livré le nom et l'adresse d'une Allemande qui servait de relais entre Berlin et Bruxelles [1]. Il s'agit de Clara Schabbel, demeurant à Hennigsdorf. Selon Schneider, Clara est la femme de Robinson. En fait, elle a été sa compagne vers 1920, au temps où le jeune Robinson combattait les armes à la main pour l'instauration d'un régime communiste en Allemagne. Ils ont eu un fils. La Gestapo arrête Clara Schabbel et découvre que le fils, mobilisé dans la Werhmacht, blessé sur le front russe, est en traitement dans un hôpital berlinois. Heinz Köhnen, parachuté en Prusse-Orientale le 22 octobre 1942, avoue qu'il a reçu mission de prendre contact avec le blessé. Il devait lui ordonner de ne pas se laisser réformer, mais d'essayer de se faire affecter à un état-major où il pourrait obtenir des renseignements intéressants.

La Gestapo organise une confrontation entre le père et l'enfant.

1. Voir p. 200.

Robinson est accablé. Il ignorait que son fils eût récemment rallié le groupe berlinois et comprend qu'il a été influencé par son propre engagement politique. C'est un peu à cause de lui, Robinson, que le malheureux s'est jeté dans les serres de la Gestapo. Celle-ci propose le marché habituel : la vie du garçon (il est âgé de vingt et un ans) contre les révélations du père. Robinson se tait. Remis à la torture, il se tait toujours. On le fait juger par Manfred Rœder, qui le condamne à mort [1].

L'atout Robinson apparaissant injouable, le chef du Kommando abat la carte Kent. Celui-ci suggère d'utiliser Vera Ackermann, *alias* la Noire. Belge, ancienne de la guerre d'Espagne où son mari a été tué dans les Brigades Internationales, belle et charmante, la Noire a été recrutée par Trepper à Bruxelles, où elle était modèle pour peintres. Il l'a appelée à Paris après 1940 pour qu'elle assure ses liaisons avec Robinson et Maximovitch, mais il est aussi arrivé de l'expédier en Suisse pour régler des affaires urgentes.

Giering jubile : il tient son agent provocateur. Enfin... il le tient presque : où est la Noire ? Kent l'ignore mais il affirme que Trepper connaît son adresse. Trepper, interrogé, dément avec indignation. « Parfait, conclut Giering après quelques vaines recherches, je n'ai pas besoin de votre Noire : il me suffit d'envoyer en Suisse

1. Clara Schabbel mourut sur l'échafaud le 5 août 1943 avec quatorze membres du groupe berlinois. Mais Robinson fut-il exécuté ? Rœder, Reiser, Fortner et Pannwitz déclarent avoir été informés par Berlin de son exécution. On ne trouve pourtant aucune trace de ladite exécution dans les archives allemandes. Mieux encore : alors que les rapports de la Gestapo et les déclarations de Reiser, Fortner et Pannwitz se rejoignent en un chœur unanime attestant son héroïsme, des voix discordantes s'élèvent dans le camp opposé. Le Grand Chef affirme : « Arrêté, cet homme-là a fait beaucoup de choses pour sauver sa peau. La Gestapo a trouvé dans sa chambre d'hôtel une masse de documents et le double de tous ses rapports. Pourquoi conservait-il ses archives en infraction à la règle ? Pour les vendre à qui ? » Ainsi le mystère s'épaissit-il autour de ce romanesque personnage dont la vie ne fut qu'ombres, équivoques, secrets, et dont la mort elle-même est incertaine. Mais les doutes qu'on peut entretenir à son sujet laissent intacte cette évidence : il ne mit pas Giering sur la piste du réseau suisse.

Ajoutons que son fils ne fut pas exécuté.

une femme qui se fera passer pour elle. » Et il demande au Grand Chef de rédiger un message annonçant au Directeur qu'il a décidé d'affecter la Noire au réseau suisse. « Au réseau suisse ? s'exclame Trepper. Ah, ça tombe mal ! Je suis incapable de vous dire exactement où elle se cache, mais il y a toutes chances pour que ce soit en Suisse. Si vous envoyez là-bas une fausse Vera Ackermann, l'accueil risque d'être frais et vous leur aurez donné l'alerte pour rien... » Giering admet que sa supercherie serait imprudente et renonce au projet Ackermann — vraie ou fausse [1].

Mais il ne renonce pas à pénétrer le réseau suisse. Comment pourrait-il abandonner alors que ce dernier bastion de l'espionnage soviétique à l'ouest est l'objectif numéro un de toutes les polices allemandes ? Comment ne tenterait-il pas l'impossible pour réduire les Trois Rouges au silence ?

Kent lui souffle un second conseil.

« Au début de juin 1943, écrit Alexander Foote, l'un des dirigeants du réseau suisse, le Centre me chargea de contacter un messager venu de France et de lui remettre une certaine somme d'argent pour le réseau français. On me fixa quatre jours et deux endroits différents pour la rencontre [...] Ce n'est que le quatrième jour que je vis arriver l'intéressé. Nous échangeâmes les mots de passe et je lui remis l'argent. Le Directeur m'avait ordonné de n'avoir aucune conversation avec le messager, mais ce dernier me tendit, à son tour, un gros livre couvert de papier orange, me disant que je trouverais entre deux pages trois messages chiffrés qu'il me faudrait transmettre d'urgence au Centre par radio. Il me prévint également qu'il avait encore des informations importantes et proposa une nouvelle entrevue, dès que possible, dans une localité de Suisse toute proche de la frontière française. Je conçus de forts soupçons, car sa loquacité allait directement à l'encontre des ordres sévè-

1. Trepper a envoyé la Noire se cacher près de Clermont-Ferrand dès les premières arrestations en Belgique, où elle était connue de plusieurs membres du réseau. Elle restera jusqu'à la fin de la guerre dans sa cachette auvergnate.

res reçus, et une telle entorse à la discipline était très surprenante de la part d'un agent soviétique. L'idée me vint que le courrier primitif avait peut-être été arrêté et qu'un agent de l'Abwehr avait pris sa place. La couverture orange du livre devait servir de signe distinctif facile à reconnaître pour un contre-espion qui aurait cherché à me filer jusqu'à mon domicile. Un lieu de rendez-vous si proche de la frontière me faisait redouter un enlèvement tout à fait dans la tradition de la Gestapo [1]. Quant aux messages chiffrés, s'ils étaient faux, ils constitueraient d'admirables repères pour les services cherchant à localiser mon émetteur. J'étais persuadé que les Allemands étaient depuis longtemps à l'écoute : s'ils reconnaissaient leurs propres messages au milieu des miens, ils sauraient au moins comment identifier mon poste à l'avenir. Je m'efforçai de dissimuler le plus possible ma méfiance. Je dis au courrier que j'étais très occupé toute la semaine. Enfin, j'acceptai un rendez-vous fixé à huit jours plus tard [2]. »

L'intuition de Foote ne le trompe pas : l'émissaire est un agent de Giering. Sur la suggestion de Kent, le chef du Kommando a tout simplement demandé au Centre d'organiser le rendez-vous, et le Directeur s'est laissé prendre au piège. C'est un coup de maître à l'actif du S.S. même si son exploitation pèche par excès de hâte (le papier orange, les bavardages, les faux messages, le rendez-vous sur la frontière : il n'en faut pas tant pour éveiller la suspicion d'un agent expérimenté). Foote ne viendra pas au second rendez-vous. Giering, conscient de son pas de clerc, n'en a pas moins ouvert une brèche de taille dans le bastion suisse. Qu'il fasse preuve d'un peu de patience, qu'il laisse passer quelques semaines ou quelques mois, et le Centre ne verra sans doute aucun inconvénient à fixer un second rendez-vous, auquel Foote, rassuré par l'absence de suites fâcheuses au premier, n'aura aucune raison de ne pas se rendre.

1. Allusion sans doute à l'« incident de Venlo ».
2. A. Foote, *op. cit.*

Mais le cancer pousse Giering sur la touche et c'est à Pannwitz de continuer la partie. Que va-t-il faire ?

Rien.

Il me dit : « Dès mon arrivée à Paris, Kent m'a révélé qu'il avait porté au chef du réseau suisse son code de transmission. Je crois que c'était aux alentours de 1940. Le code était basé sur un livre technique édité à Kiev et tiré à très peu d'exemplaires. Mais je n'ai pas voulu poursuivre dans cette direction. Travailler contre le réseau suisse ne m'intéressait absolument pas et je me suis bien gardé de chercher à organiser un second rendez-vous. Pourquoi ? Pour deux raisons. D'abord, j'avais déjà suffisamment de travail comme ça ! Si Berlin avait su que je pouvais agir contre le réseau suisse, ils ne m'auraient pas lâché... Et puis je tenais à ne pas faire de Kent un traître complet. Il fallait préserver son image, vous comprenez... lui laisser quelque chose qu'il n'ait pas donné... »

Ayant entendu cela, Kriminalrat Pannwitz, je me demandai s'il était bien nécessaire d'attendre Thomas Lieven : vous m'en aviez dit assez. Ne pas jouer de tous les moyens que vous possédiez pour détruire le groupe suisse, c'était déjà de la haute trahison. Vous saviez le rôle des Trois Rouges, leur terrifiante efficacité, et que chacun de leurs messages couchait sur le front de l'Est une cohorte de soldats allemands. Débordé ? Surmené ? Pas au point de renoncer à ces voyages en Espagne où vous traitiez pour le compte de votre firme « Helvétia » de fructueuses opérations sur le wolfram ou la quinine. Mais plus révélatrice encore était votre allusion à Kent. Ne pas en faire un traître complet. Préserver son image. Oui, bien sûr, vous étiez assez clairvoyant pour savoir que l'Allemagne avait perdu la guerre et que Kent devrait rendre des comptes. Et sur le chemin malaisé de son retour à Moscou, vous avez voulu lui dresser ce considérable arc de triomphe : la préservation du réseau suisse. Mais quoi ? Par altruisme ? Un geste généreux envers votre prisonnier ? Allons donc ! Vous étiez comme larrons en foire ! Vous préserviez son image pour qu'il préservât la vôtre ! Il serait celui qui n'avait pas donné le réseau suisse et vous seriez celui qui ne le lui avait pas demandé [1]...

Thomas Lieven fut une déception. Grand et maigre, soixante-cinq ans à peu près, l'œil canaille, la bouche molle, un je ne sais quoi de veule et de fuyant dans les manières, forçant sur le cynisme en homme qui connaît la vie dans les coins, il dit d'une voix gouailleuse : « Moi, j'ai travaillé pour tout le monde, j'ai trahi tout le monde, mais je n'ai jamais donné un ami. » Outre la sécurité financière, le best-seller de Simmel lui aura assuré une vieillesse bénie : il s'est mis à croire à son personnage ; il est persuadé qu'en lui coexistent un Robin des Bois, un James Bond, un Rothschild, un Casanova, un Curnonsky ; il est ravi de pouvoir exhiber tout ce petit monde ; il ne se lasse pas du spectacle permanent où, brodant sur les thèmes de l'auteur Simmel, il est en même temps metteur en scène, cinq fois acteur et spectateur émerveillé. C'était souvent consternant, parfois émouvant, de le voir, pauvre vieux montreur de marionnettes, s'épuiser à faire aller toutes ses poupées...

Après quelques palabres, il se penche vers moi et, les paupières mi-closes sur le regard voyou, un air de complicité sur ses traits blêmes (on a toujours l'impression qu'il va vous demander d'aller enterrer un cadavre avec lui), il grasseye : « Allons, je vous fais confiance ! Thomas Lieven n'est pas mon vrai nom. Regardez dans ce livre. » Le livre est intitulé *La Guerre secrète de Joséphine Baker.* Il ne manquait plus qu'elle. L'auteur est un cer-

1. Coïncidence ? Les anciens de la Funkabwehr accusent Gestapo-Müller d'avoir saboté leur travail contre le réseau suisse (voir notamment W. F. Flicke, *Agenten Funken nach Moskau,* Verlag Welsermühl Wels). Il enfouissait leurs rapports dans ses tiroirs sans jamais les transmettre en haut et sans jamais appliquer les mesures qu'ils préconisaient. Lorsque le général Fellgiebel, chef du Corps des Transmissions de la Wehrmacht, entreprit personnellement de tirer l'affaire au clair, les dossiers du réseau suisse disparurent mystérieusement...

tain commandant Abtey, ancien officier du Deuxième Bureau. Il consacre un chapitre à Lieven sur le mode « l'être le plus extraordinaire que j'ai rencontré ». Après tout, Lieven était peut-être un personnage au temps où Abtey l'a cotoyé...

Il ne l'appelle pas Lieven, mais Mussig.

Avec l'orgueil imbécile du fort en thème qui sait sa leçon par cœur, je claironne : « Ah ! Hans Mussig, *alias* Jean Varon ! Vous aviez pour amie Georgette Dubois, *alias* Patricia Delage, *alias* Anne-Marie Rendière ! »

Une foule d'anges passent dans la pièce. Le silence est granitique. Puis Mussig murmure : « Bon... inutile de prétendre que vous n'appartenez pas à un service secret : seul un agent bien renseigné peut savoir ce que vous venez de dire. » J'explique mes années de recherches, mes veilles sur des documents jaunis, l'obsession qui incruste dans ma mémoire la date de naissance du moindre de mes héros quand je suis incapable de citer celle de ma fille... On veut bien me croire. L'émotion s'apaise. Lieven se rassérène.

Hans Mussig ! Faut-il que son biographe (il dit « mon *ghost-writer* ») soit doué pour avoir imaginé un si brillant héros à partir d'un si piètre modèle ! Nazi de la première heure, responsable de la Hitlerjugend, Mussig passe en France pour des raisons indéterminées [1] et se met au service du Deuxième Bureau. Après l'écrasement de la France, il se replie dans le Midi et fait du marché noir, ce qui lui vaut d'être arrêté par la Gestapo en 1943. Il est incarcéré à Fresnes. Pannwitz le sort de sa cellule pour en faire son interprète (il parle couramment français). De 1943 à la fin de l'occupation, Mussig appartient donc au Kommando, alors que sa biographie romancée ne se lasse pas d'insister sur la haine farouche de Lieven pour la Gestapo. Il est exact qu'il n'a pas livré ses chefs du Deuxième Bureau (de là les louanges du capi-

1. D'après un récent ouvrage du commandant Abtey, Mussig se serait « vengé de sa déception politique sur la caisse de la Hitlerjugend locale ». (J. Abtey, *Deuxième Bureau contre Abwehr*, La table Ronde, 1967, p. 147.)

taine Abtey), mais en les dénonçant, ne se fût-il pas dénoncé lui-même ?

Déception ? Oui et non. Pour ce qui m'occupe, je préfère avoir affaire à un Hans Mussig qu'à un Thomas Lieven.

Il connaît évidemment le projet de « collaboration littéraire ». Comme je lui expose que les réticences oratoires du Kriminalrat ne sont pas de nature à m'y faire souscrire, il balaie benoîtement l'objection : « Allons, allons, s'il ne vous raconte pas toute l'histoire, c'est moi qui vais vous la raconter. » Pannwitz, pudique, invoque un rendez-vous en ville et disparaît. Mussig croise les mains sur son ventre, étend les jambes, prend son œil de maquignon, puis lâche à mi-voix :

« Voyons, est-ce que vous êtes idiot ou est-ce que vous nous jouez la comédie ?

— Quelle comédie ?

— Faire comme si vous ne saviez pas ce qui s'est passé. Ses contacts avec les Russes. L'affaire est pourtant claire, non ?

— Pas assez pour mon goût.

— Vous êtes drôle. Vous le voyez vraiment filer en 1945 chez les Russes comme ça, sans avoir pris ses précautions, au pifomètre ?... Vous le connaissez mal ! D'ailleurs, vous pouvez me croire : il n'y avait pas beaucoup d'Allemands, à cette époque, qui seraient partis à Moscou ! Et encore moins de types de la Gestapo ! Vous savez, je ne prétends pas avoir pigé dès le début : ce n'était pas possible. Dès qu'il m'a fait sortir de Fresnes, nous avons sympathisé. Il était entouré de flics bornés, ennuyeux, et ça lui a fait plaisir d'avoir quelqu'un avec qui parler, quelqu'un d'un peu à la coule, quoi... Malgré tout, il y avait la différence hiérarchique qui l'empêchait de se confier. Je devinais bien quelque chose de louche, j'étais persuadé qu'il se tramait quelque chose — mais quoi ? Il ne me le disait pas. Ce qu'il disait sans se gêner, par contre, c'est que l'Allemagne était foutue ! Ça, je peux vous garantir que quand il est arrivé à Paris, Pannwitz était persuadé que la guerre était perdue. Et c'est un petit détail qui compte dans l'histoire. L'histoire, donc, je ne l'ai pas comprise à l'époque — reniflée, simplement reniflée —, mais il me l'a racontée à son retour de Russie. Elle est d'ailleurs très simple, très logique, comme vous allez voir...

« Mettez-vous à sa place. Voilà un homme qui s'est mouillé jusqu'au cou à Prague. Vous êtes au courant de l'attentat contre Heydrich ? La répression ? Bon ! Ils n'y sont pas allés de main morte. Ça a giclé ! Bon, voilà mon Pannwitz avec une sérieuse casserole au derrière. Il ne se fait pas d'illusions, comprenez bien : la radio de Londres le traite de criminel de guerre, lui promet la corde, etc. A Berlin, après, il voit ses patrons en plein grenouillage, les plus malins occupés à prendre des assurances à gauche et à droite. La plupart les cherchent du côté de l'Ouest. Lui, on l'envoie à Paris faire quoi ? Du Funkspiel avec les Russes ! Alors, c'est avec eux qu'il va essayer de s'arranger. Pas seulement à cause des facilités techniques pour causer : il se disait que les Russes étaient des réalistes, qu'ils ne verseraient pas des larmes de crocodile sur les pauvres Tchèques et qu'ils seraient uniquement intéressés par les résultats pratiques. Tandis que les Occidentaux, c'était autre chose ! Il fallait entendre la radio de Londres pour le croire ! Pannwitz était persuadé qu'ils le livreraient sans barguigner aux Tchèques, et je pense qu'il avait bien raison...

« Le plus drôle, ou le plus triste, si vous préférez, c'est qu'à la fin, il était persuadé d'avoir fait beaucoup mieux que sauver sa peau. Il était persuadé que les Russes allaient l'accueillir en héros ! Pensez qu'il leur apportait dans sa serviette un dernier cadeau : le dossier complet des télégrammes diplomatiques échangés entre Londres, Washington et Paris depuis des mois. Ils avaient été interceptés par nos services d'écoute. Bon. C'était quelque chose, non ? Il savait que ça intéressait formidablement Moscou. Ma foi, il prévoyait de s'installer en Russie, d'y faire venir sa femme et ses enfants et de s'y organiser une bonne petite vie. Ça n'a pas été exactement le cas, comme vous savez. Les Russes ont été vraiment infects avec lui. Ils le gardent presque dix ans en prison et ils le mettent à la porte comme un malpropre.

Ici, en Allemagne, les gens de Gehlen et les Américains croient qu'il a été retourné, qu'il revient pour espionner, et ils le collent sur leur détecteur de mensonge ! Vous voyez l'ironie de la chose : lui qui croyait avoir été plus malin que les autres, il se fait asticoter à son retour par d'anciens collègues qui ont repris du service chez Gehlen ou chez les Américains. Il s'est dit qu'il avait vraiment perdu sur tous les tableaux...

« Et maintenant ? Maintenant, il se dit qu'il y a une fortune à ramasser s'il raconte son histoire, mais il n'ose pas plonger. Il a peur. Vous ne vous êtes pas aperçu que c'est un homme qui a peur ? Vous comprenez, il vit surtout de sa pension de Kriminalrat. Oui, c'est normal qu'on la lui paie : la République de Bonn est l'héritière juridique du Troisième Reich, elle doit payer les pensions. Mais s'il raconte sa trahison, que se passe-t-il ? La République dit : « Attention ! Je n'ai pas à payer un « bonhomme qui a trahi le Reich ! Le Reich l'aurait fait « fusiller : moi, héritière juridique, je n'ai donc pas « l'obligation de l'entretenir ! J'ai le devoir de payer sa « pension à un Kriminalrat, mais pas à un Kriminalrat « renégat. » Vous saisissez : la pension saute. Et il est malade, il a ses enfants... Mais ce qui l'inquiète encore plus que la pension, ce sont les retours de manivelle toujours possibles. Une histoire comme celle-là risque de faire des éclaboussures. Voilà pourquoi il a jusqu'ici refusé toutes les offres. Là-dessus, il voit arriver un petit Français comme vous. Vous tombez à pic, vous comprenez ? D'abord, vous êtes jeune : vous n'êtes donc pas mouillé dans les histoires de la dernière guerre, ça ne vous fait ni chaud ni froid. Et puis vous êtes Français : ça, c'est très important. Il ne veut pas qu'un Allemand raconte l'affaire. Ce ne serait pas possible. Un étranger reste un étranger : on peut toujours le désavouer. Et puis, quoi ! s'il y a trop de raffut, il pourra encore filer en Suisse avec son fric : personne n'ira l'embêter là-bas...

« Voilà toute l'histoire... Vous êtes content ? »

J'étais dans un état nauséeux. Ensuite, tout alla très vite. Pannwitz revint avec la mine à la fois contrite et soulagée d'un pénitent passé au confessionnal par personne interposée. Je lui demandai s'il espérait entrer dans l'Histoire comme le plus extraordinaire agent double de la dernière guerre. Il répondit : « Ce serait inexact. Je n'ai jamais mené le jeu. Ce n'est pas moi qui ai pris l'initiative des contacts sincères avec les Russes. Qu'ai-je été, finalement? Un simple relais entre un groupe de Berlin et Moscou. Jamais je ne me serais lancé dans cette aventure si je n'avais pas été couvert. D'ailleurs, quand je vous expliquerai comment était organisé le Funkspiel, vous comprendrez qu'il m'aurait été impossible de m'y lancer seul. C'était à Berlin qu'on décidait quels messages envoyer. » Il exprima aussi le souhait qu'une certaine teinture idéologique fût donnée à sa trahison. Il dit que certains comploteurs du 20 juillet avaient des sympathies pour Moscou et qu'il serait bien qu'on l'assimilât à ces gentilshommes.

Pour en savoir plus long, pour obtenir des éclaircissements sur le rôle de Bormann et de Müller, pour connaître la réponse à chaque interrogation, il eût fallu accepter un marché qu'il n'était pas question de tenir et jouer double jeu avec ce maître du double jeu. Ce ne fut probablement pas le scrupule de mentir qui m'en détourna : Pannwitz me montrait assez qu'il comptait se servir de moi pour que je n'hésitasse pas à me servir de lui. Et puis, quoi ! un Kriminalrat de la Gestapo, un Hauptsturmführer S.S., un traître, dont c'était bien le tour d'être trahi : on pouvait considérer la chose avec bonne humeur ! J'en fus pourtant incapable. Je m'étais trompé en croyant venir à Stuttgart prêt à tout. J'avais pour cet homme une répulsion presque physique. Le Grand Chef dit : « Giering était dur, on avait mal à son contact, mais c'était un adversaire. Pannwitz était visqueux. A son contact, on avait l'impression de se salir. »

C'était bien cela : Pannwitz était vraiment trop salissant.

Quelques semaines plus tard, je reçus une lettre m'invitant à un rendez-vous avec un éditeur suisse. Je ne répondis pas.

On saura peut-être un jour toute la vérité sur le Grand

Jeu, mais on risque de l'attendre longtemps et elle ne viendra probablement pas de Moscou. Le Kremlin gardera le silence pour des raisons politiques. Les autorités de l'Allemagne de l'Est taisent le vrai rôle de Schulze-Boysen et de ses amis dans la crainte de ressusciter la légende du « coup de poignard dans le dos » par lequel les nationalistes allemands voulaient expliquer leur défaite de 1918. Publier la trahison d'un Bormann ou d'un Müller permettrait aux néo-nazis de lancer une campagne du même genre. Ni l'un ni l'autre n'a fait partie des « chefs historiques » du Troisième Reich ; le peuple les ignorait et ceux qui les connaissaient n'avaient pour eux que haine et mépris. Il serait donc tentant pour les nostalgiques du nazisme d'en faire les boucs émissaires de la défaite et de proclamer que sans ces deux maudits, les « purs » eussent conduit le Reich à la victoire. S'ils étaient entendus, cela impliquerait un singulier manque de maturité politique de la part de leurs compatriotes. Car l'important n'est pas que Bormann et Müller aient ou n'aient pas trahi, que leur trahison ait ou n'ait pas contribué à la défaite allemande. L'important, c'est que le nazisme était ce régime où des hommes tels que Bormann ou Müller pouvaient accéder à des postes d'importance vitale.

Si ces deux-là demeurent enveloppés de mystère, le jeu du Kriminalrat Pannwitz paraît clair. Après la mort de Heydrich, il avait tenté de rallier le camp de ses adversaires ; ç'avait été son premier banco perdu et il l'avait payé de quelques mois de fatigues sur les rives du lac Ladoga. Il doubla alors la mise et joua sur Moscou ; ce fut son deuxième banco perdu et il paya en passant dix années à la prison Lubianka et au camp de Vorkouta. La proposition qu'il me fit était un troisième banco : battre monnaie de sa trahison au risque de déchaîner contre lui des fureurs diverses et puissantes. Il y aura d'autres bancos. Le Kriminalrat est trop joueur pour s'arrêter là.

XL

« LES TRAINS ONT PARFOIS DU RETARD »

Le 8 mai 1945, Jour de la Victoire en Europe, l'enquête sur l'Orchestre Rouge prit un second départ. Le contre-espionnage allemand avait porté à l'organisation des coups sévères mais désordonnés. Les services anglais, américains, français, belges, hollandais, prirent le relais avec des moyens plus importants et surtout en apportant à leurs recherches patience et continuité ; contrairement aux Allemands, ils avaient le temps. Leur premier objectif — juste, salutaire — était de recenser les rescapés de l'Orchestre Rouge et de déterminer s'ils avaient repris du service. C'est pourquoi les Belges de la Simexco, les Français de la Simex, Claude Spaak, Georgie de Winter et tous les autres furent surveillés. Le déclenchement de la guerre froide fit pire que perpétuer cette suspicion : il l'exacerba de telle sorte que certains anciens du réseau en vinrent à se demander si on ne leur reprochait pas leur activité passée tout autant qu'on les soupçonnait de la poursuivre, à se demander même si c'était devenu un crime que d'avoir aidé les Soviétiques à vaincre à Stalingrad. Comme la plupart d'entre eux n'avaient déjà pas compris grand-chose aux vastes événements dont ils avaient été les acteurs (c'est la marque d'un réseau bien fait : seuls les chefs doivent avoir une vue d'ensemble), ce retournement imprévu acheva de les convaincre de la folie du monde (ils surent aussi son ingratitude, car on leur refusa la qualité de résistant).

Il n'est plus bel exemple de cette confusion générale des esprits que le procès d'Abraham Raichman. En juin 1944, après s'être beaucoup servi de lui, le Kommando l'avait remercié en le jetant dans une prison bruxelloise. Le 2 septembre, juste avant l'arrivée des troupes alliées, il fit partie avec les autres détenus d'un convoi à destination de l'Allemagne. Ce convoi passa à la postérité sous le nom de « train de la chance » : la Résistance belge empêcha son départ et libéra les prisonniers. Raichman fut jugé après la fin des hostilités par un Conseil de Guerre siégeant à Bruxelles. Le procureur retint contre lui trois chefs d'accusation. Il lui reprocha d'avoir travaillé pour les services soviétiques jusqu'au 10 mai 1940 (c'était avoir la mémoire longue), de s'être mis au service de la Gestapo après son arrestation (le Conseil de Guerre semble s'y être intéressé moins qu'au reste), mais il lui imputa également à crime ses activités de renseignement du 10 mai 1940, jour de l'entrée de la Belgique dans la guerre, au 22 juin 1941, c'est-à-dire jusqu'à la date de « Barbarossa » — date à laquelle la Russie devenait l'alliée du gouvernement belge en exil. Cette alliance rendait licite, aux yeux de l'excellent procureur, le travail *ultérieurement* accompli contre l'occupant allemand par l'agent soviétique Raichman, mais il fallait le punir pour ce qu'il avait fait avant qu'elle entrât en vigueur. Dans le temps même où l'on accusait violemment les communistes de n'être entrés dans la bataille qu'après « Barbarossa », Raichman fut donc condamné en partie pour avoir combattu l'Allemagne dès 1940... Il semblait en vérité que le seul fait d'avoir appartenu à l'Orchestre Rouge prédisposât à un destin paradoxal[1].

L'intérêt pratique des services occidentaux pour l'Orchestre Rouge fut immédiat, mais perdit de sa vivacité après que chaque enquête eut démontré l'innocuité des survivants. L'intérêt théorique qu'ils lui témoignèrent fut tout aussi précoce et ne fit que se renforcer avec le temps (l'étude du réseau est aujourd'hui un exercice d'école inscrit au programme de toutes les « universités » du renseignement). Il fallait savoir comment avait fonctionné cette organisation qui dépassait tout ce qu'on avait connu jusqu'alors tant du point de vue des effectifs et de la surface géographique couverte que de celui des résultats obtenus ; qui utilisait des techniques absolument inédites en matière de cloisonnement ; qui jouait avec habileté des « couvertures commerciales » ; qui recrutait ses « sources » au sommet du dispositif ennemi ; qui avait enfin su réunir les vertus d'un réseau de résistance et les qualités habituelles aux professionnels, amalgame dont était né un chef-d'œuvre du renseignement.

Faute de pouvoir interroger les dirigeants de l'Orchestre Rouge, morts ou disparus, on tenta d'obtenir les réponses de la bouche de leurs adversaires. La chasse aux membres du Kommando commença bien avant la fin des hostilités et les services occidentaux s'efforcèrent de rafler le plus grand nombre possible d'agents de l'Abwehr ou de la Gestapo ayant travaillé contre le

1. Le Conseil de Guerre condamna Raichman à douze ans de détention. Sa compagne Malvina Gruber passa quatre années en prison. En 1948, alors qu'ils étaient tous les deux incarcérés, le contre-espionnage américain en Allemagne de l'Ouest arrêta Eugène Gruber, fils de Malvina, qui fabriquait de faux passeports pour le compte des services soviétiques. Gruber, trop jeune à l'époque, n'avait pas travaillé pour le Grand Chef. Ce n'est qu'après la guerre qu'il se lança dans la « cordonnerie », touché à son tour par la vocation familiale. Frantiziek Klecka (le compagnon de cellule de Manfred Rœder, voir p. 580) est le seul cas connu à ce jour d'un agent de l'Orchestre Rouge ayant poursuivi ses activités de renseignement après le 8 mai 1945.

réseau. Les Français se taillèrent la part du lion avec Reiser, Schwab, Ball, Richter, etc. Les Belges eurent Fortner et la Gestapo bruxelloise. Les Anglais emmenèrent Koppkow à Edimbourg. Les Américains ne disposèrent que de Rœder pour leur raconter l'histoire, mais cela n'avait pas d'importance, car le temps n'était pas loin où les services de l'Europe de l'Ouest n'auraient plus de secrets pour leur grand frère américain [1].

Ainsi parla-t-on de l'Orchestre Rouge, des années durant, dans toutes les prisons d'Europe. Mais nulle par autant qu'à la Lubianka, où était réuni un lot sans pareil : Trepper, Pannwitz, Kent, Wenzel et Ozols.

Qu'avait donc à leur demander le Directeur ?

Il serait satisfaisant pour l'esprit, sinon pour le cœur, et conforme à une certaine mode actuelle [2], que le Centre eût vu clair dès le début dans le Grand Jeu et que

1. L'interprète Siegfried Schneider échappa aux recherches et nul ne sait ce qu'il est devenu. Si le hasard lui fait lire ces lignes, qu'il sache que son souvenir est toujours vivant dans le cœur de ceux pour lesquels il se montra si secourable. Leur gratitude ne tient pas seulement aux petits services matériels qu'il leur rendit : il fut un rayon de soleil dans les ténèbres, la preuve qu'il ne fallait pas désespérer de l'homme et que la bonté pouvait exister jusque dans l'univers implacable de la Gestapo.

Selon certains renseignements, Willy Berg fut fidèle à sa profession de foi : il entra après la guerre dans la police de l'Allemagne de l'Est. Ainsi aura-t-il servi tour à tour le Kaiser, la République de Weimar, Hitler, et non pas Thælmann, disparu dans un camp de concentration nazi, mais son successeur Ulbricht. Pour les anciens collègues de Berg, son dernier avatar prouve qu'il laissa volontairement s'enfuir le Grand Chef. Il nous semble que si c'était vrai, ce dernier le saurait. D'après un psychanalyste, la conduite de Berg est un parfait exemple de ce qu'on appelle un « acte manqué ». Inconsciemment, il voulait aider Trepper et souhaitait son évasion, mais ce désir latent restait bloqué au niveau de la conscience et Berg a pu prétendre de la meilleure foi du monde qu'il n'était pas complice du prisonnier évadé : il avait rendu son évasion possible sans même s'en rendre compte.

2. On pense à *L'Espion qui venait du froid* et aux romans de la même école.

cette clairvoyance l'eût déterminé à se montrer impitoyable vis-à-vis des hommes de l'Orchestre Rouge.

Dans cette hypothèse, tout est simple. Le Directeur, convaincu d'emblée du « retournement » des pianistes Wenzel, Yefremov et Winterink, subodore l'explication que Giering livrera à Trepper après son arrestation : la destruction du réseau et la capture de ses chefs ne sont plus des fins, mais des moyens. Pour quelle manœuvre ? Le Directeur l'ignore mais brûle de le découvrir, car il faut qu'elle soit bien extraordinaire, et d'importance bien vitale, pour qu'on la prépare à si grands frais. Il attend. Et il repousse naturellement du pied les mises en garde de Trepper, il lui ordonne de ne point l'ennuyer avec ses vaines alarmes, il affiche un inébranlable sentiment de sécurité : ses télégrammes peuvent être interceptés (beaucoup le sont), ou bien le Grand Chef peut être arrêté (il le sera), et il ne faut pas que la Gestapo apprenne par les télégrammes ou par le Grand Chef que Moscou voit clair dans son jeu : cela ferait avorter une manœuvre où le Directeur est assuré de trouver son miel, *puisqu'il sait qu'il y a manœuvre.* Attitude implacable, qui plonge dans l'angoisse Trepper et sa Vieille Garde, qui leur fait croire que leurs sacrifices sont vains et qu'ils mourront pour rien, mais attitude justifiée par l'intérêt supérieur du service.

Une inclination aujourd'hui répandue conduit ainsi à imaginer, aux bévues les plus flagrantes des services secrets, des justifications magistrales, quand elles n'ont souvent pour cause qu'une très réelle niaiserie. Les hommes du métier poussent eux-mêmes de toutes leurs forces à l'interprétation, préférant de loin passer pour féroces plutôt qu'être pris pour naïfs. Le général qui a manqué une offensive, l'hécatombe de ses soldats le convainc sans recours d'incapacité. Tandis qu'un chef de services secrets, vous lui montrez ses réseaux tombés comme fruits mûrs aux mains de l'ennemi, il cligne de l'œil et vous glisse à l'oreille, assez faraud : « Eh oui, j'ai dû les sacrifier : intoxication ! » Vous restez coi de surprise, fasciné d'horreur devant le machiavélique personnage, titillé de pitié pour le romanesque monsieur, mi-bourreau, mi-victime, à qui les dieux cruels ont imposé pareil sacrifice — et s'il n'était qu'un brave homme s'efforçant après coup d'apparaître comme l'organisateur d'événements qui l'ont dépassé ?...

Le renseignement est quelquefois conforme à sa légende : un drame. Bien souvent, c'est une tragi-comédie où le tragique est fourni par l'adversaire tandis que la partie comique est assurée par la Centrale elle-même. Voyez l'affaire des *security-checks* du S.O.E., service britannique. Le *security-check* est une erreur convenue à l'avance que les radios doivent placer dans tous leurs messages et dont l'absence révélera à Londres qu'ils émettent sous la contrainte. Qu'on apprécie bien son importance : c'est pour la Centrale britannique le seul moyen d'être avertie d'un éventuel « retournement ». Ultime recommandation des instructeurs aux radios : « Si vous êtes pris, marchez dans le Funkspiel, mais gare au *security-check !* » Un pianiste tombe aux mains du contre-espionnage allemand, lequel exige bien entendu qu'il émette sous contrôle. Il feint d'accepter mais omet soigneusement d'inclure le *security-check* dans son message. Devoir accompli. Imaginez à présent la stupeur du pauvre diable lorsqu'il reçoit, sous les yeux des Allemands, cette réponse de Londres : « Faites attention, mon vieux, vous êtes distrait : vous avez oublié votre *security-check.* » L'histoire est authentique. L'auteur pourrait en produire une dizaine d'autres. Mais on n'en finirait pas de dresser l'inventaire des ahurissantes négligences et considérables bévues perpétrées par les services secrets de toutes obédiences [1].

Il est vrai que la tâche n'est pas simple. Un chef de

1. Négligences et bévues strictement *techniques*. Il n'est pas question de reprocher aux services l'incroyable galvaudage présidant à l'exploitation des renseignements. Ce n'est pas la faute du Centre, mais celle de Staline, si les cris d'alarme poussés par Sorge, Trepper, Rado, etc., à la veille de « Barbarossa » n'ont pas été écoutés. Ce n'est pas la faute du Deuxième Bureau, mais celle de l'Etat-Major français, si l'on n'a pas tenu compte des rapports indiquant clairement où la Wehrmacht allait déclencher son offensive de mai 1940.

services secrets a toujours son poste de commandement sur la planète Sirius. Il connaît mal le champ de bataille, les forces de l'adversaire, ses moyens techniques. Londres met des mois à découvrir que les Allemands enregistrent systématiquement tous les messages échangés avec ses réseaux, cet énorme labeur leur permettant, une fois le code « cassé », de lire dans les textes gardés en archives l'histoire de chaque réseau et de connaître ses tenants et aboutissants. Si le Directeur ordonne aux pianistes de l'Orchestre Rouge d'émettre jusqu'à cinq heures d'affilée, c'est en partie qu'il ignore les progrès accomplis par la Funkabwehr dans le domaine du relèvement ; il ne croit pas à la possibilité d'un repérage rapide des émetteurs (il n'y croit toujours pas en 1945, et de cette incrédulité, le derrière du Kriminalrat Pannwitz ne va pas tarder à subir les dures conséquences — on y arrive). Un an de guerre et les trente kilomètres du Pas de Calais suffisent à faire de la France une contrée mystérieuse où les services britanniques eux-mêmes éprouvent quelque peine à se reconnaître : on imagine le désarroi des jeunes bureaucrates installés au Centre après les purges et dont la plupart n'ont jamais franchi la frontière soviétique... Les pays européens leur sont aussi étrangers que la Terre de Feu. Interrogé par l'un d'eux à la Lubianka, Pannwitz lui raconte : « J'ai donc pris à Hambourg le train pour Munich... » — l'autre, tâtillon, le coupe aussitôt : « Soyez précis. Vous avez d'abord fait viser votre passeport intérieur par la police. » Le Kriminalrat écarquille les yeux, pense à une plaisanterie, finit par comprendre que le Russe croit qu'il était nécessaire en Allemagne, comme ce l'est en Russie, d'obtenir une autorisation policière pour se rendre d'une ville à l'autre...

Encore les handicaps de l'éloignement géographique sont-ils peu de choses auprès des malentendus causés par la distance psychologique séparant la Centrale de ses troupes. Le travail solitaire amène tôt ou tard un chef de réseau à se croire le nombril du monde. Il traite la Centrale comme un service d'intendance et ressent douloureusement d'être lui-même traité comme un pion qu'on pousse sur l'échiquier. Ses camarades de combat sont sa chair et son sang : il remuerait des montagnes pour les sauver ; vus de la Centrale, les membres du réseau sont des soldats anonymes. La mort de Katz et de Grossvogel, bouleversante pour Trepper, s'inscrit pour le Directeur dans la statistique générale des pertes soviétiques : une moyenne de cinq à six mille hommes par jour. Ce divorce fondamental s'ajoutant aux malentendus pratiques décrits plus haut, le chef du réseau en vient vite à se croire abandonné, sinon trahi. Ses réticences, ses accusations amènent le chef de la Centrale à concevoir à son tour des doutes sur la diligence de son subordonné, sinon sur sa loyauté. Ni l'un ni l'autre n'est vraiment responsable de la détérioration de leurs relations. Il y a d'un côté un homme traqué qui vit le nez sur l'événement ; de l'autre, un officier d'état-major reclus dans son univers bureaucratique.

Nous croyons qu'il en fut ainsi du Directeur et de Trepper.

Pour le Grand Chef, la découverte des Atrébates par Fortner constitue une défaite grave, annonciatrice de péripéties encore plus catastrophiques ; il met ses troupes bruxelloises en congé pour six mois. Le Directeur comprend mal qu'une escarmouche perdue entraîne à pareilles mesures de sécurité au moment où la Russie lutte pour son existence. Les généraux soviétiques ne donnent pas de permissions à leurs troupes étrillées : ils les relancent à l'attaque. Trepper répond qu'étant sur le terrain, il est meilleur juge de la conduite à tenir. Il est vrai que le Directeur n'est pas sur le terrain. Il est également vrai qu'il n'a pas plus à y être qu'un commandant en chef ne doit se trouver en première ligne : sa vision de la bataille y perdrait toute ampleur. Mais peu importent ces querelles tactiques : il y a opposition de principe entre le Directeur d'une part, qui sacrifie allégrement le groupe berlinois, soit par excès de confiance dans l'hermétisme de ses codes, soit parce qu'il considère que la situation générale justifie un tel sacrifice, et un chef de réseau d'autre part, pour qui aucune mesure de sécurité n'est superflue dès qu'il s'agit de sauver ses hommes. Cette prudence, on l'appelle au Centre pusillanimité, et l'on commence à se demander si le Grand Chef ne manque pas de sang-froid.

Une réponse affirmative paraît s'imposer après l'annonce de l'arrestation des pianistes et de leur prétendu « retournement ». Un Funkspiel ? Le mot et la chose nous sont aujourd'hui familiers, mais il faut savoir qu'ils constituaient une nouveauté en 1941 ; le Funkspiel aura été la grande innovation de la dernière guerre en matière de renseignement. Un Funkspiel ? Le Directeur y croirait peut-être si les émetteurs soi-disant « retournés » lui distillaient des mensonges bien énormes, mais ce n'est pas le cas. Alors ? Veut-on lui faire admettre que la Gestapo se donne le mal de détruire un réseau pour continuer ensuite son ouvrage ? Trepper insiste ; inlassable Cassandre, il affirme que tout va mal quand les pianistes de Belgique assurent que tout va bien. Puis il proteste et menace ; il fait au Centre l'injure d'une infidélité — non, d'une vraie trahison ! — en donnant ses messages les plus importants à la ligne du Parti, qui aboutit dans le bureau de Dimitrov et non pas dans celui du Directeur — et quels messages... Jeteurs de suspicions ! Semeurs de panique ! « Il est possible que des traîtres se soient glissés dans nos services » : voilà ce que le Grand Chef déclare, par l'organe de Dimitrov, au puissant Comité Central du parti communiste russe ! Ah, il n'en faut pas tant pour que le Directeur succombe au vice congénital des services russes : la méfiance. Au Centre, tout le monde est toujours suspect. De quoi ? On n'a que l'embarras du choix : de dévier à gauche, de dévier à droite, de trop aimer les femmes, de n'être pas indifférent aux hommes, d'avoir une faiblesse pour l'argent, d'être trotzkyste, d'appartenir à l'Intelligence Service... Un chef de réseau dont les affaires marchent mal est soupçonné de sabotage ; si elles vont bien, méfiance, méfiance : ce doit être un flic déguisé, car il est anormal qu'il n'ait point d'ennuis... Trepper ? Depuis le début de la guerre, plaintes, criailleries, récriminations. Une prudence de serpent quand on voudrait lui voir l'audace du lion. Toujours à geindre sur la pénurie d'émetteurs. Un traître ? Peut-être pas, encore qu'il ait été imprudent de le mettre en contact avec un Robinson, agent probable du Deuxième Bureau, avec un Ozols, agent possible de la Gestapo... Non, peut-être pas un traître avéré, mais un chef inférieur à sa tâche. Le Directeur le tient à l'œil.

Il le perd de vue en novembre 1942. Sait-il seulement qu'il est arrêté ? Ce n'est pas sûr. Trois mois plus tard arrive au Centre le message trilingue. Enorme stupeur ! Insondable perplexité ! Comment a-t-il fait ? Un rapport rédigé à la barbe de la Gestapo, transmis sous son nez ? Incroyable ! Conte de fées ! On se forme à Moscou — comme à Londres, comme à Washington — une certaine représentation de l'adversaire. La Gestapo, ce n'est pas Giering soignant son cancer au cognac, le vieux Berg fin soûl dès midi et les virées nocturnes chez Suzy Solidor : la Gestapo représente la machine policière par excellence, un mécanisme sans défaut conçu pour happer et pour broyer — un mythe. Et elle permettrait à ses prisonniers d'écrire à leur aise ? Elle leur ferait prendre l'air dans les rues de Paris ? Elle leur laisserait toute latitude de passer des messages en catimini ? Hypothèse : Trepper, agent de l'ennemi, n'a pas réussi à ébranler la confiance que le Directeur conservait aux pianistes de Bruxelles ; le message trilingue constitue peut-être une nouvelle tentative, une provocation dont le but demeure de perdre aux yeux de Moscou la seule partie restée saine du réseau : le groupe bruxellois... D'un autre côté, la transmission par Jacques Duclos est en soi une garantie d'authenticité. Il n'aurait pas accepté un document d'origine douteuse. Il a pris ses renseignements et il a agi en connaissance de cause. Et puis, ce Grand Jeu dont parle Trepper... Troublant !

Selon Reiser, le trouble du Directeur dura trois mois :

en mai 1943, les messages reçus par le Kommando prirent un ton plein de réserve et de méfiance ; on se montrait avare de précisions ; on avait refermé sa garde. Selon le Grand Chef, le Centre mit quatre mois à vérifier son rapport : en juin 1943, il était convaincu de sa véracité. Nous croyons pouvoir fixer à la deuxième semaine de juin le moment précis où le Directeur forma sa conviction. On se souvient qu'au début de ce même mois, il avait ordonné à l'un des chefs du réseau suisse, Alexander Foote, de rencontrer un émissaire du réseau français. Il avait précisé à Foote qu'il ne devrait « avoir aucune conversation avec le messager ». Etait-ce simple mesure de prudence dictée par l'avertissement de Trepper ? Il est permis de penser que le Directeur avait décidé de faire un test de la rencontre : si le messager rompait la consigne de silence, il faudrait conclure à une tentative de pénétration et cela confirmerait le rapport du Grand Chef. On a vu que le test fut des plus convaincants : les bavardages intarissables, le livre recouvert de papier orange, les messages chiffrés à transmettre, l'insistance à obtenir un second rendez-vous...

Foote : « Après avoir quitté cet inquiétant personnage, je dissimulai le livre de mon mieux sous mon manteau et je rentrai chez moi en faisant toutes sortes de détours pour brouiller ma piste. Une fois chez moi, j'adressai un compte rendu complet au Directeur, qui me donna raison et décida que je n'irais pas à ce nouveau rendez-vous. En ce qui concerne les messages chiffrés, je les trouvai entre deux pages du volume collées ensemble ; ils étaient dans un code que je ne connaissais pas. Le Centre me demanda de les lui transmettre, mais auparavant de les rendre méconnaissables en y insérant des groupes choisis arbitrairement et de les rechiffrer dans mon propre code, ceci afin que les postes d'écoute ne puissent pas les reconnaître et qu'ils ne puissent pas non plus servir de guide aux spécialistes de cryptographie pour la recherche de notre code.

« Quinze jours plus tard, je reçus confirmation de mes

soupçons ; le Centre me fit savoir que le messager était un agent allemand [1]. »

L'épisode Foote marque donc la fin des incertitudes du Directeur, *mais il lui aura fallu un an pour croire aux « retournements » maintes fois annoncés par le Grand Chef.* Stupidité ? Oui et non. Le Centre a surtout eu la malchance, à une époque où ces procédés n'étaient pas encore entrés dans les mœurs du renseignement, de servir de cobaye au Funkspiel le plus extraordinaire qu'on connaisse à ce jour, un Funkspiel dépassant de mille coudées les classiques manœuvres d'intoxication de service à service, puisque son objectif n'était pas technique, mais politique, et que l'importance de l'enjeu avait conduit ses initiateurs à n'envoyer d'abord que des renseignements authentiques qui enlevaient au Directeur la possibilité de s'apercevoir qu'il était la dupe du Kommando.

La révélation apportée par le message trilingue permit au Centre quelques facéties d'autant plus remarquables que les services soviétiques font généralement preuve d'un désolant manque d'humour. On a vu que le rendez-

1. A. Foote, *op. cit.*, p. 121. — On a évoqué plus haut les rencontres à Stockholm entre l'Allemand Peter Kleist et l'agent soviétique Clauss (voir p. 400). La deuxième de ces rencontres, et la plus importante, eut lieu le 18 juin 1943, c'est-à-dire au moment où le Centre, croyant enfin au rapport trilingue, annonçait à Foote que son interlocuteur était un émissaire ennemi. Il est possible que la tournure imprévue prise par la négociation de Stockholm s'explique à la lumière du Grand Jeu. A son retour à Berlin, Kleist, qui avait agi de sa propre initiative et dans le plus grand secret, eut la pénible surprise d'être arrêté dès sa descente d'avion. Il sut ensuite les raisons de cet accueil : « Clauss, se demandant si je transmettrais bien l'offre d'Alexandrov, était allé trouver l'attaché militaire allemand à Stockholm et lui avait délivré un message. L'attaché militaire avait télégraphié à son chef, l'amiral Canaris, et celui-ci avait informé Hitler. Son télégramme disait : « Le Juif Clauss déclare que le Juif Alexandrov se trouve à Stockholm pour attendre l'arrivée d'un négociateur allemand. Si ce dernier ne s'est pas présenté dans les quatre jours, Alexandrov poursuivra son voyage vers Londres pour régler définitivement la collaboration du Kremlin avec les puissances occidentales. » (P. Kleist, *op. cit.*, p. 213.) Pareille mise en demeure ne pouvait évidemment que susciter l'ire du Führer ; il y vit une « impudente provocation juive ». La visite inconsidérée à l'ambassade allemande étonne de la part de Clauss, qui semble avoir été un

vous organisé avec Foote avait pour but une remise de fonds à l'intention du réseau français : il n'y a pas de petits bénéfices pour Giering et sa troupe ; comme tous les hommes de renseignement, une joie sacrée les étreint lorsqu'ils peuvent empocher les sous de l'adversaire. Aussi, réservant Paris pour le Funkspiel sérieux, ils emploient volontiers les trois émetteurs belges et hollandais à la collecte des fonds.

Avant l'évasion de Wenzel, en janvier 1943, ils lui avaient fait demander quelques subsides à Moscou. Une mystérieuse boîte de conserve était arrivée de Bulgarie, pleine de haricots au milieu desquels étaient dissimulées cent livres sterling — une misère. Postérieurement à l'arrivée à Moscou du message trilingue, le Kommando réclame de nouveaux fonds. Réponse du Centre : « Adressez-vous à Bodhen Cervinka, ingénieur, demeurant rue Edison, Bruxelles : il vous donnera cinq mille dollars. » On envoie un agent à Cervinka, qui le met à la porte avec la dernière brutalité. Sa bonne foi est si évidente que le Kommando renonce à l'inquiéter. Mais non pas à soutirer de l'argent au Centre. Nouvelle tentative par

agent de première grandeur, habile, prudent et expérimenté, manipulé de surcroît par la célèbre ambassadrice soviétique en Suède, Mme Kollontaï. Qu'il se soit livré à un geste aussi spectaculaire, et pour remettre à l'attaché militaire allemand une invitation en forme d'ultimatum, tient peut-être au fait que le Kremlin, enfin éclairé sur le Grand Jeu, en avait déduit logiquement que Berlin aspirait à négocier avec lui et qu'on pouvait donc mener rondement l'affaire.

Ajoutons que les historiens allemands considèrent que les pourparlers de Stockholm furent engagés par Staline dans le seul but de faire pression sur les Occidentaux en agitant l'épouvantail d'une paix séparée entre la Russie et l'Allemagne ; ils n'auraient été en somme qu'un Grand Jeu à la mode soviétique... (Voir notamment Boris Meissner : *Die Sowjetische Deutschland Politik.* Europ Archiv, 1951.)

Soulignons aussi que la publication dans la *Pradva,* le 17 janvier 1944, de l'article accusant les Britanniques d'avoir rencontré Ribbentrop en Espagne, n'est pas en contradiction avec le fait que Moscou savait depuis six mois la vérité sur le Grand Jeu. Staline, obsédé par la crainte d'être trahi par ses Alliés, craignait probablement que le message de Kent ne marquât le point de départ d'une offensive diplomatique allemande de grand style ; l'article de la *Pravda,* appelé à une publicité mondiale, constituait un excellent moyen de la stopper net.

l'intermédiaire de l'émetteur du Hollandais Winterink. Moscou, d'abord évasif, demande à quelle adresse il faudrait acheminer l'argent. Le Kommando donne celle d'un ancien membre du parti communiste hollandais. Sur quoi le Centre observe perfidement : « Sommes étonnés. Les liaisons de cet homme avec la Gestapo sont bien connues de nous. » Troisième tentative avec l'émetteur de Yefremov. Le Centre : « Allez voir X, marchand de monuments funéraires à Charleroi : il a un compte débiteur de cinquante mille francs belges à Moscou. » Interrogé sur les cinquante mille francs, le vendeur de tombeaux explique avec satisfaction que l'affaire est arrangée : une compagnie d'assurances italienne lui a remboursé l'argent. Remboursé ? Il était donc créancier et non débiteur ? Exact : c'est Moscou qui lui devait cinquante mille francs ! La plaisanterie met un terme aux quémanderies du Kommando et réjouit doublement le Centre, où l'on est très près de ses roubles [1].

Mais si le message trilingue permet au Kremlin de voir clair dans le Grand Jeu et au Centre de s'amuser aux dépens du Kommando, il n'a pas la vertu de réchauffer bien longtemps les relations entre son auteur et le Directeur.

Cinq mois après l'épisode Foote, Trepper s'évade. Cette nouvelle plonge le Centre dans la consternation. Sa fuite met en péril le Grand Jeu et les avantages que Moscou comptait en retirer, car il doit être évident pour le Kommando que le premier soin du fugitif aura été de dévoiler la mystification à ses chefs. Et elle suscite aussi de nouveaux doutes sur la loyauté du Grand Chef.

1. Il n'est pas sans intérêt de noter qu'après Wenzel, évadé en janvier 1943, Jojo et Michel, les deux radios français arrêtés et « retournés » (voir p. 489) s'évadent à leur tour en décembre 1943. Enfin, en mars 1944, Winterink s'échappe et disparaît après avoir reçu de Moscou, *sur son émetteur aux mains des Allemands*, l'ordre de rejoindre un groupe de choc communiste. Une sorte d'épidémie... On peut y voir le résultat des familiarités entre gardiens et prisonniers « retournés ». On peut aussi se demander si Pannwitz ne prêta pas la main à ces évasions en série pour donner à Moscou un gage supplémentaire...

A chaque évasion, le Centre réagit immanquablement par une formidable méfiance : tradition remontant à la lutte contre la police tsariste, qui cherchait à glisser des agents provocateurs parmi les clandestins en simulant leur évasion. Un communiste ne s'échappe qu'après avoir demandé et obtenu l'autorisation de ses chefs [1]. S'il y manque, il est suspecté, pour le moins tenu à l'écart. Or, Trepper n'est pas n'importe quel communiste, ni la Gestapo n'importe quelle police : comment admettre qu'elle ait commis la sottise de laisser filer pareil détenu ? Sans doute le message trilingue apportait-il la preuve de la fidélité du Grand Chef, mais il date maintenant de huit mois. Que s'est-il passé entre-temps ? Le Kommando a-t-il brisé son prisonnier ? L'a-t-il, cette fois, vraiment « retourné » ?...

Un quiproquo exalte la défiance du Centre. Trepper, dès sa reprise de contact, suggère au Directeur d'expédier à Paris un émissaire chargé d'examiner la situation, de contrôler ses dires, de procéder en somme à une inspection sur place. Et qui propose-t-il pour ce rôle ? Sa femme Luba ! Pour le Grand Chef, il n'est meilleur témoignage de sa bonne foi que cette proposition qui, acceptée, ferait courir les plus grands risques à son épouse. Mais nous savons que le Directeur la comprit autrement. Il y vit une tentative de Trepper pour récupérer Luba et « plonger » avec elle, comme on dit dans l'argot des services soviétiques, c'est-à-dire quitter le travail, en finir avec le Centre, soit qu'il eût trahi, soit qu'il fût simplement las, découragé par la longue et dure incompréhension qu'on lui avait témoignée.

Evasion authentique clôturant trop vite le Grand Jeu ? Evasion mise en scène par la Gestapo dans un but encore mystérieux ? Il est probable que le Centre hésite à trancher entre les deux hypothèses. Quelques semaines plus tard, le grotesque message par lequel Pannwitz s'efforce de relancer le Grand Jeu (« Que se passe-t-il avec Trepper ? Je vois partout des avis de recherche le concer-

1. Dans plusieurs cas, des prisonniers évadés sans autorisation préalable reçurent l'ordre de se rendre à la police et de retourner dans leur geôle. Et ils le firent.

nant, etc. ») achève de plonger le Directeur dans les abîmes de la perplexité. Il juge invraisemblable que le Kriminalrat le tienne en si piètre estime qu'il espère le tromper par cette ruse grossière. Car annoncer l'évasion du Grand Chef, c'est avouer que tous ses télégrammes, depuis dix mois, étaient émis sous contrôle allemand, c'est révéler l'existence du Funkspiel, c'est faire naître au Centre une méfiance telle qu'aucune mystification ne sera plus possible... Perdant le fil de l'intrigue, le Directeur n'en fournit pas moins la réplique attendue par Pannwitz : « Pour nous, Trepper est un traître. Que le Parti ne lui donne pas une bouchée de pain. » Et il attend. Et il ne tarde pas à comprendre, au vu des messages ultérieurs, que le Kriminalrat se souciait peu d'être incohérent : il voulait par-dessus tout conserver le contact avec Moscou, confiant dans le fait que le tour très particulier, très « sincère », qu'il comptait donner à ce contact suffirait à apaiser les inquiétudes du Centre. Le Directeur, qui s'attendait à devoir jouer au plus fin avec l'adversaire, voit celui-ci se précipiter dans ses bras accueillants : tout est bien qui finit bien.

Sauf en ce qui concerne le Grand Chef. Car le virage pris par Pannwitz, s'il s'explique par l'approche de la défaite allemande et le désir du Kriminalrat de sauver sa peau, ne rend pas plus intelligibles les mystères antérieurs. Et voici que Trepper aggrave son cas en proposant de kidnapper le Kommando à sa sortie de Paris ! Dans quel but ? Pour faire disparaître quels dossiers, quels témoins ? Il n'est pas question de le lui permettre. A Kent qui lui demandait s'il devait attendre à Paris l'arrivée imminente des Alliés, le Directeur vient de répondre textuellement : « Repliez-vous avec vos amis allemands. Ne quittez pas ces personnalités avec qui vous avez de si bonnes relations et qui vous donnent de si précieux renseignements. Elles pourront nous être très utiles plus tard. » Il ferait beau voir que Trepper s'emparât de la fine équipe pour être en fin de compte obligé de la remettre aux autorités françaises ! Le Directeur refuse le feu vert. Pannwitz et Kent doivent pouvoir continuer leur travail jusqu'à la fin de la guerre. Et puis, ils savent trop de choses pour qu'on les expose à mourir d'une balle perdue — ou trop bien dirigée.

Gageons que c'est avec un plaisir gourmand que le Directeur vit arriver à Moscou Trepper, puis Kent et Pannwitz, puis Ozols, puis Wenzel. Il avait tout son monde sous la main. Il allait enfin connaître le fin mot de l'affaire...

Dix ans pour faire confirmer par le parti communiste français et la M.O.I. de Kovalski les circonstances de la transmission à Juliette du message trilingue ? Dix ans pour s'assurer que l'évasion était authentique (et l'on avait Willy Berg à Pankow) ? Dix ans pour reconnaître que le Grand Chef avait été lucide quand tout était confus, inébranlable malgré l'incompréhension tenace témoignée par ses chefs, courageux dans les périls, ingénieux dans l'adversité ? Les enquêtes du Centre n'ont pourtant pas la réputation de lenteur des procès en béatification... Six mois avaient séparé la libération de Paris de l'envol vers Moscou du Grand Chef. Ce n'était pas assez pour résoudre toutes les énigmes de l'Orchestre Rouge ; c'était suffisant pour que le Directeur fît vérifier en France l'essentiel des affirmations de Trepper. Lorsque ce dernier se présenta rue Znamenski, il restait encore maintes questions à lui poser, mais sa loyauté fondamentale ne pouvait plus être contestée. Aussi bien la première phrase du Directeur fut-elle significative : « Quels sont vos projets d'avenir ? » Trepper avait encore un avenir au Centre. Mais un avertissement se dissimulait sous la question : il ne fallait pas parler du passé — à aucun prix ! La réponse du Grand Chef décida de son destin. Bien loin d'accepter de tirer un voile pudique sur les quatre dernières années, il rentrait débordant d'indignation, l'invective à la bouche, décidé à régler les comptes. C'était se condamner à la Lubianka. *Car le Directeur ne pouvait pas laisser courir dans Moscou un homme aigri qui proclamerait partout avoir, par trois fois, vainement averti Staline de l'imminente attaque allemande, et s'être ensuite ingénié pendant des années à redresser les errements du Centre.* Sorge eût fini lui aussi à la Lubianka si les Japonais ne l'avaient pas pendu et s'il était revenu à Moscou dans les mêmes dispositions d'esprit que Trepper.

Dix ans pour calmer le Grand Chef et lui enseigner la vertu de résignation ? Il n'en fallait pas tant. Mais après l'avoir mis à la Lubianka dans ce but, on l'y garda pour d'autres raisons. Il fut comme un naufragé que des vagues successives viennent submerger.

La première vague, ce furent ses collègues, chefs de réseaux et agents, qui rallièrent à leur tour Moscou après avoir travaillé cinq ans à l'étranger. Le Directeur ne les reconnut pas. On les lui avait changés. Pendant les cinq années de guerre, livrés à eux-mêmes, ils avaient dû inventer les règles nouvelles qu'exigeait une situation imprévue ; l'événement avait été leur maître, et non le Centre. Essaimés dans les pays d'Europe pour les espionner, la lutte contre l'occupant nazi leur avait conféré une sorte de brevet de naturalisation ; ils avaient rallié les résistances nationales ; des hommes d'opinions contraires aux leurs étaient devenus leurs frères d'armes et ils avaient combattu ensemble au coude-à-coude. Trepper dit : « Je savais qu'Ozols avait conservé le contact avec d'anciens officiers du Deuxième Bureau. Ça ne me gênait pas du tout : est-ce que nous ne faisions pas la même guerre ? » Ainsi Rémy, homme de droite, écrira-t-il à propos du soutien par lui apporté aux F.T.P. communistes : « En 1942, nous n'avions à connaître, dans le combat commun, que des volontaires animés par la même volonté de chasser l'envahisseur, sans nous soucier de l'appartenance politique des uns ou des autres [1]. » Ainsi Schulze-Boysen avait-il tenté d'avertir Londres qu'un code de l'Intelligence Service venait d'être « cassé » par la Funkabwehr. Le Centre l'en eût blâmé s'il l'avait su. En 1942, Alexander Rado, chef du réseau suisse, reçut

1. Rémy, *op. cit.*, t. II, p. 53.

des documents présentant un intérêt capital pour les Anglais. Il proposa au Directeur de les leur transmettre par l'intermédiaire d'un courrier sûr ayant ses entrées à l'ambassade britannique à Berne. Le Directeur refusa et donna l'ordre de brûler les documents. En 1943, alors que la police suisse disloquait son organisation, Rado expliqua au Centre que la seule solution consistait à se réfugier dans les locaux d'une ambassade : protégé par l'immunité diplomatique, il pourrait poursuivre son travail. Comme l'U.R.S.S. n'avait pas d'ambassade à Berne [1], il suggérait de demander asile aux Anglais qui, étant les alliés des Russes, ne refuseraient pas leur aide. La réaction du Directeur fut volcanique. Il préféra laisser détruire le réseau suisse et se priver de son apport extraordinairement précieux plutôt que d'écouter Rado. Celui-ci, suspecté d'être un agent de l'Intelligence Service, rallie néanmoins Paris après la libération et se présente à la mission Novikov. Le 6 janvier 1945, il prend avec Trepper l'avion pour Moscou. Mais à l'escale du Caire, ses nerfs le trahissent et il disparaît ; l'avion repart sans lui. Moscou le dénonce aux autorités anglaises comme un officier déserteur. Repris, il est livré aux Russes. Il va payer de dix ans de détention sa croyance naïve que la lutte contre le nazisme passait avant la vieille guerre contre l'Intelligence Service.

Ses collègues de l'étranger partageaient son sentiment, même s'ils n'avaient pas eu l'occasion de le laisser paraître au Centre. Ils avaient bu à la coupe de l'union sacrée et ils ne l'oublieraient plus jamais. En leur absence, une nouvelle génération de jeunes fonctionnaires s'était installée aux leviers de commande du Centre. Les bureaucrates de la conspiration virent avec un mépris hargneux revenir les romantiques de la révolution, les vieux communistes qui avaient survécu par miracle aux purges — supects ; les anciens combattants de la guerre d'Espagne — suspects ; les compagnons d'armes de toutes les résistances, de droite ou de gauche — suspects ;

1. La Suisse n'établit de relations diplomatiques avec l'U.R.S.S. qu'après la dernière guerre.

ils leur accolèrent cette double étiquette : *romantiques, cosmopolites,* et ils rendirent un verdict sans appel : *irrécupérables.*

« Le pire, nous dira l'un de ces irrécupérables, le pire est qu'ils avaient raison. Nous étions devenus *objectivement* inutilisables. Surtout pour un service normal, un service de temps de paix, avec l'emploi du chantage, toutes les basses combines... Ce n'était plus possible après ce que nous avions connu. Et ils avaient également raison de nous traiter de cosmopolites... Rencontré trop de gens... fréquenté trop de milieux divers... on avait vécu cinq ans la main dans la main avec ceux qui allaient redevenir des adversaires... Voyez-vous, j'ai souvent pensé depuis qu'il aurait mieux valu tomber sous les balles allemandes plutôt que de survivre pour être rejeté par les siens en sachant que c'était objectivement fondé et qu'ils avaient raison. »

Que le Grand Chef fît partie des irrécupérables n'eût sans doute pas suffi à le faire mettre en prison, mais c'était un puissant motif pour l'y laisser croupir. L'homme qu'on déclarait inapte au service avait été l'un des grands patrons du renseignement soviétique. Le Directeur, sachant ce que Trepper savait, préférait le garder en cellule plutôt que de le lâcher sur les grands chemins, à la merci d'un mauvais coup ou d'une tentation...

La seconde vague noya le Directeur. Elle vint du Canada en septembre 1945 avec la découverte par la police locale du réseau soviétique dirigé par un colonel du Centre et l'arrestation, entre autres, de l'espion atomique Allan Nunn May. C'était une grave défaite. Le K.G.B., éternel rival du Centre, saisit l'occasion de régler quelques comptes. Le Directeur et ses adjoints furent limogés. Une nouvelle épuration creusa des coupes sombres dans les services de l'Armée Rouge, dont tous les membres, anciens ou nouveaux, tombèrent en disgrâce. C'est après le scandale canadien qu'Abakoumov, ministre de la Sécurité, fidèle de Béria, lança à Trepper, étoile déchue d'un Centre réprouvé : « Dire que si vous aviez travaillé pour nous au lieu de travailler pour ces salauds de l'Etat-Major, vous auriez maintenant la poitrine couverte de décorations ! » Et, lui montrant en souriant la place Rouge sur laquelle s'ouvraient les fenêtres de son bureau, il ajouta : « Tenez, c'est là qu'on vous aurait nommé « héros de l'Union Soviétique » ! »

Les deux premières vagues avaient été presque concomitantes. La troisième déferla trois ans plus tard, en 1948, et ce fut une vague d'antisémitisme. Elle est trop connue pour qu'il soit nécessaire d'en redire la force et la durée. Une fois de plus, Trepper fut extrait de sa cellule et conduit, par le souterrain reliant la Lubianka au ministère de la Sécurité, dans le bureau d'Abakoumov. Celui-ci demanda : « Pourquoi vous êtes-vous entouré de traîtres ? Expliquez-moi dans quel but vous avez jugé bon de placer des traîtres à tous les postes importants de votre réseau ? — Des traîtres ? Quels traîtres ? — Katz, Grossvogel, Springer, Raichman, Schneider, etc. : tous des Juifs, donc des traîtres !... »

A Moscou, les dirigeants du « Comité juif antifasciste » furent arrêtés. Trepper comptait parmi eux ses plus vieux camarades, depuis la lointaine époque (1935) où il collaborait au journal juif *La Vérité.* Presque tous « avouèrent » et furent exécutés.

Cosmopolite, irrécupérable, ancien du Centre, juif : il n'en fallait pas tant dans la Russie de Staline pour rester enfermé à la Lubianka. Mais même dans la Russie de Staline, on habillait l'injustice d'une défroque juridique. Une « troïka » administrative jugea l'homme qui avait créé et mené au combat le plus grand réseau d'Europe, une organisation sur laquelle tous les services occidentaux se penchaient au même moment avec crainte et admiration. Le seul chef d'accusation qu'on avait pu trouver contre lui, après avoir passé au crible ses cinq années d'activité à la tête de l'Orchestre Rouge, était qu'il se fût prêté au Grand Jeu sans l'autorisation préalable du Directeur. Le Grand Chef se souvint alors de l'avertissement de Giering : « ... Vous serez quand même considéré comme un traître. Ils vous diront qu'au début, vous ne saviez pas si vous pourriez les prévenir et ils vous accuseront d'avoir marché avec nous uniquement pour sauver votre peau. » C'est vrai, il ignorait s'il aurait la possibilité d'alerter le Centre. Mais valait-il mieux ne rien faire, assister les bras croisés au désastre ? Il lance à ses juges : « En somme, j'étais dans une maison en feu et vous me reprochez d'avoir fait le pompier ! » Mais il sait bien que toute protestation est vaine. La « troïka » de Staline confirme le pronostic du chef du Kommando : quinze ans de prison.

Pour Pannwitz et surtout pour Kent, la présence du Grand Chef à Moscou avait été une surprise terrifiante. Après son évasion, le Directeur n'avait pas manqué de demander régulièrement de ses nouvelles à Kent : « Savez-vous où il est ? Pourquoi ne reprend-il pas contact ? » Puis, lorsque les deux compères s'étaient repliés en Allemagne, on leur avait annoncé : « Trepper a « plongé ». Il a refusé de revenir à Moscou. » C'était laisser entendre que personne ne pourrait démentir le plaidoyer *pro domo* de Kent et qu'il pouvait rentrer sans crainte au bercail : non seulement le « retournement » du Kriminalrat serait porté à son crédit, mais il lui serait loisible d'imputer ses traîtrises antérieures au Grand Chef. Kent avait superbement succombé au traquenard. Aidé par le complaisant Pannwitz, il avait confectionné un dossier sur mesure d'où il émergeait blanc comme neige tandis que Trepper y prenait figure de parfait renégat. Que le modèle fût à Moscou rendait évidemment plus difficile d'accréditer sa caricature ; Kent y échoua. Mais on lui sut gré d'avoir guidé Pannwitz sur les sentiers de la trahison, et cette gratitude lui sauva la vie.

Avec Pannwitz, le Centre ne lésina pas sur l'interrogatoire. On le questionna pendant un an et demi, puis on le laissa se reposer quatre mois, puis on repartit de zéro, comme si de rien n'était, et cette seconde série dura elle aussi un an et demi. C'était faire bonne mesure. Selon le Kriminalrat, les interrogatoires se déroulaient dans une ambiance détendue. Il sut rapidement assez de russe pour comprendre les questions posées, ce qui lui donnait le temps de préparer sa réponse pendant que l'interprète traduisait. Par contre, l'ignorance où étaient les Russes des conditions de vie à l'Ouest en faisait, comme on l'a déjà indiqué, des interlocuteurs fatigants. Dès que surgissait un détail non conforme aux mœurs soviétiques, l'officier du Centre fronçait les sourcils et il fallait des trésors de patience et d'éloquence pour apaiser ses soupçons. Pannwitz avait l'impression d'être un explorateur dissertant sur les coutumes d'une peuplade sauvage devant un auditoire ébaubi et vaguement incrédule. C'eût été amusant si la conférence n'avait duré trois ans...

Les choses se gâtèrent avec le « complexe M » (M pour Moscou). Dogme des services soviétiques : « Il n'y a pas d'espion à Moscou. » Si un doute survient, si le caractère sacré et inviolable de la capitale russe est contesté, le Centre devient la proie du « complexe M » et cherche le coupable avec frénésie. Or, le Directeur était persuadé que la seule radiogoniométrie n'avait pu mener si vite les Allemands aux émetteurs de l'Orchestre Rouge. Il estimait qu'un traître avait dû les mettre sur la piste et il n'excluait pas que ce traître fût à Moscou. Interrogé, le Kriminalrat démentit l'hypothèse sans pouvoir convaincre ses interlocuteurs de sa sincérité. Un certain jour, qui était l'anniversaire du mariage de Pannwitz, un colonel du Centre lui annonça d'une voix navrée qu'il avait reçu l'ordre de le battre s'il ne parlait pas. Pannwitz exigea de voir cet ordre et le colonel lui tendit un document, signé d'Abakoumov, par lequel le ministre de la Sécurité autorisait une « procédure exceptionnelle ». Le colonel sortit d'un tiroir une matraque de caoutchouc. Il la montra au Kriminalrat en lui faisant constater qu'elle était de fabrication allemande et non pas russe. Puis on déculotta le prisonnier et on l'allongea sur le ventre. Le colonel frappa par rafales de dix coups. Un médecin du Centre examinait Pannwitz après chaque série, puis faisait signe de continuer. Pannwitz s'évanouit. On le ranima et la correction reprit. Finalement, le médecin dit : « Maintenant, il faut arrêter. » Le colonel rangea alors sa matraque en bougonnant d'un air dégoûté : « Vous voyez, nous sommes une police démocratique : ici, ce sont les colonels qui font le sale boulot... » Pannwitz précise : « Ils ont tout de même été corrects. Ils n'ont tapé que sur les fesses et sur les cuisses. Ailleurs, ça aurait pu faire des dégâts. » C'est un expert qui parle.

La séance mit un terme à l'affaire du traître. On dit à Pannwitz qu'il avait de la chance, car il était très rare qu'un prisonnier s'en sortît vivant lorsque le « complexe « M » était en jeu [1].

Le régime alimentaire de la Lubianka demeurait résolument frugal : pain noir et gluant, choucroute, poisson salé. Pannwitz s'en plaignit à la doctoresse de la prison. Elle rétorqua : « Monsieur, nous avons en matière d'alimentation pénitentiaire une expérience de trois cents ans. Vous pouvez être tout à fait rassuré : aucun prisonnier n'est jamais tombé malade chez nous de sous-nutrition. » Il éprouva le bien-fondé de cette catégorique affirmation en constatant que des détenus, arrivés avec des ulcères ou des maux d'estomac, étaient guéris par le régime de la prison. Lui-même demeura en très bonne forme physique [2]. Le règlement pénitentiaire était scrupuleusement observé. On le pesait à intervalles réguliers

1. Aujourd'hui encore, le Grand Chef croit que l'émetteur des Atrébates a été découvert sur dénonciation. D'après lui, il émettait depuis trop peu de temps pour que la Funkabwehr ait pu le repérer dès le 13 décembre 1941, quelle que fût la qualité de son équipement et l'habileté du fameux spécialiste de Fortner. Après le raid, son « groupe de contre-espionnage » indiqua à Trepper que la maison des Atrébates avait été signalée à la police par une famille flamande du voisinage — non pas que cette famille eût soupçonné le moins du monde qu'on s'y livrât à l'espionnage : elle était simplement indignée du nombre de visiteurs masculins reçus par Rita Arnould et Sophie Poznanska. Fortner maintient que la découverte des Atrébates a été due aux seuls moyens techniques de la Funkabwehr. Mais il reconnaît lui-même qu'il fallait environ trois semaines, en 1941, pour repérer l'emplacement exact d'un émetteur ; or, celui des Atrébates fonctionnait depuis moins d'une semaine lors de sa capture. Il n'est pas impossible que Fortner cherche ici à protéger ses informateurs, même si longtemps après. Ce serait tout à fait dans sa manière, et à son honneur.

2. Paradoxalement, c'est après son retour en Allemagne que sa santé se délabra. L'adaptation à l'abondance lui fut très pénible.

et quand il lui arrivait de perdre du poids, sa ration était aussitôt augmentée.

Il ne revit jamais Trepper et Kent. On lui lisait parfois leurs déclarations, mais le Centre n'organisa pas de confrontation. A la Lubianka, les déplacements étaient réglés de telle manière que les prisonniers relevant d'une même affaire ne pussent entrer en contact, ni même s'apercevoir. Il savait pourtant qu'ils étaient là et il songea plus d'une fois que c'était en vérité un plaisant paradoxe que fussent enfermés dans des cellules identiques d'une même prison moscovite, à quelques mètres de distance, le chef du Kommando et le chef de l'Orchestre Rouge...

Quand on eut fini de l'interroger, on l'envoya au camp sibérien de Vorkouta, près de la mer de Glace. Il dit : « C'était dur, et vous imaginez le froid, mais la gentillesse des gardiens arrangeait les choses. Le régime communiste est ce qu'il est, mais l'homme russe, on ne vantera jamais assez sa bonté, son humanité. Un caractère en or ! Ça ne les empêchait pas d'appliquer le règlement, naturellement. Si on avait donné à un gardien l'ordre d'abattre un détenu, il l'aurait fait sans hésiter, mais les larmes aux yeux. Et c'était la même chose à la Lubianka [1]... »

Enfin, en 1955, les haut-parleurs du camp annoncèrent la signature à Moscou de l'« accord Adenauer ». Le vieux

1. Le lecteur est sans doute surpris par le compte rendu presque idyllique que fait le Kriminalrat de son expérience pénitentiaire. En rapportant ses impressions sans rien y changer, l'auteur éprouve le sentiment gênant de rédiger un texte publicitaire vantant le « Club mer de Glace » et le bonheur de ses « Gentils Membres ». Il est vrai que la vie à Vorkouta devait sembler bien douce à un S.S. dont les collègues avaient à leur actif des réalisations telles que Treblinka, Auschwitz et Buchenwald. Il est également certain que les anciens détenus des camps soviétiques insistent sur l'humanité des gardiens alors même qu'ils dépeignent le reste sous les couleurs les plus sombres. L'univers concentrationnaire est toujours et partout infâme. Mais il y a le système et il y a les hommes. En Allemagne, le système, déjà infiniment plus affreux qu'en Russie, était encore aggravé par les atrocités individuelles de gardiens sadiques. Cet excès de souffrance (l'homme accepte plus facilement d'être broyé par un système que d'être martyrisé et humilié par son frère humain) fut au moins épargné aux détenus des camps soviétiques.

chancelier avait obtenu le rapatriement de tous les siens. Les gardiens sautèrent aussitôt de leurs miradors et, se précipitant sur les prisonniers allemands, les embrassèrent en hurlant : « C'est fini ! Plus rien ne nous sépare ! Nous sommes tous frères, etc. » Dix ans avaient passé depuis l'arrivée à Moscou d'un Kriminalrat gonflé d'importance, serrant sur sa poitrine une serviette pleine de secrets diplomatiques, persuadé qu'un avenir doré s'ouvrait sous ses pas. Ses rêves ne s'étaient pas réalisés, mais il avait sauvé sa vie : c'était l'essentiel. Ravi de pouvoir rentrer à la maison, il s'en alla d'un pied léger vers les « détecteurs de mensonge » de ses compatriotes...

Dès sa première nuit à la Lubianka, le Grand Chef s'était fixé un but : survivre, fût-ce d'une heure seulement, à « ces gens-là ». Il était sauvé. Les mois s'ajoutèrent aux mois, les années aux années, et cela ne semblait jamais devoir finir, mais il restait hanté par son idée fixe : *leur* survivre. C'était le rocher auquel il s'agrippait ; aucune vague ne put lui faire lâcher prise. Il vit autour de lui des compagnons de misère s'abandonner au désespoir et cesser de manger : il se contraignit à manger. Il en vit qui furent littéralement consumés par l'injustice dont ils étaient victimes : il refusa la colère, qui fatigue, pour réserver ses forces à survivre. D'autres fuirent les rigueurs du présent en se réfugiant dans le passé jusqu'à y perdre la notion du temps et la raison : il était, lui, tendu tout entier vers l'avenir. En quarante années d'une vie aventureuse, il avait engagé et gagné bien des batailles, mais celle-ci fut la plus dure, qu'il mena contre ceux de son camp.

On ne le maltraita pas. Une fois, tout de même, à titre d'avertissement, on jeta dans sa cellule un prisonnier qui venait de subir la « procédure exceptionnelle ». Il apprit aussi par ouï-dire que Wenzel était torturé. Mais, comme Pannwitz, il ne vit pas une seule fois Kent, Ozols, Wenzel ou tel autre de ses anciens subordonnés qui était peut-être à la Lubianka sans qu'il le sût.

Parmi ses compagnons de captivité figurèrent le constructeur d'avions Tupolev, des chefs communistes célèbres, des généraux, dont beaucoup avaient appartenu à l'état-major du maréchal Joukov : il semblait que l'élite de la Russie fût réunie à la Lubianka.

Abakoumov le faisait venir de temps en temps pour exercer sur lui son cynisme. Quand fut découvert le réseau d'espionnage soviétique au Canada, il lui montra des coupures de journaux occidentaux où l'on insinuait que le chef de l'Orchestre Rouge n'était sans doute pas étranger à l'affaire. Et Abakoumov de s'exclamer en riant : « Plaignez-vous ! Toutes les polices du monde vous cherchent et vous êtes bien à l'abri avec nous, bien en sécurité ! Ce n'est pas chic ? »

Le seul à le deviner fut son juge d'instruction. Il se montrait amical, offrant volontiers des cigarettes que le prisonnier refusait d'un signe de tête. Un soir, après un interminable interrogatoire, il lui dit : « Vous avez décidé de durer plus longtemps que nous, n'est-ce pas ? C'est ça qui vous donne la force de tenir ? » Comme Trepper restait silencieux, il poursuivit : « J'ai quelque chose à vous annoncer : j'abandonne votre dossier. Il n'y a rien dedans. Je suis convaincu qu'on vous garde pour d'autres raisons qui n'ont rien à voir avec l'affaire. J'ignore quelles seront les conséquences pour moi, mais je refuse de continuer. Il m'est impossible de participer à ça. » Trepper se pencha en avant, attrapa le paquet de cigarettes sur le bureau et prit une cigarette. Le juge d'instruction sourit et dit en lui donnant du feu : « Maintenant, je sais que vous gagnerez. Un fumeur qui est capable de refuser une cigarette, c'est quelque chose [1] ! »

Sa femme Luba ignorait qu'il fût à Moscou. Le Directeur lui avait notifié qu'il avait « plongé » et qu'elle ne devait plus l'attendre. Seule, sans ressources, elle gagna sa vie et celle de ses deux enfants en se faisant photographe ambulante. Elle évita sans doute la prison ou la déportation en Sibérie pour la seule raison que les voya-

1. Après sa sortie de prison, Trepper rencontra le juge par hasard au coin d'une rue de Moscou. L'abandon du dossier lui avait valu d'être limogé, mais il avait été réintégré après la mort de Staline.

geurs venus de France, notamment Jacques Duclos, ne manquaient jamais de demander des nouvelles du Grand Chef. On leur répondait qu'il était en mission spéciale à l'étranger, mais on préférait pouvoir leur montrer, le cas échéant, sa femme et ses enfants. Ainsi partagea-t-elle une existence misérable entre le taudis qui lui servait de logement et des déambulations infinies de village en village, sa grosse boîte à images sur le dos, tandis que son compagnon, au lieu d'arpenter comme elle la steppe, tournait en rond dans sa cellule comme font tous les prisonniers du monde...

Et cela dura dix ans.

Dix ans.

Le 5 mars 1953, la panique s'empara subitement de la Lubianka. Les gardiens couraient dans les couloirs ; on soumit les prisonniers à des mesures de sécurité exceptionnelles ; leurs promenades furent supprimées. Ils crurent que la troisième guerre mondiale venait d'éclater et l'angoisse les gagna. Mais ce n'était qu'une fausse alerte. La prison retrouva bientôt son calme, sa routine, et les détenus se lassèrent de s'interroger sur les causes de la poussée de fièvre.

Quelques mois plus tard, le Grand Chef empruntait une fois de plus, sous la surveillance d'un gardien, le tunnel menant au ministère de la Sécurité. Au lieu de le conduire dans le bureau d'Abakoumov, on le mena dans une pièce où l'attendait un très vieux général moustachu qui faisait un étrange contraste avec les jeunes fonctionnaires du Centre ; il semblait sortir d'une gravure de la révolution d'Octobre. Il regarda le prisonnier et lui demanda : « Comment ça va ? » La surprise empêcha Trepper de répondre : il y avait près de dix ans que personne ne s'était inquiété de son état. Ouvrant alors le tiroir de son bureau, le général en tira un exemplaire de la *Pravda* qu'il tendit au prisonnier. C'était un numéro déjà ancien. L'article de première page était consacré au « complot des blouses blanches » : on y expliquait comment une poignée de médecins juifs avaient voulu tuer Staline. « Qu'en pensez-vous ? » demanda le général. Après avoir lu deux fois l'article, Trepper répondit : « Des idioties. Ça ne tient pas debout. Si on veut assassiner Staline, il y a des spécialistes. On ne s'adresserait pas à des médecins. — Vous croyez donc que nous faisons des idioties ? — Ça vous arrive. » Le général hocha pensivement la tête et exhiba un second numéro de la *Pravda* : « Tenez, lisez... » Les médecins étaient réhabilités. Trepper parcourut l'article sans faire de commentaires. Le vieux monsieur lui tendit un troisième journal où s'étalait en lettres énormes l'annonce de la mort de Staline, le 5 mars précédent. Le Grand Chef resta silencieux. Il pensait : « Staline est mort, mais sa bande tient l'armée et la police. Ils sont toujours aux commandes. » Le général avait encore une quatrième *Pravda* dans son tiroir. Elle était datée de décembre 1953. Il la passa au prisonnier et celui-ci lut l'article consacré à la liquidation de Béria.

Alors, le Grand Chef sourit. Il avait gagné. Il leur avait survécu.

Il sourit et commença : « Camarade... », s'interrompit aussitôt : « Excusez-moi... » Les détenus de la Lubianka n'avaient pas le droit d'user du mot « camarade ». S'ils venaient à l'employer par inadvertance, les gardiens criaient : « Tes camarades, ils courent dans la steppe ! » (les loups). Le général fit de la main un geste impatient et dit : « Ecoutez-moi, j'ai travaillé autrefois avec Dzerzhinsky [1]. Nous autres de la vieille Tchéka, nous avons sans doute commis des erreurs, mais nos intentions étaient pures. Il y a plus de vingt ans que j'ai cessé ce travail. Aujourd'hui, on me demande de revenir pour régler quelques affaires importantes. Je commence par vous, car je considère que votre affaire est l'une des plus importantes. »

La Lubianka devint alors « une sorte d'hôtel de luxe ».

1. Créateur de la Tchéka après la révolution d'Octobre. La Tchéka était à la fois police intérieure et service de renseignement.

Puis les libérations commencèrent. Trepper retrouva sa femme et ses enfants après quinze ans de séparation. On les installa dans un bel appartement pour qu'ils y attendent leur rapatriement en Pologne. Ozols et Rado furent également relâchés. Wenzel, on ne sait pas. Kent lui-même retrouva la liberté [1]. Mais il fut simplement amnistié, tandis que la plus haute instance judiciaire soviétique cassa la condamnation du Grand Chef comme « dénuée de tout fondement » et lui décerna un certificat de solennelle réhabilitation.

Entré à la Lubianka quand la seconde guerre mondiale n'était pas encore terminée, il en sortait à la fin de la guerre froide. La dernière fois qu'il avait vu ses deux enfants, ils avaient neuf et quatre ans ; il retrouvait un homme de vingt-trois ans, un garçon de dix-huit ans : on lui avait volé leur enfance et leur adolescence. Luba avait été traitée comme la femme du S.S. koppkow, haut dignitaire de la Gestapo, et voyait resurgir du néant le compagnon qu'elle avait cru perdu. Pis encore : on avait simplement dit à l'épouse du S.S. que son mari était mort, tandis qu'on avait affirmé à Luba que le sien l'avait abandonnée et qu'il avait trahi. On avait imposé au chef de l'Orchestre Rouge l'humiliation d'être enfermé dans la même prison que le Kriminalrat Pannwitz. On lui avait pris dix années de son existence qu'aucun certificat ne pourrait lui rendre. On l'avait mis dans le cas de connaître la mort désespérée de ceux qui ont tout sacrifié pour

1. Comme Pannwitz, il avait été déporté à Vorkouta. En 1956, le Kriminalrat lut un livre, *Slave 1E-241* (Devin-Adair, New York) où l'auteur, John Noble, ancien détenu de Vorkouta, raconte notamment la célèbre révolte qui souleva certaines sections du camp en juillet 1953. L'un des chefs du mouvement s'appelait Gourevitch — le vrai nom de Kent. La description du personnage et de ses particularités (il était par exemple grand fumeur de pipe) ne laisse aucun doute au Kriminalrat : il s'agit bien de Kent. Selon Noble, Gourevitch aurait témoigné lors de la révolte d'extraordinaires qualités de courage et de sang-froid. Il ne nous a pas été possible de vérifier si ce Gourevitch était bien le nôtre. Nous savons seulement que Kent vit aujourd'hui à Léningrad.

ne recevoir en retour qu'ingratitude et injustice. Qui voudrait échanger sa vie contre la sienne ? Aux heures d'exaltation, on peut se dire : « J'aurais voulu, j'aurais su être Sokol muet dans les tortures, Suzanne Spaak mourant en récitant Socrate, Schulze-Boysen impassible devant la potence. » Mais Trepper, c'est avec un respect terrifié que nous le regardons sortir de la Lubianka.

Il ne voudrait pas que nous le quittions ainsi, à la porte de la prison, son balluchon sous le bras, vieilli, fatigué, victime exemplaire des excès staliniens. Il dit : « Le stalinisme ? C'était une maladie. Il fallait attendre que ça passe. » Il dit encore : « Le voyage Paris-Varsovie aura duré onze ans, mais il arrive que les trains aient du retard. » Il sort de la Lubianka tel qu'il y est entré : communiste. Et nous qui ne sommes pas communiste, nous aimons pourtant qu'il le soit resté, car la défaite d'un homme que les vicissitudes, même affreuses. amènent à rejeter ses convictions comme un fardeau trop lourd, c'est une défaite pour tous les hommes.

Quelle image emporter de lui ?

Le révolté de Dombrova ? Le militant de Palestine ? Sans doute sont-ils chers à son cœur, mais nous n'avons guère connu ces précurseurs lointains du Grand Chef. Ce livre n'est pas le leur. Ils appartiennent à un roman d'André Malraux. Laissons-les-lui : ils perdraient au change.

L'apprenti espion du réseau Fantômas ? Ah ! c'est qu'il n'aimerait pas du tout ! Renié, banni, précipité dans les ténèbres extérieures, le petit agent de Fantômas ! Déchirée, l'embarrassante image ! On n'a jamais fait partie de ce réseau-là. On n'a jamais suivi les cours d'espionnage de l'Académie de l'Armée Rouge. Vraiment ? Il serait donc descendu d'un nuage en 1939, tel un prophète armé, pour mener l'Orchestre Rouge à la croisade antifasciste ? Nous n'avons pas fait ce long chemin ensemble pour le quitter sur une image d'Epinal. Repêchons plutôt la photo déchirée dans sa corbeille à papier. Evidemment, ce n'est plus du Malraux et il faut se forcer pour vibrer au duel de Fantômas et du commissaire Faux-Pas-Bidet. Je me force. Je le regarde agir, le petit agent de Fantômas qui espionne mes arsenaux nationaux. Mais j'ai aussi un œil sur la guerre qui approche, j'ai déjà dans l'oreille le son du canon. Alors, comprenez-moi, si le grouillot de Fantômas travaillait pour l'Allemagne, vite ! un poteau et douze hommes ! Mais il travaille pour la Russie et j'ai déjà Stalingrad en tête. Ma foi, qu'il fasse donc ses classes chez nous puisque nous profiterons bientôt de son expérience. Il eût mieux valu malgré tout qu'il allât les faire ailleurs, et même s'il y a prescription légale, même s'il y a la prescription du cœur, je n'ai pas envie d'encadrer cette image-là.

L'homme qui a contrecarré le Grand Jeu S.S. ? Les historiens démontreraient-ils qu'il empêcha le Kremlin de céder, entre juin 1943 et la conférence de Téhéran, à une intoxication de portée incalculable, que nous ne choisirions pas de le quitter sur ce haut fait. Le Grand Jeu fut ruses, simulacres, cautèles, artifices. Il est bien qu'il se soit montré le plus rusé, mais nous aimons en lui d'autres qualités.

Le chef de l'Orchestre Rouge ? Oui, nous serions tenté de choisir cette image. Peut-être l'a-t-on un peu oubliée depuis que l'affaire du Grand Jeu est venue pousser sur notre histoire comme un parasite. Souvenez-vous : de 1940 à la fin de 1942 — à Stalingrad, ô symbole — les centaines de messages allant dire à Moscou où l'ennemi s'apprêtait à frapper et où il était le plus vulnérable, tout le potentiel économico-militaire allemand mis à nu, l'Etat-Major soviétique pouvant conduire les opérations en ayant sous les yeux les cartes de l'Etat-Major adverse... Arrêtons-nous : nous allions écrire que la guerre avait été gagnée *un peu* grâce à lui, et cela ne lui plairait pas. Il dit : « Aucune bataille, aucune guerre, n'a jamais été gagnée par un réseau de renseignement. On les gagne en mourant au combat. Ce sont les soldats qui ont accepté de mourir dans ses ruines qui ont sauvé Stalingrad. Et personne d'autre. »

Il préférerait probablement nous quitter sur la pointe des pieds en laissant cette simple carte de visite : « Leiba Domb — Editeur ». La littérature classique juive : son métier d'aujourd'hui, sa passion de toujours, une vocation longtemps contrariée. Je me souviens de nos soirées à Varsovie. La température était déjà fraîche. Il me raccompagnait à mon hôtel, je le raccompagnais à sa maison, nous n'en finissions pas de nous raccompagner. Il avait les mains dans les poches de son imperméable et portait, enfoncé jusqu'aux oreilles, un béret basque assez déteint. Ce n'était pas le Grand Chef qui trottinait à mon côté, le nez rouge, les yeux brillants, c'était le petit père Domb, éditeur de classiques juifs. Et en l'écoutant s'enthousiasmer pour des textes dont les splendeurs me restaient hermétiques, je me demandais s'il s'agissait bien du même homme qui avait fait trembler la Gestapo. Parfois, une phrase lancée au hasard avait le pouvoir de le replonger dans le passé (« Quelle idée de vous déguiser en marchand de lapins pour aller rue des Atrébates ! — Moi ? Marchand de lapins ? Qui vous a raconté ça ? — Fortner... — Ce Fortner ! Mais non ! Je leur ai fait croire que j'avais un rendez-vous dans un garage réquisitionné, tout à côté, et mon laissez-passer de la Todt a emporté le morceau... ») Ces coups de chance étaient rares. Il fallait d'ordinaire maints exorcismes et maintes questions pour faire resurgir le Grand Chef au coin d'une rue. Mais il était alors tel qu'il devait être autrefois, quand il tenait ses rendez-vous hasardeux sur les trottoirs de Paris ou de Bruxelles. Il s'arrêtait, les reins cambrés, et me disait de sa voix douce : « Examinons toutes les hypothèses possibles à partir de cette situation. » Eblouissant feu d'artifice, gerbe de spéculations ingénieuses, considérations sur « ces pauvres créatures » (les S.S.), puis conclusion et réapparition de Leiba Domb, éditeur, qui ne nous appartient pas, qui appartient à Luba, à ses enfants, à ses auteurs...

Non. L'image que nous garderons de lui est la plus récente de toutes. Elle est datée du 11 avril 1965, dix ans après sa réhabilitation, vingt ans après son retour à Moscou. Des délégations venues de partout célèbrent à Auschwitz le vingtième anniversaire de la libération du camp. Le président du Conseil polonais est présent. Il y a aussi le général soviétique qui a ouvert les portes d'Auschwitz en 1945. Devant lui, Leiba Domb, président de la communauté juive de Pologne. Il se lève, il parle aux quatre-vingt mille personnes rassemblées devant la tribune. Ecoutez-le : à travers lui, ce sont tous les morts de l'Orchestre Rouge qui parlent aux morts d'Auschwitz et aux vivants du monde entier, c'est l'Allemand Adam Kuckhoff, le Français Pauriol, la Belge Suzanne Spaak, le Hollandais Kruyt, le Russe Danilov, l'Américaine Mildred Harnack ; ceux qui ont eu le courage de se taire et ceux qui ont parlé ; les pendus, les fusillés, les décapités. Ecoutez-le : il est bien qu'ils parlent par sa voix, non pas parce qu'il était leur chef, mais parce qu'il fut d'eux tous celui qui paya le prix le plus lourd, celui qui fut blessé par les siens quand les autres n'avaient été tués que par l'ennemi. Ecoutez-le : il est bien que sa parole retentisse sur ce camp d'Auschwitz où fut perpétré l'indicible, où l'on extermina un peuple ; car c'est précisément pour empêcher *cela* qu'ils s'étaient battus et qu'ils étaient morts, ceux de l'Orchestre Rouge ; ils étaient de tous pays, de toutes races, de toutes religions, de toutes opinions, mais *cela* les a unis dans le combat et pour l'éternité. Ecoutez-le : il est bien qu'en ces lieux où furent menés à l'abattoir tant de femmes, d'enfants et de vieillards sans défense, tant d'hommes juifs auxquels avaient été refusés les moyens du combat, oui, il est bien que s'élève la voix de celui des Juifs qui a sans doute porté au nazisme les coups les plus meurtriers.

ANNEXES

SUR LES SOURCES

PARMI un certain nombre d'ouvrages généraux sur la deuxième guerre mondiale et les affaires de renseignement, l'auteur a eu plus particulièrement recours aux livres mentionnés dans la bibliographie ci-dessous.

Il a pu consulter les rapports de la Gestapo et le l'Abwehr consacrés à l'Orchestre Rouge, ainsi que le texte de plusieurs jugements rendus par la Cour martiale du Reich. Certains autres documents sont également venus à sa connaissance, mais il ne lui est pas loisible d'en indiquer l'origine et la référence ; le lecteur voudra bien l'en excuser.

L'auteur a par ailleurs procédé à un certain nombre d'interviews dont il est inutile de dresser la liste, puisque son lecteur les a déjà lues. Il souhaite cependant exprimer ses remerciements à tous ceux qu'il a importunés si souvent et si longtemps, et qui lui ont toujours réservé si bon accueil, alors même que ses questions infinies rouvraient en eux de cruelles blessures.

Il tient enfin à dire sa particulière gratitude à Constantin Melnik, sans qui ce livre, qu'il désapprouve à beaucoup d'égards, n'eût pas été écrit.

ACCOCE PIERRE et QUET PIERRE, *La Guerre a été gagnée en Suisse,* Librairie Académique Perrin, 1966.

BOEHM ERIC, *We Survived,* Yale University Press, 1949.

BOLDT GERHARD, *La Fin de Hitler,* Corrêa, 1949.

BOVERI MARGARET, *Treason in the twentieth century,* Putnam's Sons, 1963.

BURGESS ALAN, *Sept hommes à l'aube,* Albin Michel, 1962.

BUSCHMANN HUGO, *De la résistance au défaitisme,* Les Temps Modernes, 1949.

CARELL PAUL, *Opération Barbarossa,* Laffont, 1964.

CHATEL NICOLE et GUÉRIN ALAIN, *Camarade Sorge,* Julliard, 1965.

CRANKSHAW EDWARD, *Gestapo,* Putnam, 1956.

DALLIN DAVID, *Soviet Espionage,* Yale University Press, 1955.

DELARUE JACQUES, *Histoire de la Gestapo,* Fayard, 1962.

DEPELSENAIRE BETTY, *Symphonie fraternelle,* Editions Lumen, Bruxelles.

DOURLEIN PIETER, *Inside North Pole,* William Kimber.

DULLES ALLEN, *Germany's Underground,* New York, 1947.

FLICKE W. F., *Spionagegruppe Rote Kapelle,* Verlag Welsermühl Wels, 1957.

FOOTE ALEXANDER, *Handbook for spies,* London, Museum Press.

GANIER-RAYMOND PHILIPPE, *Le Réseau étranglé,* Fayard, 1967.

GISKES H. J., *Londres appelle Pôle-Nord,* Plon, 1958.

HASSEL ULRICH VON, *D'une autre Allemagne,* Editions de la Baconnière, 1948.

HITLER ADOLF, *Libres Propos,* Flammarion, 1954.

HŒTTL WILHELM, *The Secret front,* Weidenfeld, 1953.

KLEIST PETER, *Entre Hitler et Staline,* Plon, 1953.

LANG SERGE et VON SCHENCK ERNST, *Testament nazi. Mémoires d'Alfred Rosenberg,* Les Trois Collines, 1948.

LEHMANN KLAUS, *Widerstand im Dritten Reich,* V. V. N. Verlag, 1948.

LEVERKUEHN PAUL, *German Military Intelligence,* Præger, 1954.
MANVELL ROGER et FRAENKEL HEINRICH, *Heinrich Himmler,* Heinemann, 1965.
ORLOV, *Handbook of Intelligence,* Michigan University Press, 1964.
OVEN WILFRID VON, *Mit Gœbbels bis zum Ende,* Buenos Aires, 1949.
PAYNE-BEST, *The Venlo Incident,* Londres, 1950.
POELCHAU HARALD, *Die Letzten Stunden,* Magdeburg, 1949.
PONCHARDIER DOMINIQUE, *Les Pavés de l'enfer,* Gallimard, 1950.
REITLINGER GERALD, *The S.S.*, Heinemann, 1956.
RÉMY, *Mémoires d'un agent secret de la France Libre,* France-Empire, 1960.
RIBBENTROP JOACHIM VON, *De Londres à Moscou,* Grasset, 1948.
SALOMON ERNST VON, *Le Questionnaire,* Gallimard.
SCHELLENBERG WALTER, *Le Chef du contre-espionnage nazi parle,* Julliard, 1957.
TILLON CHARLES, *Les F.T.P.*, Julliard, 1962.
TREVOR-ROPER H. R., *Les Derniers Jours de Hitler,* Calmann-Lévy, 1964.
WEISENBORN GÜNTHER, *Der lautlose Aufstand,* Hambourg, 1953.
WHEELER-BENNETT, *The Nemesis of power,* Mac Millan, 1953.
ZOLLER ALBERT, *Douze ans auprès de Hitler,* Fayard, 1949.

POST-SCRIPTUM

Après la parution de la première édition de cet ouvrage, l'auteur reçut la lettre suivante du docteur de Joncker :

« J'ai le plaisir de vous annoncer que je vis toujours et que ce n'est pas moi que Georgie de Winter a cru reconnaître d'après une photo, dans le pauvre homme qui lui annonçait sa condamnation à mort (p. 544). En réalité, j'ai eu la chance de ne pas être arrêté. Fin 1943, j'ai reçu la visite d'une jeune femme qui m'a effectivement présenté, entre autres choses, une lettre d'Antonia Lyon-Smith. Mais quelques minutes avant sa visite, les postiers de Saint-Pierre-de-Chartreuse m'avaient téléphoné. Ils me signalaient la présence de trois hommes, arrivés dans une traction avant qu'ils avaient laissée à l'entrée du village, et qui, après s'être renseignés auprès des commerçants sur la situation exacte de mon habitation, semblaient la surveiller.

« Heureusement, la lettre, bien imprudente, était peu précise et me demandait simplement de rendre, à la personne qui me la présenterait, le même service que m'avait demandé Miss Antonia Lyon-Smith. Je m'en suis tiré en avouant que j'avais effectivement connu Miss

Lyon-Smith pour l'avoir soignée lors d'un séjour à Saint-Pierre, mais que je ne lui avais jamais rendu que des services d'ordre strictement professionnel et que je ne comprenais absolument pas ce qu'on attendait de moi, à part des soins et des conseils médicaux.

« Détail piquant : après sa conversation avec moi, l' « envoyée » de Miss Lyon-Smith s'est adressée à ma femme et a essayé de l'attendrir en lui demandant de plaider sa cause, car elle était, disait-elle, démunie de papiers d'identité et très inquiète sur son avenir. Ma femme, qui a toujours été dans ces circonstances une associée extraordinaire, pleine de cran, de sang-froid, de bon sens et d'intuition, n'a pu s'empêcher de lui dire que dans ce cas, elle ferait bien de quitter le village le plus rapidement possible, parce qu'on venait de signaler la présence à Saint-Pierre-de-Chartreuse de plusieurs personnes suspectes d'appartenir à la Milice ou à la Gestapo de Grenoble. Ce qu'elle fit d'ailleurs sans insister. »

Le condamné à mort dont l'apparition bouleversa Georgie n'est donc pas le docteur de Joncker. L'auteur en est bien entendu ravi pour lui, et même réconforté, car il avait trouvé singulièrement pénible que le docteur de Joncker, résistant authentique, eût disparu à la suite d'une imprudence d'autrui et à propos d'une affaire à laquelle il n'était pas mêlé.

Cette manière de résurrection constitue une surprise d'autant plus grande que l'auteur ne s'était pas fondé sur le seul récit de Georgie de Winter. Un document de la police française, daté de 1947, signale que le docteur a été arrêté, puis déporté, et qu'il n'est pas revenu du camp. L'erreur policière s'explique sans doute par cette circonstance que le docteur a quitté Saint-Pierre-de Chartreuse dès la Libération pour aller s'installer dans le Nord, à Marcq-en-Barœul, où il vit aujourd'hui. Les enquêteurs, ne le retrouvant pas là où ils le cherchaient, en ont déduit un peu vite qu'il avait été victime des remous déclenchés par la fuite du Grand Chef.

Mme Pauriol, veuve de Fernand Pauriol, *alias* Duval, a également signalé à l'auteur une erreur minime : Fernand Pauriol n'a pas été arrêté à Bordeaux, mais dans la région parisienne où le Kommando l'avait attiré dans une souricière après l'avoir repéré et « logé » de la façon qui a été dite. Mme Pauriol a d'autre part la certitude que son mari n'a pas été exécuté par les miliciens français, mais par les Allemands.

D'autre part, selon certaines indications qui contredisent les renseignements recueillis par ailleurs, l'inspecteur de police belge Mathieu, *alias* Carlos, n'aurait pas été fusillé à la Libération et serait encore vivant.

Enfin, l'auteur a maintenant la certitude que le « prisonnier mystérieux » de Courcelles était bien Yefremov, ce qui rend plausibles les rumeurs selon lesquelles l'Ukrainien aurait survécu et se serait réfugié à la fin de la guerre en Amérique du Sud.

POSTFACE

« Le 8 mai 1945, jour de la Victoire en Europe, l'enquête sur l'Orchestre Rouge prit un second départ. »

Gilles PERRAULT,
L'Orchestre Rouge, p. 544.

La victoire remportée sur le nazisme et le retour de millions d'hommes à la vie normale n'apportèrent ni paix ni joie aux survivants de l'Orchestre Rouge, aux familles qui avaient perdu un ou plusieurs des leurs au combat. Dès les premières années de la guerre froide, tout fut mis en œuvre pour faire tomber le plus rapidement possible dans l'oubli la lutte commune contre le même ennemi, pour effacer de la mémoire des hommes les efforts conjugués et solidaires de ceux qui avaient eu leur part dans l'écrasement du fascisme.

Tout un arsenal de moyens, marqués par le mensonge, les falsifications et la calomnie, fut mis en œuvre. L'Orchestre Rouge devint la cible de toute sorte d'attaques. Ce déchaînement, qui dura près de vingt ans, s'inscrit dans le cadre des provocations et des mystifications de la guerre froide.

Des « spécialistes » de l'espionnage entrèrent en action. On vit paraître des romans à sensation, des récits fantaisistes, farcis de réflexions prétendument historiques. En bref, un vrai « orchestre » de mensonges.

On gratifia les gens d'élucubrations de ce genre :

« L'Orchestre Rouge, le plus important des réseaux

d'espionnage de la Deuxième Guerre mondiale, continue de fonctionner. »

« L'Orchestre Rouge a été totalement anéanti par les Allemands. »

« Le Grand Chef et ses collaborateurs se sont vendus aux Allemands. »

« Le Grand Chef a été fusillé à Moscou. » « Le Grand Chef poursuit son activité », et le reste à l'avenant.

Des années durant, les services de contre-espionnage des pays occidentaux n'ont cessé d'inquiéter les survivants de l'Orchestre Rouge et les familles des combattants disparus.

De dures épreuves attendaient ceux qui retournèrent à Moscou. Sous Staline, ils eurent droit, en guise de reconnaissance, à une place de choix dans une des « maisons de repos » de Beria-Abakoumov.

***

De longues années passèrent. Après la mort de Staline, ses compagnons Beria, Abakoumov, Dekanosov et consorts payèrent leurs crimes. La glace de la guerre froide fut brisée. Parmi les prisonniers de Staline, certains furent entièrement réhabilités au début de 1954, par le Collège Militaire du Tribunal Suprême de l'U.R.S.S. Je fus du nombre.

Après le XXe Congrès du Parti Communiste, on procéda à la réhabilitation, à titre posthume, du maréchal Toukhatchevski, du général J. Berzine (qui dirigea le Service de renseignements de l'état-major de l'Armée Rouge pendant près de vingt ans) et de bien d'autres militaires qui avaient été l'âme et le cerveau de l'Armée Rouge et que Staline fit exécuter en tant « qu'ennemis du peuple », dans les années 1937-1938. Par une ironie tragique du sort, ils furent victimes d'une double provocation [1].

Mais, peu à peu, on assista aux premières tentatives en vue de rétablir la vérité sur le caractère réel de la lutte

1. Les services secrets allemands avaient en effet contribué à leur perte. (Note de Gilles Perrault.)

menée par les groupes antifascistes, tels que l'Orchestre Rouge, le groupe de Richard Sorge et de Hosumi Ozaki au Japon, celui de Radolfi (Rado) en Suisse, etc.

Il nous faut reconnaître que les patriotes japonais, devançant de loin les Européens, furent les premiers à révéler l'importance de la contribution apportée par le réseau « Ramsal » de Sorge et d'Ozaki au combat antifasciste.

N'était-il pas permis d'espérer que dans les pays d'Europe occidentale où ont lutté et péri les groupes de l'Orchestre Rouge, les patriotes de ces pays rétabliraient sur eux la vérité au grand jour ?

Au début des années 60, de multiples publications essayèrent de « percer le mystère » de l'Orchestre Rouge. Aucune cependant n'a donné de réponse satisfaisante à cette question primordiale : « Qu'était, en fait, l'Orchestre Rouge ? » Les règles communément admises, les méthodes de travail, les mœurs propres aux Services de renseignements ne pouvaient rien expliquer de la lutte menée par l'Orchestre Rouge. Ses « agents » n'étaient ni achetés, ni vendus, ni recrutés par chantage ou par contrainte physique.

Les combattants de l'Orchestre Rouge n'étaient pas uniquement des communistes, mais des hommes et des femmes aux idéologies différentes, athées et croyants, intellectuels et ouvriers. Ils étaient au nombre de plusieurs centaines, dans les pays occupés et dans le repaire même du nazisme —, à Berlin. On pouvait dénombrer parmi eux treize nationalités différentes : Français, Belges, Allemands, Russes, Polonais, Hollandais, Italiens, Espagnols... Nombreux étaient les Juifs.

Ce qui les déterminait, ce qui les liait, c'était leur résolution inébranlable de mener la bataille du renseignement, en tant que partie intégrante de la Résistance, sur les premières lignes du feu, jusqu'à l'anéantissement total de la peste brune.

***

En octobre 1965, j'ai eu la surprise de voir arriver chez

moi, à Varsovie, un jeune écrivain français, Gilles Perrault, qui me déclara incontinent qu'il travaillait depuis deux ans à un livre consacré à l'Orchestre Rouge.

Vingt années s'étaient écoulées depuis la fin de la guerre et, au cours de ces années, ma vie et mes pensées m'avaient fort éloigné de l'Orchestre Rouge. Néanmoins, j'avais toujours pensé qu'un jour quelqu'un parmi les survivants prendrait la plume pour rétablir la vérité sur l'activité de cette organisation. Mais ce moment n'était pas encore venu, me semblait-il.

En 1957, j'avais pu, accompagné de ma famille, retourner en Pologne. Pendant des dizaines d'années, j'avais milité activement dans le mouvement communiste, tout en étant par toutes les fibres de mon cœur attaché au peuple juif, à sa langue, à sa culture, à ses traditions. C'est donc très naturellement que j'avais pensé qu'il était de mon devoir de poursuivre mon activité parmi la population juive de Pologne, dont il n'était resté que trente mille personnes sur trois millions exterminées par les bourreaux nazis.

Je fus alors chargé de diriger la maison d'édition de littérature juive. En 1962, je fus élu président de l'Association Culturelle et Sociale des Juifs de Pologne. En 1968, à la suite des événements connus, j'ai démissionné de toutes mes fonctions.

Lors de ma première rencontre avec Gilles Perrault, aux Editions Juives, j'avais du mal à dissimuler mon scepticisme : un jeune écrivain d'après-guerre saurait-il comprendre le caractère spécifique, l'aspect tragique et héroïque du combat mené par l'Orchestre Rouge ? Gilles Perrault, comme s'il avait deviné mon embarras, m'offrit son livre : *Le Secret du jour J*, et me pria d'en prendre connaissance avant de poursuivre nos entretiens. Je l'ai lu avec la plus grande attention. Il me frappa par la véracité du récit de l'activité des Services secrets anglais, lors de la préparation du débarquement anglo-américain en Normandie. L'épigraphe du livre a été empruntée à Winston Churchill : « A la guerre, la vérité doit avoir une escorte de nuages. »

D'une main de maître, Gilles Perrault a percé de

part en part le « brouillard » qui entourait le rôle, le caractère et les méthodes des Services secrets anglais.

La lecture de cet ouvrage m'a permis de me rendre compte que son auteur était certainement apte à comprendre l'enjeu du combat de l'Orchestre Rouge. Pour différentes raisons, il m'a été alors impossible d'apporter ma contribution à ce livre ; nos entretiens n'ont porté que sur l'activité de l'Orchestre Rouge que l'auteur connaissait déjà fort bien sans moi.

Après la parution, j'ai pu apprécier le grand mérite de l'auteur, qui a réussi à se frayer un chemin à travers l'enchevêtrement compliqué des faits, des ambiguïtés, des documents falsifiés par les hitlériens. Il a fait, à mon avis, œuvre de reporter, d'historien, d'archéologue. Grâce à une vaste documentation, il a pertinemment démontré que la lutte menée par les antifascistes de différentes tendances, étroitement liés par leur haine du nazisme, n'était pas de l'espionnage professionnel. Ils formaient des groupes de combattants animés par un idéal commun, conscients de la portée de la victoire de l'Armée Rouge pour le salut de l'humanité.

L'insigne mérite de Gilles Perrault est d'avoir, pour la première fois, évoqué en une langue claire et avec un art vrai les figures d'un grand nombre de nos combattants. Nous sommes en présence de personnages authentiques, avec leurs joies et leurs souffrances, leurs exploits héroïques et leurs défaites accidentelles. L'auteur nous fait voir avec verve et chaleur comment s'est formée leur volonté de fer de lutter sans merci pour l'écrasement définitif du fascisme, fût-ce au prix de leur propre vie.

Leur combat, mené au côté des Services de renseignements de l'état-major de l'Armée Rouge, c'était leur apport personnel à la bataille pour la libération de leur propre pays, de leur propre peuple.

Après la défaite de 1940, les Français, les Belges, les Hollandais qui faisaient partie de l'Orchestre Rouge s'assignèrent pour tâche de lutter sans trêve pour la libération de leur pays du joug de l'occupant. Aux Polonais et aux Tchèques, il importait de combattre jusqu'au bout pour le rétablissement de leur indépendance nationale.

Pour les Juifs, il ne s'agissait pas seulement — comme pour les autres — d'une guerre contre l'obscurantisme fasciste, mais encore d'une lutte à mort contre l'extermination biologique de leur peuple, la sinistre « solution finale » préconisée par Hitler. Les Espagnols et les Italiens étaient, eux, animés par l'espoir de débarrasser leur peuple et leur pays du régime fasciste sous le carcan duquel ils souffraient depuis de longues années. Quant aux antifascistes allemands de l'Orchestre Rouge, ils étaient pleinement conscients du fait qu'il ne pouvait y avoir de liberté pour le peuple allemand sans la défaite absolue de la Wehrmacht nazie et du régime fasciste.

***

L'histoire de l'Orchestre Rouge, du jour où furent constitués ses premiers groupes jusqu'à la fin de la guerre, s'étend sur une période de dix ans. Les étapes de sa lutte furent de caractère divers. Ce n'est qu'après une étude minutieuse de toutes ces étapes qu'il sera possible de procéder à une analyse complète de son activité.

Gilles Perrault, avec la meilleure volonté du monde, était dans l'impossibilité d'écrire l'histoire exhaustive de l'Orchestre Rouge. Comme il me l'a indiqué lors de notre première rencontre, il n'en avait ni les moyens ni l'intention.

Quant à ces étapes, elles furent, pour l'essentiel, les suivantes :

— La première comprend les années allant de l'arrivée de Hitler au pouvoir jusqu'au déclenchement de la guerre (1933-1939). C'est alors que surgit l'idée de créer des groupes de combat antifascistes, chargés d'un travail de renseignement en Allemagne et dans les pays d'Europe occidentale.

— La période qui va de septembre 1939 au 22 juin 1941 (début de l'attaque de Hitler contre l'U.R.S.S.) est la deuxième étape, marquée par une intense activité de l'Orchestre Rouge, aussi bien dans les pays occupés d'Europe occidentale qu'à Berlin même.

— La troisième étape, d'une importance exceptionnelle, comprend la seconde moitié de 1941 et presque toute l'année 1942. Nos réseaux apportèrent alors une contribution d'envergure à l'Armée Rouge, lors de ses batailles les plus dures.

— La quatrième étape (novembre, décembre 1942 et janvier 1943) fut décisive : nous avons réussi à mettre en échec le Grand Jeu allemand contre la coalition antihitlérienne.

— La cinquième étape commence en février 1943 et s'arrête le 8 mai 1945. Cette dernière étape est la moins connue jusqu'à présent. L'initiative du Grand Jeu passa alors aux mains des Services spéciaux de l'état-major de l'Armée Rouge.

⁂

En 1936, lors de la deuxième session du Comité Exécutif Central de l'U.R.S.S., le maréchal Toukhatchevski alerte l'opinion publique, affirmant que l'Allemagne hitlérienne déclenchera la guerre et que celle-ci est imminente. Il faut donc être prêt pour résister à une attaque par surprise de l'Union Soviétique. Ce discours fut prononcé en 1936, avons-nous dit, et le 12 juin 1937, le maréchal Toukhatchevski et sept autres chefs militaires, parmi les plus illustres de l'Armée Rouge, accusés d'être « ennemis du peuple », sont condamnés à mort.

La direction générale des Services de renseignements de l'Armée Rouge, à la tête de laquelle se trouvait le général Berzine, suivait les principes du maréchal Toukhatchevski. Vers la fin de 1938, le général Berzine et ses plus proches collaborateurs furent fusillés.

L'idée de créer des réseaux de renseignement antifascistes, devant l'imminence d'une guerre avec l'Allemagne, est due au général Berzine qui en prit l'initiative. Je l'ai rencontré en été 1937, après un court voyage que j'avais effectué en Allemagne, en France et en Belgique. Le général avait déjà été rappelé d'Espagne, mais dirigeait encore le Service de renseignements de l'état-major de l'Armée Rouge. Pendant ce long entretien, une attention toute particulière fut accordée à la nécessité de former en Allemagne même, ainsi qu'en Europe occidentale, des réseaux spéciaux de renseignement, appelés à entrer pleinement en action aussitôt après le déclenchement de la guerre par l'Allemagne fasciste.

De toute évidence, il serait impossible de comprendre le caractère spécifique de l'Orchestre Rouge sans examiner auparavant les événements qui forment la toile de fond de l'activité de nos groupes.

Nos premières opérations, dans la période allant du début de la guerre jusqu'au 22 juin 1941, ne sont guère connues du lecteur. Plusieurs mois avant l'agression allemande contre l'U.R.S.S., tous les groupes opérationnels relevant de l'état-major adressèrent sans arrêt des messages chiffrés de Tokyo, de Paris, de Berlin, de Genève et d'ailleurs. Ils étaient d'une importance exceptionnelle et comportaient les renseignements les plus précis sur la date et la direction de l'attaque surprise contre l'Union Soviétique.

Staline et son entourage ne tinrent aucun compte de tous ces avertissements sur l'imminence de l'attaque hitlérienne. Il n'est pas encore possible de faire toute la lumière sur les causes, si tragiques par leurs conséquences, de cette attitude. Beaucoup d'éléments nous échappent encore. Aussi n'est-il pas étonnant que Gilles Perrault n'ait pu présenter dans toute son ampleur cette période de l'activité de l'Orchestre Rouge.

Dès le premier jour de l'agression contre l'U.R.S.S., nos groupes révélaient jour par jour, par des centaines de messages, les plans stratégiques de l'armée allemande, apportant ainsi leur contribution aux victoires de Moscou et de Stalingrad. Ils continuaient de décrypter les plans opérationnels de l'aviation ennemie, recueillaient des renseignements sur la situation dans l'industrie de guerre allemande, sur l'emplacement des troupes hitlériennes sur tous les fronts, aussi bien dans les territoires soviétiques que dans les pays occupés par les nazis.

Parallèlement, nous avons attiré l'attention sur les désaccords qui opposaient les différentes cliques à l'intérieur de la direction soi-disant monolithique du parti national-socialiste. Cette période d'activité de l'Orchestre Rouge, qui a revêtu une importance exceptionnelle, est excellemment décrite par Gilles Perrault.

***

Les moments les plus tragiques et les plus lourds de conséquences pour l'Orchestre Rouge se situèrent pendant les deux derniers mois de l'année 1942 et le mois de janvier 1943. Nous étions au milieu des plus grands dangers, et nous n'étions pas en mesure de les conjurer.

La Sonderkommando « Rote Kapelle » créée pour contrecarrer notre activité, et dont nous avions appris l'existence dès le début de l'été 1942, ne devait pas se borner à supprimer physiquement les combattants de l'Orchestre Rouge. Elle avait projeté de s'emparer du vaste réseau de nos postes émetteurs dans les différents pays, afin de s'en servir ultérieurement, non seulement contre l'Armée Rouge, mais pour saper et détruire la coalition antihitlérienne. Or, l'Orchestre Rouge était décidé à faire échouer, au prix d'ultimes sacrifices, toute tentative de paix séparée.

Le tableau de cette période, qu'évoque Gilles Perrault, devra être un jour complété par des éléments importants qui montreront comment nous en sommes arrivés à jouer le tout pour le tout. Il nous importait, en premier lieu, et à n'importe quel prix, de démasquer les plans perfides des nazis visant à fournir de fausses informations militaires, politiques et diplomatiques au commandement de l'Armée Rouge et au gouvernement soviétique.

Il va de soi que si j'ai fini par démasquer les objectifs du Grand Jeu entrepris par les Allemands, ce n'est que grâce au concours incessant et à l'esprit de sacrifice des combattants du groupe parisien, tels Léon Grossvogel, Hillel Katz, Vassili Maximovitch, Suzanne Spaak et Fernand Pauriol, ainsi qu'à l'aide de nos amis de la Résistance qui, ayant conservé leur liberté de mouvement, ont assuré le succès de nos opérations les plus dangereuses.

J'espère qu'il me sera possible de compléter prochainement la narration de Gilles Perrault pour qu'apparaissent dans toute leur ampleur les années 1943-1945, au cours desquelles fut mené le Grand Jeu, et que le lecteur connaît encore imparfaitement.

***

L'action de l'Orchestre Rouge a coûté d'immenses sacrifices et a fait de nombreuses victimes. Néanmoins, il est faux de prétendre, comme le font nos adversaires ou bien ceux qui ignorent la réalité, que la plupart de nos combattants y ont laissé leur vie.

Plusieurs centaines d'antifascistes ont fait partie de l'Orchestre Rouge en Allemagne nazie et dans les pays occidentaux occupés. Ce sont nos amis allemands qui ont subi les pertes les plus lourdes. A partir de 1933, après l'arrivée de Hitler au pouvoir, furent formés les premiers groupes antifascistes, dirigés par des hommes remarquables tels que Harro Schulze-Boysen, Arvid Harnack et Adam Kuckhoff.

Durant les années qui précédèrent la guerre, ces groupes se composaient de militants antifascistes appartenant à divers milieux, et qui, occupant des postes importants dans l'administration et dans l'appareil militaire et économique de l'Allemagne hitlérienne, se livraient à une intense activité clandestine contre le régime fasciste.

Au début de la guerre, ils organisèrent sur une vaste échelle le travail de renseignement pour les services de l'Armée Rouge. Gilles Perrault a retracé avec beaucoup de relief les entreprises de ce groupe et leur remarquable contribution à la victoire sur le fascisme.

Des erreurs fatales, qui n'étaient pas leur fait et dont parle Gilles Perrault, entraînèrent l'effondrement tragique de ce groupe. Du 31 août 1942 jusqu'au commencement de 1943, 130 antifascistes furent emprisonnés, accusés d'appartenir à l'Orchestre Rouge. La Gestapo était déchaînée. Les arrestations avaient commencé au cours de l'été 1942, après que le groupe spécial, dirigé par un des plus grands spécialistes de la Wehrmacht, le docteur Wilhelm Vauck [1], eut réussi à déchiffrer certains messages expédiés dans la deuxième moitié de 1941, et interceptés à Cranz, près de Königsberg. Les dirigeants nazis furent pris de panique. Hitler, Goering et Himmler suivirent personnellement la progression de l'enquête. Les sentences de mort contre les membres de l'Orchestre Rouge furent signées par Hitler et Keitel.

Parmi les cent trente personnes arrêtées, près de quarante n'avaient aucun lien avec notre organisation. Le tribunal militaire nazi condamna quarante-neuf combattants, dont dix-huit femmes, à la peine capitale. Ils furent décapités ou pendus à Berlin-Plötzensee, Halle, Brandebourg, etc. Sept détenus furent torturés à mort pendant les interrogatoires. L'un d'eux se suicida. Trente furent condamnés à de lourdes peines de prison. Huit furent envoyés dans des bataillons disciplinaires, et sept dans des camps de concentration. Quarante d'entre eux ont vu arriver le jour de la victoire. Un nombre assez élevé de membres du groupe berlinois purent échapper à l'arrestation et poursuivre leur lutte dans les rangs antifascistes en Allemagne.

En Belgique, en Hollande et en France, soixante-cinq personnes furent inculpées et incarcérées, mais vingt d'entre elles n'avaient pris aucune part à notre activité ; c'étaient des parents des accusés ou bien des actionnaires de nos sociétés commerciales : la Simexco à Bruxelles et la Simex à Paris. Sur ce nombre, seize furent condamnés à mort, trois se suicidèrent, un succomba sous la torture, quarante-cinq furent frappés de peines de prison ou déportés. Parmi ces derniers, seize périrent par tortures, épuisement ou épidémies. Les vingt-neuf qui survécurent purent assister à la défaite du fascisme.

Notre groupe de Hollande réussit à mettre à l'abri la plupart de ses membres. Il nous a été donné d'empêcher totalement la pénétration de la Sonderkommando « Rote Kapelle » dans nos groupes des pays scandinaves.

1. Dans le livre, il apparaît sous le pseudonyme de Kludow. (Note de Gilles Perrault.)

En Hollande et en Belgique, nous avons empêché l'arrestation d'un grand nombre de militants. Mais cela est surtout vrai de la France, où notre technique du travail clandestin et la fermeté de nos camarades emprisonnés nous ont permis de stopper les tentatives de la Gestapo en vue d'atteindre la Résistance, ses chefs et la direction du Parti Communiste Français clandestin.

Tout en restant enfermés dans les geôles de la Gestapo, nous avons mené à bien plusieurs opérations extrêmement périlleuses qui ont permis d'éviter l'inculpation de trente antifascistes, liés de près ou de loin avec notre organisation. Ces succès furent dus à l'intrépidité du groupe spécial de lutte contre l'Abwehr que j'avais créé après nos revers du 13 décembre 1941 à Bruxelles. Ce groupe a combattu jusqu'au moment de la libération de Paris, avec le soutien énergique des Résistants français et belges. Nous avons réussi progressivement à dévoiler de mieux en mieux les plans et les agissements de la Sonderkommando « Rote Kapelle », et à sauver ainsi nos camarades.

Nous devons insister sur le fait que tous les nôtres savaient qu'aucun effort ne serait épargné pour sauver leur vie, celle de leurs proches et de leur famille. Cette certitude ne pouvait que leur redonner courage ; cette préoccupation qui était à la base de toute l'activité de l'Orchestre Rouge constituait notre supériorité morale et idéologique par rapport aux méthodes et procédés auxquels recouraient communément les services spéciaux. Rien ne pouvait nous arrêter dès lors qu'il s'agissait de sauver la vie de nos camarades. Si l'on passe sur cet aspect de notre activité, on ne saurait comprendre son caractère spécifique.

L'histoire de l'Orchestre Rouge est loin d'être connue dans toute son ampleur, aussi d'aucuns prétendent-ils que les nazis auraient réussi à déchiffrer la plupart de nos messages adressés au Centre. Ces allégations étaient répandues par les nazis eux-mêmes.

Or, les Allemands n'ont pas réussi à « casser » le code des messages que nous avons envoyés en grand nombre depuis le début de la guerre jusqu'au 22 juin 1941, pour la simple raison que presque tous ces messages n'étaient pas transmis par les ondes, mais par des courriers spéciaux.

Ce n'est que bien plus tard que la Sonderkommando réussit à déchiffrer un certain nombre de messages émis à partir de la Belgique, de Berlin et de la Hollande. Mais là aussi, les nazis furent longtemps impuissants. Nos chiffreurs qui émettaient en automne 1941, à destination du Centre, des dépêches très importantes provenant du groupe berlinois, n'ont révélé à l'ennemi, après leur arrestation, ni le code ni le contenu des dépêches. C'étaient Sophie Poznanska et Makarov (Alamo), arrêtés à Bruxelles, le 13 décembre 1941. Ce n'est qu'en été 1942 que le docteur Vauck réussit, avec beaucoup de mal d'ailleurs, à casser certains de nos messages.

A aucun moment, les fascistes ne furent en état de décrypter, ne fût-ce qu'un seul des très nombreux messages transmis par Hersch et Myra Sokol. Après leur emprisonnement, en juin 1942, Hersch Sokol fut torturé à mort, mais ne livra pas le code. Myra Sokol fut elle aussi martyrisée, mais les hommes de la Gestapo n'obtinrent rien d'elle. La troisième chiffreuse, Vera Ackermann, a pu échapper à l'arrestation, grâce à nos soins. Tous les messages émis par cette équipe passaient par l'Angleterre, aussi les fascistes ne purent-ils les déceler. Il leur a été également impossible d'établir le lieu de l'émission et, chose essentielle, ils ignoraient que ces messages étaient destinés à l'U.R.S.S.

En outre, les hitlériens ne furent jamais en mesure d'intercepter notre principale liaison servant à la transmission des communications de caractère exceptionnel. Cette ligne passait par l'appareil central clandestin du Parti Communiste Français et était, pour nous, d'une importance cruciale dans la période particulièrement difficile que nous avons traversée en 1942. Ce code, j'étais le seul, avec Grossvogel, à le connaître. Les nazis ne purent mettre la main sur aucun de ces nombreux messages, car ils étaient expédiés par différentes voies et pas uniquement par les ondes.

Fernand Pauriol, par l'intermédiaire duquel s'effectuaient nos liaisons avec les responsables du P.C.F., fut arrêté par la Gestapo en été 1943. Sa conduite fut des plus héroïques. Les nazis ne purent venir à bout de sa fermeté sans faille et le fusillèrent à la veille de la libération de Paris.

Léon Grossvogel était au courant de toute l'activité de l'Orchestre Rouge depuis ses débuts et y joua un des rôles les plus importants. Il supporta héroïquement, lui aussi, les plus terribles sévices, et garda un mutisme absolu, ne fournissant aucune indication sur nos collaborateurs, notre travail, nos contacts avec le Parti Communiste Français et le Parti Communiste de Belgique.

L'ennemi ne put déceler le moindre détail des informations transmises par nous directement du territoire français, pendant toute la durée de la guerre. La plupart des renseignements du groupe berlinois ne tombèrent pas non plus entre les mains des fascistes, car ils passaient par la Suisse et la Hollande.

Gilles Perrault a tracé avec une tendresse émouvante les silhouettes de plusieurs de nos camarades. Mais le lecteur ignore encore les noms de dizaines d'autres de nos combattants disparus ou vivants. Parmi eux, une place d'honneur doit être réservée aux vingt-cinq femmes qui, après avoir bravé tous les dangers, ont péri de la main des bourreaux fascistes. Dix-huit d'entre elles appartenaient au groupe berlinois.

Voici les noms de quelques-unes de ces héroïnes : Mildred Harnack, Erica Brockdorff, Eva-Maria Buch, Oda Schottmüller. Se trouvera-t-il un jour une plume capable de décrire ce que furent leur vie de lutte, leurs défaites et leurs victoires, les tortures subies, les derniers jours et les heures ultimes avant l'exécution ? Et comment évoquer la tragédie de Liane Berkowitz, âgée de vingt ans, et de Hilde Coppi, arrêtées peu avant d'être mères ? L'instruction terminée, les deux jeunes femmes furent décapitées après la naissance de leur enfant.

Les noms de Suzanne Spaak, Myra Sokol, Sophie Poznanska, Suzanne Cointe, Käthe Voelkner et autres, membres de l'Orchestre Rouge, sont d'ores et déjà synonymes d'héroïsme, de noblesse et d'infini dévouement à la cause de la liberté et de la dignité humaine.

La plupart des exécutions capitales eurent lieu au cours des années 1943-1944, alors que la victoire était imminente. N'est-il pas permis de croire que nos camarades ont affronté la mort avec la certitude que leur combat avait contribué à la défaite du fascisme, que leur sacrifice n'était pas vain et qu'il ne serait pas oublié ?

⁂

Quatre années nous séparent de la première édition de l'Orchestre Rouge. Une question se pose : d'où vient l'immense succès du livre de Gilles Perrault ? Je ne prétends pas l'expliquer, je pense que c'est parce que ce livre répond aux aspirations des hommes, à leur opposition irréductible aux chauvinisme, racisme, fascisme, antisémitisme qui déferlent sur le monde par vagues nauséabondes et sous diverses formes.

J'ai la conviction que mon ami Gilles Perrault, ou d'autres écrivains, de même que les combattants restés en vie dont je suis, compléteront dans un avenir qui ne sera pas trop lointain l'histoire de l'Orchestre Rouge.

Signé : Léopold TREPPER-DOMB.

Varsovie, mars 1971.

INDEX

TABLE

ŒUVRES DE GILLES PERRAULT

IMPRIMÉ EN FRANCE PAR BRODARD ET TAUPIN
7, bd Romain-Rolland - Montrouge - Usine de La Flèche.
LE LIVRE DE POCHE - 12, rue François 1er - Paris.
ISBN : 2 - 253 - 00712 - 9

Le Livre de Poche historique

Histoire ☆ Biographies

Documents ☆ Témoignages

Alexandre (Philippe).
Le Duel de Gaulle - Pompidou, 3289/3**.
Amouroux (Henri).
Vie des Français sous l'Occupation, t. 1, 3242/2*** ; t. 2, 3243/0***.
Armand (L.) et **Drancourt (M.).**
Le Pari européen, 2824/8**.
Arnauld (Roger).
Les Témoins de la nuit, 5331/1****.
Astier de la Vigerie (Emmanuel d').
Sur Staline, 4027/6****.
Azeau (Henri).
Le Piège de Suez, 2245/6***.
Barret (P.) et **Gurgand (J.-N.).**
Priez pour nous à Compostelle, 5350/1****.
Benoist-Méchin (Jacques).
Ibn-Séoud, 890/1****.
Bergot (Erwan).
Vandenberghe le Seigneur du Delta, 5093/7****.
CORPS D'ELITE :
La Légion, 3980/7****.
Bernadac (Christian).
Les Mannequins nus, 4229/8****.
Le Camp des femmes, 4230/6****.
Kommandos de femmes, 4231/4***.
Blond (Georges).
Le Survivant du Pacifique, 799/4****.
Le Débarquement, 1246/5****.
Les Princes du ciel, 3595/3**.
Bonheur (Gaston).
Henri Quatre, 5257/8**.
Bonnecarrère (Paul).
Par le sang versé, 3178/8****.
Qui ose vaincra, 3527/6****.
La Guerre cruelle, 3884/1****.
Brille (Ady).
Les Techniciens de la mort, 5330/3****.
Chaban-Delmas (Jacques).
L'Ardeur, 4843/6***.
Chastenet (Jacques).
La France de M. Fallières, 2858/6***.
Clavel (Maurice).
Les Paroissiens de Palente, 4802/2****.
Clostermann (Pierre).
Le Grand Cirque, 4767/7****.
Coccioli (Carlo).
Mémoires du roi David, 5263/6*****.
Coignet (Capitaine).
Cahiers, 3364/4**.
Courrière (Yves).
LA GUERRE D'ALGERIE :
1. *Les Fils de la Toussaint*, 3748/8*****.
2. *Le Temps des Léopards*, 3749/6*****.
3. *L'Heure des Colonels*, 3750/4*****.
4. *Les Feux du désespoir*, 3751/2*****.
Daniel (Jean).
L'Erreur, 4891/5*.
L'Ere des ruptures, 5420/2****.
Dayan (Moshé).
Journal de la campagne du Sinaï-1956, 2320/7**.
Debré (Robert).
L'Honneur de vivre, 4890/7*****.
Delarue (Jacques).
Histoire de la Gestapo, 2392/6*****.
Derogy (Jacques).
La Loi du retour, 3495/6***.

Descola (Jean).
Les Conquistadors, 5337/8*****.
Dreyfus (Paul).
Histoires extraordinaires de la Résistance, 5228/9****.
Druon (Maurice).
La Dernière Brigade, 5085/3***.
Alexandre le Grand, 3752/0****.
LES ROIS MAUDITS :
1. *Le Roi de Fer*, 2886/7***.
2. *La Reine étranglée*, 2887/5***.
3. *Les Poisons de la Couronne*, 2888/3***.
4. *La Loi des Mâles*, 2889/1***.
5. *La Louve de France*, 2890/9***.
6. *Le Lis et le Lion*, 2891/7***.
Dulles (Allen).
Les Secrets d'une reddition, 2835/4**.
Eisenberg (Josy).
Une Histoire des Juifs, 4797/4****.
Fabre (Robert).
Quelques baies de genièvre, 4950/9***.
Farago (Ladislas).
A la recherche de Martin Bormann et les rescapés nazis en Amérique du Sud, 5023/4****.
Favier (Jean).
Philippe le Bel, 5408/7*****.
Flament (Marc).
CORPS D'ELITE :
Les Commandos, 4239/7****.
Fourcade (Marie-Madeleine).
L'Arche de Noé, t. 1, 3139/0** ; t. 2, 3140/8**.
Frenay (Henri).
La Nuit finira, t. 1, 4051/6**** ; t. 2, 4052/4****.
Volontaires de la nuit, 5044/0****.
Gaulle (Charles de).
DISCOURS ET MESSAGES :
t. 1, 3753/8**** ; t. 2, 3754/6**** ; t. 3, 3755/3**** ; t. 4, 3756/1**** ; t. 5, 3757/9****.
Pour l'Avenir : extraits, 3480/8**.
Le Fil de l'épée, 3545/8*.
La Discorde chez l'ennemi, 3546/6*.
La France et son armée, 3547/4**.
Trois études, 3548/2*.
Vers l'armée de métier, 3549/0*.
Giroud (Françoise).
Si je mens..., 3729/8**.
Giscard d'Estaing (Valéry).
Démocratie française, 5090/3*.
Gorkin (Julian).
L'Assassinat de Trotsky, 3575/5**.
Gorsky (Bernard).
Expédition « Moana », 5237/0****.
Green (Gerald).
Holocauste, 5385/7****.
Grey (Marina) et **Bourdier (Jean).**
Les Armées blanches, 5116/6****.
Guilleminault (G.) et **Bernert (P.).**
Les Princes des Années folles, 4244/7****.
Guitton (Jean).
Portrait de M. Pouget, 1810/8**.
Halévy (Daniel).
LA FIN DES NOTABLES :
1. *La Fin des Notables*, 3432/9**.
2. *La République des Ducs*, 3433/7**.
Halimi (Gisèle).
La Cause des femmes, 4871/7**.
Harris (André) et **Sédouy (Alain de).**
Juifs et Français, 5348/5****.
Hasquenoph (Marcel).
La Gestapo en France, 5104/2****.
Héron de Villefosse (René).
Histoire de Paris, 3227/3**.
Herzog (Maurice).
Annapurna premier 8 000, 1550/0****.
Heyerdahl (Thor).
L'Expédition du Kon-Tiki, 319/1****.
Jean-Paul II.
Voyage en France 1980 : Discours et Messages, 5478/0*.
Jobert (Michel).
Mémoires d'avenir, 4713/1***.
Landemer (Henri).
CORPS D'ELITE :
Les Waffen S.S., 3981/5****.
Lanoux (Armand).
Bonjour, monsieur Zola, 3269/5****
Lapierre (D.) et **Collins (L.).**
Paris brûle-t-il ?, 2358/7*****.
... Ou tu porteras mon deuil, 3151/5****.
O Jérusalem, t. 1, 4235/5**** ; t. 2, 4236/3****.
Cette nuit la liberté, 4941/8*****.
La Varende (Jean de).
Guillaume, le bâtard conquérant, 3938/5****.
Leca (Dominique).
Il y a quarante ans l'an 40 - La Rupture, 5376/6****.

Shirer (William).
Le Troisième Reich,
t. 1, 1592/2***** ; t. 2, 1608/6*****.
Smith (Hedrick).
Les Russes, 5012/7*****.
Speer (Albert).
Au cœur du Troisième Reich, 3471/7*****.
Stein (George H.).
Histoire de la Waffen S.S., 5003/6****.
Steiner (Jean-François).
Treblinka. 2448/6***.
Townsend (Peter).
Le Hasard et les Jours, 5303/0****.
Tulard (Jean).
Napoléon, 5390/7*****.
Venner (Dominique).
Les Corps-Francs allemands de la Baltique, 5136/4****.
Viansson-Ponté (Pierre).
Lettre ouverte aux hommes politiques, 4846/9*.

Le roman vrai...

Une **série historique** abondamment illustrée
dirigée par Gilbert Guilleminault

Le roman vrai du demi-siècle.
Du premier Jazz au dernier Tsar, 2351/2.
De Charlot à Hitler, 2352/0.
La Drôle de Paix, 2579/8.

Le roman vrai de la IVe République.
Les lendemains qui ne chantaient pas, 2722/4.
La France de Vincent Auriol, 2758/8.

Le Livre de Poche policier

Andreota (Paul).
Zigzags, 4940/0**.
La Pieuvre, 4949/1**.
Asimov (Isaac).
Une bouffée de mort, 5198/4**.
Blond (Georges).
L'Ange de la rivière morte, 5175/2***.
L'Assassin est resté à bord, 5402/0***.
Boileau-Narcejac.
Arsène Lupin : Le Secret d'Eunerville, 4098/7**.
Opération Primevère, 4812/1**.
... Et mon tout est un homme, 5123/2**.
La Poudrière, 5224/8**.
Bommart (Jean).
Bataille pour Arkhangelsk, 2792/7*.
Le Poisson chinois et l'homme sans nom, 3946/8*.
Monsieur Scrupule gangster, 4209/0**.
Breslin (Jimmy).
Le Gang des cafouilleux, 3491/5**.
Buchan (John).
Le Camp du matin, 3212/5***.
Carr (John Dickson).
Le Sphinx endormi, 5133/1**.
Charteris (Leslie).
Le Saint contre Teal, 3255/4*.
Les Anges appellent le Saint, 4164/7**.
Le Saint se bat contre un fantôme, 4188/6*.
Le Saint refuse une couronne, 4208/2*.
Le Saint au carnaval de Rio, 4849/3**.
Le Saint et le collier des Habsbourg, 5045/7**.
Le Saint devient nourrice sèche, 5171/1**.
Le Saint chasse la blonde, 5296/6**.
Christie (Agatha).
Le Meurtre de Roger Ackroyd, 617/8***.
Dix Petits Nègres, 954/5***.
Meurtre en Mésopotamie, 4716/4**.
Cinq Petits Cochons, 4800/6**.
La Mystérieuse affaire de Styles, 4905/3**.
Meurtre au champagne, 5008/5**.
Les Sept Cadrans, 5081/2**.
L'Affaire Prothero, 5145/5**.
Mister Brown, 5245/3**.
Le Train bleu, 5291/7**.
L'Homme au complet marron, 5374/1**.
Le Couteau sur la nuque, 5419/4**
Conan Doyle (Sir Arthur).
Etude en Rouge suivi de *Le Signe des Quatre*, 885/1***.
Les Aventures de Sherlock Holmes, 1070/9****.
Souvenirs de Sherlock Holmes, 1238/2****.
Résurrection de Sherlock Holmes, 1322/4***.
La Vallée de la peur, 1433/9**.
Archives sur Sherlock Holmes, 1546/8***.
Le Chien des Baskerville, 1630/0**.
Son dernier coup d'archet, 2019/5**.
Conan Doyle (A.) et **Carr (J. D.).**
Les Exploits de Sherlock Holmes, 2423/9***.
Decrest (Jacques).
Les Trois jeunes filles de Vienne, 1466/9*.
Deighton (Len).
Ipcress, danger immédiat, 2202/7**.
Neige sous l'eau, 3566/4**.
Exbrayat (Charles).
La Nuit de Santa Cruz, 1434/7**.
Olé !... Torero ! 1667/2*.
Vous manquez de tenue, Archibald ! 2377/7*.
Les Messieurs de Delft, 2478/3*.
Les Filles de Folignazzaro, 2658/0*.
Des filles si tranquilles, 3596/1*.
Le Clan Morembert, 4008/6*.
Pour ses beaux yeux, 4110/0**.
Vous souvenez-vous de Paco ? 4766/9**
Une brune aux yeux bleus, 4810/5**.

Elle avait trop de mémoire, 4884/0*.
Chewing-gum et spaghetti, 5032/5**.
Ce mort que nul n'aimait, 5089/5**.
Ne vous fâchez pas, Imogène ! 5160/4**.
Chant funèbre pour un gitan, 5255/2*.
Un joli petit coin pour mourir, 5302/2*.

Goodis (David).
La Police est accusée, 4226/4*.

Hardwick (Michael et Mollie).
La Vie privée de Sherlock Holmes, 3896/5**.

Hitchcock (Alfred).
Histoires à ne pas lire la nuit, 1983/3***.
Histoires à faire peur, 2203/5**.

Irish (William).
Tous les coups sont permis, 5033/3***.

Leblanc (Maurice).
Arsène Lupin, gentleman cambrioleur, 843/0**.
Arsène Lupin contre Herlock Sholmes, 999/0***.
La Comtesse de Cagliostro, 1214/3***.
L'Aiguille creuse, 1352/1**.
Les Confidences d'Arsène Lupin, 1400/8**.
Le Bouchon de cristal, 1567/4***.
Huit cent treize (813), 1655/7****.
Les 8 coups de l'horloge, 1971/8**.
La Demoiselle aux yeux verts, 2123/5**.
La Barre-y-va, 2272/0*.
Le Triangle d'Or, 2391/8**.
L'Ile aux 30 cercueils, 2694/5***.
Les Dents du Tigre, 2695/2****.
La Demeure mystérieuse, 2732/3***.
L'Eclat d'obus, 2756/2***.
L'Agence Barnett et Cie, 2869/3*.
La Femme aux deux sourires, 3226/5***.
Victor, de la Brigade mondaine, 3278/6***.
La Cagliostro se venge, 3698/5**.
Dorothée, danseuse de corde, 5298/2***.

Leroux (Gaston).
Le Fantôme de l'Opéra, 509/7****.
Le Mystère de la Chambre Jaune, 547/7***.
Le Parfum de la Dame en noir, 587/3***.
Rouletabille chez le Tsar, 858/8***.
Le Fauteuil hanté, 1591/4*.
Le Château noir, 3506/0***.
Les Etranges Noces de Rouletabille, 3661/3**.
Rouletabille chez les Bohémiens, 4184/5****.
Le Crime de Rouletabille, 4821/2**.
La Poupée sanglante, t. 1 : 4726/3** ; t. 2 : *La Machine à assassiner*, 4727/1**.

LES AVENTURES DE CHERI-BIBI :
1. *Les Cages flottantes*, 4088/8***.
2. *Chéri-Bibi et Cécily*, 4089/6***.
3. *Palas et Chéri-Bibi*, 4090/4***.
4. *Fatalitas !* 4091/2***.
5. *Le coup d'Etat de Chéri-Bibi*, 4092/0***.

MacCoy (Horace).
Black mask stories, 4175/3**.

Macdonald (Ross).
L'Homme clandestin, 3516/9**.

Monteilhet (Hubert).
Les Mantes religieuses, 4770/1*.
Les Bourreaux de Cupidon, 5174/5*.

Nord (Pierre).
Le Kawass d'Ankara, 3992/2**.
Mystifications cubaines, 4152/2***.

O'Donnell (Peter).
Modesty Blaise, 5184/4****.

Salva (Pierre).
Copie confuse, 5312/1**.

Sayers (Dorothy).
Lord Peter et l'inconnu, 978/4*.
Les Pièces du dossier, 1668/0**.
Lord Peter et le mort du 18 juin, 5112/5***.

Simmel (Johannès Mario).
On n'a pas toujours du caviar, 3362/8****.

Spillane (Mickey).
J'aurai ta peau, 3851/0**.
Fallait pas commencer, 3854/4**.
Dans un fauteuil, 3855/1**.
En quatrième vitesse, 3857/7**.
Le Serpent, 4801/4**.

Baroud solo. 4895/6**.
Un tigre dans votre manche, 4937/6**.
L'Irlandais haut le pied, 4945/9*.
Corrida à l'O.N.U., 4925/1**.

Steeman (S.-A.).
L'Ennemi sans visage, 2697/8*.
Le Condamné meurt à cinq heures, 2820/6*.
Poker d'enfer, 3403/0*.
Le Démon de Sainte-Croix, 3627/4**.

Tanugi (Gilbert).
Le Canal rouge, 4840/2*.
Crazy Capo, 5194/3*.
Qui m'a tuée ?, 5223/0*.

Thomas (L.-C.).
Malencontre, 5019/2*.

Vadim (Roger) présente :
Histoires de vampires, 3198/6**.

Thrillers

Ambler (Eric).
Le Levantin, 7404/4****.

Bar-Zohar (Michel).
La Liste, 7413/5***.

Bonnecarrère (Paul).
Ultimatum, 7403/6***.
Le Triangle d'or, 7408/5***.

Crichton (Michael).
L'Homme terminal, 7401/0***.

Dusolier (François).
L'Histoire qui arriva à Nicolas Payen il y a quelques mois, 7425/9***.

Forbes (Colin).
L'Année du singe d'or, 7422/6***.
Le Léopard, 7431/7****.

Freemantle (Brian).
Vieil ami, adieu !, 7416/8**.

Fuller (Samuel).
Mort d'un pigeon Beethoven-strasse, 7406/9**.

Goldman (William).
Marathon Man, 7419/2***.
Magic, 7423/4***.

Hailey (Arthur) et **Castle (John).**
714 appelle Vancouver, 7409/3**.

Herbert (James).
Celui qui survit, 7437/4**.

Highsmith (Patricia).
L'Amateur d'escargots, 7400/2***.
Les Deux Visages de Janvier, 7414/3***.
Mr Ripley (Plein soleil), 7420/0***.
Le Meurtrier, 7421/8***.
La Cellule de verre, 7424/2***.
Le Rat de Venise, 7426/7***.
Jeu pour les vivants, 7429/1***.
L'Inconnu du Nord-Express, 7432/5****.
Ce mal étrange, 7438/2****.
Eaux profondes, 7439/0****.
Ceux qui prennent le large, 7740/8***.

Hirschfeld (Burt).
L'Affaire Masters, 7411/9****.

Kœnig (Laird).
La Petite fille au bout du chemin, 7405/1***.
La Porte en face, 7427/5***.

Kœnig (Laird) et **Dixon (Peter L.).**
Attention, les enfants regardent, 7417/6***.

MacLeish (Roderick).
L'Homme qui n'était pas là, 7415/0***.

Markham (Nancy).
L'Argent des autres, 7436/6***.

Morrell (David).
Les Cendres de la haine, 7435/8***.

Nahum (Lucien).
Les Otages du ciel, 7410/1****.

Odier (Daniel).
L'Année du lièvre, 7430/9****.

Osborn (David).
La Chasse est ouverte, 7418/4****.

Saul (John).
Mort d'un général, 7434/1***.

Wager (Walter).
Vipère 3, 7433/3***.

Le Livre de Poche classique

Des textes intégraux.
Des éditions fidèles et sûres.
Des commentaires établis par les meilleurs spécialistes.

Pour le grand public. La lecture des grandes œuvres rendue facile grâce à des commentaires et à des notes.

Pour l'étudiant. Des livres de référence d'une conception attrayante et d'un prix accessible.

Balzac.
La Duchesse de Langeais suivi de *La Fille aux Yeux d'or*, 356/3**.
La Rabouilleuse, 543/6***.
Les Chouans, 705/1***.
Le Père Goriot, 757/2**.
Illusions perdues, 862/0****.
La Cousine Bette, 952/9***.
Le Cousin Pons, 989/1**.
Le Colonel Chabert suivi de *Ferragus, chef des Dévorants*, 1140/0**.
Eugénie Grandet, 1414/9**.
Le Lys dans la Vallée, 1461/0****.
César Birotteau, 1605/2***.
La Peau de Chagrin, 1701/9***.
Le Médecin de campagne, 1997/3***.

Barbey d'Aurevilly.
Un Prêtre marié, 2688/7**

Baudelaire.
Les Fleurs du Mal, 677/2***.
Le Spleen de Paris, 1179/8**.
Les Paradis artificiels, 1326/5**.
Ecrits sur l'Art, t. 1, 3135/8** ; t. 2, 3136/6**.

Bernardin de Saint-Pierre.
Paul et Virginie, 4166/2****.

Boccace.
Le Décaméron, 3848/6****.

Casanova.
Mémoires, t. 2, 2237/3** ; t. 3, 2244/9** ; t. 4, 2340/5** ; t. 5, 2389/2**.

Chateaubriand.
Mémoires d'Outre-Tombe, t. 1, 1327/3***** ; t. 2, 1353/9***** ; t. 3, 1356/2*****.

Descartes.
Discours de la Méthode, 2593/9**.

Dickens.
De Grandes Espérances, 420/7*****.

Diderot.
Jacques le Fataliste, 403/3**.
Le Neveu de Rameau suivi de *8 Contes et Dialogues*, 1653/2***.
La Religieuse, 2077/3**.
Les Bijoux indiscrets, 3443/6**.

Dostoïevski.
L'Eternel Mari, 353/0**.
Le Joueur, 388/6**.
Les Possédés, 695/4*****.
Les Frères Karamazov, t. 1, 825/7**** ; t. 2, 836/4****.
L'Idiot, t. 1, 941/2*** ; t. 2, 943/8***.
Crime et Châtiment, t. 1, 1289/5*** ; t. 2, 1291/1**.

Dumas (Alexandre).
Les Trois Mousquetaires, 667/3*****.
Le Comte de Monte-Cristo, t. 1, 1119/4*** ; t. 2, 1134/**** ; t. 3, 1155/8****.

Flaubert.
Madame Bovary, 713/5***.
L'Education sentimentale, 1499/0***.
Trois Contes, 1958/5*.

Fromentin.
Dominique, 1981/7**.

Gobineau.
Adélaïde suivi de *Mademoiselle Irnois*, 469/4*.

Gorki.
En gagnant mon pain, 4041/7***.

Homère.
Odyssée, 602/0***.
Iliade, 1063/4****.

Hugo.
Les Misérables, t. 1, 964/4*** ; t. 2, 966/9*** ; t. 3, 968/5***.
Les Châtiments, 1378/6****.
Les Contemplations, 1444/6****.
Notre-Dame de Paris, 1698/7****.
La Légende des Siècles, t. 2, 2330/6**.
La Bruyère.
Les Caractères, 1478/4***.
Laclos (Choderlos de).
Les Liaisons dangereuses, 354/8****.
La Fayette (Mme de).
La Princesse de Clèves, 374/6**.
La Fontaine.
Fables, 1198/8***.
Lautréamont.
Les Chants de Maldoror, 1117/8***.
Machiavel.
Le Prince, 879/4***.
Mallarmé.
Poésies, 4994/7***.
Marx et **Engels.**
Le Manifeste du Parti Communiste suivi de *Critique du Programme de Gotha*, 3462/6*.
Mérimée.
Colomba et Autres Nouvelles, 1217/6***.
Carmen et Autres Nouvelles, 1480/0***.
Montaigne.
Essais, t. 1, 1393/5*** ; t. 2, 1395/0*** ; t. 3, 1397/6***.
Journal de voyage en Italie, 3957/5****.
Montesquieu.
Lettres persanes, 1665/6**.
Nerval.
Aurélia suivi de *Lettres à Jenny Colon*, de *La Pandora* et de *Les Chimères*, 690/5**.
Les Filles du feu suivi de *Petits Châteaux de Bohême*, 1226/7**.
Nietzsche.
Ainsi parlait Zarathoustra, 987/5***.
Pascal.
Pensées, 823/2***.
Pétrone.
Le Satiricon, 589/9**.
Poe.
Histoires extraordinaires, 604/6***.
Nouvelles Histoires extraordinaires, 1055/0***.
Histoires grotesques et sérieuses, 2173/0**.
Prévost (Abbé).
Manon Lescaut, 460/3**.
Rabelais.
Pantagruel, 1240/8***.
Gargantua, 1589/8***.
Restif de La Bretonne.
Les Nuits révolutionnaires, 5020/0****.
Rimbaud.
Poésies, 498/3**.
Rousseau.
Les Confessions, t. 1, 1098/0*** ; t. 2, 1100/4***.
Les Rêveries du Promeneur solitaire, 1516/1**.
Sacher-Masoch.
La Vénus à la fourrure et autres nouvelles, 4201/7****.
Sade.
Les Crimes de l'amour, 3413/9**.
Justine ou les malheurs de la Vertu, 3714/0****.
La Marquise de Gange, 3959/1**.
Sand (George).
La Petite Fadette, 3550/8**.
La Mare au diable, 3551/6*.
François le Champi, 4771/9**.
Shakespeare.
Roméo et Juliette suivi de *Le Songe d'une nuit d'été*, 1066/7**.
Hamlet - Othello - Macbeth, 1265/5***.
Stendhal.
Le Rouge et le Noir, 357/1****.
La Chartreuse de Parme, 851/3****.
Lucien Leuwen, 5057/2*****.
Stevenson.
L'Ile au trésor, 756/4**.
Tchékhov.
Le Duel suivi de *Lueurs*, de *Une banale histoire* et de *La Fiancée*, 3275/2***.
Tolstoï.
Anna Karénine, t. 1, 636/8**** ; t. 2, 638/4****.
Enfance et Adolescence, 727/5**.
Guerre et Paix, t. 1, 1016/2***** ; t. 2, 1019/6****.
Tourgueniev.
Premier Amour suivi de *L'Auberge de Grand Chemin* et de *L'Antchar*, 497/5**.
Eaux printanières, 3504/5**.

Vallès (Jules).
JACQUES VINGTRAS :
1. *L'Enfant*, 1038/6***.
2. *Le Bachelier*, 1200/2***.
3. *L'Insurgé*, 1244/0***.

Verlaine.
Poèmes saturniens suivi de *Fêtes galantes*, 747/3*.
La Bonne Chanson suivi de *Romances sans paroles* et de *Sagesse*, 1116/0*.
Mes Prisons et autres textes autobiographiques, 3503/7***.

Villon.
Poésies complètes, 1216/8**.

Voltaire.
Candide et autres contes, 657/4****.
Zadig et autres contes, 658/2****.

XXX.
Tristan et Iseult, 1306/7**.
Lettres de la Religieuse portugaise, 5187/7**.

Le Livre de Poche pratique

1. ENFANTS, FEMMES, INFORMATION SEXUELLE, SANTE

Armelin (Dr Gisèle).
Les Médecines naturelles, 4011/0***.
Coudray (Annie).
Mon enfant fait du sport, 3976/5****.
Gomez (Dr Jean).
Guide médical de la famille, 7733/6 E.
Koechlin-Schwartz (D.), Grapas (M.).
Guide de l'anti-consommateur, 7700/5****.
Dr Levrier (M.) et Dr Roux (G.).
Dictionnaire intime de la femme, 3536/7***.
Palaiseul (Jean).
Nos grand-mères savaient, 7740/1****.
Valnet (Dr Jean).
Aromathérapie, 7736/9*****.
Vaysse (A.) et Pouchain (G.).
Mon enfant entre en 6e, 3960/9**.
Vincent (R.) et Mucchielli (R.).
Comment connaître votre enfant, 552/7***.

2. MODE, BEAUTE

Coulon (M.) et La Villehuchet.
Guide du crochet, 2808/1****.
La Villehuchet (M. F. de).
Guide du tricot, 1939/5****.
Guide de coupe et couture, 2265/4****.
Treskine (H.) et La Villehuchet.
Guide de la beauté, 2683/2****.

3. MAISON, JARDIN, ANIMAUX DOMESTIQUES

Auguste (Pierre).
ENCYCLOPEDIE DU BRICOLAGE :
L'Electricité, 7710/4 A.
Les Papiers peints et les tapisseries murales, 7711/2 A.
La Peinture, 7712/0 A.
La Maçonnerie, 7714/6 A.
La Plomberie, 7713/8 A.
La Menuiserie, 7715/3 A.
Caron (Michel).
Bricolage au jardin, 4753/7***.
Chappat (D.).
Eclairage et décoration, 2242/3**.
Doussy (Michel).
L'outillage du Bricoleur, 3590/4***.
Dumay (Raymond).
Guide du jardin, 2138/3***
Les Jardins d'agrément, 2253/0**.
Duvernay (J.-M.) et Perrichon (A.).
Fleurs, fruits, légumes, 2526/9****.
Gardel (Janine).
Le bricolage dans votre appartement, 2101/1***.
Lis (Michel) et Barbier (Michel).
L'Almanach de Michel le jardinier, 7739/3****.
Méry (Fernand).
Le Guide des chats, 3182/0***
Perrichon (André).
Les Plantes d'appartement, 3464/2****.
Les Plantes de balcon et de terrasse, 4240/5****.
Roucayrol (Georges W.).
Le Livre des chiens, 7708/8*****.
Wickers (David).
Le Paysan des villes, 7734/4****.

4. CUISINE

Académie des Gastronomes.
Cuisine française, 3659/7****.
Androuet (Pierre).
Guide du fromage, 4012/8*****.
Brossard (Claude).
Cocktails en toutes occasions, 7703/9****.
Cosiva (Germaine).
La Congélation et les surgelés en 10 leçons, 7764/1****.
Dumay (Raymond).
Guide du vin, 2769/5****.
Guérard (Michel).
La Grande cuisine minceur, 7735/1****.
Guizot (Hélène).
Tout sur la Congélation et les Surgelés, 4177/9**.
Loren (Sophia).
Cuisine à l'italienne, 4717/2**.
Maine (Monique).
Cuisine pour toute l'année, 2611/9***.
Mathiot (Ginette).
La cuisine pour tous, 2290/2****.
La pâtisserie pour tous, 2302/5****.

Cuisine de tous les pays, 1940/3****.
Les conserves pour tous, 7704/7****.

Nguyen Ngoc Rao.
La Cuisine chinoise, 7738/5 A.

Pomiane (Edouard de).
Cuisine en 10 minutes, 3320/6*.
Le Code de la bonne chère, 4842/8****.

Toulouse-Lautrec (Mapie de).
La cuisine de Mapie, 2711/7****.

LA CUISINE DE A à Z

Le Bœuf, 4120/9.
Les Gâteaux, 4121/7.
Soupes et potages, 4122/5.
Les Œufs, 4123/3.
Poules, poulets, poulardes, 4124/1
Grillades et barbecues, 4125/8.
Buffets et lunchs, 4126/6.
Les Gibiers, 4127/4.
Les Légumes, 4128/2.
Crustacés et coquillages, 4129/0.
Le Veau, 4130/8.
Lapins et volailles, 4131/6.
Les Poissons, 4132/4.
Hors-d'œuvre et Salades, 4133/2.
L'Agneau et le Mouton, 4134/0.
Les Entremets, 4135/7.
Les Grands plats régionaux, 4136/5.
Glaces, sorbets et coupes, 4137/3.
Les Entrées chaudes, 4138/1.
Porc et cochonnailles, 4139/9.

CUISINE REGIONALE DE A à Z

Provence, 7723/7 A.
Normandie, 7724/5 A.
Bourgogne, Lyon, 7725/2 A.
Sud-Ouest, Périgord, 7726/0 A.
Les Pays de la Méditerranée, 7727/8 A.
Les Pays de Loire, 7728/6 A.
Alsace, Lorraine, Franche-Comté, 7729/4 A.

LES COURS DE LA CUISINE DE A à Z

Entrées et sauces, 7717/9 A.
Poissons et fruits de mer, 7718/7 A.
Viandes et légumes, 7719/5 A.
Volailles et gibiers, 7720/3 A.
Gâteaux et entremets, 7721/1 A.
Glaces, confitures et confiserie, 7722/9 A.

FICHES-CUISINE DE « ELLE »

Viandes blanches, 7750/0 A.
Volailles et gibiers, 7751/0 A
Poissons et crustacés, 7752/6 A.
Pâtisseries et gâteaux, 7753/4 A.
Légumes et potages, 7754/2 A.
Viandes rouges, 7755/9 A.
Entrées chaudes, 7756/7 A.
Entrées froides, 7757/5 A.
Plats uniques, 7758/3 A.
Entremets, Glaces et Fruits, 7759/1 A.

---

5. SPORTS, LOISIRS, JEUX, PHOTOGRAPHIE, DIVERS

Alexandre (B.) et Lefour (A.).
Comment trouver votre premier emploi ? 7707/0****.

Aveline (Claude).
Le Code des jeux, 2645/7*****

Benard (Serge).
Le Caravaning, 3874/2***.

Boubat (Edouard).
La Photographie, 3626/6***.

Bovis (Marcel) et Caillaud (Louis).
Initiation à la photographie noir et couleur, 3668/8**.

Boyer (Pierre).
Initiation au cinéma d'amateur, 3872/6***.

Carillon (A). et Gartel (Béatrice de).
Le Scrabble en 10 leçons, 7765/8****.

Courtine (Henri).
Judo et Jiu-Jitsu, 7706/2 B.

Darmon (P.) et Couvercelle (J.).
Le tennis en 10 leçons, 7763/3*****.

Duborgel (Michel).
La Pêche en mer et au bord de la mer, 2254/8***.
La pêche et les poissons de nos rivières, 2303/3**.
La pêche au coup, 2577/2*.
La pêche au lancer, 3116/8*.

Le Dentu (José).
Bridge facile, 2837/0****.

Libourel (C.) et Murr (P.).
La Natation, 3893/2**.

Méric (Philippe de).
Yoga pour chacun, 2514/5***.
L'A.B.C. du Yoga, 3404/8*.
Yoga sans postures, 3629/0**.

Merrien (Jean).
Naviguez ! à la voile, 2277/9***.

Nadaud (Jérôme).
Guide de la chasse, 2305/8****.

Noblet (Nicolas).
Le Permis de chasser, 7737/7 B.
Rignac (Jean).
Les Lignes de la main, 3580/5**.
Seneca (Camil).
Les Echecs, 3873/4****.
Weber (Michel).
Le Cheval en 10 leçons, 7762/5*****.
La Moto en 10 leçons, 7766/6****.
XXX.
En pleine forme avec 10 minutes de gymnastique par jour, 2500/4**.

6. DICTIONNAIRES, OUVRAGES DE REFERENCE

Baxter (G.) et Lavignac (A.).
Guide de l'Anglais et de l'Américain des affaires, 7742/7 D.
Dournon (Jean-Yves).
La Correspondance pratique, 7702/1****.
Renty (Ivan de).
Lexique de l'anglais des affaires, 3667/0****.
XXX.
Atlas de Poche, 2222/5 D.
Larousse de Poche, 2288/6*****.
Français-Anglais, Anglais-Français, 2221/7****.
Français-Espagnol, Espagnol-Français, 2219/1****.
Français-Allemand, Allemand-Français, 2220/9****.
Français-Italien, Italien-Français, 2218/3****.